건국대통령
이승만의
삶과 국가

나남
nanam

나남신서 1685

건국대통령 이승만의 삶과 국가

2013년 3월 27일 초판 발행
2013년 4월 7일 초판 2쇄
2024년 3월 25일 개정판 발행
2024년 3월 25일 개정판 1쇄

지은이   오인환
발행자   趙相浩
발행처   (주) 나남
주소   10881 경기도 파주시 회동길 193
전화   (031) 955-4601 (代)
FAX   (031) 955-4555
등록   제 1-71호 (1979.5.12)
홈페이지   http://www.nanam.net
전자우편   post@nanam.net

ISBN 978-89-300-4165-2
ISBN 978-89-300-8655-4 (세트)

나남신서 1685

건국대통령
이승만의
삶과 국가

오인환 지음

나남
nanam

아내 김남희(金南熙)에게

개정판 머리말

필자는 초대 건국 대통령 이승만(李承晩)을 시작으로 해서 박정희 (朴正熙), 김영삼(金泳三) 등 세 보수 대통령의 평전(評傳)을 집필한 색다른 기록을 가지고 있다.

15년 동안 세 평전을 연이어 쓰면서 "소련의 한반도에 대한 야욕을 일찍이 꿰뚫어보고 남한 단독의 건국을 주도함으로써 오늘날의 대한민국의 기틀과 기본을 마련했다", "강력한 추진력으로 가난한 농업 국가였던 한국을 단기간 내에 중진 공업국가로 탈바꿈시켰다", "민주화 운동을 주도해 후진국 중 유일하게 산업화와 민주화를 함께 성공한 나라를 만들었다"는 세 대통령의 업적이 이제는 선진국이 된 대한민국의 뼈대 그 자체라는 역사적 인식을 갖게 된 것은 새삼 놀라운 일이 아닐 수 없다.

건국 이래 우리는 12명의 대통령과 1명의 국무총리[내각제의 장면(張勉) 민주당 총리]를 국가원수로 모셨으나, 세 보수 대통령의 업적이 나머지 10명의 그것보다 비중과 무게가 높다는 점도 절감할 수 있었다. 그러나 박정희와는 달리 이승만에 대한 역사평가가 너무 인색한 것이 현실이다.

7

이승만이 없었다면 자유 대한민국의 건국도 없었다고 볼 수 있다. 이승만의 건국은 대한민국 역사의 시작이었으므로 그의 역할과 존재는 막중하고 막대하다. 그런데 왜 제대로 된 역사 평가가 따르지 않았는가? 그 이유는 생각보다 간단할 듯하다.

한국의 좌파가 독립운동 이래의 민족의 정통성을 차지하기 위해 보수의 심벌인 이승만을 수십 년 동안 폄훼하고 부정하는 선전을 펴온 결과라고 볼 수 있기 때문이다.

김일성, 김구 등을 정통성 있는 지도자로 받들고 있는 종북 좌파들은 "대한민국을 태어나지 말았어야 할 나라"라고 정의하는 좌파 사관을 내걸고, 독립운동과 대한민국 건국을 주도한 보수 우파 지도자 이승만을 '하와이 깡패' '친일파' '분단의 주범' '미국의 앞잡이' 독재자 등으로 매도하는 선전을 끈질기게 펴왔고 〈백년전쟁〉이라는 다큐멘터리를 만드는 등 좌파사관을 확산시켜 왔다.

역사학계, 문화계, 교육계, 출판업계에 진출해 있는 좌파 중심으로 각종 교과서를 좌편향으로 서술하고 좌파 서적을 활발하게 공급했다. 한국에서 베스트셀러가 되는 서적은 대개가 충성스럽고 열성적인 좌파 독자가 있는 좌파 성향의 서적이었다. 그에 비해 다수의 보수 세력은 이승만에 대해 깊은 관심을 기울이지 않고 있었고, 이데올로기 대결에서 말로만 활발했을 뿐 보수가 쓴 책도 읽지 않으며 현실에 대응하는 행동력이나 결집력도 약했다. 이승만은 외로울 수밖에 없었다.

그러던 중 생각지도 않은 이변(異變)이 일어났다. 이승만 대통령의 일생과 업적을 필름을 통해 재조명한 다큐멘터리 영화 〈건국전쟁〉이 2024년 2월 개봉되면서 27일 만에 관객 100만 명을 넘어서는 큰 사건이 발생한 것이다. 같은 시기 이승만 대통령 기념관 건립사업에 1백억 원이 모여졌다는 경사까지 겹쳐 모처럼 이승만 신드롬이 한국사회의 화두(話頭)가 되었다.

그것은 다큐멘터리가 극영화 못지않은 신선한 감동과 충격을 주었기 때문에 생긴 현상일수 있지만, 대중의 열띤 호응도가 전국적으로 일고 있는 것을 보면 잠재보수 세력이 오랜 역사의 잠에서 깨어나 기지개를 켠 것으로 볼 수도 있어 주목된다.

영화 〈건국전쟁〉은 11년 전 집필한 필자의 이승만 평전 《이승만의 삶과 국가》까지 소환했다. 영화를 본 뒤 필자의 평전을 읽고 이승만을 충분하게 이해하게 되었다는 사람들의 얘기를 전해 들었고, 필자는 개정판을 출판키로 마음먹게 된 것이다.

필자의 평전은 이승만을 정치적으로 미화(美化)하지도 않았고 그렇다고 폄하(貶下)함도 없이 차분하고 담담하게 분석하고, 간결하게 전개된다. 객관적인 역사 심층취재방식을 통해 균형감 있게 그의 애국심과 선각자, 선구자, 노련한 정치가, 외교가로서의 면모를 있는 그대로 그려내고 있다.

개정판은 그 내용과 서술이 초판과 크게 다르지 않다. 662페이지가 넘는 방대한 양이어서 표현을 압축하고 문장을 전체적으로 손보았다. 6·25 전쟁 전후의 사정 등 최근의 연구 성과들을 일부 보완했다.

〈건국전쟁〉이 상영되는 현장에는 많은 사람들이 모여들고 있지만, 나이가 지긋한 분들이 다수이다. 내일의 주인공인 젊은이들이 더 많은 관심을 가졌으면 하는 바람이다.

한국의 주사파가 성공시킨 최대 프로젝트가 이승만 죽이기였다. 이제는 그 반대로 보수 세력의 이승만 지키기〔스티븐 스필버그(Steven Spielberg) 감독의 〈라이언 일병 구하기〉처럼〕 운동이 벌어져야 할 때가 왔다고 생각한다. 개정판을 출간해 주신 나남출판 조상호 회장, 편집부 신윤섭 상무에게 감사의 말씀을 드린다.

2024년 2월
오 인 환

초판 머리말

한국이 1945년 해방되었을 때 일제의 식민지였던 동남아의 다른 국가와 차별되는 것이 있었다면 일제의 통치흔적을 보다 빨리 지워가고 있었다는 점이다.

자기 민족의 말과 글이 있고 고유한 역사와 문화, 전통, 풍습 그리고 민족혼을 가지고 있었기 때문에 36년간에 걸친 일제의 식민정책에 동화되지 않았고 민족 본연의 모습을 빠르게 되찾아갈 수 있었다. 학살 등 만행을 앞세운 일제의 강압에 맞서는 민족의식과 역량이 있었기 때문에 민족의 정체성을 지킬 수 있었고 수많은 항일 독립운동가들을 배출할 수 있었다.

동·남북아시아에서 끈질긴 저항 민족주의를 보인 나라는 한국과 프랑스 식민지였던 베트남뿐이었다. 일본의 침략을 경험했던 싱가포르의 리콴유(李光耀: 초대총리이자 싱가포르 건국의 아버지)는 그의 자서전 《싱가포르 이야기》(The Singapore Story)에서 중국, 포르투갈, 네덜란드, 일본에 차례로 지배당했던 타이완이 이민족(異民族)에게 별달리 저항하지 않았고, 싱가포르와 말라야도 일본이 계속 지배했더라면 타이완처럼 식민화되었을 것이라고 지적하면서 그와 대비되는 한민족의 저항정신을 높게 평가했다.

한민족은 일제강점기 동안 세계 식민사상 유례가 별로 없는 형태의 지역별 역할분담을 통해 줄기차게 항일전선을 폈다. 중국, 만주, 시베리아에서는 무장 항일투쟁, 미주 지역에선 독립외교운동, 국내에선 실력양성운동을 펴며 조국의 독립을 위해 끈질기게 싸우고 배우며 일했다.

"계속 싸워나가는 민족(나라)은 다시 일어서도, 소리 없이 항복한 나라는 그것으로 끝장이다"(윈스턴 처칠)라는 말이 있는데, 한민족은 5천 년 역사에서 수없이 이민족의 침입을 받았으나 끝까지 버티며 생존한 민족이었다.

인류역사상 수많은 종족과 민족, 또는 국가가 소멸된 것과 관련, "민족을 위해 싸우는 영웅(英雄)이 없는 민족은 지구상에서 살아남지 못했다"라는 적자생존론(適者生存論)이 있다. 한국의 항일독립투사들은 민족을 대상으로 민족혼을 일깨워주고 저항의 횃불을 이어간 민족의 영웅들이었다. 그 항일의 영웅들이 해방과 함께 모두 귀국했다. 이승만(李承晚)과 김구(金九)는 남쪽에서, 김일성(金日成)은 북쪽에서 영웅명단의 앞줄에 섰던 인물들이다.

그 뒤 김구는 위대한 민족주의지도자로서의 위상을 차지했고, 김일성은 손자로 이어지는 3대 수령국가(북한)의 창시자가 되었다. 그러나 대한민국을 건국하고 안보의 기틀을 다지면서 오늘의 번영을 가져오는 데 기여한 초대 대통령 이승만은 건국 60년이 넘는 세월이 지났어도 아직 진정한 영웅의 자리에 오르지 못하고 있다. 그 원인은 그의 독재통치에서 비롯되었으나 이데올로기 갈등이 결정적 영향을 미쳤다.

자유당 독재를 붕괴시킨 4·19 혁명 뒤 이승만은 국부(國父)의 위상에서 한낱 독재자로 입장이 전락됐고, 진보 또는 좌파성향 사관의 영향 아래 "분단의 주범", "미국의 앞잡이" 등 일방적으로 '폄하' 또는 '매도'되는 역사평가를 받았다. 그 영향으로 우리사회 전반에 걸쳐 이승만에 대한 부정적 평가가 넓고 깊게 각인되었다.

뒤늦게 보수우파 측이 대응하고 나섰으나 대세를 되돌리기에는 역부족인 듯하다. 좌파의 부정일변도의 평가를 의식한 나머지 지나치게 이승만에 대해 일방적으로 긍정적 평가를 하거나 미화하고 나서는 경향을 보여 설득력과 소구력이 약하다.

이승만에 대한 좌·우의 상반된 역사평가는 바로 현대사에 대한 평가로 이어진다. 그의 일생이 바로 현대사 중반부까지의 흐름과 궤를 같이하기 때문이다. 결국 우리사회에서 객관적이고 공정한 '현대사'가 실종된 셈이다.

공정한 현대사의 실종현상은 우리사회에 역사인식의 왜곡, 혼란, 미흡 등의 부작용을 초래하고, 급기야는 한국사회의 통합을 저해하고 국론을 분열시키며 정체성의 혼란을 가져오는 원천이 되고 있다. 더구나 자라나는 젊은 세대를 상대로 하는 역사교육에서 생기는 혼선은 심각한 문제라 하지 않을 수 없다.

어느 나라 어느 사회이건 국민은 자신의 사관(史觀)을 가질 자유가 있다. 그러나 좌·우파 양편이 이데올로기에 따라 자신의 지지 사관이나 정치적 목적에 의해 사료(史料)와 선행 역사연구를 자의적으로 취사선택하고 상반된 역사를 서술하면서 사회를 양분하는 결과를 빚는 경우는 한국밖에 없을 듯하다.

한국이 산업화와 민주화를 함께 이룩한 유일한 후진국이라고 하나 국가정체성의 갈등이라는 장애를 극복하지 못하면 명실공히 선진국의 대열에 끼기 어려울 것이라는 것이 필자의 진단이다.

좌우파가 현대사에 대한 인식을 공유(共有)하는 접점을 찾기 어렵다면 이데올로기적 관점을 배제하고, 있는 그대로의 역사적 사실(事實·史實)을 서술하는 균형 잡힌 시각에 의한 현대사가 많이 등장해야 한다고 생각했다.

이러한 이유와 생각 때문에 1998년 은퇴하면서 있는 그대로의 역사적 사실에 의한 이승만의 일대기를 집필하겠다고 마음먹었다.

이승만과 관련된 현대사에 대한 실체와 실상을 균형 있게 객관·종합적으로 복원해 보기 위해 실체의 진실을 규명하는 매스컴의 심층취재기법을 활용해 역사 심층분석에 나섰다. 필자가 심층취재에 관한 30여 년간의 직업적인 수련과 경험을 가지고 있었기 때문에 '현실'과 '과거역사'는 취재성격이 다르지만 상당 수준의 성과를 기대할 수 있었다. 10여 년 동안 접근이 가능한 관련 자료들을 충분하게 소화하기 위해 숙독(熟讀)과 장고(長考)를 거듭했고 상충되는 수많은 국내외 증언 등을 비교·분석하면서 정확한 실체에 가까이 접근하려고 노력했다.

보수, 진보, 중도 등 사관이나 노선에 관계없이 실체에 접근하는 데 도움이 되는 국내외 선학들의 연구성과를 과감하게 모두 수용했다. 일국사(一國史)의 폐쇄적 한계를 극복하기 위해 다국사(多國史)의 관점과 시야도 필요한 경우 활용하기로 했다.

방계왕손의 후예로 태어나 구한말 시대 한국 최초의 미국 박사학위를 받고, 독립운동에 투신하는 소년·청년기부터 하와이의 요양원에서 쓸쓸하게 생을 마감하는 노년기까지 이승만의 전 생애를 다루면서 주요부분에 대해 여러모로 집중 조명했다.

특히 관심을 둔 부분들은 '이승만은 청년시절 왜 과격운동권이었나?', '한국최초라는 미국 박사학위가 일생에 미친 영향', '하와이 교포사회 주도권을 둘러싸고 전개된 싸움에 관련된 불편한 진실'(청년기), '상해임정의 도중하차, 진정한 문제는 무엇이었나?', '한국독립운동계의 명암(明暗)', '임정이 미국의 인정을 받지 못한 진짜 이유', '그는 왜 독립외교도 일원화시키지 못했는가?'(장년기), '해방정국의 강자 박헌영은 왜 실패하고 이승만은 어떻게 어부지리를 얻었는가?', '이승만과 김구의 힘겨루기, 그 허실(虛實)의 이면(裏面)', '하지 사령관과의 애증(愛憎) 관계', '이승만이 정말 "분단의 주범"인가?', '한민당이 제헌헌법 제정 때 첫 단추 잘못 끼워', '이승만이 한민당을 외면하게 된 이유는?', '친일파 청산 실패, 재평가 대상인가?'(해방정국, 건국정국), '한국전쟁과 그의 전쟁지도력 평가', '한국전쟁의 전략적 평가', '일관성 없는 미국의 한반도 정책', '이승만의 "벼랑 끝 전술"과 대미외교의 특징', '북진 반공통일론의 허실', '미국은 왜 수시로 그를 제거하려 했는가?'(전쟁기), '이승만은 청년시절부터 장기집권 주창자였나?', '독재로 가는 길', '여러 개의 얼굴, 그는 어떤 성격의 사람인가?', '제왕적 권위주의 통치자인가 권력에 굶주린 독재자인가?', '역사평가의 실태는?'(자유당 시대) 등이었다.

공(功)과 과(過)에 대한 평가에서 사실을 가감하거나 평가를 왜곡 또는 미화함이 없이 객관적으로 접근하는 균형시각을 유지하려고 애썼다. 현대사 중 연구가 미진한 분야에 대해서는 외람되나마 필자의 견해나 관점을 신중하게 개진했다.

새로운 사료의 발굴이나 새로운 관점을 주장하기 위해서가 아니라 국민의 이해를 돕기 위해서라는 이유만으로 본격적인 일대기를 쓴다는 것은 지루하고 힘든 작업이었다. 결코 평범할 수 없는 한 거인(巨人)의 삶과 정치철학을 뒤쫓다 보니 나무를 보다 숲을, 숲을 보다가 나무를 놓치는 일들이 비일비재했고, 자료부족과 능력부족을 자탄하기 일쑤였다.

때마침 최근 젊은 사학자들이 특정사관과 정치적 목적에서 독립해 한국의 근·현대사를 있는 그대로 보아야 할 때가 되었다고 주장하고 나선 것(김태익, 〈조선일보〉, 28527호, 2012. 9. 18)은 매우 주목할 만한 현상이다. 그것은 일반국민들이 탈(脫)이데올로기의 관점에서 현대사에 접근하고 역사의 실체를 객관적으로 균형 있게 이해할 수 있는 길을 터주는 것을 뜻하기 때문이다.

2012년 대통령 선거 캠페인에서 여·야가 앞 다투어 국민통합(integration)을 화두(話頭)로 삼은 것도 역사인식과 관련, 긍정적인 시대흐름의 표시이다. 우리사회 내부에 깊숙이 잠재해 있는 여러 가지 형태의 복합적 갈등구조를 상대로 그 갈등의 농도를 완화시키거나 열도를 식히고, 높아져 있는 갈등은 그 수준을 낮추자는 메시지이기 때문이다. (송복, 〈대한언론〉, 322호, 2013. 1. 1)

통합의 대상 중 중요한 것의 하나는 아마도 역사인식에서의 이데올로기 갈등일 것이다. 그것은 정부와 학계, 그리고 국민이 상충하는 현대사에 대한 인식의 공유를 늘리고 접점(학문적 융합점)을 모색하게 되는 계기도 될 수 있다.

필자의 이번 시도가 역사인식에 관한 갈등을 해소해 가려는 시대적 요구에 조그마한 보탬이 될 수 있다면 큰 영광이다. 또 일반국민들의 현대사에 대한 올바른 이해를 돕는 데 도움이 될 수 있었으면 한다. 선학들의 연구를 잘못 이해하거나 왜곡하는 등 해석과 인용에 잘못이 있거나 오류가 있다면 모두 필자의 책임이다. 선학들의 연구성과를 더 넓고 깊게 접근하지 못하고 미흡하게 마무리된 것에 대해 유감스럽다. 보완해 가도록 노력할 것이다.

이 책은 일반국민의 눈높이에 맞추어 쓴 대중역사서다. 때문에 처음부터 페이지마다 엄격하게 전거(典據)를 제시하는 학문적 엄격성을 고려하지 않았다. 그렇다 해도 학술적 수준을 소홀히 하고 있는 것은 아니어서 선학들의 연구결과를 전편을 통해 수용, 반영하고 주요 인용부분마다 저자명을 소개했다. 다만 오래전에 메모해둔 부분, 포괄적으로 인용되거나 세론(細論)에 관련된 부분은 그 소개를 생략했다. 너그러이 양해해 주시기 바란다.

이 책을 준비하는 데 보여준 주변 여러분의 격려와 도움, 가족들의 헌신적 지원에 대해 고마운 마음을 표한다. 어려운 출판 여건에도 불구하고 필자의 저서를 흔쾌히 출판해 준 나남출판 조상호 사장, 그리고 방순영 편집장과 편집자들에게 경의를 드린다.

2013년 3월
오인환

나남신서 1685

건국대통령 이승만의 삶과 국가

차 례

이승만과 상해임시정부

이승만과 태평양전쟁

한국전쟁

4·19 학생의거에서 이승만이 하야하기까지

이승만에 대한 역사 평가

이승만 신화를 있는 그대로 조명한다

35세 때의 이승만은 20세기 초 세계 어느 곳에 내놔도 손색없는 국제적인 차세대 지도자였다. 동양고전(漢學)을 터득한 20대 시절 과격한 정치개혁을 추구하다가 5년 7개월간의 옥고를 치렀고, 그 뒤 미국 일류대학에서 박사학위(국제정치학)를 딴 최초의 한국인이었다. 젊은 나이에 동·서양을 한 몸에 육화(肉化)한 만만치 않은 경력의 소유자였다. 게다가 미국의 대통령과 국무장관을 만나 특사 자격으로 외교활동을 한 경험까지 가지고 있었다.

35세 때의 그러한 이미지는 이승만의 원형(原型)이었다. 그 원형에서 그의 신화(神話)는 시작되고 저문다. 그 나이에 그와 같은 투쟁경력, 학벌, 관록을 두루 겸비한 인물이 국내에 없었고 지금 시대에도 아마 그 유례를 찾기 힘들 것이다.

일생 동안 동지이자 경쟁자였던 김구는 항일투쟁경력에서는 대등했으나 그에 비견할 만한 학력이 없었다. 김구와 함께 3거두의 한 사람인 김규식(金奎植)은 같은 미국 유학파였으나 학사에 그쳤고 투옥경력도 없었다. 대중상대 연설과 정략(政略) 구사에서 맞수이면서 미국교포 사이에서 라이벌이던 안창호(安昌浩)도 미국에는 먼저 갔지만, 학업을 포기하고 미국 땅에서 고생하는 교포들을 돌보다가 이승만처럼 고급영어를 익힐 기회를 놓쳤다.

해외혁명가들과 비교해 봐도 이승만은 손색이 없었다.

그보다 6살 위인 인도의 간디는 19세 때 영국에 유학, 변호사 자격을 딴 뒤 30대에 남아프리카에서 일하면서 수십만 인도인들의 권익을 위해 활동했다. 그때까지도 그는 아직 독립투사가 아니었다. 14살 아래인 네루는 상층계급 출신, 영국 유학 등 배경이 비슷했으나 30대 때 역시 영국치하에서 합법적인 정치활동(지방자치)을 펴고 있었다. 베트남의 호치민(胡志明)은 프랑스에 가 폭넓게 공산당 활동을 펴면서 독립운동을 펴고 있었으나 정규교육은 받지 못했다.

한 살 아래였던 독일의 콘라드 아데나워(Konrad Adenauer)는 고령(73세)으로 집권한 점과 독재자라는 비판을 받는 점에서 이승만과 공통점이 있다. 30대 때의 아데나워는 감옥과는 거리가 먼 변호사 출신으로 쾰른의 부시장 자리에 도전하는 정치초년생이었다.

중국의 국부(國父)로 불리는 9살 위의 쑨원(孫文)은 26세 때 의사가 되었다가 반청(反淸) 혁명에 뛰어들었다. 청나라의 국제적 비중이 워낙 컸기 때문에 30대에 런던에서 체포되었을 때는 세계적인 뉴스메이커가 되었다. 일본과 필리핀의 화교를 중심으로 활발하게 활동함으로써 이승만을 앞서는 경우라 할 수 있었다. 중국의 마오쩌둥(毛澤東)은 18세 때 쑨원이 주도한 신해혁명에 참가해 일찍이 학업을 포기하고 혁명가의 길에 접어들었다. 34세에 중공중앙당의 농민부장이 되었다.

뛰어난 학력, 동서양을 겸비한 학식, 정치 경력, 지도자 자질 등을 볼 때, 이승만과 쌍벽을 이룰 수 있는 인물은 아마도 막내아들 뻘인 싱가포르의 리콴유(李光耀, 1923~2015) 전 총리를 들 수 있을 듯하다. 리콴유는 영국의 케임브리지대학에서 법학을 전공하고 변호사가 되어 귀국, 31세 때 자치령인 싱가포르에서 정계에 입문했다. 1959년 자신이 이끌던 인민행동당이 다수당이 되자 36세 때 총리가 되었다. 1965년 싱가포르가 말레이시아 연방에서 분리된 뒤 독립한 싱가포르의 총리가 되어 30년 만에 자원도 자본도 없는 싱가포르를 세계일류국가로 만들었다.

이승만과 리콴유 두 사람에게는 국민 위에 군림하는 카리스마의 리더십을 발휘했다는 공통점이 있다. 그러나 차이점도 있다. 이승만은 공산주의와 싸우면서 73세의 늙은 나이에 싱가포르보다 인구가 10배 많은 나라(대한민국)를 건국하고 발전의 기반을 닦았다. 반면 젊은 리콴유는 한국의 이승만과 박정희가 이룩한 업적을 자신의 시대에 일구었고, 이후 은퇴하여 세계의 현자(賢者)로서 노후를 보냈다는 점이다.

이승만의 인생은 35세 때인 1910년, 대한제국이 일본에 합병되는 것을 고비로 가시밭길로 바뀐다. 망국(亡國)의 한을 품은 채 미국 시민권을 끝까지 마다하고 무국적자로 살면서 항일 민족독립운동가로서의 삶을 이어나갔다. 이 과정에서 이승만은 성공보다도 좌절과 실패를 더 많이 겪었고 그 결과 앞서 지적한 외국의 젊은 지도자들에게 뒤처지기도 하고, 성과도 못 미치게 되었다.

이승만은 37세의 차세대 지도자로 고국을 떠난 지 36년 만인 1948년 73세의 고령으로 대한민국의 건국대통령이 되었다. 못자리를 찾을 나이에 투쟁가·정치가로 대기만성(大器晚成)의 영광을 안은 것이다.

90세까지 천수(千壽)를 누린 이승만의 일생은 바로 우리의 현대사이기도 하다. 파란만장한 그의 반생을 뒤따라가며 한국의 현대사이기도 한 그의 실체를 객관적으로 치밀하게 조명할 것이다.

이승만의
성장기와
청년기

미국유학 때 왕손(王孫)임을 과시해

조지워싱턴대학 시절 이승만은 매년 여름 부유한 기독교 신자 보이드(Boyd) 여사의 뉴저지주 오션그로브 별장에서 지냈다. 보이드 여사는 이승만의 서울 옥중생활을 잘 아는 한국주재 선교사 조지 허버 존스(George Herber Jones)로부터 이승만을 소개받은 뒤 여름 방학이 되면 별장으로 초대하곤 했다.

이승만은 별장 옆에 사는 보이어(Boyer) 가족과 친해졌고 그 집 어린 아들 에드윈(Edwin)에게 한국 연을 만들어 날리는 법을 가르쳐주기도 했다. 큰딸 에셀(Ethel)은 호리호리한 몸매의 미인이었다. 어느 날 이승만이 에셀과 함께 에드윈을 데리고 바닷가를 산책하는데 금테안경을 쓴 뚱뚱한 여인이 퉁명스럽게 물었다.

"이봐요. 이 사람이 당신 남편이고 저 아이는 아들이오?"

백인 여자가 동양인 남자와 함께 있는 것이 못마땅한 눈치라는 것을 금방 알아차린 에셀은 "이 젊은이는 한국 황제의 손자이고, 이 꼬마는 제 동생입니다"라고 대답했다. (로버트 올리버, 이원순)

에셀이 이승만의 가계(家系)를 과장해서 말한 것은 미국의 졸부들이 외국의 귀족에게 열등감을 느낀다는 점을 역이용해서 코를 납작하게 만들어 줄 심산이었을 것이다.

평소 이승만은 되도록이면 왕손(王孫)임을 드러내지 않으려 했다는데, 위의 에피소드를 보면 반드시 그렇게 한 것만은 아니었던 것 같다. 에셀에게 왕손임을 밝힌 쪽이 이승만 자신이었을 것이기 때문이다.

이승만은 프린스턴대학에서 박사학위 공부를 할 때도 총장 윌슨 가족들과 매우 친하게 지냈는데, 그때도 아마 왕손으로 행세했을 것으로 보는 시각이 있다. 젊었을 때 미국에서 이승만의 독립운동을 도왔던 허정 (許政: 4·19 내각수반) 은 그가 왕손의식을 강하게 가지고 있었다고 기억한다. (허정)

말로만 그런 것이 아니라 이승만은 어려운 경제사정에도 불구하고 실생활에서도 품격 있는 옷차림에 늘 신경 쓰고 있었다. 이원순은 그를 가리켜 "멋을 부릴 줄 알았다. … 워싱턴 거리를 자전거를 타고 경쾌하게 달리기도 했고, 모자를 써도 비스듬히 쓰는 멋쟁이" 라고 회상했고, 1950년 로버트 올리버를 만난 에셀은 이승만이 검은 알파카 양복, 흰 셔츠, 검은 넥타이 차림에 선글라스를 쓴 귀족적인 풍모의 젊은이였다고 털어놨다. 유학시절부터 하와이 생활 때까지의 사진들을 보면 이승만은 일관되게 잘 재단된 양복을 차려입은 단아한 모습이었다. (유영익)

이승만이 미국에 왔을 때 나중에 의친왕 (義親王) 이 된 순종의 동생 이강 (李堈) 도 유학 와 김규식 (金奎植) 과 함께 로어노크 (Roanoke) 대학에서 공부하고 있었다. 이강은 돈을 잘 썼고 대학 근처 사교계에서 젊은 여성층의 관심과 화제의 대상이 되었는데, 이승만과도 몇차례 만났다(손세일). 세종의 후손인 고종이 무능하고 부패했다 해서 못마땅해했다는 이승만이었던 만큼 왕손은 왕손다운 면모와 품위를 지켜야 한다는 경쟁의식을 가지고 있었을지 모른다. 이승만은 세종에게 왕위를 양보한 맏형 양녕대군 (讓寧大君) 의 후손이었다.

해방정국 때 하지 장군의 정치고문이던 버치 (Leonard Bertsch) 중위는 이승만의 군주의식을 빗대 언론인에게 부르봉 (bourbon) 왕당파라고 비아냥거리기도 했다. 해방 뒤 미군정 (美軍政) 시기에도 미국 사람들에게 그같이 비친 것이다.

한때 의친왕의 손자를 양자로 입양하려다가 여론을 의식해 그만두었고, 양녕대군의 손아래 동생인 효령대군(孝寧大君)의 후손인 이기붕(李起鵬)의 아들 강석(康石)을 양자로 받아들인 것도 군주의식 또는 왕족의식을 가지고 있는 것으로 해석되었다. (정병준)

어쨌거나 이승만의 이러한 왕손의식은 보학(譜學: 가문과 가계에 대한 학문)에 밝고, 왕가의 후손이라는 데 긍지와 자긍심을 가지고 있던 아버지 이경선(李敬善)에게 어릴 때부터 귀에 못이 박이도록 교육받은 결과라고 볼 수 있다.

이승만, 방계 중의 방계 왕손에 해당돼

조선왕조의 적통(嫡統)은 제24대 임금인 헌종(憲宗) 때 대(代)가 끊겼다. 헌종이 후사(왕자)를 남기지 못하고 세상을 떠났기 때문이다. 19대 숙종의 아들이었던 경종(20대)이 후사가 없이 죽자 유일한 배다른 동생 영조(21대)가 뒤를 이었고 영조는 외아들인 사도세자의 아들인 손자 정조(22대)에게 왕위를 넘겼다. 정조의 아들 순조(23대)도 외아들이었고, 순조의 아들인 헌종도 외아들이었는데 끝내 대가 끊긴 것이다.

그래서 위로 거슬러 올라가 헌종의 증조부인 영조가 남긴 유일한 핏줄인 강화도령 이원범이 25대 임금(철종)으로 즉위했다. 그러나 철종도 후사(공주만 두었기 때문에 부마가 된 인물이 박영효였다)를 남기지 못하고 승하해 왕위는 더욱 방계였던 고종(26대)에게 넘어갔다.

고종은 16대 인조의 셋째아들인 인평대군의 후손으로, 정조의 이복동생 은신군의 집에 양자로 갔던 남연군(대원군의 부친)의 손자였다. 따라서 인조의 후손이 조선왕조 적통의 주류가 되었고, 인조와 핏줄이 이어지지 않는 그 이전 국왕들의 후손은 방계가 된 셈이었다. 그러니 세종의 후손도 아니고, 대군으로 끝난 세종대왕의 큰형 양녕대군의 후손인 이승만은 방계 중의 방계 후손이라 할 수 있었다.(오인환)

이승만은 그렇다면 조선 왕실에서 어느 정도의 위치를 차지한 왕손이었을까?

배재학당 졸업 뒤 독립협회 활동에 참여

이승만은 태종의 장남 양녕대군의 16대 손이다. 직계 선조는 양녕대군의 다섯째 아들 이흔이고, 이흔은 아들 이순과 더불어 2대가 정처(正妻) 소생이 아니었다. 종친으로서의 대우는 13대로 끝났고 직계 7대 선조부터는 벼슬에 오른 이가 없어 몰락한 양반이나 다를 것이 없는 처지였다. 당시에는 과거에 의한 출사가 4대째 없으면 양반으로 치지 않는 게 양반사회의 불문율이었다.

이승만은 1875년 황해도 평산군(平山郡) 능안골에서 아버지 이경선과 서당훈장 김창은(金昌殷)의 외동딸인 어머니 김해 김씨 사이의 3남 2녀 중 막내아들로 태어났다. 위로 두 형이 모두 홍역으로 죽었기 때문에 사실상 외아들인 6대 독자였다.

이승만은 두 살 때 황해도에서 서울로 이사와 여러 곳을 전전하다가 남산 서쪽인 도동(挑洞)에 정착했다. 보학과 풍수지리(風水地理)에 밝았던 아버지 이경선은 자기 가문이 기운 것은 선조의 묘를 제대로 쓰지 못한 데 있다고 본 나머지 전국을 돌아다니며 명당(明堂) 찾기에 열중했다. 삯바느질로 가계를 꾸리고 어린 이승만의 학업을 챙긴 사람은 서당 훈장의 딸이었던 어머니 김 씨였다. 당시 여자로서는 드물게 학식이 높았던 김 씨는 이승만에게 직접 천자문을 가르쳤고 시(詩)도 지어보도록 했으며 붓글씨 연습을 강조했다. 한시(漢詩) 짓기와 서예의 기초를 다지게 한 것이다.

몰락한 가문을 다시 일으키기 위해서는 이승만이 과거에 급제해야 한다고 본 부모는 6세 때부터 서당교육을 시켰다. 독선생을 두고 가르칠 형편이 되지 않아 양녕대군의 봉사손(奉祀孫)인 전 판서 이근수(李根秀)의 사랑방에 가서 그 집 아들과 함께 공부하게 했다.

12세 때 중국 역대 왕조의 통치에 관해 쓴 사마광(司馬光)의 방대한 저작인 《자치통감절요》(自治統監節要) 15권(전체 294권을 요약한 것)을 통달했고, 이어 《맹자》, 《논어》, 《중용》, 《대학》 등 사서를 공부했으며, 18세 이전까지 《시전》, 《서전》, 《주역》 등 3경(三經)을 모두 통독다. (오영섭)

서당에서 치르는 시험에는 늘 1등(壯元)이었다. 1887년 13세 나이로 첫 과거를 본 이래 1894년 11월 갑오경장 때 과거제도가 폐지될 때까지 7차례나 응시했으나 번번이 낙방했다. 이승만이 참가했던 한 과거는 응시자가 15만 8,578명이었는데, 그중 5명만 급제해 경쟁률이 31,715 대 1에 달했다. 당시 왕실에서 내놓고 매관매직을 하는 바람에 과거제도가 타락해 돈을 받고 급제자를 내는 데다가 이승만의 한미(寒微)한 신분, 이근수의 지원 부족 등으로 과거시험의 벽을 넘을 수 없었던 것이다. 그러나 이승만보다 12살 위인 서재필(徐載弼)이 세도가문이 아니면서도 18세 때 과거급제를 한 것을 보면 일반유생에게도 기회가 전혀 없었던 것은 아니었다. 어쨌든 이승만의 학문수준은 20세 전후에 과거에서 급제한 수재들이 보이는 수준이었다.

1894년 갑오경장으로 과거제도마저 폐지되자 이승만의 인생은 막막해졌다. 생계를 해결하기 위해 하위직이라도 얻으려면 고관의 집에 드나들거나 문벌가 주최의 시회(詩會)에 도우미로 나서는 등의 방안밖에 없었다. 그것이 싫으면 무위도식하는 양반건달 신세가 고작이었다.

이때 출구가 없는 이승만을 도와준 사람이 서당친구인 3살 연상의 신긍우(申肯雨)였다. 미국선교사 아펜젤러(Henry G. Appenzeller)가 1885년 설립한 배재학당(培材學堂)에 갓 입학한 신긍우는 "일본어나 영어를 배워두어야 한다"면서 배재학당에 입학할 것을 권유했다. 아직도 위정척사(衛正斥邪) 사상의 경향을 가지고 있던 이승만은 며칠간의 고민 끝에 그 권유를 받아들여 개화의 길을 택했다.

당시 배재학당의 학생수는 109명이었고, 한국인, 미국인, 중국인, 일본인 등이 두루 섞여 있는 국제학교였다. 미국 기독교계가 일본, 중국 등 아시아를 대상으로 본격적인 선교사업을 펼치기 시작한 때여서 배재학당의 교사진은 미국에서 파견된 선교사들로, 일류대학에서 수학한 엘리트들이었다.

영어를 배울 목적으로 배재학당에 들어간 이승만은 열심히 영어를 익혔고 곧 두각을 나타냈다. 이승만은 신식 병원으로 설립된 제중원(濟衆院)의 미국인 여자 선교사이며 의사인 화이팅(Georgiana E. Whiting)의 조선어 교사로 발탁되었고, 당시로는 거금인 20달러를 보수로 받으며 자신의 영어실력까지 발전시킬 수 있었다. 6개월 뒤에는 신입생의 초급영어를 가르치는 교사가 되었다. 그 뒤 이승만의 영어실력은 괄목할 만한 진전을 보여 1898년 7월 배재학당을 졸업할 때는 "한국의 독립"을 주제로 한 수준 높은 영어연설로 주목을 받았다. 교장 아펜젤러는 그 연설이 졸업식 프로그램 가운데 가장 야심찬 부분이었다고 칭찬했다. (손세일)

배재학당에서 이승만은 자신의 개화파 멘토가 된 평생 동지 서재필을 만나게 된다. 1884년 김옥균(金玉均) 등이 일으킨 갑신정변에 참여했다가 정변 3일 만에 실패하자 일본을 거쳐 미국으로 망명했던 서재필은 11년 만인 1895년 귀국했다. 미국에서 고학으로 한국인 최초의 의학박사가 된 그는 미국 여인과 결혼하고 이름까지 필립 제이슨(Philip Jaisohn)으로 바꾸며 미국 생활에 적응해 살았다. 그러다가 미국을 방문한 동지 박영효의 설득으로 귀국길에 오르게 되었다. (오세응)

일본이 청·일 전쟁에서 이긴 뒤 박영효 등 갑신정변 때의 개화파가 망명지 일본에서 돌아와 권력을 잡으면서 서재필을 중추원 고문자격으로 초청했다. 귀국한 서재필은 배재학당에서 열린 환영식에서 "미국에서의 인민의 권리"에 대해 연설했다. 의회주의에 대한 기초적 설명이었으나 전제군주제 아래서 힘겹게 살던 청중들에게는 충격을 주었다. 이승만도 "미국이라는 나라는 인민의 권리를 대단히 중요하게 여긴다"는 설명에 깊은 감명을 받았다.

서재필은 1896년 11월 배재학당에 일종의 토론클럽인 협성회(協成會)를 조직하고 이 땅에 토론문화를 처음 소개했다. 창립회의에서 이승만은 서기로 선임되었다. 토론회는 매주 거르지 않고 열렸고 사회구습의 타파, 정치제도의 개혁, 실업교육의 진흥, 체신제도의 확충, 언론창달 등 근대 시민사회를 위해 필요한 주제들을 망라했다. 찬·반 토론을 공개적으로 진행해 방청객에게 인기를 끌었다.

서재필은 배재학당에서 세계지리, 역사, 정치학, 의사진행법 등 여러 분야에 걸쳐 강의도 했다. 이승만은 서양 시민사회와 조선의 정치현실, 그리고 국제사회에서의 조선의 위치 등에 대해 뚜렷한 이해와 인식을 가질 수 있게 되었다. 서재필은 영어에 뛰어난 재능을 보이고 자신의 활동에 대해 깊은 관심을 갖는 이승만에게 정치의식을 일깨워주고 성치무대에 등장해 급성장하는 계기가 되는 독립협회 활동까지 마련해 주었다.

그는 이승만에게 토론하는 방법과 박수치는 법도 가르쳤고 대중 앞에서 연설하는 기법도 일러주었다. 그 자신이 뛰어난 대중연설가인 서재필은 연설로 대중을 휘어잡는 장면을 현장교육을 통해 실증하기도 했다(신용하). 서재필은 이승만에게 대중과의 교감이 얼마나 중요한 것인가 하는 소통(疏通)의 철학을 가르쳤다. 대중정치가로 성장하기 위해서는 소통의 달인이 되어야 한다는 교훈을 강조한 것이다. 그 교훈은 개화파가 겪은 갑신정변의 실패에 대한 성찰에서 나온 것이다.

갑신정변이 실패한 가장 큰 이유는 아래의 지지가 전혀 없는 '위로부터의 개혁'이었기 때문이다. 그래서 쉽게 허물어질 수밖에 없었다. 갑신정변을 일으켰을 때 참가인원수는 모두 2백 명이었고, 주도세력은 30명 정도에 불과했다. 유림(儒林)에서 지지세력을 확보하는 데 실패했기 때문에 소수만의 거사가 불가피했다. (박은숙)

2년 전 임오군란(壬午軍亂) 때 대원군을 일방적으로 지지하던 서울의 같은 백성들이 같은 목적으로 나선 갑신정변에서 별 이유도 없이 정반대의 움직임을 보였던 것이다. 나중에 서재필이 "제일 큰 패인(敗因)은 까닭도 모르고 반대하는 민중의 몰지각이었다"라고 회고했듯이 그것은 크나큰 불운이었다(신용하). 갑신정변의 개화파들에게 그것은 민중과의 소통차단, 소통부재가 원인이라고 보았을

것이다. 척사파가 주도하는 보수 유림과는 대화와 소통이 원천적
으로 어려운 문제였겠지만 평민들과의 소통은 애초에 노력도 하지
않았다.

이승만은 멘토 서재필이 가르쳐준 대로 만민공동회(萬民共同會)
투쟁에서 탁월한 젊은 선동연설가로 등장, 명 연설가로서의 일생
을 시작하게 된다. 서재필은 또 이승만에게 한국 민중의 복지를 위
하여 일하기를 원한다면 먼저 유럽이나 미국에 가서 교육을 받고
지도력을 갖출 준비를 해야 한다고 충고했다. 이승만의 미국 유학
은 멘토의 권고가 큰 자극이 되었다.

서재필이 중국사신을 맞이하던 영은문(迎恩門) 자리에 독립문
(獨立門)을 세우고 독립공원을 조성하려는 계획을 세운 뒤, 이 사
업을 추진하기 위해 1896년 7월 독립협회를 결성하자 고종은 즉각
재가했고 태자에게 거액의 하사금을 내게 했다. 또 전·현직 고위
관료들을 대거 협회에 가입시켜 지원을 강화했다.

당시 "대한제국" 선포를 구상 중이던 고종에게는 자주독립의 상
징으로서 독립문의 존재가 필요했기 때문에 나라의 개화와 독립을
위해서는 민중을 계몽시키기 위한 독립의 상징이 필요하다는 서재
필의 생각과 쉽게 접점을 찾았던 것이다. 태자의 하사금 1천 원을
비롯해 정부가 독립문 신축 의연금을 전국적으로 각출케 해 각계각
층 7천여 명으로부터 5,897원 11전 2리를 모았다. 당시 고종은 대
한제국 출범을 앞두고 서울에 대한 대규모 개조사업도 벌이고 있었
다. (신용하)

전·현직 고위관료들의 집단참여로 점차 관변단체화 경향을 보
이던 독립협회의 노선이 제대로 정착한 것은 1897년 8월 민영환(閔

泳煥) 특사를 수행해 통역으로 러시아에 갔던 34세의 윤치호(尹致昊)가 돌아와 서재필을 만난 뒤부터였다.

약소국가인 조선이 살아남으려면 점진적 개혁을 해야 하고 이를 위해서는 한국사회 자체가 먼저 계몽되어야 한다는 게 미국 유학시절부터 가졌던 윤치호의 지론이었다. 그는 갑신정변 때부터 알고 지냈고(윤치호는 정변의 취지에 공감했으나 거사에 참여하지는 않았다), 자신보다 두 살 위인 서재필을 상대로 독립협회의 계몽단체화를 강력하게 역설, 동의를 받았다. 몇 년 동안의 해외유학 끝에 신(新) 사상을 가지고 온 윤치호 자신도 서울의 젊은이들에게는 우상이었다.

독립협회는 8월 29일 "조선의 급선무는 인민의 교육"이라는 주제를 놓고 첫 토론회를 가진 뒤 20개월 남짓 계몽활동을 펼쳤다. 배재학당에서 교육을 받고 이미 능숙한 토론자가 된 이승만이 두각을 나타냈다. 이때 이승만은 여러 신문에 논설을 쓰면서 문명(文名)도 날리고 있었다.

이승만은 배재학당에서 〈협성회 주보〉를 만들다가 큰 호응을 얻자 〈매일신문〉을 창간했고 러시아와 프랑스가 한국 정부에 이권을 요구한 외교문서를 폭로해 정가에 큰 충격을 주었다. 이승만은 그 뒤 〈매일신문〉이 사내분규에 휩싸이자 퇴사, 〈제국신문〉 창간에 참여하고 주필을 맡았다. 이승만은 예리한 논리와 기발한 비유, 절묘한 풍자로 독자들을 설득하고 선동할 수 있었다. 그의 언론활동은 1898년 한 해에 집중되었다.

독립협회는 1898년 2월 20일 이상재(李商在) 등 회원 135명이 고종에게 구국운동 상소문을 올린 것이 계기가 되어 정치적 개혁운동으로 방향을 돌린다. 독립협회가 계몽활동에서 벗어나 정치현실에 참여하게 된 것은 한반도를 둘러싸고 소강상태에 있던 열강 간의 세력균형이 러시아에 의해 흔들리면서 정세가 불안정하게 돌아가기 시작해 위기의식이 촉발되었기 때문이었다.

1898년 3월 10일 종로 4거리에서 한국 최초의 근대적 대중집회가 열렸다. 서재필이 고종과 외국공사들의 음모에 말려들어 미국으로 쫓겨간 뒤 독립협회 회장을 맡게 된 윤치호는 대중집회의 폭발성을 염려한 나머지 배재학당 등의 협회간부들을 2선으로 빼돌리고 배재학당의 젊은 교사와 학생들을 연사로 내세웠다.

협회주최 집회에 처음 등장한 이승만에게 절호의 기회가 온 것이다. 이승만은 단번에 젊고 역동적인 스타 연설자로 부상했다. 이날 대회는 1만여 명의 군중이 모여 대성공을 거두었다. 당시 서울의 인구가 19만 6천여 명이었던 것을 감안하면, 지금의 규모로는 50만 명이 모인 대집회 수준의 위력이었다. 이날 집회에선 러시아의 재정간섭을 규탄하고 군사교관과 재정고문관의 철수를 주장했다.

그 뒤에도 독립협회는 반대캠페인을 통해 프랑스의 광산채굴권 요구를 거부하게 했고, 6월 29일에는 금광채굴권 요구와 관련, 외부대신을 모욕한 독일영사를 규탄하고 사과를 끌어내기도 했다. 고종은 이 시기 회장 윤치호를 대궐로 오라고 해 압력캠페인을 벌일 것을 부탁하기도 했다. 독립협회는 정부를 대리해 열강을 견제하는 위기관리의 해결사 역할을 수행하고 있었다. (신용하)

독립협회의 내정 (內政) 비판활동이 활발해지면서 고종과의 갈등이 불거지게 되었다. 고종이 미국인 고문 그레이트하우스(Clarence R. Greathouse)의 건의를 받아들여 황실 경호를 강화하기 위해 외국인 용병 (傭兵) 30명을 고용하는 사건이 생기자, 독립협회는 1898년

9월 15일 강력한 반대운동을 폈다. 결의문을 정부에 전달하는 총대위원이 된 이승만은 〈독립신문〉과 함께 〈제국신문〉의 주필로서 용병문제에 대한 신랄한 비판을 전개했다. 고종은 1년치 고용비를 주고 용병들을 그대로 출국시킬 수밖에 없었다.

용병사건과 맞물려 김홍륙(金鴻陸)의 독차(毒茶)사건이 터져 고종이 궁지에 몰리게 되었다. 아관파천(俄館播遷) 때 러시아 공사의 통역으로 있으면서 고종의 신임을 얻게 된 김홍륙은 러시아 측의 비호를 등에 업고 갖은 전횡과 횡포를 부렸다. 러시아 세력이 퇴조하는 틈을 타 고종은 그를 흑산도로 유배했다. 앙심을 품은 김홍륙이 심복을 시켜 고종 부자가 마시는 커피에 아편을 넣어 독살시키려던 사건이 독차사건이다. 문제는 이 사건 조사과정에서 김홍륙 등이 심한 고문을 받았고 대한제국이 이미 폐지된 나륙법(拏戮法: 죄수를 참형하는 옛 제도)과 연좌법(緣坐法)을 부활시키려는 데 있었다. 독립협회는 고문사실을 규탄하고 나륙법 등의 부활에 반대하는 운동을 펴면서 세 차례나 상소를 올렸다.

10월 10일경에는 시내 상인들, 12일에는 학생들까지 독립협회가 주도하는 정권교체 캠페인에 참여했다. 집회의 규모가 커지면서 압력이 거세지자 고종은 수구파 7대신을 면직시키고 독립협회가 지지하는 박정양(朴定陽)을 수반으로 개혁파 정권을 등장시켰다. 전제국가인 조선에서 민주주의적 하의상달(下意上達) 방식으로 개각을 실현시킨 기적 같은 일이 일어난 것이다. (신용하)

독립협회는 박정양 내각이 들어선 다음 날인 10월 13일, 의회(議會) 설립을 위한 요청공문을 정부에 보냈다. 내각도 협회의 연석회의 요구에 응하는 등 협조 자세였다. 그러나 의회설립이 빠르게 추진되는 것을 원치 않던 고종이 생각을 바꾸면서 친러파 조병식(趙秉式)을 의정부 참정에 기용하는 등 내각을 교체해버리고, 독립협회가 다른 곳에 가서 집회를 할 수 없다는 이차(離次) 개회 금지조치를 내려 독립협회활동을 원천봉쇄하려고 했다.

독립협회는 다시 대규모 집회를 열고 철야시위를 통해 조병식 내각을 규탄했다. 10월 23일 다시 마음을 바꾼 고종은 박정양을 의정부 참정(參政)으로 승진시키고 중추원(中樞院) 의장에 한규설(韓圭卨), 부의장에 윤치호를 임명하여 중추원 관제를 개정케 했다.

독립협회는 관선 25명, 민선 25명 등 의관 50명을 두는 중추원 관제 개정안을 정부에 냈다. 10월 28일 역사상 처음으로 관민(官民) 공동회가 열렸다. 이날 대회에서 유명한 "헌의(獻議) 6조"라는 국정 개혁 강령이 결의되었다. 그 내용에는 전제 황권의 공고화, 외국에 대한 이권 양여나 조약체결 등에는 각각 대신과 중추원 의장이 합동으로 서명날인 등이 주 내용이었다.

내각은 '중추원 신관제'를 선포했다. 그러나 이 신관제는 빛을 보지 못했다. 위기를 느낀 수구파들이 윤치호가 대통령이 되려는 음모라고 모함하고, 고종이 확인절차도 없이 독립협회 간부 20명을 체포하라고 명령하여 사태가 급전직하 되어버렸다(오인환). 이를 항의하는 이승만 등이 배재학당 학도를 중심으로 경무청 앞에서 벌인 항의집회에는 각계각층의 시민들이 합세했다. 철야시위로 연이어 군중이 가세하는 등 기세가 올랐다. 경찰로 군중해산이 어렵다고 본 수구파들은 군대를 동원하려 했다. 그러나 영국 공사와 미국 공사가 강력하게 반대하는 바람에 군대동원을 포기했다. 철야농성이 6일째 이어지던 11월 10일 고종은 윤치호를 무고하는 내용의 익명서(일종의 대자보)를 조작했던 조병식, 민종묵을 해임하고 군부대신 유기천을 좌천시키는 한편, 체포된 독립협회 임원 17명을 모두 석방했다. 그러나 이승만 등은 협회를 모함한 조병식 등의 공개재판 회부 등을 외치면서 철야 대중집회를 계속 강행했다.

수구파들은 독립협회 세력에 대응시키기 위해 급조한 전국 보부상(褓負商) 모임인 황국협회 회원들을 동원해 맞불작전에 나섰다. 11월 21일 김영수, 홍종우 등이 지휘하는 황국협회 회원 2천여 명이 몽둥이를 들고 17일째 철야농성 중인 만민공동회를 기습, 해산시켰다. 그러나 다음 날 분노한 군중들이 가세해 더욱 규모가 커진 만민공동회 집회가 다시 열리게 되었고, 당황한 고종은 회장 윤치호를 불러 자진해산을 종용했다. 그러나 이승만 등 과격파들은 이미 회장의 말을 듣지 않는 고삐 풀린 말 같았다.

연일 계속되는 시위를 심각하게 본 고종은 11월 26일에는 자신이 직접 사태수습에 나섰다. 경운궁의 돈례문(敦禮文) 군막에 나가 각 부대신과 외국사절들을 참여시킨 가운데 먼저 만민공동회 대표 2백 명을 만나 독립협회의 부활, 헌의 6조의 실시 등 공동회의 요구를 대체로 받아들이고 해산을 종용했다.

고종은 11월 29일 약속대로 중추원을 새로 구성했다. 그러나 중추원 구성이 독립협회와 만민공동회 쪽이 17명인 데 비해 황국협회 쪽 16명, 황제직속 17명으로 수구파가 일단 의결권을 확보하게 만들어 놓았다. 이승만은 종 9품의 의관으로 임명되어 중추원에서 두 번째로 젊은 나이였다.

그런데 중추원을 개원하면서 정부고관에 임명할 인망 있는 인재 11명을 천거한 것이 엉뚱하게 탄압의 빌미가 되었다. 독립협회 소속 최정덕이 이승만의 동의를 받고 민영준, 민영환, 이중하, 박정양, 한규설, 윤치호, 김종한, 박영효, 서재필, 최익현, 윤용구 등 11명을 천거하자고 제안, 의결을 거쳤다. 개혁파와 보수파를 망라한 인망 있는 인물을 고른 것이었으나, 박영효를 포함시킨 것이 사단을 불러일으켰다.

갑신정변 때 고종의 심복들을 죽이고 일본에 망명했던 박영효는 10년 뒤 일본을 등에 업고 귀국해 갑오개혁(甲午改革)을 주도했고, 민비(閔妃) 축출음모를 꾸몄다가 다시 일본으로 망명했다. 그 뒤 친일세력을 배후에서 조종하며 독립협회 활동에도 영향력을 끼치고 있었다. 항간에는 그가 황제를 폐위시키고 대통령이 되려 한다는 풍문이 나돌고 있었다. 그런 박영효를 천거한 데 대해 격노한 고종은 군대를 동원해 만민공동회 집회를 강제해산시키고 불법화 조치했다. 독립협회도 해산되었다. (신용하)

한 학자에 의하면 독립협회, 만민공동회의 주도세력은 온건세력과 강경세력으로 양분되어 있었다. 윤치호, 남궁억 중심의 온건세력은 고종을 구심으로 삼아 점진적 개혁을 추진해야 한다는 노선이었고 고종의 신임도 받았다. 그러나 박영효를 배후에 둔 안경수, 정교(鄭喬) 등 강경세력은 무능한 고종을 퇴위시키고 유능한 관료 중심으로 권력구조를 개편해야 한다는 입장이었다. 강경세력은 배후에 박영효의 정치적 야심이 있고, 일본과 직·간접으로 연관이 있는 등 동기가 불투명한 것이 문제였다. (주진오)

박영효의 일본인 동지인 쓰네야 모리후쿠(恒屋盛服)가 윤치호에게 박영효의 송환을 제의해달라고 요청했다가 거절당한 것도 이때였다. 박영효의 심복, 이규완 등은 거액의 돈을 가지고 일본에서 돌아와 독립협회 열성회원에게 접근했고, 이승만도 최정덕과 함께 포섭되어 박영효의 귀국운동에 동참했다.

이승만은 "자제하라"고 민영환(閔泳煥)으로부터 경고를 받았으나 중추원 설립이 예봉(銳鋒)을 피하기 위한 고종의 눈가림이라고 보아 "고루한 완고파를 윗대가리(중추원 의장을 말함)에 앉히고 억누르려 할 것이 아니라 차라리 일본에 망명한 박영효라도 데려다가 앉히라"고 주장하기에 이르렀다. 이승만의 그러한 주장을 전해들은 고종이 "이승만이 참으로 맹랑한 놈이다"라고 못마땅해했다는 걸 보면 일이 몹시 이상하게 꼬이고 있었다. (서정주)

뒷날 이승만은 "여러 망명객들이 일본에서 돌아와 돈을 물 쓰듯이 썼다. 나는 당시 너무 어리고 천진난만하여 그들의 돈이 어디서 나왔는가 하는 생각을 못했는데, 뒤에 그들이 미국 영향 아래 있는 한국지도자들을 자기네 쪽으로 끌어들이려고 애쓰고 있다는 사실을 깨달았다. 나는 대동합방론(大東合邦論)을 주장하는 사람들과 여러 번 비밀회동을 한 일이 있다"고 회고했다(손세일). 박영효 지지세력에게 이용당했음을 인정하는 셈이다.

박영효 추종자들은 친위대를 끌어들여 고종을 경복궁으로 강제 이어(移御)시키고 황위를 황태자에게 넘기게 한 뒤, 박영효를 귀국시켜 새 정부의 조직을 맡긴다는 음모를 진행했다. 그러나 사전에 발각되어 일당이 체포되었고, 조사과정에서 이승만의 이름이 나와 체포령이 내렸다. 이승만이 그 뒤 재판에서 음모관련 부분에 대해 무죄판결을 받고 새로운 범죄사실이 추가되지 않은 것을 보면 박영효 지지세력에 깊이 개입된 것 같지는 않다.

이승만이 택했던 과격노선은 크게 볼 때 전망이 어두울 수밖에 없었다. 국내정치의 관점에서 볼 때 고종이 용인하는 한계점에 와 있었다. 고종은 변해야 하는 세상이 왔다는 대세를 어느 정도 인정하고 있었고, 그러한 인식 아래서 개혁을 주창하는 독립협회와 만민공동회를 다루었다. 그러나 독립협회가 점차 강경노선으로 치닫고 권력이양까지 요구하자 강권을 발동하게 되었다.

열강과의 관계에서도 독립협회의 강공은 악재였다. 독립협회의 공격 때문에 피해를 본 러시아는 말할 것도 없고, 독립협회의 압력단체로서의 잠재력을 인식한 일본은 독립협회가 러시아를 공격하던 초기 단계 때 호의를 보이던 태도에서 군대동원을 강권하는 자세로 돌변했다. 그것은 독립협회가 대중동원을 통해 대한제국의 안정을 뒤흔들 경우 임오군란, 갑신정변, 갑오농민 봉기 때처럼 외국군의 진주라는 악몽을 되살릴 가능성도 있다는 것을 의미했다.

김옥균(金玉均)이 1884년 일으킨 갑신정변은 민중의 지지를 전혀 받지 못했고 서울에 주둔 중인 청나라 군대의 존재와 역할에 의한 변수가 실패요인이었으나, 보다 근본적인 원인은 처음에 정변세력에 동조하던 고종이 변심하면서 등을 돌렸다는 데 있었다. 15년 뒤 독립협회와 만민공동회가 마주친 내외상황도 비슷했다. 일본 등 주변열강의 개입가능성이 더 높아졌고, 대한제국을 선포하고 황제가 된 고종의 신임을 받는 문제는 유동적이었다. 1~2만 명 규모의 민중의 지지를 확보(선동에 의해 동원한 것이나) 한 것이 유일하게 나아진 여건이었다.

특히 일본의 한반도 침략야욕이 노골화되었기 때문에 다시 실패하지 않으려면 고종과 독립협회, 즉 관(官)과 민(民)이 힘을 합쳐 구국의 활로를 찾아야 했다. 독립협회는 당시 개화사상으로 무장한 새로운 엘리트들이 주도하는 가운데 전국적으로 조직을 확대하고 있었고 대중을 선동할 웅변가와 언론매체(〈독립신문〉, 〈황성신문〉)를 확보하고 있었다. 또 해외여론에 호소할 수 있는 영문판 자매지 〈인디펜던트〉(Independent)도 운영했기 때문에 고종에게 큰 힘이 될 수 있었다.

개혁의 필요성을 인식한 고종이 나름대로 구본신참(舊本新參: 종래의 군주제를 강화해 유지하고 서양식 부국강병과 신산흥업을 추진한다)의 개혁정책을 펴고 있었기 때문에 윤치호, 남궁억 등의 온건노선과는 공감대를 형성할 수가 있었다. '점진적 개혁'을 함께 추구해 갈 수도 있었을 것이다.

그러나 이승만 등 젊은 과격파들이 박영효를 배후에 둔, 고종을 축출해야 한다는 강경노선의 영향을 받아 모험주의적 대중선동 행위로 치닫다가 결국 군대를 동원한 고종의 탄압을 자초했다. 대한제국이 1~2만 명 규모의 대중집회의 압력에 굴복하거나 붕괴될 수 있는 것이 아닌 데다가 그동안은 외국공사들의 압력 때문에 군대동원을 자제했던만큼 과격노선은 엄밀히 말해 처음부터 승산이 없었다(오인환). 독립협회와 만민공동회가 치밀한 장기전략을 세우지 않았고, 윤치호 등 지도부가 과격파를 제어할 수 없었던 것과 젊은 이승만의 영웅주의가 대사를 그르친 원인이었다고 할 수 있다.

그러나 이승만 개인으로는 성공한 측면이 있다. 독립협회 회장 윤치호나 강경파의 정교(鄭喬) 등이 남긴 기록이나 당시 신문보도를 종합하면 이승만은 당시 서울에서 유명한 인물이 돼 있었다(이정식). 또 그가 보여준 대중조작(大衆操作)의 힘은 전설적인 명성의 원천이 되었다. (손세일)

이승만, 감옥행이 오히려 대성(大成) 발판 쌓게 해

이승만은 독립협회가 해산된 뒤 남대문에 있는 제중원 원장 에비슨(Oliver R. Avison)의 집에 피신했다가 체포되었다. 이승만은 박영효 중심의 혁신내각을 세우려는 쿠데타 음모에 가담한 혐의로 체포령이 내려 있었다. 그럼에도 방심하고 1899년 1월 9일 미국인 의료선교사 셔먼(Harry C. Sherman)의 통역 일을 봐주려고 외출했다가 순찰 중이던 별순검(別巡檢)에게 붙들려 한성감옥에 수감되었다.

이승만이 체포되자 함께 가던 셔먼을 비롯한 미 선교사들이 알렌(Horace N. Allen) 공사에게 조속한 석방을 교섭해달라고 요청하는 한편 조선조정에도 석방을 요구했다. 외부대신 박제순(朴齊純)은 재판이 끝나지 않았기 때문에 석방할 수 없다고 회답했다. 알렌은 계속해서 경무청 고문관인 스트리플링(A. B. Stripling)에게 이승만을 특별히 살펴주도록 부탁까지 했다(손세일). 이승만은 조금만 참고 기다리면 석방될 수도 있었으나 감방동료 두 명과 함께 탈옥을 시도하다가 다시 붙잡히는 바람에 옥중생활이 5년 7개월로 늘어나게 되었다. 이승만은 재판에서 역모혐의는 증거가 없어 무죄가 되었으나 탈옥의 종범(從犯)으로 인정되어 사형은 면한 대신 태(笞) 1백 대와 종신징역에 처해졌다.

이승만은 타고난 건강 체질이었고, 성격은 어머니를 닮아 낙천적이었다. 인내심과 뚝심도 남다르다는 게 감옥에서 드러났고 일생을 통해 실증되었다. 이승만은 체포된 직후 목에 10kg짜리 형틀을 쓰고 앉아서 24시간을 버텨야 하는 고통을 겪었다. 역모혐의가 있었으므로 조사과정에서 모진 고문을 받았다. 1939년에 가서야 붓글씨를 다시 쓸 수 있었고, 그때 받은 고문의 후유증으로 초조하거나 화가 날 때는 손가락을 입에 대고 부는 버릇이 생겨 일생 동안 이어졌다.

역모죄는 대부분 사형이어서 사형을 각오하고 있었다. 사형을 선고할 재판을 기다리면서 옥중에서 기독교로 개종(改宗)했다. 독실한 신앙심이 심신이 튼튼한 이승만을 더욱 강하게 만들었다.

당시 한성감옥은 겨울에는 한없이 춥고 여름에는 끝없이 더운 곳이었다. 하루 두 끼의 잡곡밥과 소금죽만 주는 열악한 식사로 영양실조가 되고. 대소변 냄새와 촘촘히 들어선 죄수들의 체취가 뒤섞여 견딜 수 없는 악취가 났다. 이, 빈대, 벼룩 등 물것이 들끓고 전염병(콜레라)이 돌았을 때 무더기로 죄수들이 죽어가는 등 위생 부재의 지옥이었다.

이승만은 선교사들이 차입해 준 성경, 역사서 등 신간서적 수백 권을 읽었고 미국의 유명한 잡지 〈아웃 룩〉(Out Look) 등 정기간행물과 미국 신문도 열심히 탐독했다. 이승만은 청·일전쟁사인 《중동전기 본말》(中東戰紀本末)과 윌리엄 스윈턴의 《세계사》, 유길준의 《서유견문》(西遊見聞)도 정독했다. 이제 이승만은 밖에 있는 사람들보다 세계정세와 시사(時事)에 더 밝을 수 있었고, 만민공동회의 과격파로 활동할 때보다 한반도를 둘러싼 국제정세에 대해 안목이 더 넓고 깊어졌다.

이승만은 수감생활 2년째인 1901년 2월부터 1903년 4월 13일까지 옥중에서 27개월 동안 〈제국신문〉의 논설을 써서 부패·무능한 관리들을 비판하고 몽매한 민중을 계몽하려고 노력했다. 그가

옥중의 동지들과 중죄수 복장을 한 이승만(왼쪽 첫 번째).

옥중 집필을 할 수 있었던 것은 국내외 인사들의 비호가 영향력을 발휘해서였겠으나 기본적으로는 당시 감옥의 행형(行刑) 관리가 엉성했기 때문이었다.

이승만은 논설집필뿐 아니라 자신이 읽은 《중동전기 본말》을 《청아전기》로 번역(하와이에서 1917년 출판하게 되었다)했고, 한국 최초의 본격적인 《영한사전》 편찬도 시도했다. 1904년 러·일 전쟁이 터지자 그때까지 〈제국신문〉에 기고했던 논설들을 6개월 사이에 대거 보완해 《독립정신》이라는 책을 저술했다. 이승만의 대외관과 정치사상을 집약한 이 책은 김구의 《백범일지》에 비교되는 명저(名著)라고 일부학자들에게 평가받고 있다.

이승만의 옥중 학습에서 가장 돋보인 것은 크게 향상된 영어실력이다. 그는 선교사들이 차입해 준 영문 잡지들을 교재 삼아 영어단어와 문장을 외우는 고전적인 영어독습법으로 큰 효과를 보았다.

미국 유학 때 미국인보다 고급영어를 쓴다는 평을 받았던 윤치호가 "감옥에 있는 동안 영어가 크게 향상되어 영어로 말할 수 있고 좋은 글을 쓸 수 있게 되었다"라고 이승만을 높게 평가할 정도였다.

이승만은 옥중에서 학교를 만들어 죄수들을 가르치는 일도 했다. 그 일은 당시 감옥서장 김영선(金永善)이 이승만 후원자들의 영향을 받기도 했으나 시대를 앞서는 개혁정신에 공감하는 인물이어서 교화의 필요성을 역설한 이승만의 주장을 받아들여 주었기 때문에 가능했다. 소년수들에게 한글과 간단한 산술을 가르쳤고, 성인반을 만들어 어른 죄수들에게도 영어, 지리, 문법, 성경 등을 가르쳤다.

이승만은 40여 명의 죄수와 옥리까지 기독교로 개종시키는 전도도 했다. 당시 한성감옥에는 40여 명의 정치범이 잇달아 입소했는데, 대부분 양반출신이었고 몇몇은 고위관리 출신이었다. 이승만이 개종시킨 죄수들을 보면 독립협회 부회장 이상재(李商在)는 종2품(차관급)으로 의정부 참찬을 지낸 고위관료 출신이었고, 이원긍(李原兢)도 종 2품에 대제학, 법무협판을 지낸 선비였다. 유성준(兪星濬)은 《서유견문》을 쓴 유길준의 동생으로, 내무협판 출신이었다. 김정식은 경무관이었고, 이승인(이상재의 아들), 홍재기, 안국선 등은 군수였다.

이들은 최초로 기독교로 개종한 유림(儒林)의 선비들이었고, 독립운동에 관계했으며 강력한 이승만의 지원세력이 되었다. 그중 이상재는 신간회(新幹會) 회장을 맡는 등 독립운동계의 지도자로 큰 역할을 했고, 이승만의 열렬한 지지자로 상해임시정부의 초대 대통령이 될 때도 결정적으로 기여했다.

《독립정신》은 역저(力著)

조선시대의 구식한글로 쓰인 이승만의 《독립정신》을 현대의 한글로 정리한 김충남(金忠男)은 이 책이 그의 정치철학이 얼마나 심오하고 포괄적이며 실천적인지 알 수 있게 해주는 역저(力著)라고 평가했다. 그것은 이승만에 대한 재평가를 국내외에서 앞장섰던 유영익(柳永益), 로버트 올리버(Robert Oliver) 등이 지적한 "갑신정변에서 비롯된 개화론이 민족주의로 체계화되는 전환점을 제공한 기념비적 저서", "한국 근대화운동의 성서"라는 평가와 맥을 같이한다. 이승만의 정치철학이 갖는 핵심은 나라의 독립을 수호하는 것이고, 한국 최초로 민주주의와 민족주의 사상을 체계화하고 있다는 지적이다.

《독립정신》은 52개 제목으로 구성되어 있고, 10번째 제목까지는 조선을 폭풍을 만나 침몰하는 배에 비유하며, 나라의 독립을 지키기 위해 국민이 깨어나야 함을 강조하고 국민각자가 해야 할 노력을 논하는 등 계몽적 내용이다.

다음 11개 제목은 몽매한 일반백성들을 계몽시키기 위한 것으로, 지구를 포함한 태양계, 세계의 지리와 인종, 문명에 대해 소개한다. 정치제도를 전제정치, 입헌군주 정치, 민주정치의 3가지로 구분해 그 장단점을 설명하면서, 오랜 전제정치에 익숙한 아시아 국가에서는 입헌군주제도가 적합할 것으로 보았다. 책의 나머지 절반 정도는 조선의 대외관계 등에 대해 광범위하게 논의한다. 미국의 독립역사를 소개하고 미국에 대한 호감을 강조하고, 프랑스혁명이 성공하게 된 배경과 경위도 설명했다.

한 학자는 이승만에게 있어 서구화의 핵심은 미국화를 의미했고, 외교의 주 대상도 미국으로 설정되었다고 지적하고, 자신의 기독교·서구지향적 국가관과 결합되면서 외교독립노선으로 이어졌다고 보았다.(정병준)

밀사·유학의 두 가지 목표로 미국에 가

옥중의 이승만은 1904년 8월 9일, 29세의 나이로 석방되었다. 종신형을 받았던 그는 두 차례의 감형 끝에 고종의 재가로 감옥을 나와 가족의 품으로 돌아갈 수 있었다. 그는 출감 뒤 동갑내기인 평민 출신 전도사 전덕기(全德基)가 이끄는 상동(尙洞)청년회와 함께 10월 15일 상동학원을 설립, 첫 번째 교장이 되었다. 이 학교는 그 뒤 안재홍(安在鴻)이 "개화기에 진정한 교육을 지향했던 유일한 사립 중등학교였다"고 높이 평가한 학교였다.

그러나 이승만은 20일 뒤 미국으로 떠나게 된다. 대한제국이 러·일전쟁에 휘말리면서 일본의 침략이 노골화되자 개혁파인 민영환(閔泳煥)과 한규설(韓圭卨) 등 고종 측근 대신들이 그를 개인적 밀사(密使)로 미국에 파견한 것이다. 이승만의 임무는 러·일전쟁의 강화회의 때 미 대통령과 국무장관에게 1882년에 체결된 조미(朝美)조약의 "거중조정조항"(Good offices)에 따라 한국독립을 도와 달라고 청원하는 일이었다.

이때 이승만은 밀사의 임무가 끝나면 미국에 남아 공부할 생각이었다. 멘토였던 서재필의 강력한 유학 권고도 잊지 않고 있었지만 언더우드, 아펜젤러 등 미 선교사들이 열심히 권했다. 선교사들은 한국의 독립을 위해서는 강대국 상대의 외교가 필요하고, 영토적 야심이 없는 미국이 가장 신뢰할 수 있는 상대이니 미국을 배우는 일이 우선이 될 것이라고 설득했다(서정주). 미국 공사 알렌을 제외한 선교사 전원이 미국 교회지도자들이나 저명인사에게 이승만을 소개하고 도움을 청하는 추천서를 19통이나 써주었다.

이승만은 1904년 11월 4일 서울을 떠나 일본 시모노세키, 고베에서 정박한 뒤 11월 17일 대형여객선 사이베리아호를 타고 태평양을 건너 11월 29일 호놀룰루에 도착했다. 이승만은 미 대륙 횡단열차를 타고 12월 31일 목적지인 워싱턴으로 가서 대미외교를 시작할 수 있었다.

그는 전 주한 공사였던 딘스모어(Hugh A. Dinsmore) 상원의원을 만나 국무장관 헤이(John M. Hay)를 만나게 해달라고 부탁했고, 그의 소개로 1905년 2월 20일 면담일자가 잡혔다. 이승만은 헤이 장관에게 한국에 대한 미국의 문호개방정책(Open door policy)을 청원했다. 헤이는 중국에 대한 문호개방정책을 통해 열강의 통상기회의 균등과 중국의 영토보전을 강조, 일본 등 열강에 의한 중국분할을 방지한 것으로 유명해진 인물이었다. 한국에 대해서도 그러한 정책을 쓰게 해달라는 것이었다.

헤이 장관은 즉석에서 한국에 대한 조약상의 의무를 다하도록 최선을 다하겠다고 약속했다. 이승만은 기쁨에 들떠 본국의 민영환과 한규설 앞으로 자세한 면담보고서를 보냈다. 그러나 몇 개월 뒤 중병에 걸린 헤이는 건강을 회복하지 못하고 7월 1일 사망했다. 모처럼 올린 이승만의 외교성과는 물거품이 되었다.

이승만은 5개월여가 지난 1905년 8월 4일 오후 3시 시어도어 루스벨트 대통령도 만날 수 있었다. 우연한 기회가 그런 행운을 갖다주었다. 루스벨트는 1905년 7월 러·일 전쟁 강화회의를 포츠머스에서 개회한다고 발표하고, 헤이 장관이 죽은 뒤 국무장관 서리직까지 맡게 되는 심복인 육군장관 태프트(William H. Taft)를 아시아 순회에 나서게 해 일본, 필리핀을 방문케 했다. 미국은 러시아 해군이 일본 해군에게 동해에서 전멸당하는 것을 보고 식민지 필리핀 방어에 불안을 느끼기 시작했고, 전쟁수행 능력에서 한계에 와있던 일본은 조속한 종전을 위해 미국의 지원이 절실한 때였다.

나중에 대통령이 되는 야심가 태프트 장관은 상하의원, 군 장성 등 80여 명, 루스벨트의 딸 엘리스(Alice), 약혼자인 하원의원 롱워스(Nicolas Longworth)가 포함된 방문단을 이끌고 첫 기항지인 호놀룰루에 도착했다. 하와이 한국인들이 환영행사를 펼쳤고, 태프트는 하와이 감리교회의 감리사 와드먼(John W. Wadman)의 소개로 한인 대표 윤병구를 만나 루스벨트를 만날 수 있게 소개장을 써주었다.

이 소개장을 가지고 이승만과 윤병구는 8월 5일 오후 뉴욕 롱아일랜드의 오이스터베이(Oyster Bay) 소재 하계백악관에서 루스벨트 대통령을 만났다. 루스벨트는 청원서를 한번 훑어보고는 "이 청원서를 정식 외교경로를 통해 제출한다면 강화회의에 제출하겠다"라고 약속했다. 그러나 대통령의 그 약속은 외교적 수사로 그냥 한 말에 지나지 않는 것이었다.

아시아 순방길에 일본에 들른 태프트 장관을 맞은 일본수상 가쓰라(桂太郎)는 "일본이 필리핀을 공격하지 않는다는 조건 아래 일본의 한국 지배를 미국이 허용한다"는 내용의 이른바 "태프트-가쓰라 밀약"을 서둘러 맺었고, 보고를 받은 루스벨트 대통령은 7월 31일 이를 재가해서 일본에 통보했다. 그러면서 천연덕스럽게 5일 뒤 이승만을 만나준 것이다. (정병준)

루스벨트가 '일본의 한국 지배'를 약속한 지 며칠 지나지도 않은 시점에 외교적 수사까지 써가며 정식 외교관도 아닌 이승만을 왜 만나주었는지에 대해서는 경위가 밝혀져 있지 않다.

리홍장이 만든 '거중조정' 이승만까지 활용

'거중조정'이 든 조 · 미(朝美) 조약을 만든 인물은 청나라 직예총독 겸 북양대신으로 사실상의 재상이던 리홍장(李鴻章)이었다. 그는 1875년 9월 20일 일본이 군함 운요호를 파견해 강화도사건을 일으킨 다음 조선 정부를 상대로 조약 체결을 강요하고 있을 때 청나라가 반대하지 않는다는 지침을 보내 강화도조약이 햇빛을 보게 하는 역할을 맡았다.

당시 리홍장은 중앙아시아에서 남진(南進)하려던 러시아가 영국에 의해 저지되자 방향을 돌려 동북아시아 쪽으로 진출을 시도할 것으로 예측하고, 일본과 함께 이를 막아야 한다는 연일방아론(聯日防俄論)의 입장에 있었기 때문에 조선도 일단 쇄국정책에서 벗어나야 한다고 보고 있었다.

그러나 조 · 일(朝日) 강화도조약의 제 1조는 의외로 "조선은 자주독립국이고, 일본과 동등한 권리를 갖는다"였다. 일본은 전통적인 중화(中華)의 조공체제를 부정한 다음 청나라의 보호권을 벗어난 조선을 공략한다는 속셈이었다. 일본의 그러한 외교술수를 간파한 리홍장은 그에 대한 대응책으로 조선과 미국 사이에 조 · 미 조약 체결을 주선하고 나섰다.

리홍장이 조선은 오래전부터 중국의 속방이었다는 '속방 조항'을 조약에 넣어야 한다고 검은 속을 드러냈으나 6년 전 강화도조약 때처럼 아무런 준비가 없었던 조선은 이의가 없었다. 반대하고 나선 쪽은 미국 대표인 슈펠트 제독이었다. 그 조항을 넣으면 미국은 청나라의 일개 속방과 조약을 맺는다는 결과가 나오기 때문이다. 리홍장이 간접적으로 표현하는 선으로 양보했다.

이때 잇단 자국의 열강과의 불평등조약 때문에 국제공법에 대한 이해가 높았던 리홍장이 조 · 미 조약에 '거중조정 조항'(Good offices)을 넣어야 한다고 주장하고 나섰다. 조선과 다른 나라 사이에 분쟁이 생겼을 때 미국이 끼어들 수 있는 근거를 두어 러시아와 일본을 견제하자는 포석에서였다. 조선이 금이 많고 물산이 풍부한 나라라고 믿고 개국의 공을 세우려던 슈펠트가 동의, 조약 제 1조에 그 규정을 두게 되었다.

그 규정은 국제법상 개입(Intervention)이나 동맹(Alliance)보다 하위개념으로 기속력(羈束力)도 없었다. 그러나 한국에게는 강대국과 맺은 유일한 외교무기이기도 해서 고종이 적극적으로 활용하려 했던 것이다. 미국은 번번이 적당히 응대했다.

조 · 미 조약이 체결된 지 72년 만인 1953년 대한민국 건국대통령이 된 이승만은 한국이 피침을 당했을 때 미국의 군사지원을 규정한 훨씬 업그레이드된 한 · 미 상호방위조약을 체결했다.(오인환)

한편 이승만과 윤병구는 워싱턴의 한국공사관을 찾아가 청원서를 제출하자고 공사 김윤정 (金潤晶) 에게 요청했으나 거절당했다. 대한제국이 곧 망할 것이라고 내다보고 일본공사관과 내통하던 김윤정은 "본국 정부의 훈령 없는 일을 할 수 없다"고 끝내 움직이지 않았다. 루스벨트 대통령과의 면담도 헛수고가 되고 말았다.

그러나 대미 (對美) 독립외교는 실패했지만 이승만 개인의 명성은 더욱 높아졌고, 30세의 백면서생이던 그가 미국의 상원의원, 국무장관, 대통령과 만나 한국의 독립문제를 다룬 경험은 독립운동 지도자로 성장하는 강력한 배경이 됐다.

이승만은 첫 대미 독립외교에서 미국이 조·미 조약상의 '거중조정조항'을 활용해달라고 요청한 데 이어 그 뒤에도 독립운동을 하면서 기회가 있으면 그 조항을 활용했다. 그 조항을 대미외교에서 가장 많이 쓴 인물은 고종이었다.

5년 만에 초스피드로 학사·석사·박사 따내

외교임무를 마친 이승만은 1905년 2월 조지워싱턴대학에 입학해 2년 만에 학사학위를 받았고, 하버드대학의 석사학위와 프린스턴대학의 박사학위는 같은 해인 1910년 3월, 7월에 각각 취득했다. 조지워싱턴대학에 입학하도록 도와준 사람은 워싱턴 사교계에 큰 영향력을 가진 커버넌트 장로교회(The presbyterian church of Covernant)의 목사 햄린(Lewis T. Hamlin)이었다. 햄린은 이승만이 가지고 온 선교사들의 추천서를 읽어보고 유능한 전도사(傳道師) 감이라고 보았다. 그는 이승만을 한국공사관 법률고문이던 조지워싱턴대학 총장 니덤(Charles W. Needham)에게 소개했다.

대학 당국은 이승만의 배재학당의 학력을 인정해 학부 2학년에 편입시켜주었다. 이승만은 당시 32세의 만학도(晚學徒)였다. 그가 장차 목회자가 되는 것을 서약했으므로 등록금 전액에 해당하는 목회장학금이 주어졌다.

그의 조지워싱턴대학의 성적은 그리 좋지 못했다. 생활비를 벌기 위해 끊임없이 강연을 다녀야 했기 때문에 공부할 시간이 없었고 제대로 된 식사를 충분히 하지 못해 체력이 달렸기 때문이다. 학교당국과 교수들이 어려운 처지를 이해해 주어 2년 4개월 만에 학부를 졸업할 수 있었다.

대학을 졸업한 이승만은 한국에서의 선교활동에 필요하다며 하버드대학에 2년 내에 박사학위를 딸 수 있도록 해달라고 요청했다. 미국인 학생들도 4년 이상 걸리는 과정이었기 때문에 하버드대학은 박사과정에 입학하되 석사과정부터 밟으라고 답신했다.

이승만은 1907년 가을부터 1908년 여름까지 1년간 하버드 대학에서 공부했으나 석사학위를 받지 못했다.

이승만은 다른 대학으로 전학해 도전할 생각을 갖게 되었고, 서울에서 알게 된 북징로교 선교사 홀(Ernest F. Hall)을 우연히 만나 사정을 설명했다. 홀 역시 이승만의 장래성에 큰 기대를 걸던 사람이어서 적극적으로 자신의 모교인 프린스턴대학으로 전학하라고 권했다. 홀의 주선과 프린스턴대학의 호의로 2년 내 박사학위를 받게 해달라는 요청이 받아들여졌고 기숙사 무료의 특전도 받을 수 있었다.

당시 프린스턴대학의 총장은 바로 훗날 미국의 대통령이 된 윌슨(Woodrow Wilson)이었다. 만학도였던 이승만은 총장 윌슨과 프린스턴대학 중요 교역자들의 도움을 받으며 학업에 열중할 수 있었다. 그리고 1910년 7월 "미국의 영향을 받는 중립"(*Neutrality as Influenced by the United States*)이라는 제목의 논문으로 박사학위(정치학)를 받았다.

고등학교 등 정규학력도 없이 대학에 입학한 이승만은 최소 12년이 소요되는 학사, 석사, 박사과정을 5년 반 만에 이수했다. 그런 일이 가능했던 것은 새로운 강대국으로 부상하기 시작한 미국사회가 해외에 눈을 돌리기 시작했고 아시아 선교가 활발해지던 대세와 관련이 있었기 때문이다.

이승만은 유학 경비의 대부분을 교회나 YMCA에서 강연한 강연비와 이상재, 전덕기 등 국내인사들의 도움을 받아 해결했다. (유영익, 손세일, 정병준, 이한우)

이승만의 전시 중립론

이승만의 박사학위 논문("미국의 영향을 받는 중립")은 역작으로 인정되어 프린스턴대학 출판부에서 출간까지 했다. 제1차 세계대전 기간 중 공해(公海)상의 중심 문제가 국제 현안으로 부각되자 그 문제를 심층적으로 다룬 이승만은 '뛰어난 권위자'로 자주 거론되었다.

논문은 중립 제도의 역사적 변천을 다루었다. 제1장은 1776년 이전까지의 중립의 역사, 제2장과 제3장은 1776년에서 1818년까지의 미국과 유럽의 중립관행, 제4장과 제5장은 1818년부터 1872년까지의 시기 중 먼로주의 선포 등 주요 개별사건을 다루었고, 제6장은 요약 및 결론이다.

18~19세기 당시는 나폴레옹의 프랑스 제국에 맞서는 나라가 영국밖에 없었기 때문에 프랑스와 영국은 대서양을 포함한 전 세계 해역에서 끊임없이 전쟁 상태를 초래했다. 그리고 두 나라에 대한 수출에 크게 의존하는 미국은 중립을 선언했으나 피해가 많았다.

영국이 1805년 트라팔가 해전(海戰)에서 프랑스, 스페인의 무적함대를 격파한 뒤 제해권을 잡게 되자, 미국은 더욱 곤경에 빠지게 되었다. 프랑스는 미국의 생산물이 영국으로 가는 것을 원치 않았고 마찬가지로 영국은 프랑스로 가는 것을 바라지 않았다. 미국은 양국이 중립성을 인정해 줄 것을 설득하기 위해 지속적으로 자유주의적 입장을 설득시켜야 했다.

마지막 장에서 이승만은 미국이 중립법에 관한 한 깊고 넓은 영향을 끼쳤고, 다른 학문분야보다도 많은 발전을 가능케 공헌했다고 논증했다. 청·일 전쟁과 러·일 전쟁 때 대한제국의 국외 중립 선언이 무시되는 현장을 목도한 이승만은 그 뒤 외교나 국제정치상의 중립이 아니라 상업상의 중립 또는 교역상의 중립에 관심을 가지게 된 것으로 보인다.(조셉 커민스, 윤무한)

한 학자는 우리나라 법학계가 그만한 수준의 국제법 논문을 쓸 수 있었던 것은 1세대 이상의 시간이 지난 뒤의 일이었다고 평가했다.(박명림)

이승만, 왜 스티븐스 저격사건 통역을 거부했나

이승만은 1908년 7월 하버드대학에서 석사과정을 밟고 있을 때 콜로라도 덴버에서 열린 한국애국동지 대표자회의에 참가해 대회의 장으로 활동하고 있었다.

이승만은 이때 그해 3월 23일 샌프란시스코에서 발생했던 장인환(張仁煥), 전명운(田明雲) 의사로부터 미국인 스티븐스(Durham W. Stevens) 저격사건에 대한 재판에서 통역을 맡아달라는 요청을 받았다. 고급영어를 구사하는 한국인이 극소수였던 시절이기도 했지만 이승만은 재미동포 사이에서 이미 명성이 자자한 젊은이였다.

그러나 그는 "논문을 써야 하기 때문에 시간관계로 샌프란시스코에 오래 머무를 수 없다. 기독교도로서 살인자를 변호할 수 없다"면서 통역을 고사했다.

스티븐스는 루스벨트 대통령의 친구로 한국에 대한 미국의 거중조정조항을 무시하라고 루스벨트에게 충고한 장본인이고, 일본주재 미 공사관 참사관으로 일하다가 1904년 12월 대한제국의 외교고문으로 취임하게 된 거물급 친일파였다. 재정고문이 된 일본 대장성 주세국장 출신 귀족원의원 메가타 다네타로(目賀田種太郎)와 함께 일본 정부에 의해 추천된 것을 보면 대한제국 병탄(倂呑)을 위한 일본의 선봉대였다.

일본이 만주공략에서 독주하자 만주에 큰 관심이 있었던 미국에서 일본노동자 배척운동이 일어나는 등 반일(反日) 분위기가 일어나기 시작했고, 이에 당황한 일본 정부는 스티븐스를 귀국시켜 반일 여론을 진정시켜 보려 했다. 스티븐스는 일본의 을사늑약 체결을 합리화하는 친일발언을 하고 다녔고, 이에 격분한 장인환과 전

하버드대학 재학시절(1908). 앞줄 가운데가 당시 국제법을 담당하던 윌슨.

명운이 서로 아는 사이가 아니면서도 1908년 3월 23일 같은 장소에서 연이어 스티븐스를 저격, 숨지게 했다.

이 사건 재판은 한국과 일본이 미국에서 법정대결을 하는 듯한 양상으로 진행되었다. 일본은 이 기회에 한국인의 독립운동에 쐐기를 박아야 한다고 보고 당시로서는 거금인 5천 달러를 재판지원비로 내놓고, 일류변호사를 내세웠다. 이에 맞서 미국의 한인들은 후원회를 조직하고 재판비용으로 쓸 의연금을 모으기 시작해 8,568달러를 모았다. 미국의 저명한 변호사 3명이 무료변호를 하겠다고 나서기까지 했다. 그러한 상황에서 통역을 거부했으니 교포들은 이승만을 원망하거나 비판하는 분위기였다. (김원용, 김영한)

이승만은 4~5년 안에 어떻게 해서든지 박사학위를 딸 계획이었으나 하버드대학의 석사코스에서 발목이 잡혔다. 스티븐스 저격사건이 나면서 반한(反韓) 분위기가 강하게 일어나면서 그는 학교에서 외톨이가 되었다. 학생들은 그와 어울려 이야기 나누기를 꺼려 했고 그의 석사논문을 제출받은 담당 역사학 교수는 그를 만나는 것을 두려워한 나머지 언제 심사하겠다는 말도 없이 논문을 조수에게 맡긴 채 여름휴가를 가버렸다(이주영). 기차여행을 할 때도 대화를 꺼리는 등 백인들의 적의(敵意)를 느낄 수 있었다. 미국사회의 주류여론은 대낮에 백인을 사살한 한국인(동양인, 황인종)에게 분노하고 있었던 것이다. (로버트 올리버)

미국의 기독교계와 교육계의 지원을 받고 있고 또 박사학위를 취득할 때까지 도움을 받아야 하는 이승만으로서는 그러한 미국 주류사회의 분위기가 큰 부담이었을 것이다. 따지고 보면 통역과 학업을 병행시키는 것도 힘든 것이 사실이었다. 그 재판은 무려 280일간이나 이어졌고, 툭하면 공판이 연기되곤 했다. 미국 동부(워싱턴)에서 서부인 샌프란시스코를 오가자면 학업공백이 클 수도 있었다.

그런데 5년 뒤 이승만이 쓴 《한국교회 핍박》이라는 이름의 책(김두희)을 보면 통역거부의 다른 배경으로 읽히는 대목이 나온다. 이 책에서 이승만은 스티븐스 저격사건이나 안중근(安重根)의 이토 히로부미(伊藤博文) 암살사건 등 의열(義烈) 투쟁에 반대하는 견해를 밝히고 있다. 그러한 투쟁은 서양인, 특히 기독교인들의 동정을 잃을 뿐 아니라 일본의 탄압을 초래하는 빌미로 이용되어 무고한 한국 국민들이 피해를 본다는 것이다.

이승만의 이 같은 빌미론은 당시 그가 이미 무장투쟁 노선보다 외교독립 노선에 기울어져 있었음을 알려준다. 실력양성론 주창자인 윤치호의 빌미론과 발상이 비슷한 것이 특징이어서 양 노선의 공통점을 새삼 확인하게 된다. 한 걸음 더 나아가 당시 이승만이 가진 대일관(對日觀)의 강도도 알 수가 있다.

따지고 보면 이승만이 격렬한 반일 노선에 들어선 것은 3·1 운동이 일어난 1919년의 일이고 그 전에는 온건반일 노선이었다. 20대에는 한국의 개화파가 보인 공통적 현상처럼 백인국가와 싸우는 유일한 동양인으로서의 일본을 긍정적으로 평가하는 입장이었고, 105인 사건의 탄압에 쫓겨 망명했으면서도 대일 적개심의 강도가 그리 높지 않았던 것이다.

그 후 통역은 이승만과도 잘 아는 신석우(申錫雨)가 맡았다. 어쨌거나 장인환과 전명운을 도와주기를 거부한 것은 재미동포들의 비난을 받을 일이었고, 독립운동가로 일생을 보낸 이승만에게도 떳떳하지 못한 행적으로 남을 일이었다. (정병준)

스티븐스 사건, 미국 내 민족운동 통합계기 돼

스티븐스 암살 사건을 계기로 안창호(安昌浩) 등이 나서 1909년 미주 지역의 독립운동을 통합하는 '대한인 국민회'를 발족시켰고, 멕시코, 만주 및 연해주 지방에까지 지부를 두고 활동 지역을 넓혔다. 1919년 3·1 운동이 일어나자 대한인 국민회 중앙총회는 재미동포 전체 대표자 회의를 열고 독립운동 방침을 결의하게 된다.(연세대 국학연구원)

한편 재판에서 전명운은 무죄 평결을 받았고, 장인환은 변호사들의 활약에 의해 사형을 면하고 25년 금고형을 받았다. 모범수였기에 감형을 받고 10년 만에 석방되었다.

귀국했던 이승만, 다시 망명길에 올라

이승만은 1910년 7월 프린스턴대학에서 박사학위를 받고 귀국길을 택했다. 대한제국이 일본에 강제 합병되기 한 달 전이다.

그에게는 미국에 남아 독립운동을 하는 길이 있었고, 서재필처럼 귀화해 안락한 미국 중산층의 삶을 사는 길도 있었으나 고국행을 택했다. 이승만은 학위를 받기 전부터 이상재와 게일(James S. Gale), 언더우드 등 미 선교사들과 자신의 진로에 대해 상의했다. 결국 서울 기독교청년회(YMCA)의 한국인 총무를 맡아 일하기로 결심했고, 한국을 떠난 지 6년 만인 1910년 10월 10일 서울에 도착했다. 일본 육군대장 출신인 강경파 데라우치 마사다케(寺內正毅)가 초대 총독으로 부임해 헌병을 앞세운 무단(武斷) 통치를 펴기 시작할 때였다.

서울 YMCA는 이상재가 미국 선교사들과 함께 창설계획을 추진했고, 1903년 10월 28일 북미 YMCA 국제위원회가 파견한 질레트(Philip L. Gillet) 목사를 책임자로 하여 문을 열었다. 윤치호, 이상재 등 독립협회 이래의 지도자급 지식인들이 다수 참여했고, 유성식, 안국선 등 이승만의 옥중동지들이 가입해 요직을 맡고 있었다. 민족의식에 불타는 청년들이 전국에서 모여들었다. 귀국한 이승만이 쉽게 적응할 수 있는 여건과 분위기가 당시 YMCA에 형성되어 있었다. 이승만은 학생부, 종교부를 맡아 강연과 강의를 했고 성경과 국제법(만국공법)을 가르쳤다.

탁월한 강연솜씨로 단번에 명성을 올리게 되었고, 꿈 많은 청년들을 자극하는 우상(偶像)이 되었다. 자신의 멘토였던 서재필이 한 것처럼 후진들을 이끌어 주었다. 이승만과 함께 일하거나 차세대 지도자가 될 인물들인 임병직(林炳稷), 윤치영(尹致映), 허정, 이원순, 김영섭(金永燮), 정구영(鄭求瑛), 윤보선(尹潽善) 등이 당시 제자였다.

1911년 초여름 이승만은 YMCA 미국인 총무 브로크만(Frank M. Brockman)과 함께 전국순회 전도여행을 떠났다. 전국에 있는 기독교 학교들을 방문해 학생 YMCA를 조직하기 위해서였다. 37일 사이에 13개 선교부를 방문했고 33회의 집회를 열었으며 학생 7,535명을 만났다(정병준). 만민공동회 때 선동연설가였던 이승만은 이제 박사출신 전도사로서 청중을 사로잡는 솜씨가 더욱 숙련되었다.

귀국한 이승만은 동대문 밖 창신동에 있는 본가를 찾아 이미 74세의 고령이 된 아버지를 만났다. 아버지는 며느리 박승선(朴承善), 하녀 1명과 함께 어렵게 살고 있었다. 이승만은 1896년 연상인 박승선과 중매 결혼했고 아들 태산(泰山)을 두었다. 그러나 태산은 이승만이 워싱턴에서 공부하고 있을 때인 1906년 박용만이 데리고 와서 필라델피아의 양육시설에 맡겨져 있다가 2년 뒤 디프테리아에 걸려 사망했다. 당시 박승선은 시아버지 몰래 아들을 데리고 출국하려다가 신병 때문에 그만두고 아들만 박용만과 함께 도미하게 했다.

7대 독자인 손자가 만리타향에서 객사한 일 때문에 아버지 이경선은 박승선을 증오하게 되어 사이가 악화되어 있었다. 불같은 성미의 신식여성이던 박승선은 남편과 성격이 비슷해 자주 충돌했고, 처음부터 부부금슬은 좋지 않았다고 한다. 두 사람은 1912년 사실상 이혼상태로 있다가 헤어졌다.

이승만은 YMCA에서 일하면서 종교, 교육가로서 신중하게 처신했다. 그는 일본의 지배를 지지하거나 대항하지 않고도 살아갈 수 있을 것이라고 생각했다. 그렇지만 그것은 젊은이의 착각에 불과했다. 합병 이후 일본 총독부는 한국인의 정치, 사회단체들을 강제로 폐쇄시켰다. 그렇지만 미국 선교사가 운영하는 YMCA는 국제 여론 때문에 건드릴 수가 없었다.

명망 있는 한국의 지도자급 지식인들이 YMCA에 관계하고 젊은 지식인들의 참여폭이 전국적으로 퍼져나가자 맥을 끊기 위한 강권 발동에 나섰다. 일제경찰은 1911년 11월 11일 평북 선천(宣川)의 신성(信聖)학교 교사 7명과 학생 20명을 총독 암살미수 혐의로 검거, 서울로 압송했다. 데라우치 총독이 압록강 철교 개통식에 참석하고 서북지방을 시찰할 때 암살하려 했다는 혐의를 날조, 검거선풍을 일으켰다. 경찰이 처음 건드린 쪽은 평북이었으나 노리는 목표는 서울의 지식인 지도자들이었다.

모두 7백여 명이 검거되어 모진 고문을 받았고, 한국 기독교계의 지도자로 자리 잡던 윤치호를 비롯해 양기탁, 이승훈, 안태국, 임치정, 유동열 등 105명이 실형을 선고받았다. 주모자로 몰린 윤치호는 3년 형을 살아야 했다(사건 이름이 그래서 '105인 사건'이다).

이승만도 총독 암살미수사건 조작의 구체적 빌미를 제공했던 제2회 전국학생 하령회를 조직할 때 윤치호를 대회장으로 옹립하고 실무를 맡아 처리했기 때문에 중요 체포대상의 한 사람이었다. YMCA 미국인 총무 질레트와 때를 맞추어 한국에 온 일본 YMCA 지도자 모트(John R. Mott) 목사가 "이승만은 미국에도 잘 알려져 있는 만큼 그를 체포한다면 심각한 말썽이 빚어질 것이다"라고 총독부에 경고하는 바람에 체포를 면했다.

　미국 선교사들은 1912년 미국 미네소타주의 미네아폴리스에서 열리는 기독교 감리회 제4년 총회에 한국 평신도 대표로 참석한다는 명목으로 이승만이 출국할 수 있도록 주선했다. 이승만은 창신동 집을 저당잡혀 여비를 마련, 1912년 3월 26일 만 37세가 되는 생일날 서울을 떠났다. 기약 없는 망명길이었다.

미국 가는 길에 도쿄에 들러 한국유학생들과 회합

1912년 이승만은 미국 미네아폴리스에서 열리는 감리교 총회에 참석하기 위해 한국을 떠났다. 가는 길에 일본에 들러 3월 29일 도쿄에 도착했고, 그날 저녁 한국 YMCA 회관에서 67명의 한국 유학생들과 만났다. 후일 야당의 중진 정치인이 되는 백남훈(白南薰)이 사회를 보고, 상해임정에서 외무총장으로 활약하는 조용은(趙鏞殷: 趙素昻으로 널리 알려짐)이 환영 연설을 했다.

　당시 도쿄 한국 YMCA에는 조만식(曺晩植), 송진우(宋鎭禹), 이광수(李光洙), 안재홍(安在鴻), 신익희(申翼熙), 최린(崔麟), 김병로(金炳魯), 현상윤(玄相允), 이인(李仁), 전영택(田榮澤), 윤백남(尹白南), 김필례(金弼禮) 등 나중에 각계 지도자가 된 유학생 50~60명이 참여하고 있었다. 이들은 국제적 인물이 된 이승만을 열렬히 환영했고, 이들과의 짧은 만남이 1920~1930년대 이승만의 국내 기반의 기초가 된다. 이들 중 다수가 해방 뒤 한민당(한국민주당)의 주류를 이뤘다.

　4월 10일 미국을 향해 일본을 떠난 이승만은 5월 1일 기독교 감리회 4년 총회에 참석했다. 이승만은 이 회의에서 일부 대표들이 한국 감리교회를 중국 감리교협의회에 통합시키려는 움직임을 보이자 이를 저지하는 노력을 기울였다. 이승만은 은사였던 윌슨 박사를 세 차례나 만나 일본이 한국 기독교인들에 대한 박해(105인 사건 같은)를 즉각 중지하고 종교적 자유를 허용할 것을 요구하는 내용의 성명서에 동의 서명해 줄 것 등을 요청하기도 했다. 프린스턴대학 총장을 그만둔 뒤 뉴저지 주지사(知事)로 진출했던 윌슨은 민주당 대통령 후보로 출마해 지명획득전에 나서고 있었다. 학창시절 연애감정을 가지고 친하게 지냈던 둘째딸 제시 윌슨(Jessie Wilson)이 아버지와 이승만의 만남을 주선했다.

그러나 이미 윌슨은 더 이상 학자가 아니라 정치가였다. 이승만과의 사적인 우정을 위해 일본과의 관계에 영향을 주는 행동을 할 의사가 없었으므로, 제자의 요구를 정중하게 거절했다. 윌슨의 이와 같은 냉정한 자세는 그가 대통령이 된 뒤에도 계속되었다.

이승만, 하와이에서 독립운동 장기포석 깔아

이승만은 1913년 2월 3일 하와이 호놀룰루로 갔다. 1912년 5월 감리교총회 일정을 마친 뒤 여름에는 윌슨을 면담하면서 보냈고, 그 뒤 몇 달 동안 앞으로의 진로를 놓고 고뇌했다. 고국에 돌아가기는 어렵고 미국사회에 동화되기를 원치 않는 그에게는 박사학위 취득 때와는 또 다른 절박한 기간이었다.

그때 옥중동지이고 의형제이며 하와이에 정착해 있던 박용만(朴容萬)이 하와이에 와서 한인교육을 맡아 달라고 초청해, 이를 수락하게 된다. 이승만보다 6살 아래인 박용만(1881~1928)은 강원도 철원 태생으로 10대 때 일본에 유학했다가 돌아와 일제의 황무지 개척권 요구에 항거하는 운동에 참여했다가 투옥되었다. 한성감옥에서 이승만과 만나 의형제를 맺었다.

출옥한 박용만은 1905년 미국유학을 떠나면서 이승만이 옥중에서 지은 《독립정신》의 원고를 트렁크 밑에 숨겨 미국으로 반출했고, 이승만의 외아들 태산을 미국까지 데려오는 궂은일도 맡아 했다. 그는 1912년 네브래스카대학을 졸업한 뒤 '한인 소년병 학교'를 개설, 한인학도 30여 명에게 군사교육을 실시하기도 하면서 무장투쟁 노선에 들어갔다. 〈신한민보〉 주필로 일하면서 필명을 떨치기도 했다.

박용만이 이승만을 하와이에 오게 한 것은 이제 기틀이 잡히기 시작한 하와이 교포사회를 독립운동기지화하기 위해서는 이승만 같은 관록과 명성을 갖춘 지도자가 필요하다고 생각했기 때문이다. 이승만은 마침 하와이 감리교 선교부의 감리사 와드먼(John W. Wadman) 박사의 초청도 있었기 때문에 박용만의 초청을 받아들였다.

배편으로 하와이에 도착한 이승만은 부두로 영접 나온 많은 교포들로부터 따뜻한 환영을 받았다. 박용만이 열심히 교민들에게 선전한 덕이었다. 호놀룰루에 거처를 정한 이승만이 처음 한 일은 하와이의 교포들이 어떻게 살고 있는지 직접 눈으로 보고 확인하기 위한 현지답사였다. 순회강연 형식으로 진행된 순방은 이승만이 펼쳐든 하와이 독립운동의 첫걸음이기도 했다.

5월에서 7월말까지 하와이, 마우이, 카누아이 등 8개의 큰 섬들을 방문하고 사탕수수 밭에서 일하는 교포들을 두루 만났다. 술과 아편, 노름의 폐습, 애국심 고취, 문맹해결, 자녀교육의 문제점 등 어려운 사정을 확인할 수 있었다.

서울에서 언론활동을 함으로써 언론매체의 교화, 계몽효과를 잘 알고 있던 이승만은 1913년 9월 20일 순한글로 쓰는 〈태평양 잡지〉(Korean Pacific Magazine)라는 월간지를 창간했다. 이 월간지는 1930년 말 〈태평양 주보〉로 이름이 바뀔 때까지 17년간 계속 발간되었다. 이승만이 직접 기사를 쓰고 편집까지 했다. 기사내용은 농업노동자들이 대부분인 교포들을 계몽하고 애국심을 불어넣는 것들이었다.

이승만이 정착하자 호놀룰루 주재 일본영사로부터 한인 구제금 조로 750달러를 받았다 해서 친일 성향이라고 교포들로부터 배척을 받아온 와드먼은 자신들이 운영하던 '한인 기숙학교'를 대신 맡아 줄 것을 요청했다.

이승만은 학교를 인수하자 이름을 '한인 중앙학원'(Korean Central School)이라고 바꿔 민족주체성의 기치를 내걸었고, 획기적으로 남녀공학제를 실시했다. 학생수가 32명에서 120명으로 증가했다. 학교에서 한국말, 한국역사, 한국관습을 가르쳤다. 국권 회복운동에 공헌할 수 있는 인력을 육성한다는 취지도 있었겠으나 그보다는 더 큰 의의가 있었으니, 민족정신을 깊이 심어주는 민족교육이었다.

다인종 사회인 미국에 잘 적응, 동화할 수 있는 교육을 바라던 감리교 선교부가 강력히 반발하게 되었고, 3년 뒤 독립한 이승만은 '한인 여자대학'을 설립하고 운영했으며, 다음으로 '한인 기독학원'까지 세워 오랫동안 민족교육을 지속했다. 그 때문에 하와이 한인

사회가 교육을 중시하게 되었고, 독립운동과 하와이 사회발전에 크게 공헌한 양유찬(梁裕燦: 주미 한국대사 역임) 등 인재들을 많이 배출했다.

이때 한국을 병합한 일본은 한국인의 민족혼을 말살시키기 위해 한국어 교육을 폐지하고 일본어를 국어로 하라고 강요하고 있었다. 한국어를 어느 선까지 용인할 것인가가 일본 총독부의 딜레마였다. 나중에는 일본인으로 동화시키겠다면서 이름까지 일본식으로 지으라고 강요했다.

이승만의 가르침은 외로운 등불이었으나 일본의 식민정책에 맞서는 민족독립운동의 한 축이었다. 이승만은 '한인 기숙학교'의 교장 직을 인수할 때 호놀룰루 한인 감리교회의 교육 책임자 역도 맡았다. 잡지 발간과 교육을 진행시키면서 헌신적으로 전도활동도 폈다. 신도수가 부쩍 늘었고 한인 기독교계가 발전하는 활력을 얻었다. 이승만은 언론, 교육, 선교의 세 방면으로 장기적인 독립운동의 포석을 깔아가고 있었다. (유영익, 손세일, 정병준, 이한우, 이달순)

미주 교포들, 한민족 대표성 확보도

1910년 대한제국이 일본에 강제로 병합된 뒤 일본의 침략을 공공연하게 규탄하고, 침략의 만행을 비판하며 한국의 독립을 언론을 통해 주창한 한국인은 하와이, 샌프란시스코 일대의 재미교포뿐이었다. 한반도의 국민들은 일제의 탄압과 감시에 억눌려 대부분 침묵을 지켰고, 러시아령 연해주와 만주, 중국 등지에서 독립운동가들이 활동했으나, 산발적이어서 내외의 주목 끌기에는 역부족이었다.

일찍이 독립운동에 투신한 안창호(安昌浩)가 주관해 1909년 2월

10일 창간된 〈신한민보〉가 재미교포들에게 한민족의 대표라는 주체성을 부여하는 데 크게 기여했다. 〈신한민보〉는 기사마다 애국심을 고취했고, 독립운동을 촉진하는 데 봉사했으며, 교포의 문맹퇴치와 성인교육에 힘을 기울였다.

한 외국학자(앙드레 슈미드)에 의하면 〈신한민보〉는 국내언론은 감히 할 수 없는 강력하고 노골적인 반일(反日) 표현을 썼고, "국내 신문은 민족주의 사상을 강화할 수도 없고, 국민의 역할을 고양시킬 수도 없었으며, 독립을 요구할 권한도 없었다"고 비판했으며, 한국 독립의 근거지는 미국에 있는 교포들이라는 기사까지 게재했다.

당시 하와이와 샌프란시스코에는 7천 명의 교포가 살고 있어 본국의 1천 2백만 명의 인구에 1천 7백분의 1밖에 되지 않았으나, 미국의 언론자유를 등에 업은 신문을 앞세우고 본국보다 더 큰 애국심을 외치고 있었다. 3, 4년 뒤 호놀룰루에 와 그러한 흐름에서 자신의 잠재력을 발휘한 이승만은 앞서 말한 3가지 방향으로 애국심을 독립운동의 동력으로 전환시키는 계획을 주도하게 된 것이다.

민족사관(民族史觀)의 창시자로 꼽히는 신채호(申采浩)는 만주에 온 한인들을 상대로 쓴소리를 한 적이 있다. 만주에 온 한국인들은 많지만 한국의 언어와 풍습, 종교를 버리고 문화적 흔적을 남기지 않고 있다는 지적이었다. 그는 해외이주를 하더라도 반드시 국수(國粹: National Essence)를 간직해야 한다고 촉구했다. 그는 ① 애국사상을 전파할 수 있는 학교를 세우고 신문을 만들어 조국에 대한 사랑을 키워야 한다, ② 종교와 풍습과 언어들을 보존해서 국수를 지켜내야 한다, ③ 스스로 정치적 전략을 발전시켜 이국땅에서 '새로운 조국'을 만들어 내야 한다고 주장했다. (앙드레 슈미드)

무장투쟁 노선을 지지한 신채호가 실력양성론 범주의 주장을 편 것은 놀라운 일이다. 그러나 무장투쟁이 교포사회의 튼튼한 기반 위에서 가능할 수 있다는 점에서 실력양성론과 맥이 통하는 게 이상할 것은 없다. 신채호는 여러모로 이승만과 앙숙이었던 인물이다. 뛰어난 한학자(漢學者)이기도 했던 그는 양학(洋學)을 공부한 이승만을 사대주의자로 보았고, 이승만이 3·1운동 전에 미국 대통령에게 제출했던 위임통치(委任統治) 청원의 국제 외교전략적 측면을 무시하고 '매국노'라고 질타했다. 임시 대통령 이승만 탄핵에 앞장섰고, 외교노선에 맞서 격렬하게 무장투쟁 노선을 주창했던 인물이다. 이승만도 자신을 배척하고 나중에는 무정부주의자로 변신하기까지 하는 극우성향의 신채호를 달가워할 리가 없었다. 그러나 역사의 아이러니는 신채호가 독립운동을 체험하면서 체득한 위의 결론을 제대로 실행한 것은 독립운동 지도자 중 이승만이었고, 그의 실적이 가장 뛰어났다는 점이다.

안창호도 재미교포들을 결속시키는 데 결정적 역할을 한 신문 〈신한민보〉 창간에 주도적으로 참여했고, 1921년에서 1932년까지 중국 상해에 있을 때 인성(仁成)학교의 교장으로 있으면서 인재 육성을 위해 헌신했다. 남경에서 동명(東明)학원도 운영했다. 그러나 활동지역 한인사회의 크기와 경제력, 잠재력, 독립운동에 대한 기여도, 후일의 평가 등을 종합해 보면 하와이의 이승만 쪽이 비중과 상징성에서 앞서고 있었다. (이명화)

하와이 리더십 분쟁, 절반의 성공과 절반의 실패

이승만은 교포사회를 대상으로 한 교육분야에서는 앞서 지적한 대로 괄목할 만한 성과를 냈다. 대한민국을 건국한 뒤 '교육대통령'이라는 이야기를 들을 수 있는 씨앗이 이때 뿌려졌다. 그러나 교포사회를 이끌어 가는 정치·사회적 리더십 분야에선 절반의 성공과 절반의 실패를 기록했다고 할 수 있다.

절반의 성공이라 함은 대한동지회라는 충성심이 강한 사조직(상해임정에서 돌아와 정식으로 발족)을 만들어 자신의 30여 년에 걸친 미국에서의 독립운동을 뒷받침하게 하는 지원세력화에 성공했음을 말하고, 절반의 실패는 안창호, 박용만이 이끄는 반대세력과 하와이 교포사회에 대한 주도권을 놓고 분쟁하면서 화합과 단결을 이끌어 내지 못하고 트러블메이커의 핵이 되었다는 점이다.

하와이대학 역사학 교수 최영호는 이승만이 풍파의 주역이 된 동기를 4가지로 보았다.

첫째, 국민회의 주도권을 장악하려 한 점이다. 당시 국민회는 재정권은 물론 사실상 경찰권과 사법권을 행사할 수 있는 정부의 역할까지 맡고 있었다. 둘째, 재정문제였다. 이승만에겐 교육사업뿐 아니라 국권 회복운동을 뒷받침할 재정적 지원이 필요했다. 셋째, 이승만과 박용만의 독립운동방식의 차이이다. 국민회의 주도권을 쥐고 있는 박용만은 군인들을 훈련시켜 일제와 싸워야 한다는 무력투쟁 노선이었다. 이에 대해 외교노선인 이승만은 박용만의 노선이 한국인들의 희생만 강요하는 모험노선이라면서 반대했다. 넷째, 국민회가 교포들을 위해 유익한 사업을 제대로 못하고 있다는 불만이 있었다는 점이다.

반(反) 이승만파의 선두이고, 《재미한인 1950년사》를 써서 '이승만 비판'의 물꼬를 튼 것으로 평가되는 김원용(金元容)의 주장을 중심으로 분쟁의 시발(전반부)을 축약해 보면, 하와이 정착 2년 만인 1915년 하와이 교포를 관장하던 국민회의 재정 유용사건을 〈태평양 잡지〉에 폭로, 풍파가 일어났다. 이승만 지지자들이 총회장 김종학(金鍾學)을 파면하고, 공금횡령 혐의로 미국 법정에 고소했다. 이승만이 호놀룰루 국민회를 장악하고 공금도 독단으로 처리했고, 이 분쟁으로 조직이 흔들려 회원수가 2,300명에서 740명으로 줄었다는 것이다. 따라서 재정수입도 줄고 사업도 퇴보했다는 주장이다. 그러나 손세일의 조사에 의하면 그것은 사실과 다르다. 문제의 1916년 국민회 지방총회의 예산은 7,816달러로 다른 해와 차이가 없었고, 다음 해 예산도 8,000달러였다.

2년 뒤인 1918년에는 이승만 측이 재정을 유용했다 해서 2차 풍파가 일어나고 법정소송으로까지 이어졌다. 하와이 교포가 이승만파와 박용만파로 갈라서게 되었고, 두 사람은 의형제의 의(義)를 끊게 된다. 박용만은 "이승만은 글로는 민주를 주장하고 실제로는 경우와 공론을 멸시하며, 말로는 도덕을 부르고 행실로는 작당과 몽둥이질을 요촉하며 동포를 대하여 죽도록 싸우자 하고 파쟁을 기탄없이 조장한다"고 비난했다. (김원용)

분쟁은 1930년대까지 계속되어 크게 3차, 4차 풍파가 일어났고 수십 건의 소송과 거액이 법정비용으로 낭비되었다. 그만큼 독립운동의 역량이 감소될 수밖에 없었다.

하와이와 미주 등의 교포들은 3·1 운동 때부터 태평양전쟁 때까지 인두세(人頭稅)와 특별모금 등으로 총액 1백만 달러에 달하는 거금을 모아 상해임정과 구미 위원회 등에 보냈다. 따라서 독립운동 지도자들에게 하와이와 샌프란시스코 등 미주 지역은 최적의 근거지가 될 수 있었다.

하와이 이민사

미국은 값싼 노동력이 필요하자 1850년부터 아시아 이민을 받아들였다. 중국인을 대거 받아들였다가 숫자가 너무 많아지자 1882년부터 일본인 이민을 받아들이기 시작했다. 일본인이 급증하면서 세력화의 양상을 보이자 이번에는 한국인들에게도 문호가 개방되었다. 처음 한국인의 이민을 추진한 사람은 주한 미 공사였던 호레이스 알렌이다. 이때 7,226명의 한인 노동자가 하와이에 도착해 사탕수수와 파인애플 농장에서 일하게 되었다.

한일병합 이후에는 일본이 자국 노동자만 이민 보냈기 때문에 한국인 이민의 맥이 끊겼다. 그러나 한인 노동자들이 '사진 결혼'을 통해 한국인 신부들을 본국에서 초청, 인구가 늘었다.

1913년 동양계 이민이 많은 캘리포니아에서 미국 국적이 없는 이민은 토지를 소유할 수 없다는 내용의 "외국인토지법"(Alien Land Act)을 공포함에 따라 한인들도 중국, 일본 이민자들과 같이 토지 외에 가옥, 아파트, 상점들을 살 수 없었기 때문에 경제력을 키우기가 힘들었다. 한인 노동자들은 한일합방으로 나라를 잃은 뒤 애국심과 민족주의로 뭉쳐 독립운동을 지원하는 특수한 입장이 되었다.(이광규)

당시 하와이의 한인 노동자들은 1909년에는 월급이 16~18달러, 1915년에는 30달러, 21년에는 35달러를 받고 일했는데, 독립운동을 위해 인두세로 1년에 한번 5달러를 내고 특별세도 냈다. 때문에 일본, 중국 노동자들보다 생활하기가 어려웠다.

적지 않은 노동자들이 잡화상, 양복점, 임대업, 여관업 등으로 전업하고 농장주로 성공한 사람들도 생겼고 유학차 온 사람도 가담했다. 이들도 독립운동을 지원하는 것을 최우선시 했다. 이승만과 상해임정이 독립운동을 지속할 수 있었던 것은 한인 노동자 등 교포들의 지원이 기본적 경비를 해결해 주었기 때문이다.

대한국민회 단독 관리시대 때에는 별로 말썽이 없었다. 야심과 꿈이 큰 이승만이 무대에 등장하면서 갈등구조가 생긴 것이다. 하와이 교포사회에서의 분쟁 과정에서 이승만 리더십의 원형(原型)을 볼 수 있었다는 점들이 지적되고 있다.

단아한 풍모의 박사 출신 교육자이고 전도자인 이승만의 부드러운 카리스마 속에는 숨겨진 정치적 수완과 강한 투쟁근성이 있었음이 드러났다. 그는 풍파가 일자 선동가, 조직투쟁가로 변신하면서 폭력과 계략, 법정투쟁 등을 마다하지 않았고, 그 때문에 승리했으나 극렬한 저항을 초래했다. 자신이 옳다고 생각하는 일은 물불을 가리지 않고 밀고 가는 쇠고집이 있었다. 그러나 상대를 끈질기게 설득하고 대국적으로 포용하고 끌어안는 측면은 약했다. (손세일, 정병준, 김원용, 최영호, 로버트 올리버)

이승만과 위임통치 청원 파문

제 1차 세계대전이 1918년 11월 11일 공식(휴전)으로 끝났다. 이에 따라 전승국들은 전쟁의 전후문제 처리를 위해 1919년 1월 파리에서 평화회의를 열게 되었다. 미국의 윌슨 대통령이 전쟁 막바지던 1917년 평화조건 14개 원칙을 발표하면서 '민족자결주의'를 표명했기 때문에 국내외 한인들의 기대도 높아져 있었다.

샌프란시스코에 본부를 둔 대한국민회 중앙총회(총회장 안창호)는 1918년 12월 1일 재미한인 전체회의를 열고 평화회의에 참석할 한인대표로 이승만과 정한경(鄭翰景, 1891~1985), 민찬호(閔燦鎬) 등 3명을 뽑았다. 중앙총회가 동회소속 박용만과 하와이 교포사회의 주도권을 두고 분쟁 중인 이승만을 대표로 뽑은 것은 윌슨 대통령과 절친한 사이라는 점에 큰 기대를 건 하나의 양보였다.

이승만은 파리회의에 참가해 보았자 얻을 것이 없다는 비관적 입장이었으나, 일단 총회의 통고를 수락했다. 일단 워싱턴 DC로 가서 파리행 여권을 받아내기 위해 미 국무부를 상대로 교섭을 벌이기 시작하는 한편 일시 귀국예정인 윌슨 대통령과의 면담도 추진했다.

국무성과 백악관 비서실을 여러 차례 드나들며 때로는 구두로, 때로는 서면으로 여권발급을 요청했으나 허사였다. 태평양 지역의 강대국으로 부상한 전승국 일본의 입장을 고려해야 하는 윌슨 대통령은 한국의 독립운동가이자 자신의 제자인 이승만을 개인적으로 도와줄 의사가 전혀 없었다. 대통령의 의사를 안 국무성은 여권 발급을 거부했고, 백악관 면담요청에 대해서는 회신조차 하지 않았다.

이승만은 파리행이 어렵게 되자 윌슨 대통령과 만날 때 전달하기로 하고 위임통치 청원서를 마련했다. 이 청원서의 초안은 당시 29세였던 정한경이 썼다. 나중에 명예 정치학 박사학위를 받게 되는 정한경은 당시 일리노이 주 노스웨스턴대학 출신의 재사(才士)였다. 약소국인 한국은 강대국인 미국을 움직여야만 독립이 가능하다는 외교사상을 가지고 있었고, 이승만과 생각이 비슷했다.

이승만이 1919년 2월 25일 자구 수정을 한 뒤 3월 3일 윌슨 대통령에게 전달해 달라면서 미 국무부에 제출했다. 3·1 운동 발발소식이 전해지기 전에 진행된 일이었다. 청원서의 내용은 한·일 병탄의 불법성과 일본 식민통치의 수탈성, 야만성을 고발하고, 윌슨 대통령에게 파리 평화회의에서 한국의 독립을 위해 '거중조정'해 달라는 요청이 요지였다. 청원서는 끝부분에서 한국을 당분간 국제연맹의 위임통치 아래 둘 것을 제안했다. 한국을 국제연맹의 위임통치 아래 두는 것은 이 지역에 이해관계를 가진 모든 나라에 함께 이익을 주는 '중립적 상업지역'을 만들게 될 것이고, 그것이 일본의 팽창을 방지함으로써 동양의 평화를 유지하는 '완충국'을 건설하는 일이 될 것이라는 논지였다. 이승만은 이 청원서를 미 국무부에 내기 전 총회장 안창호에게 보여주고 양해를 얻었고, 3월 18일에는 미 국무성의 무성의를 비판하는 기자회견을 열고 청원 사실을 언론에 공개도 했다. 그때까지는 별 문제가 없었다.

그 사이 본국에선 3·1운동이 일어났고, 그 소식이 7일이 지나서야 이승만에게 알려졌다. 독립 요구의 열기가 폭발하는 시점에서 국제연맹에 위임통치해 줄 것을 요구하는 내용의 위임통치 청원을 한 결과가 됐으니 타이밍이 최악이었다. 섶을 지고 불로 뛰어든 듯한 행위가 된 셈이었다. 마침 이승만은 임시정부의 임시 대통령으로 추천되는 민족의 지도자로 부상하고 있었다.

단번에 한국 독립운동계의 큰 쟁점으로 부각되었다. 신채호는 "이완용은 있는 나라를 팔아먹었으나 이승만은 없는 나라를 팔아먹었다"면서 매국노라고 성토하고 나섰다. 54명이 성토문에 서명했다. 이들은 이승만이 임정의 수뇌가 되는 것을 반대했으나 임시 대통령이 되는 것을 막지는 못했다.

이승만은 청원서 문제 때문에 줄곧 리더십에 도전을 받았고, 임정을 끌고 갈 때도 곤경을 치르지 않을 수 없었다. 이승만이 위임통치 청원을 내게 된 것은 첫째로, 제1차 세계대전 뒤 일본이 5대 강국으로 부상했고, 미국은 새로 창설된 국제연맹에 일본의 참여를 바라고 있었기 때문에 일본 존중의 입장이 어느 때보다 강했다.

미주 쪽 독립운동가들은 민족자결주의의 전망에 비관적

윌슨 대통령의 민족자결주의 원칙 발표는 한민족뿐 아니라 인도, 베트남 등 식민 통치 아래의 모든 나라에게 희망을 주었다가 실망케 한 사건이었다. 당초 윌슨은 모든 식민지 문제의 자유롭고 공평한 처리는 관련 식민지 주민의 이해보장이라는 원칙이 엄숙히 준수되는 데 있다고 생각했다.

현실적으로 세계평화를 위해 시도될 수도 있었다. 그러나 영국, 프랑스 등 전승 국들은 파리 평화회담에서 독일의 전(前) 식민지에 대해서만 거론되기를 강력하게 바랐다. 윌슨의 주장이 세계의 평화체제를 공고히 하기보다 오히려 파괴할 것이라는 반대입장을 분명하게 한 것이다. 그에 따라 윌슨이 1차 세계대전에 의해 야기된 식민지 문제에만 명백히 적용된다고 범위를 축소했고, 전승국들은 그제야 14개 조항을 평화회담의 기초로 할 것을 동의했다.(구대열)

당초 국내나 상해 쪽보다 국제정세에 밝은 미국의 독립운동가들(이승만과 안창호 등)은 윌슨의 민족자결주의나 파리 강화회담에 대한 전망에 대체로 비관적이었다. 그러면서 국민회의 총회(총회장 안창호)가 이승만을 강화회의 대표로 파견하기로 한 것은 이승만과 박용만의 주도권싸움으로 빚어진 분열과 침체를 일신하는 국면전환을 원했기 때문이라는 측면도 있다.(김두희)

윌슨 대통령, 그 뒤 이승만을 냉대한 것에 대해 사과

윌슨 대통령의 냉대에 충격을 삭이기 힘들었던 이승만은 파리회의가 끝난 뒤 대통령이 귀국하자 다시 면담을 신청했고 이번에는 단번에 받아들여졌다. 이승만을 만난 윌슨 대통령은 이승만의 파리 행을 반대했을 당시 쓴 자신의 일기를 보여주었다. 그 일기에는 "만나자는 친구를 거절해야 하는 괴로움. 이 세상에 왜 정치가라는 직업이 생겼을까?"라고 쓰여 있었다. 그 글귀를 읽은 뒤 이승만과 윌슨은 서로 손을 마주 잡았다는 것이다(이원순). 두 사람은 화해했으나, 국제정치의 비정함을 다시 확인하게 하는 기회였다.

따라서 한국이 독립을 주장하기에는 매우 불리한 시기라고 판단했기 때문이다. 둘째 이유는 한국민이 스스로 독립을 쟁취하는 것은 불가능하다고 인식했기 때문이다. 자력으로 일본의 강대한 군사력을 퇴치할 수 없기 때문에 차선책으로 강대국의 외교를 통해 독립 획득이 가능하다고 보았고, 그래서 일단 위임통치 청원에 의해 일본의 압제를 벗어난 뒤 미국의 도움을 받아 독립을 도모해야 한다고 믿고 있었던 것이다. (김두희)

이승만은 6·25 때 서울에서 혼자 일찍 탈출한 것과 아이젠하워 대통령의 초청을 받고 미국에 갔을 때 미국 상하원 합동회의에서 지나치게 호전적으로 연설한 것 같은 것에 대해 프란체스카 여사나 측근들에게 후회하는 발언을 한 전력이 있다. 그러나 위임 청원에 관한한 설명도 했고 해명도 했으나 철회하겠다거나 사과하는 발언을 한 적은 없다. 달리 말하면 소신에 변함이 없었다는 것을 의미한다.

청원서에 대한 학계의 논란은 지금까지도 찬·반이 엇갈리고 있다. "국제 정치의 시각에서 보면 위임통치안도 애국하는 마음에서 나온 것으로 볼 수 있다"(방선주), "이승만의 주장이 실제로 강대국들에 의해 고려되었더라면 동북아시아의 전쟁역사가 달라질 수도 있었다"(손세일), "위임통치 청원에서 구미 (歐美) 위원부 외교, 워싱턴회의에 대비한 활동으로 이어지는 이승만의 외교적 노력은 소련적 표준에 맞서는 미국적 표준에 대한 기대에서 비롯된다"(김석원)고 긍정적으로 보는 시각이 있다.

반면 "이승만이 사실상 독립을 요구한 것과 같은 것"이라는 주장은 실제와 다르다", "특정 수탁국의 식민지와 다를 바가 없다"(고정휴), "독립 부정의 방안을 제시함으로써 임무를 망각했다"(정병준),

"위임통치론은 이승만의 반탁·반공론과 상호 모순되는 것이 아니다. 반탁은 소련과 반 이승만 세력을 향한 것이었지 미국을 향한 공격이 아니었다"(최상룡)고 보는 비판적 관점도 있었다.

위의 찬·반론과 관계없이 두 가지가 분명하다. 하나는 위임통치 청원이 크게 쟁점이 될 수 있었던 배경은 때마침 3·1운동이 거족적으로 일어나 투쟁적 민족의식이 고양되었기 때문이라는 점이다. 두 번째는 미국에 있는 독립운동가들이 국제정세에는 밝았으나 국내 사정은 어두워 국내인사나 중국, 연해주에 있던 운동가들보다 민족 감정(국민정서)에는 민감하지 못했다는 측면이다.

이승만과
상해임시정부

전문·통신원 통해 원거리 통치 시도해

미국에서 독립운동을 펴던 이승만은 1919년 3·1 운동 직후 수립된 임시정부에서 자신도 모르게 임시 대통령으로 선출되었다. 1925년 탄핵을 당해 그만둘 때까지 6년여를 재임했고, 재임기간 중 상해에 부임해서 일한 것은 6개월 남짓이었다.

3·1 운동 이후 국내외 각지에서 모두 8개의 임시정부가 수립되었는데, 정부로서의 조직 및 각원명단까지 발표한 정부는 6개였다. 이승만은 이들 정부 모두에서 주요 지도자로 추대·임명된 유일한 인물이었다(한시준). 나라가 망한 지 9년 만에 민족을 대표하는 새로운 지도자로 부상한 것이다.

1919년 3월 21일 러시아의 블라디보스토크에서 대한인 국민회가 노령(露領) 임시정부를 선포하면서 대통령 손병희, 부통령 박영효에 이어 이승만은 국무급 외무총장(국무총리 겸 외무장관)으로 추대했고, 4월 11일 상해에서 선포된 상해임시정부에서는 정부수장인 국무총리로 지명되었다. 4월 23일 서울에서 선포된 한성(漢城) 임시정부도 최고 지도자인 집정관 총재로 뽑았다.

국내에서 활동하지도 않았고 3·1 운동에도 관여하지 않았던 이승만이 이렇게 각광 받게된 것은 만민공동회에서의 활약, 언론활동, 5년 7개월의 옥고, 대미외교, 국제 정치학 박사학위 취득으로 30대 중반에 일궈낸 신화적 이미지와 민족자결주의를 제창한 윌슨 미 대통령과의 친분관계와 연결된 미국에 대한 기대감 등이 작용했기 때문이다. 지역적(畿湖 출신), 종교적(기독교), 그리고 이념과 노선(친미)의 측면에서도 강력한 경쟁자인 이동휘(李東輝)나 안창호보다 유리한 입장이었다(고정휴). 안창호도 모두에서 이름을 올렸으나 각료급이었고, 이동휘도 수뇌급으로 거명되었으나 5개 정부에만 이름이 올랐다.

미국에 있던 이승만은 노령(露領) 임정의 국무급 외무총장 임명사실을 4월 5일, 상해임정의 국무총리 임명을 4월 15일에, 한성정부의 집정관 총재 기용은 5월 말경에 각각 시차를 두고 알게 되었다. 이승만은 그중 서울에서 13도(道) 대표 25명의 국민대회를 거쳐 출범한 한성정부를 가장 정통성 있는 정부라고 간주, 이를 기반으로 해 활동을 시작했다. 이승만이 한성정부를 택한 것은 3·1운동 발생지인 서울에서 전국 13개도 대표들이 참석한 국민대회를 통해 선포되었다는 국민의 대표성을 법통의 근거로 삼을 수 있고, 내정과 외교에 관한 일체의 권한을 행사할 수 있게 한 점 등 두 가지 때문이었다.

그는 임시정부의 명칭을 영어로 'Republic of Korea'라고 호칭하고, '집정관 총재'를 '대통령'(President)으로 영역해 대외호칭을 삼은 뒤 임시정부 수립 및 자신의 대통령 선출사실을 각국에 통보했다. 국내외 동포에게도 이를 공개적으로 천명했다. 또 미국에서 임정 직무를 수행할 의도로 미주와 유럽에서 임정의 사무를 대표할 대외기구로 구미위원회(The Korea Commission)를 설립하고, 파리평화회의에 파견되었던 김규식(金奎植)을 위원장으로 임명했다.

미국에서 상해에 와 임정 내무총장으로 있으면서 과도체제를 이끌던 안창호가 상의도 없이 독자적으로 대통령 행세를 하고 있는 이승만을 견제했다. 정부수반의 명칭이 한성정부는 집정관 총재, 상해임정은 국무총리였고, 어디에도 대통령 호칭은 없다는 것이

견제 이유였다. 그러나 이승만은 대통령 명의로 국서를 보내는 등 승인을 얻으려고 활동하고 있는데 새삼스럽게 명칭문제를 두고 왈가왈부하면 독립운동에 방해가 된다고 오히려 반발했다.

안창호는 일단 이승만이 원하는 대로 대통령제를 수용하는 방향으로 수습하기로 했다. 안창호의 그러한 가닥잡기에는 정치적 복선이 깔려 있었다. 하나는 이승만이 상해에 오지 않고 계속 미국에서 '대통령' 행세를 하면서 독자적으로 활동할 경우 상해임정의 권위와 위상이 손상받을 수 있고, 또 상해임정을 뒷받침할 재미동포사회를 이승만이 장악하게 되어 자신의 영향력이 큰 타격을 받을 수 있다고 보아 이를 해결한다는 측면이 있었다.

또 다른 하나는 이승만이 대통령이 되는 경우 이동휘가 국무총리로 취임할 수 있다는 점이다. 연해주와 만주 동포사회에서 큰 영향력이 있는 이동휘가 상해 통합임정에 참여하느냐 마느냐는 것은 결정적으로 중요한 문제였다. 실제로 이동휘는 임정참여에 부정적이었으나 측근 참모들이 "국무총리 자리를 가져야 사회주의 운동하기 좋을 것"이라고 설득하자 응하게 되었다는 것이다. (반병률)

안창호는 노령의 대한국민회와 통합교섭을 추진한 끝에 한성정부를 법통으로 하고, 정부소재지는 상해에 두며 명칭은 '대한민국 임시정부'로 한다는 데 합의했다. 헌법 개정과 정부 개조안을 상해 의정원에서 통과시켜 '임시 대통령제'를 도입, 이승만이 통합임시정부의 대통령이 될 길을 터놓았다.

이승만과 안창호, 협력할 수 없었나?

상해임정이 출범할 시점에서 한국 독립운동계 3걸은 이동휘, 이승만, 안창호 세 사람이었다(뒤늦게 상해에 합류한 김구는 몸을 낮추어 중진급인 경무국장으로 일하고 있었기 때문에 차세대 지도자급이었다). 미주 지역을 놓고 보면 이승만, 안창호의 양강(兩强) 구도였다. 이승만이 미주 교포사회를 끌고 가는 지도자로서 2인자격인 박용만과의 다툼에서 승리했기 때문에 1인자인 안창호와의 충돌은 이제 시간문제였다.

1878년생으로 이승만보다 3살 연하인 안창호는 평안남도 강서 통천의 평민 출신이었다. 어릴 때는 한학, 10대 후반 때는 서울 구세학당에서 신학문을 배웠으며, 독립협회 활동에도 참가해 황해도, 평안도 지역집회에서 뛰어난 웅변가로 활약했다. 안창호의 웅변을 듣고 감동한 이승훈(李昇薰)이 거부의 장사꾼에서 교육가로 변신하게 된 일화가 유명하다.

1902년 도미 유학길에 오르는 등 이승만과 비슷한 과정을 밟았다. 미국에 온 안창호는 모래알처럼 흩어져 비참하게 사는 동포들에게서 충격을 받고 학업을 포기, 동포들을 돌보고 이끄는 일을 하면서 지도자로 성장했다. 박사과정을 밟은 이승만과는 전혀 다른 길을 택했던 셈이다.

안창호는 교포사회를 지도하기 위해 대한인 국민회를 창립하고 1909년 총회장이 되었다(박용만은 부회장). 1913년에는 흥사단(興士團)을 재건(유길준이 발족시켰다가 흐지부지되었다)해 회원을 늘려가기 시작했고, 1915년에는 덩치가 커진 국민회의 중앙위 의장으로 자리를 옮기는 등 교포사회 최고의 지도자로 부상했다. 하와이에도 대한인 국민회 지부가 세워졌으나, 인구가 본부가 있는 샌프란시스코보다 3배나 많은 탓에 '호놀룰루 국민회 총회'라 불렸고, 박용만이 회장이었으나 전체적으로는 안창호에 이어 2인자였다.

안창호는 이승만과 박용만 간의 분쟁 때 침묵을 지킬 수가 없기 때문에 하와이까지 와 중재했으나 실패했다. 이승만과 그 지지자들이 중재를 묵살했기 때문이다. 그 뒤 이승만과 안창호는 편편치 않은 사이가 되었다. 개인적으로 정면충돌하는 일은 없었으나 양측 지지자들 간의 반목과 대립은 심각했다. 김도연(金度演, 초대 재무장관)에 의하면 이승만 지지의 교민단과 안창호 지지의 흥사단은 서로 교제도 안했고 관혼상제 때에도 상종하지 않는 등 견원지간(犬猿之間)처럼 갈라져 있었다.

두 사람은 1921년 상해임정에서 같이 일할 때까지 몇 차례 만났으나 허심탄회하게 대화를 나눈 적이 없었다. 불화설만 끊임없이 나돌았다. 그러나 국민회의 의장인 안창호는 자금과 조직이 있었고, 이승만은 국제 외교무대에 한국대표로 나설 간판과 실력을 가지고 있었기 때문에 독립외교에서 서로 협력해야 했다. 이승만이 파리 강화회담에 파견될 한국대표가 되고 위임통치 청원서 파동에 두 사람이 관여하게 된 것은 모두 상부상조하다가 생긴 결과였다.

견제와 협조 속에서 경쟁하던 두 사람간의 우열이 공개적으로 드러난 것은 3·1 운동 뒤 국내외에서 등장했던 6개 정부의 각료명단이 발표되었을 때였다. 이승만이 6개 정부에서 수뇌이거나 수뇌급으로 추대된 데 비해 안창호는 각료급으로 한 단계 아래였다. 두 사람은 상해임정 출범을 계기로 도움을 주고받는 관계를 계속했다. 앞서 지적한 것처럼 안창호가 이승만이 대통령 자격으로 취임할 수 있게 정리작업을 한 것은 자신의 정치적 입지를 위한 것이라는 측면이 있었다. 1920년 2월 임정의 각부 차장들의 쿠데타를 강력히 반대한 것도 이승만의 실각이 재미 교포사회로부터 역풍을 불러일으킬 수 있다는 점을 간파했기 때문이다.(고정휴)

이승만도 상해임정의 내각을 짤 때 노동국장 자리를 노동국 총관으로 격을 높여 각료급으로 만든 뒤 안창호를 임명했다. 안창호의 공로에 대해 예우하면서 임정에 붙들어 매려 했던 것이다. 그러나 국무총리 이동휘의 이탈로 시작된 각료들의 사임 때 안창호는 이승만과 같이 일하는 것을 거부하면서 함께 그만두었다. 반이승만 노선에 가담한 것이다.

이승만이 상해를 떠난 뒤 임정개편론을 둘러싸고 개조파, 창조파 등으로 나뉘어 다투고 있을 때 안창호는 미국 교포사회로부터의 지원금 문제를 자신이 해결하겠다면서 임정 대표부의 개편을 주장하는 등 개조파에 힘을 실어주었는데, 기호파가 기존체제 고수라는 입장을 관철하는 바람에 뜻을 이루지 못했다.

그러나 안창호는 이승만 반대자가 속출할 때 대동단결을 위해서라면서 이승만을 변호할 때가 많았다. 그것은 현실론 때문이었다는 것이다. 안병욱에 의하면 안창호는 지역차별론이 엄존하는 것이 현실인 만큼 민족적 단결의 구심점으로는 시골 출신이 아닌 기호인(畿湖人: 경기도와 충청도·호남) 중 양반 출신이 되어야 한다는 현실론을 가지고 있었다. 임정을 이끄는 중심세력이 이동녕(李東寧), 이시영(李始榮), 신규식(申奎植), 신익희(申翼熙) 등 기호인들이었고, 김구도 황해도 출신이었으나 기호인들과 연합했다. 역시 황해도 출신인 이승만을 노와 임정을 이끌던 세력도 이들이었다.

실제로 안창호는 국내에서 활동할 때도 기호인을 내세우는 데 익숙해져 있었다. 기호 출신인 윤치호를 대성학교 교장으로, 경기도 출신인 최남선(崔南善)을 청년학우회 총무로 밀었다. 흥사단은 8도 대표를 총망라했다고 한다.

이승만과 안창호는 외교노선론과 실력양성론으로 노선차이가 있는 것처럼 분류되나 서로 공감하는 공통점도 있었다. 이승만은 국민을 계몽하고 가르쳐 의식이나 문화수준을 올려야 한다는 실력양성론을 인정하고 있었다. 하와이에서 그가 민족교육을 철저하게 실행한 것도 그러한 생각 때문이었다. 단, 실력양성은 외교노선을 위한 기반조건이지 실력양성론만으로는 독립이 불가능하다고 보았다. 안창호도 독립운동에서 외교의 영역을 인정했고, 일본의 식민지통치 미화의 허구를 파헤치고 항일운동이 전개되고 있음을 국제사회에 널리 알리는 것만도 커다란 외교의 성과라고 보았다. 그러나 강대국을 상대로 외교수단만을 가지고 독립을 달성할 수는 없다고 생각했다. 두 사람은 무장투쟁 노선으로는 강대한 일본을 꺾기보다 동포들에게 더 큰 피해를 가져다줄 뿐이고, 독립쟁취는 불가능하다는 인식에서 공통점이 있었다.(로버트 형찬 김, 임중빈, 이명화, 주요한, 정병준, 김도연, 안병욱)

이승만과 안창호가 손잡고 일할 수는 없었을까?

사실 독립운동지도자 가운데 안창호처럼 열린 생각과 여러 가지 능력을 겸비한 인물은 별로 없었다. 특히 기획력이 뛰어났고 인화를 앞세운 조직력이 남달랐다. 이승만과 김구의 협력에 안창호의 기획력까지 함께 했더라면 독립운동사(獨立運動史)가 많이 달라졌을 것이다. 그러나 불운하게도 안창호는 윤봉길 의거사건 때 일경의 일제검거 때 체포되어 감옥생활을 하면서 지병이 악화되어 1937년 병사하고 말았다.

상해임정, 출발부터 먹구름

1919년 11월 3일 한성정부의 각원을 그대로 계승해 국무총리 이동휘, 내무총장 이동녕, 법무총장 신규식, 재무총장 이시영, 노동국총관 안창호 등의 합동 취임식이 거행되었다. 안창호의 노력과 활약으로 상해임정이 정상궤도에 진입한 것이다.

이승만은 취임축하 전문을 보내면서 "원동(遠東)의 일은 총리가 주장하여 하고 중대한 일만 나와 문의하여 하시오. 구미의 일은 나에게 임시로 위임하시오"라고 역할분담론을 제의했다. 상해에 오지 않고 미국에서 일하겠다는 의사표시였다. 전문(電文)과 통신원을 이용한 이승만의 원거리 통치가 시작되었다. 모든 지시사항과 공문 등이 전문으로 오갔다. 통신원인 현순, 안현경 등은 상해의 실상과 각종 국내외 정보를 자세하게 보고했고, 이승만은 주요인물의 동정까지 파악할 수 있었다.

그러나 상해에선 반이(反李) 기류가 심상치 않게 확산되고 있었다. 이승만의 위임통치 청원문제에서 비롯되기 시작한 반발 분위기는 대통령 칭호 사용문제, 구미위원부 설치와 공채발행, 재정권 장악문제 등이 잇달아 터지면서 이승만 퇴진운동으로 진전되었다(한시준). 1920년 2월 임정의 각부 차장들이 이승만을 퇴진시키고 이동휘를 대통령으로, 안창호를 국무총리로 하는 쿠데타를 주장하고 나섰다.

이승만이 그 경로로 실각할 경우 오히려 임정이 미국 동포사회에서 영향력을 완전히 상실하게 될 것을 우려한 안창호가 강력하게 반대하면서 차장들을 설득했다. 그래서 1919년 12월 12일 대안으로 나온 것이 "대통령이 빨리 상해로 와야 한다"는 국무회의의 대통령 내도(來到) 촉구안이었다. 통신원들의 보고로 사태의 심각성을 알게 된 이승만은 상해에 부임할 것을 결심하게 되었고, 구미위원부의 일을 서재필, 김규식, 노백린 등에게 맡긴 채 하와이를 거쳐 상해로 밀항하게 된다. 당시 이승만을 수행했던 비서 임병직(林炳稷, 외무장관 역임)에 의하면 두 사람은 미국에서 중국으로 가는 중국 노동자의 시체운반선에 무단으로 무임승차해서 상해까지 갈 수 있었고, 일제의 감시망을 피할 수 있었다. (임병직)

초기 구미위원부 활발하게 활동해

이승만과 상해임정 사이에 먹구름이 커지고 있는 사이 미국에 설치한 구미위원회는 미국 정부와 의회, 그리고 언론을 상대로 한 로비·선전 활동을 활발하게 펼쳤다.

1921년 7월 미국 21개 도시와 유럽 주요 도시에 한국 친우회(*League of the Friends of Korea*)를 조직하고 회원 2만 5천 명을 확보했으며, 고종의 고문이던 헐버트(Homer B. Hulbert) 등 선교사들을 고용해 순회강연도 했다. 미국 시민을 상대로 한 강연회, 출판물을 통한 선전활동의 결과 3·1운동 이후 1920년 9월까지 18개월 동안 미국 신문에 실린 한국관련 보도는 9천여 건을 넘었고, 그중 일본 편향적 내용은 50건에 불과했다. 구미위원부의 활동이 그만큼 활발했다는 증거였다. (이한우)

구미위원부는 한국 독립문제를 의회에 상정하는 지원활동도 전개해 상원에서 3차에 걸쳐 18명의 의원이, 하원에서는 1차에 3명의 의원이 한국 독립문제와 관련된 발언을 하게끔 했다. 1920년 3월 17일 아일랜드 독립안과 함께 한국 독립 동정안을 상정시키기까지 했다(아일랜드 독립안은 38 대 36으로 가결되었으나 한국 독립안은 34대 46으로 부결됨).

고정휴는 구미위원회의 선전이 미국사회에 영향력을 미칠 수 있었던 것은 제1차 세계대전 이후 미국에서 일고 있던 배일론(排日論: 반일 여론)의 덕을 본 때문이었고, 3·1 운동의 '비폭력'을 미국의 기독교단체와 언론에서 높이 평가한 영향 때문이라고 보았다. 그러나 미 의회는 1920년 3월 이후 더 이상 한국문제에 관심을 보이지 않았고, 배일여론 형성에 도움을 주던 선교단체들도 한국의 독립보다는 일제의 식민통치 개선에 순응하거나 협조할 것을 권고하기 시작했다. (고정휴)

이승만은 한국친우회를 1백만 명 수준으로 확대하려는 계획이었으나 현실의 벽에 부딪쳐 1백분의 1인 1만 명 정도를 확보할 수 있을 뿐이었다.

구미위원부가 외교활동보다 중시한 쪽은 재정확보 문제였다. 상해임정의 등장으로 활동범위가 확대되면서 늘어나는 자금수요가 중대한 현안이 되었다. 그러나 본국에서 지원 가능한 자금은 부정기적이고 액수가 한정되어 있으며, 만주, 연해주에는 수십만 동포가 살고 있었으나 여러 독립단체가 경쟁적으로 운동자금을 염출했기 때문에 다른 지역까지 지원할 여력이 없었으며, 가장 견실한 재미동포의 애국금(愛國金)만으로는 수요를 감당할 수가 없었다.

그래서 이승만이 꺼내든 카드가 공채(公債) 발행이었다. 제1차 세계대전 때 미국 정부의 전시(戰時) 공채발행과 영국으로부터 분리독립을 추진하던 아일랜드공화국(Republic of Ireland)이 미 국민을 상대로 한 독립공채모집을 벤치마킹한 섯이다(고정휴). 상해임정이 정식 출범하기 전인 1919년 8월, '국채표에 대한 포고문'을 일방적으로 발표하고, 9월 1일부터 공채를 팔기 시작했다. 공채의 종류는 10달러, 25달러, 50달러, 1백 달러, 1천 달러 등 5가지였고, 공채 목표액이 자그마치 5백만 달러였다.

임정 내의 반대세력이 공표도 되지 않은 법령에 따라 외국에 빚을 졌다면서 공격하기 시작했고, 미국의 대한인 국민회가 가세했다. 이승만이 공채발행 조치와 함께 국민회가 미주교포를 상대로 거두고 있던 애국금을 폐지하고 수금권한은 구미위원부로 돌렸기 때문이다. 애국금 폐지는 국민회로서는 조직의 사활이 걸린 문제였기 때문에 강력하게 반발했고, 국민회의 창설자인 안창호도 미묘한 입장이 되었다. 그러나 구미위원부와 대한인 국민회의 대결은 상해임정의 재무총장 이시영이 "재정을 구미위원부에 집중시키라"고 지시, 그 단계에서 이승만의 승리로 일단락되었다. (이한우)

이때 실제로 재미동포들에게 팔린 공채는 81,352달러어치뿐이었다. 목표가 비현실적이었다고 할 수 있다. 구미위원부는 그 뒤 1922년부터 1939년까지 17년간 침체기에 빠지게 된다. 1939년부터 1945년까지가 재건기이다.

이승만, 시체운반선으로 상해까지 밀항해

이승만은 1920년 12월 5일 상해에 도착했다. 입국비자가 없기 때문에 몰래 타고온 시체운반선에서 하역인부들에 섞여 내려야 했다. 상해 교민단 주최로 대통령 부임 환영회가 열렸고, 임정의 요인들과 사무처 직원들, 교민들로부터 정중한 환영을 받았다.

박은식(朴殷植: 역사가, 이승만에 이어 임시 대통령이 됨)은 "이승만 박사는 우리들이 늘 희망해온 공화정치를 집행할 분이다"고 환영사에서 말했고, 안창호는 "모두 이 박사에게 복종하여 전진하자"면서 단결을 강조했다. 이승만에 이어 학무총장 김규식과 군무총장 노백린도 상해에 왔기 때문에 그간 실무차장 중심으로 변칙 운영되던 정부조직이 제대로 가동되었다.

그러나 이승만의 환영회 답사가 순조롭지 않을 분위기를 암시했다. 이승만은 돈이나 대정략(大政略)을 가지고 온 것이 아니라 재미동포의 감사하는 소식을 가지고 왔다고 밝혔는데, 그 연설은 임정 사람들의 기대에 미칠 수 없는 내용이었다. 큰 기대감에 부담을 느꼈기 때문에 기대치를 낮게 하려는 의도였겠으나 궁핍하게 살아가던 임정사람들은 안창호처럼 거금을 가지고 오기를 바랐고, 이승만의 취임을 계기로 임정이 활성화되기를 바랐을 것이기 때문이다.

그렇지 않아도 안창호가 재미교포사회에서 거둔 거금 4만 원을 가지고 와 임정청사를 마련하는 등 임정출범의 기반을 만든 것을 잘 아는 안현경 등 통신원들은 이승만이 미국을 출발하기 2개월 전에 편지를 보내 "각료들의 생활비나 무장단체에 대한 보조금 외에 필요한 기만 원은 준비해 와야 할 것"이라고 상해의 형편을 알려 주었던 것이다. (한시준)

상해 교민단의 이승만 임시 대통령 환영회(1920.12.28). 왼쪽 끝부터 손정도, 이동령, 이시영, 이동휘, 이승만, 안창호, 박은식, 신규식.

이승만이 1920년 1월 임정 의정원 개원식에서 발표한 교서내용도 현지 분위기나 실정을 감안하지 않은 현실론의 강조였다. 그는 임정의 기구를 축소하고 직원을 감축해야 한다고 밝혔다. 미주교포들의 지원에 의존해야 하는 임정으로서는 당연히 예산을 줄여야 하지만 일정한 직업과 수입도 없이 살아야 하는 혁명가들에게는 매정하고 실망스럽게 들렸을 것이다. 또 무장투쟁이나 의열(義烈) 투쟁을 비인도적 행위라고 지적했고, 자신의 외교·선전 활동을 강조해 다른 노선을 지지하는 사람들을 자극했다. 노선문제는 시간을 가지고 신중하게 다뤄야 할 중요한 정략현안이었다.

1921년 1월 1일부터 공식업무가 시작되었다. 첫 국무회의에서부터 파란이 있었다. 국무총리 이동휘가 작심한 듯 위임통치 청원문제를 거론하고 나왔다. 이승만은 청원 건은 3·1 운동 전의 일이고, 독립을 전제로 하고 한 것이기 때문에 문제될 것이 없다고 해명했으나, 경위를 밝히는 성명서를 발표하라는 요구는 거절했다.

이동휘 등은 임정의 운영을 대통령제에서 위원제로 하고, 항일 무장투쟁에 들어가야 하며 소련과의 협력을 추구해야 한다고 주장했다. 당시 이동휘는 무장투쟁 급진론에 기울어 있었다. 일제가 3·1 운동 이후 고조되는 항일운동세력에 보복하기 위해 1920년 봄과 가을에 많은 교포들을 학살한 '4월 참변'과 '간도(間島) 사변'을 일으켰다. 이에 분격한 이동휘가 보복전을 주장하고 있었고, 안창호가 그러한 과격론을 말리고 있을 때였다. (반병률)

이승만은 소규모 무장부대의 국내진입은 대대적인 일제의 보복을 불러 동포들의 피해만 커질 것이고, 소련과의 협력은 공산주의 국가의 노예를 만들자는 것이나 다름없다는 논리로 이동휘의 제안을 수용하지 않았다. 다른 국무위원들까지 자신의 제안을 외면하자 이동휘는 국무총리직을 사퇴했다. 이동휘의 사퇴에 이어 학무총장 김규식, 군무총장 노백린, 교통총장 남형우, 노동국 총관 안창호도 사퇴했다.

위기를 맞은 이승만 내각은 법무총장인 신규식이 국무총리를 겸하도록 하는 등 기호출신 인사들을 중심으로 내각을 개편했다. 박은식, 원세훈(元世勳) 등 14명이 1921년 2월 임정의 무능과 분열을 비판, 국민대표회의 소집을 요구했고, 신채호, 박용만 등은 이승만의 위임통치 청원을 계속 비판하면서 반대세력 결집을 시도했다. 반이(反李) 파동이 반(反) 임정사태로 확대되었고, 임정 안팎에서 이승만의 사퇴요구가 터져 나왔다. 안창호 등 임정 사퇴인사들이 국민대표회의 소집을 요구하는 상해교민에 합세하면서 이승만은 점차 더 고립되어갔다.

상해에 머무는 기간 중 이승만은 프랑스 조계 내에 있는 미국인 안식교 선교사 크로푸트(J. W. Crofoot) 집에서 기거했다. 신변안전을 위해서 호텔생활을 피한 것이다. 여행 때도 일경(日警)의 체포를 피해 서양인들과 동행했다. 상해생활에 이골이 난 다른 지도자들에 비해 겉도는 뜨내기 신세였다. (로버트 올리버)

1921년 11월 미국 주재로 태평양 지역에 이해관계를 가진 열강들이 모여 워싱턴에서 군축회의가 열리게 되었다는 뉴스가 전해졌다. 한국의 입장을 알릴 수 있는 모처럼의 기회였다. 이승만에게는 상해를 떠나 미국에 갈 수 있는 계기이기도 했다. 이승만은 상해에 부임한 지 6개월 만에 "외교상 긴급과 재정상 절박한 사정 때문에 상해를 떠난다"는 내용의 교서를 남겨놓고 미국으로 돌아갔다.

그 뒤 임정은 오랫동안 무정부(無政府) 상태가 되었다. 재정적으로도 심각한 곤란에 빠져 있었다. 임정 반대세력이 1923년 1월 상해에서 국민 대표회의를 열고 임정을 폐지하고 새로운 독립운동기구를 만들자는 주장(창조파)과 임정을 개조해 유지하자는 주장(개조파)이 첨예하게 대립했으나 결론이 쉽게 날 수 없는 난제였다.

1925년 3월 8일 임정 의정원은 임시 대통령 이승만에 대한 탄핵안을 결의했고, 23일 면직안을 통과시켰다. 대통령이 현지를 떠나 외지에 있으면서 임정을 돌보지 않고, 한성정부의 정통성을 내세우며 상해임정과 의정원을 부인하고 있기 때문에 대통령직을 면직시킨다는 것이었다.

구미위원부의 폐지안도 함께 통과되었다. 그러나 미국에 있는 이승만은 그동안의 대미외교 업적을 거론하며 임정 의정원이 결의한 구미위원회의 폐지에 동의하지 않았다. (한시준)

상해임정, 미국으로 옮겼어야 옳았다

임시 대통령 이승만의 상해 부임은 6개월도 채우지 못한 채 '도중하차'로 끝났다. 그것은 이승만 개인에게도 득(得)이 될 일이 아니었고 한국 독립운동에도 부정적 영향을 크게 주었다. 3·1 운동으로 고양된 민족운동의 열기와 동력을 이어가야 할 구심점으로서의 상해임정이 제 기능과 역할을 다하지 못하고 위축되는 계기가 되었기 때문이다.

'도중하차'는 당시 강한 비판을 받았다. 상해 독립운동계의 중론을 반영한 상해 〈독립신문〉은 1925년 5월 31일 자 지면에서 국내외 민족운동세력을 통일시킬 수 있는 기회를 살리지 못했고, 무력항쟁전략이 없었다는 등 이승만의 6가지 내정(內政) 실책을 지적하는 쓴소리를 썼다. 한국 독립운동계가 안고 있는 총체적 문제점에 대한 책임을 이승만 개인에게 물은 셈이었다.

그 뒤 대통령 탄핵·면직사태로 사분오열(四分五裂)된 임정을 수습하고 해방될 때까지 임정을 끌고 온 김구(金九) 주석의 강력한 리더십을 평가하는 관점에서 보면 이승만 책임론은 더욱 분명해지는 추세였다. 한 박사학위 논문은 "… 이승만에 대한 탄핵·면직처분은 당시 정국쇄신의 가장 큰 걸림돌이자 독립운동계 분열의 한 요인을 제거했다는 점에서 의미가 있다"고 매우 비판적인 결론을 내고 있다(윤대원). 이승만을 분열의 핵으로 보는 관점을 70여 년이 지난 시점에서까지 재확인하고 있는 것이다.

이승만 비판론에 대한 반론도 만만치 않았다. 이승만 지지자들이 간부였던 국내의 〈동아일보〉, 〈조선일보〉는 임시 대통령에 대한 탄핵기사를 아예 다루지도 않았다. 〈동아일보〉 부사장 겸 구미특파원이던 장덕수(張德秀)가 구미위원부의 외교활동을 적극적으로 지지했고, 〈조선일보〉의 경우 사장, 부사장이 대표적인 이승만 후원자인 이상재(李商在), 안재홍(安在鴻)이었기 때문에 영향을 받은 탓도 있겠지만 상해임정의 갈등·분열상황을 종합적으로 보고 신중하게 접근하고 있었다고 할 수 있다.

그 뒤 한 학자는 이승만의 상해 이탈을 자금부족, 일본의 파괴공작, 공산주의자의 침투와 내분 등 때문이었다는 내부원인론을 제기(이인수)하기도 했고, 다른 학자는 일제에 체포될 위험이 높았고

(단기적) 독립의 실효성이 적기 때문에 (장기간의) 활동이 편한 미국을 택한 것이라고 우호적 해석(이현희)을 내놓았다.

상해임정에 법통성을 부여한 것으로 평가받는 한성정부의 약관이 정식정부가 수립될 때까지 임시 대통령(집정관 총재)에게 전권을 위임하고 있고, 임정 소재지를 상해라고 못 박은 규정을 두지 않은 점을 들어 이승만의 미국행 결정을 합리화하는 논리도 등장하고 있다.

그러나 위와 같은 논란(論難)만으로는 설득력 있는 결론을 내기가 어렵다. 상해가 임정 소재지로 과연 적합했는가, 임정 분열의 근본적 원인이 어디에 있는가 하는 문제를 함께 심도 있게 거론하는 것이 균형 있는 접근자세일 듯하다.

먼저 임정이 반식민지 상태에 있던 중국의 상해라는 국제정치의 변두리에 위치했기 때문에 미국 정부와 직접 거래할 수 없었고(소련과의 관계에서도 마찬가지), 중국 장제스(蔣介石) 정부의 견제와 훼방, 그리고 중국과 소련 간의 갈등요인 때문에 연합군의 일원으로 승인받기가 어려웠던 점 등을 고려할 때 일찍이 활동 근거지를 미국으로 옮겼어야 했다는 지정학적 접근론을 유의할 필요가 있다(다른 장에서 다시 상론할 것이다). 임정이 상해에 있으면서도 중국 동북부나 만주, 그리고 한반도 내의 본국의 독립운동을 총괄하지 못했고, 재미동포의 자금지원으로 버텨야 했다면 일찍부터 미국으로 옮겨 이승만과 협력해 미국 정부와 직접 소통하여 미국의 지원을 끌어냄으로써 투쟁역량을 키울 수 있어야 했다는 논리이다.

상해임정은 뒤늦게나마 실제로 1943년 한국 독립운동 본부를 미국으로 옮기는 문제를 심각하게 고려했다. 중국 국민당 정부의 애매한 대(對) 임정 이중정책으로 인한 간섭과 통제를 벗어나고, 미국이 요구하는 단일투쟁에 대한 기여를 실천하려면 워싱턴에 가야 한다고 보아 주중 미 대사 고스(Clarence E. Gauss)에게 그 의도를 전달하고, 이승만과도 정보를 교환하려 했으나 눈치를 챈 국민당 정부 정보기관의 저지로 좌절되었다(구대열). 1919년 상해임정을 세울 때는 미국행이 가능할 수도 있었으나 이제는 때를 놓친(失機) 뒤였다.

임정의 대통령이 워싱턴에서 활동해야 한다고 고집했고, 별도의 정부를 세우는 것이 아니냐는 비판을 받아가면서 구미위원부를 설치했던 이승만의 포석은 선견(先見)이라거나 원모(遠謀)가 있었다는 평가가 가능하다. 그 연장선에서 이승만 미국행의 당위성 여부를 재평가할 수도 있을 것이다.

이승만 요인은 빙산의 일각일 뿐 …

임정 갈등의 주요인이 이승만이라고 본 것도 공정한 시각이라고 할 수 없다. 당시 상해의 독립운동세력은 크게 보아 함경도, 평안도 등 서북세력과 경기, 충청, 호남의 기호세력 등으로 갈려 있었고, 양반과 평민, 상민 출신으로 신분의 벽도 존재했으며, 노소(老少)의 갈등양상도 있었다. 지역·신분 갈등보다 더 큰 문제는 무장투쟁론, 실력양성론, 외교독립론 등으로 독립운동 방략이 나누어져 있는 데 있었다. 더 심각한 것은 이동휘가 공산주의에 빠져 동료들을 포섭하려 하는 등 이념문제까지 얽혀들고 있었다는 점이다.

이승만이 아닌 다른 지도자가 대통령이었다고 하더라도 총체적인 갈등국면을 벗어나기 어려웠던 시기였다. 이동휘가 대통령이 되었을 경우 아전(衙前) 가문 태생으로 함경도 출신인 그가 양반 가문에 기호지방 출신인 임정 주류와 화합이 어려웠을 것이고, 강력한 무장투쟁 노선인 데다가 친소(親蘇) 경향이어서 다른 노선과 공존이 어려웠다. 같은 서북세력인 안창호와도 충돌했고, 동지였던 연해주 지역의 지도자인 문창범 등과도 갈라선 상태였다. 안창호의 경우도 미주에서 이승만과 심각한 라이벌 관계에 있었고, 지방색과 조직력이 강하다는 이유로 임정의 주류인 기호세력의 기피대상이었다. 이동휘와 공존할 입장이나 노선도 아니었다.

이승만은 상해임정에서 '분열의 요인'으로 지적되었으나 그가 미국으로 가고 없는 상태에서도 상해에는 분열상태가 지속되었다. 임정을 개편하자는 개조파와 임정을 뒤엎고 새 정부를 만들자는 창조파가 국민대회를 열고 1년여를 다투었으나 결말이 나지 않았다. 보다 못해 내무총장으로 임명된 김구가 강권으로 국민대회를 강제해산시켰다. 그 뒤 임정이 안정기를 다시 찾은 것은 화합에 의한 것이 아니라 주석으로 부상한 김구의 강력한 리더십 때문이었다.

지정학적 역할분담론 정립했어야

강대국들에 둘러싸인 지정학적 여건 때문에 한반도는 역사상 930여 회에 걸쳐 크고 작은 외국의 침략을 겪었다. 19세기 말에서 20세기 초에 한반도는 러시아, 청(중국), 일본과 일본을 외교적으로 지원한 영국, 미국 등 열강의 대결장이 되었다. 청·일, 러·일 전쟁이 일어나 그 두 전쟁에서 이긴 일본이 한반도를 식민지로 삼은 것이 한국 근대사의 마지막 장이었다는 것은 역사적 사실이다.

그러나 그런 지정학적 여건에 대한 우리의 대응력에 관해서는 깊은 연구가 알려진 게 별로 없는 듯하다. 예컨대 일제에 항거하는 한국의 독립운동도 지정학적 특성의 영향을 받아 세계 식민사상 유례가 드문 역할분담론의 형태로 진행되었다는 점을 거론하는 경우가 별로 없었다.

그 시대의 독립운동 지도자들도 그 점에서 예외가 아니었다. 지역 또는 역할분담 현상을 통찰하지 못하고 그에 걸맞은 대전략(大戰略: Grand Strategy)을 정립시켜 놓지 못했다. 그 결과로 태평양전쟁 때 흩어져 싸우다가 임정 승인도 받지 못했고, 대일전(對日戰)에 연합군 자격으로 참전도 못했다. 그 영향과 후유증, 여진(餘震)은 그 뒤 해방 전후를 관류했고, 현대사의 흐름 속에도 남아 있다. 아마도 앞으로도 계속될 것이다. 그때 지도자들은 왜 그 전략을 정립시킬 수 없었는가? 그 책임론 한가운데 상해임정이 있고, 초대 임시 대통령 이승만이 있다.

일본의 한반도 식민통치는 일본의 제국주의 역할모델인 영국과 프랑스와는 근본적으로 다른 지정학적 여건 속에서 시작되었다. 영국과 프랑스는 본국과 멀리 떨어진 아프리카, 아시아에 식민지를 가지고 있었기 때문에 제한된 수의 군대와 관료, 민간인을 보내 통치했다. 소수정예의 관료를 보내 '간접 통치'하던 영국보다 좀더 많은 본국인을 투입해 '동화(同化) 통치' 정책을 편 나라가 프랑스였고, 프랑스의 '동화 통치'를 모델로 해 더 철저하고 악랄한 식민통치를 한 것이 일본이었다.

영국은 당시 3억 2,500만 명의 인도인을 상대로 4,898명의 영국

관리를 파견, 6만 6,150 대 1의 비율이었고, 프랑스는 1,500만의 베트남인을 상대로 4,300명의 프랑스 관리를 두어 3,490 대 1의 비율이었다. 그러나 일본은 2천 1백만의 한국인에 대해 공무원, 경찰, 교사, 민간인 등 75만 명을 투입했고, 그중 일본인 공무원 24만 6천 명의 비율은 85 대 1의 비율이었다. 영국과는 아예 비교할 수도 없고 프랑스에 비해서도 관리수가 41배였다. 그 외에 2개 전투사단 등을 주둔시키고, 인근 만주의 일본 관동군은 76만 명의 규모였다. (윤충로)

일본은 식민사상 유례가 없는 대규모의 인력을 투입한 뒤 자신들이 구축한 현대식 통신망, 도로망을 통해 전국 구석구석까지 행정력을 구축하고 강력한 헌병(憲兵) 통치체제를 세웠다.

인구이동이 적은 전통적 농경사회인 한국농촌의 특징을 노려 지역출신 인사들의 동향과 외부 인사들의 왕래를 감시, 반일활동을 견제하고 색출했으며, 3면의 바다로 통하는 항구와 만주로 통하는 육로를 철저히 차단해 독립운동을 원천적으로 차단했다. 그러한 강도 높은 압박과 탄압으로 국내의 항일 민족운동은 크게 위축되었다.

반면 한일 병탄(倂呑)을 전후해 만주와 러시아, 중국 등으로 이주했던 수십만 동포와 노동이민 등으로 미주에 진출했던 1만여 재미동포들은 한인 디아스포라(이산, 離散) 사회를 이룩했다. 이산 한국인들은 한국을 조국으로 간주했고, 한국이 독립하면 다시 돌아간다는 희망을 가지고 살고 있었다. (권희영)

이들은 함께 이주했거나 나중 본국에서 탈출해 온 독립운동가들의 영향을 받고 항일 민족운동에 참여했다. 한국민족의 정체성을 대표하는 상징으로 떠오른 이러한 한인 디아스포라의 광범위한 포

진과 독립운동은 세계 식민사(植民史) 상 흔한 일이 아니었다. (권희영, 앙드레 슈미드)

재외 한인들은 1919년 국내에서 일어난 3·1운동에서 큰 영향을 받았다. 만주 지역에서는 무장항쟁의 불길이 올랐고, 고국과 멀리 떨어진 미주한인들은 독립운동 자금을 모았다. 중국 상해, 북경은 한국 독립운동가의 근거지가 되었다. 본국에선 실력양성론, 독립준비론에 근거한 개량주의 노선이 대안으로 나왔다. 지역과 역할이 자연스럽게 분담되는 특이한 지정학적 독립운동의 패턴이 윤곽을 잡게 되었다.

상해임정이 출범한 것은 이때였다. 본국 국민과 해외 교포들의 독립운동을 연결시키고 역할분담을 지휘하는 연결고리의 역할이 가장 큰 임무가 될 것이었다.

초기 임정사를 보면 수뇌부들은 나름대로 역할분담론에 대한 인식과 구상을 가지고 있었다. 역할분담론을 공식적으로 제일 먼저 제안하고 나섰던 사람은 이승만이었다. 이승만은 1919년 11월 19일자로 국무총리 이동휘에게 보낸 취임 축전에서 당분간 원동(遠東)과 구미(歐美) 지역을 나누어 원동의 일은 국무총리가 중심이 되어 처리하고 구미의 일은 자신(임시 대통령)이 전담할 것을 제의했다. 일종의 역할분담론을 말한 것이다.

이승만은 이동휘가 정부의 대정(大政) 방침을 묻는 편지에 대한 답신에서도 국권회복의 최후수단으로 무력투쟁의 필요성을 나름대로 인정하면서 역할분담론을 다시 강조했다. 원동에서 무력투쟁의 준비를 착실히 하고, 자신은 미국에서 외교·선전 활동에 충실하겠다는 것이다. 이승만의 역할분담론은 국내에서는 비폭력적 시위운동을 계속하고, 만주와 연해주의 동포는 독립전쟁에 대비하며, 미주에선 구미열강을 상대로 외교·선전 활동을 펴나가자는 것을 말한 것이다. 상해임정이 국내외 민족운동을 지휘하려고 할 것이 아니라 조직과 기구를 경량화함으로써 연결, 조정역할을 맡으면서 결정적 기회에 대비해야 한다는 생각이었다.(고정휴)

이승만의 발상은 자신이 상해에 오지 않고 미국에 남아 있으면서 대통령직을 수행하기 위한 방안으로 나온 것이다. 국제적 흐름으로 볼 때 태평양을 사이에 두고 대치 중인 미국과 일본이 종국에는 필연적으로 충돌(전쟁)할 수밖에 없기 때문에 그 기회를 활용하기 위해 대비해야 한다는 관점에선 객관적으로 현실적인 대안이었다(고정휴). 대통령이 상해보다 미국에서 활동하는 것이 더 바람직할 수 있기 때문이다.(강만길)

이승만에게 적의를 품고 있었고 그를 대통령 자리에서 축출해야 한다는 생각밖에 없었던 국무총리 이동휘는 이승만의 제안을 외면하고 역공(逆攻)으로 응수했다. 대통령이 미국에 있기 때문에 임정의 업무가 제대로 이루어지지 않는다면서 대통령제를 폐지하자고 첫 국무회의 때부터 공격하고 나섰던 것이다.

그러나 그가 대통령제의 대안으로 주장하는 혁명정부 역시 자신의 노선(무장투쟁론)을 중심으로 한 역할분담론을 전제하고 있었다. 이동휘 자신은 시베리아, 만주를 오가며 군사를 지휘하고, 이동녕, 이시영은 만주에서, 안창호는 북미에서, 이승만은 하와이에서 각각 활동하고 상해에는 차장급들이 남아서 각지의 일을 종합처리하게 한다는 것이다.(반병률)

안창호는 두 사람보다 더 앞서가는 역할분담론자였다. 안창호는 1919년 5월 임정 요인 가운데 가장 먼저 상해에 왔을 때 삼두정치론(三頭政治論)을 제안했다. 한인 교포가 많은 러시아, 만주 그리고 미주 지역을 대표하는 3인을 뽑아 독립운동을 일원화해야 한다고 주장했다. 안창호가 속으로 꼽고 있던 3인은 미주 쪽에서 이승만과 안창호, 원동 대표는 이동휘였다. 이 제안은 한 회합에서 처음 제기되었는데 청중의 열렬한 지지를 받기도 했다. 그러나 취임여부가 불투명했던 이동휘가 결단을 내려 상해에 부임하고 다른 총장들도 모두 참석한 취임식이 열리면서 슬그머니 수면 아래로 사라졌다. (이명화)

안창호의 당초 구상은 나라가 독립할 때까지 싸우려면 북간도, 서간도, 러시아령 연해주, 미 본토, 하와이 등 5개 지역 동포를 조직화해 납세를 받아 재정적 기초를 닦고 문화력과 경제력을 키워야 하는데, 우선 해당 지역의 지도자들이 한마음이 되어 분공합작(分工合作) 하자는 것이었다. (임중빈)

안창호는 임정이 한시적으로 출범하기 전 과도기 때 내무총장 겸 국무총리 대리로 추대되자 교통국과 연통제(聯通制)를 실시하는 실천력을 보인 적이 있었다. 연통제 등은 국내 각지에 지하조직을 만들어 상해임정과 긴밀한 연락을 하는 제도였다. 실시 반년 사이에 전국 101개도에 조직이 생기고 임정 활동상황과 국제정세에 관한 소식이 전달되기 시작했다. 부녀자들이 헌납한 금비녀 등 금붙이를 포함한 국내 헌금이 유입되기도 했으나 오래 지속하지 못했다. 일경에 적발되어 조직이 파괴되었기 때문이다. 연통제는 안창호식 역할분담론의 실천모델이었던 것이다. (한시준, 임중빈)

세 사람의 역할분담론은 내용이 다소 다르나 독립운동 과정에서 체험을 통해 그 필요성이 인정되었다는 점에서는 공통적이었다. 세 사람의 노선이기도 했던 무장투쟁, 실력양성, 독립외교의 어느 것도 독자적으로 한국의 독립쟁취를 가능케 할 수는 없었다.

세계 최강의 군사대국 중 하나로 떠오른 일본을 상대로 무장투쟁을 벌이는 것은 자금과 인력, 무기 등이 턱없이 모자라는 상황에서 승산이 없었고 무자비한 보복을 불러 동포들의 피해만 가중시킨다는 반론에 부딪혔다.

실력양성론은 수십 년 또는 그 이상의 시일이 필요할 수 있는 과제여서 현실성이 떨어졌고, 일본의 실력도 계속 향상되어 간다면 영원히 극복할 수 없을 것이라는 비관론을 불렀다.

무장투쟁이 뒷받침되지 않는 독립외교 노선은 약소국이 강대국 상대의 외교만으로 독립을 쟁취한 역사적 사례를 전 세계 역사에서 찾아볼 수 없다는 회의론에 부딪혔다.

그런데 이승만과 이동휘, 안창호는 역할분담론의 필요성을 각자 절감하면서도 이를 종합적으로 아우르는 통합전략을 정립하는 데 이르지 못했다. 왜 그렇게 되었는가? 그것은 한국의 독립운동계의 합의로 상해가 임정의 소재지로 정해진 것이 아니라는 점에서 시발된 문제였다.

3·1 운동 뒤 국·내외에서 각기 선포된 6개의 정부가 하나로 통합되는 과정에서 상해임정은 13도 대표에 의해 선포된 한성정부의 약헌(約憲)과 정통성을 인정하라는 이승만의 요구를 수용해 통합 정부를 출범시켰다. 유일하게 실체가 있었던 상해임정과 정체성을 가진 한성정부가 합쳐 '상해임정'이 탄생한 것이다.

앞서 지적한 대로 이승만이 스스로 내외를 상대로 대통령 호칭을 사용하고 있었고, 상해임정의 위상, 미주 교포들에 대한 지도력 등 난제가 겹쳐 어려웠으나 안창호가 그 매듭을 어렵게 풀었다. 임정의 소재지나 통합전략문제 등을 거론할 여유가 없었던 상황이었다. 때문에 이미 독립외교를 진행 중이다가 대통령으로 추천된 이승만은 국제외교의 본산인 워싱턴을 버리고 변두리인 상해로 가기도 어려운 처지이기도 해서 '구미위원회'를 만들어 집행기구로 삼았다.

상해임정 쪽에서 보면 이승만이 자의(恣意)로 또 하나의 정부를 만든 것이 아니냐는 반발이 나올 수 있는 상황이었다. 이승만이 상해임정의 자금줄까지 쥐고 있었기 때문에 상해에 부임하지 않고 있는 것을 이유로 상해임정 쪽에서 탄핵위협이 나오게 되었다. 이러한 갈등구조 속에서 통합전략 논의가 등장할 여지가 없었다.

이승만이 상해에 와 취임한 뒤에도 자기중심의 역할분담론은 변화가 없었다. 이승만은 최고지도자의 입장에서 독립운동계의 여러 중론을 수렴하려고 하지 않았다. 대통령이 아니라 외교부장이라도 된 듯 다른 노선은 외면하고 외교활동 노선만을 완강하게 고집했다. 6개월이나 상해에 머물렀으나 통합전략에 대해 논의하는 계기를 마련하지 못했다. 결정적일 때 무장투쟁이 필요하다는 것을 인정하면서도 그랬다. 독립운동의 주도권과 적은 재원으로 무장투쟁 노선까지 지원할 수 없는 현실여건을 감안한 듯하다.

그러나 장기 전략으로서의 통합전략을 끝까지 소홀히 한 것은 큰 잘못이었다. 그는 1937년 중·일 전쟁이 일어나고, 김구가 무장투쟁이 필요하다고 주장하고 나섰을 때도 외교 노선만 강조하고 있었던 것이다. 외교, 군사, 실력양성을 함께 다루는 통합전략에 대한 개념이 아직 서 있지 않았기 때문일 것이다.

그런 점에서 군사에 외교, 경제까지를 포함한 통합전략을 입안하는 부서가 없고 인재가 없었기 때문에 일본이 태평양전쟁에 빠져들게 되었다고 보는 나카소네 야스히로(中曾根康弘) 일본 전 총리의 분석은 뼈아픈 일격이라 할 수 있다. 한국을 식민지화하는 데는 성공했으나 그 뒤 명확한 국가전략을 세우지 못하고 임시방편으로 정책을 펼치다가 패망의 길로 들어서게 되었다는 것이다. (나카소네 야스히로)

그러나 우리 눈에는 나카소네의 성찰이 배부른 자의 불만처럼 보인다. 그의 분석이 명확한 통합전략을 세우고 약소한 잠재력(일본에 비해)이나마 극대화해야 했던 한국 독립운동세력이 통합전략 리더십 부재로 힘이 분산되었다는 역사적 사실을 더욱 뼈저리게 느끼게 하기 때문이다.

이승만의 '워싱턴 외교', 열강 외면으로 좌절

1921년 8월 18일 워싱턴에서 열리는 워싱턴회의에 대비해야 한다는 명분을 걸고 임지(任地)인 상해를 무단이탈한 이승만은 6월 29일 하와이 호놀룰루에 도착, 지지자들을 포함한 하와이 교포들의 열렬한 환영을 받았다. 하와이 교포들의 이승만에 대한 지지가 거의 맹목적이기도 했으나, 상해임지 이탈문제보다도 워싱턴회의에거는 관심이 압도적이었음을 알게 하는 대목이다.

위싱턴회의는 신임 미 대통령 하딩(Warren. G. Harding)이 주창해 소집하게 된 국제회의로, 약소국을 포함한 전 세계의 관심을 끌고 있었다. 이 회의에는 미국, 영국, 프랑스, 이탈리아, 일본 등 열강 5개국과 중국, 벨기에, 폴란드, 포르투갈 등 9개국이 참가해 해군(海軍) 군비축소 조정안과 극동 및 태평양 지역에 관한 문제를 폭넓게 토의할 예정이었다. 때문에 많은 식민지들이 이 회의에 관심을 가지게 되었고, 한국 독립운동 세력도 큰 기대를 걸고 있었다.

이승만 개인에게도 워싱턴회의는 하나의 기회였다. 파리 강화회담 때의 '위임통치 청원' 파동이 가져온 타격을 만회하고, 상해임정 이탈로 인해 생긴 정치적 부담도 희석시킬 절호의 기회이기도 했기 때문이다. 독립외교 노선을 유지하기 위해서는 워싱턴회의에서 결실을 거두어야 한다는 공적 부담도 컸다.

이승만은 하와이에 돌아온 지 2주 만인 7월 14일 교민단 내의 지지자들을 따로 모아 사조직인 '대한동지회'를 조직했다. 그가 사조직을 만든 것은 안창호의 홍사단이나 박용만의 독립단 등 사조직이 미국에서뿐만 아니라 상해에 와서도 큰 역할을 한 사례를 벤치마킹한 것이다. 한성정부의 법통을 가진 임시 대통령의 권위를 유지하면서 독립외교를 펴기 위해서는 충성도와 결속력이 강한 조직(사조직이라 하더라도)이 필요하다고 판단했을 것이다. 워싱턴회의에 대비한 지지의 필요성도 없지 않았다.

이승만은 7월 19일 국내의 이상재에게 편지를 보내 "워싱턴회의가 한국문제를 해결할 기회"라고 강조하고, "회의가 열릴 즈음 내지와 원동 각지에서 시위운동을 크게 하는 것이 필요하니 미리 준비하는 게 좋을 것"이라고 요청했다. 또 조선기독교청년회 총무인 신흥우를 통해서도 같은 의사를 국내에 직접 전달하게 했다. 9월 4일에는 상해임정의 신규식(申圭植)에게 전보를 보내 워싱턴회의가 개최될 때보다 지금 바로 국내와 만주에서 시위운동을 전개하는 것이 좋다고 말하면서 "곧 밀통(密通)하시오"라고 지시했다. 이승만은 3·1운동과 같은 항일운동이 국내에서 일어나 워싱턴회의에 영향을 줄 수 있기를 바란 것이다. 그러나 현실은 일본 총독부의 탄압이 더욱 심해져 그러한 운동은 불가능했다.

이승만은 이상재와 신익희에게 국내에서 외교활동 자금을 마련하는 데 협조할 것을 부탁하기도 했다(고정휴). 이승만 지휘의 구미위원회도 미국 내의 각종 단체와 뉴욕의 유학생 단체인 공동회(共同會) 등의 적극적 후원을 받아냈다. 서재필이 임시 위원장으로 있으면서 이 회의에 "한국의 생사가 달렸다"고 역설, 2만 1,219달러의 외교자금을 모았다. 행사비용으로는 최고의 모금액이었다.

상해임정도 대통령 임지이탈문제는 일단 덮어 두고 이승만의 요청대로 한국 대표단에 대한 전권을 맡겼고, 9번의 간사회의를 열어 실무상의 뒷받침을 했다. 국내 민족운동세력은 이번 회의에서 한국 독립문제가 승인되는 단계까지는 가지 못하더라도 상정 토의는 될 수 있다고 보아 큰 관심과 기대를 걸었다. 이상재 등 국내 저명인사 374명이 서명한 청원서(워싱턴회의서)를 제출하기까지 했다.

이승만이 회의에 파견될 대표단의 단장, 서재필이 부단장이 되었고, 단원으로는 정한경, 돌프, 토마스(C. S. Thomas) 등이 인선되었다. 국내외 독립운동 세력이 나름의 힘을 모아 전력투구한 것이다. 그러나 이승만 단장을 앞세운 대표단의 갖은 노력에도 불구

하고 한국 대표단은 워싱턴회의에 참석하지 못했고 한국문제를 의
제로 상정시키는 데도 실패했다.

워싱턴회의에 대한 한국 독립외교의 실패는 다시 한국의 국내외
독립운동에 크나큰 영향을 끼치게 된다. 조기 독립이 어려울 것으
로 본 국내 민족운동세력의 우파는 현실을 감안해 타협주의 노선을
모색하게 되었다. 영국 식민지인 인도처럼 자치권을 획득하겠다는
절충주의가 등장했다.

좌파는 비타협적 독립운동을 계속하기로 했고, 일경의 탄압을
피해 지하로 들어가게 되었다. 파리 평화회의에 이은 워싱턴회의
에 대한 독립외교의 실패는 상해임지 이탈 등 이승만 노선의 계속
되는 좌절이기 때문에 개인에게도 큰 타격이었다. 국내외에서의
명성과 평판에 큰 손상을 입었고, 어려운 여건 속에서 재정적 뒷받
침을 해오던 재미교포들의 이탈과 분열을 가져왔다.

'독립운동 후원'이 미주 동포생활의 핵심과제

제 2차 세계대전과 한국전쟁에서 미국의 전쟁영웅이던 재미교포 김영옥(미군 대
령 예편)의 회고에 의하면 한일 병탄 뒤 3차례의 밀항시도 끝에 미국 로스앤젤레
스에 온 아버지 김순권은 열렬한 이승만 지지자로 '대한동지회' 열성회원이었다.
어린 아들은 주말마다 수십 명씩 친구들을 데리고 와 일주일 내내 가게일로 피곤
한 어머니에게 술과 음식을 대접케 하는 아버지를 원망했다. 아들은 어른이 된
뒤 아버지의 친구들이 독립운동을 지원하기 위해 모인 사람들이고 아버지가 리더
라는 것을 뒤늦게 알고 애국심을 배우게 되었다. 당시 로스앤젤레스의 교포는 1천
명 안팎이었는데 돈 버는 일, 독립운동, 교회 가는 일 등 3가지가 교포생활의 핵심
이었다.(김영옥)

워싱턴회의의 배경은 무엇인가

제1차 세계대전이 끝난 뒤 열강 각국 간의 세력 균형이 재편되고 있었다.

승전국인 영국, 프랑스는 전쟁으로 국력이 소진되어 쇠퇴의 길로 들어서고 있었다. 이와 대조적으로 신흥공업국 미국이 영국을 대신하는 강국으로 부상하고 있었다. 국력이 커진 일본도 대륙팽창 정책을 펴면서 태평양 지역의 패권을 위협하는 5대 군사강국으로 발돋움했다. 한편, 소련에서 볼셰비키 혁명의 성공이 극동을 위협하는 새로운 위협으로 떠오르게 되었고, 한국의 3·1 운동, 중국의 5·4 운동, 인도의 대영 불복종운동 등 약소민족의 해방운동이 곳곳에서 타오르고 있었다.

갓 취임한 미국의 하딩 대통령이 그와 같은 세계정세를 논의하자면서 열국 간 워싱턴회의가 열리게 된 것이다. 31개 주제가 논의대상이었고, 중국관계가 14건, 일본 관련이 7건, 러시아 및 시베리아에 대한 것이 4건, 그 밖의 지역을 단위로 한 것이 5건이었다. 한국문제는 22번째로 순위가 잡혀져 있었다.

회의를 주도하게 된 미국의 주된 속셈은 태평양의 라이벌로 부상하는 일본을 견제하는 데 있었다. 일본이 강국이 되는 데 결정적 역할을 한 영·일 동맹을 해체시키고, 그 대안으로 미국, 영국, 프랑스, 일본의 4개국 조약과 주요 해운국인 미, 영, 일, 프랑스, 이탈리아 5개국 간에 해운조약을 체결함으로써 일본의 팽창을 저지하는 전략을 깔자는 것이었다. 그 외에도 미·일 간에는 일본의 중국 산동(山東)반도 진출, 시베리아 철병, 일본인들의 미국 이민문제 등 해결해야 할 현안이 산적해 있었다.

일본의 하라(原敬) 수상도 열강과의 협조를 중시하는 입장이었으므로 미국의 회의 제의를 수용, 참가하게 되었고, 따라서 발언의 비중이 높을 수밖에 없었다. 한국 독립운동계의 움직임을 국내외에서 주시하던 일본 정부는 한국문제 안건이 상정되지 못하도록 방해하는 외교전략을 썼다.

미국은 그에 호응이라도 하듯 한반도 문제를 일본의 내정(內政)문제로 간주한다면서 이승만이 제출한 청원서를 외면했던 것이다. 아프리카와 아시아에 많은 식민지를 가지고 있던 영국, 프랑스, 이탈리아도 일본의 식민지인 한국을 지원할 의도도 이유도 가지고 있지 않았다.

워싱턴회의에선 해군 군비제한, 중국과 시베리아, 그리고 태평양제도의 영토관할 문제에 이르기까지 폭넓은 협의가 이루어지고, 여러 가지 조약이 체결되었으나 22번째 의제였던 '한국문제'는 상정될 수 없었다. 나중에 워싱턴 체제(Washington Treaty System)라고 불렸듯이 미국은 자국의 구상이 성공한 것으로 보고 있었던 만큼 (일본의 입장에서 볼 때) 회의에 장애가 될 가능성이 있는 이승만의 청원외교가 끼어들 여지가 없었다고 할 수 있다.(유영익, 고정휴, 구대열)

이승만의 본격적인 시련기가 닥쳤다. 장기적인 과제로 볼 때 주목되는 것은 국내외에서 대중시위를 벌여 열강의 관심을 끌어야 한다는 이승만의 희망이 전혀 이루어지지 않았다는 점이다. 3·1운동 같은 시위가 전국적으로 일어날 수 있었다면 아마도 워싱턴회의에 적지 않은 영향을 끼칠 수도 있었을 것이다.

대중시위가 없었던 첫 번째 이유는 조선 총독부가 시위를 원천적으로 막기 위해 감시·견제를 철저하게 강화했기 때문이다. 두 번째 이유는 한국의 독립운동세력이 대중시위에 관한 계획과 준비를 하지 않고 있었으므로 조직적 동원이 어려웠다는 점이다.

사실 대중시위는 이승만의 독립외교 노선보다는 무장투쟁 노선에 준하는 영역이다. 무장투쟁을 포함한 장기 통합전략이 수립되어 있었다면 가능할 수 있는 싸움방식이었다.

결론적으로 볼 때 워싱턴회의에 대한 실패는 열강 간의 역학구조가 결정적 요인이었다. 그러나 한국 민족운동세력이 통합전략을 마련하지 못했던 것도 실패의 한 원인이라고 말할 수가 있다. 통합전략 부재가 가져올 좌절에 대해서는 태평양전쟁 때 다시 거론할 것이다.

그렇다고 워싱턴회의에 대비한 외교의 결과를 실패의 측면에서만 볼 수는 없다. 일제의 탄압과 식민정책의 포악성을 세계여론을

항일 독립운동세력, 전반적으로 침체기 맞아

1921년 워싱턴회의에 한국문제가 상정되지 않는 등 독립외교가 실패하자 이승만과 구미위원회는 타격을 받고 침체기에 빠진다. 그러나 그것은 한국 독립운동세력 모두가 겪어야 하는 불우한 시기였다. 상해임정도 워싱턴회의가 성과 없이 끝나자 무정부상태로 빠져들었다.(한시준)

임정은 1924년 5월 10일 이동녕을 국무총리, 김구를 내무총장으로 새로운 내각을 구성, 2년간 지속되었던 무정부상태를 일단 벗어났다. 이때 반이승만 세력이 포진해 있던 의정원은 임지를 떠난 채 돌아오지 않는 대통령 이승만의 직무포기를 지적, 국무총리에게 직무대행을 제의했다. 이를 통보받은 이승만은 한성정부의 정통성을 내세우며 의정원의 논리를 부정했으나, 통하지 않았다.

의정원은 이동녕 내각의 사퇴를 받아들이고 서북파가 민 박은식(朴殷植)을 임시 대통령 대리로 내세워 이승만을 탄핵, 면직시켰다. 의정원은 이승만이 이끄는 구미위원부도 폐지했다. 이에 맞서 이승만은 상해로 가는 교포들의 지원금 송금을 중단케 했다. 생활고에 더해 불투명해지는 장래 때문에 많은 운동가들이 전열에서 이탈해 갔다.(장건상)

1925년 6월에는 조선 총독부와 만주 군벌 장쭤린 간에 맺어진 협정으로 만주에서의 독립투쟁이 더욱 어려워지게 되었다. 난국이 겹치자 임정의 원로인 이동녕은 56세의 김구에게 주석 취임을 강권하게 되었고, 뛰어난 장악력과 실천력을 겸비한 김구 주도로 임정은 안정을 되찾을 수 있었다. 김구는 난국 타개책으로 이봉창, 윤봉길 주도의 의거를 일으키고 미주동포의 자금 지원길을 되살리게 되었다 (김준엽). 그것은 열강의 주목을 끌 만한 돌파구였다(구대열).

그러나 윤봉길 의거에 대한 일본의 보복을 피하기 위해 김구 등 임정 요인들은 중국 여러 지역을 전전해야 했고, 그에 따라 각 지역의 독립운동을 통할해야 하는 임정의 지도력도 약화되었다.

항일 무장투쟁, 점차 어려워져

3·1운동을 계기로 많은 독립운동가들이 국내를 떠나 만주와 중국 본토로 망명함에 따라 항일 무장투쟁 전선이 활발해졌다. 만주의 독립군 조직이 70~80개였고, 독립군의 수도 2만여 명이었다.(한국근대사학회)

독립군의 주역은 간도의 신흥무관학교, 연해주의 독립군 사관학교를 나온 젊은 장교들이었다(김준엽). 1919년부터 독립군의 국내 진공(進攻) 작전이 자주 벌어졌고, 1920년에는 독립군 2천여 명이 한(韓)·만(滿) 국경을 넘어와 수비 중이던 일본군을 살상했다. 1920년 홍범도(洪範圖) 지휘의 대한독립군은 추격해 오던 일본군 1개 대대에 역습을 가해 157명을 사살했고 3백여 명에게 부상을 입혔다. 유명한 봉오동(鳳梧洞)전투이다.

1920년 10월에는 김좌진(金佐鎭), 이범석(李範奭)이 지휘하는 북로 군정서군이 독립군 소탕작전에 나선 일본군과 10여 회의 전투 끝에 1,200여 명을 사살하고, 독립군은 60명만 전사하는 대전과를 올렸다. 청산리(青山里)전투이다. 이 전투는 항일 무장투쟁사상 가장 규모가 큰 연대규모의 전투였다.

그 뒤 독립군 병력 3,500여 명은 소(蘇)·만(滿) 국경으로 이동했다가 공산세력 간에 벌어진 주도권 싸움에 휘말려 많은 희생자를 냈다(자유시 참변). 다시 만주로 귀환한 김좌진 등은 독립군 재편에 들어갔고, 1924년을 전후에 참의부(參議府), 정의부(正義府), 신민부(新民府)로 나뉘어 독립투쟁을 주도하게 되었다.(박영석)

그러나 독립단체가 이합집산을 자주 하고 한인촌을 상대로 무차별하게 군자금을 각출하게 되어 자금원이 고갈된 데다가 상대적으로 일본군의 방해·진압 작전이 치밀해짐에 따라 규모가 큰 작전이 어려워졌다. 그러다가 1930년 1월 24일 민족진영의 최고 군사지도자인 김좌진이 공산주의자에게 암살된 뒤 후계자인 이청천(지청천이 독립운동 시절 사용한 이름), 이범석이 만주를 떠나면서 만주에서의 민족주의 무장투쟁은 기반을 잃었고 그 주도권이 공산계로 넘어갔다(이강훈). 독립군은 1920년대 청산리전투 이후 유격전이든 진지전이든 큰 규모의 전투를 치러보지 못했다(이영훈). 개인이나 소규모 단위로만 지속적으로 투쟁했다.

반면 중국공산당은 1933년부터 동북 인민혁명군을 결성했고, 수많은 한인들이 그 대열에 참전했다. 1936년 동북 항일연군으로 개명하면서 김책, 최용건, 김일성 등이 참가, 중국을 위해 일본군과 싸웠다. 특히 김일성은 1937년 보천보전투를 치러 국내외로 유명해졌다(안철현). 그러나 김일성도 1941년 일본군의 추적을 피해 소련령으로 넘어가 소련군 소속으로 항일전에 대비한 훈련을 받고 있다가 종전을 맞았다. 1945년 해방 당시 대일전선에서 싸우던 한국인 부대는 좌·우 막론하고 어디에도 없었다.

상대로 폭로·선전해 한국민의 노예적 상황을 인식하게 하는 분위기를 조성하는 데 크게 기여했다는 점을 유의해야 한다(박영석). 그것은 한국의 독립운동이 존재하고 있음을 세계에 널리 알리는 것이기도 하다.

이승만 개인에게는 거듭된 실패에도 불구하고 좌절하지 않고 버티면서 실패에서 배우고 또 싸우면서 외교역량을 더 강하게 하는 보약이 된 측면도 없지 않았다(차상철). 만일 이승만이 중도에서 포기하고 안락한 미국생활에 안주했다면 한국의 현대사가 달라졌을 것 아니겠는가?

불우한 시절 맞이했으나 좌절 않고 버텨

이승만과 구미위원회는 워싱턴회의가 끝난 다음 해인 1922년부터 침체기에 들어갔다. 워싱턴회의에 한국문제를 상정하는 데 실패한 것이 침체를 가져온 직접적 계기였다. 구미위원회는 존폐 기로에 섰고 이승만에 대한 기대는 실망으로 바뀌었다.

엎친 데 덮친 격으로 미국을 강타한 불경기로 한인 교포사회도 경제적으로 더 어렵게 되었다. 노동 임금이 내려가고 벼농사가 실패한 데다가 3·1 운동 이후 계속된 독립운동 자금 염출로 교민들의 경제사정이 악화되어 있었다. 따라서 교민들은 구미위원회의 지원 호소에 냉담했고, 이승만을 충실하게 추종하는 교민단과 동지회의 자금지원에 의지해 겨우 명맥을 유지할 수밖에 없었다. 국민회와 싸우면서 세웠던 한인 기독학원이 한인 2세의 수가 줄어들고 이들에 대한 공립교육이 의무화됨에 따라 문을 닫을 수밖에 없는 형편이 되었다.

이승만이 새로운 돌파구로 1925년 동지(同志) 식산회사를 설립해 950에이커의 토지를 매입, 목재사업을 폈으나 경험과 운영능력 부족으로 부채만 지고 파산상태가 되었다. 벌목이 끝난 토지를 농지로 개간해 동지촌(同志村)을 건설하려 했으나 그 계획도 실패했다.

이승만의 이상촌 건설은 안창호의 선례를 참고했다고 보아야 한다. 안창호는 이민 1910년대 북만주 밀산촌(密山村)에서 이상촌 사업을 벌였고, 1920년에는 흥사단의 주력사업으로 중국 관내와 만주 지역을 대상으로 진행시켰다(이명화). 이승만이 결과적으로 흐지부지하게 된 안창호의 선례에서 교훈을 얻지 못하고 실패하게 된 경위가 궁금하다.

1930년대 들어서도 이승만은 계속 내리막길이었다. 안창호와 박용만이 없는 미주 교포사회를 통합하기 위해 1930년 동지미포대회(同志美布大會)를 열었으나 결과는 반대로 나타났다. 신도인(新渡人)으로 불린 김현구(金鉉九), 김원용(金元容), 이용직(李容稙) 등이 새로운 지도자로 부상하면서 오히려 교포사회와 교회의 분열이 심화되는 현상이 빚어진 것이다. 이승만을 지지해오던 하와이 동지회와 교민단 간에도 충돌이 일어났고, 1933년 교민단은 옛 이름인 '하와이 국민회'로 복설되면서 이승만과 결별했다.

이승만은 소수의 추종자만 남은 채 사회적으로나 재정적으로 고립되었다. 허정(許政)은 이 현상에 대해 이승만과 그 추종자들이 "봉건적인 주종관계를 맺고 있었다"고 회고하는데, 왕손으로서의 긍지, 독선과 아집, 포용력 부족 등 한 인간으로서의 약점을 지적한 듯하다. 그러나 더 정확하게 보면 50대 후반에 들어선 이승만은 이제 시대의 흐름이라는 대세에서 밀리고 있었던 것이다.

재미 교포사회는 1세대가 늙어가면서 2세대가 늘어가고 있었고, 세대교체로 신흥 지도부를 맞이했다. 1940년 통계에 의하면 한인 총수 8, 562명 가운데 한국 국적이 37%, 미국 국적이 63%였다. 그것은 미국시민이 된 이민 2세대가 교포사회의 다수를 차지하고 있음을 나타내는 것이다. 이민 2세들은 1세들과 같은 애국심, 독립운동에 대한 열의를 가지고 있지 않았다. (정병준)

이승만을 지지하는 1세대가 계속 줄어드는 추세이기 때문에 평화시대가 길게 이어졌다면 그는 시대와 세대교체가 맞물리는 큰 변화의 흐름 속에서 어쩔 수 없이 뒷무대로 밀려갔을 것이다. 그러나 그는 성공적으로 재기한다. 미·일 간의 태평양전쟁이 이승만 같은 거물의 독립외교관을 필요로 했기 때문에 그는 재기할 수 있었다.

흥업구락부, 이승만의 국내지지 교두보

1921년 상해에서 이탈, 미국에 온 이승만은 사조직인 대한동지회를 만든 데 이어 1925년 동지회의 국내조직인 흥업(興業)구락부를 조직했다. 1924년 10월 25일 조선 YMCA 총무 신흥우는 호놀룰루에서 이승만을 만났다. 이승만은 신흥우에게 "안창호는 로스앤젤레스를 중심으로 흥사단을 조직했고, 국내에선 수양동지회라는 단체를 만들어 세력을 키우고 있다"고 말하고, "대한동지회와 연결된 단체를 만들어 흥사단 세력을 제압해 달라"고 부탁했다.

이승만의 이와 같은 요청은 두 가지 의미를 가진다. 하나는 상해 임정을 떠난 뒤에도 자신을 중심으로 독립운동 역량을 키워가기 위해 노력하고 있었다는 것이고, 둘째는 독립운동의 주도권을 잡기 위해 라이벌인 안창호를 견제하고, 그의 조직 선례(先例)를 벤치마킹하고 있다는 사실이다. 이승만은 안창호의 대한국민회를 의식해 하와이에서 교민단을 결성했고, 흥사단에 대비해 대한동지회를 만들었으며, 수양동지회에 맞설 흥업구락부를 추진한 것이다.

귀국한 신흥우는 이승만의 요청을 이상재에게 전달하고 흥업구락부의 창립을 추진, 이상재(부장), 윤치호(회계), 유성준, 유익겸, 안재홍 등 각계 인사 58명을 엄선했다.

한 학자에 의하면 흥업구락부 핵심회원들의 성향은 기호 지역 양반 출신, 개량주의, 친미성향 등으로 이승만과 여러모로 공통점이 있었다. (정병준)

흥업구락부는 기독교 감리교 신자가 대부분이었고 서북 출신은 한 사람도 없었다. 따라서 기독교 북장로회 계통인 수양동우회와 대조적이었다. 이승만의 의도에 부응해 감리교, 장로교를 통합하는 조선 기독교 연합회와 중앙, 서울의 YMCA를 장악하고, 조선 기독교 감리회도 손에 넣었으며, 각지의 감리교회당에 대한 영향력도 확보했다. 흥업구락부는 경제적 실력양성을 통해 하와이의 대한동지회와 정치·경제적 연대를 취하는 것이 목적이었고, 46차례의 회합을 가졌으나 실제로 일제와 충돌의 소지가 있는 외부 활동을 취하지 않았다.

흥업구락부가 지향하는 노선은 실력양성에 따른 독립준비론(실력양성론)으로, 1920년대 들어 가장 활발하게 활동을 벌였던 분야이다. 상당수 회원이 물산장려운동과 민립대학 기성회를 주도했다. 1927년 3월 29일 지도자인 이상재가 병사한 뒤에는 대일 타협적 성격이 강한 윤치호의 지도 아래서 침체상태에 들어가 친목단체처럼 성격이 변했다.

흥업구락부는 이상재가 〈조선일보〉 사장으로 재임하고 있었기 때문에 함께 일했던 김준연, 안재홍, 이관구 등이 참여했다. 또 이승만 지지성향이던 김성수, 송진우, 백관 등 〈동아일보〉 계열의 핵심들도 주요 멤버가 되었다. 〈동아일보〉, 〈조선일보〉가 초기 상해임정 때 작은 시시비비에 매달리지 않고 거시적으로 이승만을 지지하는 논조를 보였던 것도 흥업구락부 출범과 맥이 닿는 것이라 할 수 있다.

흥업구락부는 우연한 기회에 일경(日警)에 의해 조직이 존재하는 것이 적발되어 조사(치안유지법 위반혐의로 54명 기소유예 처분)를 받은 뒤 해체되었으나, 그 기반은 해방 뒤까지 계승되어 이승만의 주요 국내 기반으로 기능했다. 우익과 한민당의 근간이던 장덕수,

허정, 백관수 등과 조병옥, 장택상 등이 이승만과 밀착되어 있었던 점은 그의 권력 장악의 밑거름이 되었다. 홍업구락부 조직을 통해 이승만의 명성이 지식인 사회에 퍼져 나갔던 점도 이승만 신화 만들기에 영향을 주었을 것이다. (정병준)

이상재, 이승만의 강력한 멘토이자 후원자

이승만이 중년이 될 때까지 멘토 역할을 하고 헌신적으로 강력한 후원자 역할을 맡았던 인물이 이상재(李商在: 1850~1927)였다. 이승만보다 25세 연상이던 이상재는 박정양(朴定陽)의 문하생으로 신사유람단의 일원이었고, 박정양 주미공사 때 2등서기관으로 미국에 가 서양문화를 익혔다. 의정부 참의 등 중견 관료직을 거쳐 서재필과 함께 독립협회 발족에 참여해 부회장을 역임했다.

1902년 5월 국체(國體)개혁을 음모했다는 혐의로 검거되어 한성감옥에 수감되면서 이승만과 만났다. 정병준에 의하면 그때 그는 이승만의 교화로 기독교로 개종했고 출감 후 기독교 전도에 관여하면서 민족개량주의자와 비타협적 민족주의자들을 아우르는 지도자로 성장했다. 그는 이승만의 유학시절 강력한 후원자였고, 1919년 이승만이 한성정부 집정관 총재로 추대될 수 있게끔 결정적으로 지원했으며(고정휴), 독립운동 시기에는 재정적 지원과 정치적 후원을 아끼지 않았다. 여러 경로로 활동자금을 마련해 주었고, 이승만도 어려울 때는 주저없이 지원을 요청했다.

1921년 워싱턴 군축회의 때는 국내의 저명인사 372명이 서명한 건의서를 보내 로비 활동 중인 이승만에게 힘을 실어 주었다. 1923년 상해임정에서 이승만이 불신임을 받는 위기에 처하자 이승만 반대파들을 공개적으로 비판했고 위임통치 청원건에서도 이승만을 극력 옹호했다. 정신적으로도 격려를 아끼지 않는 멘토였다.

콧대 높은 이승만이었으나 이상재를 가리켜 노사(老師), 애사(愛師)라고 부르며 존경했다. 그와 공사 간에 깊은 인연을 맺은 것은 이승만에게 큰 행운이었다.

일본의 만주 침략 맞자 독립외교 재개해

1931년 9월 일본군이 만주 동삼성에서 중국군을 기습한 9·8 사변이 일어남으로써 한반도에 전운이 감돌기 시작한다. 한동안 침체기에 빠졌던 한국 독립운동세력은 이러한 사태변화에 대응하는 움직임을 보였다. 하와이에 칩거 중이던 이승만은 1932년 봄, 명맥을 유지하던 구미위원부 사무실을 찾아 워싱턴으로 갔다. 하와이 동지회는 이승만이 모처럼 활약할 기회가 왔다고 보고 외교활동비를 모금하기 시작했다.

상해임정의 김구 주석은 1932년 11월 10일 이승만을 국제연맹에 한국의 독립을 탄원할 전권대사로 임명했다. 김구는 12년 전 이승만이 상해로 부임했을 때 경무국장으로 있으면서 경호업무를 수행했고, 그 뒤에도 이승만을 시종일관 지지하는 입장이었다. 이승만도 그러한 김구를 높이 평가하고 신뢰했다.

두 사람은 끈끈한 인간관계 외에도 서로 협조해야 할 이유를 각자 가지고 있었다. 김구는 한성정부의 법통성을 상징하는 이승만의 상해임정 지지와 미국 교포들의 재정지원이 절실했고, 이승만은 외교활동을 재개하기 위해서는 임정의 대외공식직명이 필요했기 때문에 탄핵·면직 7년 만에 '전권대사 임명'이 가능할 수 있었다.

이승만은 국제연맹에 대해 당장 기대할 것이 없다는 입장이었으나 일단 외교활동은 시작하기로 했다. 이승만은 미 국무장관 스팀슨(Henry L. Stimson)을 만나 "일본의 만주 침략을 용인해서는 안 된다"면서 한국 독립의 긴급성과 필요성을 강조했다. 그러나 스팀슨은 이러한 주장에 귀를 기울이지 않았다. (이현희)

이승만은 일본의 만주 침략 문제가 토의될 국제연맹회의에 호소하기 위해 1933년 11월 스위스 제네바에 도착했다. 그는 만주국이 일본의 괴뢰정권이 아니라고 주장하는 일본의 괴변을 논리적으로 반박하는 글을 써서 각국 신문에 대대적으로 보도하게 했고, 인터뷰 기사도 여러 신문에 게재했다. 그러나 이러한 여론 몰이가 한국문제를 정식 의제로 삼는 데는 전혀 도움이 되지 않았다(이한우). 영국과 프랑스 등 열강은 일본의 만주 진출이 소련의 극동 지역 점령의도를 견제할 수 있다는 관점에서 오히려 다행이라고 보고 있었다(이현희). 그런 관점은 러시아가 동방정책을 펴기 시작한 이래 청·일 전쟁, 러·일 전쟁을 관통하는 서구의 대소(對蘇) 전략관이기도 했다.

이승만, 입국 하루 만에 모스크바에서 추방당해

1932년 윤봉길 의거사건 뒤 일제에 쫓겨 중국 각지를 옮겨다녀야 했던 임정은 제25회 임시의정원을 개최하고 이승만을 국무위원 9명 중 한 사람으로 선출했다. 이승만과 연락을 계속하던 김구 주석이 제네바에서 있을 국제연맹회의를 상대로 한 독립외교가 절실하게 되자 오랜 기간 단절관계에 있던 임정과 이승만의 불편한 사이를 원상회복시킨 것이다.

임정은 1932년 11월 10일 이승만을 전권대사로 임명하고 제네바로 떠나게 했다. 당시 국제연맹은 만주사변 이후 리턴(Lytton) 조사단을 보내 만주의 실정을 조사케 하고 제네바에서 회의를 열 예정이었다. 1933년 제네바에 온 이승만은 국제연맹 사무국에 가 일본의 만주 점령에 관한 리턴보고서의 사본을 보려 했다가 거절당했다.

국제연맹에 한국의 독립을 탄원할 상해임시정부의 전권대사 이승만(1933.5.2).
제네바 국제연맹 본부 앞.

그는 다른 사본이 있는 파리로 가서 다시 시도했으나 실패했다.

유럽 열강의 친일성향과 한반도 문제에 대한 소극적 태도에 실망한 이승만은 모스크바행을 결심한다. 소련이 동북아시아에서 일본 세력의 팽창에 큰 우려를 나타내고 있었고, 시베리아와 모스크바에 거주하는 한인 지도자들과의 협상 가능성을 타진하고 싶었던 것이다. (로버트 올리버)

이승만은 전부터 알고 지냈던 비엔나 주재 중국 대리공사 동덕건(董德乾)의 도움을 얻어 어렵게 소련 입국비자를 받았고, 동 공사의 소개로 알게 된 소련 공사 페테루스키(Peterwsky)에게 자신이 구상했던 미·중·소·한 4국의 항일 연대안까지 설명, 본국 정부의 양해까지 얻었다(안병훈). 그러나 모스크바에 도착한 첫날, 소련 외무 인민위원회 소속 외교관이 나타나 다짜고짜 당장 소련을 떠나라고 요구했다. 정식비자에 의한 적법한 입국이라고 항의했으나 통하지 않았다. 다음 날 이승만은 쫓기듯 모스크바를 떠나야 했다.

소련은 당시 소련이 가진 만주의 동청(東淸) 철도의 운영권을 사기 위해 움직이고 있었고, 따라서 모스크바에 온 일본 철도위원회 마츠야마(松山) 총재의 비위를 건드리지 않으려고 그렇게 조치했던 것이다. 이러한 소련외교의 비정성과 냉대는 그 뒤 이승만의 반공노선을 더욱 굳히는 계기와 요인이 되었다. (로버트 올리버)

미국으로 돌아온 이승만은 미국 전역을 돌아다니며 교포들에게 활동결과를 알리려고 노력했다. 그러나 이미 독립외교의 부진에 실망했던 교포들의 관심을 끌지 못했다. 국민회가 발행하는 〈신한민보〉는 그가 1개월간 샌프란시스코에 머물고 있는데도 이렇다 할 동정기사도 내지 않았다.

국제정세도 이승만의 기대와는 정반대로 흘러가고 있었다. 일본은 파시스트 국가인 독일, 이탈리아와 3국 동맹을 맺었고 국제적 지위가 더 굳어져 가고 있었다. 그러나 이승만은 포기하지 않았다. (이주영)

미모의 프란체스카와 사랑에 빠지다

제네바 외교에서 이승만이 유일하게 성공했던 일은 오스트리아 태생의 프란체스카(Francesca Donner)와 만나 사랑에 빠지고 결혼한 개인사일 것이다. 국제연맹회의를 위해 제네바에 간 이승만은 1933년 2월 21일 호텔 드 뤼시(Hotel de Russie)에서 당시 33세였던 미모의 프란체스카를 만났다.

　　그날 저녁 국제회의의 개막식 때문에 관련인사들이 많이 몰려드는 바람에 호텔 레스토랑이 만원이어서 뒤늦게 온 이승만은 앉을 좌석이 없었다. 레스토랑 지배인이 프란체스카 모녀가 앉아 있는 좌석에 가서 이승만과 합석할 수 있겠느냐고 물었다. 모녀는 여행 중 제네바에 들른 길이었다. 상대가 나이도 지긋하고 단정한 옷차림의 동양신사였기 때문에 프란체스카의 어머니는 별 경계심이 없이 앞자리를 양보해 주었다.

　　이승만은 "맛있게 드세요"(Bon appetit)라고 프랑스어로 인사한 뒤 조용히 주문한 식사를 하기 시작했다. 노신사가 멋쟁이라고 본 프란체스카가 "어느 나라에서 왔느냐"고 물었고, 이승만은 '코리아'에서 왔다고 대답했다. 프란체스카가 마침 며칠 전 읽었던 《코리아》라는 책의 내용을 떠올리고, '금강산'과 '양반'이라는 단어를 입에 올리자 의외라는 듯 이승만은 놀란 표정이 되었다. 그리고 둘 사이에 본격적인 대화가 시작되었다.

두 사람의 사이는 프란체스카가 이승만의 인터뷰 기사가 크게 실린 〈라 트리뷴 도리앙〉이라는 프랑스어 판 신문을 스크랩해 전해주면서 급속히 가까워졌다. 두 사람은 데이트가 거듭되면서 사랑에 빠졌다. (도너 프란체스카)

이승만이 프란체스카와 결혼할 것을 결심한 것은 모스크바를 방문하기 위해 7월 초 오스트리아의 수도 비엔나를 들렀을 때였다. 두 사람은 결혼을 약속했고, 미국으로 돌아온 이승만은 1934년 11월부터 워싱턴 DC에서 그녀의 입국수속을 시작했다. 국적이 없는 망명객 신분이어서 초청자격이 없기 때문에 프란체스카는 이민 절차를 밟아야 했다. 1934년 10월 8일 뉴욕에서 결혼식이 거행되었다.

이승만은 59세, 프란체스카는 34세로 둘 다 재혼이었다. 이승만은 첫 부인인 박승선(朴承善)과 1912년 이혼했고, 프란체스카는 20대 초 자동차 경기선수와 결혼했다가 내연의 여자가 있다는 것을 뒤늦게 알고 결혼 직후 헤어진 과거가 있었다.

프란체스카는 비엔나 교외에서 소다수 공장을 경연하는 루돌프 도너(Rudolph Donner) 부부의 셋째(막내) 딸로 1900년 6월 15일 태어났다. 아버지는 수학과 외국어에 재능을 보인 이 막내딸에게 가업 승계를 위해 상업학교에 입학시켰고, 영국 스코틀랜드로 2년간 유학까지 보냈다. 모국어가 독일어이고 영어, 프랑스어에 능통했으며 속기와 타자수 자격증까지 가지고 있었다. (유영익)

두 사람의 결혼 소식이 하와이에 전해지자 하와이 부인회 부녀자

펄 벅, 《일본내막기》 보고 "무서운 책이다" 극찬

1930년대 말 세계 정세는 시시각각으로 변하고 있었으나 이승만이 오래전부터 예견해오던 미·일 전쟁이 일어나지 않았다.

성과가 없는 독립외교에 대한 오랜 지원으로 지쳐버린 일부 지지자들은 이제 은퇴해서 《독립운동사》나 쓰라고 권유했다. 당시 이승만의 나이가 60대 중반이었던 만큼 전혀 무리한 충고는 아니었다.

그러나 투지, 끈기, 승부 근성이 젊은이 못지않은 이승만이 '사랑방 영감'으로 물러났을 것으로 본 것은 속단이었다. 그는 책을 쓰되 과거를 회상하는 운동사가 아니라 미래를 겨냥한 책, 《일본내막기》(Japan Inside Out)를 쓰기로 결심했기 때문이다. 이승만은 이 책을 통해 일본을 경계하지 않고 있는 미국인들의 주의를 환기시키고, 미·일 전쟁의 불가피성을 설파하고, 미국에 만연한 친일 분위기를 반일(反日)로 반전(反轉)시켜야 한다고 생각했다.

1년 동안의 집필 끝에 탈고한 책 (프란체스카가 타이핑했다)은 1941년 뉴욕의 플레밍 H. 리벨사에 의해 출판되었다. 주요 내용을 보면, 제 1장 일본의 황도(皇道)와 전쟁심리, 제 3장 일본, 그 정체를 폭로한다, 제 10장 일본인의 정복행과 그 방향, 제 12장 일본의 선전은 저지되어야 한다, 제 15장 민주주의 대 전체주의로 구성된다.

장편 《대지》(大地)로 노벨문학상을 받은 작가 펄 벅은 이 책을 읽고 〈아시아 매거진〉에서 "이 책은 무서운 책이다. 나로서는 사실이 아니라고 말하고 싶다. 그러나 진실이기에 무서운 것이다"라면서 미국인이 읽어야 할 책이라고 높이 평가했다.

그러나 그러한 평가는 소수의 의견일 뿐이었다. 친일 성향의 많은 미국인들은 "전쟁도발을 부추기는 망발이다"라며 외면했다. 그러나 1941년 12월 8일 일본의 진주만 폭격이 발생하면서 미국사회의 주목을 받게 되었다.(이한우)

결과적으로 '미래'를 선택한 이승만의 승부수는 새로운 도전의 길로 연결되었다. 그동안 닫혔던 임정과의 관계도 임정의 터줏대감인 이동녕이 별세(1940년 3월 31일)한 뒤 1인자가 된 김구 주석이 대한민국 임시정부 주미 외교위원부에 관한 규정을 마련하고 이승만을 위원장으로 임명함으로써 다시 정상화되었다.

들이 통곡했다. 이승만의 독립외교 활동을 뒷바라지하기 위해 쌀을 걷고 떡을 빚어 판 돈을 워싱턴에 보냈는데, 외국여자와 결혼한데 대해 민족적 배신감을 느꼈던 것이다. (김영란)

여자들뿐 아니라 남자들도 그 국제결혼에 반발해 호놀룰루에 신부를 데리고 오지 말라고 여러 차례 전보를 보내기도 했다. 그러나 이승만과 프란체스카가 막상 호놀룰루에 도착했을 때 부두에는 3천여 명의 교포 하객들이 몰려나왔다. 하와이 교민 수가 수천 명 수준이었으니 어린이들을 뺀 모든 어른들이 부두에 모인 셈이었다. 이승만에 대한 관심과 지지의 열기가 상상 이상이었음을 알게 해주는 장면이다.

두 사람의 결혼은 이승만 개인에게는 노년에 찾아온 격동기를 활력 있게 대처해갈 수 있는 원동력이 되었다. 정숙한 한국의 전형적인 주부로 변신한 프란체스카는 한식을 즐기는 이승만의 식습관에 맞추어 섭생을 하게 했고 건강을 돌보았다. 타고난 건강 체질이기도 했으나 그는 해방정국과 건국과정에서 70대 노인 같지 않은 정력과 활동력을 과시했다.

비용 때문에 보좌인력을 쓸 수 없는 이승만에게 프란체스카는 속기와 타자가 능한 유능한 비서였고 바쁠 때는 대신 편지를 써 보내는 대리인이었으며, 공적인 일기를 써 비망록까지 남기는 사관(史官)이기도 했다. 동지이면서 열렬한 지지자였고 직언을 하는 조언자였으며 외로울 때 강력한 우군이 되었다. 이승만과 오래 같이 일했던 로버트 올리버는 이승만이 주관이 강한 프란체스카와 결혼한 뒤 정신적으로 더욱 강해졌다고 평했다.

그러나 국제결혼의 간극은 두 사람에게도 예외는 아니었다. 이승만은 외국인을 부인으로 둔 것과 6대 독자로서 아들을 얻지 못한 것을 늘 한스럽게 생각했다(박용만). 프란체스카도 후사를 낳아주지 못하는 처지를 몹시 안타까워했다.

이승만과
태평양전쟁

미국, 전쟁 끝날 때까지 임정 승인 안 해

한국임정은 망명정부 아니라 클럽이다

1941년 12월 8일 일본은 선전포고 없이 미국 하와이의 진주만(眞珠灣: *Pearl Harbor*)을 기습적으로 공격, 태평양전쟁이 일어났다.

이승만이 "미국과 일본이 전쟁에 들어가게 되고 일본이 패전하면 한국은 독립하게 된다"고 오래전부터 예언하고 기다렸던 그 미·일 전쟁(미국은 '태평양전쟁'으로, 일본은 '대동아전쟁'이라고 불렀다. 이하 '태평양전쟁'으로 표기한다)이 드디어 일어난 것이다.

이승만은 즉시 주 대화상대였던 미 국무성 극동국 정치관계 고문 혼벡(Stanley K. Hornbeck) 박사에게 편지를 보내 "피할 수 없는 운명적 충돌이 드디어 일어났다"고 기쁜 감정을 숨기지 않았다(그 편지는 미 외교문서록에 남아 있다). 또한 그는 중국 중경(重慶)의 김구 주석에게 "한국의 임시정부는 전쟁을 승리로 이끄는 데 있어 미국과 모든 협조를 하겠다"는 내용의 공문을 보내라고 급전으로 알렸다. 미국으로부터 임정을 승인받을 수 있는 기회가 드디어 온 것으로 보고 본격적 전시외교를 펴기 시작한 것이다.

그러나 서둘러 여러 가지 경로로 미국 정부의 입장변화 여부를 타진했으나 결과는 부정적이었다. 임정 불승인 정책은 변할 조짐이 보이지 않고 있었다. 국무성은 주일 외교관 및 사절단의 일본 철수문제가 결정되기 이전에는 대책을 강구할 수 없다는 뜻을 간접적으로 전해왔다.

이승만이 직접 헐(Cordell Hull) 국무장관의 극동문제 담당비서 히스(Alger Hiss)를 만났으나 별 소득이 없었다. 히스는 이승만이 실제로 한국 국민의 지지를 받고 있는지 알 방법이 없다고 거절이유를 밝혔고, 소련에 대비하는 방안으로 임정 승인이 필요하다고 강조하자 미국의 주요 동맹국이고 동북아시아에 이해관계를 가진 소련을 공격하는 것을 용인할 수 없다고 되받아쳤다. 히스는 미국 정부가 이승만의 생각과는 정반대로 소련 때문에 임정 승인을 보류하고 있다는 점을 사실상 정확하게 알려주고 있었다. 그러나 복잡한 배경을 알 길이 없는 이승만은 미국 정책이 이렇게 젊고 미숙한 사람에 의해 결정적으로 이루어지고 있는 현실을 개탄했다.

1942년 3월 6일에는 미국인 지도층 인사들로 구성된 한미협회 (Korean-American Council)를 통해 임정의 즉각적 승인과 연합국에 가담시킬 것을 촉구하는 성명서를 프랭클린 루스벨트에게 보냈다. 이에 대해 국무성 혼백을 통해 온 답변도 "임정은 일부 극소수의 망명인사들 사이에서 한정된 멤버십을 지닌 보잘것없는 자유클럽이라는 것이 국무성의 견해"라는 것이었다.

3·1운동의 법통성을 지닌 한국 독립운동의 총본산인 임정이 그같이 평가절하된 것은 임정 자체의 문제도 있겠지만, 반(反)임정 단체들이 줄기차게 폄하 공세를 편 것이 영향을 준 측면이 있었다.

미국은 그 뒤에도 임정 승인과 "무기 대여법"(Land-Lease Act)에 의한 군사원조를 요청하는 등 20여 차례에 걸친 이승만 등의 끈질긴 교섭노력에도 불구하고 불승인 원칙을 종전이 되는 1945년까지 고수했다. 미국 정부는 전쟁이 끝날 무렵 보낸 서신에서도 "임정은 한국 영토의 어느 부분에 대해서도 통치권을 발휘하지 못하고 있고, 또 한국인을 대표한다고 말할 수 없다"고 지적했다.

이유야 어떻든지 간에 미국은 임정을 지나치게 괄시하고 냉대했다. 한반도에 있는 2천만의 한국인이 잠재적으로 일본에 적대적이고 미국의 대일전에 동참할 수 있다는 가능성을 인정하고 있으면서도 미 국무성은 임정을 과소평가하는 중국 정부의 판단을 수용하는 소극적 자세로 일관했고, 적극적으로 임정을 제대로 평가하려는 노력을 기울인 적이 별로 없었다. 고자세였고 오만했다고 할 수 있다.

그것은 1920년 이래 20여 년간 프랑스에 항전하는 베트남의 독립운동지도자 호치민(胡志明)을 뒷바라지하고 필요한 재정·외교를 지원한 소련과 비교된다. 소련의 그러한 행위는 공산주의 전파를 위한 전략의 일환이라고 말하겠지만, 미국의 태도는 무엇을 위한 전략이었을까?

임정이 미국의 승인을 받지 못하고 냉대를 받게 된 배경과 원인 중에는 독립운동세력의 고질적 분열, 독립운동 방략에 대한 통합전략의 부재 등 내인론(內因論)도 있고, 미국의 망명정부 정책, 소련과의 균형론 등 미국의 지정학적 세계전략 때문이었다는 등의 외인론(外因論)도 있다.

그 하나하나를 분석해 볼 것이다. 우선 첫 번째로 지적해야 할 점은 미국은 한국의 임정만을 홀대했던 것은 아니라는 주장이다(구대열). 제2차 세계대전 기간 중 망명정부에 대한 미국 외교의 기본원칙은 국민에 의한 직·간접 자유선거를 통해서 선출 구성된 정부가 아니고 망명한 사람들이 스스로 만든 정부는 국제법상에서 인정되는 정부가 아니라는 것이었다. (이정식)

미국이 그러한 원칙을 세우게 된 것은 제1차 세계대전 때 전후처리 과정에서 발행한 시행착오 경험 때문이었다. 당시 미국은 비밀외교에 의해 민선에 의해 성립되지 않은 망명정부도 인정했는 데, 나중 그 정부가 실정(失政)했을 때 미국에게 추궁이 돌아왔다 는 것이다. 때문에 제 2차 세계대전에서 수십 개의 망명정부를 상 대로 그 원칙을 지켜가고 있었다.

프랭클린 루스벨트 대통령은 드골(Charles De Gaulle)이 세운 런 던의 '자유프랑스'(France Livre)도 같은 이유로 인정하지 않았고, 드골을 개인적으로도 제대로 대우하지 않았다. 반면 집권 중 나치 의 침략을 받고 런던으로 망명한 폴란드, 노르웨이, 벨기에, 네덜 란드 등의 망명정부에겐 합법 정부로서의 대우를 했다. (소지량)

미국의 주중대사 고스는 이와 같은 외교정책의 배경을 임정의 외 교부장 조소앙(趙素昻)에게 설명해 주었다. (구대열)

여기서 우리가 주목해야 할 점은 미국 정부의 승인을 받지 못했 다는 점에서 수십 개의 망명정부가 같은 입장이었으나 '승인문제' 를 풀어간 방법은 각기 달랐다는 사실이다.

드골의 '자유프랑스'는 망명세력 일원화, 본격적인 레지스탕스 운동 전개, 프랑스군의 참전 등을 단계적으로 추진해 당당한 전승 국의 하나로 재기했고, 폴란드 망명정부도 50만 명의 폴란드 청년 들을 대독(對獨) 전선에 참전시켜 연합군의 지원과 발언권을 얻었 다. 유고슬로비아의 티토는 완강하고 거센 대독 레지스탕스 저항 의 전적 때문에 미국의 지원을 얻을 수 있었다.

그러나 독립운동단체들 간의 분열도 해결하지 못하고 레지스탕 스도 없었으며 참전할 기회를 마지막에 놓치기까지 한 한국의 임정 은 가장 미약하고 발언권이 약한 망명정부였다.

드골의 '자유프랑스'가 재기하는 과정과 임정을 비교해 보자.

① 영국의 전시수상 처칠(Winston Churchill)은 첫눈에 드골의 인물 됨됨이를 보고 아낌없는 지원을 하게 된다. 처칠은 대독(對獨) 전선에서 영국이 고군분투하는 것을 모면하기 위해서는 프랑스가 재기해야 하고, 드골이 그 재기과업을 이끌 역량이 있다고 꿰뚫어 본 것이다. 드골은 자신을 지원하는 처칠과 충돌하기도 했으나 그의 기대를 저버리지 않았고, 나중 처칠은 미, 영, 소, 중 등 4대국 중심으로 전후 세계를 끌고 가려는 프랭클린 루스벨트 대통령에 맞서 영국의 입장을 강화하기 위해 드골의 프랑스를 5대 강국으로 끌어 올리는 외교작업까지 펼치게 된다. 그런데, 미 국무성에는 드골을 알아보는 처칠처럼 이승만의 잠재력을 꿰뚫는 유력인사가 없었다.

② 임정의 외교대상은 미국과 중국뿐이었다. 그러나 드골의 망명정부는 소련을 포함, 세계 수십 개 나라로부터 승인을 받아내는 데 성공, 미국의 승인 없이도 국제적 입지를 확보할 수 있었다.

③ 드골은 레지스탕스의 영웅인 장 물랭(Jean Moulin)을 프랑스 국내에 잠입시켜 산발적으로 활동하던 전국의 레지스탕스 조직을 일원화시켜 프랑스 민중의 지지로 확산하는 데 성공했다. 반면 임정은 저항의 불길을 국내에서 점화하는 데 이르지 못했다.

④ 드골은 비시(Vichy) 정권의 해외주둔 프랑스군을 인수할 수 있는 행운 때문에 자유프랑스군을 편성해 당당하게 영·미군과 함께 대독전선에 참전했다. 폴란드 임정의 경우 영국 등의 승인을 받고 수많은 폴란드 청년들을 유럽전선에 참가시켰다. 그러나 통합전략이 없던 한국의 임정은 전쟁이 끝날 무렵까지 연합국의 전쟁수행에 참여할 구체적 계획이나 방도를 찾지 못했다. 이승만은 1921년 워싱턴회의 때 국내 인사와 상해임정을 동원했을 때처럼 태평양

전쟁 때도 총궐기를 위해 진두지휘하는 역동적인 모습을 보였어야
했다. 뒤늦게 미국 OSS와 연대해 광복군(光復軍)을 투입해 보려 했
으나 일본이 예상보다 일찍 항복하는 바람에 그 기회조차도 살리지
못했다. (브루스 커밍스)

미국, 한국 독립운동세력의 통합 요구

태평양전쟁을 치르면서 미국은 한민족의 대일전(對日戰)에 대한
기여나 협력, 한국의 해방과 독립문제와 직면하게 되었기 때문에
관심을 가지지 않을 수 없었다. 여기에 두 번째로 지적할 문제인
한국 독립운동세력의 분열상이 등장한다.

미국에서 이승만 등 독립운동세력과 한국의 독립을 지지하는 미
국인들이 독립외교를 강력히 펴고 있었고, 이들의 캠페인은 의회
나 매스컴 등의 상당한 지지를 받고 있었다. 제1차 세계대전 뒤 파
리 평화회담 때 이승만 등 독립운동가들이 미국의 반일(反日) 정서
를 등에 업고 반일친한(反日親韓) 여론을 일으킨 사례들이 있었기
때문에 여론을 중시하는 미 국무성으로서는 분명한 정책을 세워 두
어야 했다.

미 국무성은 미국 내의 한인 독립운동가들과의 광범위한 접촉을
통해 한국 독립운동세력의 실상을 파악하고 많은 자료를 수집했
다. 이승만과 국민회 간부들은 물론 이승만의 최대 정적(政敵)으로
급부상한 한길수(韓吉洙) 등을 만나고 견해를 들었다. 또 한국문제
에 대해 연합국 공동 접근방식을 취한 뒤 중국 정부를 상대로 중경

임정의 실체를 알아보고 영국주재 대사관에도 임정에 대한 영국 정부의 견해를 타진하도록 했다. (구대열)

미 국무성 극동국이 한인 운동단체들을 접촉·분석한 결과는 분열과 반목이 심각하고 미국 정부 상대의 성명서나 요구가 같은 종류의 것이 중복되는 등 폐해가 있는 것으로 지적되었다. 무기 대여법에 의한 무기지원 요구의 경우도 여러 단체가 겹쳤다. 중국과 영국 정부의 반응도 독립운동세력 간의 분열을 우려하는 부정적인 것이었다.

임정에 대한 인상이 좋지 않았다. 40대의 이범석, 50대 초반의 지청천을 포함하고도 임정요인의 평균나이는 62세였다. 당시 세계 어느 망명정부도 그같이 노인들만 모인 곳은 없었다.

미 국무성은 미국 정부를 상대로 각개 약진하는 것을 해결하기 위해서도 분열된 단체들 간의 통합을 일단 권유할 수밖에 없었을 것이다. 어느 국가나 민족에게도 파벌은 있고 분파(分派) 작용은 있게 마련이다.

드골의 망명정부 시절도 다를랑 제독, 라 보르드 제독, 베강 장군, 지로 장군 등 쟁쟁한 군사 지도자들이 주도권을 잡기 위해 각기 파벌과 병력을 거느린 채 권력투쟁을 하고 있었다(필립 라트). 해방전쟁 때 베트남에서도 좌·우의 각 파벌이 군웅할거하고 있었다. 중국 장제스 정부군을 배경으로 하는 우파 정당은 분열되어 있었고, 하노이에 자리 잡은 호치민의 베트민(Viet Minh)도 3파로 나뉘어 있었다. (윌리엄 듀이커)

그런데 미국 내의 한인 간 분열상태는 국무성이 표면적으로 보는 것보다 뿌리가 깊고 심각하다는 데 문제가 있었다. 오래된 갈등·

대립 관계인 이승만, 대한동지회와 국민회 간의 대결구도는 중경 임정이 1941년 6월 4일 이승만을 주미 외교위원장으로 임명한 뒤에는 새로운 양상으로 진화되었다.

김구 주석은 이승만에게 대미외교권만 전담하게 하고 재정권은 국민회가 주도하는 한족연합회에 귀속시켰다. 구미위원부 시절 이승만이 외교권과 재정권을 모두 장악해 생겼던 분란을 목격한 바 있는 김구는 말썽의 소지를 없애보자는 고육지책(苦肉之策)으로 양대 권한을 분리시킨 것이다.

그런데 그 절충안이 예상치 못한 새 갈등을 불러왔다. 태평양전쟁이 일어나고 6개월 뒤 주미 외교부 사업을 확장시켜야 하는 단계에서 젊은 세대인 한족연합회 집행위원장 김호(金乎) 등은 67세의 이승만에게 외교위원을 추가하고 새로운 재무위원을 임명하라고 압력을 가했고, 이에 대해 이승만은 요구조건은 수용하되 연합회의 간섭은 차단되어야 한다고 반발했다. 1년 이상 논란이 계속되었으나 해결책이 나오지 않았다.

결국 이승만의 동지회가 1943년 12월 23일 연합회에서 탈퇴했고, 이에 맞서 연합회는 워싱턴에 별도의 독자적 외교기관을 설치했다. 워싱턴에 대미외교 주체가 이승만의 주미 외교부, 연합회의 대표부, 그리고 중·한 민중동맹단의 한길수 사무소 등 3곳으로 늘어나 각기 대미교섭에 나섰다. 국무성은 어떤 단체도 인정할 수 없다는 입장이어서 대미 독립외교는 사실상 마비상태였다. (고정휴)

사태를 더욱 꼬이게 한 쪽은 한길수였다. 한길수가 공산주의자인 의열단의 김원봉(金元鳳)과 손잡고 나오자 반공주의자인 이승만이 강경하게 대응하면서 갈등국면이 심화되었다.

이승만이 세운 하와이 한인중앙학교 출신으로 30세 연하였던 한길수는 일본에 대한 첩보와 정보를 가지고 활발하게 국무성 관리들과 접촉하면서 레지스탕스의 수령임을 자처, 정체불명의 대일전과를 발표해 매스컴의 주목을 받은 인물이었다. 일본의 진주만 공격을 예상해서 이승만에 앞서 〈뉴스위크〉지에 크게 클로즈업(1942년 8월 24일)되는 등 관련기사의 양이 많았다. 이승만과 다른 사람들의 활동상을 모두 모은 보도량을 압도할 정도였다. 그는 이승만의 아집과 독선, 배타성에 신물이 난 국무성 관리들에게서 호의적인 대우를 받았다. 그의 뛰어난 활약상에 충격을 받은 이승만이 신혼생활을 접고 1939년 서둘러 워싱턴에 가게 되었다는 말이 나올 정도였다. (방선주)

이승만과 한길수의 대결은 사제지간이나 세대 간의 대결이라는 이름을 붙이기에도 싱거운 게임으로 시작되었으나, 이념이 끼어들었기 때문에 버거운 싸움으로 변했다. 이승만은 한길수를 공산주의자라거나 '이중스파이'라고 한껏 매도했고, 한길수도 이승만을 '나이 들어 노욕(老慾)에 사로잡힌 노인네'라고 깎아 내렸으며, 김구 주석에 대해서는 실력 부족을 공격, 임정 승인 문제를 대놓고 방해했다.

꾀가 많고 머리가 좋은 한길수는 아이디어로 이승만을 코너에 몰기도 했다. 그는 헐 국무장관에게 한국 임정을 김구, 이승만파와 김규식, 김원용, 한길수파를 동수인 각 6명으로 하고, 재정은 미국인이 맡으며 고문은 중국인으로 하자고 제의했다. 미 국무성이 솔깃할 제안이었다. 이 무렵을 전후 해 한길수는 한때 미 정부에서 대세(大勢)가 된 것처럼 행세할 수 있었다.

프랭클린 루스벨트 대통령이 1943년 중국외교부장 쑹쯔원(宋子

文)에게 한국 독립운동세력의 활용가치에 대한 견해를 물었을 때, 쑹쯔원의 보좌관 후스저(胡世澤)는 이승만을 만나 분열된 힘을 결집시키기 위해서 한길수와 합작하라고 권유했다. 이승만은 한길수가 극소수의 한국인들로부터 지지를 받고 있을 뿐이고 공산주의자라고 지적, 그와의 합작은 공산당을 이롭게 할 뿐이라고 즉각 거부했다.

샌프란시스코에서 유엔 총회 창립준비가 진행되고 있을 때 미 국무성 극동국장 발렌타인은 한국 대표 몇 사람에게 좌·우 연립안을 수락하라고 종용했고, 쑹쯔원에게 부탁해 한국인들을 만찬회에 초대케 했다. 연립정부안 수락을 권고할 생각이었다. 이승만은 아예 초대에 응하지도 않았다. 한길수의 제안은 결국 문서로만 남게 되었다. (이현희)

분열사태는 중국의 임정 쪽도 마찬가지였다. 임정 쪽은 1940년대 중반 김구의 한국독립당을 비롯해 무소속까지 7개의 파벌로 나뉘어 극심한 분쟁을 벌였다(장준하). 1940년 중국 국민당 정부의 압력으로 김구의 한독당과 김원봉의 조선혁명당, 한국국민당이 좌·우 합작을 이뤘으나 그것은 무늬만 통합이었다.

1945년 일본군에서 탈출해 중경 임정을 찾았던 장준하(張俊河)와 김준엽(金俊燁) 등 젊은 일본군 출신 한인장병 50명은 임정 인사들이 자신들을 상대로 밥과 술을 사주면서 자기 당파로 끌어들이려고 안간힘을 쓰는 데 충격을 받았다. 무장투쟁을 할 열정도 없었고, 유격전이라도 펼칠 수 있어야 하는데, 서로 싸우고만 있었다는 것이다.

임정은 초기 상해 시절부터 지방색과 이념, 노선차이, 노소간 갈등으로 분열되어 있었다. 1918년부터 1945년까지 사이에 상해에서 결성되었다가 해산된 한국 독립운동단체의 수는 수백 개였다. 1918년 여운형(呂運亨) 등이 만든 신대한청년단을 비롯해 1919년에 13개, 1920년에 20개, 21년에 18개 등 3·1운동 직후 많은 단체가 생겼다. 그 뒤에도 매년 1~8개의 단체가 명멸(明滅)했다. 그 외 설립 시기가 명확하지 않은 단체도 수십 개 있었다. 이 같은 운동단체의 난립은 분열의 소산이고, 독립운동 역량을 쓸모없는 일에 낭비하게 했다. (보경문총 제1집)

만주와 연해주 쪽 독립운동세력도 분파(分派)가 계속되었고, 중국 화북 지역에서 중공에 가담해 항일전을 펴던 한인들도 이합집산을 거듭했다. 린뱌오, 저우언라이 같은 중국공산당 수뇌가 한인들의 분열상을 지적하고 단합해야 한다고 권고하고 있었다.

한국인들은 왜 분열해서 싸우는가?

왜 한국인은 단결해도 역부족이던 시대에 모래알처럼 흩어져 서로 싸우고 있었는가? 그와 같은 문제에 대한 본격적 분석이 이 장의 취지가 아니기 때문에 요점을 압축 정리해 보기로 한다.

일제 식민사관(植民史觀)이 지적하듯 이러한 분열현상이 한민족이 싸우기를 좋아하고 당파성(黨派性)이 강하기 때문에 그랬던 것은 아니다. 퇴계 이황이 당쟁(黨爭)의 원인이라고 지적했듯이 능력이 뛰어나고 우수한 개인이 많은 데 비해 이들을 수용할 자리가 크게 부족하기 때문에 생기는 현상이라고 할 수 있다.

그 점은 5천년 이래의 가난을 벗어나 경제성장을 이룬 21세기 한국사회에서 파당과 분열이 '망국병'이라고 통탄하는 현상은 거의 사라지고 있다는 사실이 이러한 관점을 뒷받침해 주고 있다. 정계에서 정치인들이 보이는 이합집산(離合集散)이 아직도 한국정치의 병폐로 꼽히지만 일반사회에선 조선시대나 일제강점기 때 겪은 수준의 극심한 분열상은 극복한 상태라고 볼 수 있는 것이다.

대일전 무장투쟁 가능성 있었는가

임정(臨政) 승인의 장애요인으로 꼽을 수 있는 세 번째는 준비 부족론이다.

미국 정부는 한국인들을 대일전(對日戰)에 활용할 수 있는지를 별도로 검토했다. 만주에 주둔하고 있는 세칭 1백만의 일본 관동군과 일본 본토에 대한 상륙전이 막심한 미국 전력의 소모를 전제로 하고 있었기 때문에 반일(反日) 한국인들을 대체병력으로 참여시키는 방안을 검토한 것은 당연한 수순이었다.

그러나 한국인의 항일전 투입여부는 부정적으로 결론이 나왔다. 일본군에 복무할 수 있는 한국인의 수가 제한되어 있어 군사적 경험이 있는 젊은이가 없고, 한국 전역에 수십 정의 새총 정도나 있을 정도로 무기가 없으며, 일본경찰의 엄중한 감시망을 뚫기가 어려워 항일(抗日) 조직이 효과적으로 조직되기가 어려운 여건이라는 것이다(구대열). 말하자면, 독일군의 작전을 교란하고 전력을 소모시키는 데 큰 역할을 한 프랑스나 유고슬라비아, 프랑스 군을 상대로 한 베트남의 레지스탕스 투쟁 같은 것을 바랄 형편이 아니었던 것이다.

브루스 커밍스(Bruce Cummings)는 한국 내에서의 저항은 1919년 3월 1일의 3·1 운동을 제외하고는 베트남보다도 약했다고 극단적 견해를 밝히기도 했다. 1920년대 의열단 활동 이래 무장투쟁은 고사하고 암살이나 폭탄투척같이 개인이 수행할 수 있는 저항조차도 거의 발생하지 않았다는 지적이었다. 강한 저항보다도 실력양성 쪽으로 전환하는 한국 지도층의 친일협력이 더 일반적이었기 때문

이라는 것이다. (브루스 커밍스)

이러한 상황 전개는 임정 외무부장 조소앙이 1942년 2월 4일 주중 미 대사 고스에게 보낸 문건의 내용이 사실과 다르고 과장된 것임을 입증한 것이기도 해 임정의 신뢰도만 깎였다. 조소앙은 임정이 국내의 천도교, 기독교, 불교, 대종교 등 반일성향이 강한 종교 지도자들과 은밀히 접촉하고 있고, 2만 명의 병력을 보유하고 있다고 주장하고, 3개 사단 이상의 정예부대를 훈련시켜 대일전에 참여하겠다면서 무기 대여법에 의한 원조를 요구했고, 미국 측은 이미 그 주장이 사실에 근거한 것이 아니고 허구에 가까운 것임을 알고 있었던 것이다. (고정휴)

이승만이나 임정이 무기를 주면 싸우겠다고 외쳐도 잠재력을 강조하는 것만으로는 눈앞의 현실을 중시하는 실용주의자이자 현실주의자인 미국인들을 움직이게 할 수는 없었다. 사실 조소앙이 밝힌 계획은 근거가 전혀 없는 게 아니었다. 김구는 1940년 9월 17일 중경에서 한국광복군(韓國光復軍)을 창설하고 지청천을 총사령관, 이범석을 참모장, 대한제국군의 부위(副尉)였던 황학수를 부관처장에 임명했다. 중국 국민당 정부의 승인도 받았다. 1년 내에 3개 사단을 편성할 계획이었고, 중국 화북 지역의 교포 20여 만을 상대로 비밀리에 모병(募兵)에 들어갔다.

그러나 실적이 지극히 부진했다. 이유는 중국 측이 약속과는 달리 필요한 예산지원을 하지 않았기 때문이다. 중국 정부의 속마음은 자국 영토 내에서 타국 군대를 양성시켜줄 의사가 전혀 없었던 것이다. 그 뒤 광복군의 증강문제는 광복군에 합류할 예정이던 조선의용대 1개 부대가 중공군에게 넘어가는 사건으로 인해 '한국광복군 준승(準繩) 9개 규칙'이 등장하면서 흐지부지 되었다.

　이 시기 미 국무부 조사로는 광복군은 병력이 2백 명, 광복군에 가담한 조선의용대 3백 명 등 5백 명 수준이어서 기본적으로 전투부대로서의 최소 작전단위에도 미달이었다. 조소앙이 정말로 거짓말을 한 셈이 되었다.

일본 항복으로 OSS와의 협동작전도 무산

임정의 통합전략 부재도 임정 승인을 방해하는 요인으로 꼽힌다. 미국은 임정의 여건이 그와 같았음에도 불구하고 한국인이 대일전 수행에 기여할 수 있는 잠재세력이라는 점에서 종전 직전단계까지 군사적 제휴를 시도했고, 몇 가지 작전에는 한국인 특공대를 훈련시켜 작전투입 직전까지 갔다.

　1944년 이승만을 돕던 캐나다 대사 출신 크롬웰(James H. R. Cromwell)은 오랜 친구인 국무성 차관보 벌(Adolph A. Berle)에게 "한국 내에서 체계적으로 계획된 사보타지와 전복(顚覆) 활동을 지원한다면 큰 성과를 거둘 수 있을 것이다"라고 제안했다. 벌은 이 제안을 합동정보위원회에 넘겼다.

　이에 대해 중국 전구(戰區)의 미군사령관 스틸웰(Joseph Warren Stilwell) 장군은 그 계획이 전혀 실현 불가능하다고 정보위원회에 회답했다. 임정은 국내와의 접촉이 거의 없고 반란을 주도할 능력이 없다는 것이 그의 결론이었다. 육군 참모총장 마셜(George C. Marshall)과 한국에 있다가 귀국한 미국 외교관이나 선교사들이 스

틸웰의 평가를 지지했다. (제임스 매트레이)

미 국무성은 1945년 초 임정 외무부장 조소앙이 태평양 섬에서 한국인 부대를 훈련시켜 투입하자고 제의한 데 대해 긍정적으로 반응했다. 1945년 5월 한국 독립운동단체들을 작전에 참여시키는 문제가 다시 제기되었다. 웨더마이어(Albert C. Wedemeyer) 장군에게 가능성을 묻자 그는 한국인들이 중국 전역에 흩어져 있어 효과적인 조직과 훈련을 위한 준비가 어렵다는 점 등을 들어 부정적이었다(구대열). 중국 정보기관의 방해(9개 준승에 의한)와 비협조 때문에 미군과의 협조가 어려웠던 점도 있으나, 기본적으로 두 장군의 부정적 판단에 대한 기초를 제공했던 쪽은 임정이었다.

그런데 특수작전계획을 추진 중이던 육군성 쪽의 정보조정국 (COI: *Coordinator of Information*)이 임정과의 협력에 적극적이어서 이승만에게 유일한 돌파구가 되어 주었다. 국장 도너번(William J. Donovan)은 1941년 중국 상해에 비밀첩보기관을 설치하기로 하고 입안자로 게일(Esson M. Gale) 박사를 임명했다. 게일은 이승만을 중국의 혁명가 쑨원(孫文)에 비유하면서 높이 평가했던 인물이다.

그 뒤 COI는 OSS(*Office of Strategic Services*)로 개편되었고, 부국장 굿펠로(M. Preston Goodfellow) 대령과 이승만은 친분관계를 맺게 되고 해방 뒤까지 협조관계가 지속된다. 이승만이 OSS와 벌인 첫 사업은 미국 내에서 일본어가 가능한 한인청년들을 비밀리에 모집해서 특수훈련을 시킨 뒤 작전에 투입한다는 것이었다. 1942년 10월 이승만이 추천한 청년 12명이 훈련에 들어갔고 그중 9명이 훈련 과정을 이수한 뒤 실전투입을 기다리던 중 해방을 맞게 된다.

이승만은 자유 한인부대를 모으는 등 독자적 전투부대를 만드는 계획을 미군 측에 요청했으나, 미국 내 한인사회의 지원자만으로는 1개 대대도 구성하기 어렵다고 보아 받아들여지지 않았다. 이승만은 1943년 9월 무기 대여청을 상대로 5백 내지 1천 명 규모의 한인부대를 조직하는 데 필요한 50만 달러 규모의 군원을 요청했다. 이에 대해서는 OSS가 부정적 의견을 제출해서 기각당했다.

1944년 7월 OSS는 한·미 합동작전을 '임정 승인'이라는 정치문제와 연결시킨다는 이유로 이승만과 임정을 제외시키고 독자적으로 한인 70명을 훈련시키는 '납코(Nap Ko) 작전'을 추진했다. 미국이 한인 부대의 활용에 더 적극적이지 못했던 것은 전략의 변화도 한 이유가 된다. 일본군의 남태평양 옥쇄작전 때문에 병력 손실이 많았던 점을 고려한 미국은 일본군 최정예라는 관동군과의 대접전을 포기하고 소련군을 참전시키는 방향으로 전략을 수정한다. 미국은 중국군이 일본군의 전력을 크게 소모시킬 것으로 기대하고 군사지원을 대폭 강화했으나 대일전에서 중국군이 패전을 거듭하고 소기의 성과를 내지 못함에 따라서 소련 카드를 꺼내들게 된 것이다. 따라서 광복군(光復軍)의 비중이나 이용가치도 그만큼 축소될 수밖에 없는 대세가 형성되었다.

'임정 승인'을 방해한 외인론은 …

한민족이 군사적으로 무력하고 안보에 관한 무임승차(無賃乘車) 성향이 있음을 공식적으로 미국 정부가 지적한 것은 20세기 초였다. 1905년 1월 시어도어 루스벨트(Theodore Roosevelt) 대통령은 헤이 국무장관에게 보내는 편지에 "우리는 조선인들을 위해 일본에 간섭할 수 없다. 그들은 자신들을 위해 주먹 한 번 휘두르지 못했다"고 썼다. (강성학)

그는 그해 여름 '가쓰라-태프트 밀약'을 맺고 조선에 대한 일본의 종주권을 인정했다. 루스벨트는 이와 같은 밀약을 맺은 직후 "조선을 도와 달라"고 호소하기 위해 고종(高宗) 측근이 보낸 특사 자격의 이승만에게 "청원서를 정식 외교채널을 통해 제출하라"고 앞서 지적했듯이 천연덕스럽게 쇼를 하기도 했었다.

루스벨트의 한민족 매도는 19세기 말 조선 왕조가 보인 무질서, 혼란, 나태, 비겁성, 자기희생 결여 등에서 비롯된 것으로, 열강의 조선에 대한 인식을 대변한 것이라 할 수 있다. 그런데 그러한 인식이 미국 정부 내에서 대를 이어 가고 있었다. 1930~1940년대 4번이나 대통령을 연임했던 시어도어의 조카 프랭클린 루스벨트 대통령도 같은 인식을 가지고 한국을 미·중·영·소가 참여하는 국제신탁통치 아래 두려는 정책을 추진했다.

그는 한국에서 일했던 선교사 게일(James Gale) 박사가 한국의 임정을 승인해야 한다고 권고하자 삼촌 시어도어가 맺은 가쓰라-태프트 밀약을 언급하며 "일본이 조선을 강점하도록 우리가 도와주는 잘못을 범했군요"라고 말했다는 것이다(한배호). 프랭클린은 한반도에 대한 미국 외교정책의 문제점을 새롭게 깨달은 듯 그렇게 반응했으나, 임정을 승인하는 계기로 삼지 않았다.

그의 내각에 있는 국무장관 헐(Cordell Hull)도 대통령과 같은 대한인식을 가지고 있었다. 헐은 이승만의 임정 승인 요청서한을 받고 회신하지 않은 채 자신의 의견을 다른 사람을 통해 전달했다. "어느 약소민족이든지 제 나라의 자유를 지키기 위해 싸우지 않는 국민들은 미국의 지원을 기대할 자격이 없다"는 내용이었다(이주영). 군사적 무력(無力)을 탓하는 단계에서 더 나아가 안보에는 무임승차가 없으니 도움을 원하면 먼저 싸워야 한다는 메시지인 것이다.

헐은 이승만의 참모 크롬웰(James H. R. Cromwell)이 "한반도와 일본에서 방화에 의한 폭동을 일으킬 청사진을 만들어 놓았으니 임정을 승인해 달라"는 내용의 서한을 보내자 "자기 나라를 질곡에서 해방하는 데 다른 나라가 먼저 값을 지불해야 하는가? … 단체(임정을 말함)를 승인하는 대가가 있어야 비로소 행동을 취한다는 말인가?"라고 냉소적으로 되물었다.

영국 정부도 한민족은 이 세상에서 가장 비(非)호전적 민족이라고 평하면서 임정세력의 분열을 지적하고 임정과의 협력에 부정적 입장임을 미국 측에 전했다.(고정휴)

헐 장관 휘하의 국무성 극동국 고문 랭던(William R. Langdon)은 1942년 2월 이승만이 워싱턴에서 주최한 '한인 자유대회'를 혼벡과 함께 참관한 뒤 부정적 결론을 내렸다. 그는 대회가 일본에 대한 저항이나 독립에 관한 계획에 대해 한마디 언급도 없고 지난 과거에 대해서만 얘기한다고 지적하고, "모든 것을 미국의 힘에 의지하고 자력으로 신국면을 개척하려 하지 않는다"라고 혹평했다.(방선주)

김일성의 보천보 전투가 있던 시기(1937년)에 만주의 미 총영사관에서 근무했던 랭던은 시베리아에 있는 '한국인(조선인) 2개 사단' 운운하는 발언도 자주했고, 이 '2개 사단'이 한반도의 해방 때 소련의 전위대 역할을 할 것이 우려된다며 임정도 그러한 전투부대를 가져야 한다는 투의 근거 없는 내용의 메시지를 국무부 내에 전파했다.

미국은 종전 때까지 그 부대가 실존하고 있다고 믿고 있었으나 1940년대에 시베리아에는 실제로 한인부대가 존재하지 않았다. 1930년대 말 2개 연대 병력이 있었으나 스탈린의 숙청 때 모두 해체되었던 것이다(강만길). 랭던과 말을 맞추기라도 한 듯 혼벡도 "개인적으로 시베리아와 만주에서 활동 중인 전투부대를 높이 평가한다"고 친분이 있는 이승만에게 말했다.

미국 정부 측 고위관리들의 이러한 발언은 임정 승인 보류나 무기 대여법에 의한 무기지원 거부, 임정과의 작전협조문제와 정확하게 맥을 함께하는 것이었다. 말을 바꾸어 보면 '선전과(先戰果) 후지원(後支援)'이다. 우선 싸우고 나서 손을 벌리라는 고자세인 것이다.

그렇다면 임정은 군사지원을 요청하는 대상의 예비후보도 될 수

랭던, 해방정국 때 '신탁통치 소신' 바꿔

미 국무부에서 한국통으로 알려진 터키 태생의 직업외교관 랭던은 1942년 2월 20일 '한국 독립문제의 몇 가지 측면들'이라는 메모를 작성했다.

한국에 1933년부터 3년간 있었고 만주에서 1년간 근무했던 그는 그 메모에서 한국민의 자치능력 결여와 자위력 부재, 그리고 경제적 자립의 곤란 등을 이유로 일본의 패전 뒤 적어도 한 세대 동안은 열강의 보호와 지도 및 원조를 받아야 한다고 결론지었다. 프랭클린 루스벨트 대통령에게까지 보고된 이 메모는 당시 미국의 한반도 정책의 골간이 되었고, 이정식은 랭던을 '신탁통치의 창안자'로 규정했다.(고정휴)

그러나 해방 뒤 하지 장군의 정치고문으로 한국에 와서 일하던 그는 신탁통치에 관한 자신의 생각을 바꾸고 철폐해야 한다고 국무부에 건의했다. 책상 위에서 다루던 이론과 현실의 실상이 다르다는 것을 확인했기 때문일 것이다.

없었다는 말인가? 이러한 의문에 대해 대부분의 저작물들은 깊게 천착하지 않고 적당하게 넘어가고 있는 것 같다.

임정 불승인은 미국의 단견(短見)이었다. 해방 뒤 귀국한 이승만과 김구가 전 국민으로부터 열렬한 지지를 받은 것은 바로 한민족이 임정에 보내던 기대와 신뢰의 표시이다. 미국은 임정이 가진 대국민 잠재력을 꿰뚫을 통찰력이 없었고, 있지도 않은 소련이 양성했다는 3만여 명의 한인부대의 유령에만 매달리고 있었던 것이다.

임정은 끼니를 해결할 여유도 없었다

외국인들이 지겹도록 지적하는 임정의 문제점을 이승만이나 김구가 모를 리 없었다. 김구는 24시간 생명을 걸고 싸워야 하는 현장의 혁명가(革命家)였고 투사(鬪士)였다.

임정의 첫 번째 문제는 일본군의 진격에 따라 후퇴하는 중국 국민당 정부를 뒤따라가야 하는 처지였기 때문에 일본군과 접전할 기회가 기본적으로 없었다. 그 점에선 화북지방이나 만주에서 일본군과의 전투가 일상화되어 있던 한인 공산주의자들의 여건이 오히려 나았다.

두 번째 문제는 임정요인들의 나이가 미 국무성이 조사한 것처럼 40대의 이범석과 50대의 지청천을 포함해도 평균 62세일 정도로 젊은 인력의 충원이 이루어지지 않은 노인층이었다. 젊은 세대들은 춥고 배고프고 고달픈 독립운동을 외면하고 생계를 위해 선배들의 곁을 떠나갔다. 선배들이 강제로 후배에게 고된 삶을 강요할 수는 없는 노릇이었다. 20대 시절 상해에 왔던 안재홍(安在鴻)이 신규식 등 선배들을 만나보고 돌아간 뒤 상해행을 포기하고 본국에 남아 비폭력 저항운동노선을 걷게 된 것도 선배운동가들이 보여준 궁기(窮氣), 가난에 찌든 모습을 보고 자신을 잃었기 때문이었다.

세 번째 문제는 재정난이었다. 이 난제가 임정의 활동을 위축시키고 소극적이게 만든 최대요인이었다. 상해임정 초기에는 안창호가 만들어 놓은 교통국, 연통제를 통해 국내에서 애국성금을 거둘 수 있었다. 이승만의 비서자격으로 1920년 상해에 밀항했던 임병직에 의하면 임정의 자금은 만주 안동현(安東縣)에서 영국인 쇼(G. L. Shaw: 영국의 지배를 받던 아일랜드 사람이어서 한국인의 독립 열망을 깊이 이해하고 도와주었다)가 경영하는 선박회사의 배가 국내로부터 거둬들이는 자금을 운반했는데, 자금이란 금, 은, 가락지, 패물, 노리개 등이었다. 그때나 지금이나 부녀자들의 애국심이 강했던 것이다. 그러나 연통제가 1921년 일경에 적발되어 조직이 파괴됨에 따라 국내 자금유출이 두절되었고, 북미와 하와이에서의 공채 판매도 부진했다. 1925년 3월 임시 대통령 이승만이 탄핵·면직되자 재미교포들의 반발로 교포들의 송금도 대폭 줄거나 끊기는 사태가 빚어졌다.

국내의 부유한 사람들은 독립운동 자금을 낸 것이 발각될 경우 일제가 패가망신을 시키며 철저하게 보복 탄압을 가했기 때문에 임정으로 가는 돈줄은 날이 갈수록 막혀 갈 수밖에 없었다. 더구나 우익단체인 임정에게는 좌익처럼 코민테른이나 소련 같은 지원국가도 없었다.

당시 상해에는 수백 명의 한국인 상인, 대학교수, 일반근로자, 학생들이 있었으나 임정을 조금이나마 지원할 수 있는 재정능력을 가진 사람은 극소수였다. 김규식, 여운형 등은 교편을 잡아 생계비를 벌였고, 상해 전차회사 검표원은 대개가 독립운동계열이었다. 상해임정은 1920년대 임정사무실의 방세 30원과 20원에도 미치지 못하는 직원 월급마저 지불하기가 어려웠다. 그들은 사무실에서 자고 직장이 있는 동포 집에 번갈아 가서 밥을 얻어먹었다(김준엽, 이영복). 군사작전은 말할 것도 없고 개인을 동원하는 특공(特攻)·의열(義烈) 활동을 추진할 여력도 적었다. 때문에 한국 독립운동사의 금자탑이 되는 윤봉길(尹奉吉) 의사의 상해 홍구공원 폭파사건 거사자금도 중국인이 냈다는 주장까지 나온다.

석원화(石源華: 중국 복단대 한국연구중심 소장)는《중국 항일전쟁과 한국 독립운동》에서 1932년 4월 29일 상해 주둔 일본군 사령부가 홍구공원에서 전승축하대회를 열 계획임을 안 중국 측이 외교루트를 통해 이를 막으려 했으나 일본군 측은 거들떠보지도 않았다고 밝힌다. 무력으로 막으려면 일본군에게 확전의 빌미를 줄 것이므로 전력이 밀리는 중국으로서는 취할 방도가 아니었다. 그래서 상해에서 '암살 대왕'으로 이름 난 회당(會堂) 수령 왕아초(王亞樵)와 비밀작전을 논하게 됐으나, 중국인의 공원 접근이 불가능하므로 왕아초와 잘 아는 안창호를 통해 김구를 소개받았으며, 거사자금 4만 원을 제공했다고 주장했다. 이 주장에 대해 구첩(邱捷: 중산대학 역사학과 교수)은 왕아초의 동생 왕술초(王述樵)의 기억에 의한 것이고 다른 증거는 없다고 했고, 패민강(貝民强: 상해 대한민국 임시정부 옛 청사 관리처 주임)을 더 연구할 가치가 있는 문제라고 밝혔다.

당시 김구는 일본 측이 잔인한 보복에 나서고 무고한 한국 사람들이 고통받자 신문지상에 '홍구공원 폭발사건의 진상'이라는 글을 발표하고 "오늘의 사건은 완전히 내가 독자적으로 진행한 것이다"

라면서 자신과 '한국애국단'이 사건을 계획했다고 공표했다. 김구는 윤봉길 의사가 사용한 폭탄을 만드는 데 있어 병기창의 중국인들의 협조를 받은 일은 밝혔으나, 다른 중국인들의 도움을 받았다는 점을 언급한 적은 없다.

임정의 궁핍한 사정은 한인 윤봉길의 거사로 중국 사회의 패전(敗戰) 분위기를 일신하게 된 데 고마움을 느낀 장제스가 재정지원을 하기 시작해 숨통이 트였다.

미국 정부 등의 외교문서나 기록 등을 참고한 많은 역사서가 임정의 분열이나 무능, 수뇌부의 고령 등을 거론하고 있으나 '절대 빈곤'문제는 상세하게 다룬 예가 별로 없는 듯하다. 빈곤이라는 개념이 없는 풍요의 나라 미국에 태어난 미국인 고위 관료들은 임정의 그러한 사정을 이해할 수 없었다. 적절한 군자금을 지원한다면 전열을 가다듬고 응분의 전과를 올릴 수 있는 한국 독립운동세력의 잠재력을 이해하고 수용할 상상력(想像力)이 부자나라의 미국인들에게는 없었던 것이다.

이승만 · 김구, OSS와 공동작전 마련해

어려운 재정난이 계속되었으나 임정이 무장투쟁(武裝鬪爭) 계획을 포기하거나 소홀히 한 것은 아니다. 임정 초기인 1919년 12월 '대한민국 육군 임시군제' 등 3가지 군사관련 법령을 발표했고, 그에 따라 상해에 육군무관학교를 세우고 중견 군사간부 양성에 들어갔다. 1920년 1기생 19명, 2기생 24명을 졸업시켰으나, 재정적 뒷받

침이 뒤따르지 못해 폐교되었다. (한국 근현대사학회)

임정군무 총장 노백린(盧伯麟)은 비행사 양성소를 1920년 2월 미국 샌프란시스코 근처에 설립했다. '쌀의 왕'으로 불리며 대 농장주로 성공한 교포 김종림이 낸 거금 2만 달러의 자금으로 사설 비행장을 만들고, 매달 3천 달러의 예산을 지원받아 한인청년 30명을 훈련시켰다. 훈련받은 청년들은 태평양전쟁 때 미 공군으로 참전했고 OSS 작전의 대원이 되었다. 이 비행학교는 '쌀값 폭락파동' 때 김종림이 파산하는 바람에 문을 닫았다. (김영란)

그 뒤 임정이 혼란기에 빠지며 군사계획도 흐지부지 되었으나 김구가 무장투쟁의 필요성을 역설하면서 다시 현안으로 부각되었다. 김구는 1937년 중·일 전쟁이 일어났을 때 파괴·의열 활동에 나서야 한다면서 자금조달을 미주 교포사회에 요청했다. 그는 1939년 11월에는 대한동지회에 편지를 보내 중국 동북 지역에서 독립군을 편성할 자금을 미 군부와 교섭할 것, 북미 및 하와이의 한국청년들에 대한 군사훈련, 필리핀에 원동(遠東: 중국) 지역의 한인청년들을 모아 항공훈련을 시킬 것, 상해 등 중국과 한국, 일본 등 여러 곳에 정보단을 구성할 것 등을 목표로 하자고 제의했다.

미 국무성 고위관료들이 '선전과(先戰果) 후지원(後支援)' 요청의 메시지를 보내기 시작한 것이 1941년 태평양전쟁 때부터였던 만큼 김구의 이런 공세적 제의는 적합한 타이밍의 구체적 선견(先見)이라 할 수 있었다.

그러나 자금줄을 쥐고 있는 미국 쪽의 이승만은 아직 결정적 시기가 오지 않았다고 보았는지 1937년에 이어 1939년에도 김구의 제의에 반대했다. 이승만은 김구에게 편지를 보내 무장투쟁을 우선시하고 외교·선전 활동을 부차적인 것으로 보는 데 대해 강한 불만을 나타내고, 한국인들과 중국인들이 국제정세에 '몽매'한 것을 한탄하면서 중국인이 아무리 혈전고투(血戰苦鬪) 할지라도 미국의 원조가 없으면 '제2의 조선'을 면하기가 어려울 것이라고 단언했다. (고정휴)

이승만은 한국인이나 중국인의 노력으로는 대세가 결정되지 않으니 미국을 움직여야 한다는 것이었고, 김구의 주장은 '별 내용도 없이 외교·선전이 무슨 쓸 데가 있는가, 싸워서 우리 몫을 챙겨야 한다'는 것이었다. 이승만은 외교를 앞세우고 무장투쟁이 이를 뒷받침해야 한다는 노선이고, 김구는 그 반대인 것이다. 말하자면 독립운동을 하는 목표는 같으나 방법의 수순(手順)이 다른 것이다.

그 시점에서 이승만과 김구의 노선갈등을 어떻게 보아야 하는가? 중·일 전쟁이 일어났고, 다음에 미국과 일본이 태평양 지배를 놓고 충돌(전쟁) 할 것이 예견되는 위기의 시점이라는 점에서 김구의 무력투쟁 주장이 현실론이라 할 수 있었다.

이승만은 미국이 임정을 승인하면 군사지원을 받아 본격적인 항일 무력투쟁에 나선다는 구상이었다. 그러나 역사를 보면 미국은 임정을 끝내 승인해 줄 의사가 없었고, 일본군과 싸운 실적을 보인 뒤 군사지원을 요청하라는 입장이었다. 미국통인 이승만이 미국 정부의 속셈을 정확하게 읽지 못한 채 겉돈 셈이었던 것이다.

반면 김구의 주장대로 자력으로 항일작전에 나섰더라면 비록 그 규모가 작더라도 대미(對美) 군사외교의 파급효과가 클 수 있었다. 전과를 올린 입장에서 보다 유리하게 미국에 임정 승인과 무기 대여법에 의한 군사지원을 요청할 수 있었다. 소련에 대한 고려 때문에 임정 승인이 어렵다 해도 무기 대여법에 의한 군수지원 문제는 해결할 수도 있었다.

미 국무성이 '선전과 후지원' 원칙을 한국 측에 흘리기 시작한 것이 태평양전쟁이 일어난 1941년부터였던 만큼 2년 전인 1939년에 이승만이 김구의 주장을 수용하고 올인했더라면 2년 정도의 준비기간이 가능했다. 그 시기가 임정이 무력투쟁으로 전환할 수 있는 최적기이면서 마지막 기회였다. 전쟁말기 OSS 작전을 추진하는 등 한·미 합동작전을 추진했으나 이미 실기(失機)한 뒤였다. 일본이 예상보다 빨리 항복했기 때문에 참전기회가 없었다.

이승만은 상해임정의 임시 대통령 때 결정적 시기가 오면 무장투쟁노선을 택해야 한다는 인식을 가지고 있으면서도 막상 기본적 대전략을 마련해놓지 못했던 만큼 김구의 제안을 적극 수용할 필요가 있었다. 그런데 그 마지막 기회도 날려버린 것이다.

한편 이승만의 동의를 얻지 못한 김구는 별도로 1940년 9월 국민당의 장제스 총통의 동의를 얻어 임정의 광복군을 창설하는 데 성공했다. 1년 이내에 최소한 3개 사단을 편성할 계획이었고 연합국으로부터 교전단체로 인정받을 계획이었다. 그러나 1945년까지 4년 4개월 사이 군사요원은 450명 선을 확보하는 데 그쳤고, 그나마도 후방에서 교육 및 선전 활동에 투입되는 수준이었다.

목표의 수십 분의 1에도 미치지 못한 것은 중국 국민당 정부의 지원에 전적으로 의존했기 때문에 생기는 불가항력적 한계와 제한 때문이었다. 1941년부터 1945년까지 국민당 정부가 임정에 준 보조금은 중국화폐로 3,232만 원이었다. 적지 않은 돈이었으나 광복군 증원은 불가능했고 현상유지에 급급한 수준이었다. 국민당 정부는 자국 영토 내에서 다른 나라 군대를 대규모로 양성하기를 원치도 않았고, 또 양성할 능력도 없었다. 국민당 정부 자신이 미국의 대규모 원조로 지탱되는 처지였기 때문이다.

미국의 임정 승인과 군사원조를 받아내기 위해 노력했던 이승만의 희망을 들어준 유일한 곳은 육군성 소속의 OSS였다. 한반도 중심의 특수작전을 펴려는 OSS에게 이승만은 필요한 존재였다. 임정 승인 같은 정치적 조건은 관심사 밖이었다. 때문에 부국장 굿펠로 대령은 이승만의 미 정부에 대한 불만을 이해한다면서 한·미 합동작전에 대한 추진 작업을 함께 펼치게 되었다.

처음 계획은 일본어에 능통한 한국인 100여 명을 선발해 선전·첩보·파괴 등 소정의 특수 비밀훈련을 시킨 뒤 적당한 시기에 한반도를 대상으로 하는 작전에 투입한다는 것이었다. 장기영(張基永), 이순용(李淳鎔), 정운수(鄭雲樹), 유일한(柳一韓), 김길준(金吉俊) 등 유학생 출신들이 다수 참여했다.

1942년 시작된 이승만과 OSS의 작업은 김구가 가세해 광복군과 OSS의 군사합동 단계로 이어졌고, 1945년 3월 15일 광복군 대표 김학규와 중국 OSS 최고책임자 클레어 셔놀트 장군이 한·미 군사합작에 합의하는 수순으로 진행되었다. 8월 9일에는 OSS 국장 도너번 장관이 김구와 함께 광복군 제2지대의 훈련성과를 점검하고 국내 진공작전에 투입하기로 합의까지 했다. (이한우)

그러나 일본이 예상보다 일찍 항복하는 바람에 작전실시의 기회를 맞이할 수가 없었다. 일본 국왕의 항복방송 소식을 들은 김구가 "이것은 기쁜 소식이라기보다는 하늘이 무너지는 듯한 일이었다. 천신만고로 수년간 애를 써서 참전할 준비를 한 것도 다 허사이다.

… 미 육군성과 다 약속이 된 계획(국내 진공)을 한 번 해보지도 못하고 왜적이 항복하였으니 진실로 애석하다. 그보다도 걱정되는 것은 우리가 이번 전쟁에서 한 일이 없기 때문에 장래에 국가 간에 발언권이 박약하리라는 것이다"라고 탄식한 것이 이때였다. (백범일지)

임정 승인을 둘러싼 국민당의 이중 정책

신해혁명을 일으켜 중국의 근대화를 이끈 혁명가 쑨원(孫文)은 1921년 갓 출범한 한국의 임정을 인정했으나 그가 죽은 뒤 승인문제는 후계자인 장제스 총통에게 제대로 승계되지 않았다. 장제스는 국공(國共) 내전으로 여력이 없었고, 임정도 심한 내분 때문에 편할 날이 없어 이렇다 할 소통이 없었던 것이다. 그러나 1932년 있었던 윤봉길 의사의 상해 홍구공원 폭파사건을 계기로 장제스는 한국 임정의 존재를 재인식하고 재정지원을 시작했다.

당시 임정은 앞서 설명한 것처럼 재정난이 심화되어 있는 데다가 상해 폭파사건에 대한 보복공격에 나선 일제가 김구 주석의 체포에 쌀 3만 가마니에 해당하는 현상금(6만 원)을 걸었기 때문에 쫓겨 다니는 입장에서 더욱 어려운 처지였다. 장제스의 지원으로 재미교포의 들쭉날쭉한 송금액수에 일희일비(一喜一悲)해야 했던 임정은 일단 한숨을 돌리고 여유를 갖출 수 있었다. 1930년대에 시작된 국민당 정부의 지원은 1940년대에도 계속되었다. 1941년 겨울에는 매달 6만 원이 나왔고, 태평양전쟁이 일어난 다음 해인 1942년 6월부터 20만 원으로 증액되었다. 1943년부터는 50만 원, 44년 9월부터는 1백만 원, 1945년 9월부터는 3백만 원이었다. 1947년 10월 임정이 해산될 때까지 지원이 계속되었고, 적지 않은 임시경비까지 대주었다. (김경일)

국민당 정부는 그러나 공식적으로 임정을 승인하지 않고 있었다. 일종의 정경(政經) 분리책이었던 셈이다. 중국이 너무 일찍 승인하면 아시아에 식민지를 가지고 있는 영국이 불쾌해 하고 미국도 중국의 의도를 의심할 것이며, 너무 늦게 승인하면 소련이 선수(先手)를 치는 게 아니냐 해서 두려워하고 있다는 관측이었다. 그것은 임정 승인을 둘러싼 중국의 딜레마였는데, '한국광복군 9개 행동준승'이 등장한 이후 점차 미국과 중국 간의 신경전이 전개되었다. '행동준승'을 만들어 광복군의 행정과 작전을 통제하고 나선 국민당 정부는 중국군 장교들을 보내 광복군 지휘부를 장악하게 했고, 사령관 지청천과 부사령 김원봉을 중경에서 떠나지 못하게 해 예하부대와 접촉하는 것을 차단했다. 광복군을 관할하는 권한과 기능을 중국의 여러 기관에 나눠놓아 체계적이고 일관성 있게 작업을 수행하는 것이 어려웠다. 광복군의 급식까지 줄였다.

'행동준승'에 의한 그러한 견제는 중국의 입장에선 광복군이 중공의 홍군(紅軍)을 지지하는 또 다른 8로군이 되는 것을 예방하기 위한 것이라 할 수 있으나, 당사자인 임정으로서는 광복군이 중국에 예속된 지원군이나 고용군이 된 것이나 다름없었다.

미국 입장에서 볼 때는 한국이 독립된 뒤의 영향력을 확보하기 위해 장제스가 임정 길들이기에 나선 것이 아닌가 하는 관측을 불러일으킬 수 있었다. 실제로 고스 대사는 의구심을 갖고 국민당 정부와 군 당국, 임정을 상대로 정보를 수집했으나, '9개 준승'의 실체와 추진배경을 알아내는 데는 실패했다.

그러면서 중국 정부는 표면적으로는 임정 승인 정책을 펴고 있었다. 전형적 이중 정책이었다. 1942년 3월 국민당 정부 입법원장 쑨커(孫科: 쑨원의 아들)가 처음으로 중국 정부가 임정을 승인해야 한다고 공식 주장했다. 미국에서 이승만은 이를 환영했다. (김경일)

1942년 3월 25일 쑹쯔원(宋子文) 외교부장은 프랭클린 루스벨트 대통령에게 5만 명 규모의 한국유격대를 조직할 것과 한국 임정을 승인 선포하자고 제의했다. 이때 미 국무성은 임정에 냉담했던 중국이 갑자기 임정을 승인하려는 동기는 친중(親中)적 임정을 승인함으로써 소련이 친소 단체를 내세울 수 있는 가능성을 미연에 방지하려고 한다고 보았다. 그러나 그 임정 승인론은 중국 정부가 1942년 5월 미 대사에게 재고하기로 했다고 통고하면서 슬그머니 수면 아래로 사라졌다.

장제스 정부는 소련이 참전할 경우 조기에 임정을 승인한 것이 별도의 친소 임시정부를 설립할 구실을 소련에게 줄 수 있고 아시아에 식민지를 가진 영국 등의 반발을 지적한 신중론을 수용해 전략적 후퇴를 한 것이다(이정식). 그 뒤 중국이 다시 미국에게 수시로 임정 승인을 요구한 것은 유럽의 전세가 소련에게 유리하게 전개되면서 아시아 지역에서도 소련의 위협이 증대될 것을 우려했기 때문인 것으로 풀이된다. (구대열)

미국은 처음에는 국민당 정권의 임정 정책을 호의적으로 보았다. 그러나 국민당 정부와 임정과의 관계변화를 따라가면서 중국의 대소(對蘇) 견제, 한반도에 대한 영향력 확보라는 전략적 속셈을 확인하게 되었다. 미국은 그러한 중국의 전략이 소련과의 갈등을 초래해 동북아의 평화를 위협하는 요인이 될 것으로 보았다.

미국은 중국의 이중 전략을 확인한 뒤로는 계속해서 중국의 임정 승인 움직임을 반대하거나 견제했다. 중국의 영향으로 임정이 강화되고 해방된 뒤 임정이 이끄는 정권이 중국의 영향권 안에 들어가게 되는 것을 바라지 않았다. 미국은 임정 승인 문제뿐만 아니라 임정에 대한 무기 대여법에 의한 군수지원도 하지 않았다. 중국 영토 안에서 활동하는 한 중국의 동의 없이 지원하는 것은 불가능하다는 등의 이유를 들어 부정적으로 반응했다. 임정 조소앙 외교부장은 미 대사 고스에게 중국이 '9개 준승'을 체결한 뒤 1년이 지나도록 약속한 재정지원을 하지 않고, 과거와 같은 속국으로 만들려는 정치적 야심만 보인다고 비난했다.

장제스는 1942년 말 프랭클린 루스벨트에게 서신을 보내 한국을 미국과 중국의 보호(Tutelage) 아래 반 독립적 상태로 둘 것을 제의한 적도 있다. 그것은 루스벨트의 신탁(信託) 통치 구상과 비슷하나 소련을 배제한 것이고, '미·중의 보호'라고는 하나 한반도에 인접해 있는 중국이 사실상 보호할 수 있게 하자는 의미였다. 루스벨트는 이에 대해 시베리아, 한반도 등 북태평양 지역은 소련의 이해영역이라는 점을 강조, 소련을 배제하려는 시도가 바람직한 것이 아님을 분명히 했다. (구대열)

프랭클린 루스벨트는 신탁통치를 구상하던 1943년 3월 일본이 패망하면 소련과 중국이 한반도를 자국의 영향 아래 두기 위해 다투게 될 것이라고 내다보고 있었고, 중국이 외몽골에서 소련과 동등한 권리를 요구하고 일본에 빼앗겼던 만주의 반환에 만족하지 않고 그 이상의 확장을 원하는 것이 문제라는 인식을 가지고 있었다.

1943년 11월 24일 그는 중국의 한국 독립 지지는 중국의 역사적 지위의 회복을 원하고 있기 때문이라고 말했다(최상룡). 고스 대사와 조소앙이 주고받은 내용과 궤를 같이하는 발언이었다.

구대열에 의하면 미국과 중국 간의 이견(異見)은 1945년 초 한국문제를 놓고 관계국 간에 질의서를 논의하는 과정에서도 표면화되었다. 공개되지 않은 중국 측 안(案)에는 한반도가 해방된 뒤 군정(연합국)과 임정이 동시에 존립하게 함으로써 친 중국세력인 중경임정이 즉시 정권을 잡게 한다는 내용이 단계별로 짜여 있었다. 미국은 그 안을 한반도에 대한 패권(覇權) 추구로 보았고 한국 독립에 대해 소련보다 더 큰 위협으로 받아들였다.

그러한 중국 정책이 한국문제 처리를 더욱 어렵게 만들고 있다는 평가가 미국 정부 사이에서 나왔고, 미국이 중국의 이러한 반소(反蘇) 정책에 편승해서는 안 된다는 비판의 소리가 더욱 높아졌다. 미국은 마지막 단계까지 중국 정부의 대소(對蘇) 견제전략을 견제하고, 동북아 지역 재편과정에서 소련의 영향권을 인정하려고 노력하고 있었다.

어쨌거나 임정이 어려웠던 시기 도움을 준 유일한 나라가 중국 국민당 정부였다. 공개되지 않은 앞서의 문서내용이 말하듯 그 정부는 끝까지 임정 지지정책을 추구했다. 그런데 미국 정부에게는 그것이 임정 승인을 허용할 수 없는 악재로 작용했다. (구대열)

그렇다면 임정의 승인을 어렵게 만든 것은 임정의 분열 등 자체요인(內因)보다도 중국 국민당 정부의 대소 전략이라는 외인(外因)의 비중이 더 크다는 것일까?

미국이 '임정 승인' 안 한 것은 소련 때문

로버트 올리버에 의하면 1943년 미국의 〈월드 어페어스〉(*World Affairs*)지 6월호 기사는 "왜 국무부가 한국의 임정을 무시하고 있는가" 하는 점을 분석하는 글을 게재했다.

"국무부가 한국을 여타 망명정부와 다르게 취급하는 이유가 궁금한 것은 당연하다. 고의적인 미련함 때문도 아니고, 일본이 좋아서도 아니고, 특별한 반한(反韓) 편견이 있어서도 아닐 것이다. 국무부가 공식적으로 제시한 이유도 타당치 않다. 그와 상반되는 조치를 취한 전례가 많기 때문이다. 그렇다면 한국만 유독 버림받은 까닭은 무엇인가? 냉정히 그 문제를 생각해 본 사람이라면 해답을 구할 수가 있을 것이다. 바로 소련 때문이다."

이 짧은 분석기사는 정확하게 미국의 임정 승인 반대이유의 핵심을 찌르고 있었다. 미국 정부가 지적하는 임정 승인 반대이유는 주변사항에 지나지 않고 소련을 의식한 미국의 기본 외교정책이 결정적 반대요인임을 지적하고 있기 때문이다.

제2차 세계대전에서 미국과 영국은 노르망디 상륙전을 결코 서두르지 않았다. 소련을 전격 침공한 나치독일과 소련이 상호 괴멸적인 살육전·소모전을 펼치고 있을 때 미국은 대규모로 무기를 지원했을 뿐이다. 스탈린은 대독(對獨) 동부전선에서의 부담과 희생을 줄이기 위해 미국과 영국이 상륙전을 감행해 서부전선을 형성, 독일군을 분산시키기를 바랐고, 그래서 상륙전을 빨리 실행해 달라고 독촉했다. 그러나 미·영은 쉽게 움직이려 하지 않았다. 스탈린은 미·영이 전후를 대비해서 소련군이 소모·약화되기를 바라고 있기 때문에 시간을 끌고 있다고 보고 크게 분노했다.

독일이 패전한 뒤 이번에는 입장이 바뀌어 태평양전쟁을 치르던 미국이 대일전에 소련이 빨리 참전할 것을 요청했다. 소련군이 일본의 1백만 관동군을 분쇄해 주기를 바랐다. 이번에는 스탈린이 계속 참전시기를 늦췄다. 그러나 미국의 원자폭탄이 히로시마, 나가사키에 투하되면서 전황이 일본에 불리한 국면으로 접어들자 소련군의 참전 필요성은 비중이 떨어졌다. 그러자 소련은 8월 7일 서둘러 참전했고, 8일 뒤 일본이 항복했다(존 루이스 개디스). 소련은 1주일여의 전투만으로 거대한 전후(戰後) 이익을 챙길 수 있었다.

프랭클린 루스벨트 대통령은 미국이 최강국이지만 국력에 한계가 있다고 보고 소련의 참전을 전제로 동북아시아 지역에 대한 러시아 시대 이래의 소련의 이해관계를 존중함으로써 역내의 체제안정을 구축할 수 있다고 보았다. 한반도에 공백지대를 두어 중국과 소련의 진출을 억제한다는 것이 미국의 전략이었다.

미국의 대소전략이라는 관점에서 볼 때 〈월드 어페어스〉의 결론처럼 임정 승인문제의 최대변수는 소련이었다.

이승만, 왜 '좌·우 연합참전' 반대했나

여러 가지 국내외의 복합적 요인 때문에 임정은 미국의 승인을 받지 못했고, 연합군의 일원으로 참전도 하지 못했다. 맥아더 원수 휘하의 연합군 최고사령부는 1945년 9월 2일 일반명령 제1호를 통해 일본군의 항복을 받을 수 있는 자격을 미군과 소련군, 중국군 등 연합군에 한정한다고 발표하고, 동북아 지역에서의 일본군의 무장해제와 항복을 접수할 권한을 갖는다고 밝혔다.

그것은 한국의 독립운동단체들이 일제의 항복을 받을 수 있는 권리가 없음을 규정한 것이다. 그것은 여운형(呂運亨)의 건준(건국준비위원회)이나 박헌영(朴憲永)의 인공(人共: 인민공화국)이 일본 총독부로부터 어떠한 권리도 이양받을 수 없는 법적 근거가 되었다. 나중에 귀국한 김구의 임정도 마찬가지 입장이었다(박태균). 권리가 없으니 예우도 뒤따르지 않았다. 일생을 항일투쟁으로 보낸 임정 초대 대통령 이승만, 임정 주석 김구는 개선장군처럼이 아니라 '개인 자격'이라는 궁색한 입장으로 어렵게 귀국해야 했고, 해방정국에서 굴욕적 신탁통치 파동을 겪어야 했다.

여파는 그것으로 끝나지 않았다. 1949년 한국에서 철군을 앞두고 트루먼 대통령의 군사보좌관들은 북한의 남침이 있을 경우 미국이 택할 수 있는 정책대안을 검토하면서 "한국은 그리스와는 달리 전쟁의 승리에 공헌한 것이 없는 상태에서 해방된 지역이고, 전략적 가치도 거의 갖고 있지 않다"고 폄하했다.(제임스 매트레이)

1951년 9월 4일부터 샌프란시스코에서 대일 강화회담이 열렸을 때 대한민국은 일본과 교전단계에 놓인 적이 없었다는 이유로 초청되지 않았다(나카무라 마사노리). 미국대표 덜레스(John Foster Dulles)가 처음에는 한국을 연합국의 일원으로 조약에 참여시키려 했으나 일본측이 그럴 경우 공산사상에 물든 수십만 명의 재일한국인(조총련을 말함)에 의해 일본사회가 혼란에 빠질 것이라고 협박, 반공주의자인 덜레스가 생각을 바꾸게 되었기 때문이다(다나카 히로시). 덜레스는 대신 반발하는 이승만 대통령에게 미국이 대한민국의 이익

을 대변해 주겠다면서 달랬다. (박태균)

'임정 승인' 실패가 전후 외교에까지 부정적 영향을 끼치고 있었던 것이다. 그렇다면 정말 임정 승인의 기회가 없었을까 하는 의구심을 갖지 않을 수 없다. 따지고 보면 결정적으로 임정 승인의 문을 열 기회가 없었던 것은 아니다. 다만 득점으로 연결시키는 결정타가 없었을 뿐이다.

앞서 한길수와 관련해 미국과 중국 정부가 좌·우 연립정부안을 권유했을 때가 말하자면 최적의 기회였다. 일단 권유의 배경이 그럴 듯했기 때문이다. 첫째, 오랫동안 분열되었던 한국의 독립운동세력이 임정의 기치 아래 단합할 수 있는 기회였다. 둘째, 미국은 임정이 친중국(親中國) 성향으로 기울었다 해서 소련이 친소(親蘇)의 또 다른 임정을 만들 수 있는 가능성을 우려했다. 그러나 미국이 관여한다면 그 가능성을 해소시킬 수 있었다(스탈린은 미국이 설마하면서 내놓은 38선 분할안을 군말 없이 받아들일 정도로 당시 미국 입장을 존중했다). 셋째, 임정을 중국의 통제 밖으로 끌어 내 활동영역을 넓힐 수 있었다. 문제는 우파 민족주의세력이 좌파세력과 손잡는 원칙을 수용하겠느냐는 것이었다. 결정권을 가진 이승만은 "좌·우 합작은 공산당을 이롭게 한다. 연립문제는 독립국가를 이룬 다음에 연구해야 한다"면서 단호하게 거부했다. 그러한 거부는 연합군의 일원이 될 기회까지 무산시키는 것을 의미할 수도 있었다.

이를 어떻게 볼 것인가? 좌·우 세력이 연합해서 항일전선에 투입될 수 있는 관점에서 보면 임정이 오랫동안 갈망하던 참전 기회를 거부하는 결과가 된다는 점에서 매우 유감스러운 일이다. 그런 점에서 이승만은 비판·비난의 대상이 될 수 있다.

이정식은 이승만이 한길수 세력과 연합하라는 미국·중국 정부의 제의를 받아들일 필요가 있었다고 평했다. 그는 "임정을 인정받게 하려면 어떤 희생도 감내해야 한다. 임정이 승인된 후 두 세력에 대한 정비를 해도 늦지 않을 것이다. '선(先) 임정 승인, 후(後) 조직 정비'를 하는 것"이 보다 현명한 전략이었을 것이라고 주장했다.

단기적 관점으로 보면 미국과 중국 정부의 합의를 전제로 하고 있기 때문에 광복군의 작전활동에 제약이 해소되고 미국의 재정·군수지원을 받아 병력을 대폭 보강하고 훈련시켜 작전에 들어갈 수가 있는 것이다. 더구나 의열·파괴 활동의 선구자였던 우파의 김구, 좌파의 김원봉이 힘을 합치는 데서 오는 상승효과가 가능했다.

역사에 나와 있듯이 김구는 1932년 윤봉길 의사의 상해 홍구공원 폭파사건을 지휘해 침체기에 빠진 독립운동에 활력을 넣었던 전설적 인물이었고, 김원봉은 김구에 앞서 국내 최초로 의열·파괴 활동분야를 개척한 투쟁가였다. 김원봉은 1919년 만주에서 의열단을 조직, 1920년부터 1925년까지 6년 사이에 요원들을 국내에 잠입시켜 여러 개의 경찰서를 습격하게 했고, 조선 총독부와 일본 도쿄의 황궁 폭탄 투척, 나석주 의사의 동양척식회사 폭파사건 등을 지휘했다. 김구와 김원봉은 오랜 공백 때문에 정규전투 수행은 어려워도 프랑스, 유고슬로바키아, 베트남에서의 레지스탕스 저항 같은 소규모 특수작전을 추진할 수 있었을 것이다.

그러나 장기적 관점으로 접근하면 문제가 복잡, 미묘해진다. 이데올로기 문제가 본격적으로 끼어드는 상황이 되기 때문이다.

한반도를 대상으로 특수작전에 들어갈 경우 공산계열 지휘자가 더욱 유리할 수 있었다. 일제에 타협하거나 굴복하지 않고 지하조직을 유지하던 독립운동세력은 공산주의계열밖에 없었기 때문이다. 프랑스의 경우에도 장 물랭이 레지스탕스 세력을 규합하고자 국내에 투입되었을 때 레지스탕스를 지휘하던 인물들은 대개 사회당이나 공산당 등 좌파계열이었다.

우파들은 저항하는 일보다 현실과 타협하는 경우가 많았다. 1942~1943년의 경우 국내에서 전국 규모의 비밀지하조직을 만들고 있던 세력은 좌파계열의 독립운동가 여운형(呂運亨) 뿐이었다. 그가 해방 직후 급조된 건국준비위원회(건준)의 모체가 되는 건국동맹을 만들었다. 여운형의 건준을 흡수해 인민공화국을 만든 뒤 초기 해방정국을 주도한 박헌영(朴憲永)은 일제치하에서 지하에 숨어 살아온 골수 공산주의자였다. 그가 지휘한 공산세력이 가장 조직적이었고 대중 상대의 선전·선동에 강했다. 연합전선이 가동했을 경우 공산세력의 잠재력이 더 극대화되었을 가능성이 높은 것이다.

뿐만 아니라 좌·우 연합전선은 전쟁이 끝난 뒤 좌·우 연립정부 수립 단계로 이어지기 때문에 권력의 헤게모니를 둘러싼 좌·우의 싸움에서 좌파가 유리할 수밖에 없다.

이승만은 이러한 상황전개를 예견하고 좌·우 연립문제를 시작부터 거부한 것이라 할 수 있다. 이승만은 독립협회 시절부터 반(反)러시아 성향이었고, 1917년 볼셰비키 혁명 뒤에는 반소, 반공주의자가 되었다. 상해임정 때 이동휘 등 공산주의자들과 함께 일해 보았고, 1930년대 대소 접촉을 하면서 공산주의자들에 대한 불신과 혐오가 컸다.

1940년대 들어와 이승만의 반공이론은 더욱 공고해진다. 이승만은 모든 나라의 공산당을 주체성이 없는 소련의 도구로 보았고, 공산당은 수단을 가리지 않고 정권을 장악할 때까지 선동과 교란 작전을 계속할 것이므로 그들과 협조관계를 이루는 것은 불가능하다고 보았다(이정식). 공산주의와의 연립은 한국을 궁극적으로 소련의 지배와 조종을 받는 공산주의자들에게 내맡기는 결과를 초래한다고 생각했다. (윤동현)

이승만은 프랭클린 루스벨트의 대소 유화(宥和) 정책을 보면서 한반도가 소련의 영향 아래 들어가게 되는 것을 우려했다. 루스벨트의 신탁통치가 실현되었을 경우 한반도가 공산화되었을 것이라고 보는 내외 학자가 많은 것을 보면 이승만의 주장을 '조숙한 냉전적 사고'에서 나온 생각이라고 비판만 하기는 어렵다.

실제로 1945년 4월 샌프란시스코의 유엔 창립총회 때 미국과 중국정부의 의중(意中)을 업고 이승만 등에게 좌·우 합작을 권유했던 중국 외교부장 쑹쯔원은 그 자신이 국공합작을 추진한 장본인이었다. 장제스의 처남인 그는 결국 중국 대륙을 공산당에게 넘겨주는 데 큰 역할을 했다는 달갑지 않은 역사의 평가를 받고 있다. (이주영)

러시아의 공산혁명의 영향을 동양에서 가장 많이 받은 나라는 중국, 베트남, 한국, 세 나라였다(체지안). 세 나라 모두 좌·우 합작이나 연합전선의 움직임 등이 여러 갈래로 진행되었으나, 종국적으로 중국과 베트남에서는 좌파인 공산당이 정권을 잡았다. 한반도에는 스탈린이 지원한 공산정권이 북쪽에 등장한 반면 미군이 진주한 남한에서는 좌·우 합작을 거부한 우파 민족주의자들이 대한민국을 건국할 수 있었다.

좌·우 합작문제는 위와 같은 이데올로기를 둘러싼 지정학적 여건과 조건을 저변에 깔고 있었다. 그 지정학적 특성에 관해서는 해방정국에서 다시 거론할 것이다.

이승만 전시외교의 공(功)과 과(過)

주미 외교위원회 위원장이 된 이승만은 1942년 1월 16일 미국인들로 구성된 한미협회(The Korean-American Council)을 창설, 미국 정부와 의회 상대의 로비 활동과 미국 여론을 대상으로 하는 선전 활동을 편다. 재미 한국인 단체의 힘만으로는 역부족을 느꼈기 때문이다.

한미협회 이사 36명 중 한국 측은 이승만과 프란체스카, 2명뿐이었고, 중국인으로는 유명한 작가 린위탕(林語堂) 등 2명이었으며, 나머지 32명은 미국 상·하원의원, 주지사, 외교관, 목사, 대학총장과 교사, 언론인, 작가, 현직 군인 등 영향력이 있는 미국 지도층 인사들이었다. 미국 정계에 막강한 영향력을 과시했던 차이나 로비에 비하면 보잘것없었으나 이승만의 재정형편 등을 감안한다면 만만치 않은 진용이었다. 이승만을 오래 도와주었던 변호사 스태거스, 언론인 윌리엄스, 굿펠로 대령, 한국인 참모들보다 신임을 더 받았던 로버트 올리버 등이 포함돼 있었다. (고정휴)

한미협회는 이승만의 대미 독립외교를 지원하는 데 크게 기여했다. 미 대통령이나 국무장관에게 보내는 청원서를 대신 보내기도 하고 국무성 고위 관계자들을 상대로 '임정 승인'을 로비했다. 1942~1943년 사이 미 상·하원의원 10여 명을 동원해 임정 승인을 촉구하게 만들어, 특히 여론에 민감한 미 국무성에 적지 않은 영향을 끼쳤다. 그러나 앞서 분석했듯이 한국 독립운동세력의 사활이 걸린 '임정 승인' 문제와 무기·재정 지원문제는 해결하지 못했다.

이승만 외교의 구체적 성공사례는 임병직이 "유일한 업적이었다"고 밝힌 재미교포에 대한 적국(敵國) 국민 대우의 제외조치였다. 태평양전쟁이 일어나자 미국 정부는 미국 안에 살고 있던 재미 일본인들을 모두 적국 국민으로 대우했고, 그 범주 안에 식민지인 한국인들도 포함돼 있었다. 이승만이 재미 한국인들은 한국 병합 이전에 미국에 온 사람과 그 후예이기 때문에 적국 국민 대우가 부당하다고 항의, 미 법무부가 1942년 2월 이를 수용했던 것이다.

사실 1940년대에 대미 전시외교 말고도 이승만의 독립외교는 실패와 좌절로 점철된 회한(悔恨)의 역정(歷程)이었다. 1919년 파리 평화회의 때는 미국 정부가 비자발급을 거부해 현지에 가 보지도 못했고, 1921년 워싱턴회의 때도 한국 대표단의 참가 허용과 한국의 독립을 위한 청원서를 냈으나 미국 정부가 외면했다.

이러한 외교의 실패는 재미교포들의 지원으로 가능했던 이승만의 독립운동 기반을 흔들기 일쑤였다. 거듭된 실패에도 불구하고 이승만은 좌절하지 않고 버티면서 좌절에서 배우고 또 싸웠고, 그것이 그의 외교를 종국에는 더 강하게 하는 보약이 되었다(차상철)는 평도 있으나, 이는 후일 대한민국 대통령이 된 뒤에 나온 덕담(德談) 같은 것이었다.

이승만은 그 자신이 국제법을 전공한 입장이었으나, 국제법이 효력과 강제력이 없어 강대국의 무력(武力)에 유린되기 일쑤라고 해서 '사기'(詐欺)라는 생각을 가지고 있었다. 비밀협상이나 무력을 앞세운 침략이 나라 사이에서 정식으로 맺은 조약에 우선하는 국제현실에서 국제법은 휴지조각이나 마찬가지라는 것이다. 때문에 이승만은 그에게 박사학위를 수여한 윌슨 총장에게 이것을 지적하고 학비를 되돌려 받아야 한다고 농담 삼아 진심을 털어놓은 적도 있었다. 그러나 이승만은 그 뒤 평생 독립외교의 길을 떠나지 못했다. 한국이 일본과의 무력투쟁을 통해 독립을 쟁취할 수 없는 현실에서 그래도 믿을 수 있는 것은 대미(對美) 외교밖에 없다고 보았기 때문이다. 그는 미국과 일본이 언젠가는 충돌할 것이고, 미국이 일본을 제압할 때 한국은 독립의 기회가 올 것이고 그때를 대비해 미국인들에게 우리의 뜻을 널리 알려 동정과 이해를 얻어야 한다고 생각하고 있었다. (김두희)

이승만 전시외교(戰時外交)의 역사적 의미는 무엇일까?

미국은 일본의 태평양·동아시아 지역에서의 팽창전략을 분쇄하고 국력을 축소시키는 전략을 세우고 싸웠다. 그러한 전략을 택한 이유 중 하나가 한반도 통치에 대한 일본군의 불법성, 야만성, 비도덕성이다. 한국의 독립운동 세력은 일본군에게 직접적 타격을 주지는 못했으나 일본의 한반도 지배에 마지막 일격을 가하는 데 중요한 역할을 했다. 특히 외교와 선전에 치중했던 이승만이 다루던 주제가 일본 통치의 정당성과 도덕성의 결여 문제였다. 그는 미국의 대일전(對日戰)이 일본의 야만체제를 부수는 정의의 전쟁임을 입증하고 있었던 것이다.

광복회장을 지낸 독립운동가 이강훈(李康勳)은 한국의 독립운동을 실패의 연속이라고 보지 않는다. 그렇게 보는 것은 식민사관(植民史觀)이라는 것이다. 그는 독립운동이 가시적인 구체적 성과는 거두지 못했으나, 민족의 자긍심, 민족정신을 함양하고 민족혼을 지키는 구심점 역할을 해냈다고 지적했다. 무장투쟁, 독립외교 노선, 실력배양 노선이 보이지 않게 성과를 내공(內功)으로 쌓아갔다고 말했다. 이승만은 그가 말한 구심점 중 한 사람이었다.

'미국의 소리' 통해 방송하고 전단도 뿌려

이승만은 1942년 6월부터 여러 차례 단파방송인 '미국의 소리' (Voice of America)를 통해 "국내 동포에게 고한다"는 특별 라디오 방송을 했다. 그는 방송에서 광복의 날이 멀지 않았으며 동포들은 일심 합력해 일제에 대한 전쟁협력을 거부하고 때를 기다리라면서 특유의 떨리는 목소리로 말했다.

이승만의 방송은 미군의 정보기관을 통해 이루어진 것으로 단파(短波) 라디오를 가진 국내 극소수의 사람들만 청취할 수 있었다. 그중 방송을 들은 사람 중 하나가 경성방송국에서 일하던 양제현이었고, 그에게서 얘기를 들은 홍익범이 송진우, 김병로, 이인, 허헌 등 국내 좌·우파 인사들에게 알렸다. 홍익범은 미국 유학 중 대한 동지회에서 일했던 이승만 지지자였다.

그 방송내용은 여러 사람에게 유언비어가 퍼지듯 구전(口傳)되었다. 그 과정에서 이승만은 미국의 승인·원조 아래 임시정부 대통령 자격으로 적극적 활동을 펴고 있다는 내용으로 과대포장되어 알려지게 되었으며, 미군이 예상하던 것 이상의 심리적 효과를 거둔 셈이 되었다. 이 방송은 이승만의 국내 지명도가 확고해지는 계기의 하나로 작용했고, 그가 해방정국(解放政局)에서 초기부터 크게 부각되는 데 기여했다. (정병준)

1944년 3월 일본 제 18군(아다치 중장)은 뉴기니아 웨악에서 늪지 대와 울창한 정글을 통해 홀란디아로 후퇴하고 있었다. 미군기와 오스트레일리아 공군기가 일본군의 후퇴로를 따라가며 폭격했다. 미군은 그 부대에 한국인 병사가 많다는 것을 알고 한글로 된 전단 도 뿌렸다. 당시 동 부대 제 78연대에 근무하던 유기화(충북), 79연 대의 하사 오종철(전남 영광)이 정글에서 그 전단을 볼 수 있었다. 그 전단에는 "조선인 지원병에게 고한다. 미군에게 투항하시오. 제 군의 안전은 보장한다. 대한민국 임시정부 이승만 하와이에서"라 고 쓰여 있었다.

해방정국

하지 장군, 점령지침도 없이 한국에 진주해

해방된 한국에서 군정을 펼칠 하지(John R. Hodge) 중장이 이끄는 미 제24군단(병력 7만 5천명)이 인천에 상륙한 것은 1945년 9월 8일, 해방된 지 24일 만이었다. 늦게 오게 된 주된 이유는 한반도에서 2,400km나 떨어진 오키나와에서 왔기 때문이다.

그러나 그 배경은 여러 가지로 복합적이었다. 원자폭탄 투하로 일본의 전세가 기울어지자 8월 7일 뒤늦게 대일 선전포고를 하고 만주의 일본 관동군을 공격하기 시작한 소련군은 이틀 뒤 만주를 점령하고 한반도를 향해 남진했다. 다급해진 미국 정부는 8월 14일 스탈린에게 38도 분할선을 제안해 동의를 받자 즉시 하지에게 경무장 상태로 남한으로 가라고 명령했다. 트루먼 대통령이 미군의 남한 진주를 갑자기 서두르게 된 것은 소련이 한반도 전체를 점령할지도 모른다고 우려했기 때문이다.

트루먼은 스탈린을 신뢰하지 않았다. 미·영은 1943년 9월 이탈리아가 항복했을 때 점령과정에서 소련을 배제시켰다. 소련은 그 응수로 1944~1945년에 걸쳐 동유럽을 점령하면서 미·영을 소외시키고 위성(衛星)정권을 세웠다. 폴란드에서는 미·영이 인정한 망명정부를 무시하고 별도의 친소(親蘇)정권을 세워 외교적 마찰이 일어났다. 때문에 1개월 이상 미군에 앞서 한반도에 진출할 소련군이 38선 분할안을 존중하고 한반도 전역을 점령하지 않는다는 보장이 없다고 본 것이다. (존 루이스 개디스)

그러나 미국은 항공기와 고속함정을 동원하는 기동(機動) 상륙작전을 시도하지는 않았다. 트루먼과 맥아더는 9월 2일 전함 미주함상에서 거행될 일본 정부 상대의 항복 조인식을 전 세계가 지켜보길 원했기 때문에 그 시기를 전후해 하지의 한반도 상륙이 이루어지는 것을 바라지 않았다(한배호). 급하긴 했으나 우선순위가 조인식에 밀린 것이다. 하지가 한반도에 진주할 때 이렇다 할 점령지침이 없었다. 트루먼의 대소(對蘇) 견제전략 원칙만 맥아더를 통해 전달되었을 뿐이다. 미국은 독일, 일본, 오스트리아 등에 대한 점령과 군정 계획을 준비하고 있었으나 한국에 대한 것은 없었다. 한국의 문화와 역사, 한국인에 대해서도 아는 바가 없었다. 하지 중장이 얻을 수 있는 자료는 1945년 4월 이전 한국의 정치, 경제, 사회, 문화에 대해 포괄적인 설명을 한 군사용 매뉴얼 한 권이 전부였다.

하지가 오키나와를 출발하기 전 조선총독 아베 노부유키(阿培信行)는 8월 28일 맥아더에게 전보를 보내 "공산주의자와 독립운동선동가들이 질서를 교란하고 있으므로 치안유지권이 일본 측에 있음을 보장해 달라"고 요구했고, 맥아더는 이를 수용했다. 일본 정부도 맥아더에게 같은 내용을 요청했다. (사브시나 콜리코바)

하지는 조선군 사령관 고즈키 요시오(上月良夫)와 80통의 전문을 주고받으며 여러 가지 해방정국에 관한 정보를 모았다(강만길). 고즈키가 보낸 정보도 인천 항만노동자들이 적색노동조합의 선동으로 파업 중이라는 등 공산주의자들에 대한 것이 많았다. (브루스 커밍스)

일본 총독부는 1백만 명이라는 재한(在韓) 일본인(만주에서 탈출한 사람도 포함)의 안전을 확보해 희생 없이 귀국시키는 것이 최대의 현안이었던 만큼 한국인들의 보복행위가 경계의 대상이었다. 이미 전국적 조직을 갖추기 시작한 건국준비위원회(이하 '건준'이라고 함)와 위원회소속 치안대 등의 움직임에 주목했다.

세 사람의 미 고위 장교가 38선 기안해

1945년 일본이 스위스 대사관을 통해 무조건 항복의사를 알려왔을 때 미국 삼성 조정위원회 고문 링컨(George Lincoln) 준장은 위원장인 국무성의 던(James Dunn)으로부터 한반도로 군대를 급히 이동시켜야 할 것 같다면서 소련과 미군을 갈라놓을 경계선을 찾아내라는 요구를 받았다.

링컨 준장은 벽에 걸린 지도에서 한반도를 가운데로 관통하는 38선을 눈여겨 보았다. 본스틸(Charles Bonsteel: 나중 미 8군 사령관) 대령과 딘 러스크(Dean Rusk: 나중 국무장관) 대령을 불러 38선보다 더 나은 방안을 강구해 보라며 30분 간의 여유를 주었다.

본스틸 대령과 딘 러스크 대령은 〈내셔널 지오그래픽〉지에 나온 작은 한반도 지도를 유심히 살펴본 뒤 링컨의 제안에 동의했다(윌리엄 스툭). 38선 이남 지역에 한국의 수도인 서울과 제 1, 2의 항구인 부산, 인천이 포함돼 있어 합리적 경계선이라고 판단했다는 것이다.

이 38선안은 트루먼에게 보고되었고 별 수정 없이 영국과 중국에 전달되었으며, 3국의 이의가 없자 8월 15일 맥아더에게 일반명령 제1호로 하달되었다.(김학준)

러스크 대령 등은 스탈린의 이의가 없다는 데 놀랐다. 소련이 강력하게 반발하면 38도 이남선(線)으로 양보할 수도 있다고 생각하고 있었기 때문이다.

스탈린이 이의를 말하지 않은 것은 홋카이도 등 일본 점령 관련문제에서 미국의 양보를 의식했기 때문에 나온 것이라는 등의 여러 가지 해석이 있다. 38선 분할점령이 실무선에서 즉흥적 결정으로 이뤄진 것처럼 보이나 기실은 미국의 일관성 있는 전략적 판단이라는 배경 아래 추진된 것이라고 분석했다.

미국은 ① 소련이 만주, 북한, 사할린 등에 진주하고 영국과 프랑스가 동남아의 과거 식민지에 재진주하는 것을 허용하는 대신 미국이 혼자 일본의 전후처리를 맡는다는 계산이었다. ② 지정학적 관점에서 볼 때 소련은 2, 3일 사이에 북한에 진주할 수 있으나 미국은 가장 가까운 부대가 한반도에서 6백 마일 떨어진 오키나와에 있었기 때문에 진주 속도경쟁에서 기본적으로 상대가 되지 못했다. ③ 과거 러시아 때부터 지속된 소련의 동북아에 대한 안보상 기득권을 인정함으로써 전후 협조체제를 유지할 필요가 있었다는 것이다.(구대열)

그런데도 두 대령의 역할이 필요했던 것은 소련군의 남진 속도가 예상외로 너무 빨랐기 때문에 한반도 전체를 점령할 수 없게끔 먼저 선수를 친 것이라 할 수 있다.

'건준'에는 공산주의자들이 대거 참여했고, 여운형이 8월16일 일본 측에 요구해 석방시킨 정치범의 대다수도 공산주의자들이다. 일본에게는 한국의 공산주의자들이 두려움의 대상이었다. 일본은 천황제를 반대하는 자국의 공산주의자들에 대처하기 위해 치안유지법을 만들었는데 그 법이 위력을 발휘한 곳은 한반도 쪽이었다. 일본 공산주의자들이 계급모순에 매달린 데 비해 한국의 공산주의자들은 민족모순도 함께 생각하는 독립운동가들이었다(김기협). 투쟁력이 더 강하고 대중 상대의 선전, 전파력, 조직력도 앞서 있었다. 때문에 총독부는 사상전담의 고등경찰 조직을 강화, 한국공산주의자들에 대한 집중단속을 계속하다가 종전을 맞은 것이다.

총독부의 공산당 관련정보, 하지에게 영향 줘

하지 자신이 맥아더와 함께 반소(反蘇), 반공(反共) 성향이기도 했으나 총독부 등의 공산주의자들에 대한 편향된 정보는 해방정국에서 하지에게 큰 영향을 주었다. 하지는 한국이 좌경(左傾) 위험성이 높은 상태라고 인식하고 인천에 상륙하던 날, '건준'에 대한 지지를 요구하는 서신을 전하려던 여운홍(여운형의 동생)을 만나주지 않았다. 그것은 하지가 반공정책을 펴게 되는 시작이었다. 일본 측이 하지의 반공정책 형성에 1차적으로 기여했고, 그다음 2차적으로 반공노선의 제휴세력으로 등장한 것이 보수·우익의 한민당 계열이었다. (강만길)

하지의 미군정(美軍政)은 별도로 준비한 것이 없었기 때문에 9월 9일 아베 총독과 고위관리들을 당분간 그 자리에서 직무를 수행하도록 결정했다가 한국인들의 거센 반발과 자국 언론의 비판을 받고 이를 취소했다. 맥아더의 일본 운영을 본뜬 것이긴 하나, 한민족에 대한 응분의 배려가 없는 야전군 수준의 행보였다. 그러나 비공식적으로 일본 고위관리들의 자문을 계속 받았고, 총독부 직제를 그대로 베낀 뒤 그 자리에 미국군 장교들을 임명했다.

미군정은 공산주의 세력을 경계했으나 미·소 양국이 협력하는 관계에 있었고, 미 국무성이 특히 대소(對蘇) 유화론자들에 의해 정책을 추진하고 있었던 만큼 공개적으로 반공대책을 내놓을 수가 없었다.

미군이 진주한 뒤 9월 16일 창당한 한민당을 파트너 삼아 도움을 받기로 한 뒤에도 미군정은 버치(Leonard Bertsch) 소위를 중간에 넣어 박헌영(朴憲永)의 인민공화국(이하 '인공'이라 함) 측과 소통을 진행하고 있었다. 그러나 인공(人共)이 '인공의 승인'을 계속 요청하고 벽보와 삐라 등을 뿌리며 군정과 한민당을 비난하는 캠페인을 계속하자 관계를 단절했다.

군정장관 아놀드(Archibald V. Arnold) 소장은 "북위 38선 이남에는 오직 하나의 정부(미군정)가 있을 뿐이다. … 자칭 조선 인민공화국은 실재가 없다. 괴뢰극을 끝내야 할 것이다"고 공식적으로 그 존재를 부정했다(남시욱). 아놀드의 메시지는 공산당이 정당(政黨)의 하나로 활동하는 것은 자유이나 정부를 참칭(僭稱)하는 것은 용납하지 않는다는 경고였고, 계속 그러한 사태가 진전되는 경우 강경 조치가 불가피하다는 통고였다. 그러나 박헌영은 이 메시지를 무시하고 계속 강경 일변도로 투쟁을 이어갔다.

하지는 특별보좌관인 구한말 한국선교사의 아들 조지(George Z.

Williams) 해군중령의 추천으로 알게 된 전 세브란스 의전교장 오긍선(吳兢善)을 통해 송진우, 김성수, 장택상, 조병옥 등 보수우파 인사들을 소개받았고, 그중 11명을 1945년 10월 초 자문위원으로 임명했다. 군정통치에 대한 도움을 받기 위해서였다. 김성수, 송진우 등 7명이 한민당 계열이었고, 조만식(曺晩植: 평양에 있었음)이 포함되어 있었으며 중도파는 여운형 한 사람뿐이었다. 여운형은 파 일색의 자문위원 면면을 본 뒤 참여를 거부했다.

자문위원 위촉은 하지로서는 첫 정치공작이었던 셈인데, 친일파를 지원하기 위한 조직이라는 비난을 받은 채 무위로 끝났다. 한민당은 당시 목표가 건준과 인공을 거세하는 데 있었으므로 미군정에 적극 협력하게 되었고, 미군정도 한민당의 반공노선을 신뢰하게 되었다(최상룡). 윌리엄스 중령이 한민당 수석총무 송진우에게 부탁해 발탁한 조병옥(趙炳玉)과 장택상(張澤相)이 각각 미군정청 경무부장과 수도경찰청장에 임명되었다.

미군정은 또한 국내의 우익세력만으로는 좌익세력에 대해 열세라고 보아 해외의 영향력 있는 우익인사들을 귀국시켜 우익 강화의 구심점을 삼기로 했고, 하지의 정치고문 베닝호프가 9월 15일 중경의 임정요인들을 귀국시켜 활용해야 한다고 맥아더 사령부에 건의했다. 그런데 박헌영의 인공(人共)을 부정하면서 그동안 미국이 승인을 거부하던 김구의 임정을 인정하는 문제가 걸림돌이 되었다. 또 임정에는 김원봉 등 조선 민족혁명당의 좌파세력이 가담해 있었고 임정의 우익도 민족주의 성향이 강하다는 게 문제였다.

이승만이 귀국하게 된 것이 이때였다.

한민당, 좌파 대세 속에서 반공 노선으로 차별화

한국민주당(이하 '한민당')은 해방정국에서 여운형의 '건준', 박헌영의 '인공'이 등장하는 것을 지켜보면서 미군 진주에 대비해 움직이기 시작한 보수·우익 인사들에 의해 미군 진주 8일 만인 1945년 9월 16일 창당되었다.

송진우(宋鎭禹), 김성수(金性洙), 서상일(徐相日), 장택상 등 〈동아일보〉계열 인사와 일제시대 YMCA를 통해 활동했고, 이승만의 국내조직이던 흥업구락부의 구자옥(具滋玉), 유억겸(兪億兼), 김준연(金俊淵), 허정(許政), 김도연(金度演) 등이 중심세력이었다. 청구구락부의 장덕수(張德秀), 조선민주당, 한국국민당, 고려민주당에 관계했던 김병로(金炳魯), 백관수(白寬洙), 원세훈(元世勳) 등과 신간회 출신의 조병옥과 윤보선(尹潽善), 윤치영(尹致映), 전향좌익이던 김약수(金若水) 등이 참여했다.

장차 귀국할 이승만을 당수, 임정 주석 김구를 부당수로 각각 추대하고 송진우를 수석총무(실질적 당수)로 뽑았으며, 자금지원은 김성수, 정책입안은 장덕수가 맡기로 했다. 당(黨)의 노선은 자주독립국가와 자유민주주의의 실현, 자본주의 시장경제, 민족주의 전통의 계승과 확립에 두었다. 해방 직후 대개의 정당들이 사회주의적 이념을 건국의 모토로 삼고 있는 데 반해 반공노선을 분명히 표방한 것이다(김명구). 당의 주류가 기호(畿湖) 민족주의계로 개화파의 후손이나 해외에서 근대교육을 받은 민족 개량주의를 계승했고, 김병로, 조병옥 등 신간회 출신 항일운동가, 좌파인사도 포함되었으나 일제시대의 관료출신이나 지주·부르주아 계층이 많아 친일 성향이 높았다.

해방정국의 좌익 우세 현상을 우려했던 미군정은 한민당과 협조관계에 들어갔다. 한민당 인사들이 고등교육을 받고 전문지식을 가진 보수주의자들이고 영어에 능통하고 민주정치 이론에 밝으며 대부분 기독교 인사들이어서 신뢰했기 때문이다(김명구). 미군정의 지원을 받게 된 한민당은 전국 조직과 자금동원력, 보수언론의 지지를 앞세우고 귀국한 이승만의 명망과 지도력을 구심점으로 삼아 해방정국의 헤게모니 투쟁에 나섰다.

박헌영의 인공(人共) 선포는 첫 단추 잘못 끼운 것

민족주의자가 일제 치하의 국내에서 살려면 대개 4가지 유형이 있었다. 첫째가 숨어서 사는 지하 운동형인데, 공산주의자가 많았다. 둘째가 중병 등을 가장하고 협력을 거부하는 두문불출형인데 송진우가 그 유형이었다. 세 번째가 그때그때 협력하는 척하는 소극적인 협력파다. 넷째는 내놓고 협력하는 매국노 친일파들이다.

그런데 그 4가지 유형에 들지 않고 대화는 하면서 협력을 철저하게 거부하고도 살아남은 다섯 번째 유형이 있다. 여운형이다(송건호). 그는 관록, 풍채, 언변을 무기로 고비 고비를 재치 있게 넘기면서 서울에서 살아남았고, 그 때문에 해방이 되는 날 '건준'을 발족시키면서 해방정국에서 주도권을 창출할 수 있었다. 여운형은 1943년 이미 일본의 패전을 예상하고 '건준'을 위한 예비단계로 조선건국동맹(건맹)과 '농민동맹'이라는 비밀결사를 만들어 놓고 있었다. 여운형은 대화를 트고 지내던 일본 총독부 정무총감 엔도 류사쿠(遠藤柳作)의 요청으로 8월 15일 아침 한반도의 치안권을 한국인 지도자에게 넘기는 문제를 협의했다. 1백만 재한 일본인들의 생명과 재산을 지키고 본국에 귀환시켜야 하는 총독부로서는 불안한 나머지 일단 한국민족의 보복행위에 대비하기 위해 선수를 쓴 것이다.

여운형은 치안권 확보가 해방 뒤 정권인수와 새 국가 건설로 이어지는 교두보 확보라고 보아 이를 승낙했고, 즉시 건국동맹과 농민동맹조직을 기초로 건준을 결성했다. 우파의 지도자 송진우(宋

鎭禹)도 비슷한 제안을 받았으나 치안권을 인수받을 자격은 중경의 임정에 있다면서 거부했다. 그는 같은 이유로 여운형의 간곡한 건준 참여 요청도 거절했다.

건준이 발족하면서 위원장은 중도좌파인 여운형이 맡았고, 부위원장 자리는 중도우파의 안재홍(安在鴻)에게 갔다. '건준'에 이어 하위조직인 건국치안대가 결성되었다. 8월 말까지 전국적으로 145개의 건준 지부가 등장했다. 그렇게 폭발하듯 전국망이 단기간에 만들어진 것은 타이밍이 절묘했던 데다가 여운형이 당대 최고의 인기를 얻고 있는 지도자로서, 명망이 있었기 때문이었다.

8월 16일 여운형이 총독부에 요청해 출감시킨 정치범들이 연고지에 돌아가 건준 지부를 결성한 것도 있었으나 자발적으로 지부를 만들고 서울 중앙에 신고한 경우가 많았는데 좌파 쪽이 대다수였다. 친일파가 많은 우파가 사태를 관망하는 데 비해 좌파는 활발하게 활동했기 때문이다.

여운형은 중도좌파 성향이었으나 좌·우파 모두와 대화할 수 있고, 미·소 양 군정 모두와 소통이 가능했던 독특한 위상의 인물이었다. '건준'을 계속 주도해가면서 좌·우를 아우를 수 있었다면 해방정국에서 누구도 할 수 없는 역할을 수행할 수도 있었다. 그러나 20일도 버티지 못하고 '건준'의 주도권을 공산당의 실세 박헌영(朴憲永)에게 빼앗기게 된다. 모든 독립운동가들에 앞서 구축해놓은 대중적 기반을 교조적 공산주의 세력에게 넘겨주는 결과가 되었다. (정태영)

일제의 끈질긴 추적을 피해 광주에서 벽돌공으로 위장취업을 하던 중 해방을 맞은 박헌영은 서울에 올라와 공산당 재건에 나섰다.

일제에 투항했던 전향 공산주의자들이 정백(鄭栢)을 중심으로 먼저 공산당(장안파)을 재건해 놨기 때문에 박헌영은 별도의 공산당(재건파)을 세우고 전국적인 세력확충에 나서는 한편, 공산당의 헤게모니를 확보하는 데 주력해야 했다. 함께 지하투쟁을 하던 조선민주청년동맹이 주축이 되어 조직을 확대했다. 노동조합 농민조합을 전국적으로 결성시켜 노동자, 농민을 결속시키고 청년, 여성단체도 만들었다.

그 시기에 건준은 여운형의 절대적 영향 아래 있었다. 여운형을 따르는 중도좌파와 정백의 장안파가 주도하는 건준에 박헌영의 재건파가 참여해 3파 정립이 형성되었다. (김남식)

박헌영은 건준의 주도권을 장악함으로서 건준 조직에서 여운형에게 뒤진 열세를 만회하고 정국을 이끌어간다는 계획이었다. 모스크바에서 유학했고 '조선의 레닌'이라는 별명까지 있는 전통 공산주의자로서 이론과 투쟁력을 겸비했다는 박헌영은 투쟁경력과 권위를 앞세우고 장안파를 간단하게 분산시키고 응집력이 약한 중도좌파도 포섭했다. 8월경에는 서울중앙조직뿐 아니라 지방지부도 거의 장악해, 건준을 조직하고 이끌었던 여운형은 세력을 잠식당해 이렇다 할 직계세력도 거느리지 못하게 되었다. (정태영)

박헌영은 1945년 9월 6일 경기여고 강당에서 수백 명의 건준 멤버들을 모아놓고 조선인민공화국(이하 '인공'이라 부름)을 선포했다. 인공의 내각도 함께 발표했다. 주석에 이승만, 부주석에 공산당원인 허헌, 내무부장에 김구, 외교부장 김규식, 재정부장 조만식, 사법부장 김병로, 문교부장 김성수, 체신부장 신익희 등 임정과 우익 인사들을 전면에 내세웠으나 차장 등을 포함하면 52명 중 72%인 38명이 공산계열이었다. 이승만, 김구 등을 포함시킨 것은 좌경색채를 감추기 위한 것이었고, 우익의 거물 송진우를 제외시킨 것은 견제전략이었다. 우익 인사들은 모두 박헌영으로부터 사전 통보를 받지 못했다.

이러한 '인공'의 급조는 미군의 상륙을 앞두고 '인공' 수립을 기정사실화하기 위한 것으로, 앞으로 귀국할 중경의 임정과 맞서기 위해 유리한 고지를 선점하겠다는 포석이었다. 그것은 초기 해방정국 최대의 정치 이벤트였다.

"미군정이 물리적으로 막는 조처(불법화, 해산을 말함)를 하지 않았다면 박헌영이 남한 정계를 지배하기에 이르렀을 것이다"(그레고리 헨더슨), "미국의 간섭이 없었다면 수개월 내에 반도 전역에서 승리를 거두었을 것이다"(브루스 커밍스) 등의 평가가 다수인 것을 보면 그 위력과 강도를 짐작할 수가 있다. 그러나 미·소 관계, 미국의 한반도 정책, 우파의 향배 등을 종합적으로 검토하지 않고 던진 빠른 승부수는 오히려 실착(失着)이었다. 박헌영이 첫 단추를 잘못 끼운 것이다.

일본 총독부로부터 공산주의자들에 대한 정보를 듣고 진주한 미군정에게 우파 강화의 계기, 인공 제거의 구실을 주었고, 정국을 관망하던 우파들이 충격을 받고 결속하는 계기를 주어 한민당을 창당하는 동기가 되었다. 몇 번쯤 은퇴했어야 할 나이에 귀국한 이승만에게 화려한 재기무대를 제공해준 결과도 되었다.

박헌영은 성급하게 '건준' 조직을 빼앗고 공산당 세력을 노골적으로 분식시킬 것이 아니라, 오히려 '건준'의 기존 지도자 여운형을

간판으로 내세우고 음성적으로 전국 조직을 강화하는 장기전략을
세웠어야 했다.

두 가지 점에서 그러한 전략이 필요했다. 하나는 박헌영의 교조
주의와 배타성 등 편협한 리더십이 광범위하게 반발을 불렀기 때문
에 친화력과 대중호소력, 지명도가 높은 여운형의 역할이 당분간
필요했고, 또 하나는 앞서 지적했듯이 우파와 미군정을 일찍부터
자극할 필요가 없었다는 점에서 그러했다.

그때 박헌영의 정적이기도 했던 조봉암은 "인공의 좌익 편협성
이 봉건적 민족주의세력뿐 아니라 진보적 민족주의세력, 민족사
회주의세력의 소외를 가져왔고 나아가서는 미국과의 대립을 첨예
화시켜 독립성취와 민주공화국 건설에 막대한 지장을 초래할 가능
성이 있다"고 내다보았다. 그 뒤 역사를 보면 그 예언은 적중했
다. (정태영)

미 국무부, 이승만의 귀국길을 방해해

해방이 되었으나 이승만은 쉽게 귀국길에 오를 수가 없었다. 임정
승인, 좌·우 합작 등 문제로 불편한 관계에 있던 미 국무부가 그
의 귀국을 내어놓고 방해했기 때문이다. 애치슨 국무차관이 방해
세력의 배후였다. (조지 윌리엄스)

이승만과의 관계가 껄끄러웠던 미 국무부가 새삼스럽게 귀국을
방해하고 나선 이유는 이승만이 임정 대표로 귀국한 것처럼 처신함
으로써 미국의 임정 불승인 정책을 무시하게 되는 것을 막기 위한

198

것이었다고 하는데, 말을 바꿔보면 반소·반공의 이승만이 한반도에서의 미·소 협력관계에 장애가 되는 것을 우려했기 때문이라고 할 수 있다. 이승만은 미국 정부와의 교섭에서 4차례의 우여곡절 끝에 국무부가 아닌 육군성(맥아더)의 도움으로 겨우 귀국행 비행기를 탈 수 있었다. (한흥수)

첫 번째는 임정 구미위원부 자문인 스태거스를 통해 트루먼 대통령에게 환국조치를 요구했으나 반응이 없었고, 두 번째로 로물로(Carlos Romulo: 나중 필리핀 외무장관)를 통해 마닐라의 맥아더 사령관과의 면담을 교섭했으나 불허되었다. 세 번째는 굿펠로를 통해 중경 임정과 사전협의 기회를 가지려 했으나 이번에도 미국 정부가 묵살했다. 네 번째 시도에서 겨우 매듭이 풀렸다. 이승만은 마닐라, 중경행을 포기하고 미 국무부에 대한민국 임시정부의 고등판무관(High Commissioner from Korea to U.S.) 자격으로 여권을 신청, 9월 5일 여권과장으로부터 여권을 발급받았다. 그러나 국무부가 고등판무관 자격에 시비를 걸어 여권이 취소되었다. 그래서 한 시민의 자격으로 다시 여권을 신청했다. 이번에는 비행기편을 두고 반대가 나왔고 이를 조정한 끝에 10월 4일 오후 9시 워싱턴을 겨우 떠날 수 있었다. (정병준)

이승만의 귀국을 반대한 것도 미국 정부(애치슨 국무차관)였고, 귀국길을 터 준 것도 미국 정부(펜타곤)라는 사실이 시사하듯이 귀국한 이승만의 처지는 애매했다. 이승만을 10월 10일 일본 도쿄에 도착하여 16일까지 6일 동안 머물렀다. 도쿄에서 이승만은 맥아더, 그리고 서울에서 온 하지와 3자 회동을 갖고 해방정국에 대한 대책을 논의했다. 3자 회동에서 남긴 공식의사록은 없다. 세 사람은 미군정의 협조 아래 이승만과 임정 중심으로 해방정국을 주도하는 문제를 대국적으로 협의했을 것이다.

당시 하지는 본국 정부(국무부와 합참)로부터 군정통치에 관한 훈령을 받지 않은 상태였고, 한반도를 전략적 가치가 없는 지역이라고 생각하던 맥아더는 일본 점령통치에 전념하느라고 한반도에 대한 관심이 없었다. 이승만 자신도 수십 년 만의 귀국이라서 국내 사정이 깜깜한 입장이었다. 그러나 세 사람은 공히 반소·반공의 노선이어서 좌익강세의 해방정국에 대한 논의가 가능할 수 있었을 것이다.

이승만의 반소·반공 노선을 높이 평가하던 맥아더는 하지에게 이승만을 '조선의 영웅'으로 환영하라고 권유했고, 귀국 때 자신의 전용기인 바탄(Bataan)호를 타고 가게 했다. 외국인이 그 전용기를 탄 적은 두 번밖에 없는데, 두 번 모두 탑승자가 이승만이었다.

하지, 이승만을 최고 VIP로 예우하는 쇼도 벌여

이승만이 서울에 도착하자 하지는 최고의 VIP로 예우했다. 당시 유일한 국제 수준의 호텔이던 조선호텔의 스위트룸을 제공하고 조선왕조의 마지막 왕이던 순종 황제가 타던 리무진을 내주었으며, 미군헌병들이 경호하게 했다.

10월 20일 개최된 연합국 환영대회에서 5만여 명의 인파가 모인 가운데 하지는 "조선의 위대한 지도자를 소개한다"고 말했고, 이승만이 연설하는 동안 부동자세로 서 있었다(정병준). 국내외 기자회견장에서도 부동자세로 서 있자 이승만이 "장군, 자리에 앉으세

김일성, 소련의 지도자 낙점받고 귀국길

한편 북한의 김일성(金日成)은 이승만이 미국 정부기관의 견제와 지원 사이에서 궁색하게 홀몸으로 귀국한 데 비해 항일전에서 생사를 같이하던 부하 60여 명(모두 3백여 명)을 인솔하고 당당하게 귀국했다.

스탈린으로부터 지도자로 선택되는 과정부터 색달랐다. 스탈린은 1945년 8월 말 극동군 총사령부에 북한을 이끌어 갈 한인 지도자를 추천하라고 명령했다. 소련군 제25군사령부는 조선공산당의 지도자 박헌영은 서울에 있고 평양에는 마땅한 공산당원이 없다고 보고했고, 하바로프스키에 있는 KGB가 극동군 소속 88특별여단의 대위 김일성을 추천했다. 스탈린은 비행기 편으로 모스크바에 소환된 김일성을 4시간 동안 면담한 뒤 지도자로 낙점하고 "김일성은 주목할 만한 인물이다. 소련군은 그를 적극 지원하라"고 지시했다.(이덕주)

스탈린은 이때를 전후해 이탈리아 공산당의 톨리아티(Togliatti), 프랑스공산당의 토레즈(Thorez), 일본공산당의 노사카 산조(野坂參三) 등을 불러다가 테스트한 뒤 지원 여부를 결정했다.(와다 하루키)

김일성은 1945년 9월 19일 최용건, 강건, 김책, 최현 등 김일성 집권의 핵심이 되는 88여단의 동료·부하 60여 명과 함께 소련 군함 푸가체프호를 타고 원산에 상륙했다.(김준엽)

소련극동사령부는 33세의 김일성에게 충분한 정치교육을 시킨 뒤 국내에 전설의 영웅으로 불리던 그 김일성이라면서 이승만이 귀국하기 3일 전인 10월 13일 평양 공설운동장에서 열린 군중집회에 첫선을 보였다. 백발의 역전 노장이 나올 것으로 기대하던 군중들은 새파란 청년 김일성을 보고 "가짜"라고 수군거렸고 그 소문은 삽시간에 퍼졌다. 그러나 소련군이 김일성의 생가와 가족들을 소개하고 항일 활약상을 보도케 하면서 가짜라는 소리는 사라졌다.

일제 아래 국내에서 공산주의 운동에 가담한 숫자는 최소 3만 명이고 연안에서 항일전에 참가한 중국 팔로군 소속 조선인 의용군의 수도 수만 명이었다. 그러나 소련이 선택한 김일성과 소수의 그 부하들이 북한의 패권세력이 되었다. 김일성은 소련군의 지원과 비호를 받으며 '한국의 간디'라 불리던 민족주의 지도자 조만식, 한국 공산주의의 대부로 불리던 박헌영, 대대장급인 자신보다 몇 계급이 더 높게 중국 홍군(紅軍)의 장성으로 진급하면서 항일전에서 이름을 날리던 무정(武亭)을 누르고 1인자 자리에 오르게 된다.(이덕주)

요"라고 권하기까지 했다. 하지는 이승만에게만 라디오 방송에 나가 전 국민을 상대로 연설할 수 있는 특전을 주었다. 미군정의 최고 권력자인 사령관 하지의 이러한 배려는 이승만이 해방정국에서 국가지도자로 부상하고 명성을 얻게 되는 데 결정적 역할을 했다.

'인공' 내각에서 주석으로 추대받았고 한민당의 지지와 성원을 받는다는 점은 이승만이 좌·우 양쪽의 지지를 함께 받는 지도자라는 강한 인상을 주었다. 혈연, 학력, 경력과 일생을 통한 독립운동의 신화도 이승만의 이미지 메이킹에 한몫했다. 태평양전쟁 초기에는 젊은이들에게 전혀 낯선 인물이었던 이승만이 귀국한 지 1개월 남짓 지난 해방정국에서는 폭발적으로 인지도를 높여 인기도가 줄곧 서울에서 활동한 여운형에게만 뒤지는 2위였고, 대통령 감으로는 44%의 지지로 압도적인 1위를 차지했다.

그러나 내외의 주목을 받던 이승만은 막상 송진우, 여운형, 박헌영 등 국내 각 정당의 대표들이 찾아와 자기당의 당수직을 맡아달라고 요청했을 때 이를 모두 거절했다. 이승만이 좌·우 정당의 제의를 받아들여 해방정국을 수습하는 구심점이 되어주길 바라던 일반 미군정 요원, 미국 기자들은 실망감을 표시했고, 독자적으로 권력을 잡으려는 야심 때문에 그러는 것으로 보았다. (로버트 올리버, 이현희)

김구와 박헌영, '독촉'에 참여 거부

이승만은 1945년 10월 23일 한국민주당, 조선국민당, 조선공산당, 조선인민당 등 좌·우익을 망라한 50여 개 정당과 사회단체대표 2백 명을 참석시킨 가운데 독립촉성(獨立促成) 중앙협의회(이하 '독촉'으로 줄임)를 결성하고, 회장에 추대되었다.

이승만은 독촉을 통해 좌·우 세력을 통합하고 귀국할 예정인 김구의 임정세력까지 아우르는 과도정부를 꾸린다는 구상이었다. 하지도 비슷한 내용의 임시한국행정부, 정무위원회안을 마련 중이었기 때문에 일단 이승만을 적극 지원했다. 정무위원회안은 하지의 정치고문 랭던이 11월 20일 국무장관에게 보고한 것으로, 임정의 김구 중심으로 정무위원회를 발족시켜 군정과 통합해 과도정부로 이어가겠다는 내용이었다. (정병준)

독촉 결성에 대해 이승만 측근 윤치영은 정치적 기반이 전혀 없는 처지에서 이상만 가지고는 자신의 뜻을 펴나갈 수 없다고 보아 일단 초당파적으로 뭉치고 보자는 취지였다고 회고했다(윤치영 회고록). 그렇다 해도 평생 완강한 좌·우 합작 불가론자였던 이승만의 좌익과의 동거(同居) 선언은 의외였다. 때가 때였던 만큼 좌·우 통합에 대한 하지의 요구와 민족적 열망을 거스를 수 없었을 것이다. 그것은 그의 처음이자 마지막 좌·우 협력 시도였다. 그것은 진정한 의미의 동거라기보다는 우선 건국하고 난 뒤 통합문제를 정리한다는 정략이라 할 수 있다. 이 시기 이승만은 라디오방송에 나가서도 공산당의 장점은 수용하겠다는 내용의 유화적 발언도 했다. 이승만은 돌아가며 각 당의 대표들과 연쇄회담을 했고, 하지와도 상의했다.

　우파의 송진우는 인공을 무시하고 임정 중심으로 가야 한다고 주장했고, 인공의 박헌영은 "건국사업에서 민족 반역자, 친일파 배제원칙을 세워야 한다"고 주장했다. 송진우가 원칙론을 내세운 데 비해 박헌영은 구체적으로 한민당 제거를 요구하고 나선 것이다.

　이승만은 별도로 박헌영을 만나기까지 하면서 "친일파 배제원칙에 찬성한다. 그러나 지금은 때가 아니다"라고 하면서 '선(先) 건국, 후(後) 친일파 처리'를 내세우고 석 달만이라도 합작해서 민족의 단결을 과시해 보자고 달랬다. 그러나 박헌영은 '선 처리 후 건국'을 주장하고 "민심은 인공을 지지하고 있다. 주석 직에 취임해 달라"고 역공으로 나왔으며, '미국의 앞잡이'라면서 이승만에 대한 인신공격까지 서슴지 않았다. 결국 당시 가장 강력한 정치조직이었던 인공은 독촉에서 철수해 버렸다.

　기대를 걸었던 이승만의 정치실험이 실패로 끝난 것이다. 이에 대해 이승만의 역량이 박헌영을 따를 수 없었다는 여론이 있었다는 주장(조병옥 회고록)이 있다. 그러나 그 뒤의 역사를 보면 기회를 놓친 쪽은 박헌영이었다. 박헌영이 독촉에 참여해 합법적 공간에서 활동했다면 세력을 더 확장시킬 수 있었고, 우익은 열세를 만회하기가 무척 힘들었을 것이다. 1947년까지 신탁통치안을 밀고 가야 할 미군정은 좌익이 온건노선을 걷는다면 배척하고 탄압할 이유가 없었던 것이다. (이정식)

　이승만보다 1개월 7일 늦게 11월 23일 귀국한 김구와 임정 측은 이승만이 만든 독촉에 관심을 두려 하지 않았다. 25년 만에 이승만과 김구가 두 차례나 만났으나 접점이 없었다. 임정은 대등하게 정치협상을 펴자는 인공의 접근도 거절했다.

이승만과 하지는 12월 17일에 있을 모스크바의 3상 회담에 앞서 독촉을 정식 출범시키려고 노력했으나, 김구는 이를 외면하고 12월 19일 독자적으로 특별정치위원회를 구성하고 임정 개선 환영대회에서 민족통일을 주장했다. 결국 독촉은 이승만 중심인 우익 일부의 일개 정당 블록으로 머물게 되었다. (정병준)

이승만, 김구, 하지 간의 신경전

1945년 12월 28일 모스크바 3상 회담에서 연합국이 한국을 신탁통치(信託統治)하기로 했다는 뉴스가 전해지자 해방정국은 격렬한 반탁(反託) 열풍에 빠져들었다. 귀국 1개월여 만에 힘을 과시할 기회를 맞게 된 김구와 임정세력이 본격적으로 반탁운동을 벌이면서 자연스럽게 우익의 주도권을 거머쥐었다. 그때까지 독촉을 끌고 왔던 이승만은 반탁을 확인하는 성명서를 발표했으나 행동으로 나서지 않아서 2선으로 밀리게 되었다.

임정은 신탁통치 반대 국민총동원 위원회를 결성, 12월 31일 대대적인 국민대회를 열고 1946년 1월 1일까지 철시(撤市) 및 파업을 단행하기로 했다. 임정은 내무부장 신익희 명의로 '국자 1호', '국자 2호'로 전국에 발표된 포고문에서 임정이 국내 행정 및 치안 등을 담당하겠다고 선언했다. 서울 시내 7개 경찰서장들이 임정에 충성을 맹세했고, 미군정에서 일하는 한국인들까지 파업에 나서 미군정의 업무가 일시 마비되었다(송남헌). 미군정은 이를 미군정으로부터 권력을 접수하려는 쿠데타적 행위로 보고 임정 요인들을 모두 구인해 해외추방하려다가 송진우와 조병옥 경무부장 등의 설득으로 중지했다(조병옥 회고록). 하지는 김구를 불러 "말을 듣지 않으면 죽여버리겠다"고 협박했고, 김구는 "자살하겠다"고 항의하는 소동을 벌였다.

독촉을 통해 좌·우 합작을 시도했던 이승만이 실패하자 대안으로 김구를 택하기로 마음먹었던 하지는 이 사건을 계기로 김구에 대해서도 실망하고 지지의사를 접었다. 더구나 가장 믿고 있었던 정치지도자인 한민당의 송진우가 12월 30일 암살된 배경에 김구가 관련되었다는 의구심까지 겹쳐 하지와 김구와의 관계는 그 뒤 끝내 원상회복되지 못했다. 정점을 향해 치닫던 김구의 대쉬(dash)는 이때 결정타를 맞았다. (안철현)

복합적이고 중층적인 국내외 정세를 감안하지 않은 채 반탁, 친탁구도를 너무 단순하게 보고 안이하게 대응한 참모들의 전략부재가 돌이킬 수 없는 악수(惡手)를 두게 한 것이다. 임정은 미군정과의 충돌에서 받은 타격을 만회하기 위해 비상 정치회의를 소집하는 등 노력을 기울였으나 여의치 못했다. 공산당 등 좌익세력이 불참한 데다가 이승만과 한민당을 배제한 채 추진되었기 때문에 임정 계열만의 잔치가 되고 말았다. '이승만의 독촉' 같은 처지가 된 것이다.

1946년 새해 들어 제1차 미·소 공동위원회가 열렸다. 두문불출하면서 정국의 흐름을 관망하던 이승만이 돌파구를 열려고 시도했다. 김구에게 연합을 제의한 것이다. 이승만으로서는 정국 주도권을 다시 잡을 수 있는 데다가 임정의 정통성과 국민의 폭넓은 지지를 활용할 수 있었고, 미군정과의 관계가 악화된 김구의 입장에서는 하지와 소통이 잘되고 미군정에 대한 정보에도 밝은 이승만의 도움이 필요했다. 그렇게 해서 이승만의 독촉과 김구의 비상 정치회의가 합쳐 '비상국민회의'로 거듭나게 되었고, 우익이 전열을 재정비한 셈이 되었다(박태균). 하지도 양자의 연합을 환영하고 전폭적으로 지지했다.

그런데, 비상국민회의의 최고 정무위원이 하룻밤 사이 미군정의 자문기관인 '조선 대한국민 대표 민주의원'(이하 '민주의원')으로 탈바꿈했다. OSS 부국장 출신으로 이승만이 추천해 하지의 정치고문으로 일하게 된 굿펠로가 그같이 이름을 바꾸도록 설득한 결과였다. 민주의원은 과도정부의 외형을 갖추고 의장에 이승만, 부의장에 김규식, 국무총리에 김구를 임명했고 부서의 장은 임명하지 않은 채 14개 부서를 두었다.

미군정이 굿펠로를 동원해 '민주의원'을 설립한 것은 미소공위(美蘇共委)에서 하지가 남북의 정당사회단체와 개별적으로 교섭하는 대신 대표기관을 통해 협의하자고 제의할 생각이었고, 민주의원을 그 대표기관으로 삼을 계획이었기 때문이었다.

그러나 막상 미소공위가 개최되면서 미군정은 '민주의원' 때문에 난관에 부딪치게 되었다. 신탁통치안에 대비해 어렵게 만든 '민주의원'의 우익들이 뜻밖에도 반탁을 결의하고 나섰기 때문이다.

그 결과로 1946년 5월 미군정은 미소공위를 공전시킬 수밖에 없었다. 이승만은 독촉에 이어 민주의원에서도 실패를 경험해야 했다. (정병준)

미군정은 이승만과 김구를 상대로 더 이상 협조를 계속하기가 어렵다고 보고 다음 단계의 정치공작 대상으로 김규식, 여운형을 내세운 좌·우 합작 계획을 구상했다.

송진우 암살, 한민당의 큰 손실

전라남도 담양 출신인 송진우(宋鎭禹: 1899~1945)는 일본유학을 함께한 사이인 죽마고우 김성수와 1916년 중앙학교 인수도 함께하면서 민족교육을 실천했다. 1941년 〈동아일보〉가 폐간될 때까지 고문, 주필, 사장을 역임했던 보수우파 민족주의계의 중진이었다.

해방된 뒤 박헌영의 인민공화국에 대처하기 위해 한국민주당을 창당하고 수석총무(당수격)를 맡아 필마단기(匹馬單騎)로 귀국한 이승만과 밀접한 관계를 유지했다. 하지 중장에게 처음으로 한복을 선물하고 한국에 대한 바른 인식을 심어주려 했고, 하지는 한국인 지도자 중 그를 가장 신뢰했다.

그는 조병옥과 장택상을 하지에게 소개했고, 김구의 쿠데타적 움직임에 분노한 하지가 임정요인들을 국외추방시키려 할 때 이를 설득해 무마시켰다. 그러나 김구 측과는 정치자금, 친일파 처리문제로 감정이 상해 있는 사이였고, 김구가 반탁을 반(反)미군정으로 몰고 가는 데도 반대 입장이었다.

그는 1945년 12월 30일 반탁주의자 한현우에 의해 암살당했다. 이철승은 66년 뒤인 2011년 회고록에서 당시 "해방정국을 혼미하게 만든 세 사람(송진우, 여운형, 박헌영) 중 한 사람으로 지목되었다", "3년에서 5년까지 훈정기(訓政期)가 필요하다고 주장했다"는 등 그를 둘러싼 억측과 헛소문이 많았는데, 그로 인한 오해 때문에 죽음을 맞은 것이라고 증언했다.(이철승)

당시 임정은 반탁을 정권획득의 기회로 보고 정적(政敵)대처 공작까지 세우고 있었기 때문에 이 암살사건에 연루된 혐의로 김구가 법정증인까지 서야 했다. 그의 뒤를 이어 총무가 된 장덕수(張德秀)까지 나중에 암살되어 한민당의 지도력이 크게 약화되었다는 평을 받았다. 생존했더라면 건국과정에서 큰 역할과 기여를 했을 인물이었다.

반탁운동으로 우익이 정국 주도권 잡아

반탁(反託) 운동은 따지고 보면 신문의 오보(誤報)에서 비롯되고 확산되었으며 그 결과가 역사의 흐름에까지 큰 영향을 끼친 큰 사건이었다. 1945년 12월 27일 자 〈동아일보〉는 '소련이 신탁통치 주장', '미국은 즉시독립 주장'이라는 내용의 기사를 1면 머리기사로 보도했다. 신탁통치를 먼저 제안한 쪽이 소련이 아니라 미국인데도 보도내용이 정반대로 왜곡된 명백한 오보였다. 그러나 미군정을 포함해 알 만한 사람들은 알고 있던 그 사실이 제대로 고쳐지지 않은 채 그대로 계속 유포되어 신탁통치 반대 열풍을 일으키는 단초가 되었다.

신문과 라디오를 통해 분출되기 시작한 반탁 열풍은 김구와 임정이 반탁운동에 나서면서 걷잡을 수 없이 시위, 철시, 동맹휴학 등 대중운동으로 급속히 발전했다. 하지가 해방정국을 가리켜 "불씨만 당기면 폭발할 화약고 같다"고 본국에 보고한 바 있는데 그것이 현실화된 것이다.

미국 측의 오보과정 조사에 의하면 〈동아일보〉는 〈합동통신〉 기사를 전재한 것이고, 〈합동통신〉은 그 기사를 태평양 지역 미군을 독자로 하는 〈태평양 성조기〉(Pacific Stars and Stripes)에서 베꼈다는 것인데, 그 과정이 애매하다는 것이다. 오보를 둘러싸고 모략설, 배후설, 방조설 등이 나돌았으나 일단 미군정의 여론공작에 의한 것으로 추정된다는 것이다. (정용욱)

여기에서의 관점은 그러한 보도경위로 인해 폭발한 반탁 열기로 좌익이 큰 타격을 받게 되고 그때까지의 좌익우세였던 정국의 흐름이 우익이 주도권을 쥐는 양상으로 반전(反轉)되었다는 사실이다.

조선공산당을 비롯한 좌익세력은 당초 반탁대열에 참가했다가 1946년 1월 2일 갑자기 찬탁(贊託)으로 입장을 180도 선회했다. 박헌영이 모스크바의 지령을 받고 노선을 바꾼 것이다. 좌익의 삽작스러운 표변은 즉시 독립을 바라는 민족적 열망에 반기를 든 것 같은 역풍을 불러일으켜 공산세력에 대한 민심 이반의 원인이 되었다.

〈뉴욕타임스〉통신원 존스턴(Richard J. H. Johnston)이 박헌영의 기자회견을 윤색하고, 미군정청이 이를 의도적으로 확대한 사건까지 겹쳐 박헌영과 조선공산당은 크나큰 정치적 타격을 입었다. 그와는 대조적으로 한민당은 1946년 1월 10일 자 〈한민당보〉를 통해 문제의 기사를 그대로 전재하는 등 신탁통치가 소련의 주장이라는 정보를 계속 유포시키며 '반탁 = 반소'를 연계시키는 선전을 대대적으로 계속했다. (안철현)

냉전 용어의 등장

남한에서 반탁 파동이 진행되던 시기인 1946년 2월 미국의 대소(對蘇) 전략이론가 조지 케넌(George Kennan)은 "소련과의 협력은 더 이상 유지될 수 없고, 미국은 소련과의 상호 적대적이고 상호불신의 관계를 받아들일 준비를 해야 한다"고 주장했다. 대소 봉쇄전략(Containment Policy) 개념이 그에 의해 정립되었고 그 개념이 냉전시대를 알리는 미국의 전략으로 발전했다.

1946년 3월 5일 영국 수상 처칠(Winston Churchill)은 미국 미주리주 풀턴에서 소련의 위협에 대처하기 위해 영어 사용 국민들 간의 형제애적 단결을 호소하는 연설을 하면서 세계적 유행어가 된 '철의 장막'(Iron curtain)이란 말을 처음 썼다.

1947년 3월 2일 대소 봉쇄전략이 '트루먼 독트린'이라는 이름으로 공표되었다. 그런데 '냉전'은 한반도에서 먼저 시작되었고, 남·북 간에서 미·소 간보다 더 빠르게 진행되었다. 이 냉전을 국내외 어느 정치가보다 먼저 예언한 인물이 이승만이었다.

신탁통치의 등장 배경과 미·소의 동상이몽(同床異夢)

프랭클린 루스벨트 미 대통령이 제2차 세계대전 중 한국을 신탁통치의 대상으로 정한 것은 한국민에게 근대국가에 필요한 민주적 정부를 효율적으로 관리할 수 있는 독립 능력이 없다고 보았기 때문이다. 영국 외무성의 한국위원회(위원장은 아놀드 토인비)가 1945년 작성한 '한국의 독립 능력'에 관한 메모가 루스벨트의 결정 배경을 잘 설명해주고 있다.

한국위원회는 독립국가를 수립할 수 있는 능력을 5가지로 보았다. 첫째가 '외세가 지배하기 전 효율적 통치조직이 존재했는가'이고, 둘째가 '외세지배의 성격과 기간'이었다. 셋째가 '외세 이전 정권의 권위를 계승할 만한 정치세력이 존재하는가'이고, 넷째가 '행정, 정치 경험을 갖춘 국민이 얼마나 되는가'이다. 다섯째는 '일반국민의 교육 및 문화수준'이다.

그들이 보기에 한국은 5가지 중 어느 것도 구비하지 못한 민족이라는 결론이 나왔다(구대열). 위원회는 서구식의 편향된 역사지식과 잣대로 한민족을 과소평가한 것이다.

위원회와 같은 발상을 한 루스벨트는 당초 신탁통치를 구상할 때부터 이승만과 임정 주석 김구가 강력하게 반대하고 있다는 것을 알고 있었으나 개의치 않았다. 한민족이 3·1운동 이후 축적해온 엄청난 민족적 잠재력을 가지고 있다는 점을 상상하지 못했던 것이다. 루스벨트는 미, 영, 중, 소의 4대 강국이 신탁통치를 하면 미국과 동맹국인 영국, 중국이 4분의 3의 비중을 차지하기 때문에 미국이 주도할 수 있다고 보았고, 스탈린이 신탁통치 기간이 짧을수록 좋고 외국군의 주둔이 필요하지 않다면서 적극적으로 동의하고 나선 것은 한반도가 반제, 반봉건을 외치는 좌익사상이 우세했고, 소련에 있는 한인부대를 보고 있었기 때문이다.

처음부터 동상이몽이었고 그 양자의 근본적 입장 차이가 미·소공동위원회가 합의에 도달할 수 없는 한계상황이 되어 있었다. 한국의 반탁 열풍이 신탁통치를 좌초시킨 것으로 돼 있으나 그것은 표면적인 이유에 불과하다고 할 수 있었다.

김구와 임정이 반탁을 '제2의 독립운동'으로 몰아가면서 '반탁 = 반소'가 애국(愛國)으로 가는 길이라는 등식이 형성되었고, '찬탁 = 친소'가 매국(賣國)인 것처럼 취급받게 되었다. 그것은 항일(抗日)이냐 친일(親日)이냐의 대립축이 친소·친공이냐 반소·반공이냐의 대립으로 바뀌게 되는 결정적 계기가 되었다.

"친일세력은 반탁운동을 통해 이념적 도덕적으로도 항일세력과 맞설 수 있게 되었다"(박명림), "반탁의 논리는 1946년 1월 이후 특히 지방에서 좌익을 공격하는 데 중요한 명분으로 지속적으로 활용되었다."(서중석) 등의 인용문들은 비판적으로 접근하면서도 반탁파동이 친일세력을 포함함 보수·우파들에게 정체성을 부여하는 계기가 되었음을 인정하고 있다.

'반탁 = 반공'이 해방정국의 이데올로기적 지형을 뒤바꾸고 우익이 정국주도에 나서는 계기가 되었음은 수치로도 알 수가 있다. 1946년 3·1절 행사 때 좌익의 민정이 연 남산기념식에는 1만 5천 명이 참석했으나, 김구의 비상 정치회의가 서울운동장에서 개최한 기념식에는 20만 명이 모였다. (한배호)

전국 유세로 붐 일으키며 1인자 이미지 굳혀

이승만은 귀국했을 때 만 70세의 노인이었다. 하지는 물론이고 좌·우익 지도자들도 그가 명성과 관록을 가진 채 의례적이고 상징적인 원로정객으로 남아 있길 원했다(로버트 올리버). 그러나 태평양전쟁 때도 '뒷방 늙은이'가 되기를 거부했던 이승만은 해방정국에서도 정력적으로 활동했다. 당시의 정치활동이 동선(動線)이 극히 제한된 밀실회합이나 실내대회가 대부분이었기 때문에 70대라 해도 활동하기에 큰 핸디캡은 아니었다.

그러던 이승만이 1946년 4월 정국유세에 나서면서 강행군의 장외정치에서도 장년층에 뒤지지 않을 압도적 노익장(老益壯)을 과시했다. 이승만은 광산개발권 관련 스캔들에 휘말려 도의적 책임을 지고 민주의원 의장직을 사임하고 칩거생활을 하던 중 하지로부터 남한 순회(巡廻) 여행을 제의받았다.

그 제의 배경은 미소공위 회담에 장애요소가 될 수 있다고 보아 남쪽으로 잠시 유배(流配) 보내자는 의도로 보는 시각(정병준)이 있고, 소련대표들에게 이승만의 "대중적 인기를 과시하기 위해 하지가 요청한 것"이라는 견해(최상룡) 등이 있다.

이승만은 1946년 4월 15일부터 6월 9일까지 두 차례에 걸쳐 대전, 대구, 부산, 전주, 광주 등 남한의 주요도시 곳곳을 순회하는 지방유세를 가졌는데, 70~80만 명의 인원을 청중으로 동원하는 빅 히트였다. 유배의 위기를 재기의 기회로 역전시킨 정치드라마였다. (정병준)

어떻게 누구도 예상하지 못한 '뜻밖의 성공'을 이루었을까?

구한국 시대의 문법과 미국 선교사식 어투인 특유의 떨리는 목소리가 곱게 늙은 단아한 모습, 독립운동으로 일생을 보낸 카리스마와 오버랩되며 청중들의 가슴을 두드렸다. 그의 연설장에는 동원된 군중도 적지 않았겠지만 호기심 때문에 몰려온 사람들이 많았다. 적게는 1만여 명, 많게는 10만여 명의 청중이 몰려들었다. 이승만은 이미 20대 초 만민공동회에서 이름을 날리던 선동가였다. 미국에 망명한 뒤 하와이에서 박용만과 세력싸움을 벌일 때도 그랬고, 미국인들을 청중으로 하는 수많은 강연회에서 그랬듯이,

청중의 마음을 사로잡는 기법과 요령을 일찍부터 잘 터득하고 있었다.

연설의 주 내용은 반공(反共)에 관한 것이었다. 그는 공산주의를 콜레라 같은 전염병이라고 정의했다. 공산주의에 대처하는 길은 공산독재에 항복하거나 아니면 대항하는 길밖에 없다면서 양자택일을 강조했고, 한국의 민족주의가 살려면 반탁(反託)을 해야 하고 공산주의를 몰아내야 한다고 역설했다(로버트 올리버). 이승만의 반공 연설로 힘을 얻은 독촉 국민회와 우익 청년들은 조직을 확대하고 세력을 키우는 계기로 삼았고, 좌익단체 사무실의 폐쇄, 간판 떼기 등 좌파분쇄작업을 강력하게 전개했다. 정병준의 지적처럼 미군정의 지원 아래 경찰과 우익단체가 계획적으로 동원되기도 했으나 이승만의 순회는 전국적으로 우익의 조직을 강화시켜주는 결과를 가져왔다. 반탁 파동으로 서울의 공산당 중앙세력은 기세가 한풀 꺾였으나 지방은 여전히 좌파강세였던 것이다.

김구와 김규식도 순회유세에 참가했으나 이승만 같은 폭발력을 보이지 못했다. 김구는 직설적이고 무뚝뚝했으며, 김규식은 학자형이어서 연설이 단조로웠다. 이승만의 적수가 되지 못했다. 김구는 공개적으로 이승만 예하의 '2인자'처럼 처신했기 때문에 세 사람의 위계가 이승만-김구-김규식으로 정리된 것 같은 인식을 갖게 했다. (정병준)

전국순회가 끝난 뒤 1946년 6월 10일 개최된 독촉 국민회 전국대회는 정치적으로는 이승만이 국민회의 주도권을 다투는 권력투쟁에서 우위를 차지하고 우익의 1인자 자리를 차지했다고 공인하는 자리였다. 그때까지 전국조직 분포에서 김구가 앞서 있었다. 이승만은 신익희, 조병옥으로 이어지고, 그 뒤 다시 박정희, 윤보선, 김영삼, 김대중으로 이어지는 한국 장외 대중정치의 원형(原型)을 보여주었다. 외형적으로나마 국민과 직접 소통하는 풀뿌리 민주주의의 전통을 도입한 선구자였다.

한민당, 이승만에 협조하며 돌파구 마련

여운형이 건준에 참여하기를 여러 차례 권유했을 때 송진우는 중경 임정만이 일본 총독부의 제의를 받을 자격이 있다는 임정봉대론(臨政奉戴論)을 내세워 거절했다. 그가 임정봉대론을 강조한 저변에는 공산주의 세력이 건준에 대거 참여한 것에 대한 짙은 우려가 깔려 있었다(여운홍). 송진우는 미군이 진주하고, 임정이 귀국한 뒤 추대하면 다른 세력을 누를 수 있을 것이라 판단해 일단 거부한 것이다(서중석). 당시 여운형이 2년 전부터 건국 동맹을 준비해온 데 비해 보수우파는 전혀 대비가 없었기 때문에 막상 건준에 참여해도 좌파에 상대가 되지 못할 상황이었다.

　송진우, 김성수 등이 주축이 되어 한국민주당(이하 '한민당'이라고 함)을 창당한 것은 미군이 진주한 지 8일 뒤인 9월 16일이었다. 연합국 환영 국민대회 준비회를 이끌던 송진우가 수석총무가 되고 이승만을 주석, 임정 주석 김구를 부주석으로 추대함으로써 보수세력도 진용을 갖출 수 있었다(김학준). 한민당은 9월 22일 중앙집행위원회를 열고 한국인 자문위원회를 구성해 달라고 미군정에 제의하고 나섰고, 한국인의 협조가 필요한 미군정은 그에 호응해 10

월 5일 11명으로 구성된 고문회를 구성하고 김성수를 의장에 선출했다.

송진우가 조병옥과 장택상을 군정청 경무부장과 수도경찰청장에 추천한 것을 계기로 한민당은 지방부서에까지 대거 참여하는 등 미군정과 본격적 밀월관계에 들어갔다. 한민당이 단계적으로 일본 총독부가 하던 보조역할을 대신 떠맡은 것이다.

이승만의 귀국을 계기로 한민당은 해방정국에서 정치적 돌파구를 마련했다. 필마단기로 귀국한 이승만은 한민당의 당수직은 고사했으나 연합제의는 수용해 정치자금과 지원조직을 얻게 되었고 여운형과 박헌영이 가진 조직과 동원력에 대적할 수 있었다. 민족운동에 대한 정체성에서 취약한 한민당은 항일 노투사로서의 명성과 지도력을 갖춘 이승만을 앞세워 방패막이 삼음으로써 친일파라는 눈총을 피해가면서 자연스럽게 세력을 키워갔다. (임영태)

남베트남의 국가 형성과정을 보면 고딘 디엠 정권의 통치기반이 열악할 수밖에 없었던 주요 이유 중 하나가 베트남에는 한민당 같은 보수·우익세력이 존재하지 않았다는 점이다. 거의가 적대세력이어서 고딘 디엠은 동생 부부 등 가족을 중심으로 네포티즘 (Nepotism: 가족중심주의) 체제를 구축할 수밖에 없었다. 고딘 디엠은 결국 가족중심의 독재통치를 펴다가 소수세력의 한계를 극복하지 못하고 좌초했다. (윤충로)

남베트남의 사례는 한민당 세력이 없었다면 가족이나 친지, 최소한의 직계세력도 없는 외톨이인 이승만이 정치적으로 생존할 확률이 적었을 것이고, 반대로 이승만이라는 존재가 없었다면 한민당이 좌파세력과의 투쟁에서 살아남기가 매우 어려울 수 있었음을 잘 설명한다. 해방정국에서 이승만-한민당의 양자연합은 그만큼 비중이 큰 관계였다.

그러나 한민당과 김구의 관계는 원활하지 못했다. 김구와 그의 한독당은 한민당이 친일파라는 이유로 한민당이 제공한 9백만 원이라는 거액의 정치자금도 거절하는 등 차별화 노선을 폈다. 한민당은 2차 미소공위 때 한 차례를 빼고는 이승만의 노선을 대체로 충실하게 추종했다.

반탁시위 과정에서 '반탁-반소·반공'이 애국이고, '친탁-친소·친공'이 매국이라는 논리를 여론화하는 데 성공함으로써 항일이냐 친일이냐의 대립 축을 친소냐 반소냐, 친공이냐 반공이냐의 대립 선으로 환치시킬 수 있었던 것은 한민당에게 결정적 행운을 가져다 준 각본 없는 한 편의 드라마였다. (박명림)

박헌영의 전략미스가 이승만에 반사이익 줘

엄밀하게 따지고 보면 이승만은 해방정국의 주역이 아니었다. 우파의 입장에서 그럴 뿐이지 좌·우를 통틀어 조역 중 가장 돋보이는 역할에 지나지 않는다. 조직력, 동원력을 앞세운 세력과 영향력에서 단연 1위 자리는 박헌영의 차지였다. 1945년부터 1948년까지 해방정국의 중심은 '미군정 대 좌파'였고, 정치의 주도권은 박헌영에게 있었다. 이승만과 한민당 연합은 미군정의 좌파투쟁을 위한 하위 동맹자였다는 지적(박명림)은 표현이 거칠기는 하지만 박헌영의 위상과 파워의 의미를 함축적으로 표현한다.

박헌영이 이끄는 조선공산당(조공)은 333만 명의 조합원을 가진 전농(전국농민총동맹)과 55만의 전평(전국노동조합 전국평의회)을 비롯한 부녀동맹, 공산청년동맹(나중에 민애청), 문학·음악 등 각종 예술단체 등 외곽단체를 거느리고 있었고, 〈해방일보〉 등 여러 개의 좌익 신문까지 발간해 언론계를 주도하는 등 '좌익 전성기'를 누리고 있었다.(대검 좌익실록)

미군정은 박헌영의 인공을 정부로서는 부정했으나 당으로서의 공산당은 인정했다. 소련과의 협의를 통해 신탁통치를 추진해야 했기 때문에 소련 측을 자극하는 반공 정책을 내놓고 펼칠 수 없는 상황이었다. 과도입법의원에 극좌파도 영입했고 국방경비대에 좌파입대도 허용했으며, 영화관 상영까지 허용했다(김충남). 사상검사 출신 오제도는 그 시기를 공산주의를 방임하는 '방공(放共)' 시대였다고 회고했다.

그러나 제1차 미소공위가 성과 없이 무기 휴회되고 반탁운동이 진행되면서 사정이 바뀐다. 미군정은 공산주의자 조봉암을 전향시켜 라이벌 박헌영을 공개적으로 비판하게 했고, 조공의 기관지 〈해방일보〉를 인쇄하던 정판사에서 위조지폐를 발견했다고 발표하고 수사에 들어갔다. 1,200만 환의 위폐(僞幣)를 만들었다는 조선정판사 사건이다(박태균). 미군정은 그다음 단계로 박헌영과 이강국, 이주하 등 조공 수뇌진들에 대한 검거에 나섰고 3대 좌익 일간지를 정간처분했다.

박헌영은 이러한 미군정에 맞서 정당방위의 역공세라는 구호 아래 '신전술'(新戰術)을 발표, 합법·비합법 활동을 겸하는 양면투쟁으로 전환했다(대검 좌익실록). 1946년 9월 23일 시작된 남조선 9월 총파업이 '신전술'에 따른 폭력항쟁의 시작이었다. 철도파업이 먼저 일어났고 이어 출판, 전신 등 노조파업이 뒤를 이었다.

10월 1일 대구에서 폭동이 일어났다. 대구는 남한의 모스크바로 불릴 정도로 좌파세력이 강세여서 그에 따라 좌·우의 격돌도 심했던 지역이었다(이철승). 조공(朝共) 대구시당이 부녀자 등 2, 3백 명을 동원해 식량배급을 요구하는 시위를 벌이게 했다가 경찰관의 발포로 시위자 1명이 사망하면서 폭동으로 변질되었다. 폭동은 경남, 경기도, 전남, 강원도 등 남한 전역 73개 시군에 파급되었고, 사망자 1천여 명(경찰 2백 명), 부상자 2만 6천여 명, 검거자 3만여 명의 인적 피해가 있었다(김남식, 강만길). 브루스 커밍스가 동학혁명 이래 가장 중요한 농민항쟁이라고 미화한 이 폭동은 소련 군정(軍政) 의 지령에 의한 것이었고, 소련군 민정사령관 로마넨코(Andrei A. Romanenko) 가 2백만 원의 지원금까지 지급했다. (국사편찬위원회)

각 지방에서 폭동이 진행되는 사이 소련군의 지령에 의해 서울에선 '국립서울대 신설안'에 반대하는 국대안(國大案) 반대투쟁이 일어났다. 그 뒤 일어난 남한의 총선을 방해하려는 2·7 폭동 사건도 '신전술'에 따른 투쟁이었다. 그러나 신전술은 득(得) 보다 실(失) 이 더 많았다.

박헌영은 지도권 확립에 성공했고 남한을 혼란에 빠트릴 수 있었다. 반면 북로당과의 노선차이가 불거졌고, 기약 없는 소모전으로 혁명동력이 소진되고 있었다. 역설적이게도 우익세력의 결집과 반공능력을 비약적으로 키워주는 계기와 동기를 부여했다. 박헌영은 "북로당의 일정한 원조를 받고 남로당이 주동이 되어 남조선혁명을 수행한다"는 기본원칙을 가지고 있었다. 이에 대해 남한사태가 지나치게 좌경적 모험주의적 행동으로 흐르고 있다고 본 북로당의 최용건, 강건 등은 "강력한 미군정의 통치 아래서 혁명이 빨리 이루어지기 어렵다. 혁명역량을 보존, 축적해야 한다"고 주장했다. (정창현)

북로당과의 경쟁을 의식해야 하는 박헌영은 그러한 충고를 무시하고 계속 무모하고 조급한 투쟁을 지시했고, 양자의 균열은 결국 박헌영의 몰락으로 이어졌다. 하루아침에 한국에서 공산혁명을 이룩하겠다면서 한국사회에 맞는 전략을 찾지 못한 채 일제와의 투쟁에서 익힌 극렬투쟁 방식만을 고수한 급진성과 미숙성이 박헌영의 실패 원인이었다. (이정식)

1940년 항일전 시기 마오쩌둥(毛澤東)은 중국과 같은 반식민지-반봉건적 후진사회의 혁명은 무산계급 단독의 역량으로는 달성할 수 없기 때문에 지주계급과 민족자산가 등 사회 여러 세력과 연합전선을 형성해야 한다는 '신민주주의론'이라는 연합전선론을 내놓고 이를 시행, 우파의 저항을 감소하는 데 성공했다(김상협). 박헌영은 이런 현실적 온건전략을 마련하지 못했다. 좌우 협상불가론을 양보하면서까지 접근한 이승만을 '친일파 처벌'을 내세워 외면했고, 전형적 민족자산가들의 집단인 한민당을 회유하는 대신 협박하고 궁지에 몰아넣었다. 김구의 임정에 대해서는 인공과 대등한 협상을 하자고 무리수를 썼다.

조공은 일본자본과 민족자본을 구별하지 않고 몰수해 그에 반발한 우익세력이 결집하게까지 했다(이정식). 해방과 함께 급조된 전농과 전평은 충분한 조직역량이나 투쟁력을 갖추지 못한 채 성급하게 투쟁에 나섰기 때문에 지도부가 쉽게 노출되고 검거되면서 조직이 와해되는 등 동력을 잃고 있었다.

박헌영은 '신전술' 외에도 전략사고의 미숙으로 결정적 손해를 보게 된다. 해방 소식을 듣자 곧장 서울에 온 박헌영은 공산당 재건에 성공하고 이어 여운형의 '건준'에 참여해 주도권을 잡는 등 해방정국의 기선을 잡는 데 주력했다. 소련군정이 자리 잡고 있는 평양이 가진 전략적 가치를 인식하지 못했고, 관심을 기울이지도 않았다. 미군과 소련군이 곧 철수하고 민족통일단계가 올 것이라고 판단했기 때문이다. 국제정세와 미·소 관계에 대해 어두웠기 때문에 생긴 오판이었다. (연시중)

반면 한반도의 공산지도자에 대한 정보가 없었던 소련군정은 평양 현지에서 내세울 만한 인물을 찾을 수 없자 대안으로 민족주의자 조만식(曺晚植)을 간판으로 내세워 이용하려고 했다. 소련군정과 박헌영이 따로따로 돌아가고 있었던 것이다. 그것은 박헌영에게 결정적 불운이었다. 박헌영이 평양에 직접 가거나 2인자급 거물을 보내 적극적으로 소련군정과 협력관계를 수립했다면 그는 지도자로 선택될 수도 있었고, 지도자로 스탈린에게 추천될 수도 있었기 때문이다. 그 뒤 소련 극동사령부의 KGB가 김일성을 찾아내 스탈린에게 추천했을 때 당사자였던 평양의 소련군정은 막상 추천자가 없었던 점을 보면 박헌영의 오판에서 비롯된 결과의 중요성을 절감케 한다.

박헌영은 그 뒤에도 다시 한 번 기회를 맞았으나 서울중심 사고를 벗어나지 못하고 그마저 날려 보냈다. 북한에 공산주의 정권의 전단계인 부르주아 정권을 세우라는 지시에 따라 소련군정은 서울에 있는 조공 본부를 평양으로 이전하거나 아니면 평양에 독자적인 공산당을 발족시키도록 결정했다. 이에 대해 박헌영이 "한반도의 중심은 서울이고, 조선공산당 중앙도 서울에 두어야 한다"고 국내파의 종주권을 강력하게 주장했고, 김일성이 일단 양보함으로써 조공 본부는 계속 서울에 있고 공산당 북조선 분국을 평양에 두기로 타협이 성립되었다.

그러나 소련군정은 2개월 뒤인 1946년 12월 17일 분국의 책임비서 자리에 김일성을 앉혔고, 그 뒤 분국을 북로당으로 독립시켜 한반도의 공산세력을 주도케 만들었다. 박헌영은 평양에 가서 담판지어야 할 사안을 제대로 다루어 보지도 못하고 가만히 앉아서 공산당 주도권을 김일성에게 빼앗기게 된 것이다. (연시중)

결국 박헌영은 좌·우 세력을 통틀어 가장 유리한 여건과 위치에 있으면서도 온건전략 부재와 전략적 오판으로 인해 몰락의 길로 들어서게 되었다. 박헌영의 실패에서 오는 반사이익은 우파의 차지였고, 가장 이득을 볼 수 있었던 인물이 우파의 지도권을 손에 쥐게 된 이승만이었다.

'좌·우 합작'은 서투른 정치공작

1946년 여름 반탁 열기 속에서 제 1차 미소공위가 결렬되자 하지는 국면전환을 시도한다. 소련 측이 이승만·김구의 배제를 완강하게 요구했고, 하지 자신도 이들 극우에게만 매달려 있다가 중도우파를 좌파에게 빼앗길지도 모른다고 우려하였기 때문에 말을 바꿔보기로 한 것이다(서중석). 이승만과 잘 아는 사이인 힐드링(John H. Hilldring) 미 국무성 담당 차관보까지 이승만 등 늙은 망명객을 거

세하라고 권고하고 있었다. (임홍빈)

하지는 극우·극좌를 배제하라는 미 국무성의 지시를 받자 중도 좌·우파를 묶는 남한과도정부(South Korean Interim Government) 를 추진했다. 하지는 극우세력을 혐오하고 중간파를 지지하던 정치고문 랭던에게 좌·우 합작에 대한 기획을 맡겼고, 역시 김규식을 선호하던 버치 중위에게 '좌·우 합작위원회'의 일선 실무를 맡겼다 (정용욱). 중간 우파의 김규식과 중간 좌파의 여운형이 좌·우 합작의 주역으로 선택되었다. 김규식을 택한 것은 그가 미국 유학생 출신으로 소통이 잘되는 데다가 합리적이고 온건한 중도 성향이어서 적지 않은 미국인들에게는 이승만보다 나아 보이는 카드였고, 여운형을 파트너로 삼은 것은 온건좌파인 그를 이용해 좌파세력을 약화시킬 수 있는 데다가 대중 장악력이 좋고 김규식보다 조직에 강해 취약점을 보완할 수 있다고 보았기 때문이다.

그러나 좌·우 합작은 순조롭지 못했다. 좌파는 5원칙을, 우파는 8원칙을 합작위가 수용해야 한다고 주장, 팽팽하게 맞섰다. 양측의 주장 차이는 두 가지 점으로 요약된다.

좌파는 토지개혁에 있어 무상몰수, 무상분배를 주장했고, 친일파와 친일경찰관 숙청을 주장했다. 우파는 토지개혁에 대해서는 균등사회건설 목표에 포괄적으로 포함시키고, 친일파 징치(懲治)는 정부수립 뒤로 미루자는 것이었다(정경모). 어렵게 조절한 끝에 '타협 7원칙'이 나왔으나 한민당과 조선공산당은 이를 수용하지 않고 합작위원회를 각기 이탈했다.

합작위와 함께 추진한 과도입법의원도 어려움에 직면했다. 1946년 10월 친일파를 출마할 수 없게 하라는 좌파의 요구를 무시하고 선거를 강행했는데, 민선의원 45명 가운데 21명이 한민당, 13명이 독촉(獨促) 소속으로 34명이 우파였다. 중도우파의 진출을 기대하던 미군정의 기대에 어긋나는 결과였다. 하지는 미군정이 임명하는 관선의원 45명 중 30명을 중도파 인물들로 충원해 우파 독주체제에 반발하는 김규식을 달랬다. 그래도 3분의 2 가까이가 우파였기 때문에 입법의원의 주도권은 우파에게 넘어갔다(안철현). 우파의원들은 친일파 처리방안과 농지개혁법안 등 김규식 의장의 개혁입법을 방해했고, 반탁결의를 강행해 김규식과 미군정에 뜻하지 않은 타격까지 주었다.

미군정은 예정대로 1947년 2월 중도우파의 안재홍(安在鴻)을 민정장관으로 임명하고, 미국인들을 고문으로 하는 '남조선과도정부'를 수립했다. 그러나 그 계획은 실패로 끝났다. 실권을 미군정이 그대로 가지고 있는 간판뿐인 한국인 과도정부가 성공할 수 없었기 때문이다.

하지의 좌·우 합작은 왜 실패했는가? 우선 하지 자신에게 확신이 없었다. 국무성의 지시에 따랐을 뿐 하지는 좌·우 합작에 부정적이었다. "좌·우 합작을 하면 공산주의 정부가 되기 쉽다"고 서울에 온 웨드마이어 장군에게 속내를 털어놓고 있었다. (브루스 커밍스)

좌·우 합작의 당사자인 김규식도 독립운동시기 이래 공산주의자들의 생리를 잘 알고 있었기 때문에 처음부터 좌·우 합작에 비관적이었다. 버치 중위로부터 제의를 받았을 때 한마디로 거절했다. 이때 하지의 부탁을 받은 이승만이 김규식을 찾아와 50만 원의 자금까지 내놓으면서 합작에 나서라고 설득하는 일까지 벌어졌다. (김재명)

이승만은 좌·우 합작을 거부하는 김규식에게 "이 일이 하지 개인의 일이라면 모르되 미 국무성의 정책이오. 우리가 이 정책을 실행해 보지도 않고 어떻게 거절할 것이오? 아우님이 한번 해보시오"라고 설득했다.

이에 대해 김규식은 "이것이 독립을 위한 제1단계이고, 이 단계를 밟지 않으면 둘째 단계인 독립을 할 수 없다면 내가 희생되겠소"라고 어쩔 수 없다는 듯이 승낙했다. 그러면서 속으로는 반대이면서도 겉으로는 자신에게 좌·우 합작을 권하는 이승만의 마키아벨리적 권모술수(權謀術數)를 꿰는 통찰력(이덕주)을 보이고, 자신의 몰락을 내다보는 듯한 명언을 남긴다.

"내가 나무에 올라선 다음에는 형님이 나무를 흔들어서 나를 떨어트릴 것을 압니다. 또 나를 짓밟을 것이라는 것도 압니다. 그러나 독립정부를 세우기 위해서 나의 존재와 경력과 모든 것을 희생하겠소. 그 위에 형님이 올라서시오"라고 말했다. (송남헌, 강만길)

여운형도 힘쓸 처지가 되지 못했다. 김일성이 박헌영에게 좌·우 합작 반대의사를 전했기 때문이다. 소련군정이 그 계획을 좌익 약화의 술책으로 판단한 것이다.

조선왕조 이래 한국의 정치풍토에서 강경파가 대결할 때 온건 노선의 중도파가 주도권을 잡아 본 사례가 없었다. 여론장악력이나 대중 동원력에서 힘의 실세인 이승만 등 보수세력과 박헌영의 공산당 사이에서 약체의 중도세력이 설 자리는 처음부터 없었다. 결국 미군정은 독촉 구성 이래 4차례에 걸쳐 우익중심의 정계개편을 시도했으나 모두 실패했다. 한반도의 이데올로기적 대결과 정치풍토의 특성을 깊이 감안하지 않고 공작정치로 해결해 보려는 오판과

졸견, 안이한 자세가 가져온 자업자득의 결과였다. (박태균)

북한을 점령한 소련군정이 친소(親蘇) 단독정권을 세우고 경제건설과 전쟁준비에 들어가는 일관된 정책을 펴는 사이 미군정은 북한에 대비하지 않고 실현성 없는 공작정치에 매달렸다가 귀중한 시간만 허비하고 있었다. 이러한 시행착오는 미국에 한반도 정책이 없었던 데서 비롯되지만 하지가 큰 판을 짤 정치적 식견이나 안목이 없는 군인이었다는 것도 한계였다. 좌·우 합작을 끝으로 미군정은 더 이상 정치공작을 하려 들지 않았고, 하려고 해도 꺼내들 카드가 없었다.

그 무렵 이승만의 단독정부수립론(單政) 주장이 등장했다.

뒷전에 밀린 이승만, 도미외교로 승부수 던져

좌·우 합작-입법의원의 출현으로 정치무대에서 뒷전에 밀리는 위기에 서게 된 이승만은 돌파구를 마련하기 위해 1946년 12월 도미했다. 미국에 가기에 앞서 이승만은 같은 처지가 된 김구와 만나 워싱턴과 국내에서 격렬하게 반탁운동을 전개한다는 데 합의했다. (정병준)

먼저 이승만의 미국행을 보면, 그 배경에는 자신이 6월 3일 정읍에서 처음 제안했던 단정안(單政案)을 본격적으로 선전할 기회를 마련하겠다는 것과 사사건건 충돌하는 미군정과의 관계를 새롭게 조절해야 하는 문제 등 두 가지 승부수가 깔려 있었다. (정용욱)

미국에 도착한 이승만은 워싱턴 칼튼호텔에 숙소를 정하고, 태평양전쟁 시기 자신을 도왔던 미국인과 임병직, 임영신 등 오랜 측근 8명에게 자문하며 활동했다. 이승만은 미국의 대한 정책담당자들과 여론형성층을 상대로 단정론과 하지 교체론을 로비하고 선전했다. 특히 하지가 좌익과 제휴하려 하는 등 용공정책을 추진하고 있다면서 남한의 혼란에는 그의 책임이 있다고 몰아세웠다.

국무성은 아예 이승만을 무시해 버렸다. 만나주려고 하지도 않았다. 친분이 있는 힐드링 차관보만 개인적으로 이승만의 주장에 동감했을 뿐이다. 그러나 하지 흔들기는 얼마간 효과가 있었다. 트루먼 대통령이 본국에 온 하지를 면담하게 되고, 하지가 사퇴하려다가 재신임 받는 과정이 이어지기 때문이다.

정작 이승만이 재미를 본 것은 국내 선전이었다. 국제정세의 흐름이 국내에 피드백되면서 실체 이상의 효과를 거두게 되었다. 이승만이 워싱턴에 있던 1947년 3월 12일 대소 봉쇄정책을 선언하는 트루먼 독트린이 발표되었다. 트루먼은 상하원에서 "지중해 지역에서 공산주의 침투에 방어선 역할을 하는 그리스, 터키 양국에 4억 달러의 차관과 군사고문단 파견을 승인해 달라"고 연설했다. 그것은 미국이 프랭클린 루스벨트 때의 대소 유화정책을 포기하고 냉전에 대비하기 시작했다는 신호였다. 이승만이 일관되게 주장하던 "소련의 위협에 대비해야 한다"는 반소·반공노선과 궤를 같이하는 흐름의 시작이었다.

미국이 주한미군을 철수한다는 전제 아래 3년간 6억 달러의 대한 원조 계획을 검토 중이라는 〈뉴욕타임스〉의 보도도 이때 나왔는데, 국내 신문들이 이승만 외교의 공으로 돌리는 방향으로 보도했다. 이승만은 국내 언론에 의해 반소·반공의 세계적 예언자처럼

부각되었고, 미국의 정책이 변화하는 데 기여한 것처럼 과장되었다. 대중적 인기가 다시 폭발했다. (정병준)

사실 피점령지의 정치가가 점령군 사령관의 본국에 가 사령관과 그 나라의 정책을 대놓고 비판하는 사례는 희귀한 일이었다. 어떻게 보면 이승만이 미국의 정책에 대해 워싱턴에 가서 "No"라고 외친 것은 동양에서는 처음 있는 사건이었다. 일본의 우익 정치가 이시하라 신타로(石源愼太郎)가 《No라고 말할 수 있는 일본》이라는 책을 쓴 것은 30년 뒤의 일이다.

한편 서울의 김구는 이승만과 약속한 대로 1946년 12월 27일 반탁운동 제1주기를 맞으면서 다시 제2의 반탁운동을 주도했다. 민주의원, 비상국민회의, 민족통일총본부, 독촉 국민회, 한독당, 한민당 등 35개 우익단체가 참가했다. 그동안 미군정이 정치공작으로 양산한 민주의원 등 기구가 해체되지 않고 그대로 남아 반탁대열에 낀 것은 미군정의 한계를 단적으로 표현해 주는 대목이었다. 이번 운동은 우익단체가 대거 정권장악을 노린다는 점에서 임정 혼자 고군분투하던 1차 때와 달랐다.

그러나 이승만이 김구에게 전문을 보내 폭력시위를 중단하라고 요구하고, 하지가 김구를 설득하면서 일단 무마되었다. 이승만이 김구와 공조하기로 한 당초 약속과는 달리 한 발을 뒤로 빼고 나선 것은 반탁시위를 하지 않고도 해볼 만하게 국제정세가 달라진 점 등을 고려했기 때문일 것이다.

그러나 김구는 독자노선으로 전환했다. 1947년 2월 들어 우익단체 63개를 참가시킨 가운데 국민의회를 발족시키고, 3월 1일 자신을 수반으로 하는 임시정부 수립을 시도했다. 이 정보를 미리 안

"그래도 이승만이 가장 적절한 대통령 후보"

하지는 1946년 6월 서울에 온 로버트 올리버에게 "이승만은 한국에서 가장 위대한 정치가이다. 그러나 끝없는 반소 언동 때문에 미국이 후원, 설립하는 어느 정부에도 결코 참여할 수 없을 것"이라고 악담을 한 적이 있었다.

이승만의 방미 때 공격을 받고 분노한 하지는 그 발언대로 이승만의 배재학당 스승이고 미국에서 함께 독립운동을 했던 서재필을 한국에 초청, 김규식과 한데 묶어 이승만의 대항마로 만들려고 시도했다. 그 소식을 전해들은 이승만은 "서재필이 아니라 그 할애비를 불러와 봐라, 되나"라고 독설을 퍼부었다. 7월 1일 84세의 서재필은 서울에 왔으나 한국을 "비누 한 장 제대로 만들지 못하는 나라"라고 폄하하는 발언을 해 찬물을 끼얹었다. 결국 국내 정치세력의 거센 반발로 미국으로 되돌아갔는데 "그래도 이승만이 가장 적절한 대통령 후보자"라는 덕담을 남겼다.(연시중)

하지, 이승만 도미 때 미군용 비행기 못 타게 방해해

도미할 때 이승만은 맥아더에게 부탁해 군용기를 타고 갈 계획이었다. 이 사실을 사전에 안 하지와 미 국무성이 군용기 탑승을 불허했다. 이때는 하지가 맥아더와 사이가 나쁠 때였다. 국무성과 맥아더 사령부의 지시를 이중으로 받던 하지가 맥아더의 지휘를 거부하고 국무성과 직통하겠다고 했고 맥아더가 이를 수용한 일이 있었기 때문이었다.

맥아더의 주선으로 이승만은 노스웨스트 에어라인 항공기를 이용할 수 있었다. 이승만이 귀국할 때도 군용기 항공료 9백 달러를 내기까지 했으나 마지막 단계에서 국무성에 의해 취소되었다. 힐드링 차관보의 도움으로 다시 노스웨스트 편으로 도쿄로 올 수 있었으나 하지는 1947년 4월까지 귀국허가를 내주지 않았다. 결국 베이징에서 장제스의 전용기를 얻어 타고 어렵게 귀국할 수 있었다.(윤치영, 이원순)

군정당국이 임정을 선포하면 반란행위로 처벌할 것이라고 경고하고, 주도자인 엄항섭, 김석황 등을 체포하면서 기선을 잡는 바람에 거사계획이 불발되었다.

김구는 김규식 등 중도파의 도움을 받으려 했으나 외면당했고, 한민당과 군정의 한국인 관료, 경찰도 이때는 도와주려 하지 않았다. 1차 쿠데타 시도 뒤 어려울 때 도와주고 협동에 나섰던 이승만도 방관만 하고 도움의 손을 내밀지 않았다. 김구의 체면과 위상은 땅에 떨어졌다(정병준). 2차 쿠데타 계획에 많은 단체가 참가한 것처럼 되었으나 실상은 임정과 한독당계만 주로 참가한 셈이어서 이후 김구의 세력은 크게 약화되었고 끝내 만회하지 못했다.

이승만이 다시 정국주도권을 거머쥐었다. 그러나 이승만이 단정 (單政)정국으로 치닫기까지에는 한 차례 더 고비를 넘겨야 했다. 미국은 투르먼 독트린을 그리스, 터키에만 한정시키고 한반도에서는 다시 2차 미소공위를 열기로 소련과 합의한 것이다.

하지는 1947년 5월 2차 미소공위가 열리자 소련군정이 기피하는 이승만의 외부활동을 강제 중단시키고 사실상 연금 상태로 몰아넣었다. 전화기도 철수하고 모든 편지는 검열을 거치게 했다. 미소공위가 합의할 가능성이 있다고 본 기회주의적 한민당이 공위에 참석, 이승만을 배신했다. 그러나 미소공위는 8월 20일 정당·사회단체 참가자격에 대한 이견으로 끝내 결렬되었고 2년 가까이 끌던 지루한 정치게임이 모두 끝났다.

단정으로 갈 수 밖에 없는 이승만에게 유리한 상황이 전개되자 한민당은 다시 이승만 밑으로 돌아왔다. 단정정국이 시작되었다.

스탈린, 이승만 중 누가 분단의 원흉인가

이승만은 1946년 6월 3일 전국순회 도중 정읍에서 이른바 남한만의 단독정부(單政) 수립론을 주장, 해방정국에 파문을 던졌다. 이승만은 하지가 자신을 민주의원 의장직에서 사퇴하게 하고 김규식을 앞세워 좌·우 합작을 추진하는 위기상황에서 전국순회에 나섰고, 군중집회에서 선풍적 바람몰이에 성공하면서 국내정계의 1인자임을 과시했다. 그는 여세를 몰아 '정읍발언'까지 강행한 것이다.

이승만은 1943년 프랭클린 루스벨트 대통령이 신탁통치안을 밝혔을 때 소련은 한국에 소비에트공화국 건설을 목표로 하고 있었고 신탁통치가 소련에게 기회가 될 것이라고 예견했다(구대열). 2년이 지난 해방정국 현장에서 그는 그러한 우려가 현실화되는 것을 막기 위해 줄기차게 반탁 투쟁을 벌였다.

이승만이 단정수립론을 제기한 것은 신탁통치를 둘러싸고 좌우가 대립되어 접점을 찾기가 어렵고, 미소공위도 사실상 난관에 부딪친 상황에서 일단 단정단계로 가고, 그 뒤 통일정부를 수립해야 한다는 단계론적 발상이었다(김진호). 그것은 미국이 바라는 친미정부(랭던의 표현)이면서 동시에 소련이 선호하는 친소 정부(소련군정 발사노프의 주장)를 수립한다는 것이 현실적으로 가능할 수 없는 상황에서 나온 차선책이었다. (안철환)

"단정은 최선의 길이었다." 당시 정세로 보아 남한에 단정이 수립되지 않았더라면 한국은 공산화될 수밖에 없었을 것이라는 게 4·19 때 내각수반이던 허정(許政)의 회고담이다(허정). 그것은 북한에서는 이미 사실상의 인민정권인 임시 인민위원회가 발족한 데 대

해 반공·우파지도자로서의 독자적 대응이기도 했다. (한흥수)

이승만은 단정론을 미국 조야(朝野)에 설명하기 위해 6개월 뒤 도미외교도 펼치지만, 1947년 9월 이후 대세는 이승만이 주장하던 단정 방향으로 수렴되고 있었다. 이승만의 주장이 미·소에 영향을 준 것이 아니라 미·소의 대결구도가 그 방향으로 흘러가고 있었던 것이다. 구대열은 냉전시대가 오는 것을 꿰뚫어 본 이승만의 통찰력을 평가해야 한다고 지적했다.

당시 이승만의 '정읍발언'에 대해 같은 시대상황 인식을 갖고 있었던 한민당은 적극 호응했으나, 김구 등 다른 우파들은 비판적이었다. 당시 35세의 젊은 기업인이던 이병철은 이화장에 인사차 갔다가 이승만이 "남쪽만이라도 선거를 하는 게 옳다고 생각지 않는가? 공산당과의 협상에 구애받아 시기를 잃기라도 한다면 그야말로 그들의 계략에 빠지고 만다. 민족의 운명에 관계되는 일이야!"라고 강조했을 때, 그 말의 무게와 큰 뜻에 깊은 감명을 받았다고 회고했다. '온 국민이 갈피를 잡지 못하고 우왕좌왕하는 상황에서 확고한 신념의 지도자가 있다는 것은 얼마나 다행한 일인가'라고 생각했다는 것이다. (이병철)

반면 서중석은 이승만의 단정주장 배경을 권력투쟁의 관점에서 접근한다. 1947년 10월 이승만은 유엔의 감시 아래 총선논의를 기다릴 수 없다면서 입법의원이 전에 만들어 놓은 선거법으로 먼저 선거를 치르자고 서두른다. 그러한 주장이 나온 것은 권력에 대한 집념에 의한 것이기도 하나 김규식을 선호하는 미국이 자신을 배제시키지 않을까 우려했기 때문이라는 해석이다. 이승만은 1947년 가을을 자신이 대통령이 될 수 있는 최적의 시기로 판단하고 있었

다는 것이다. (서중석)

좌익진영은 단정론을 남북분단을 획책한 것이라고 강력하게 반대했다. 그 뒤 역사를 보면 단정 추진으로 인해 이승만은 진보·좌파 측 사가들에 의해 분단의 원흉이라는 비판을 받았고, 이와 같은 역사인식이 일반화되어 지금까지 전해진다.

이승만은 과연 분단의 원흉인가?

당시 역사를 객관적으로 보면 미·소 대결이 원흉이고, 스탈린이 먼저 분단을 획책했음이 드러난다. 스탈린은 이승만이 귀국하기 1개월 전인 1945년 9월 20일 이미 북한에 '민주정권'(단독정권)을 수립하라는 지령을 내렸다. 그 지령의 의미는 노동자, 농민 등 프롤레타리아 계급이 미숙한 것이 북한의 현실인 만큼 소비에트식 공산정권이 아니라 그 전(前) 단계인 부르주아 민주정권을 일단 세우라는 것이다. 소련군이 진주한 폴란드, 루마니아, 체코슬로바키아 등 동구가 이와 같은 유형의 '민주정권'을 먼저 세웠다. 스탈린은 런던 외무장관회의에서 미국이 확실하게 반소(反蘇)로 돌아선 태도를 보이자 미국과의 대결을 결심했고, 그러한 지령을 북한의 소련군정에 내렸던 것이다. (이정식)

소련군정은 남한에서 강력하게 반탁 파동이 진행되던 1946년 2월 민족주의자 조만식을 가두고 김일성을 임시정부격인 '임시인민위원회' 의장으로 선출하게 한 다음 농지개혁, 국유화조치, 사회제도 등을 시행해 미군정보다 앞서가고 있었다(제임스 매트레이). 제1차 미소공위가 결렬되던 시점에서는 본격적으로 북한에 대한 원조를 시작했다. (류길재)

북한은 1948년 2월 10일 헌법초안을 발표하는 등 남한보다 10개월 먼저 제헌(制憲)에 대한 기초작업을 마쳤고, 단정을 먼저 수립했다는 비난을 피하기 위해 헌법채택 단계를 뒤로 미루었을 뿐이었다. 따라서 북한의 정치일정으로 볼 때 제1차 미소공위가 결렬된 이후로는 남북 단일국가를 수립할 가능성이 없어져 버렸다. 1946년 여름으로 '분단'이 굳어진 것이다. (박명림)

미국의 입장도 원칙적으로는 소련과 크게 다를 바가 없었다. 소련의 방침이 처음부터 확고했던 데 비해 미국의 정책은 애매했던 게 달랐을 뿐이다. 4대국에 의한 신탁통치를 제의했던 만큼 미국은 당초 친공(親共)이 아닌 자유주의적 정부 수준이면 미국의 이해가 보장된다고 보고 있었다. 그러나 냉전체제가 들어서기 시작하면서 소련이 북한 지역의 소비에트화에 박차를 가하고 미소공위가 협상안을 마련하는 것도 바랄 수 없게 되자 친미 반소정권을 수립하는 방향으로 나아가게 된다. (구대열)

서울에 진주한 뒤 하지와 참모들이 신탁통치의 문제점을 간파하고 정책수정을 계속 건의했으나 소련과의 협상에 비중을 두고 있던 미 국무성은 이를 묵살하거나 견제, 미국의 한반도 정책은 2인 3각 상태로 애매하게 겉돌 수밖에 없었다. 미군정은 국무성의 유화정책에 부응해 민주의원, 좌·우 합작 등 여러 가지 정치공작을 폈으나 모두 실패했다. 하지와 그 참모들은 이미 1945년 말에도 단정론을 건의했으나 국무성이 이를 묵살했다.

이승만의 정읍발언이 있을 때도 하지는 내심으로는 동감하면서도 공식적으로는 부인해야 했고 미소공위를 방해하지 못하도록 이승만을 강하게 견제해야 했다. 하지가 1947년 본국에 소환되어 건의한 내용도 '남한 단독정부'를 수립해야 한다는 것이었다. 이승만의 주장을 수용했다기보다 미군정이 이미 마련했던 안을 직접 설명한 것이다.

당시 중국에서 국공합작을 추진했다가 실패한 경험이 있는 조지 마셜이 국무장관이 되었고, 육군성은 주한미군의 철수를 강력하게 주장하는 시점이어서 무익한 대소협상을 포기하고 유엔의 무대를 빌려 미국의 체면을 살리면서 남한만의 단정을 추진한다는 정책전환이 쉽게 이루어질 수 있었다. 미국은 이승만의 존재와 상관없이 단정을 택할 수밖에 없었을 것이다.

김구는 김상헌인가? 최명길인가?

해방정국에서 미국 중심의 냉전질서에 편승하는 이승만의 단정수립론, 소련에 의존한 김일성의 민주기지론, 남북협상을 통한 김구의 통일정부론 등 3개 노선이 최종적으로 각축을 벌였다.

그중 명분(名分)과 이상(理想)에서 김구가 앞섰으나 현실정치에서는 전혀 반대의 위상이었다(박지향, 김일영). 남북한이 결과적으로 각각 단독정부로 간 것은 미국과 소련이 타협할 수 없다는 결론이 나온 국제요인 때문이었다. 따라서 이 요인을 인정하고 적응해 간 이승만은 대한민국을, 김일성은 조선인민공화국을 각각 건국했으나 김구는 실패자, 낙오자가 되었다. 그러나 명분과 이상이 있었기 때문에 역사는 김구를 위대한 민족주의자로 평가하기도 한다. '대한민국'의 발전과 번영이라는 관점에서 볼 때 민족적 방해자로 보는 견해도 뒤따른다.

김구가 해방정국의 주도권을 한때 잡은 것은 반탁운동을 강력하게 전개할 때였다. 이승만보다 늦게 귀국해 해방정국의 후발주자가 되어야 했던 김구와 임정계열에게는 반탁운동이 단번에 지지를 만회하고 정국을 주도할 수 있는 절호의 기회였다(정병준). 복잡한 사안을 단순화하는 재능이 뛰어난 김구는 단기간 내에 반탁 열풍을 일으키는 데 성공했고, 박헌영이 친탁으로 돌아서는 바람에 일어나는 역풍까지 수렴해갈 수 있었다. 김구의 '임정봉대론'이 위력을 발휘하고 있었던 것이다.

좌익이 위축되자 하지는 "흥미롭게도 빨갱이와 백파(白派: 우익)가 균형을 이루게 되었다. 양쪽 모두 우리에게 도와달라고 우는 소리를 하기에 이르렀다"고 흡족해했다. 그러나 김구는 과열 끝에 대중동원이라는 물리력을 앞세우고 미군정에 정권을 내놓으라는 쿠데타적 시도로 악수(惡手)를 두게 되었고 그 때문에 모처럼 잡은 정국주도권을 놓치는 등 결정적 손실을 입었다. 그 첫째 손실이 하지와 결별한 것이었다. 미국과 여러 개의 채널이 있는 이승만에 비해 김구에게는 하지가 유일한 미국과의 통로였다. 당초 김구의 반탁운동은 임정세력의 강화, 정국 주도권 확보에 있었으나 그 결과는 의도하던 것과는 반대로 나타났다. 두 번째 손실이었다.

왜 이러한 예상외의 차질이 생겼을까?

근인(近因)으로는 김구와 그 측근들이 반탁운동에 대한 성격, 방향, 목표를 분명하게 세우고 국내외 여건에 맞추는 전략을 마련하지 못했기 때문이다. 예컨대 반탁이 종국적으로 남북의 단정으로 귀결될 수 있다는 점을 전혀 고려하지 못한 점이 대표적이다. 원인(遠因)으로는 오랫동안 중국 대륙에 격리되어 있기 때문에 정치 감각이나 정치력이 이승만에 비해 미흡했고, 특히 국제 감각이나 국제 식견에서는 더욱 차이가 두드러졌다.

그에 비해 이승만은 해방정국에서 정치력을 과시하는 중심축이었다. 그는 국내 정치세력 간에는 물론이고 미군정이나 미국에 대해서도 균형자 역할을 수행했다. 여운형과 박헌영에게는 견제역할을, 자신과 김구 사이를 오가는 한민당에게도 균형자 역할을 했다. 김구의 임정과 미군정 사이에서 조정역할을 했고, 김규식과도 협조와 견제를 번갈아가며 접촉했다. (함재봉)

김구는 이승만의 도움으로 미군정과의 관계개선(민주의원)을 통해 쿠데타 충격에서 벗어날 수 있었으나 그 뒤로도 '임정봉대론'을 시대흐름에 맞게 조정하지 못했다. 그것이 진정한 문제였다. 김구는 1947년 봄 이승만이 단정수립론을 미국 조야에 알리려고 도미외교 길에 올랐을 때도 다시 2차 쿠데타를 시도하는 무리수를 두었다가 실패했다.

김구가 고집스럽게 '임정봉대론'을 고수한 것은 아마도 두 가지 이유 때문이었을 것이다.

김구는 1947년 10월 신탁통치안이 폐기되고 한국문제가 유엔에 이관된 뒤 단정반대로 돌아서면서 남북협상론까지 들고 나왔다.

김구, 남북협상차 평양에 다녀온 뒤 국민 신망 잃어

조병옥이 1948년 9월 대통령 특사로 유엔총회에 참석하기 위해 파리로 가는 길에 중국 남경에 들렀을 때 국민당 총재 장제스가 오찬을 베풀었다. 이 자리에서 국민당 수뇌부들은 각별한 사이였던 김구, 김규식의 근황을 물었다. 조병옥은 "두 사람은 단선, 단정을 반대하고 북한과 남북협상을 하기 위해 평양에 갔다 온 사실로 말미암아 국민의 신망을 잃었을 뿐 아니라 정치적 자살을 한 것이나 마찬가지다"고 전했다.(조병옥)

반탁, 반공, 반소노선이던 김구가 남북통일을 축구하는 연공(聯共)으로 갑자기 변심한 것이다. 반탁운동을 주도할 때 김구는 반탁이 반소-반공이라는 개념을 정착시킨 견인차였다. 좌우이념이 치열했던 해방정국에서 열세에 있던 미군정과 우파에게 대등한 싸움이 가능하게 만들어 준 원군이었다.

이율배반적인 김구의 이러한 급선회는 이승만에게는 대한민국의 건국을 방해하는 복병이었다. 이승만은 강력하게 반발했고 하지는 김구와 함께 남북협상을 위해 평양에 가려는 김규식을 적극 만류했다. 김일성에게는 유리한 상황이 되었다. 당초 김일성은 김구의 강한 반공투쟁과 반동성 때문에 만날 생각이 없었다. 그러나 김두봉 등이 "김구는 어리석은 인간이기 때문에 만날 필요가 있고 설득할 수 있을 것"이라고 권했기 때문에 역제의(逆提議)하는 방식으로 김구의 남북요인회담을 수용했다(박명림). 그리고 평양에 온 김구와 김규식을 북한정권 수립의 정당성을 뒷받침하는 호재로 철저하게 이용했다. 평양에 다녀온 뒤 김구는 현실정치에서 뒤처지면서 정치적 입지를 잃었고 세력이 계속 약화되었다.

김구의 평양행에 대한 역사평가는 그 배경의 복합적 구조 때문에 단답(單答)이 어렵다. 학자들의 평가도 좌·우파에 따라 긍정론과 부정론이 극과 극으로 엇갈린다. 보다 설득력이 있는 쪽은 당시 김구의 심리상태를 직접 분석하는 데 있을지 모른다.

김구는 수많은 반대자와 의견을 같이하면서 평양행을 반대하는 아들(김신)에게 "너도 병자호란의 역사를 알 테지. 그때 청나라와 타협한 최명길의 현실주의가 없었던들 아마 이 나라는 망했을 거야. 동시에 삼학사의 명분론과 죽음을 감수하는 기개가 없었던들

또한 망했을 거야…. 그 이치를 알아야 한다"고 설득했다. (이기봉)

김구는 인조 때 남한산성에서 있었던 주화파 최명길과 척화파 김상헌의 대결 고사(故事)를 인용했다. 당시 최명길이 청나라와 평화교섭을 맺고 나라를 일단 구했으나 적에게 무릎을 꿇었다는 점에서 명분에 약할 수밖에 없었고, 김상헌의 주전론은 수많은 백성의 피를 대가로 지불해야 하는 강경론이었으나 조선선비의 기개를 살리는 대의명분이 살아 있었다. 결국 두 주장이 상호 보완되어 조선은 국가존망의 위기를 넘기고 존속하게 되었다. (오인환)

김구의 어투로 보아 개인의 권력투쟁보다 민족문제에 비중을 둔듯하고 자신을 최명길에 빗댄 듯하다. 그러나 그 뒤 역사를 보면 그는 김상헌처럼 대의명분(남북통일)을 내세운 인물로 부각된다.

'남한만의 총선' 끌어낸 모윤숙의 미인계

유엔총회의 결의에 따라 1948년 1월 8일 유엔 임시한국위원단 8개국 대표가 서울에 왔다. 그런데 대표단 분위기가 심상치 않았다. 과반수 이상이 남한만의 단정 실시에 부정적이었다. 프랑스, 캐나다, 오스트레일리아 등 3국은 좌파정부이거나 좌·우 합작정부여서 단정반대일 가능성이 높았고 단장 인도인 메논(V. K. Krishna Menon)도 친소, 친공적인 인물이었으며, 부단장인 시리아의 무길도 미국의 이스라엘 건국지지문제로 반미성향이었다. 확실한 단정 지지는 필리핀, 중국, 엘살바도르 등 3개국뿐이었다. (이주영)

국내에서는 김구가 강력하게 단정반대를 외치고 나섰고 김규식이 가세했다. 프랑스, 인도 등 5개국은 임정 주석 김구와 부주석 김규식이 반대하는 것을 확인하게 되자 선거를 연기하고 되돌아가야 한다고 주장하기에 이르렀다.

이승만에게 이 같은 내우외환(內憂外患)은 마지막이나 가장 큰 시련이었다(이정식). 이승만은 한민당 김성수 등과 함께 한국위원단 일행을 상대로 만찬회 등 각종 행사를 베풀며 설득에 나서야 했다. 그런데 문학을 선호하는 메논이 한국의 젊은 여류시인 모윤숙(毛允淑)을 만난 뒤 관심을 가지게 되면서 실마리가 풀리기 시작했다. 이승만은 모윤숙에게 메논과의 데이트를 계속해 달라고 간청했고, 결정적일 때 이 시인은 메논을 설득해 단정을 지지하게 만들었다.

이러한 에피소드에 대해 제임스 매트레이는 미인계(美人計)를 써서 메논의 생각을 돌리게 했다고 썼고, 메논 자신도 자서전에서 "이것이 나의 업무에 있어 감성이 이성을 지배한 유일한 때였다"면서 모윤숙의 역할을 인정하는 내용을 남겼다. (송남헌)(그 뒤 메논은 모윤숙을 인도로 초청했고, 그때 메논의 부인이 이 한국의 여류시인을 안내했다고 한다.)

메논은 유엔본부에 단정에 관한 긍정적 내용의 보고서를 제출했고, 미 국무장관 마셜은 가장 영향력이 큰 영국과 인도 정부에 전문을 보내 지지를 확보하는 등 메논의 건의안을 통과시키기 위해 노력했다. (제임스 매트레이)

유엔총회는 1948년 2월 19일 남한만의 선거실시를 다수로 통과시켰고, 메논은 그 결의안을 가지고 서울에 돌아왔다. 그러나 위원단이 쉽게 동의하지 않는 바람에 4일간이나 격렬한 토론이 계속되었다. 결국 메논의 설득으로 3월 12일 표결에서 찬성 4, 반대 2, 기권 2로 선거실시안이 통과되었다. 인도와 시리아가 반대에 가담

했다면 반대가 4표로 선거안은 부결되었을 것이고, 대한민국 건국
도 없었다. 이승만, 김성수가 공로자였고, 모윤숙이 수훈갑이었
다. (이주영)

한편 4월 19일 김구와 김규식이 참석한 평양회담이 예정대로 열
려 북한정권의 정통성을 주장하는 '정치적 쇼'가 벌어졌다. 남북이
각각 단정으로 가고 있었고, 북한이 앞서고 있었던 것이다.

이승만, 첫 총선에서 개운치 않은 승리

어려운 고비를 넘긴 가운데 드디어 1948년 5월 10일 남한만의 총선
거가 실시되었다. 그러나 또 큰 고비가 기다리고 있었다. 북한의
후원을 받는 남로당이 총선저지를 위해 방해, 교란, 파괴, 살상행
동을 전국적으로 펼치기 시작했기 때문이다. (이현희)

남로당은 특히 유엔 한국위원단의 선거참관을 방해하려 했고,
통신, 전기, 철로 등의 총파업을 단행했다. 경남북, 제주도 등지에
서 경찰서 등을 습격하고 경찰 등 공무원과 우익인사들을 살해했다
(조병옥). 투표소에 수류탄을 던져 경비원 3명이 폭사하는 사건이 일
어나는 치안부재의 살벌한 상태였다. (이현희)

당초부터 남로당의 방해전략을 의식한 미군정, 이승만, 한민당
등 우파는 총력전으로 나왔다. 미군정은 우파를 지원하는 선심공
세와 대대적 선거홍보 캠페인을 벌였다. 미군정 소유인 신한공사
의 일본인 귀속농지를 소작 농민들에게 분배, 농촌의 인심을 얻고,
선거권이 부여되는 최소연령을 21세로 하향조정했다. 소선거구제

를 택해 좌파세력의 진출을 어렵게 했고 선거운동을 입후보자만 할 수 있게 해 조직보다 개인에 의지하는 우익에 유리하게 했다.

투표율이 나쁘면 남한정부가 유엔의 승인을 받기 어려울 것을 걱정한 하지는 선거참여를 극대화하는 선거 캠페인도 벌이게 했다(제임스 매트레이). 공산주의와 민족주의(김구 주장)에 대비한 민주주의의 장점 등을 집중 홍보했다. 하지는 남로당에 의해 사태가 악화되는 것에 대비해 주한미군 병력을 1만 3천에서 2만 명으로 50% 증강하고 부산항과 인천항에 항공모함 1척씩을 불러들였다. 당시 남한의 경찰병력은 군대 역할까지 하고 통신, 무기장비가 우세했으나 2만 5천 명 수준이어서 내전 같은 사태에 대비하려면 역부족이었다. 경무부장 조병옥은 지방유지와 청장년으로 구성된 1백만 향보단(鄕保團)을 전국적으로 만들어 경찰업무를 보조하게 했다(조병옥). 조선왕조의 지방자치제인 좌수·별감의 유향소에서 아이디어를 얻은 이 향보단은 빨갱이 사냥의 깡단으로 전락했다고 국무성에 보고(제임스 매트레이)까지 되었으나 남로당의 선거방해를 막는 결정적 역할을 해냈다. 단정이 확정된 뒤 이승만 산하로 합류한 18개 우익청년단체(지청천의 대동청년단, 이범석의 민족청년단, 유진산의 대한민주청년동맹 등)가 대한청년단을 결성, 경찰과 향보단을 도왔다.

좌우대결이라는 특수성 때문에 우파에 의한 관제·관권선거의 성격이 짙었다. 이승만은 후보등록, 유세, 투표 등의 선거행위와 선거관리를 실질적으로 주도했다(정병준). 국민들이 자기 의사가 아닌 관권에 의해 투표에 동원되었다. (그레고리 헨더슨)

총 유권자 983만 4천 명 중 783만 7천여 명이 등록했고, 총유권자의 71.6%에 달하는 7백만여 명이 투표했다. 한국역사상 처음 있는 투표였고 투표분위기가 험악했던 점 등을 보면 높은 참여율이었다.

남로당의 폭력공세와 우파의 반격으로 선거당일만 해도 51명의 경찰관과 11명의 공무원이 피살되었다. 선거 직전까지 5주 동안 무려 589명이 선거 때문에 목숨을 잃었다. 선거 당일 166개의 관공서와 파출소 등 301개소의 국가기관이 피습당했다. 남로당 주도로 4·3 민중봉기가 진행 중이던 제주도에서는 두 곳에서 선거가 불가능했다.

피로 얼룩진 준(準)내전상태 같은 선거였던 것이다.

5·10 총선에서는 200개의 의석을 놓고 948명의 후보가 출마, 평균 4.74:1의 경쟁률을 보였다. 정당별 당선자수는 무소속이 85명으로 전체의 42.5%를 차지했고, 이승만의 '독촉'이 27.5%인 55명, 한민당이 14.5%인 29명의 당선자를 배출했다.

이승만과 한민당의 독주가 예상되었으나 결과는 그 반대였다. 한민당 사무국장을 비롯해 김산, 김양수, 서민호, 윤보선, 함상훈 등 중진들이 대거 낙선했고 아성인 전남, 경북, 경남에서 최소한의 의석을 확보해 체면을 지켰을 뿐이다. 독촉이나 한민당 간판으로는 어렵겠다고 보아 무소속으로 출마해 당선된 자들이 원래 소속으로 되돌아 온 것이 그나마 다행이었다. 한민당은 76석, 독촉은 61석이 되어 모두 137석으로 과반을 넘었으나 인위적으로 만든 것이었다.

선거는 좌익계가 참여하지 않았고, 김구, 김규식 등 우파세력도 불참한 가운데 우익 일부만이 참가한 선거로 미군정, 이승만, 한민당에 대한 신임투표라 할 수 있었는데 그 결과는 향후 정국이 만만치 않겠음을 시사하고 있었다.

가장 곤란한 것은 미국의 인기가 저조해졌다는 점이었다(전상인). 하지는 일방적으로 5월 31일 국회를 소집했고, 초대의장에 이승만

을 선출하게 했다. 유엔 한국임시위원단이 논란 끝에 선거 결과를
추인한 것은 6월 25일이 되어서였다. 이승만 의장은 국회개회사를
통해 제헌국회가 3·1운동을 위해 서울에서 개최된 국민대회의 계
승자라고 평가했고, 분단 이후 450만 명의 북한 주민이 남하해 선
거에 참여했으며 일부는 국회의원으로 진출한 사실과 북한 지역을
대표하는 의석 100석을 배려하고 있다는 점을 밝히면서 정통성(상
대적 의미)을 강조했다.

  1948년 12월 12일 유엔총회는 대한민국 정부를 한국의 유일한 합
법적 정부로 승인했다. 유엔에 의해 총선거의 결과에 대한 적법성,
정통성이 인정된 것이다. (전상인)

'이승만 무투표 당선'에 최능진이 도전

5·10 총선 때 이승만은 불출마를 선언, 정가에 파문이 일었다. 외국 언론은 국민
의 지지를 받지 못하고 있기 때문이라고 보도했다. 지지자들이 그의 입후보를 강
력히 호소했고, 이승만은 민의에 따라야 한다면서 번의(飜意)했다. 유권자 4천여
명의 추천을 받아 동대문구 갑구에 출마, 무투표 당선이 예상되었다.

  이때 미군정 경무국 수사국장 출신의 최능진이 입후보를 선언했다. 미국유학을
한 최능진은 해방 뒤 조만식의 밑에서 일했고, 월남 뒤 경찰에 투신했다가 친일경찰
문제로 경무부장 조병옥과 충돌하면서 옷을 벗었다. 김규식을 어떻게든지 선거에
참여시키려고 정치공작을 펴오던 하지가 이승만을 낙선시키기 위해 '최능진 카드'를
앞세우게 된 것이다. 최능진은 동대문 선관위의 방해로 등록마감시간을 넘기게 되자
미군정청에 항의, 등록수속을 마칠 수 있었다. 그러나 경찰이 추천인들을 일일이
만난 뒤 승낙 없이 추천서를 날조했다고 주장하게 해 등록취소조치를 받게 했다.

  최능진은 남북협상 지지자였다. 그 뒤 그는 1950년 11월 김구의 지지자였던
여수주둔 제14연대 연대장 오동기 소령이 벌인 정부전복음모의 배후자라는 혐의
로 검거되어 적전비행죄(敵前非行罪)로 처형되었다.(존 메릴, 송남헌, 한홍구)

전상인은 우리 민족이 스스로의 힘만으로 자신의 미래를 개척할 수 없었던 것이 당시의 현실이었던 만큼 결코 모범적이라고 할 수 없는 5·10 총선거를 통한 대한민국 정부의 수립을 무조건 당연시하는 입장이나 또는 백안시(白眼視)하는 태도는 이상론적 관점에서의 시비이기 때문에 둘 다 부적절하다고 논평하고 있다.

김구, 총선 참여해 활동기반 넓혔어야

귀국 초기 이승만과 김구는 겉으로 보기에는 좋은 관계를 유지하고 있었다. 김구는 한 살 위인 이승만을 형님이라고 불렀고, 이승만은 아우님이라고 깍듯이 예우했다. 1875년생인 이승만이 70세, 76년생인 김구는 69세였다.

이승만은 6살 아래인 김규식을 만날 때는 찾아갔으나 김구와 만날 때는 자신을 방문하게 했다. 격식을 갖추어 대하면서 김규식을 경원(敬遠)한 대신 김구와는 별 부담 없이 만나고 상의하는 격의 없는 사이였다.

김구와의 결별을 국민들이 안타까워한다고 전하자 이승만이 "김 주석과 같이 한길을 가지 못하게 된 것은 정말 슬픈 일이다. 내가 가슴이 쓰리고 원통하다…. 김구는 세상에 하나밖에 없는 동생이다"면서 눈물을 흘렸다는 일화를 보면 두 사람의 사이가 보통관계가 아니었음을 알 수 있다(박용만). 두 사람은 1921년 상해임정 때 임시 대통령과 경무국장으로 만났고, 그 뒤 구미위원회 위원장과 임정 주석의 입장에서 서로 도와가면서 깊은 우정을 쌓았다.

대한민국 헌법 공포사를 읽는 이승만(1948.7.17).

두 사람의 우정은 깊었으나 해방정국에서는 선뜻 서로의 손을 잡지 못하고 있었다. 정치적 신념의 차이, 추종세력 간의 이질감, 미 군정과의 관계에서의 유·불리 상황이 두 사람의 간극을 더 벌어지게 했으나, 권력투쟁의 관점에서 누가 먼저 집권자가 되느냐는 문제가 미묘한 갈등의 핵이라 할 수 있었다.

두 사람을 함께 모셔야 하는 한민당의 입장에서는 어떻게 공동보조를 취하게 하느냐가 고민이었다. 해방 초기 한민당은 첫 번째 집권자가 이승만이고, 나라의 초석이 잡힌 뒤 김구가 승계해야 한다고 보았다. 초대 대통령 이승만, 2대 김구이거나 또는 1, 2대 이승만, 3, 4대 김구로 이어질 수 있으면 하고 생각했다. (허정)

반면 임정계가 주축인 한독당은 한민당과는 달리 김구가 첫 번째 집권자여야 했다. 실제로 김구 측 참모들은 이승만에 가까운 한민당 인사들이 김구에게 접근하는 것을 경계했고, 한민당도 한독당의 정통성, 정체성에 종속되는 것을 우려해 양당 합당을 거부했던 것이 두 사람의 거리를 좁힐 수 없는 정치현실이기도 했다.

김구는 이승만의 단정이 남북통일의 길을 막고 분단을 고착하는 것이라면서 선거참여를 거부했다. 미·소 대결을 극복하고 민족통일을 추진하자는 주장은 대의명분이 뚜렷하고 따라서 김구는 민족주의자로서의 명성을 더 높이고 있었다. 그러나 그는 혁명가이면서 또한 정치가이기도 했다.

정치가가 왜 집권여부를 판가름하는 선거를 거부하는가? 남북협상파들은 선거에서 한민당이 압승할 것으로 예단했고, 그렇게 수립된 정권은 오래가지 못할 것이므로 선거를 보이콧했다는 것인데, 그 예단은 기우였다. 5·10 총선에서 이승만과 한민당은 사실상 패배한 것이나 다름없었다. 한민당이 아성인 전남, 경북, 경남에서 간신히 체면을 유지했을 뿐이고 무소속을 영입해 과반수선을 넘었다. 김구와 한독당, 김규식과 민련(민족자주연맹)이 선거에 참여했더라면 협상파들에게 유리한 선거결과를 얻을 수도 있었다. 협상파들이 다수를 이루고 국회를 지배할 수도 있었고, 이승만의 독주를 견제할 수도 있었을 것이다. (이달순)

2년 뒤 1950년 5·30 총선에서는 210석 중 3분의 2에 육박하는 126석의 무소속 돌풍이 있었고 중도파나 사회당계열이 약진했다. 김구, 김규식의 총선불참이 정치적 오판이었음이 시간이 지날수록 더욱 두드러지게 드러났던 것이다.

당시 미군정의 정보기관이 김구가 단선반대, 남북통일정부 수립을 주장한 것은 남한 단선이면 이승만이 유리하나 남북한 총선이면 남북에서 고루 지지를 받는 자신이 승리할 것으로 판단했기 때문이라고 분석했다는 보도(〈경향신문〉, 〈서울신문〉, 1948년 1월 28, 29일)도 있었다.

혁신계 정치가였던 이동화(李東華)는 남북협상파(김구, 김규식)가 5·10 총선에 대해 현실론 대신 명분론을 내세우면서 외면한 것은 큰 과오였다고 지적하고, "그들이 총선에 참여했더라면 승리해 과반수 의석을 차지할 수도 있었고, 이승만 독재정권의 출현을 방지하고 민주적 혁신정권을 수립할 수도 있었을 것이다"라고 회고했다.

나중 진보당을 창당하는 조봉암도 "'가능지역에서의 총선거안'의 불가피성을 인정하고 중간파 민족세력이 총선에 참여하고, 통일독립정부 수립을 다음 단계로 넘겼어야 했다"고 주장했다(정태영). 조봉암이 그 뒤 반(反)이승만 노선의 거물로 부상하게 되는 것을 보면 협상파가 선거를 포기한 것이 얼마나 큰 정치적 손실이었는가를 알 수 있게 한다.

제헌 과정에서 한민당이 첫 단추 잘못 끼워

1948년 제헌국회의 헌법기초위원회는 한민당이 주도했기 때문에 한민당이 의도하는 대로 헌법을 제정하기가 어렵지 않았다. 실제로 자신들이 원하는 내각제 헌법을 밀실작업이라 할 수 있는 과정을 통해 마련하기도 했다. 미군정 아래의 해방정국이었기 때문에 국민여론이나 정치권의 의견을 수렴하는 절차가 생략되어 있었던 것이다.

위원회 위원 30명 가운데 한민당 관련자가 14명이었고, 위원장도 한민당의 서상일, 부위원장도 한민당이 지원해 당선된 이윤영이었다. 또 전문위원 10명 중 3명이 한민당 관련자였는데, 핵심역할을 한 고려대 교수 유진오는 헌법을 전공한 한국 유일의 공법(公法) 학자인 데다가 내각제를 선호하는 입장이어서 내각제 헌법 작성에 결정적 영향을 끼쳤다. (연시중)

한민당이 추진한 내각제 헌법은 마지막 심의단계에서 국회의장이던 이승만이 등장해 강력하게 정면 반대에 나섬에 따라 한민당이 양보하는 결단을 내리게 되고, 하루아침에 대통령제로 뒤바뀌게 되었다. 그 과정을 두고 대통령제가 채택된 것은 '대통령병 환자'인 이승만의 권력욕에서 비롯된 것이고 한민당은 선의의 피해자이며 내각책임제가 실종된 것은 잘못된 일로 보는 시각이 일반적이다.
(심지연)

그러나 학자들의 연구가 진전됨에 따라 그같이 일반화된 시각이 바뀌고 있다. 이승만의 역할에 대한 평가가 균형을 찾고 있다.

한민당이 첫 단추를 잘못 끼워서 한국 헌정사의 수난이 시작되었다는 관점도 나오고 있다. 해방정국 초기부터 한민당이 헌법제정 문제를 앞장서서 끌고 온 것은 아니었다. 제일 먼저 헌법문제를 착안한 인물은 임정의 중진인 내무부장 신익희였다.

그는 귀국 직후인 1945년 12월 행정연구위원회를 만들어 개인적으로 헌법시안을 작성했다. 이 시안은 대통령제와 내각제적 요소가 동시에 나타나는 이원정부제적 특징을 가지고 있었고, 대통령의 임기가 6년인 데다가 국민이 직접 선출하게 되어 있는 등 대통령제의 비중이 더 있었다.

그 뒤 이승만, 김구가 함께 참여한 '민주의원'의 헌법기초위원회는 임정의 헌정 전통에 따라 의원내각제를 기본으로 하는 혼합적 권력구조를 채택했다. 대통령은 의회에서 선출하는 간접선거 방식이었다. 민주의원에 뒤이어 설립된 남조선 과도입법의원에서도 1947년 한민당과 중도파 사이에 타협이 이루어져 '조선임시 약헌'을 만들었다. 이 약헌은 대통령제 권력구조를 기본 틀로 하고 위원내각제적 요소를 일부 수용한 혼합적 대통령제였다.

신익희가 이때 중요한 중간역할을 했다. 그는 김구가 미군정을 상대로 쿠데타를 기도했다가 실패했을 때 김구 진영에서 이탈해 이승만 쪽으로 갔고, 나중 한민당의 후신인 민국당에 참여해 야당의 거물로 성장하게 되는데, 누구보다도 먼저 헌법문제에 착안한 정치 감각이 뛰어난 인물이었다.

그런데 1948년 5월 10일 총선에서 임정세력과 중도세력이 선거에 불참하고 독촉과 한민당이 국회를 주도하게 되면서 사정이 바뀌게 되었다. 한민당은 중도파, 임정계 등과 타협해 만든 타협안을 챙길 의무가 없어졌고 독촉은 별 관심을 두고 있지 않았기 때문에 한민당의 내각제 구상이 슬그머니 부상하게 되었던 것이다. (김성호, 최선)

이 과정에서 유진오가 결정적 역할을 했다. 그는 "국토양단, 경제파탄, 공산주의자들의 극렬한 파괴활동 등 생사의 문제를 산더미같이 떠안고 있는 대한민국이 대통령제를 채택해서는 국회와 정부가 대립할 가능성이 있으므로 내각제가 타당하다"는 정체관(政体觀)을 가지고 있었다.

한민당에서도 처음에는 내각제와 대통령제가 팽팽하게 대립했다. 당 위원장인 김성수가 유진오의 견해를 수용하는 형식으로 내각제를 고려하고 있었다(유진오는 이승만, 김구, 김규식 같은 거물급이 없는 한민당 수뇌부가 내심 내각제에 기울고 있다는 것을 잘 알고 있었다). 미국 유학생 출신인 조병옥은 대통령제를 강력하게 주장했다. 그러나 기초위원회에서 논의가 내각제로 기울면서 한민당 당론이 되었고, 대통령제를 지지하던 신익희도 입장을 바꿔 한민당 당론을 수용할 수밖에 없었다(신익희는 그 뒤 이승만이 대통령제를 강하게 주장하고 나서자 대통령제 지지로 되돌아왔다).

유진오 초안과 신익희가 행정연구위원회에서 만든 시안이 절충되어 세칭 '유진오 공동안'이 탄생하게 되었다. 1948년 6월 2일 한민당이 주도하는 헌법기초위원회는 '유진오 공동안'을 원안으로 하고 권승렬 안을 참고 안으로 채택했다. 유진오 공동안은 국가수반과 행정수반이 대통령과 국무총리로 이원화되고, 국무총리는 대통령이 임명하며 국회의 승인을 받게 하는 등 의회의 권한을 강화했다. 대통령 임기는 6년으로 돼 있었다. 공동안이 기초위에서 심의되는 과정에서 의회의 권한이 더 강화되어 위원내각제 요소가 더욱 부각되었다(김성호, 최선). 이 공동안은 16차례에 걸친 심의를 마치고 '대한민국 헌법안'으로 정리되었다.

바로 그 무렵 이승만이 내각제에 대해 뒤늦게 정면 반대를 주장하고 나선 것이다. 이승만은 격렬한 이념투쟁 속에서 건국 초 산적한 국정을 신속히 효과적으로 처리하기 위해서도 강력한 지도력의 대통령제를 실시해야 한다는 정체관을 강조했다. 국회와 행정부 사이 마찰관계가 생기면 내각제로는 정국안정을 기할 수 없다는 주장이었다. 6월 7일 공식적으로 반대의사를 처음 표명했고, 6월 10일에는 위원회에 참석해 대통령제를 채택해야 한다고 주장했다. 한민당측은 일단 그 주장을 묵살했다. 이승만은 6월 15일에도 같은 주장을 되풀이했고 서상일 위원장에게 압력쪽지도 보냈다.(유진산)

그런데도 자신의 요구가 수용될 움직임을 보이지 않자 6월 21일 제3독회 최종회의에 나와 "오늘날과 같이 혼란한 정세 속에서 내각제를 하면 권력이 안정되지 않을 것"이라면서 "만일 원안대로 채택된다면 나 같은 사람은 모든 것을 그만두고 국민운동이나 하겠다"고 예의 폭탄선언을 했다(유진오, 박명림). 이승만은 자신을 배제하고는 한민당이 건국과정에서 독자적으로 생존하기가 어려우리라는 취약점을 꿰뚫어보고 승부수를 던진 것이다.

한민당으로서는 암담한 심정이었을 것이다. 김구와 임정세력, 김규식의 중도파가 참여하지 않고 있는 정국에서 이승만까지 이탈한다면 그것은 정치판이 깨질 위기였다. 더구나 이승만이 말하는 '국민운동'이라는 것은 한민당이 공격대상이라는 말이나 다름없었다. 독립운동의 최고원로라는 카리스마와 선동력, 동원력을 갖추고 있는 이승만은 당시 명성과 파워에서 절정기에 있었다.

한민당의 실세인 총무 김성수는 긴급대책회의를 열고 간부들과 당소속 기초위원들을 설득해 이승만의 요구를 수락하게 했다. 쟁점들을 꿰고 있던 기초위원 김준연이 앉은 자리에서 즉시 권력구조를 내각제에서 대통령제로 바꿨고 그 내용을 검토한 유진오도 "별무리가 없다"는 의견을 내놨다. 6월 22일 대통령제안이 최종안으로 처리되었다.

이승만의 대통령제 선택이 옳았다

이승만은 1904년 29살 때 감옥에서 《독립정신》을 쓰면서 미국의 대통령제를 가장 이상적인 정치제도로 높이 평가했다. 이승만이 대통령제를 주장한 것은 권력욕이나 '대통령병 환자'이기 때문에 그랬던 것이 아니라 젊었을 때부터의 소신에서 비롯된 것이라는 주장은 《독립정신》에서부터 시작된다. 이 소신은 오랜 독립운동 기간에도 변하지 않았다. 이승만은 1919년 3·1 운동이 일어난 뒤 미국 필라델피아에서 제1차 한인의회를 개최하면서 "한국인의 목표와 열망"이라는 결의문을 통해 "미국의 정체(政体)를 본뜬 정부를 갖기를 제안한다"고 결의했다. 그는 4월 23일 한성임시정부가 자신을 집정관 총재로 추대했다는 소식을 들은 다음 '대한공화국 대통령'이라는 칭호를 공식 문서에 처음 사용하기까지 했다.

그 뒤 상해임정의 '임시 대통령'이 되어 활동할 때는 임정의 행정권이 국무총리에게 집중되어 있는 것을 불만으로 여기고 대통령 중심제로 가야 한다고 주장했고, 이를 멘토인 서재필에게 써 보내기까지 했다(유영익). 그는 젊은 시절부터 미국과 같은 직선대통령제의 지지자였던 것이다. (연시중)

한 학자는 내각제가 대통령제로 바뀌면서 원안에 없던 대통령 중심제 외에 국회의 단원제(單院制), 농지개혁, 주요기업의 국영화 등이 반영되는 등 이승만이 가장 중요하고 비중 있는 역할을 한 점을 부각, 유진오가 '한국헌법의 아버지'라는 통설에 의문을 제기하기까지 했다. (유영익)

그 의문은 유진오의 원안대로 내각제로 갔더라면 대한민국은 과연 잘 갈수 있었을까 하는 물음으로 연결된다. 대통령 중심제를 기반으로 이승만은 대한민국의 기반을 수립했고, 박정희는 당시 개발도상국 중 가장 높은 경제성장을 이룩하는 리더십을 발휘했다. 김영삼, 김대중 역시 대통령 중심제를 통한 강력한 리더십으로 민주화를 완성시킬 수 있었다.

한국은 유엔 산하의 140여 개국 중 유일하게 경제와 민주주의를 동시에 발전시켜 선진국 대열에 든 유일한 후진국이고, 그 출발점은 이승만의 대통령 중심제 선택이라고 볼 수 있다. 이념이 다른 두 개의 국가가 남북으로 분단되어 대치한 위기상황에서 강력한 권한을 갖는 정권의 등장이 오히려 당연한 것이었다. 이승만의 대통

254

령제 선택이 옳았다. (권영설)

한민당이 추진한 내각책임제가 한민당의 후신인 민주당 장면(張勉) 정권 아래서 부패와 무능으로 실패했다는 것은 대통령 중심제 선택이 옳음을 인정하는 역사적 반증이었다. (강경근)

김상협도 양당제로 운영되는 영국식을 제대로 모방할 수 있다면 그 이상 더 바랄 것이 없을 것이나, 한국같이 정치적으로 민주주의의 기반이 약한 국가에서 과연 제대로 뿌리가 내릴 수 있겠는가 하는 것은 처음부터 의문이었음을 전제하고, 근세 이래 영국식 내각제가 미국식 대통령제를 따라 당수 1인의 지도력이 강화되고 있는 점을 지적, 장면 정권의 내각제를 비판하고 대통령제를 더 긍정적으로 평가했다. (김상협)

제헌과정에 관한 이승만의 문제는 해방정국의 지도자로서 주도적 역할을 제대로 못 했다는 데 있다. 여러 갈래로 헌법시안이 만들어지는 과정에서 줄곧 동반자 관계였고 건국 후에도 협력해야 할 한민당과도 심도 있는 의견교환이 없었다. 대통령 직선제 헌법을 마련하는 준비가 없었다. 한민당에 압력을 넣는 마지막 기회에서조차 직선제를 반영시키지 못했던 것이다.

주변에서 대한민국 국민이 아직 민주주의 경험이 부족하고, 대다수가 문맹이라는 점을 들어 대통령 직선제가 무리라고 주장했다. 그러자 이승만은 국민이 직선제를 치를 능력이 증명될 때 그 권한을 돌려주어야 한다는 조건부로 국회 간선제에 동의했다(로버트 올리버). 이것이 사실이라면 이승만은 큰 실책을 한 것이다(유영익). 이승만이 국민의 수준을 너무 과소평가하고 있고, 자신의 정당도 없는 필마단기의 입장에서 4년 뒤 있을 국회에서의 재선을 내다

보는 포석도 두지 않고 있었음을 나타내기 때문이다. 출마자를 동물그림으로 표시하는 아프리카보다 한국민의 정치의식이 앞서 있다는 것은 1952년 직선제에서 이미 증명된 일이었다. 이승만은 헌법조문에는 직선제를 규정하고 초대 대통령에 한해 간선제로 선출하자는 입장을 적극 반영했어야 했다.

한민당 쪽은 무엇이 문제였는가? 한민당은 이승만이 '최후통첩'을 할 때까지 버텼다. 한민당이 3년 사이에 강해졌기 때문에 생긴 변화였다. 그러나 헌법제정 당시에는 아직 한민당의 시대가 온 것도 아니었고, 올 때도 아니었다. 남로당과 좌파가 약해졌고 김구, 김규식 세력이 빠졌기 때문에 생긴 힘의 공백이 한민당에 이점을 준 큰 요인이었을 뿐이다.

그러나 김구, 김규식이 없는 정국에서 건국지도자로서 항일운동에서 오는 정통성, 정체성을 가지고 있는 이승만의 존재는 거의 절대적이었다. 그런데 한민당은 선두에 선 이승만과 상의도 없이 내각제를 성안, 실현 직전까지 추진했다. 새로운 국가에 걸맞은 새헌법을 마련하려면 국민의 의사를 묻는 국민투표 등 절차를 밟아야 했으나 미군정의 통치 아래 있었으므로 그 문제는 가능하지가 않았다. 그래도 항일세력 등 정치권의 의견을 충분히 수렴할 필요는 있었다. 항일세력의 중요한 한 축으로 유일한 대통령 후보로 자타가 인정하는 이승만과의 의견교환이 핵심적 과정이었다. 한민당의 이러한 조치는 정당으로서는 당연할 수 있는 발상이었으나 해방정국에서 한민당이 처한 위상과 입장에서 볼 때 큰 모험이었다.

한민당은 이승만이 내각제를 끝까지 거부하고 실력대결로 갔을 때 현실적으로 승산이 없었고, 설사 이승만이 명목상의 국가원수에 자족하는 내각제를 수용했다 하더라도 자력으로 친일파 처리 문제와 토지개혁 등 난제를 해결하기가 어려웠다. 총리후보인 김성수와 동생 김연수가 그 친일파 시비의 바로 당사자들 중 한 사람이었고, 친일파들이 지방조직에도 많이 참여하고 있었기 때문이다. 한민당은 서두를 게 아니라 심모원려(深謀遠慮)를 했어야 했다.

한민당은 해방 초기 이승만, 김구가 1, 2대 대통령, 혹은 이승만이 1, 2대, 김구가 3, 4대 대통령이 되는 것을 각오한 적도 있었다. 이제 김구가 배제된 상태에서 이승만 다음에 집권할 수도 있었다. 당시 이승만은 73세, 김성수는 57세, 조병옥은 54세, 신익희는 55세, 장면은 49세의 장년이었다. 이승만을 뒷방영감(그런 소리를 몹시 싫어했다)으로 만들려고 할 것이 아니라 일단 최고령자인 그에게 양보하는 것을 각오하고서라도 의견을 물었어야 했다.

이승만의 반대에 따라 한민당은 정체를 대통령제로 바꿨으나 직선대통령제가 아니었다. 한민당은 내각제 안에 있던 국회간선 규정을 그대로 두어 직선제 도입을 피하고 대통령의 권한을 약화시키고 국무총리와 국무위원의 권한은 강화시키면서 내각제 골격에 대통령제를 가미한 기형적인 혼합적 대통령제를 만들었다. (연시중)

한민당이 국회간선제 조항을 그대로 둔 것은 이승만과 직선제에서 대결하는 경우를 원천봉쇄하고, 재선과정에서 한민당 주도의 국회를 통해 이승만 독주를 견제해야 한다고 생각했기 때문이었다. 간선대통령제에서는 미국에서 보듯 국회를 구성하는 선거인단과 대통령을 선출하는 선거인단이 각각 별도로 구성된다. 그런데 건국헌법은 간선의 주체를 국회로 규정하고 있다는 게 심각한 문제였다.

유진오는 공산주의자들의 준동으로 치안이 불안한 정세 때문에 이러한 간선방식을 택했다고 주장했는데, 그런 경우 헌법조문상으로는 대통령직선을 규정하고 대신 초기 대통령에 한해 국회에서 단서조항을 첨가하면 문제가 해결될 수 있었다.(김성호, 최선)

한민당은 대통령 국회간선 문제가 논의될 때 초대 대통령에 한해 국회간선으로 선출하자는 내용의 부칙이 타협안으로 제출된 적이 있었으나 이를 무시하고 제대로 검토하지도 않았다(김성호, 최선). 기초위는 최종심의 단계에서 원안에 6년으로 되어 있는 대통령의 임기도 4년으로 단축시켰다. 초대 대통령의 임기는 빨리 끝날수록 좋다는 의견을 반영시킨 것이다.

이승만이 의장 입장에서 조문심의 실무에까지 간여할 수 없고, 강력하게 자신의 의견을 대리할 세력도 없는 데다가 헌법제정기간이 42일에 불과해 정치 일정상 시간에 쫓기고 있었기 때문에 한민당의 실리 챙기기 작전에 제대로 대응할 수도 없었다(김충남). 이승만의 안이한 간선제 동의와 한민당의 견제전략은 한국전쟁 중인 1951년 여름 부산 개헌파동의 형태로 등장하는 후유증을 낳았다.

한민당이 당리당략을 초월하고 국가백년대계를 생각해 앞에서 지적했듯이 타협안으로 나왔던 직선제에 관한 단서조항의 부칙을 수용하고, 임기 6년안을 그대로 두었다면 한국의 헌정사를 크게 왜곡시키기 시작한 부산 정치파동도 없었을 것이고, 제2대 대통령 선거도 전쟁이 끝난 1954년 직선제로 치를 수 있었다.

'하지' 연구 없는 것은 과거 성찰(省察) 없기 때문

대한민국이 건국된 뒤 하지 장군은 이승만과의 불화 때문에 명예롭게 귀국하지 못하고 사실상 쫓기듯 한국을 떠나야 했다(차상철). 귀띔도 하지 않고 슬며시 떠나려는 것을 눈치 챈 조병옥(하지가 높이 평가한 인물 중 하나)이 환송회를 마련했고, 초대 대통령이 된 이승만이 부인 프란체스카와 함께 참석해 혹시나 하는 우려를 덜어주었고, 하지를 치하하는 인사말까지 했다(조병옥). 예우의 모양새는 최소한 갖춘 셈이었으나 그것으로 끝이었다. 대한민국은 건국을 있게 한 하지에게 건국공로훈장을 수여하는 등의 배려를 하지 않았고, 한국전쟁 때 주한미군 사령관으로 1순위였으나 이승만의 거부반응으로 워커 중장으로 대체되었다.

하지가 이승만과 신경전을 벌이며 고전하고 있을 때 트루먼, 아이젠하워, 맥아더, 육군성은 하지를 두둔하고 노고를 치하, 지지했으나, 막상 귀국한 뒤에는 그간의 공로에 대해 서훈하지 않았다. 대장으로 승진하고 1953년 퇴역할 수 있었다는 것이 그나마 다행이랄 수 있었다. 좌우 대결로 엉망이던 남한을 안정시키고 5·10 총선의 뒷바라지까지 충실하게 마무리했으나 한·미 정부 양쪽으로부터 찬밥신세가 되었던 것이다.(제임스 매트레이)

국내외 학자들도 대체로 그에 대한 평가가 부정적이었다(차상철). 같은 시기 일본점령군 사령관이던 맥아더가 미·일 양국에서 영웅이나 신(神) 같은 존재로 예우를 받은 것에 비하면 너무나 눈에 띄는 홀대였다. 맥아더는 일본 민주주의의 아버지, 농지개혁과 각종개혁을 추진한 일본재건의 은인으로 알려져 일본인들로부터 존경과 추앙을 받았다. 일본을 떠날 때 비행장으로 가는 연도에 수십만의 인파가 몰려나와 열광적으로 환송했다.

맥아더가 원수, 하지가 중장으로 계급차이가 있었으나 점령지의 사령관으로 절대적 권력과 영향력을 가진 점에서는 큰 차이가 없었다. 하지는 물론 맥아더와 같은 명성과 카리스마는 가지고 있지 않았으나 나름대로 맹장(猛將)의 이미지와 통찰력, 분별력, 추진력을 가지고 있었고 혼란기의 한국정계와 국가건설에 큰 영향력을 끼쳤다.

그러나 군정계획의 유·무가 두 사람의 우열을 시작단계부터 갈랐다. 미국은 일본, 독일, 오스트리아 등 점령지역에 대해 구체적인 군정계획이 마련되어 있었다. 한국에 대해서는 신탁통치를 실시한다는 원칙만 서 있었고 그에 대한 세부계획도 마련되어 있지 않았다.(차상철)

맥아더는 군정계획을 기본으로 일본을 개조(改造)해 나갔다. 군대와 재벌을 해체해 군국주의 파시즘의 인적, 물적, 제도적 기반을 청산하게 하고 민주주의의 기반을 대신 구축해 갔다. 전황도 하지 못한다는 토지개혁도 단행했다. 식량수입으로 기아문제도 해결했다.(정용욱)

군정계획 없이 진주한 하지는 일본군의 무장해제와 치안확보 등 현상을 유지하다가 갖가지 시행착오를 겪어야 했다. 하지는 해방정국의 주도권을 쥐고 있는 좌파를 견제하면서 다른 한편으로는 신탁통치를 위한 미소공위 협상을 추진하는 애매한 2중 정책을 펴야 하는 어려운 처지였고, 소련이 거부하지 않을 친미 우파세력 결집이라는 현실성 없는 정치공작을 펴다가 시간과 정력만 허비했다.

맥아더에게는 간섭하는 소련이 없었으나, 하지에게는 소련군정과 그의 지령을 받는 좌파의 방해와 도전을 사사건건 받아야 하는 어려운 현실이 핸디캡이었다. 맥아더는 미 육군의 대선배이자 제1차 세계대전 이래의 신화 같은 존재(아이젠하워도 중령 때 그의 밑에서 부관으로 복무했다)여서 일본에서 제왕처럼 독립적으로 통치했다. 하지는 그러나 맥아더 사령부, 육군성, 국무성의 간섭과 지시를 받아야 하는 입장이었다. 그럼에도 불구하고 하지가 한국에 기여한 공로가 있다면 반공주의자인 그가 한반도의 공산화를 초기에 막아주었다는 점일 것이다.

이승만에게도 하지는 균형감각과 자제력으로 도움을 준 인물이다. 하지는 거침없이 미국과 미군정을 비판하고 자신의 교체론까지 들고 나왔던 이승만을 미워하고 경멸했다. "이승만은 솔직하지 않고 정서적으로 불안하다. 야비하고 부패했으며 예측할 수 없는 인물"이라고 감정적으로 격하게 비난했다(클레이 블레어). 그러나 공사의 구별은 분명했다. 이승만의 정치생명을 노리는 하급수(下級手) 같은 것은 쓰지 않았다. 정치자금에 관한 것 등 수많은 이승만 관련투서들에 대해 조사하지 않고 묵살하게 했다.

이승만은 젊은 시절부터 독립운동 자금을 확보하는 데 능력과 수완이 뛰어난 것으로 알려져 있었고 활동자금 모금에 관련된 크고 작은 구설수가 적지 않았다. 하지의 정치고문 굿펠로를 귀국조치케 한 금광스캔들(미군정이 이승만이 무관하다고 공표)과 장제스가 김구에게 준 20만 달러 대신 찾기 시도 등이 널리 알려진 스캔들이다(정병준). 하지는 살벌한 해방정국의 좌·우 대결, 우파 간의 갈등 속에서 음해성 투서가 더 많다고 보았기 때문에 이처럼 조치했을 것이다. 하지는 이승만의 독선을 잘 알고 있었고 집권하면 독재자가 될 것이라고 우려했으나 무조건

이승만을 헐뜯고 배척하던 다른 군정 고위관리들과는 달랐다. 하지는 해방초기 한국인들을 멸시하고 비하했으나 나중에는 다른 관리들보다 한국인을 더 좋아하고 존경했다.(브루스 커밍스)

그는 군비를 증강하는 북한에 대해 미군이 상응하는 대책 없이 철수한다면 심한 내란이 발생할 것이라고 정확하게 한국전쟁을 내다보는 정세판단을 했다. 그러나 한반도에서의 철수를 서두르던 본국은 그의 경고를 귀담아 듣지 않았다. 그는 이승만이 대통령이 된 뒤 사이가 나빴으면서도 미군철수 연기주장에 사심 없이 동조하는 아량을 보였다. 마지막 몇 달 동안 신생 한국이 군사적 지원을 필요로 한다는 점을 본국 정부에 이해시키기 위해 많이 노력했다.

하지는 미국에 돌아간 뒤 "미군정의 책임직은 최악의 직무였다. 민간인이었다면 1년에 1백만 달러를 준다 해도 그 직을 수락하지 않을 것"이라고 회고했다(로버트 스미스). 하지는 미·소 군정의 협상, 좌·우 대결, 좌파의 투쟁, 우파 간의 갈등과 분열 등 크고 작은 정치사건의 핵으로 3년간 있으면서 깊고 넓게 해방정국의 실체를 목격한 역사의 증인이었다. 남한에 관한 한 하지는 맥아더에 못지않은 비중을 가졌다.

그러나 한국사회는 변변한 그의 전기(傳記)나 평전(評傳) 하나 제대로 내놓지 못했다. 일본에서 맥아더 관련 연구가 셀 수 없이 많으나 한국은 하지에 대해 무지(無知)한 것이다. 그것은 역사에 대한 성찰(省察)에 무심하다는 얘기가 된다(정용욱). 동시에 그것은 한국사회가 지나간 역사에서 배우지 못하고 있다는 점을 뼈아프게 지적하는 경고이기도 하다.

이승만, 건국파트너 한민당을 조각(組閣)에서 제외시켜

제헌국회는 1948년 7월 20일 대통령 및 부통령 선출에 들어갔다. 대통령에는 이승만이 196표 중 180표를 얻어 예상대로 압도적 지지로 선출되었다. 부통령은 임정의 원로인 이시영(李始榮)이 당선되었다. 이승만은 당초 평양에 있는 조만식(曺晚植)을 부통령으로, 이시영을 국무총리로 지명, 북한과 임정을 아우르는 남북 단일정부라는 상징효과를 얻으려 했다. 그러나 정권파트너인 한민당이 조만식 지명은 북한을 자극해 그의 안전을 위태롭게 할 수 있다는 이유로 재고를 요청, 이승만이 이를 수용했다. (권영설)

한민당은 김성수를 국무총리로 추천하려는 속셈이어서 독립운동계의 어른인 이시영을 기피한 것인데, 이승만이 조만식을 지명한 것은 진심인 듯하나 '이시영 카드'를 꺼낸 것은 한민당에겐 불길한 징조였다. 그것은 해방정국에서 상부상조하던 이승만과 한민당 사이에서 권력게임이 시작되었음을 의미하는 사건이었다.

이승만은 8월 건국내각을 구성, 공표했다. 국무총리에 청산리전투의 지휘관이고 민족청년단 단장이기도 했던 항일투사 이범석(李範奭)을 임명했다. 수석장관인 외무장관에는 수도경찰청장을 지낸 영국 유학파 장택상(張澤相)이 기용되었다. 해방정국에서 좌파 제거의 공이 커 내무자리가 유력했으나 경무부장 출신인 조병옥과의 관계와 이시영 부통령 등의 반대를 고려해 자리를 바꾼 것이다. 당시 외무장관 자리는 이승만의 외교비서역을 벗어나기가 힘든 때였다. (박실)

외무장관으로 물망에 올랐던 오랜 측근 윤치영(尹致暎)이 내무

취임 연설하는 이승만 초대 대통령(1848.7.24).

장관이 되었다. 이승만은 내무나 국방을 강력히 원하는 조병옥을 내각인사에서 제외하고 대통령 특사로 돌렸다. 미국유학 시절부터 알고 지내던 한민당의 중진이고 경제통인 김도연(金度演)이 재무장관에, 항일 변호사 출신의 이인(李仁)이 법무장관에 발탁되었고, 국방장관은 이범석이 겸직했다. 독일 철학박사로 일민주의(一民主義)의 이데올로그가 되는 안호상(安浩相)이 문교장관, 우파 노동운동을 주도했던 전진한(錢鎭漢)이 사회장관이 되었다. 젊었을 때 이승만의 청혼을 받은 적이 있다는 오랜 측근 임영신(任永信)이 상공장관, 독립군 참모장이던 지청천(池靑天)이 무임소장관으로 기용되었다.

가장 눈에 띄는 인사는 전향한 공산주의자 조봉암(曺奉岩)을 농림장관으로 발탁했다는 점이다. 박헌영의 라이벌이던 조봉암은 사회주의로 전향했는데, 농지개혁 노선에서 우파인 이승만과 대립되는 생각을 가지고 있었다. 그러나 이승만이 조봉암의 노선을 존중하겠다면서 삼고초려해 영입에 성공했다. 공보처장에 김동성(金東成), 법제처장에 제헌헌법 기초로 유명해진 유진오가 임명되었다.

첫 내각은 건국내각답게 항일운동 경력자가 많았다. 이범석과 지청천은 광복군의 지휘관 출신이었고, 장택상과 윤치영은 청구, 흥업구락부 사건으로 일제 때 투옥된 경력이 있었으며, 김도연도 도쿄의 2·8 사건 때 투옥됐었다. 이인은 저명한 항일변호사였고 임영신과 조봉암도 항일운동 경력이 있었다.

첫 내각은 지역안배, 좌·우파의 기용 등 연립내각이면서 나름대로 건국내각의 정체성을 부각시키는 데 성공했다(박명림). 항일투쟁성의 비중이 높은 것이 결국 정체성을 높여 주었다.

건국내각에는 일제관료 출신이 거의 없었다. 외국에서 교육을 받은 인사들도 많아 친일파가 주류라는 한민당 인사들을 기용한 것보다 시대에 걸맞은 인사라 할 수 있었다(김충남). 대법원장 김병로(金炳魯)도 저명한 항일변호사 출신이었다.

임정의 주석 김구와 부주석 김규식 등이 참여하지 않은 것이 큰 흠이라고 할 수 있으나 나름대로 대한민국 정부가 정체성을 확보한 것으로 평가할 수 있었다. 해방정국에서 활동한 임정요인은 22명이었는데, 김구 등 4명을 제외한 18명이 직·간접적으로 건국대열에 동참했다는 것이다. 적극적인 참여자는 10명이었고 넓은 의미의 참여자는 8명이어서 82%의 참여율에 달했다. 그러한 수치 역시 건국의 정체성을 높이는 요인이 되었다. (양동안)

이승만·한민당의 결별, 모두에게 타격 줘

해방정국에서 누가 첫 총리가 되느냐 하는 것이 최대의 관심사였다. 건국대통령 이승만이 73세의 고령이었고 이렇다 할 직할세력도 없었기 때문에 2인자 격인 총리 자리는 여러모로 중요했다.

정가에는 김성수, 조소앙, 신익희 등 세 사람이 후보로 거론되고 있었다. 한민당의 당수 격인 김성수는 이승만을 재정지원하고 반공, 단정노선을 함께함으로써 정권창출에 1등 공신이었다. 개인적으로도 젊은 시절 하와이의 이승만을 방문하고 독립성금을 내는 등 각별한 관계를 유지했다. 조소앙은 임정의 외무부장일 때 구미위원장인 이승만을 도와 함께 일한 사이였고 임정의 통치이념의 토대를 이룬 삼균주의(三均主義) 사상을 체계화한 이데올로그였다. 임정의 내무부장 출신으로 이승만의 뒤를 이어 국회의장이 된 신익희는 임정이 배출한 뛰어난 차기 지도자였다. 준수한 용모와 화려한 언변, 뛰어난 정치 감각을 갖춘 중진이었다. 세 사람 모두 후보로서 손색이 없는 인물들이었다.

그러나 국내의 정치적 기반이 확고한 김성수가 여론에서 단연 앞서고 있었다. 대통령은 이승만이지만 한민당이 내각을 장악하게 될 것이라는 전망이 파다했다. 조봉암이 한민당의 독주를 기정사실로 보고 사석에서 한민당 때문에 의원내각제를 반대한다고 주장할 정도였다.

세 사람은 주변 인물들을 동원해 이승만을 설득하거나 압박하는 로비를 폈다. 이승만의 지인이 압도적으로 많은 한민당이 로비에서도 가장 강력했다. 그러나 이승만은 국회에 와서 총리후보를 지명하기 전까지 안개만 피울 뿐 의중을 드러내지 않았다. 국회연단에 선 이승만은 김성수, 신익희, 조소앙 등 세 사람이 가장 중망(衆望)에 올라 있다면서 셋을 차례로 치켜세워 국회 분위기를 긴장시켰다. 그러더니 의외의 인물인 이윤영(李允榮) 의원을 총리후보로 지명한다고 선언했다. (윤치영)

북한에서 부흥전도로 널리 알려진 감리교 목사인 이윤영은 조선민주당 조만식 당수 밑에서 부당수로 있다가 월남, 서울에서 임시당수직을 수행하고 있었으나 지지세력이 별로 없는 무명의 인사였다. 남북통일을 전제로 해 제헌국회에 100석의 북한 측 의원석을 남겨두었던 만큼 북한을 대표할 수 있는 인물을 총리로 내세운 것이라 할 수 있는데, 그 상징성은 이상론이었을 뿐 현실정치에서 통하지 않았다.

이승만에게 허(虛)를 찔린 것에 분격한 한민당이 앞장서서 반대 표결에 나서 이윤영 지명을 재석 193명 가운데 찬성 59표, 반대 132표, 기권 2표로 부결시켰다. 이승만이 일격을 가했다가 반격을 당한 셈이었다. 이승만의 국회 장악력이 약세임을 세상에 알리는 계기이기도 했다.

이승만은 2차 후보지명 때도 한민당 측의 거센 압력을 무시하고 항일투쟁의 영웅이던 이범석을 지명했다. 이범석이 적극적으로 나서 국무위원 8석을 한민당에 배분한다는 타협안을 내놓고 국회인준을 받는 데 성공했다. 그러나 이승만은 그 타협안도 무시하고 부통령 이시영 같은 원로의 의견도 묻지 않은 채 자신의 뜻대로 조각을 강행했다.

이승만의 첫 내각에는 한민당 출신이거나 관계자가 여럿 입각했다. 그러나 따지고 보면 이승만과의 개인적 인연이나 한민당 비주류이기 때문에 발탁된 것이었다. 재무의 김도연은 한민당 몫으로 계산되나 유학시절 미국에서 이승만과 개인적 연분이 두터운 사이였고, 법무의 이인은 한민당과 연락을 끊은 지 오래였다. 외무의 장택상도 입장이 비슷했다. 전진한과 민희식은 한민당의 비주류였고, 윤치영과 허정은 오래전부터 측근이거나 추종자였다. (연시중)

이승만의 입을 통해 한민당 배척에 대한 명백한 속내가 밝혀진 것은 없다. 한민당이 대거 기용되면 세계 각국에 한국이 지나치게 우경화된 국가라는 인식을 주어 유엔 승인이 어려웠기 때문이었다는 주장도 있으나 정치적 수사 같아 보인다.

허정의 회고가 그 배경을 정확하게 추리할 수 있는 단서인 듯하다. 2차 지명 전 김성수를 계속 미는 허정에게 이승만은 "생각해 봐요. 대통령을 나무 위에 올려놓고 흔들 때 대통령이 자기 일을 할 수 있다고 생각하나? 지금은 난시(亂時)인데 말이야!"라고 일갈했다. (허정)

이승만이 말한 '나무 위에 올려놓고 흔들기'는 무엇을 의미하는 것일까? 독자적인 내각제 헌법추진, 직선제를 배제한 기형적인 혼합적 대통령제 제정 등 한민당의 정치적 복선에 좌시하지 않겠다고 경고한 것이다. 이승만을 꼭두각시로 하고 실질적으로 권력을 장악하겠다는 것이 한민당의 정치계산법이라면 아예 한민당 세력을 배제해 버리겠다는 의도를 선언한 셈이었다. (김충남)

사실 이승만이 한민당으로부터 '배신'을 당한 것은 처음 있는 일은 아니었다. 제2차 미소공위 때 한민당은 소련과의 합의가 가능해질 수도 있다고 보고 미소공위에 참여하겠다면서 이승만·김구의 반탁대열에서 일시 이탈했다. 미군정의 동향에 가장 정통한 한민당의 이와 같은 전환은 정국에 큰 영향을 끼쳤다. 미소공위가 끝내 결렬되었기 때문에 한민당이 다시 이승만에게 되돌아와 다행스럽게 끝을 맺었지만, 졸지에 등 뒤를 찔린 이승만은 당시 "한민당이 배신했다"면서 눈물까지 흘리는 등 격노했다. (박용만)

이승만에게 한민당은 결정적일 때 등을 돌릴 수 있는 신뢰할 수 없는 단순 동반자로 비추어졌을 것이다. 이승만의 한민당 배척은 공산당 문제가 큰 고비를 넘긴 뒤 국민적, 역사적 부담인 친일파들의 정당과 거리를 둠으로써 자신이 부담을 지지 않고 또 잠재적인 라이벌세력을 견제하는 포석이었다고 보는 포괄적 시각(박명림)이 있으나 2차 미소공위 때의 감정이 결별의 주된 이유인 것 같다고 보는 분석(서중석)도 있다. 나이나 경력에서 오는 노련함과 안목에서 볼 때 포괄적 분석에 비중이 실리지만 젊은 시절부터 도전자를 용납하지 않았던 독선(獨善) 성향에 미뤄봐서는 투쟁가로서의 오기로 대처한 것 같은 인상도 있다.

종합적으로 판단하면 그 시점은 양자가 결별할 때가 아니었다. 말을 바꾸면 이승만은 계속 눈이 내리고 있는데 빗자루를 꺼내 들은 형국이었다. 당장 눈앞의 눈은 없어지지만 곧 다시 쌓이는 것을 계산하지 않은 것이다.

이승만은 일생을 선동가, 투쟁가로 살아왔다. 싸우고 또 싸우며 생존하는 행운을 얻었다. 건국정국에서 그는 투쟁가로서가 아니라 새로 태어난 신생국의 기반을 닦을 유능한 국정운영자, 탁월한 위기관리가가 되어야 했다. 이승만은 소수의 미주 동포사회 이외에 큰 조직을 운영해 본 경험도 경력도 없었고, 자신을 도와줄 이렇다 할 지원세력도 가지고 있지 않았다. 대한민국은 갈 길이 멀고 할 일은 너무 많은 가난하고 약한 후진국이었다.

북한공산 측의 지원을 받는 남로당의 체제전복을 위한 도전이 계속되고 있었고, 친일파 청산, 토지개혁, 경제난 해소와 경제건설 등 숱한 난제가 산적해 있었다. 이 난제들에 대처할 훈련된 인력도 태부족이었다. 미국의 충분한 지원이 없으면 공산화되리라는 하지의 경고성 건의에도 불구하고 미국 정부는 빠른 시일 내에 한반도에서 철수하기 위해 서두르고 있었다.

해방정국에서 분열된 우익세력을 재결집하고 국론을 통일시켜 나가는 통합의 리더십을 보일 때였다. 교육·훈련을 받은 인재가 가장 많고 조직력이 있는 한민당을 포용해 건국의 기초는 일단 다지고 보는 여유와 도량을 보여야 할 때였다. 한민당은 가장 강력한 잠재적 정적일 수 있었으나 가장 강력한 동반자가 될 수도 있었다. 이승만은 눈이 일단 그칠 때까지 한민당의 도움을 받았어야 했다. 한민당 때문에 친일파 청산, 토지개혁이 어려우리라는 전망도 있었으나 그 문제를 해결하고 넘어갈 수 있는 동력도 한민당은 가지고 있었다.

신생국가나 신임정권의 초기 1~2년이 성패가 갈리는 시간으로 본다면 이승만의 '한민당 쓸기'는 타이밍이 나빴다. 자신의 권력을 위해서가 아니라 나라와 민족을 위해 공조기간이 더 필요하다는 것을 감안하지 않았다. 못 했다고 할 수 있을지 모른다.

건국현안을 외면하고 권력투쟁에 올인하기는 한민당도 마찬가지였다. 한민당은 왜 이승만이 변심했는지에 대해 자기 측 성찰(省察)이 없었다. 이승만의 배신과 이기심에 대해서만 여론을 확대 재생산했다. 건국조각에서 배제되자 즉시 시시비비를 따지겠다고 반(反)이승만 노선을 선언했고, 끊임없이 불안요인을 만드는 등 적개심을 감추지 않았다. (최흥조)

정부가 수립된 8월 15일, 한민당은 "대통령이 독재를 하더라도 국회가 4년 동안 꼼짝할 수 없는 경우가 예상된다"는 논리를 내세우면서 헌법개정론을 들고 나왔다. 한민당은 권력자 이승만의 의사에 따라 정부 형태와 권력구조를 바꿨다는 비판을 받고 있었는데, 권력에서 소외되자마자 즉시 원점으로 다시 돌아가야 한다고 주장하는 선례를 헌정사에 남기고 있었다. (연시중) 한민당은 입법부를 통해 이승만을 견제하겠다면서 공석(이승만의 대통령 피선으로)이 된 국회의장 선거에 도전했다가 김약수에게 졌다. (연시중)

정부 수립 선포하는 이승만 대통령(1948.8.15).

양자의 결별은 즉시 양자 모두에게 정치적 부담과 손실을 가져왔을 뿐 아니라 길게 헌정사에도 영향을 끼쳤다. 국회에 소수의 추종세력밖에 없는 이승만은 국회의 협조를 얻기 위해 헌정사상 가장 국회를 존중하는 대통령이었다는 평(건국 초기에)을 남길 정도로 국회에 자주 출석해야 했고 국회의원의 비위를 맞춰가며 끌려가야 했다.

친일파 청산과정에선 국회 반민특위와 맞서면서 반대여론을 무마하기 위한 소방수 역할까지 직접 하면서 고령의 몸으로 고군분투했다. 친일파 청산, 농지개혁, 소장파 반란, 제주 4·3 사건, 여·순 반란사건 등 좌익과의 싸움으로 살얼음 같은 정국을 맞아야 했다. (심지연)

지원세력이 부족한 이승만이 그럼에도 불구하고 좌초하지 않고 견뎌갈 수 있었던 것은 한민당이 반공(反共)에 관한 한 대국적으로 협조했기 때문이었다. 그나마 다행이었다. 해방 뒤 3년간 많은 정적을 양산했던 한민당은 실세(失勢)를 계기로 자체의 동력도 떨어지고 약화되어 갔다. 임정의 중진 신익희 등과 제휴해 민국당으로 재창당하면서 재기의 돌파구를 열어야 했다. (심지연)

이승만, 조만식을 총리 최적임자로 생각해

이승만이 총리 지명과정에서 자타가 인정하는 선두주자 김성수를 포함시키지 않은 것에 대해 권력투쟁의 관점에서 보는 해석이 주류지만, 따지고 보면 '이윤영 카드'는 한 번 시도해 본 사석(捨石) 인사가 아니라 나름대로 큰 정치적 함의를 가지고 있었다.

이승만이 당대의 지도자들 중 가장 높게 평가했고 함께 일하고 싶었던 조만식(曺晩植)에 대한 고려라는 깊은 뜻이 담겨져 있었다. 대한민국이 북한까지 포함한 한반도 유일의 합법정부임을 과시하려는 의도와도 연결될 수 있었고, 남북통일에 대비하는 장기포석의 의미도 없지 않았다. 해방정국 때 이승만은 여러 차례 평양에 사람을 보내 조만식에게 함께 일하자고 제의했다. 그때마다 조만식은 핍박받는 북한 동포들을 두고 남쪽으로 갈 수 없다고 사양했다.

1946년 1월 16일 개최된 미소공위에서 소련 측은 조만식의 서명이 포함된 친탁서명 연판장을 내놓았다. 조작된 것이 확실하나 이를 증명할 길이 없는 미군정 측이 당황할 수밖에 없었다. 이승만은 2월 말 민주의원 의사당 비서 김욱을 평양에 보내 반탁결의문에 조만식의 서명을 받아오도록 했다. 그러나 조만식은 "소련군정에 의해 갇혀있는 것으로 알려져 있는 내가 서명한다면 믿을 사람이 있겠느냐?"면서 자신의 밑에서 부위원장(조선민주당)을 하던 이윤영에게 자기 대신 서명케 했고, 이윤영은 이승만에게 보내는 편지까지 썼다. 이승만은 서명서와 편지를 신문에 공개, 조만식의 찬탁서명이 조작된 것임을 밝힐 수 있었고, 이윤영은 그 뒤 더 이상 북한에서 살 수 없게 되어 서울로 월남했다. 한민당 측의 양보로 서울에서 국회의원에 입후보해 당선되었다가 총리 후보까지 되는 기회를 맞았던 것이다.(이철승 회고록)

1946년 11월 5일 이승만은 조만식의 큰아들(조연명)이 북한을 탈출, 서울에 온 뒤 아버지의 편지를 전하자 "조 선생을 모시고 일해 보았으면 했는데 참 안됐군." 하면서 안타까워했다.

이승만은 6 · 25 전쟁이 발발하기 직전 북한 측이 남침의도를 감추기 위한 양동(陽動)작전으로 조만식과 서울에 잡혀 있는 남로당 2인자 김삼룡, 이주하를 맞바꾸자고 제의했을 때는 북한의 술수(術數)로 조만식이 피해를 입을까 우려해 그만두었다. 또한 신성모(申性模) 국방장관에게 국무총리직 서리를 겸임시킬 때도 프란체스카에게 "고당(조만식의 호) 같은 사람이 있었으면 이 난국 해결에 큰 도움이 되었을 거야"라고 말했고, 부산 피란 시절에 신익희 국회의장이 총리 자리를 요구하자 거절하면서도 조만식이 최적임자라고 말했다(도너 프린체스카). 이승만은 국군이 북진할 때도 그의 안부를 확인하도록 챙겼고, 처형되었다는 보고를 들은 뒤에는 같은 평북 출신인 백낙준 박사를 총리로 지명하기도 했다(국회가 부결시켰다).

이승만은 북한 사정을 잘 알고 북한주민에게 친밀감을 줄 수 있는 인물이 총리가 되어야 한다는 생각을 오랫동안 가지고 있었고, 인품, 역량, 영향력에서 조만식이 최고의 적임자라고 믿고 있었다(도너 프란체스카). 이 일화는 아들을 두지 못한 것, 외국인을 부인으로 둔 것, 통일을 이루지 못한 것이 평생의 한(恨)이라고 말했다는 이승만이 남북통일 문제에 대해 평소 깊은 관심을 가지고 있었음을 의미한 것이다.

필마단기로는 원활한 통치가 어렵다

1945년 10월 이승만이 40년 만에 고국에 돌아올 때 수행비서도 없이 홀몸이었다. 머물 만한 거처를 제공하거나 재정을 지원할 만한 이렇다 할 친인척이 없었고 친구 등 지지세력도 없었다. 6대 독자인 데다가 오래전에 고국을 떠나 미국에서 공부하고 생활했으니 인연, 학연, 지연이 없는 것이 이상할 것이 없었다. 나이까지 당시 기준으로는 고령 중의 고령인 만 70세의 노인이었다.

한민당은 이승만이 우익의 구심점이 되는 것을 바라기도 했지만, 나중에 권력을 잡더라도 권력이 다른 곳으로 샐 데가 없다는 점에 매력을 느꼈을 것이다. 지체 없이 그의 생활비와 활동비를 대는 등 뒷바라지를 자청했다. 처음에는 한 달에 7만 원, 나중에는 15만 원을 댔다. 그것으로는 점차 늘어나는 활동을 뒷받침하기가 어려워 태창방직의 백낙승이 매달 50만 원씩 정기 헌납했다.(윤석오)

이승만의 필마단기는 비슷한 경우의 국내외 지도자들과 비교해 보면 예외적 케이스다. 김구의 경우 임정계와 한독당 임원들과 함께 귀국했다. 동반 귀국자가 10여 명 규모였으나 나중에 합류하는 범임정계와 비임정계까지 규합하면서 한때 한독당 당원은 60만 명을 호언하는 큰 정치세력이 되었고 참모진도 쟁쟁한 혁명투사들이었다. 북한의 김일성은 소련군과 함께 북한에 들어올 때 3백 명 정도의 빨치산 출신동료들과 함께 왔다. 강건, 최용건 등 항일전선에서 생사를 같이하던 전우들을 보위부와 군의 요직을 차지, 무력기반을 장악한 뒤 단계별로 권력을 넓혀 갈 수 있었다.(서대숙)

그런데 한 시민의 자격으로 입국한 이승만에게는 동료도, 부하도 없었고, 멘토도,

헌신적 지지자도 없었다. 기업이 성장할 때 있기 마련인 창업공신에 해당하는 인물도 없었다. 윤치영, 임영신 등 직계 몇 사람이 수발든 게 고작이었다.

그러나 이승만에게는 2가지 결정적인 운이 있었다.

하나는 젊은 시절부터 반소·반공주의자인 그에게 물고기가 물을 만난 듯이 활동할 수 있는 냉전(Cold War)체제가 때맞추어 등장했다는 점이다. 냉전은 1947년 봄 트루먼 독트린이 선포된 뒤 공식화되었으나 한반도에서는 그가 귀국한 1945년 해방정국에서 이미 시작되고 있었다(브루스 커밍스). 미·소 냉전이 시작되지 않았더라면 이승만을 못마땅하게 생각하고 있던 미 국무부가 이승만을 지원할 리도 없었고, 고령의 나이에 건국대통령이 되는 운을 잡지도 못했을 것이다.

이승만의 또 다른 운은 일생을 통해 마주쳤던 수많은 경쟁자와 정적(政敵)들을 '세월'이 정리해 주었다는 점이다.

이승만은 결의형제이자 옥중동지였던 박용만과 하와이 동포사회의 주도권을 놓고 폭력과 소송이 이어지는 진흙탕 싸움을 벌였다. 그러나 박용만은 중국에서 '변절'을 이유로 동포에게 살해당했다. 하와이 시절부터 상해임정 때까지 최대 라이벌이던 안창호는 1937년 병사했다. 태평양전쟁 때 임정 승인을 반대하던 정적 한길수는 종전과 더불어 맥없이 도태되었다.

해방정국의 잠재적 라이벌인 한민당의 수뇌부 송진우, 장덕수가 암살되고 김성수가 차례로 세상을 떠났다. 중후한 인품과 역량의 송진우는 친일의 결점이 없는 강력한 잠재적 라이벌이었고, 재사인 장덕수는 미국이 단정 수립 뒤 이승만의 대안이 될 것을 기대했던 유망한 지도자였다. 원만한 성품의 김성수는 이승만의 독재와 싸우는 도중 병사했다. 중도좌파를 이끌던 여운형은 공산당원에게 저격당해 목숨을 잃었다. 가장 강력한 정치세력인 남로당 당수 박헌영은 체포를 피해 월북했다.

평생 동지에서 해방정국의 최대 맞수가 된 김구는 단정(單政)을 부정하고 남북통일론을 주장하면서 체제부정 노선으로 가다가 저격당해 비운을 맞이했고, 하지가 대통령 감으로 지원하던 김규식은 한국전쟁 때 납북되었다가 북한에서 병사했다. 이승만에 맞서 대통령 선거에 도전했던 민주당의 신익희, 조병옥도 차례로 병사했다.

이승만은 위에서 보듯 결정적일 때 시운(時運)이 따랐고, 경쟁관계나 권력투쟁 과정에서도 운이 매우 좋았다. 그러나 나라를 운영하고 통치하는 문제에선 더 이상 운이 통하지 않았다. 필마단기의 한계를 자신의 정권이 몰락할 때까지 극복할 수가 없었던 것을 역사가 보여주고 있는 것이다.

제헌국회, 밀월기간도 없이 신생정부 견제 나서

이승만의 거국내각은 임기 2년인 제헌국회로부터 심한 견제를 받아야 했다. 국회에서 다수석을 차지하는 한민당을 조각단계에서 배제함으로써 밀월(蜜月) 기간에 대한 희망이 사라졌던 만큼 예상할 수 있는 사태였다.

그러나 이승만을 강력하게 궁지로 몰아간 것은 김구, 김규식을 추종하는 임정계와 좌파들의 소장파(同成會)였다. 처음부터 정부와 국회 간의 대결이 불거졌던 것은 아니었다. 이승만은 건국 초기에는 국회를 존중하는 모습을 보여주었다. 제헌국회 기간 중 거의 모든 본회의의 개·폐회식에 참석했고, 정치적으로 중요하다고 판단되는 법안을 심의할 때는 총리나 장관들에게 맡기지 않고 언제든지 국회에 참석, 의원들을 설득했다. 친일파 처벌문제로 반민특위(反民特委)와 대결했을 때도 국회에 나가 국가건설의 공동목표를 위해 힘을 함께 모을 것을 호소해 국회 측의 양보를 끌어내기도 했다. 일정기간에 한하기는 했지만 역대정권 중 이승만처럼 국회를 존중한 대통령이 없었다. 의회 우위형의 대 행정부 관계가 성립되어 있었다. (백영철)

이러한 이례적 현상이 일어나는 데는 그럴 만한 배경이 있었다. 이승만은 초대 국회의장으로 재임할 때 국회운영을 위한 가이드라인을 만들어 의장이 화해의 규범이나 의사규칙의 관련성을 잘 설명해 주고 적절치 못한 의원의 행동을 잡아주는 등 의회 내의 리더십을 확립했다. 미국에서의 오랜 생활과 임정에서의 활동으로 의회 민주주의에 대한 인식과 경험이 있기 때문에 가능한 일이었다.

그 민주적 리더십이 2대 의장인 신익희에게로 계승되었다(백영철). 제헌국회의원들도 의회운영 경험이 전혀 없었으나 의정규범을 잘 준수했다. 많은 독립운동가들이 임정의 의정원에서 활동한 경험이 있고, 미군정 때 입법의원 등의 경험을 통해 의회정치를 어느 정도 익힌 것이 큰 도움이 되었다.

제헌국회는 헌법안, 반민족행위 처벌법안, 국가보안법 등 갈등 요인이 있는 38개 법률안을 처리해야 했다. 그중 25개가 정치영역이었고 토지개혁법안 등 2개가 경제영역, 외교와 교육관련 법안이 각각 1개였다. 38개 법안 중 20개 안이 국회와 행정부 간의 타협과 절충을 통해 처리되었다.

네 가지 타협패턴을 보였다.

① 양곡 매매법, 지방자치법, 국회의원 선거법 등은 수정안으로 타협되었고, ② 갈등의 초점이 2개 이상인 경우는 타협에 의해 각기 한 가지씩 선택적으로 처리되었다. ③ 토지개혁법처럼 수치(數値)에 대한 의견차이가 있을 때는 양측의 수치를 평균 내는 방식으로 정리되었다. ④ 국가보안법의 경우 양측이 양립할 수 있는 한도 내에서 절충하는 방법을 통해 타협이 이루어지기도 했다. 토지개혁과 귀속재산 처리, 양곡관리문제는 고비도 있었으나 첫 번째 단계에서 큰 틀의 합의가 가능했다. (백영철)

그러나 끝내 친일파 처리문제를 둘러싸고 정부와 국회가 정면 대결하는 사태가 빚어졌다. 친일파 처리에 관한 갈등양상이 심화되자 국회가 대통령을 제치고 주도권을 잡는 형국이 전개된 것이다.

이승만‑한민당과의 갈등구조와는 별도로 김구, 김규식 등 임정을 추종하는 세력과 좌파의 젊은 의원(同成會)들이 친일파 처벌을 주장하는 강경세력으로 등장해 친일파 처벌 범위를 축소하거나 완화하려는 이승만의 시도를 무력화시키려 했다. 친일파 처벌요구는 강경세력의 주장이 아니더라도 해방정국의 혁명적 분위기를 타고 대세를 이뤄온 시대의 요구였다. 그러나 필마단기로 건국사업을 어렵게 추진해 오던 이승만으로서는 무난하게 해결하기가 역부족인 정치현안이었다.

'반민특위' 둘러싸고 무소속 의원들과 격돌

1948년 8월 5일 제헌국회 제 40차 본회의에서 김웅진(金雄鎭), 김상돈(金相敦) 의원 등 무소속 소장파 10여 명이 친일파 등 민족반역자를 처벌하기 위한 특별법 제정을 강력히 요구했다. 정부수립일(8월 15일)을 열흘 앞두고, 이러한 주장이 서둘러 등장한 것은 친일파 세력이 정부에 참여하는 것을 막기 위해서였다. (김병로 평전)

한민당 등이 신중론을 폈으나 시대의 요구를 반영한 그 주장을 막을 수 없었다. 언론과 여론은 친일파 청산을 적극 지지하고 있었다. 서둘러 구성된 28인 법안기초위는 "시일이 촉박하다"는 이유로 제대로 된 법안을 새로 만드는 대신, 1947년 입법의원에서 만든 "민족반역자 모리간상배(謀利奸商輩) 등 처벌에 관한 특별 법안"을 기초로 해 새 법안을 4일 만에 만들어 버렸다. 그 유명한 "반민족행위 처벌법안"(반민법)은 그렇게 급조된 것이다.

전문 32조의 이 법률안은 9월 7일 재석 141, 가 103, 부 6으로 국회의 의결을 거쳐 정부로 이송되었는데, 한일 합방에 적극 협력한 자 등 국권 피탈에 관계한 자나, 독립운동가를 박해한 자 등 반역자는 사형 또는 무기, 재산몰수를 규정했고, 수작자(受爵職: 일제의 작위를 받은 자)는 무기 또는 5년 이상의 징역에 재산몰수를 정했다. 밀정(密偵) 행위 등 독립운동을 반대한 자 등 부일(附日) 협력자도 10년 이하 또는 15년 이하 공민권 정지를 규정하고 있었다.

이 법안의 기초가 된 입법의원의 법안은 제정 당시 "처벌대상과 범위가 너무 가혹하다"는 물의가 많았던 법안이었다. 때문에 성안하는 과정에서 광범위하게 의견을 수렴해 현실적으로 합리적 처벌이 가능하게끔 수위조절을 할 필요가 있었다. 그러나 그 과정이 생략되었다.

입법의원의 초안대로 한다면 적용 대상자가 부일협력자 10만 내지 20만 명, 민족반역자 1천 명, 전범 2, 3백 명, 간상배 1만여 명으로 추산될 수 있었고, 한민당은 물론 좌파의 민전까지 가혹한 처단이 오히려 역효과를 보게 될 것이라는 부정적 반응을 보이고 있었다. 제안자의 한 사람인 항일무장투쟁가 정이형(鄭伊衡)까지도 소수의 악질적인 자만을 처벌해야 한다고 주장했다는 것이다. (강만길, 심지연)

또 반민법은 형법 불소급 원칙을 위배했고, 단심제(單審制)를 두어 3심제 원칙을 부정했으며, '민족에게 해를 가한 행위'로 범죄를 규정하고 있는데 '민족의 실체'라고 하는 개념이 애매하다는 근본적인 문제도 안고 있었다(복거일). 법무장관 이인(李仁)은 이 점을 들어 대통령에게 거부권 행사를 건의했다. 그러나 이승만 대통령은 대국을 보는 정치적 판단을 선택, 9월 22일 이 법안을 일단 공포했다. 반대할 대의명분이 없었던 것이다.

9월 29일 반민특위가 구성되고, 동경 유학 때부터 항일운동을 폈던 임시정부의 중진인 강직한 성품의 김상덕(金尙德: 반민특위 때까지의 현대사에서 가장 이름이 자주 등장하는 인물)이 위원장이 되었고, 부위원장에 발의자의 한 사람인 김상돈 의원이 선출되었다. 산하 특별검찰부장에는 권승렬(權承烈) 검찰총장, 특별재판부장에는 김병로(金炳魯) 대법원장이 임명되었다.

1949년 1월 8일 반민특위는 친일파 1호로 일제에 협력한 당대 제1의 부호인 박흥식(朴興植)을 체포했다.

각 언론사들은 베테랑 기자들을 반민특위 취재현장에 투입하고 관련 기사들을 대서특필했다. (대사건의 내막)

반민법이 공포되기 전 시중에는 이미 친일파 처벌을 반대하는 삐라가 살포되었다. 친일파 처벌을 주장하는 자는 공산주의자라는 것이다. 친일파 청산문제에 반공 이데올로기를 접목시켜 이념대결로 몰아가려는 의도를 보이고 있었다.

김구 피살로 이승만 최대정적 사라져

'반민특위'를 둘러싸고 이승만 대통령에게 도전하던 소장파 김약수 등 7명의 국회의원이 검거된 다음 날인 1949년 6월 26일 낮 12시 36분 공교롭게도 김구 전 주석이 포병소위 안두희에 의해 암살되었다.

이 사건은 해방정국 때의 다른 요인 암살사건보다도 더 큰 충격을 주었다. 독립운동에 평생을 바친 김구는 국민적 지지대상(빈소에 연간 124만 명이 다녀간 기록을 남겼다)이었고, 초대 대통령 이승만과 동지이면서 정적인 데다가 '반민특위'의 배후자로 알려져 있어 관심이 더 증폭되었던 것이다.

해방정국에서 견제와 협조 속에 불편한 관계였던 이승만-김구의 사이는 이승만의 단정(單政)을 김구가 반대하면서 적대관계로 진전되었다. 통일연방정부를 수립해야 한다면서 연공(聯共)으로 돌아선 김구는 미군정과 단정세력을 비판하고 나섰고, 추종세력이 참여한 무소속 동성회를 통해 친일파 처벌을 강력하게 주장해 이승만을 본격적으로 견제하기 시작했다.

한민당과 결별한 뒤 이렇다 할 지지세력이 없었던 이승만에게는 통치위기였다. 국가보안법까지 제정하면서 반공 노선을 강화하던 이승만은 급기야 반대세력 의원들을 대공 혐의로 제거하게 되었다. 그리고 오비이락(烏飛梨落)으로 김구 암살사건까지 일어난 것이다.

안두희는 "김구가 공산당과 내통했기 때문에 살해했다"고 주장했는데 범행의 정치적 배후는 조사과정에서 드러나지 않았다. 확실하게 밝혀진 것은 안두희에게 암살지시를 내린 장은산 포병사령관과 사건과 관련이 있는 전봉덕 헌병대 부사령관, 김창룡, 원용덕 등이 거의 다 친일파였다는 점이다.(서중석)

이승만의 신임을 받던 채병덕 총참모장, 신성모 국방장관이 배후라는 설도 있었고, 미국도 범행계획을 알고 있었으나 방관했다는 주장까지 나왔다. 특히 당시 헌병사령관이었다가 김구 계열이라는 이유로 수사지휘선상에서 배제된 뒤 예편한 장흥(張興)이 회고록에서 "배후주범이 신성모"라고 주장했으나 공식수사에서 이러한 결론이 난 적은 없다.(박명림)

안두희는 복역 중 한국전쟁이 발발하자 석방되어 군에 복귀, 고급장교까지 되는 등 정부 유관기관의 보호, 관리를 받았다. 여생 동안 김구를 추종하는 민족주의자들의 보복에 시달리다가 진상을 밝히지 않은 채 사망했다.

대통령이 반민법을 공포한 날, 공교롭게도 서울운동장에선 반공국민대회가 열렸다. 사실상 반민법 반대 대회였다. 국무총리 이범석이 참석해 축사까지 했다. 정부는 곳곳에서 반민법 반대 국민대회를 조장했다. (이강수)

이승만은 반민특위와 관련, 여러 차례 특별담화를 발표함으로써 공공연하게 반대의사를 널리 알리려 했다. "건국 초창기의 혼란, 차질, 충격을 최소한 줄여야 할 것"이라고 압력을 넣었고, 독립운동가에 대한 수사로 악명이 높았던 노덕술(盧德述: 반공수사의 베테랑이기도 했다)이 체포되었을 때는 석방을 종용하기도 했다.

그때마다 반민특위는 정면으로 반발했다. 대통령은 총리나 장관이 맡아야 할 일까지 맡고나서는 소방수역을 연출하고 있었다. 정부는 3차례나 반민법 개정도 추진했다. 처음에는 특경대와 특별검찰부를 해체시킨 뒤 국회 조사, 정부 처벌로 하는 것을 골자로 한 개정안을 냈다가 국회 등의 반발로 무산되었다. 2차로 공소시효만을 단축하자는 타협안을 다시 냈다가 관철하지 못했고, 세 번째 가서 '공소시효 단축안'을 관철시키게 된다. 그에 따라 공소시효가 1950년 9월 22일까지에서 1949년 8월 31일로 앞당겨지게 되었다.

반민특위 요인에 대한 테러와 암살음모 같은 방해 공작도 여러 곳에서 진행되었다. 특위 예산, 사무실 대여 등을 어렵게 하는 간접적인 방해 방법도 동원되었고, 정부기관의 자료거부 방식도 있었다.

그럼에도 반민특위가 정부 내 친일파 숙청까지 요구하는 등 정권

존립을 위협하는 단계까지 진전되자 1949년 6월 총공세로 맞불을 놓았다. 이문원 등 무소속 의원 3명이 남로당의 선전방침을 실천했다 해서 국가보안법 위반 혐의로 검거되었다. '국회 프락치 사건'의 시작이다.

국회에서 세 의원에 대한 석방결의를 하자 찬성한 의원 88명에 대한 시민 성토대회가 열렸다. 진상조사차 그 대회에 간 의원들이 구타당했다. 반민특위가 서울시 사찰과장 등을 성토대회의 배후인물로 보고 검거하자 이에 대한 반격으로 6·6 습격사건이 일어났다. 내무차관 장경근의 지시를 받은 서울중부경찰서장 등이 특위를 지키는 특경대 35명 등을 연행한 사건이다. 이 사건이 정치문제화되자 검찰총장이 연행된 사람들을 석방했고, 그에 반발해 최일선에서 반공수사를 맡던 경찰관 9천여 명이 반민특위의 쇄신 등을 요구하며 시위를 벌였다.

극단적인 반공정국이 되었다. 5월 17일부터 8월 14일 사이에 국회부의장 김약수(金若洙) 등 모두 13명의 국회의원들이 국가보안법 위반 혐의로 구속되었다. 남로당 지령에 따라 외국군 철퇴, 남북한 정치범 석방 등 남로당의 7원칙을 국회에서 실현하려 했다는 것이다. (이강수, 이현희, 박명림)

그러나 범행을 입증할 증거가 없었다. '외국군 철수', '평화통일'이라는 용어가 남로당 7원칙과 일치한다는 이유만으로 정적인 소장파를 때려잡은 조작극이라는 주장에 힘이 실렸다. 일부 미국인들도 고문에 의해 조서가 작성되었고, 결정적 증인이라고 주장하는 인물이 끝내 법정에 나타나지 않아 가공인물일 가능성이 있다는 등 의문을 가지고 있었다. (그레고리 헨더슨)

그러다가 수감 중 한국전쟁이 난 뒤 북한군에 의해 석방된 소장파 13명은 1950년 7월 31일 전원의 이름으로 "미제 구축과 이승만 잔당 격멸에 적극 협력할 것을 맹세한다"는 성명을 발표하는 일이 벌어졌다. (박명림)

'국회 프락치 사건'의 실체를 철저히 부인하던 북한은 48년이 지난 1997년 5월 26일 〈노동신문〉을 통해 "간첩 성시백이 1948년 가을부터 국회를 대상으로 공작을 폈고 김약수 부의장과 의원 수십 명을 포섭하는 데 성공해 '외군 철퇴요청안' 등을 발표케 했다"고 당시의 혐의를 뒷받침하는 보도를 했고, 2002년에는 대남매체인 〈통일여명〉(181호)에서도 같은 사실을 스스로 인정했다(김효선). '국회 프락치 사건'은 뒤늦게나마 진짜 국보법위반 사건임이 북한에 의해 사실로 확인되었던 것이다.

한편 6·6 습격사건 뒤 반민특위 위원장 김상덕 등 전원이 그만 두었고, 새 특위위원들이 특위활동을 마무리했다. 반민특위는 8개월간 682건의 친일행위를 조사, 체포 305건, 미체포 173건, 자수 61건, 영장취소 30건, 검찰송치 559건의 실적을 올렸다. 이 중 221명이 기소되었으나, 재판이 종결된 것은 38건뿐이었다. 체형 12건, 공민권 정지가 18건, 무죄 내지 형 면제가 8건이었다. 체형은 사형 1건, 무기징역 1건, 기타 징역 1년~2년 6개월 5건이었다. 그러나 사형, 무기도 한국전쟁이 일어난 뒤 석방되었다. 결국 제대로 처벌받은 친일파가 하나도 없는 셈이 되었다. (박명림, 이영훈)

완벽한 과거청산이라는 것은 존재하지 않는다고 하지만 이승만의 과거청산이 실패했다는 것은 부인하기 어렵다. 이승만에게는 친일세력도 숙청하고, 반공체제도 강화해가는 정교한 위기관리 개

넘이나 방책이 없었다. 현실에서 살아남기 위해 영원히 사는 길을 스스로 닫아버린 셈이 되었다. (박명림)

이승만, 왜 친일경찰의 손을 들어주었나

항일투쟁으로 일생을 보낸 이승만이 친일파 처벌의 불가피성이나 상징적인 중요성을 모르고 있었을 리가 없다. 만주나 중국에서처럼 죽이고 죽는 무력투쟁이 아니라 미국에서 외교·선전 싸움에 치중했기 때문에 항일의 온도차가 있을 수 있으나 그는 영원한 반일(反日)주의자였다. 그런데도 이승만은 해방초기 귀국했을 때부터 조기처벌의 의지를 보이지 않았다.

한반도의 북쪽 지역에 소련군정이 펼쳐지고 남쪽에선 박헌영의 인공세력이 판치는 현실 속에서 일단 자유민주주의 국가를 먼저 건설해야 한다는 데 최우선순위를 두었다. 과거의 친일보다 현재의 반공이 더 절실하고 중요하다고 보았기 때문에 "선 국가건설, 후 친일파 처벌"이라는 현실적 처리관을 가지고 있었다.

그러나 미군정이 끝나고, 대한민국이 건국된 뒤에도 좌우 이념 대결은 해소되는 방향이 아니라 더욱 악화되고 있었다. 북한과 소련의 지원을 받는 남로당 무장세력의 투쟁은 더욱 치열해졌다. 최대 정적인 김구는 대한민국의 건국을 인정하지 않고 체제부정을 하면서 계속 남북협상론을 주장하고 있었다.

그 시점에서 친일파 처벌을 위한 반민특위가 부상한 것이다. 반민법을 지지하는 사람들은 이승만의 정적세력이었고, 남북협상 지지세력도 포함되어 있었다. 반면 반민법에 의해 처벌대상이 되는 세력은 이승만 지지세력이었다.

특히 경찰이 주된 청산대상이라는 점에서 문제의 심각성이 있었다. 경찰 간부의 대부분이 일제 때의 경찰 출신이었다. 결국 친일 경찰은 반민특위의 활동을 방해하면서 전면투쟁에 나섰고 대통령과 내각의 지원과 지지를 받았다. 경찰이 친일파 청산 과정에 결정적으로 부정적인 영향을 끼치게 되었고, 이승만은 친일파 청산에 실패한 대통령으로 역사에 기록되었다.

반민특위가 발족했을 때 경찰관의 수는 2만 5천여 명 수준이었다. 이들은 공산세력을 견제하려는 미군정의 전폭적 지원으로 무장이 잘돼 있었고 신식 통신장비로 전국망을 구축하는 등 초기의 군보다도 전력이 우세했다. 경찰은 대공수사를 전담했고, 남로당 유격대와의 교전에도 참여하는 등 건국초기 체제수호의 핵심이 되어 있었다. 그런데 그중 20%인 5천여 명이 일제시대 경찰로 근무했던 자들이었다. 경위 이상 고위 경찰 간부는 1,157명 가운데 82%인 949명이 일제경찰 출신이었고, 서울 시내 10개 경찰서의 서장급 9명이 친일경찰 출신이었으며, 나머지 1명도 친일군수를 지낸 자였다. (이강수)

반민특위에서 처벌대상으로 거론하던 노덕술, 장자관(경남도 경찰부장), 이명흠(강원도 부청장) 등 많은 간부가 독립운동가를 탄압한 일제 고등계 출신이었다. 사상범을 다루는 이들은 일제 때부터 공산주의자들을 다뤄왔기 때문에 대공 수사경험이나 실적, 수완이 뛰어나다는 평을 받고 있었다.

국민은 친일경찰을 증오했다. 많은 경찰관들이 보복을 당했고,

대구 폭동 때도 친일경찰의 행패가 폭동유발의 한 원인이었다. 이들은 해방과 더불어 잠적하거나 은신했으나 좌파세력의 발호를 막고 치안을 유지해야 하는 미군정에 의해 무차별적으로 다시 채용되었다. 미군정의 대공 업무 필요성 때문에 친일경찰이 친일에서 반공으로, 반공에서 애국으로 입장이 급격히 환치되는 전기를 맞은 것이다. 이렇게 보면 미군정은 친일파 청산의 장애요인을 키워준 셈이었다.

반공의 이승만은 미군정 시절부터 경찰의 대공 업무를 높이 평가했다. 그는 대공 업무에 뛰어난 실적을 올린 조병옥 경무부장을 수시로 격려했고, 대공 수사로 명성을 날리던 노덕술을 이화장에 불러 노고를 치하했다.

건국 후 한민당과 결별한 이승만이 "군, 경찰, 교육, 사법 등 각계에 진출해 있는 친일파나 그 추종세력을 포용해 강력한 건국조직을 창출하겠다고 마음먹은 듯하다"는 지적(이현희)이 있는데, 당시만 해도 그 핵심은 경찰력이었다. 군은 창설단계에서 미국의 지원이 적었기 때문에 조직, 무기, 장비, 사기에서 경찰에 미치지 못했고 또 군조직에는 공산주의자 등 좌파가 많이 침투해 있었기 때문에 애국심, 충성심, 결속력 역시 경찰보다 약했다. 교육, 사법 등 분야는 기본적으로 소수여서 영향력이 적었다. 지지세력이 없는 이승만이 권력유지를 위해 경찰력에 의존하게 되고, 반공체제를 위해 경찰력을 동원해야 하는 체제가 형성되었다.

이승만은 반민특위와 친일경찰의 대결에서 경찰의 손을 들어주었다. 만일 그 반대로 결정했다면 친일파 청산이라는 민족적 과업이 크게 성취될 수 있었을까?

그에 대해 설득력 있는 대답은 이승만 정권이 붕괴된 뒤 등장한 장면(張勉) 민주당 정권이 가지고 있을 듯하다. 장면 정권은 3·15 부정선거와 4·19 혁명 때 발생한 잔인한 진압 등에 대한 책임을 물어 경찰을 대대적으로 숙청, 정권의 정통성을 강화했다. 그러자 경찰조직이 갑자기 복지부동(伏地不動) 상태가 되면서 치안유지에 차질이 생겼다. 치안공백이 장기화되면서 약체 정권이 되는 후유증을 맞게 되었고, 군부가 무능하고, 부패했다는 이유로 쿠데타를 일으키는 빌미를 주었다.

장면 정권은 당시 전체 경찰의 14%에 해당하는 4,521명을 숙청했고, 80%에 달하는 경찰관을 다른 지역으로 전입시켰다(한승주). 3·15 부정선거에서 공을 세웠다(자유당 입장)는 대공 사찰요원 100여 명이 공민권 제한 자동케이스 대상이었다. 그들은 이승만 정권에서 가장 신임을 받던 정예 반공요원이기도 했다. 공민권 정지 대상 공무원 1만 5천 명 중 2,524명이 경찰관이었다. (서중석)

경찰의 사기와 근무의욕이 현저하게 떨어지게 되고 치안 기능이 마비되기 시작했다. 시위가 대폭적으로 증가하고, 혁신세력의 도전이 급증했으나 경찰은 무기력했다. 시위 군중들은 눈치를 살피며 엉거주춤하는 경찰의 소극적인 속마음을 이미 읽고 있었다. (연시중)

조병옥 경무부장이나 이승만 대통령의 보호와 지원을 받고 적극적으로 일하던 어제의 경찰이 더 이상 아니었다. 장면 정권은 정권 안보를 위해 경찰의 도움을 받을 수 없었다. 경찰 숙청이 정권붕괴의 서막이었다는 분석이 그래서 나왔다.

물론 이승만 정권과 장면 정권을 단순 비교하는 것은 공정한 접근이 아니다. 그러나 이승만이 경찰 숙청을 방관했을 때 정권뿐 아니라 체제 위기까지 왔을 가능성이 높았으리라는 것을 부인하기는 힘들다. 장면 정권은 내부의 적만 있었으나 이승만 정권은 내부의 적뿐 아니라 남한을 전복시키려는 좌파의 혁명투쟁과도 첨예하게 대결하고 있었기 때문이다. 위의 분석은 반민특위의 좌절을 불러온 내외의 정치적 환경론을 개괄한 것이다. 그러나 이 환경론이 친일파 선별 처벌까지 부정할 수는 없는 일이다.

반민특위, 활동 전후 한반도 내외 환경 큰 변화

친일파 청산문제로 반민특위와 정부가 팽팽하게 대결했던 1949년 6월은 한반도 내외의 정세가 급격한 변화를 보이던 시기였다.

1949년 6월 5일 국민보도연맹(國民保導聯盟)이 발족되었다. 좌파출신의 전향자들이 모인 이 연맹은 남로당 조직에 타격을 주었다. 반민법 제정을 주도하고, '외군 철퇴 긴급동의안'을 제출하는 데 앞장섰던 김약수 국회부의장 등 무소속 소장파 7명이 21일과 25일에 체포되는 국회 프락치 사건이 있었다. 26일에는 무소속 의원들의 정신적 지주였던 독립운동의 거목 김구가 암살되었다. 친일청산과 반공문제가 맞물리게 되면서 친일파 청산이 초점에서 멀어지는 추세가 되었다.

북쪽에서는 남로당과 북로당이 단일화되어 조선노동당이 되었고, 본격적인 남침 주장이 나오기 시작했다. 유격대를 훈련시켜 남파했다. 미국은 6월에 전투부대를 모두 철수시키고 고문단만 남겼다. 중국 내전에선 장제스 정부군의 패배가 확실해지고 마오쩌둥의 중국 통일을 목전에 두고 있었다.

북한에 비해 전력이 열세인 것을 잘 알았던 이승만은 미국에 무기지원을 거듭 요청하고 있었으나, 그의 무력 북진론을 의심하는 미국은 방어용 경무기만 제공했다.

불안정한 국내외 정세 속에서 결국 반민특위의 친일파 청산은 국회 프락치 사건과 김구 암살 사건이 결정적 계기가 되면서 흐지부지되었던 것이다.

당시 법무부 검찰과장으로 있으면서 경찰조직을 객관적으로 파악할 수 있었던 선우종원(鮮于宗源)은 "초기 경찰 수뇌부인 김태선, 최능진 등이 미국에서 돌아온 뒤 우리 경찰의 내부 실정을 잘 몰랐기 때문에 친일경찰 손에 놀아났던 것 같다. 노덕술의 경우도 사건의 조작만을 일삼는 등 백해무익했으나 친일경찰들이 단합하여 한 명이라도 처벌을 받게 되면 모두가 와해될 위험이 있으므로 똘똘 뭉쳐 있었다. 대통령 역시 국내사정에 어두워 공산세력이 노덕술을 처단하려고 한다는 데 휩쓸려 체포를 저지코자 했던 것이다"라고 회고했다(이한우). 이 회고는 노덕술 같은 악명 높은 친일경찰 출신들을 선별 처벌하고 나머지는 불문에 부치는 '제한처벌'을 행했다면 반민특위가 최소한의 명분이나마 살릴 수 있었을 것임을 시사해주고 있는 것이다.

한걸음 더 나아가 독립운동의 역할분담론, 친일과 반일의 한계, 민족 정체성 문제 등도 광의의 시각으로 차례차례 접근해 볼 것이다.

'나치 청산'과 '친일 청산'의 차이는

이승만은 앞장에서 보았듯이 친일경찰에 대한 반민특위의 숙청작업을 방해하거나 부정적으로 대응해 전체 친일파 청산 작업이 미진하게 끝나는 결과를 빚게 했다.

그로 인하여 대한민국의 정통성(正統性)이 훼손되고 민족정기(正氣)를 제대로 세우지 못했기 때문에 기회주의가 판치는 세상이 되었다는 진보적 역사비판이 통설처럼 통하게 되었다. 그렇다면 친일파 청산이 미진했던 원인과 책임은 모두 이승만에게 있는가?

프랑스의 나치 청산은 가장 성공한 과거 청산으로 우리에게 알려져 있다. 프랑스의 과거 청산과 비교 분석해 보며 친일 청산의 실체를 따져보자.

드골의 프랑스 임정은 파리를 탈환한 뒤 나치 독일과 타협한 페탱(Pétain) 원수의 비시(Vichy) 정부를 불법이라고 선언하고 광범위한 나치 숙청에 나섰다. 프랑스 임정은 대중들에게 영향력이 컸던 언론과 작가들이 나치에 협력해 더 큰 해악을 끼쳤다고 보고 이들에 대한 숙청을 먼저 시작해 여론의 기선(機先)을 잡았다. 3명의 언론인이 총살되었고, 전국에서 115개의 언론사가 유죄판결을 받고 문을 닫았다.

같은 이유로 공무원 중에는 경찰 숙청이 먼저 진행되었다. 5명의 악질경찰이 처형되었고, 5천여 명이 체포되거나 파면되었다. 법조계, 군부, 재계에서 연예계까지 불똥이 튀었다. 정계에 대한 숙청도 진행되어 구 정치인 70%가 제거되었다. 각 지방 숙청 재판소는 5만 7천 건을 직접재판 했고, 6,763명에게 사형선고(779명 집행)를 했으며, 2,777명에 유기 강제노동형, 2만 6,529명에게 유기징역을 선고했다.

비시 정부의 지도층을 재판한 최고재판소는 108건을 재판해 사형 18명, 종신징역형 25명, 공민권 박탈 14명 등을 선고했다. 라발(Laval) 수상 등 3명이 처형되었고, 제1차 세계대전 때 프랑스를 구한 영웅이었던 정부수반 페탱은 체포되어 종신형으로 수감되었다가 옥중에서 죽었다. 과도기에 레지스탕스 세력이 즉결 처형한 나치 부역자들의 숫자는 앞의 통계에서 빠져 있다. 드골의 숙청 철학과 정책이 독특한 과거 청산을 가능하게 했고, 정치혁명을 가져온 것이다. (주섭일, 앙리 루소)

프랑스의 나치 청산을 모델로 보고 덴마크, 네덜란드, 벨기에도 숙청작업을 폈고 프랑스보다 응징비율이 더 높았다. 노르웨이는 2만 명을 징역형에 처해 인구에 비례해 볼 때 가장 높은 처벌강도를 보였다. 나치의 나라였던 서독 자신도 나치전범을 스스로 체포해 심판했고, 나치의 과오에 대해 피해국에 사과하는 등 도덕적 재탄생의 터전을 마련했다.

수치로 드러난 과거청산의 업적을 보면 프랑스는 우등권이고, 한국은 낙제권처럼 보인다. 그러나 심층분석을 해보면 나치 청산과 친일 청산을 단순 대비하는 것은 매우 무리라는 사실을 확인하게 된다. 프랑스와 한국은 지정학적 여건이나 국가위상, 국력 등 여러 가지 면에서 다르기 때문이다.

한국과 프랑스가 다른 점 중 첫째는 드골의 임정(臨政)이 해방군의 자격과 권위를 가지고 나치 청산을 주도할 수 있었던 것에 비해 한국의 임정은 그렇지 못했다는 점이다. 노르망디 상륙작전을 펴면서 연합군은 비시 정부세력과 레지스탕스세력 간에 내전(內戰)이 일어날 것을 우려해 군정을 계획하고 있었다. 그러나 드골은 각 지역의 레지스탕스세력이 독일군이 패주하거나 격퇴되는 즉시 해당 지역의 행정권을 먼저 접수케 함으로써 기선을 잡게 했다. 미·영군이 진주하기 전에 프랑스 임정세력이 대부분의 지역을 장악할 수 있었다.

드골 자신도 파리 근교에서 치열한 교전 중인데도 위험을 무릅쓰고 파리에 입성, 1백만 시민과 함께 샹젤리제 거리에서 승리의 행진을 벌임으로써 프랑스 사람들이 스스로 프랑스를 구원한 것 같은 상징효과를 전 세계에 과시했다. 이러한 드골의 정치전략적 포석에 대해 호의적이던 연합군 사령부는 그 상황을 기정사실로 인정해 군정계획을 포기했다. 드골과 드골의 자유프랑스를 줄곧 무시해왔던 프랭클린 루스벨트 대통령 자신도 프랑스 임정을 정식으로 인정할 수밖에 없었다. 드골의 망명정부는 아프리카에 주둔 중이던 비시 정부의 프랑스군을 자신의 휘하로 귀속시켜 대독전선에 참전함으로써 이와 같은 시도가 성공할 수 있었던 것이다.

한국의 경우 독립운동세력은 일본을 쫓아내는 데 직접적으로 기여하지 못했다. 임정은 미국으로부터 정식 임시정부로 인정받지 못했고, 산하에 이렇다 할 전투부대도 확보하지 못했기 때문에 참전기회를 갖지 못했다. 만주의 김일성 부대도 소련령에 넘어가 훈련을 받던 중 종전을 맞았고, 중공군에 가담한 한국인들은 참전했으나 중공을 위해 싸운 것이었다. 남북이 모두 해방자의 입장이 되지 못했다. 미국 등 연합군의 군사적 승리에 따른 타력(他力)에 의해 해방이 도둑처럼 온 것(함석헌)이다. 따라서 남한에선 미군정이 통치권을 가지고 있었으므로 한국인들이 자력으로 독립적인 친일청산을 할 기회가 원천적으로 봉쇄돼 있었다.

또 맥아더의 극동사령부는 일본의 전후내각을 앞세우고 일제 군대의 해산, 군국주의 철폐 등 과거 청산을 추진했으나, 한국을 점령한 하지의 군정은 그런 계획을 가지고 있지 않았다.

미국은 일본의 군국주의는 타도대상으로 삼고 있었으나 일본의 조선 통치는 합법적이었다고 인정했기 때문에 친일파에 대한 심판

여부에 오불관언(吾不關焉)하는 입장이었다(복거일). 미군정이 설사 친일파 청산에 관심이 있었다 하더라도 성공적으로 청산작업을 추진하기가 어려운 게 현실이었다. 방대한 청산작업을 원활하게 추진하려면 기존 2개 사단 이외에 더 많은 병력이 필요했다. 그러나 추가 병력 확보가 용이한 상황이 아니었다. 전쟁이 끝난 뒤 미국은 국방예산이 대폭 삭감되었고 대규모로 감군하고 있었기 때문이다.

또 한국에는 군정이 앞세울 한국인 내각도 없었고 좌·우가 격렬하게 대결하는 상황에서 친일파 처리를 위한 방대한 규모의 보조 인력을 충원하는 문제도 난제였다. 자칫하면 내전의 불을 댕길 수도 있는 상황이 전개될 수도 있었다.

실제로 미군정은 공산화 저지를 최우선 과제로 삼았고, 친일파 청산문제는 앞으로 있을 한국 정부의 몫으로 미루고 있었다. 친일파 처리문제는 그렇게 해서 적기(適期)를 놓치게 되었다.

그에 비해 비슷한 상황에서 북한은 친일파 청산에 성공했다. 어떻게 된 것일까?

북한의 청산은 지주, 관료출신, 부르주아 등 대상 친일파 세력이 모두 남한으로 탈출했기 때문에 익은 밤송이가 땅에 떨어지듯 상대적으로 어렵지 않게 이룬 과거 청산이었다. 또 그 청산작업도 민족적 정통성을 위한 것이 아니라 공산주의 사상을 펴기 위한 것이었다. (임종국)

해방 뒤 북한에서 남한으로 탈출한 사람은 1946년 한 해만도 18만 5천 명이었는데, 대부분이 '친일파 청산 대상'들이었다. 남한 입법의원의 친일파 숙청법 기초위가 광범위한 부일(附日) 협력자까지를 10~20만 명으로 추산했던 것을 보면 월남한 '대상'들의 규모가 의미하는 바를 알 수 있다. 그러다보니 북한에서 '친일파'로 선거권이 제한된 사람이 그해 선거에서 575명뿐이었다. (김종수)

북한은 친일파가 정권에 참여하는 것도 철저히 배제하는 데 완벽하게 성공했다는 지적(강정구)도 있으나 사실상 배제할 만한 친일파가 북한에는 남아 있지 않았던 것이다.

점령기간 4년과 40년은 엄청난 차이

한국과 프랑스의 다른 점의 두 번째는 나치의 프랑스 점령이 4년 2개월(1940년 6월~1944년 8월)에 불과한 데 비해 한국에 대한 일본의 식민통치기간은 이토 히로부미의 통감시대(1905년)부터 따지면 40년이다. 숫자상으로는 10배 차이인데, 실제 내용의 차이는 더 크고 복합적이다. (복거일)

프랑스의 경우 누가 보아도 나치에 부역한 것이 쉽게 드러나게 돼 있었으나 한국의 경우는 이승만이 "왜적 침략의 기간이 길었기 때문에 누가 친일파인지 아닌지 알 수 없다. 3천만이 다 친일파일 것이다. 옥중에 있는 자, 해외에 있는 자 외에는 친일파를 면할 수 없을 것이다"라고 지적(박헌영 평전)했듯이, 뚜렷한 친일행적이 드러나지 않은 수많은 사람을 상대로 친일파 여부를 구분하기가 매우 어렵다는 문제도 가지고 있었다. 한반도 안에서 살고 있는 한 일본 총독부에 세금을 내고 각종 법규를 지켜야 하는 등 기본적 생활권 안에서의 일상생활도 친일행위의 범주에 들어가기 때문이다. 물론 일본의 침략논리 등을 찬양하고 글을 쓴 능동적 친일파는 누가 봐

도 처벌대상이었다. (임종국)

친일파 숙청을 가장 크게 떠든 박헌영의 공산당도 총론만 있었지 구체적 각론은 준비하지 못했다. 공산당 요인의 다수도 일제에 전향서를 써내고 출감한 전향자들이었기 때문에 친일의 멍에에서 자유로울 수가 없었던 것이 당시의 현실이었다.

이러한 딜레마는 '200년간 영국의 식민지였던 인도가 독립했을 때 과거 청산문제가 전혀 없었던 것'(한홍구)과 비교가 된다. 10대 할아버지 이전 세대로부터 영국 식민지 생활을 해왔기 때문에 친영-반영을 구분하기가 현실적으로 불가능하다는 것을 인정한 것이다. 123년간 영국 통치를 받았던 싱가포르의 경우도 인도와 비슷했다.

협력과 처벌에 관한 현실반영의 처리 사례는 약소국에서 많이 발생했다. 덴마크의 경우 1940년 4월 9일 나치독일의 침략에 항복한 뒤 국민 전체가 나라를 지키기 위해 협력 체제를 수용했고, 전후 대규모 숙청도 없었다. 전후 네덜란드는 전시 때 정부가 나치에 협력한 것은 국민을 보호하기 위한 충격완화역이었음을 인정했다. 필리핀의 초대 대통령은 대일 협력문제가 국민 분열을 일으키고 있다고 보아 1948년 대일협력자들에 대한 정치적 사면을 선언했다. 레지스탕스의 나라로 알려진 프랑스도 2%의 국민이 저항세력이었고, 10%의 주민이 동조했으나 나머지 대다수 국민이 나치에 협력한 비시 정부의 정책을 추종하고 있었다.

세 번째 다른 점은 이데올로기의 지정학적 여건도 달랐다는 것이다. 한국은 공산화의 위협 아래 좌·우 대결 양상이 심각하고 그 배후에 소련이 있었다. 그러나 프랑스 공산당은 동유럽의 위성국 공산당과는 달리 모스크바로부터 독립적이었고, 드골과 공산당,

사회당 등 좌파는 레지스탕스의 전우이기도 해서 좌우 동거가 가능했다. 소련은 미·영을 견제하기 위해 외교적으로 드골의 프랑스와 동맹관계를 구축했다.

네 번째 차이는 과거 청산 주도세력의 존재여부이다. 드골은 자유프랑스를 따르는 추종세력과 자신에게 투항한 비시 정부의 관료와 군대를 이끌고 개선(凱旋) 했고, 국내에서 싸운 레지스탕스세력과 합세했다. 나치 청산을 제대로 하고 빈자리를 메울 대체 인적자원이 충분했다. 그에 비해 이승만은 추종세력도 없었고, 해방군을 인솔한 것도 아니었다. 과거청산을 담당할 훈련된 인력과 조직이 없었다. 우익 청년들이 모여들었으나 큰일을 치를 역량이 없었다.

김구의 경우 참모 등 수십 명의 임정세력이 주변에 있었으나, 그들도 50~60대 고령이었고 지지세력을 규합하기 전이어서 이승만과 처지가 거의 비슷했다고 할 수 있다. 친일경찰을 배제하는 것을 전제로 할 때 수만 명 규모는 있어야 할 비(非) 친일파 요원들을 누가 언제 어디서 어떻게 모으고 훈련·조직화할 수 있었을까?

위의 네 가지 쟁점은 해방정국에서 한국인 지도자들이 당면한 한계상황이었다. 어느 개인이나 단체가 그 책임을 지기가 불가능하거나 어려운 역사적 또는 지정학적 요인이었다.

또 하나 참고할 점은 제대로 된 과거 청산이 민족정기를 바로 세운다는 통설이다. 프랑스의 경우 나치 청산을 마친 드골이 정계를 떠난 뒤 등장한 제4공화국은 파업이 일상생활이 되는 등 혼란과 무질서에 빠졌다. 민족정기론의 반대현상이 일어났다. 14년 사이에 정부수반이 25차례나 바뀌었고 23대 모리스 수상 정권이 물러난 뒤 36일 동안 정부수반이 없는 공백상태까지 발생했다. 드골이 알제리 문제의 해결을 공약하면서 구국의 지도자로 다시 등장해 정국 안정과 국가 발전의 기틀을 만들 수 있었던 것이다.

결론적으로 볼 때 한국과 프랑스는 단순 대비의 대상이 되기 어렵다. 프랑스는 전전(戰前) 강대국으로서 부국(富國)이었고, 정치·경제·사회·문화 등 모든 분야에서 제도의 틀이 갖추어져 있었다. 독일의 식민지가 아니라 무력에서 잠시 밀린 유럽 제국주의의 한 강대국이었다(박지현). 약소국이었고, 경제 빈국이던 식민지 한국과는 기본적으로 다른 여건이었기 때문에 과거 청산 방식에서도 차이가 존재했을 것이다. 때문에 프랑스의 과거 청산을 한국이 모델로 따를 수 없었을 것이다. 그것은 그들의 역사인 것이다. (박지현)

한국이 배워야 할 프랑스의 역사성찰 자세

한국이 프랑스의 나치 청산에서 주목해야 하고 배워야 할 진정한 덕목은 과거를 진지한 태도로 폭넓고 깊게 되돌아보는 그들의 역사성찰(歷史省察) 자세일 것이다.

과거 청산이나 레지스탕스 신화는 참고할 대상임이 분명하지만 두 나라의 역사나 지정학적 특성에 따라 상대적 요인일 수가 있다. 그러나 한 사회가 겸허하게 과거역사를 반추하고 역사의 균형을 찾는 일은 반드시 벤치마킹해야 할 대상이다.

프랑스는 카르테시앙(철학자 데카르트같이 사고하는 국민이라는 뜻)의 국가답게 되돌아보기(Mode rétro) 사조를 통해 나치시대를 재조명하는 가운데 레지스탕스와 드골신화를 해체하고 나치에 협력했던 비시 정부의 역사적 역할에 대한 성찰의 기회를 갖게 된다. 제2차 세계대전이 일어나고 나치독일이 프랑스를 유린, 점령한 뒤 프랑스에는 레지스탕스를 둘러싼 신화가 탄생했다. 4천만 프랑스인들이 나치에 저항하는 애국자였고, 나치 치하의 비시 정부를 혐오하고 열렬히 해방을 갈망했다는 것인데, 런던에 망명해 자유프랑스를 이끌었던 드골이 그 신화를 세계적으로 유명하게 만든 주인공이었다. 레지스탕스세력을 주도했던 좌파들까지도 그것이 사실이 아니고 상징조작이 된 것을 알면서도 열렬히 지지했다. 그 신화는 나치에 대한 프랑스인들의 협력을 최소화하고 국가의 명예를 되살리며 미·영·소에 대항해 프랑스의 위대함을 주장할 수 있게 하는 큰 힘이 되었다.

그러나 나치시대를 생생한 증언을 통해 재조명한 다큐멘터리 영화 〈슬픔과 연민〉(Le Chagrin et la Pitié)이 공개되면서 4천만의 저항이라는 신화는 사실이 아니고 드골에 의해 조작된 것이라는 충격적인 폭로가 전개되었다. 나치지배에 협력한 많은 사람들이 드골 편에도 서는 것을 보여 주면서 승자 편에서는 기회주의가 판치던 현실을 고발했다. 프랑스 정부는 10년 남짓 이 영화의 국내 상연을 금지했다.

미국의 역사학자 팩스턴(Robert Paxton)이 쓴 문제작 《비시의 프랑스》(Vichy France)가 1972년에 발간되면서 레지스탕스 신화에 대한 해체작업이 시작되었다. 팩스턴은 프랑스인들이 나치에 억지로 협력한 것이 아니라 히틀러가 건설할 새 유럽에서 프랑스 몫을 얻어내겠다는 희망을 품고 '진정한 협력'을 추구했고, 반 유태 정책에서도 나치독일이 원한 것보다 더 많은 것을 제공했다고 충격적인 주장을 펴 해체작업을 촉진시켰다.

1968년 학생소요 때문에 드골 대통령이 사임하고 2년 뒤 사망한 것을 계기로 시대가 변화하면서 신화 해체가 가능해졌다. 언론 매체, 문학과 영화, 음악과 패션에서 나치 점령기에 대한 재평가가 진행되는 등 '되돌아보기' 사조가 프랑스 사회를 흔들어 놓았다.

레지스탕스 운동에는 전체 인구의 2%만이 참가했고, 10% 정도가 그들의 지하신문을 읽었으며 우파참가자는 극소수였다는 등 실상이 들어났고, 이러한 레지스탕스 신화는 드골이 앞장서서 만들었다는 반성이었다(박지향). 드골은 진짜 레지스탕스 영웅들을 정치에서 격리시키고 자기 자신을 레지스탕스의 상징적 인물로 조작한 뒤 민족 신화로 만들어 갔다는 것이다. (앙리 루소)

이승만과 드골은 닮은꼴

레지스탕스의 상징적인 인물인 드골은 여러모로 이승만과 유사한 정치지도자였다.(이학수)

드골은 레지스탕스의 기반 내에 직계세력 없이 런던 등 외국에서만 활동했고, 실제 무기를 들고 투쟁한 경험도 없으며 외교적 노력과 화려한 수사와 연설만으로 치장했다. 결정적 순간에 기회를 포착해 권력을 장악한 뒤 진정한 투사들을 격리시키고 자신을 상징적 인물로 신화화했다는 측면에서 이승만과 여러 가지로 닮았다.

신화의 진정성 여부는 저들의 관심사겠으나 역사를 되돌아보고 신화 해체를 감수하는 프랑스 지성의 진지성과 엄격성은 우리를 압박하기에 충분하다. 한국사회는 이러한 과정을 제대로 가져본 적이 없기 때문이다.

한국도 본격적인 역사성찰을 거쳐야 한다

한국의 경우 프랑스의 레지스탕스 신화에 해당하는 쪽은 독립운동사일 것이고, 비시 정부에 비견할 수 있는 쪽은 친일파 문제가 될 것이다. 그러나 이 두 부문이 프랑스처럼 본격적인 되돌아보기의 조명을 받아본 적이 없다.

독립운동사는 집중적 연구가 지속되었고 학문적 성과도 크다. 반면 친일파에 대한 연구는 외면 또는 방치되어 왔고 연구실적도 빈약하다. 독립운동사 연구가 활성화될 수 있었던 것은 이승만 독재에 이어 박정희 등 군부독재가 오랫동안 지속됨에 따라 자유롭고 활발한 연구가 어렵고 금기(禁忌) 사항이 많은 현실정치(현대사)에 대한 연구를 기피하는 풍조와 연관이 있을 것이다. "모두 하나 같이 운동사 연구를 파고들었다"는 지적(임종국)이 나오고 있다.

초대 대통령 이승만에 대한 연구가 1980년대 들어서야 겨우 활발해진 것도 아마 '독재정치'가 연구테마가 되는 것을 달가워하지 않은 군부통치의 영향 때문이었을 것이다.

그렇다면 친일파 연구가 부진했던 이유는 무엇일까?

친일파 문제에 대한 역사연구의 문을 연 임종국은 그 이유를 ①

오욕의 역사여서 건드리고 싶지 않다는 은폐론, ② 당사자나 유족의 체면을 위해 덮어 두었으면 하는 인정론, ③ 친일을 막연하게 스캔들 정도로 생각하면서 비방거리로 삼으려는 대중 취미 경향 등을 들었다.

독립운동사와 친일파 역사는 위에서 보듯 따로 분리되어 있다. 그러나 엄밀하게 따져보면 동전의 양면처럼 불가분의 관계이다. 더구나 한국사회가 정신적, 물질적으로 엄청난 성장을 하면서 양자는 각기 또는 함께 분화되고 융합되는 과정을 거쳐 한 몸을 이루고 있다. 머릿속에서만 상대를 비판하고, 기피하고, 극복 대상으로 삼으면서 존재하고 있다.

역사 되돌아보기는 제대로 할 수 있다면 1백 년 뒤에 그 기회가 와도 늦지 않다. 깊고 넓은 성찰을 통해 양자의 접점을 찾기 시작하는 일이 빠르게 시작될수록 좋을 것이다.

3·1 운동 직후 탄생한 상해임정에는 크게 보아 무장투쟁론(이동휘, 김구), 실력양성론(안창호), 외교독립론(이승만) 등 3가지 독립운동노선이 존재했다. 지역별로는 중국과 만주 지역은 무장투쟁론이 우세했고, 호놀룰루와 미주지역 교포 사이에선 실력양성론, 외교독립론의 영향이 우세했다. 국내는 우파의 실력양성론, 좌파의 무저항투쟁이 병존했다. 3가지 운동노선이 지역별로 지정학적 역할분담론을 형성하고 있었다고 할 수 있다.

그러나 이 세 노선은 통합전략을 마련해 힘을 합치지 못하고 각개 약진했다. 독립운동사가 겉으로는 아시아에서 유례를 찾기 어렵게 활발했으나 결정적 성과를 이뤄내지 못한 것도 이와 같은 배경과 관계가 있다.

그런데 대한민국을 건국하고 초대 대통령이 된 이승만은 공산화를 막고 신생국의 기틀을 잡아가는 과정에서 역할분담의 나머지 노선을 포용하고 통합하는 포용력을 발휘하지 못했다. 고령의 그가 택한 길은 통합이 아니라 일방독주인 독재의 길이었다.

프랑스의 드골이 나치 청산과정에서 정계를 숙청할 때 사회당, 공산당 등 좌파는 세력을 과시하고 있었던 것에 비해 우파는 붕괴 직전이었다. 레지스탕스 세력의 주류인 공산당과 사회당 등 좌파는 승리와 함께 세력이 한껏 신장되었으나 대부분이 나치와 협력관계에 있었던 우파세력은 형편없는 열세로 전락해 있었다. 심사 결과 70%의 구정치인이 숙청되었는데, 심사에 통과된 30% 안에 좌파는 163명이 포함돼 있었다. 우파는 전멸이었다. 우파의 몰락으로 인한 정계의 세력 불균형을 우려한 심사위원회는 우파에게 가산점을 얹어주어 52명을 구제할 수 있었다. '자유프랑스' 간판 아래 함께 싸운 우파세력이 드골이 창당한 국민공화운동(MRP)에 참여했기 때문에 좌·우 균형이 겨우 이뤄졌다. (주섭일)

한국의 경우 이승만의 반민특위 방해도 결과론으로 보면 우파가 살아남을 수 있는 돌파구였다. 그때 살아난 우파들이 한국전쟁에서 나라를 지키는 데 헌신했고, '한강의 기적'을 주도하는 세력의 근간이 되었다. 짧게 보면 친일 청산 실패이나 길게 보면 민족의 발전사와 표리관계를 형성하고 있는 것이다.

토지개혁이 이승만 정권 기반 닦아줘

미군정의 선도 등 내외 여건이 개혁 압박

이승만이 건국 초 정권을 위해서는 물론 체제의 생존을 위해 피할 수 없었던 숙명의 개혁과제는 친일파 청산과 토지개혁이었다. 2가지 중 토지개혁이 최대의 현안이었다.

친일파 처리가 '과거'의 문제이고, 국민 일부에 관한 것인 데 비해 토지개혁은 '미래'의 문제이고 국민의 71%에 달하는 농민 전체의 사활이 걸린 문제였다. 체제 생존이 거기에 걸려 있었다(박명림). 또 친일파 처리는 친일관료나 경찰 등 청산 대상을 최소화하는 것이 사회의 공산화 대처에 유리한 데 비해 토지개혁은 적극돌파, 적극시행이 농민의 좌경화를 막는 길이어서 반공의 방법이 반대인 특징도 있었다.

이승만 대통령은 양자의 차이를 현실적 정치 감각과 계산법에 따라 실용적으로 접근하는 정략을 과시했다. 이승만은 전통적으로 농지가 절대 부족한 데다가 많은 지주들이 이를 과점한 것이 문제라는 역사인식(로버트 올리버)을 가지고 있었고, 기회가 있을 때마다 농민이 경작지를 가져야 한다(耕者有田)고 주장하는 등 토지개혁의 필요성을 강조했다. 이승만을 둘러싼 내외환경도 토지개혁이 어느 누구도 막을 수 없는 시대의 대세라는 쪽으로 흐르고 있었다. (서중석)

그 점에 대해 먼저 기선을 잡은 쪽은 미군정이었다. 진주 초기 미군정은 식량대책 등 시급한 농업 현안만 챙기는 현상유지이면서 기조는 친미우익인 지주에 기우는 경향이었다. 그러나 소작료 불납운동, 일본인 토지분배 투쟁 등 좌익적 농민투쟁에 부딪치면서 정책을 내부적으로 조율했다.

1946년 10월부터 토지개혁을 전제로 한 실무준비를 체계적으로 진행하기 시작했고, 1948년 3월 일본인 소유의 귀속농지를 관리하고 있던 미군정 산하 신한공사의 논 20만 정보(町步)와 밭 5만 정보를 매각한다고 공표하기에 이르렀다(윤충로). 미군정이 대한민국 수립을 몇 개월 앞둔 시점에 귀속농지 매각을 서두른 것은 같은 현안인 친일파 처벌 문제를 한국인 정부의 몫이라면서 외면해 왔던 것과는 크게 대조되는 일이었다.

정부 수립 후 토지개혁을 자신의 통치작품으로 만들고 싶었던 이승만은 한국 국회(앞으로 태어날)의 동의도 없이 미군정이 임의로 처분할 수 없다고 크게 반발했다(전상인). 미군정은 이승만의 반발처럼 무리하게 귀속농지를 서두른 것이다.

왜 그랬을까? 미군정이 토지개혁을 하지 않은 채 그대로 한국을 떠날 경우 반동적 파쇼 정부의 수립을 초래해 오히려 공산화를 촉진하는 결과가 나타날 것을 우려해 의도적으로 그같이 조치했다는 해석이 가능하다(전상인). 토지개혁이 대세라는 것을 기정사실화하면서 앞으로 있을 단정(單政) 수립에 도움을 주기 위해 농촌의 좌경화를 차단하고, 농민의 지지를 확보할 필요성을 인정해 취한 조치라는 측면도 없지 않았다. 실제로 미군정의 조치는 농촌에서 인기를 얻었다.

북한이 무상몰수 무상분배의 토지개혁을 먼저 실시한 것도 이승만 정부에게는 큰 압박이었다. 당시 농촌에 대해 좌파의 영향력이 컸기 때문에 언제든지 남한의 농지개혁과 관련, 농민봉기가 일어날 수 있는 상황이었기 때문이다.

또 이웃 일본과 중국의 상반된 선례도 생생한 벤치마킹 대상이었다. 일본 점령시기 맥아더 극동 사령관은 러시아 태생의 라데진스키(Ladejinsky)라는 진보적 인물을 기용해 급진적 토지개혁을 실시했다. 일본 국왕도 할 수 없다는 큰일을 해낸 것이다. 수많은 영세농이 자작농으로 다시 태어나게 되었고, 공산주의의 유혹이 먹혀들지 않게 되었다. 장제스의 국민당은 그 반대의 경우였다. 쑨원이 진보적 토지법을 만들어 놓았으나 그 후계자인 장제스는 그 가치를 인식하지 못하고 농촌문제 해결에 소홀했다. 반면 마오쩌둥(毛澤東)의 홍군은 농촌을 집중적으로 파고들었다. 장제스 정부는 1948년에 가서야 농촌의 이반현상이 심각한 상태임을 깨달았으나 이미 때가 너무 늦었다. 국민당 정부는 대만에 쫓겨 간 뒤에야 대만에서 토지개혁을 실시하는 것으로 실패의 상실감을 달래야 했다. (로이드 이스트만)

한국의 경우 지주 등 지방토호세력을 포함한 기득층 세력의 강력한 토지개혁 반대가 앞을 가로막고 있었다. 더구나 기득권 세력을 대변하는 입장인 한민당은 국회의 제1당으로 막강한 세를 과시하고 있었다. 이승만 정부는 긴장의 끈을 늦출 수 없었다. 다행히 토지개혁 때문에 무력충돌이 일어날 정도로 사태가 악화되지는 않았다. 한민당이 토지개혁이 시대의 대세라는 점을 대국적으로 수용하고 극한투쟁을 시도하지 않았기 때문이다(시도할 수도 없었을 것이다).

한민당이 유연하게 대처하게 된 데는 내각제 헌법초안을 만들었다가 정치적 풍파에 시달렸던 유진오의 기여가 한몫을 했다. 유진오는 제헌헌법 제86조에 "농지는 농민에게 분배하며 그 분배의 방법, 소유의 한도, 소유권의 내용과 한계는 법률로서 정한다"는 조항을 넣어 토지개혁 실시가 가능한 헌법적 근거를 마련했다. 그는 헌법초안을 만들 때 초안 작성을 위촉한 호남의 대지주이자 지주계급을 대변하는 입장인 한민당의 실세 김성수에게 '농지개혁의 길만이 공산당을 막는 최량의 길'임을 설명함으로써 그 조항을 수용케 설득하는 데 성공한 것이다. 따라서 한민당은 그 원칙의 한도 내에서 지주의 이익을 확보하려는 의회활동에만 주력했던 것이다. (박명림)

이승만, 좌파 출신 조봉암 기용해 정면 돌파 시도

이승만의 건국내각에 한민당이 배제된 것에 세상의 이목이 쏠렸으나 따지고 보면 그에 못지않은 중요한 인선이 상공장관에 임영신(任永信), 농림장관에 조봉암(曺奉岩)을 발탁한 것이었다.

임영신은 미국에서 이승만의 독립운동을 도운 오랜 측근이었으나 여성이라는 점이 이색적이었고, 공산주의의 이론가(박헌영과 쌍벽 관계였다)였다가 전향한 조봉암의 발탁은 그야말로 의표를 찌른 인사포석이었다. 한민당 등 우파는 그를 계속 공산주의자로 보고 있었던 것이다. (이철승)

이승만은 막대한 일본인들의 귀속재산 처리를 맡는 주무부서인 상공과 토지개혁 담당부서인 농림자리를 한민당이 눈여겨보고 있다는 것을 알면서 그 같은 인사를 단행했다. 미국에 오래 살아서 귀속재산과 관계가 없고, 관심도 없는 것이 임영신의 입장이었기 때문에 잡음과 물의의 소지가 없었고, 조봉암 기용은 좌익계의 선동에 대처할 수 있는 이점이 있는 데다가 한민당의 기반인 지주세력을 약화 내지 붕괴시키기 위한 2중, 3중의 정치적 계략이란 측면이 있었다. (박명림)

이승만은 농지개혁에 관한 정책이 다르다면서 장관 제의를 고사하는 조봉암을 삼고초려해 영입했다. 조봉암이 소신대로 일할 수 있게 간섭하지 않겠다고 약속했고, 좌익계 조직인 민전에서 농업문제연구원으로 있을 때 북한식 토지개혁을 주장한 바 있었던 강정택을 차관으로 발탁, 장관을 보좌하게 조치했다. 조봉암의 직계인 강진국을 농지국장, 3명의 과장 중 2명도 좌파(나중 둘 다 월북)로 기용케 허용했다. 이승만이 우파의 강력한 반대를 극복하기 위해 엄청난 정치도박을 하게 된 것이다. (박명림)

조봉암 장관은 지주보상지가로 5년 평균 생산고의 15할, 농민의 상환기간은 3년 거치 10년 상환, 연평균 상환지가로 1. 2할의 농림부안을 만들었다. 그러나 국무회의는 이 초안을 그대로 통과시키지 않고 기획처에 보냈다. 한민당계가 처장인 기획처는 지주보상지가를 20할, 농민의 상환지가도 20할로 후퇴시키고, 상환기간은 10년으로 수정하여 국회에 보냈다.

한민당이 장악한 국회 산업위원회는 기획처안보다도 더 보수적이고 지주에 유리한 안을 만들었다. 3가지 농지개혁안이 등장한 셈이다. 토지개혁이 원천적 반대가 아니라 파이의 몫을 다투는 싸움으로까지 진전된 것은 그나마 다행이었으나 피를 말리는 격전이었다. 이승만은 이 싸움에서 여론을 등에 업을 때 늘 사용하는 수법인 대중을 동원했다. 청문회를 열어 산업위원회안을 비판하게 하는 여론몰이를 시도했다. 개혁성향의 언론도 그에 가세했다.

결국 1950년 3월 정부가 주관한 기획처안을 근간으로 한 최종 토지개혁안이 확정되었다. 상환지가 15할에 5년 균분(연간 3할 상환)으로 최초의 농림부안에 근접한 내용이었다(김일주). 민국당(한민당의 후신)은 토지개혁을 1년 미루는 투쟁효과만 얻는 데 그쳤다(박명림). 그런데, 법률을 집행하려면 시행령이나 시행규칙을 제정해야 하는데 시간이 없었다. 봄철 파종기가 다가오는데 이때를 놓치면 또 1년을 허비해야 할 상황이었다. 이승만은 '분배농지예정 통지서'라는 행정조치를 동원하는 편법을 써서 농지개혁을 강행, 성공할 수 있었다.

두 달 뒤 한국전쟁이 발발했다(김일주).

해방 당시 남한의 토지소유 상황을 보면 지주소유의 소작지 총면적은 144만 7천 정보였다. 그중 귀속농지(일본인 소유)가 26만 9천 정보, 조선인 지주소유농지는 117만 8천 정보였다. 1949년에는 지주소유 농지가 60만 1,049정보, 귀속농지가 23만 2,832정보로 4년 사이에 49만 925정보가 줄어들었다. 토지개혁을 기정사실로 보고 지주들이 개인적으로 소작농에게 적당한 가격으로 팔거나 분배했기 때문에 그같이 감소한 것인데, 사실상 토지개혁이 이루어진 케이스로 간주되었다.

이승만은 최종적으로 60만 4,876정보를 167만 1,270호의 농가에 나누어 주었다. 분배농지는 호당 1,080평에 불과했으나 그 효과는 여러 가지 측면에서 엄청나게 큰 것이었다. (김일영)

토지개혁 덕에 한국전쟁 때 농민봉기 없었다

토지개혁의 대체적인 성공은 이승만 정권이 기초를 굳히는 계기와 함께 체제 안정화 기조를 가져다주었다. 단기적인 위기관리의 관점에서 보면 반민특위 해체로 인해 생긴 친일파 처벌 미흡 사태에 대한 정치적 반발과 국민의 실망을 완화시키거나 충격을 흡수하는 효과를 거둘 수 있었다. 남로당의 거센 도전 속에서 농민들의 좌파 지향적 동요를 차단할 수 있었던 것은 큰 소득이었다(정영국). 토지 개혁 추진 기간을 전후해 농민봉기도 없었고, 그 같은 안정 기조는 1950년 한국전쟁 때 북한의 남침에 호응하는 농민봉기도 없었던 흐름으로 이어지게 되었다. (박명림)

정치적 관점에서 볼 때도 지주계층이 몰락하는 바람에 장기적으로 민주주의 발전에 긍정적 영향을 끼쳤다. 한민당의 기반이 약화되었고 그들과 결별한 이승만에게는 부담을 덜어주는 효과가 있었다. 지주세력이 온존했더라면 그들을 기반으로 하는 한민당이 권력에 더 가까이 갈 수 있었고 내각제적 권력구조 아래 지주과두제적 성격의 정권이 탄생했을 수도 있었다. 그런 가능성이 없어진 것이 이승만에게 정치적 이득을 가져다주었다. (박지향, 김일영)

사회적 관점에서 보면 농민들이 주인의식을 가지게 되었고, 자립적인 국민이 되었다. 혁명을 포기한 농민들은 보수·안정화되어 이승만의 확실한 정치적 기반이 되었다(유영익). 주도세력과 지원세력이 취약한 이승만이 강력한 반공주의로 나가게 되는 인적 자원의 원천이 되었다.

경제적으로는 농민들의 생산의욕을 제고시키고, 농업생산을 증대시켰다(유영익). 토지개혁 때 지주들이 받은 지가증권(地價證券)은 한국전쟁 때의 인플레 때문에 그 가치가 크게 하락했다. 그러나 그 지가증권을 매입한 자본가들이 귀속재산을 불하(拂下) 받은 데 이용함으로써 '토지자본'이 '산업자본'으로 전환하는 효과를 다소나마 가져올 수 있었다. (윤충로)

남한의 토지개혁이 북한 것보다 효과적

유상수용, 유상분배의 남한 토지개혁보다 무상수용, 무상분배의 북한 토지개혁이 더 성공적이고 개혁적이라는 주장이 있다. 그러나 그렇지 않다는 반론이 더 설득력을 지닌다.

남한이 유상수용, 유상분배한 것은 자유민주주의의 원리인 사유재산 존중의 원칙을 지킨 것이다. 때문에 남한의 농민들은 마음대로 토지에 대한 재산권을 행사할 수 있었다. 그러나 북한은 그 원칙을 부정한 것이었기 때문에 재산권 행사를 제한했고 얼마 지나지 않아 모두 회수, 집단 농장체제로 가게 되었다(이영훈). 또 북한은 토지를 농민에게 분배한 뒤 현물세를 25~40%까지 부과했다. 그것은 지주의 소작인에서 국가의 소작인으로 바뀐 것에 불과했다. 그렇게 현물세를 내는 것보다 소작인으로 남아 있는 게 더 유리한 형편이라고 할 수 있었다. (박명림)

제주 4 · 3 사건과 여 · 순 반란사건

5 · 10 총선 반대 폭동이 제주 4 · 3 사건의 시작

대검찰청의 〈좌익사건실록〉(수사 참고자료로 1960년대에 정리)에 의하면 제주 4 · 3 사건이 일어난 경위는 1948년 3월 1일에 일어난 제주 3 · 1 폭동파업이 그 시작이었다.

남로당 제주도위원회 위원장 김달삼(金達三)의 주도 아래 제주읍 등 각 면소재지에서 수십 명씩 주민들을 동원해 불온집회를 열고 반정부 시위를 선동했다. 수도경찰청 경무부장 조병옥이 현지에 직접 내려와 사태의 심각성을 확인하고, 충남, 전남 등 내륙지역의 경찰대를 지원 병력으로 파견해 폭동을 일단 진압했다. 제주도위원회는 경찰의 눈을 피해 한라산의 1천 3백여 개의 동굴에 비밀 아지트를 만들고 무기와 탄약을 숨겨두면서 재기를 노렸다.

1948년 3월 말 김달삼과 제주도 주군 국방경비대 제9연대의 남로당 조직책 문상길(文相吉) 중위 등이 5·10 총선거를 방해하는 폭동을 일으키기로 결의하고 4월 3일 일제히 봉기했다. 제주, 모슬포, 서귀포 경찰서 관내 지서 등 14개 지서를 습격하고 경찰과 우익 인사들을 살상하고 파괴에 들어갔다. 사건 초기에는 양쪽에서 수십 명의 사람들이 목숨을 잃었다. 그러나 제주도민이 호응했고 이승만 정부가 과잉대응하면서 주민 등 2만여 명의 생명을 앗아가는 현대사의 비극으로 치닫게 되었다.

문제의 핵심은 주민들의 호응이었다. 왜 그랬을까? 제주도는 고려시대 삼별초(三別抄)의 난 이래 육지에 대한 토착민의 배타의식이 강했고, 토착민 간의 동질감, 유대감도 상대적으로 높았다. 일제 때부터 일본과 왕래가 잦아 일본 좌익의 영향을 일찍부터 받아 좌익세력이 강했다. 해방 당시 주둔했던 일본군 8만 명이 최후발악을 하게 되면서 자위(自衛)를 위해 좌익세력 중심으로 보안대가 조직되었고, 이들이 남로당 제주도위원회를 발족시키면서 각 면·리까지 조직을 확대했다. 좌익의 선동으로 도민의 80%가 좌경화되었고, 중학생을 기간(基幹)으로 학생들까지 영향을 받고 있었다. (좌익실록)

또 좌익의 폭동에 대비해 제주도에 주둔한 국방경비대 제9연대는 대부분이 제주 출신이었고, 남로당 세력이 장교에서 사병에 이르기까지 깊이 침투해 있었다.

연대의 지휘라인은 연대장 박진경(朴珍景) 대령이 아니라 앞서 지적한 2중대장 문상길(文相吉) 중위가 실세였다. 좌익 하사관들이 문 중위의 지시에 따라 박 대령을 사살했고, 당시 갓 부임한 채명신(蔡命新: 중장예편, 전 주월 파견 한국군 사령관) 소위도 죽이려 했다. 그러나 일부 병사가 채명신 소위로부터 소련 군정(軍政)에 실망하고 택한 월남 경위를 듣고 심경 변화를 일으키는 바람에 생명을 건졌다. (채명신)

당시 제주도 내 우익세력은 미미했다.

박헌영의 '신전술'에 따른 좌익의 활동이 1947년부터 본격화되었다. 5·10 총선을 반대하기 위해 일으킨 제주 4·3 사건은 김달삼이 서울 남로당 본부와 상의하지 않고 단독결정으로 일으킨 것인데, 뒤처리에 대한 대책이 없이 월북해버리는 등 장기대책 부재로 군·민 양쪽에 큰 피해를 가져왔고 제주도 내 공산세력이 몰락하는 결과가 빚어졌다. (존 메릴, 김남식)

제주 4·3 사건으로 제주 지역은 3개 선거구 중 2개구에서 총선을 치르지 못해 200석 정원의 제헌국회는 198명으로 제헌국회를 소집해야 했고, 1년 뒤 보궐선거에서 2명을 충원했다.

제주 4·3 사건을 주도한 세력은 스스로 민족해방군이라면서 조선민주주의인민공화국 창건을 위한 투쟁이라고 주장했다. 대한민국의 건국선거는 방해하고, 북한정권 수립을 위한 선거(남로당의 비밀 지하선거)에 주도적으로 참여했다.

오랫동안 진상규명이 되지 않은 채 묻혀 있던 제주 4·3 사건이 1980년대에 들어와 진보·좌파들에 의해 재조명된 것은 양민의 희생규모가 너무 크다는 점 때문이었다. 주민 집단학살은 1948년 11

월부터 1949년 2월 사이에 진행된 군의 초토화(焦土化) 작전 때 주로 발생했다. 1948년 10월, 제9연대장 송요찬은 제주 해안 지역에 통행금지와 해안봉쇄를 명령했고, 11월에는 여러 마을에서 주민이 수십 명씩 학살되었다. 법적 근거가 불확실한 계엄령이 선포되면서 학살이 본격적으로 자행되었다는 것이다. (서중석)

김대중 정권이 들어선 뒤 2000년 제주 4·3 사건 진상규명 및 희생자 명예회복에 관한 특별법(제주 4·3 특별법)이 제정되면서 처음으로 정부차원에서 진상규명 활동이 시작되었다. 2003년 진상보고서가 발표되었고, 10월 31일 노무현 대통령이 국가공권력의 부당한 행사로 인한 국민의 고통과 피해에 대해 사과했다. (임영태)

4·3 사건위원회는 전체 희생자를 2만 5천에서 3만 명으로 추계했다. 군경토벌대에 의한 희생이 78.1%인 1만 955명, 봉기세력에 의한 희생이 12.64%인 1,764명인 것으로 추산했다. 여성의 인명피해는 21.3%인 2,985명인데, 10세 이하가 814명, 10~20세가 3,026명이며, 51~60세 이상이 1,759명 선이었다. 수치로도 진압작전에 의한 부녀자 등 양민피해가 컸다는 점이 드러나고 있다(서중석).

반면 토벌작전에 참여했던 채명신이 회고하듯이 우파의 시각은 제주 4·3 사건의 심각성은 김달삼, 문상길이 무모하게 벌인 불법봉기에서 비롯되었다고 파악한다. 2011년 10월 현대사 포럼은 언론에 공개광고를 내고 제주 4·3 사건 진상보고서 작성기획단장 박원순 변호사를 상대로 동 사건은 '폭동'이 아니라고 정의한 데 대해 항의했다. 남한의 5·10 선거는 방해하고, 북한의 8·25 선거를 지지해 일으킨 봉기를 '폭동'이 아니라 경찰의 탄압에 항거한 '무장봉기'로 볼 수 있는가 등 6개항의 의문점을 제시했다. 또 제주 4·3 사건의

원인은 김달삼 등 제주폭도들에게 있는데, 이들에 대해서는 전혀 언급하지 않고 그 책임이 대한민국과 미군정에 있다고 한 데 대해 답변하라고 주장했다. 심사무효소송을 제기하고 있다고도 했다.

제주 4·3 사건은 아직 역사 속에서 좌·우 간의 진정한 화해로 가는 접점을 찾지 못하고 있다. 이 사건은 양민학살문제에 대한 진상규명이 중요하지만, 사건과 관련해 일어난 여·순 반란사건과 그에 따른 남로당의 위상변화, 대한민국의 위기 대응능력의 강화 등 역사의 흐름도 큰 맥락으로 함께 다루어야 할 것이다.

제주 4·3 사건 진압 거부해 여·순 반란사건 일어나

이승만 정부는 1948년 10월 들어 제주도의 남로당 봉기세력이 다시 파괴활동을 재개하면서 공격을 강화하자 제주도에 진압사령부를 설치했다. 정부는 군병력을 보강하기 위해 제주에서 가장 가까운 전남 여수에 주둔 중이던 제 14연대에서 1개 대대를 빼내 제주도로 파견키로 했다. 이에 따라 제 1진이 상륙함(LST)에 승선할 무렵 제 14연대 전체가 군사반란을 일으켰다. 여수·순천 반란사건이다. 제 14연대의 남로당 조직책인 지창수 상사가 연대정보과 하사관과 일부 사병들을 데리고 반란을 일으켰고, 지휘권은 비밀 남로당원이었던 김지회 중위(육사 3기)에게 넘겨졌다. 3천여 명의 동조세력을 규합한 반란군은 여수 시내를 장악하고, 경찰관들을 잡는 대로 사살했다. 다음 날 반란군은 인근 순천으로 진격했고 공동지휘관인 홍순석 중위가 합류했다. 인민위원회와 인민재판소가 설치되어 모두 900여 명의 경찰관과 우익인사들이 살해되었다.

미 군사 고문담당 로버츠(W. L. Roberts) 준장의 건의에 따라 한·미 합동회의가 열렸고, 광주 주둔 제4연대가 긴급투입되었으며, 반란이 다른 지역으로 번지는 것을 차단했다. 10월 22일부터 순천 탈환작전이 시작되었으나 작전미숙으로 대부분의 반란군이 지리산 등으로 도주했다. 여수 탈환작전은 무차별 폭격을 가하는 등 시가 전까지 벌여 가까스로 반란군을 진압할 수 있었다. 1천 7백여 명이 반란에 가담한 혐의로 재판을 받고, 866명이 사형선고를 받았다.

반란을 일으킨 제14연대는 광주의 제4연대에서 갈라져 새로 창설된 부대였다. 좌익세력 등 골치 아픈 장병들만 주로 방출해 연대의 근간을 이루게 한 군 인사위원회의 미숙성이 반란이 나게 된 원인의 하나였다(황인성). 당시 제14연대는 무려 30%가 좌익이었다. (나종남)

진압작전의 미숙 때문에 여·순 사건은 장기유격전으로 이어지게 되었다. 당시 일개 대위 신분으로 이승만 대통령의 군사고문역까지 맡았던 짐 하우스만은 반란군의 퇴로를 차단하고 포위섬멸작전을 펴야 한다고 건의했다. 지리산, 백운산으로 들어가 태백산 줄기를 타고 남파되는 북한 게릴라세력과 합류하기 전에 소탕해야 한다고 보았기 때문이다. 그러나 그 건의는 전략적 긴급성과 중요성을 깨닫지 못했던 한·미군 수뇌부에 의해 묵살되었다. (짐 하우스만)

반란군의 잔존세력과 민간인 동조자들은 지리산으로 잠적해 게릴라가 되었다. 지리산은 산세가 험하고 나무가 울창해 게릴라 활동에 천혜의 요지였다. 1948년에서 1949년까지 색출·토벌작전이 계속되었으나 쉽게 진압되지 않았다. 게릴라들은 대규모 전투도 펼쳤으며, 나중에는 분산된 소규모 공세로 전환했다.

마침내 1949년 겨울 정부군의 대규모 작전으로 분쇄되었다.

여·순 반란사건, 군내 좌파 숙청 기회 줘

이승만 대통령은 여·순 반란사건이 난 뒤 군(軍) 내에 남로당 세력이 대거 침투해 있다는 보고를 받고 엄청난 충격을 받았다. "역사상 이렇게 많은 배신자가 있었던 적이 없다"면서 강력한 숙군(肅軍)을 명령했다. 그에 따라 7차례에 걸친 대규모 군의 좌파 숙청이 진행되었다. 총살, 징역, 파면 등 숙청 대상이 무료 4,749명에 달해 전군의 5%에 해당하는 숫자였다. 숙군 기간 중 5%에 해당하는 좌파군인들이 탈영하거나 탈출함으로써 결국 10%선의 군인이 제거되었다. (박명림)

전사편찬위원회에 의하면 군번 1번부터 100번까지의 최고위급 장교 중 28명이 좌파혐의로 파면되거나 처형되었다. 이들의 지도를 받거나 영향을 받은 육군사관학교 졸업생 가운데 상당수도 좌파였다. 1기에서 15명, 2기에서 박정희 등 17명, 3기에서 여·순 반란사건의 주도자 김지회 등 수십 명이 좌파였다. (박명림)

군을 숙청함에 따라 이승만에 대한 군의 충성도는 높아졌다(김세중). 남로당의 군 프락치였던 박정희는 군 내 남로당계에 관한 결정적 정보를 제공했고, 숙군을 총 지휘했던 상관 백선엽 대령이 이승만 대통령에게 박정희의 구명을 건의해 살아남을 수 있었다. (백선엽)

백선엽은 "여·순 반란사건이 없이 북한의 남침을 맞아 군 내부에서 봉기가 있었다면 대한민국이 어떻게 되었을까 함은 자명한 일이다. 그런 점에서 숙군은 대한민국을 구하고 국군을 반석 위에 서

게 했다"고 회고 했다. (백선엽)

여·순 반란사건이 일어났을 때 서울의 미국 관리들은 대한민국이 이제 완전붕괴 직전에 다다랐다고 생각했고, 워싱턴 관리들은 광범위한 대중의 지지가 있었다는 점에서 큰 충격을 받았다(제임스 매트레이). 브루스 커밍스도 박정희 전향을 계기로 철저한 좌익제거가 이루어졌기 때문에 한국전쟁 때 군대가 분열하거나 이적(利敵) 행위를 하는 것 같은 불상사가 없었다고 썼다.

친일파에 속했던 일본군, 만주군 출신 군인들이 좌익 제거에 큰 공을 세웠다. 제주 4·3 사건 토벌 때 지휘관 송요찬은 일본군 지원군 출신이고, 숙군에 결정적 기여를 한 백선엽과 박정희는 만주군 선·후배 간이었다. 여·순 반란사건에서 150명의 남로당계 군인을 색출해 낸 김창룡(金昌龍)은 관동군 헌병 오장 출신이었으며 좌익계 5천 명을 숙청하는 데 가장 큰 공을 세웠다.

한국군은 이때 내부의 반대자들에 대한 제거를 통해 이념적 통일의 토대를 만들고 군의 이념적 응집성, 충성도를 더욱 제고했다. 남한 군대는 그런 과정이 없었던 베트남군과 확연히 구분되었다. (윤충로)

왜 군에 좌파가 많이 침투했는가? 해방정국에서 많은 사설군사단체가 생겼다. 미군정은 이들을 모두 해체시키고 대안으로 발족시킨 국방경비대에 입대하게 했다. 친일파, 좌파, 월남파, 이남 출신, 만군계, 일본군, 광복군, 노장파와 소장파 등이 혼재된 경비대는 성분이 복잡했다. 친일파 경찰간부들이 반민특위가 숙청을 포기한 군을 피난처로 삼아 입대했고, 남로당계 등 좌파가 은신처 삼아 단체별로도 대거 입대했다.

좌파의 대거 침투는 한국의 이데올로기 대결의 특수성을 모르는 국방경비대 창설책임자 프라이스 대령이 자유문호개방정책을 주장하면서 이승만 등 우익 측의 항의에도 불구하고 입대희망자의 과거경력이나 사상성을 따지지 않았기 때문에 가능했다. 이를 잘 기억하는 이승만은 여·순 반란사건 직후 로버츠 미 군사고문단장에게 "당신네들이 좌·우익을 가리지 않고 아무나 받아들이는 바람에 이 지경이 되었다. 책임지고 수습하라"고 들이댔다.

좌파침투는 치밀하고 뿌리 깊은 것이었다. 김일성은 스탈린을 만나 남침을 허용해 달라고 요청할 때 남한군에 많은 첩자가 침투해 있다고 강조까지 했다.

그에 비해 광복군의 참여는 미흡했다. 당초 하지는 광복군이 장제스를 도와 공산군과 싸운 것으로 알고 큰 기대를 걸고 있었다. 그러나 광복군 수뇌였던 이범석이 "나라가 독립되지 않았는데 미군정 아래서 군사조직이 무슨 소용이 있는가?"라면서 조선경비대 참가를 거부했다. 광복군 세력이 주도권을 잡을 기회가 사라진 것이다. (브루스 커밍스)

광복군의 일부가 그래도 경비대에 참가했으나 경쟁력에서 일본군, 만주군 출신에게 밀렸다. 유동렬과 송호성이 통위부장과 경비사령관으로 임명되었으나 전문성에서 취약점을 보였고, 다른 사람들도 정상적인 군사교육이나 훈련을 제대로 받지 못했던 만큼 일본 육사나 만주군관 출신을 따라잡기가 힘들었다. 고집이 세고 자기주장이 강해 미 고문관들과의 사이도 원만하지 못했다(김세중). 광복군의 일부가 김구계열이라는 정치적 이유도 있었다.

미군정은 당초 광복군과 일본군, 만주군계 등 세 그룹을 같은 비율로 충원하려 했으나 일본, 만주군계가 주로 군사영어 학교에 들어와 군부를 장악하게 되었다.

해방 뒤 장군으로 승진한 사람도 광복군이 32명이었으나, 일본군 출신은 226명, 만주군 출신은 44명으로 거의 1:9의 비율이었다. 광복군의 자리까지 차지한 일본, 만주군계가 좌파를 제거하면서 전군을 장악하고 한국전쟁을 맞게 되는 것이다.

대공 수사력 강화 위해 국가보안법 만들어

여·순 반란사건이 난 뒤 군 내부의 좌파세력 숙청에 나선 이승만 정부는 한걸음 더 나아가 각계에 은밀하게 침투해 있는 공산주의자 프락치를 효율적으로 색출하기 위한 근거를 두어 대공 수사력을 강화시켰다. 그 근거는 1948년 12월 1일 법률 제 10호로 제정, 공포한 국가보안법이다. (홍진기)

국가보안법은 법안을 만든 당사자는 서독의 형법을 원용해서 만든 것이라고 주장(홍진기)했는데, 일제강점기 일본이 자국과 한국 내의 공산세력에 대처하기 위해 제정했던 치안유지법을 벤치마킹해 만들었다는 주장이 있다. (한홍구)

'반국가단체 구성죄'를 둔 것이 핵심내용이었다. 내란죄를 범하지 않았더라도 예비음모에 해당하는 행위를 저지르면 처벌할 수 있다는 것이다. 범행을 실행한 것(기수)이 아니고 중도에 그친 것(미수)도 아니고, 단순히 예비음모한 것도 처벌대상이 된 것인데, 기본법으로 다룰 수 없었던 좌파들의 모임이나 회합까지 단속할 수 있게 되었다.

대검의 〈좌익실록〉에는 동법이 등장한 이후 수많은 프락치 사건을 전국 경찰이 일제히 적발한 사례들을 수록하고 있다. 서울지검 차장검사, 서울시경 정보계장, 서울 중부서 보안계장 등이 남로당 프락치로 검거되는 등 간단치 않은 사건들이 포함돼 있다.

가장 이목을 끈 것은 국회의 소장파 세력의 리더였던 노일환, 이문원 의원의 국회 프락치 사건이었다(오제도). 공교롭게도 두 사람은 보안법 제정을 강력하게 반대했다가 정계에서 첫 번째로 처벌대상이 되었다. 동법이 만들어진 뒤 1949년 한 해 동안 11만 8,621명이 구속되었다. 당시 검찰이 1년간 다루던 사건의 80%가 좌익사건이었다. (한홍구)

동법은 초기에는 위에서 보듯이 잠복했던 남로당 세력을 많이 적발해 냄으로써 좌파척결을 위한 순기능(順機能)을 보였음을 알 수가 있다. 이들 좌파세력이 검거되지 않고 계속 활동했더라도 한국전쟁 때 박헌영이 예상한 대규모 봉기가 가능했을 것이라는 지적(박명림)은 긍정적 효과가 있었음을 인정한 것이다.

그러나 "이승만이 정치적 반대론자들을 견제할 수 있고, 법률적 무기를 추가해 가지게 되었다"는 지적(정영국)처럼 반민주적이고, 반인륜적이라는 제정 당시의 우려와 경계가 이승만의 독재가 가시화되면서 현실로 등장했다.

국가보안법은 그 뒤 개정되면서 언론과 야당탄압이라는 반발을 불러 일으켰고 미국의 내정간섭을 야기하기도 했다. 그러나 독소조항을 두어 인권 탄압과 정적 제거에 악용된다고 해서 심각해진 것은 박정희 대통령 때부터이다. (박명림, 로버트 올리버)

여 · 순 반란사건 뒤 우파세력 총결집

해방정국의 좌 · 우 이념대결에서 수많은 우파청년들이 경찰을 도와 좌파세력과 싸웠다. 수십 개의 우파청년단체들 가운데 가장 무서운 존재는 '서북청년회'였다. 서북청년회는 주로 친일파 처단, 토지개혁조치로 북한에 머무르기 어려워지자 월남한 북한 출신 청년들로 구성되었는데, 좌익에 대한 적대감이 가장 강렬했다. (서중석)

이범석이 만든 조선민족청년단(족청)은 미군정의 지원을 받아 전국에서 모은 엘리트 청년 중심으로 가장 큰 청년단체로 성장했다. 115만 단원을 자랑하면서도 반공활동을 펴지 않았으나 5 · 10 총선에서 20명의 의원을 배출해 정치적 교두보를 확보하는 등 세를 과시했다. (강영훈)

이승만 대통령은 여 · 순 반란사건 뒤인 1948년 12월 19일 그동안 각개 약진하던 우익청년단체를 한데 묶게 되었다. '족청'을 제외한 대동청년단, 청년조선총연맹, 국민회청년단, 대한독립청년단, 서북청년회와 20여 개 군소 청년단체 등을 해체시키고, '대한청년단'이라는 이름 아래 통합시켰다. 총재에 이승만, 최고위원에 장택상, 지청천이 자리했고, 이승만의 신임을 받는 신성모가 단장이 되었다. 뒤에 국민방위군의 사령관이 되었다가 '국민방위군 사건'에 대한 책임을 지고 사형당하는 김윤근이 감찰국장이었다.

대한청년단은 경찰의 보조 조직으로 돌격대 역할을 맞게 된다. 청년단체의 통합은 큰 틀로 보면 좌파의 잇단 봉기에 맞서 우익 청년들을 결집시키는 계기가 되었으나 추종하는 젊은 청년들을 사병화(私兵化)하고 있던 김구, 지청천, 이범석 등에 대한 견제라는 권력투쟁의 측면도 함께 가지고 있었다.

통합을 강력하게 반대했던 이범석의 족청은 다음 해인 1949년 2월 해산된다. 단장 이범석이 건국조각 때 이승만과 한민당 사이의 힘 겨루기 과정에서 국무총리로 발탁되고, 족청이 한민당의 공백을 한 때 메우기도 했으나, 이승만은 공칭 115만 명의 조직의 잠재력을 우려해 해산을 강요하게 되었다. 그러나 그 뒤 직선제 개헌 때 이범석 과 족청계는 다시 이승만의 부름을 받고 관제 어용화된 압력단체의 역할을 맡게 된다.

교육계에서도 좌파 교사와 학생들에 대한 대대적인 숙청이 진행 되었다. 독일 유학 때 히틀러의 유겐트의 활동을 목격했고, 일민주 의(一民主義)의 이데올로그이기도 했던 문교장관 안호상이 그 숙청 을 지휘했다. 그는 멸공정신과 국가관을 제대로 심어준다는 명분을 내세워 1948년 10월부터 대학과 고등학교를 대상으로 '학도호국단' 을 결성했다. 학도호국단은 학원을 보수화, 반공교육강화, 반공조 직화함으로써 진보·좌파 학생운동의 맥을 끊는 데 결정적 역할을 했다.

이승만 정부는 정치 외곽단체에 대한 통제에도 나서 이승만 총재 를 내세우는 대한노동총연맹, 대한농민총연맹, 대한소년단(명예총 재)을 만들었고, 프란체스카가 총재인 대한부녀회도 결성했다(김도 종, 서중석). 이러한 관변단체들은 경찰, 관료와 함께 이승만 정권의 기반이 되고 그 기반을 가지고 반공노선을 걷게 되었다. 그러나 그 기반은 나중 자유당 치하에서 독재를 위한 기반으로 변질된다.

보도연맹 만들어 좌파 지하조직망 대거 색출

북한이 남한의 남로당 투쟁을 지원하기 위해 강동 정치학원에서 대규모로 게릴라 요원들을 훈련시켜 남파함으로써 군·경의 토벌작전이 강화되던 시점인 1949년 6월 5일, 전향한 좌파의 모임인 '국민보도연맹'이 창설되었다.

사상검사(지금의 공안검사보다 역할이 더 투쟁적이었다)들이 대한민국을 지지하고 공산주의에 대처하기 위해 과거 좌파단체에 가입했거나 좌익운동에 가담했던 자들을 모두 가입시켰다. 공산당, 남로당 등 좌파정당은 물론 건준, 인민위, 치안대, 전평, 전농 등 단체나 좌익계 청년, 부녀, 문화단체에서 활동하던 사람도 모두 가입대상이었다. 모두 30만 명이 넘었다.

이들은 가입하면서 자백서를 써야 했는데, 같은 세포나 조직에서 일했던 동료들의 이름을 기입해야 했다. 자백서를 기초로 해 잠복 중이던 좌파 3천여 명이 검거되었고, 6백 명이 구속 송치되었다. 서울에서만 한국전쟁 전까지 10만여 명의 전향자가 가입했다. 남로당 2인자인 김삼룡, 이주하 같은 거물들이 전향한 부하의 제보로 1950년 3월 27일 검거되기도 했다.

일반적인 수사로는 적발할 수 없는 잠복조직을 색출할 수 있어 군의 좌파숙청처럼 좌파몰락에 큰 기여를 한 것으로 평가된다. 그러나 한국전쟁 때 북한군이 남하할 경우 동조세력이 된다는 우려 때문에 많이 학살된 것으로 알려져 있다. 비인간적이고, 무책임한 처사라는 비난이 거셌다. 7월 1일을 기점으로 평택 이남에서의 전 지역에서 처형이 진행되었고, 피해규모가 20~25만 명 사이로 추정된다는 것이다.(강정구)

사상검사 출신인 장재갑은 MBC 다큐멘터리(2000년 4월 27일)에서 "박헌영은 서울만 점령하면 1백만 남로당 당원의 봉기로 전국을 해방시킬 수 있다고 했다. 보도연맹원을 처형한 것은 대한민국을 위험에서 구해 준 행위였다"고 주장했다.(윤충로)

집권 2년 이승만의 위기관리 평점은

대한민국을 수립한 단정(單政) 세력은 4분의 1짜리라고 할 수 있었다. 좌·우 세력 가운데 우파만 참여했으면 2분의 1짜리라 할 수 있으나 단정은 우파의 한쪽인 김구, 김규식 세력도 불참했고, 이승만·한민당만이 참가했기 때문에 4분의 1이랄 수밖에 없었다.

뿐만 아니라 이승만 대통령은 건국내각 조각 때 한민당과도 결별했기 때문에 그야말로 외로운 처지였다. 누구보다도 지지세력의 필요성을 잘 알고 있었으나 시대여건과 상황이 그에게 지지세력을 허용하지 않았고, 개선이 안 된 상태로 집권을 시작해야 했다. 친일파들이 주류인 관료, 경찰들의 협조를 얻어 좌파의 거센 공세를 극복하면서 건국의 기초를 쌓아야만 했다.

그 같은 처지에서 집권 2년차 이승만의 평점은 어떠했을까? 해방정국 때 미군정이 박헌영의 공산당 세력을 직·간접적으로 견제해 주었기 때문에 이승만과 한민당은 좌·우 대결에서 열세를 만회해 갈 수 있었다. 그러나 건국 뒤에는 이승만 대통령이 모든 책임을 홀로 지고 좌파와의 힘든 싸움을 펼쳐야 했다.

제주 4·3 사건, 여·순 반란사건을 맞으며 결정적 위기를 맞았으나 이를 가까스로 극복했고, 군내 좌파를 숙청하는 것을 계기로 국가보안법을 제정해 전국적으로 조직적인 좌파제거 작업을 펴나갔다. 보도연맹(保導聯盟)을 조직해 좌파 지하조직을 파괴했고, 토지개혁을 실시해 농민의 좌파전환을 차단했다. 일민주의 통치이념을 구심점으로 내세우고 우파세력을 결집시키는 작업도 병행했다.

북한의 조국통일민주주의전선은 망국 단독선거(1950년 5월 30일)

를 파탄시키라고 남로당을 선동, 격려했으나 남로당은 1948년 5·10 총선 때처럼 이렇다 할 방해, 파괴활동을 펴지 못했다. 좌파는 해방정국 이래 그 세력이 최저점을 치고 있었다 할 정도로 투쟁동력이 약화되어 있었다. 그것은 이승만 정권의 위기관리가 일단 성공한 것을 의미했다.

이승만은 집권 2년 사이 갓 태어나 취약하기만 했던, 그래서 생존가능성을 의심받던 대한민국의 안보기반을 굳히는 데 일단 성공했다. 그러나 그것은 절반의 성공에 불과했다. 대내 정치상황이나 국민여론은 그 같은 안보상황의 개선에 대한 공적에 후한 평점을 주지 않았다. 제헌국회 의석의 3분의 1을 차지하던 무소속 의원들은 처음부터 밀월기간이 아예 없었다. 김구, 김규식 등의 추종자가 많은 무소속들은 친일파 문제와 주한미군의 계속주둔에 민감한 이승만 정부를 끊임없이 압박하고 흔들었다.

국회 프락치사건이 터지고 무소속 소장파가 몰락하면서 정계가 재편되었다. 그러나 한민당과 신익희, 지청천 세력이 합친 민주국민당(민국당)은 반공문제가 고비를 넘자 내각제 개헌안을 내놓고 이승만과의 한판승부를 걸어왔다. 건국 초기의 안보 위기상황에서 내각제가 한국 정치풍토에 적합한가 여부 등은 차치하고 오로지 이승만 견제에 올인했던 것이다.

제헌 과정에서 당리당략의 관점에서 내각제를 내걸었다가 이승만의 강압에 밀려 양보했던 한민당(민국당)이 뚜렷한 명분도 없이 2년도 안된 시점에서 개헌을 요구하고 나선 것이다. 민국당은 1950년 3월, 1백여 명의 의원들을 확보하고 내각제 개헌안을 상정했다. 윤치영 등 이승만 추종자들은 민국당의 개헌공세에 맞서기 위해

1949년 11월 12일 대한국민당(국민당)을 출범시켰다. 이승만은 관계가 없는 범여당 격이었다.

1950년 3월 14일 국회표결에서 찬성 79표, 반대 33표, 기권 66표로 내각제 개헌안은 부결되었다. 아직 지지정당을 가지고 있지 못했던 이승만이 선전한 결과였으나 국회 내에서 소수세력이라는 사실은 다시 확인되었다.

이승만은 이범석 국무총리를 해임하고 신임이 두터운 신성모를 국무총리서리로 임명하고, 무소속 의원들의 공세에 대비해 영입했던 민국당 소속 각료 내무 김효석, 재무 김도연, 상공 윤보선, 교통 허정 등을 모두 해임했다.

좌파공세가 고비를 넘기자 나라만들기(Nation Building) 과업은 외면한 채 권력투쟁이 가열되었다. 그러는 가운데 5·30 선거를 맞았는데 선거결과는 예상 밖이었다. 국민들은 2년 사이 좌파공세를 극복하고 안보기반을 굳히는 데 성공한 이승만 정부를 외면했고, 이승만 정부와 싸우는 민국당도 지지하지 않았다. 이승만 대통령은 지지했으나 이승만 지지의원은 지지하지 않는 기묘한 이중적 선택이었다.

총 39개 정당, 사회단체가 참여해 총 2,209명이 출마, 평균 10.5 대 1의 경쟁률을 보였다. 이승만 지지의 국민당이 전체 의석의 11.4%인 24석, 야당인 민국당도 24석만을 확보하는 등 부진했다. 반면 남북협상파와 무소속은 전체의 60%인 126명이 당선되었다. 무소속은 첫 선거인 1948년의 5·10 총선보다 41명이 증가했는데, 반(反)여당, 반(反)이승만 성향이었다. 김구 노선의 조소앙이 민국당의 핵심인 조병옥을 누르고 전국 최다득표로 당선되는 등 이변이 연출되었다. 중도우파의 안재홍, 민족자유연맹의 원세훈, 무소속의 장건상 등 거물들이 당선되었다.

　좌파척결 등 위기관리에 큰 업적을 남긴 이승만과 여·야의 건국 중추세력을 외면한 것은 충격적인 일이었다. 이승만 개인에 대한 인기와 명망, 지지는 여전했다고 하나 그 지지세력은 외면당했던 반면 남북협상세력이 부활했다. 그것은 해방정국 이래의 피로감으로 국민들이 변화를 갈망하기 시작한 것을 의미한다고 할 수 있었다. 황색경보가 울린 셈이었다.

　그러나 이승만을 타도하겠다면서 김일성이 일으킨 한국전쟁이 역설적이게도 이승만을 궁지에서 탈출하게 했다. 한국전쟁 때 남북협상파나 무소속의 대부분이 월북하거나 납치되어 피난수도 부산의 정치판에 참여할 수 없게 되기 때문이다.

　그러나 대통령을 국회에서 간선으로 선출하는 난제가 정치문제화 된다. 이승만이 직선제 개헌을 추진하는 부산 정치파동이 그것이다.

이승만의 북진통일론, 그 등장배경과 실체는

김일성은 1945년 말부터 이미 한반도 전체를 공산혁명으로 통일한다는 '민주기지론'을 실천에 옮기기 시작해 1949년 국토완정론(國土完整論)을 완성했다(김일영). 말하자면 남침을 통해 무력통일을 하겠다는 선언이었다.

　그러나 이승만은 그때까지 평화통일론을 말하고 있었다. 이승만은 1948년 7월 치사에서 "이북의 공산주의자들은… 우리와 같이 보조를 취하여 하루바삐 평화적으로 남북통일을 해서…"라면서 남북협상을 통한 평화적 통일을 촉구했다(김운태). 미·소의 첨예한 대결구조 때문에 협상에 의한 남북통일이 어렵다고 보아 일단 먼저 단정(單政)의 길을 택했던 그의 입장에서 보면 의외로 보였던 유화적인 발언이었다.

그러다가 다음 해인 1949년 2월, 로열 미 육군장관이 내한했을 때 "육군을 증강하고 무기와 장비를 무장시켜 짧은 시일 내에 북진하고 싶다"면서 최초로 북진통일론(北進統一論)을 공개적으로 거론했다.

오래전부터 자신의 대리인으로 미국의 조야(朝野)를 상대로 홍보·선전활동을 펴고 있던 올리버(Robert Oliver)에게 2월 12일 자로 편지를 보내 "북한에 올라가 파괴분자를 벌하고 질서와 평화를 수립할 수 있게끔 가장 현대적이고 효과적인 무기를 공급해 줄 것"을 미국에 요청했다(이원덕). 두 개의 발언이 가진 특징은 한반도 내의 외국군 철수를 규정한 유엔결의(1948년 12월 12일)에 따라 주한미군의 철수가 시작된 시점에서 등장했다는 점이다.

그 뒤 한동안 소강상태에 있다가 1949년 9월 30일 북진통일론이 다시 등장했다. 이승만은 이 날짜로 올리버에게 보낸 편지에서 "지금이야말로 우리가 공격을 취하여 북한 공산군 중에 우리에게 충성스러운 사람들과 합세해 그 잔당들을 평양에서 소탕해야 할 가장 심리적인 호기(好機)라고 나는 강하게 느끼고 있소. 우리는 김일성의 부하들을 산악지대로 몰아내서 그곳에서 그들을 서서히 굶겨 죽게 할 것이오… 우리 국민들도 북진을 부르짖고 있소…"라고 주장했다. 이 편지는 한국전쟁 때 서울에 입성한 북한인민군이 경무대

(景武臺)에서 편지 원본(심야에 급히 서울을 탈출하다가 미처 소각시키지 못한)을 입수, 이를 건네받은 소련 측이 엉뚱하게 '북침론'의 근거라면서 유엔총회에서 폭로해 국제적으로 유명해졌다.

윤홍석은 이때 북진론이 다시 불거진 것은 이승만 대통령이 미군 철수 전에 한국의 안보를 보장하는 공약을 해줄 것과 방위용 군사 장비를 원조해줄 것을 요청한 데 대해 트루먼 미 대통령이 거부하는 답서(1949년 9월 26일 자)를 보내왔기 때문이었을 것이라고 지적했다.(윤홍석)

2월과 9월에 있었던 북진론 주장의 편지들은 한국 안보에 관한 대미용(對美用) 엄포 메시지라는 해석이다.

반면 그 뒤 올리버에게 보낸 10월 22일 자 편지나 24일 자, 25일 자 편지는 같은 사람이 썼다는 것을 의심할 정도로 내용과 톤이 반대로 나타나 있다. 북진론을 주장하는 공세적 내용 대신 남한의 군사력이 북한에 비해 약세(弱勢)인 점 등을 적나라하게 털어놓고 있다. "우리는 스스로를 방어할 충분한 탄약조차 가지고 있지 않다", "북한은 남한침공을 위한 만반의 준비가 되어 있다는 보고가 있다. 무엇을 가지고 그들을 막을 것인가?", "우리는 5일분의 탄약밖에 없다". 이 편지들은 올리버에게 미국 조야에 대한(對韓) 군원(軍援)의 필요성을 강조할 것을 요청하는 대미호소용 메시지라고 할 수 있다.

최광영도 이승만의 북진통일론 거론을 대미전략의 한 포석이라고 보았다. 대화 대상자가 미 육군장관, 주한 미 대사, UP 부사장, 미국 기자(다른 외국기자 포함), 올리버 등 미국인이고, 영향력이 있다는 점에서 미국 정부를 이해·설득하기 위한 커뮤니케이션 수단으로 볼 수밖에 없다는 것이다.(최광영)

박명림도 UP통신 부사장 존스(Joseph Jones)와의 회견(10월 7일)에서 "우리는 3일 내에 평양을 점령할 수 있다"고 주장했고, AP통신과의 회견(10월 14일)에선 북진통일을 에둘러 말했다는 점을 들어 미국을 이해시키려 한 발언이라고 보았다. (박명림)

그렇다면 '이승만은 미국의 대한(對韓) 공약이나 군원(軍援) 만을 위해 그 같은 발언을 했을까?'라는 의문이 생긴다. 국내외 정세나 안보환경의 변화를 종합적으로 보면 미국의 지원만 중요했던 것은 아니다. 북진통일론은 대내용이기도 하고, 대북용이기도 한 다목적 카드였다고 볼 수도 있다.

1949년 한 해는 이승만 대통령이 좌파세력의 봉기나 유격전 도발을 극복하고 태어난 지 몇 개월밖에 안 된 대한민국의 기반을 닦아야 하는 기간이었다. 좌파세력 토벌에 많은 비용이 들어 정부 부채가 늘고 있었고, 인플레이션 때문에 민심이 흉흉해지는 등 내부 붕괴 조짐도 있었다(존 메릴). 대외 안보상황도 심상치 않았다. 마오쩌둥이 중국을 공산화 통일하게 됨으로써 한반도에 불길한 새 변수로 등장했고, 소련의 군사원조를 받아 북한은 급격히 남한을 압도할 수 있도록 군사력을 증강하고 있었다.

안팎의 위기상황에서 국론의 결집이 절실한 때였다. 그런 점에서 북진통일론은 우익을 결속시키고 국론을 통일시켜 체제안정을 기도하기 위한 대내용(對內用)이기도 했다. 비중으로 보면 대미용보다 더 중요할 수밖에 없었다. 그런데 왜 한국사회를 직접 상대하지 않고 미국인들을 주로 상대하면서 이슈화했을까?

그 같은 관점에 대한 국내연구는 별로 없는 듯하다. 원론적으로 보면 반공을 강화하는 작업이 광범위하게 전국적으로 다양한 방법으로 진행되었기 때문에 새삼스럽게 국내용으로 북진통일론을 집중 거론할 필요성이나 여유가 없었을 것이라고 추론할 수 있다.

한·미 간 형성된 독특한 여론의 피드백(Feedback) 관행을 보면 이승만 정부의 의도를 가늠하기가 어렵지 않다. 한·미 동맹체제 아래에서 우리는 서울 쪽의 뉴스가 〈뉴욕타임스〉 등 미국 유수 언론에 보도되면서 다시 서울로 피드백되어 큰 뉴스가 되는 사례를 수없이 목격했다. 1970년대 유신체제 등 미묘한 정치적 난제가 많던 군부독재시대에 특히 그런 경우가 많았다.

그런데 그 같은 한·미 간 뉴스 피드백 현상을 정치적으로 이용한 원조(元祖)가 이승만이다. 예컨대 해방정국에서 이승만과 하지는 큰 틀에서 협조했으나 개인적으로는 갈등과 대결이 심했다. 두 사람의 싸움은 권력자인 하지가 유리할 듯하지만 실제로는 정반대였다. 이승만은 미국언론을 통해 수시로 워싱턴을 공격했고 그 뉴스의 피드백이 하지를 곤경에 몰아넣곤 했다. 이승만의 노련한 피드백 술수를 당해낼 수 없는 하지는 사령관직을 사임하고자 했으나 이승만의 기(氣)만 살려준다는 이유로 미국 정부가 반대해서 자리를 끝까지 지키게 되었다. 일생을 미국여론의 메커니즘을 익히고 활용했던 이승만은 선동적 피드백 선전의 달인(達人)이기도 했으며, 대통령이 된 뒤에도 계속 솜씨를 발휘한 것이다.

신성모 국방, 장택상 외무, 채병덕 참모총장 등이 내외기자들과의 회견 등을 통해 대통령을 거들었다. "명령만 내린다면 점심은 평양, 저녁은 신의주에서 먹을 준비가 돼 있다"는 신성모의 흰소리가 유명세를 탔고, "만일 인민군이 쳐들어오면 이를 일격에 격파하고 북진통일을 완수할 것"이라는 채병덕의 허장성세도 뉴스가 되었다.

이승만은 1949년 10월 21일에 "북한공산당과 중공이 합세해도 넉넉히 제어할 수 있다. 다만 소련이 군사원조를 하는 게 문제다"라고 미국기자에게 답하기도 했다. 이 경우 북한에게는 남침을 포기하게 하는 메시지이자, 소련에게는 북한에 군사지원을 하지 말라는 대외용 메시지라 할 수 있다. 흥미로운 것은 이승만의 그 같은 대미 메시지가 군원이나 안전보장조치로 이어지지 못했고, 북한 등에 대한 경고 메시지도 효과가 없었다는 점이다. (김일성은 남한의 전력이 북한보다 약하다는 것을 잘 알고 있었다)

이승만은 더 많은 군사원조를 끌어내기 위해 북진통일론을 주장했으나 오히려 역효과를 낸 측면도 있다. 미국은 '벼랑 끝 전술'의 이승만이 북진을 실행할 가능성에 대비해 군원축소, 미군철수, 경무기 제공으로 대응했다. 그것은 '벼랑 끝 전술'에 대한 역습이기도 하고 이승만 북진론의 딜레마이기도 했다.

북진통일론이 구체적 실체를 드러내기 시작한 것은 한국전쟁 뒤부터였다. 이승만 대통령은 한국전쟁이 발발했을 때 황망한 가운데도 초대 주한 미국대사 무초(John J. Muccio)에게 "북한의 남침은 남북통일의 기회가 될 것"이라고 준비된 듯한 발언을 했고(와다 하루키), 7월 13일 미 CBS 방송과의 회견에서 침략자를 격퇴하는 데 있어 한국군은 결코 38선에서 멈추지 않을 것이라고 선언했다. 9월 20일 인천상륙작전 경축대회에서 "두만강, 압록강까지 밀고 가자"고 외치면서 강도를 높였고, 9월 30일 한국군에게 단독북진(單獨北進)을 명령하는 모험을 강행했다.

이승만의 북진통일론은 이제 남한을 해방시키겠다는 김일성의 국토완정론에 맞서 북한을 해방시켜 통일을 이루겠다는 대응론이 되었다. 1950년대 후반에 들어 독재와 부패·무능에 대한 불신 때문에 북진통일론의 말발이 먹혀 들어가지 않게 된 것(서중석)은 나중의 이야기다.

주한미군은 왜 철수를 강행했나

미 육군은 1950년 6월까지 제2차 세계대전 때 병력의 7분의 1 수준인 59만 2천 명으로 감축되었다. 국방예산도 대폭 삭감되는 추세였다. 따라서 제한된 병력과 자원의 효율적인 관리라는 평화시기의 정책원칙의 관점에 따라 전략적 가치가 떨어지는 지역에서부터 미군을 철수할 수밖에 없었다. 1948년 2월 미 합참본부의 비밀보고서에 의하면 미군의 한반도 주둔은 전략적으로 득(得)될 것이 적고 다른 지역에 배치하는 것이 더 시급하다고 평가하고 있었다. 미국 안보의 관점에서 볼 때 전략적 가치가 13위라는 것이다. (박태균)

뿐만 아니라 주한미군은 한반도에 더 이상 머물러 있을 명분도 없었다. 미·소 양군이 한반도 남·북에 진주했던 것은 신탁통치를 실시하기 위한 것이었는데, 그 계획은 무산되었고 북한에서 소련군이 이미 철수했기 때문에 미군만 남한에 계속 남아 있을 근거가 없어졌다. 따라서 미 국방성은 3만 명에 달하는 주한미군을 1949년 9월 15일부터 3차례에 걸쳐 철수시킬 계획이었다. 그에 따라 1948년 12월까지 1만 4천 명을 철수시키고, 1949년 1월까지 8,500명, 1949년 6월에 군사고문단 500명만 남기고, 나머지 병력 7,500명을 철수시켰다.

이승만 대통령은 미군의 철수를 근본적으로 반대한 것은 아니었다. 한국의 안보가 아직 취약한 상태임을 감안해 철수 전에 한국에 대한 방위공약을 하거나 군사원조를 증대해 한국군의 전력을 강화해야 한다는 조건부 반대의사였다. 현실적으로 앞 장에서 설명한 것처럼 대내외 안보환경이 악화되고 있었다. 북진통일론을 내세우고 미국에 압력을 가하면서 실질적 군원외교(軍援外交)에 총력을 펴야 했다.

이승만 대통령은 1949년 11월 29일 맥아더 극동지구 사령관에게 서한을 보내 탱크, 순시선, 전투기와 기관총 공급을 요청했고, 12월에도 같은 요청을 반복하면서 채근했다. 1949년 2월 19일에는 조병옥을 유엔특사 자격으로 워싱턴에 보내 더 많은 군원을 제공해 달라는 대미교섭에 나서게 했다. 조병옥은 국무성, 국방성을 상대로 설득 로비작전을 폈고 〈뉴욕타임스〉 등을 상대로 한 여론 형성에도 신경을 썼다. (박실)

이승만은 4월 5일 미국대사 무초를 만나 맥아더에게 한 것과 같은 취지의 부탁을 했고, 5월 22일 다시 맥아더에게 편지를 보내 "공산주의의 팽창을 저지하는 데 필요한 함정과 항공기, 탄약을 달라"고 호소했다. 6월에는 독립운동시절부터 오랜 친구이고 정치고문인 윌리엄스를 내세워 진해를 미 해군의 군항(軍港)으로 제공하는 문제를 교섭하게 하는 방식으로 미 해군과 접촉했다.

미 해군은 진해항의 전략적 효용성에 대해 관심을 가지고 있었으나 도서(島嶼) 방위선(Off Shore Island Defense Perimeter) 전략을 세워놓고 있던 미 행정부는 그 전략과 어긋나는 이승만 대통령의 제의를 거부했다. 1948년 초 국무성, 합동참모본부, 맥아더사령부 등은 태평양 방어선을 알류산 열도에서 일본-류쿠-필리핀 군도로 이어지는 선으로 확정해 놓고 있었다. 한반도는 그 방어선 밖이었으므로 진해항을 거론할 필요가 없었던 것이다. 그 도서방위선은 1950년 1월 12일 국무장관 애치슨의 발언으로 큰 논란의 대상으로 부각된다.

이승만은 진해항 건과는 별도로 상호방위조약 체결이나 한국방위에 대한 보장선언을 해 줄 것을 요청하기도 했는데, 애치슨 국무장관이 일축해 버렸다. (제임스 매트레이)

여러 경로를 통해 이승만 정부는 사력을 다했으나 미국은 아무런 언약도 주지 않은 채 철군을 강행했다(이원덕). 그래도 굴하지 않고 이승만은 계속 미 행정부를 압박하며 이번에는 필리핀 대통령 키리노(Elpidio Quirino), 대만의 장제스와 함께 NATO(북대서양조약기구)를 모델로 한 태평양 방위동맹계획을 추진하기로 했다. 1949년 8월 장제스를 진해에 초청해 정상회담을 열고 반공의 유대를 강화했다.

그러나 미국은 그 같은 움직임이 자국의 도서방위전략과 어긋나기 때문에 반대 입장이었고, 미국에 가장 영향력이 컸던 영국과 인도도 반대였다. 미국은 결정적 단계에서 장제스의 국부군이 부패와 무능 때문에 중국 대륙에서 패퇴한 것이라는 내용의 백서를 발표하는 등 방해에 나서 이승만과 장제스의 합의를 불가능하게 만들었다(존 메릴). 인도 네루 수상의 방해 때문에 이승만과 장제스는 키리노가 주도한 '바기오 회의'에 초대조차 받지 못했다. 이승만의 미국을 겨냥한 성동격서(聲東擊西) 정략은 헛바퀴를 돌린 셈이었다. (소득이 전혀 없었던 것은 아니다. 맥아더-이승만-장제스로 이어지는 극동의 반공라인을 형성하는 효과는 얻을 수 있었다.)

이승만은 추가 군사원조를 따내기 위해 적극적인 로비도 폈다(존 메릴). 수천 명의 학생들을 미 대사관에 보내 "우리에게 무기를 달라"는 구호를 외치게 했고, UN 한국위원회 위원들과 외국기자들을 38선 시찰에 오르게 한 뒤 군사원조를 요구하는 시위군중과 귀로에 마주치게 해 선전효과도 노렸다. 미국 국립문서보관소에 있는 기록에는 이승만이 담요 몇 장, 군화 몇 켤레 등 개인장비에서부터 무기 및 훈련요원에 이르기까지 꼼꼼하게 손수 챙긴 세목이 쓰여 있었다. (이흥한)

그는 1인외교를 한다든지 외무장관을 외무비서 취급한다든지 하는 비난을 받았고, 100달러를 지출할 때도 대통령의 재가를 받게끔 과장이 할 일을 하기도 했다는 지적을 받기도 했으나, 나라의 안보문제를 해결하기 위해 모든 노력을 다하는 전력투구의 모습을 보이고 있었다.

미군철수 후의 대한군사원조는 1950년 한국전쟁 전까지 이렇다 할 실적이 없었다. 한·미 군사협정이 미적거리다가 1950년 1월 26일에야 체결되었고 3월 29일에야 양국 정부의 승인을 받을 수 있었기 때문이다. 한국전쟁이 터진 것은 그로부터 두 달 27일 후였다.

한국군 경무장에 훈련도 소홀해

미군정의 하지 사령관은 1945년 11월 미군철수 후를 대비해 4만 5천 명의 한국군 육성계획을 세웠다. 강력한 좌파세력의 도전에 대응할 수 있는 전력을 확보하는 게 불가피하다는 현지책임자로서의 판단에 따른 것이다. 그러나 소련과의 신탁통치 협상원칙에 기대를 걸었던 미 국무성은 하지가 쓸데없는 일을 벌이려 한다면서 반대했다. 국무성 고위관리들은 힐드링 차관보가 나중 회고했듯이 (이정식이 면담했다) 소련과의 협상이 성사될 수 없다는 것을 잘 알고 있으면서도 소련을 자극시킬 수 있기 때문에 하지의 건의를 일축했던 것이다. (이정식)

소신 있는 하지는 재량권의 한도 내에서 그 대안(代案)으로 밤부 (Bamboo) 계획을 세우고 1946년 12월 군대가 아닌 남조선 국방경비대를 일단 창설한다. 그 2개월 전 장차 경비대를 이끌 장교가 될 사람들에게 군사영어를 가르치기 위해 군사영어학교(Military English School)를 설립했다. 이 학교는 경비대가 정식 출범하자 간부양성소로 변경되어 사관학교의 모체가 된다. 그 뒤 군사영어학교를 나온 110명의 장교가 한국군의 근간이 되었다.

하지는 그 뒤 1947년 10월에도 6개의 한국군 사단을 미군 정규군에 알맞은 수준으로 증강해야 한다고 건의했으나 역시 뜻을 이루지 못했다. 국방예산 대폭감소 추세를 감안해 맥아더가 하지의 건의를 경비대 강화안으로 탈색시켜 상신했는데, 육군성이 이것도 쉽게 동의하지 않았다. (짐 하우스만)

1948년 8월 15일 대한민국 정부가 수립된 뒤 국방경비대는 국군으로 통합되었고, 병력은 5개 여단 5만 명 수준이었다. 다음 해 군조직은 여단이 사단으로 승격되면서 8개 사단으로 확대 개편되었다. 그러나 무기장비는 노후화된 경무기뿐이었고, 지원체제도 열악했으며 교육훈련도 일부 부대만 대대단위 훈련을 실시하는 데 그쳤다. 현대전을 감내할 연대, 사단, 군단 규모의 훈련을 한 번도 해보지 못한 채 전쟁을 맞게 된다. 북한군은 사단 전투훈련까지 모두 마치고 있었다. 한·미군 군사고문관이 한국군의 전투력에 대해 미국 독립전쟁 당시(1775년)의 미 육군을 방불케 한다고 한탄할 정도였다.

1949년 6월 29일 철수를 완료하면서 주한미군은 5만 명분의 무기와 장비를 한국군에 이양했다. 소총, 권총, 기관총 등 개인화기 내지 휴대용 화기가 10만 정, 총탄 5천만 발이었고, 중화기는 2.36밀리미터 바주카포 2천 정(4만 발), 37밀리, 57밀리 대전차포를 포함해 38밀리, 60밀리 박격포가 다수(70만 발)였다. 가장 중화기인 105밀리 곡사포는 91문뿐이었다. 그 곡사포도 조준기 등이 부족한 노후품인 데다가 북한의 122밀리 곡사포가 최대 비거리가 1만 2,980야드인 데 비해 비거리가 7,600야드에 불과했다. 적수가 되지 않는 상황이었다. 북한의 T-34 탱크를 격파할 수 있는 대전차화기는 아예 없었다.(이철순, 이희진)

당시 미국은 90밀리 대전차포와 M46 탱크 등 신형장비를 개발·배치해 놓고 있었기 때문에 폐기처분될 M4 탱크 등을 한국에 공여할 수도 있었으나 그렇게 하지 않았다.

이승만이 1949년 "육군이 아무리 강해도 해·공군의 지원이 없으면 무슨 가치가 있단 말인가"라면서 해공군의 증강을 요구했으나 미국 정부는 수용치 않았다(배기옥). 미국은 소련을 상대로 한 제3차 세계대전이 벌어질 경우 한반도는 주 전쟁터가 되지 않는다는 관점에서 전략적 가치를 낮게 평가했다. 기본적으로 항공기, 탱크, 중화기가 필요하지 않다는 발상이었던 것이다. 한국군이 내부 치안과 38선 국경분쟁만 담당하려면 소화기의 경무장만으로도 충분하다고 보았다. 따라서 군사지원을 철저히 제한했고, 공군창설

도 반대했으며, 한국군의 규모도 10만 명 선으로 제한했다. (박태균)

미국은 호전적이고 예측불허인 데다가 외교술수에 강한 이승만 대통령을 믿을 수 없었다. 실제로 미국은 북한 지역인 강원도 양양으로 넘어가는 침투작전을 폈던 송요찬 대령을 해임시키라고 한국 정부에 압력을 넣는 등 남북의 충돌을 경계하고 있었다.

미국은 또 한국에서 전쟁이 일어날 경우 미국의 원조무기가 공산군에 넘어가게 되는 사태를 매우 두려워했다. 미국은 중국의 국공(國共) 내전에서 장제스가 이끄는 군에 35억 2천만 달러에 상당하는 천문학적 액수의 군사원조를 퍼부었는데, 오히려 공산군의 전력만 강화시켜 주는 결과를 빚었다. 미국이 작성한 《중국백서》에 의하면 장제스군의 부패와 무능으로 원조무기의 3분의 2가 공산군의 수중으로 넘어 갔다는 것이다(박명림). 마오쩌둥이 장제스를 가리켜 '우리의 병기보급 병사'라고 말할 정도였다는 보도까지 있었다.

미국은 부패와 무능과 관련, 이승만을 '제 2의 장제스'로 보고, 유사한 결과가 반복될 가능성을 우려하지 않을 수 없었다. 실제로 한국전쟁 때 미국은 한국에서도 유사한 경험을 겪었다. 중공군의 인해(人海) 전술에 밀려 한국군 전선이 사단, 군단 단위로 붕괴되는 경우 중장비나 군수품을 반출하거나 파기하지 않고 그대로 방치하고 후퇴하는 바람에 적에게 넘어가는 것을 막기 위해 미 공군이 출격해 폭격으로 뒤처리를 하는 사례가 발생했던 것이다.

1945년 9월부터 1947년 초까지 미 국무성이 한반도 적극개입 정책을 주도하던 시기에도 군사원조가 미흡했으나, 1947년부터 1948년 4월, 미국 국가안보위의 'NSC 8'이 채택되는 기간에는 국무성의 반대를 누른 미 군부의 철군주장이 대세를 잡고 있었기 때문에 사정이 더 나빠지고 있었다.

대한(對韓) 미 군사고문단장 로버트 준장은 제2차 세계대전 때 유럽 서부전선에서 탱크 연대장으로 용명을 날린 기갑전문가였다. 그는 현대전에서의 탱크의 위력을 누구보다도 잘 알고 있었다. 실제로 한국에서도 탱크부대를 편성해야 한다고 공식건의까지 한 인물이었다. 그러나 국방부가 한국 같은 산악국에선 탱크가 무용지물이라는 결론을 내자 재빠르게 번의, 그는 이견 없이 동의했다(짐하우스만). 승진하기 위해 한국근무를 자청했던 그는 한국의 다리가 30톤 이상의 무게를 지탱할 수 없으므로 탱크가 필요 없다고 강변, 국방부 결론을 뒷받침하고 나섰다. (그때 소련은 30톤급의 T-34 탱크를 북한에 대량으로 제공했다.) 로버트는 한걸음 더 나아가 500명의 미 군사고문단을 40% 감축해야 한다는 계획안까지 본국에 보냈다. 그 보고서가 워싱턴에 도착한 6월 25일 북한군의 남침이 시작됐던 것이다. (제임스 매트레이)

로버트와는 정반대로 국무성 소속의 무초 미국대사는 비행기, 탱크, 중포 등 중무기를 공여해 한국군의 전력을 강화해야 한다고 줄기차게 본국에 보고서를 보냈다. 그러나 대세가 손을 떼고 떠나자는 것이어서 별 영향을 끼치지 못했다.

미국이 한반도에서 철수한 것은 예정된 수순이었다. 당초 소련군과 함께 남·북한에 진주했던 것은 일본군의 무장을 해제하고 신탁통치 기반을 마련하는 데 있었다. 그런데 남북이 각각 독립정부를 수립했고, 소련군도 북한에서 이미 철수한 데다가 미 군부가 소련의 세계전략이 한반도에서 전쟁을 부추기는 방향이 아니라고 판단했기 때문에 더 주둔할 명분과 전략적 실익도 없었다.

그러나 군사원조에 늑장을 부리는 등 남한의 방어력을 소홀하게 방치하고 철수를 서두른 게 화근이 되었다. 1년도 지나지 않아 한국전쟁이 터졌고, 미국은 언제 철군했었는가 싶을 만큼 즉시 침진했다. 소련의 무력에 의한 공산화 전략이 시작된 첫 케이스로 보았기 때문이다. 그렇다면 그사이 소련의 세계전략이 바뀌었다는 것인가? 그렇지 않다. 1945년 이래 소련의 한반도 전략은 일관성을 유지하고 있었다. 변한 것은 오락가락하는 미국의 정세 판단뿐이었다.

결과적으로 미국은 남한에 반공정부를 수립한 다음 생존에 필요한 도덕적·물질적 지원을 제공하지 않은 것이다(제임스 매트레이). 미국이 이승만의 북진론이 거론되던 1948~1949년도에 한국전쟁 참전 때처럼 판단하고 결연한 조치를 취했더라면 한국전쟁의 비극이 일어나는 것을 막을 수도 있었을 것이다. 당시 미국의 판단은 그만큼 막중했고, 결정적이었다.

애치슨 발언과 미국의 태평양 방위전략

미 국무장관 애치슨은 1950년 1월 12일 내셔널클럽에서 "아시아에서의 위기-미국정책의 시험대"라는 제목으로 연설을 했다. 이 연설에서 그는 "미국의 태평양 방위선은 알류산 열도에서 일본으로 걸쳐 있고 다시 류쿠 열도로 이어지고 있다… 또 류쿠에서 필리핀 제도로 뻗고 있다"고 밝히고 이 방위선의 안보는 미국이 보장한다고 말했다. 그러면서 그는 태평양의 그 밖의 지역 (한국과 타이완)에 대해서는 군사적 안전보장을 약속할 수 없다면서 "그러한 지역의 안보에 대한 1차적 책임은 당사국에 있고, 2차적으로는 유엔 헌장 아래에 있는 전 세계 문명국들의 공약에 의존할 수 있다"고 설명했다. (최광영)

그 같은 애치슨의 발언은 새로운 정책선언이 아니라 1949년 12월 승인된 'NSC 48' 시리즈(48/1, 48/2)의 내용을 그대로 반영한 것이다. (최광영) NSC 시리즈는 대소(對蘇) 전면전이 발생할 경우 유럽이 주전장이 되고 아시아에서는 방어전략을 취해야 하며, 그때 방어선은 알류산 열도, 일본 오키나와, 필리핀으로 한정한다는 도서(島嶼) 방위론을 규정하고 있었다.

대소 전면전을 가상했을 때 한국의 전략적 가치가 낮다는 점은 1947년 9월 미 합참본부가 주한미군을 철수시킬 것을 트루먼 대통령에게 건의할 때 이미 부각되었다. 대규모 병력감축과 국방예산 대폭절감에 따른 전략수정의 시작이었다.

그 같은 대세를 타고 아시아에서 새로운 방위전략을 세워야 한다고 주장하고 나선 사람이 유명한 대소봉쇄정책(Containment policy)의 창안자이자 미국 최고의 소련문제 전문가로 평가받던 조지 케넌(George Kennan)이었다. 케넌은 1948년 3월 14일 자로 마셜 국무장관에게 서한을 보내 "한국에서 철수하고 알류산 열도에서 일본을 거쳐 필리핀으로 이어지는 L자형 도서방위전략으로 전환해야 한다"고 건의했다. 케넌의 구상은 태평양 지역에서 일본 중심의 방위선을 구축해야 한다는 맥아더의 전략적 사고와 같은 발상이었다.

도쿄에서 만난 맥아더와 케넌은 서로 같은 생각을 가지고 있음을 확인했다. 두 사람이 다른 점은 케넌이 소련과의 대결에서 유럽우선의 공격전략을 펴고, 아시아에선 방어해야 한다는 것이 기본개념인 데 비해, 유럽중시 전략에 비판적이던 맥아더는 일본중심의 태평양 방어전략에 더 역점을 둠으로써 공산주의를 방어할 수 있다는 것이 기본전제어서 서로 접근점이 달랐다. (루이스 개디스)

이때 맥아더의 의중에 한반도의 안보문제는 들어 있지 않았다. 그 뒤 국무부에 이어 합참, 국가안전보장위원회도 동의함으로써 태평양 도서방위전략은 미국 정부의 정책으로 자리 잡게 되었다. 그 전략을 세상에 처음 공개한 것도 애치슨이 아니라 맥아더였다. (제임스 매트레이)

맥아더는 애치슨의 발언이 있기 10개월 전인 1949년 3월 1일 도쿄에서 영국인 기자와의 회견에서 도서방위전략 개념을 설명했고 다음 날 보도까지 되었으나 별 주목을 받지 못했다. 맥아더의 발언을 알고 있던 애치슨은 클럽의 연설에서 마오쩌둥의 신중국(新中國)을 염두에 두고 미국의 대중국 문제 불간섭원칙을 강조했는데, 언론이 그보다도 한국과 타이완이 방위선에서 제외된 점에 주목하면서 큰 파문이 일게 되었다. 중국의 대륙통일 등 상황변화 때문이었다.

애치슨의 발언으로 가장 충격을 받은 쪽은 말할 것도 없이 방위선에서 배제된 한국이었다. 이승만 대통령은 즉시 발언경위와 진위확인에 대한 조사에 나섰고, 주미 장면 대사는 본국의 지시에 따라 애치슨을 만나 발언의 진의를 알아보려 했다. 도서방위전략은 한국을 포기할 수도 있다는 전제가 깔려 있기 때문에 애치슨은 장면이 원하는 답변을 해줄 수가 없었고 다른 국무성 관리들도 어물어물하고 있었다. 장면은 "분명(clear)한 설명을 받지 못했음"이라

고 본국에 보고할 수밖에 없었다. (박실)

애치슨과 이승만은 악연(惡緣)이랄 것은 없지만 불쾌한 인연을 가지고 있었다. 프랭클린 루스벨트에 의해 발탁되었던 애치슨은 1945년 국무차관이 되었다. 루스벨트가 재임 중 병사하자 대통령직을 승계한 트루먼은 외교정책에 대한 경험이 부족했기 때문에 탁월한 법률가이자 일급 외교가이기도 한 그를 중용, 오른팔로 삼았던 것이다.

애치슨은 이승만을 꺼려하고 견제했던 극동국장 빈센트(John Carter Vincent)와 보좌관 히스(Alger Hiss)의 보좌를 받으며 1945년 이승만의 귀국을 뚜렷한 명분도 없이 끈질기게 방해해 애를 먹였고, 이승만이 대통령이 되었을 때는 국무장관으로 있으면서 대미(對美) 군원(軍援) 요청에 냉담했다. 그는 "한국에서 손 떼는 것이 상책이다"는 요지의 정책보고서를 낸 존스홉킨스대 정치학 교수 라티모어(Owen Latimore)의 조언도 받고 있었다(임병직, 이현희). 빈센트, 히스, 라티모어 모두 좌파성향이어서 이승만은 내심 애치슨을 미워했을 듯하다. (애치슨은 나중 히스가 소련의 스파이로 밝혀진 뒤 곤욕을 치렀다.)

앞 장에서 설명했듯이 내외의 위기상황이 겹쳐 사면초가(四面楚歌)의 입장인 이승만이 북진통일론 외교에 전력을 기울이고 있을 때 애치슨은 성과가 아니라 찬물을 끼얹는 역할을 연출한 셈이었다. 이승만과 외교참모들은 애치슨 발언이 공산권에 남침해도 좋다는 청신호로 받아들여질 수 있다는 점을 우려했고, 불행하게도 그 우려는 적중했다. 5개월 뒤 북한이 남침했기 때문이다. 애치슨이 무책임하게 한국이 방어선에서 제외되었다고 공개 발언함으로써 남침을 촉발했다고 보는 한국 정부의 공식입장은 그렇게 해서 형성되었다.

애치슨 발언이 한국전쟁으로 인해 대논쟁으로 번지면서 우파의 전통주의의 관점은 한국 정부의 입장을 지지했다. 그러니 좌파 수정주의의 관점은 미국이 북진하기 위한 빌미를 얻기 위해 그 같은 고의적 발언을 통해 미끼를 던졌고, 북한이 그 미끼를 물어 전쟁을 일으키게 되었다고 보았다. 미국의 함정론(陷穽論)이다.

북한이 이미 1949년 국토완정론을 확정했고 스탈린에게 남침에 대한 동의를 구했으며, 중공으로부터 한인병력을 지원받는 등 전쟁 준비를 갖춘 점을 들어 애치슨 발언이 한국전쟁 발발과 아무런 관련이 없다는 관점까지도 등장했다. (박명림)

그러나 구소련의 붕괴 뒤 나온 소련, 중국의 문서나 증언 등을 종합해 볼 때 미국의 참전가능성 때문에 김일성의 남침제의를 반대했던 스탈린이 애치슨의 발언 이후 미국의 참전이 없을 것이라고 판단하고 남침에 동의했으며, 김일성 등 북한 지도부도 미국 불개입에 대한 확신을 가지게 되었다는 점에서 애치슨 발언은 전쟁에 대한 최종결정에 중대한 영향을 끼쳤다고 볼 수 있다.

아이젠하워 대통령도 나중 "애치슨 연설과 그 밖의 정책들이 공산당으로 하여금 한국을 침략토록 한 요소였다"고 언급했고, "미국이 한국을 포기한 것으로 오해했다"는 비신스키 주 유엔 소련대사의 발언(당시 국무부 차관보였던 딘 러스크의 회고록), 헨리 키신저의 소련 오판설 등을 보면 애치슨 발언이 남침을 유도하는 계기가 되었음을 뒷받침하고 있다.

한국전쟁

김일성, 스탈린 동의 아래 남침준비

북한의 김일성은 남한이 미군정 아래에서 실현 가망이 없는 좌·우 합작에 매달리는 등 시간을 허비하던 1945년 이후 3년 사이에 토지 개혁을 실시하고 계획경제를 펴면서 체제경쟁에서 남한에 앞서가고 있었다. 해방 당시 북한에는 일본인들의 제철, 제련 등 중공업과 화학발전설비 등 당시로는 세계선진 수준의 대규모 공장 등이 800개 이상 있었고, 일본인들이 비축해 놓은 원자재와 부품의 재고가 많이 남아 있었다. 북한은 남아 있던 일본인 기술자 800명을 억류시키고 기술전수도 받았다. 북한은 1인당 철도망 길이에서나 전력생산에서 일본 본토보다도 앞서고 있었기 때문에 그만큼 경제발전 잠재력이 농업-경공업 중심의 남한보다 컸다.(안병직, 이영훈)

소련군정은 제1차 미소공위가 결렬되자 1946년 5월부터 이들 산업시설을 북한에 넘겨주었고, 1947년부터 계획경제를 실시하기 시작했다. 1948년 남침 준비에 들어간 북한은 기관단총, 박격포, 소총탄, 수류탄 등 경무기까지 자체생산하게 되었다. 1949년 신년사에서 김일성은 "국토완정을 위해 모두 궐기하자"는 내용을 13차례나 강조하면서 남한을 무력으로 해방시키자는 국토완정론을 공식화했다.

이승만의 북진통일론은 1개월 뒤쯤 나오게 된다.

김일성은 1948년 3월 모스크바를 방문해 스탈린에게 남침전쟁을 제의하고 동의와 지원을 요청했다. 제2차 세계대전 때 입은 격심한 피해복구가 최우선이던 스탈린은 김일성의 모험이 미국과의 전쟁으로 번지는 것을 원치 않았기 때문에 미군의 개입가능성 등을 들어 남침제의를 거부했다. 그러나 1949년 8월 29일 소련도 원폭실험에 성공하고, 10월 1일 중화인민공화국이 수립되는 등 정세가 변함에 따라 스탈린의 심경도 변했다. 미국이 참전하지 않을 것이라고 판단한 스탈린은 김일성의 남침계획에 동의한 뒤 마오쩌둥의 지원을 요청하라고 권했다. 마오쩌둥도 스탈린과 같이 미국의 참전가능성이 없다고 보아 중공군에 소속되었던 한인들을 넘겨주겠다고 약속했다.

소련은 북한이 요구한 비행기, 탱크, 중포 등 군사원조의 90%를 승인했고, 바실리에프 대장을 단장으로 한 군사고문단을 보내 남침계획을 수립하는 것을 도와주게 했다. 중공은 항일전쟁과 국공내전에서 전투경험을 쌓은 한인병사들로 구성된 중공 제 4 야전군 소속 제 166사와 164사 소속병력 2만여 명을 방호산, 김창덕 소장 인솔 아래 북한에 인계했다. 제 166사는 인민군 6사단으로, 제 164사는 5사단으로 재편되어 하룻밤 사이 인민군의 최강사단으로 거듭나게 되었다. 방호산은 한국전쟁 때 서부전선을 돌파하고 호남지역을 단기간에 석권하는 등 탁월한 전술능력을 과시했다 해서 북한의 최고훈장인 이중영웅 훈장까지 받은 인물이다.

중공은 계속 한인병사들을 북한에 보내 인민군 7, 10, 13, 15사단으로 재편되게 했고, 인민군의 전력은 비약적으로 증강되었다. 인민군 각 사단은 한국군에 없는 122밀리 곡사포 12문을 비롯해 74밀리 곡사포 24문, 자주포 12문, 45밀리 대전차포 12문, 14. 5밀리 대전차포 36문을 보유하게 되었다.

소련이 공여한 T-34 탱크여단도 편성했다. 구경 85밀리포를 장착한 T-34 탱크는 속도가 빠르고, 화력도 좋으며 방탄효과가 뛰어난 소형전차(30톤)로 한국의 지형에 적합했다. 구형이었으나 독·소(獨蘇) 전투 때 위력을 보여 독일군이 가장 두려워했던 전차였다. 북한군은 탱크와 중화기를 동원해 사단급, 군단급 전투훈련까지 반복 실시했다.

소련군 고문이 중대까지 배치되는 등 모두 3,500명이 동원되었으며, 전쟁에 개입했다는 증거를 남기지 않기 위해 개전하자마자 일선에서 철수했다. 소련 고문단은 북한군에게 2만 5천 분의 1짜리 전투용 남한 지역 지도까지 제공했다. 당시 한국군은 25만 분의 1인 한반도 전도(全圖)를 사용하고 있었다. (백선엽)

김일성은 남침계획을 짜면서 남한에 침투한 유격대가 조공(助攻)을 맡는 작전도 짰다(이기봉). 강동학원에서 훈련시킨 유격대원 1,400명을 이미 남파시켰던 북한은 새로이 1950년 3월 말 중무장한 정예유격대 700명을 증파했다. 전선의 병력을 유격대 토벌로 유인해 전력을 약화시키고 정규군의 남침 시 무장봉기로 전환해 내전화(內戰化)한다는 것이다.

북한의 총병력은 19만 8,380명에 이르렀고, 남한의 병력은 10만 5,752명이어서 거의 2분의 1의 열세였다.

한국군, 방어상태가 최악일 때 기습당해

한국군은 1950년 3월 25일 자로 육군방어계획 제38호를 마련했다. 그 골자는 북한군이 38선 전역에서 남침해 올 것에 대비, 최후 방어선에 대한 축성진지 공사를 하자는 것이었다. 그러나 계획이 추진되지 못했다. 시멘트, 철재 등 자재가 없었고, 교량파괴용 폭약, 대전차지뢰도 없었기 때문이다. 미국이 경무기만 이양해 주고 서둘러 철수하고 있었고, 한국 정부는 악성 인플레에 재정난까지 겹쳐 국방예산을 염출할 길이 없었다. (정일권)

5·30 총선 직전 육본 작전국장 강문봉 대령은 38선의 전선강화를 위해 국회에 건의서를 냈다. 북한이 탱크, 장갑차 296대를 가지고 있는 등 전력이 극히 열세라는 점을 지적했다. 정보국장 장도영 대령도 6월 위기설을 여러 차례 경고했다. 그러나 대응책이 취해지지 않았다. 남한은 소총 등 경무기의 자체 생산을 엄두조차 낼 수 없었다.

강릉의 제8사단과 춘천의 제6사단은 태백산, 오대산 등의 유격대 토벌을 위해 최전선의 병력을 차출·지원해야 했기 때문에 병력부족으로 방어정면이 넓어져 그만큼 방어력이 약화되었다(이기봉).

6월 11일부터 내려진 비상경계가 한국전쟁 발발 이틀 전인 23일 해제되어 상당수의 장병들이 주말외출로 부대를 떠났다. 때는 또한 농번기여서 3분의 1의 농촌출신 병사들이 농번기 휴가를 받고 고향에 가 있었다. 서울을 방어 중이던 제1사단 12연대의 경우 휴가, 외출 장병 등을 빼면 총병력 2,419명 중 겨우 3분의 1만이 전투지역에 배치돼 있었다. 1950년 6월 24일 현재 38선 방어진지에 배치된 병력은 총 61개의 보병대대 가운데 11개 대대에 불과했다는 것이다.

뿐만 아니라 방위체제를 둘러싸고 상식 밖의 일들이 집중적으로 일어나고 있었다. 창군 이래 최대의 군요직 인사가 6월 10일 실시되어 육군본부를 포함한 전후방 지휘부와 일선지휘관이 한꺼번에 바뀌었고, 보직과 임직도 제멋대로였다. (박명림)

대부분의 전선 사단장 및 주요 간부들이 보병학교에 입교, 교육을 받고 있었다(신경식). 차량과 대전차포 등 총포, 장비 등이 수리 차 대량으로 병기창에 보내지는 바람에 전쟁발발 때 3분의 2만 가동되었다. 6월 24일에는 육군회관 낙성식이 열려 수많은 지휘관들이 술을 마시고 만취했으며, 채병덕 총참모장 자신도 숙취상태에서 전쟁발발 보고를 들었다. (박명림)

육사 8기의 단체 회고록은 "각 분야별로 일사불란하게 진행되었던 전투력 약화작업은 북한의 남침 직전까지 이어졌다"면서 신성모와 채병덕을 거의 공개적으로 간첩에 가깝다고 묘사했다(박명림). 예비역 대장 이형근(李亨根)은 육군지휘부에 통적(通敵: 적과 내통하는) 인사가 있었다고 회고했다. 국방부 전사편찬위원장이던 문희석(文熙奭)은 "수상한 점이 여러 가지로 있었다. 6월 24일 저녁 군 수뇌들이 새벽 2시까지 심야파티를 했는데 그 비용을 낸 사람이 간첩 정국은(鄭國殷, 나중에 총살됨)이었다"고 회고했다(이종학). 군 수뇌부에 북한의 오열(五列: 첩자)이 침투해 북한의 남침을 더 용이하게 했다는 점을 지적한 미국의 공간사(公刊史)가 두 개나 있다. (박명림)

현재로 그 같은 주장들에 대한 정확한 진상은 알 길이 없으나 전쟁에 대비해야 하는 국가위기관리의 관점에서 심각한 문제가 있었음을 알게 하기에 충분하다. 일생 동안의 독립운동에서 무력투쟁 분야를 경시했던 이승만은 국방문제에 문외한일 수밖에 없었다. 그럼에도 불구하고 전운(戰雲)이 감도는 시절 역시 문외한을 국방장관에 기용하는가 하면 총참모장을 자주 교체해 특정인에게 힘이 실리는 것을 막았다. 권력의 중추 중 하나인 군세력에 대한 장악력이라는 정치논리를 중시했기 때문에 그랬을 것이다. 그 부작용은 이미 앞서 지적한 대로 불길한 전조증세를 보이기 시작했고, 한국전쟁 초전에서 패배하는 결과를 가져왔다.

이승만 대통령은 초대 국무총리인 이범석에게 국방장관직을 겸직시켰다. 대표적인 항일무장투쟁가였기 때문에 그러한 인사포석이 가능한 것이었으나, 달리 보면 이렇다 할 별도의 국방장관 감이 없었다는 얘기였다. 그러나 그 포석은 오래가지 못했다. 이범석이 강력한 장래의 정적(政敵)으로 부상했기 때문이다. 그가 수장이던 족청(조선민족청년단)은 당시 최대의 정치조직이었다. 이 대통령은 한민당과의 결별로 생긴 힘의 공백을 일단 이범석과 족청을 끌어들여 메꾸었다. 그 뒤 자신의 추종세력이 자유당을 창당하게 되면서 족청은 토사구팽되어 해산되는 처지가 되었고, 그 수장인 이범석도 거세되었던 것이다. (김세중)

후임 국방장관으로 한국전쟁을 맞은 인물이 신성모였다. 그는 충성심이 높고 대통령의 심기보좌에 능한 예스맨이었다. 상선(商船) 선장 출신인 그는 국방전략에 무지했고 방위력을 보강하는 추진력도 없었다. 전쟁이 일어난 뒤에도 이렇다 할 존재감이 없었다. 국민방위군 사건이 일어난 뒤 이기붕(李起鵬)과 교체되었다.

자리를 떠난 뒤에도 이승만에 대한 충성심이 여전하던 이범석은 계속 정부에 협조했다. 전쟁이 일어나자 이범석은 서울 사수론을 펴면서 강력하게 항전해야 한다고 주장했고, 적의 탱크를 저지하기 위해 휘발유 드럼통을 쌓아 폭발시키는 전술까지 제시했다(이범석 평전). 이범석은 청산리 전투의 지휘관 출신답게 전장(戰場)의 리더십을 보이고 있었다. 51세의 그는 2, 30대가 주축인 군 수뇌부를 상대로 항일전(抗日戰)의 관록, 해박한 전술지식, 기백과 배짱에서 탁월한 지휘력을 발휘할 수 있는 최적의 인물이었다.

실제로 서울을 심야 탈출해 대전에 임시정부를 둔 이승만은 급한 나머지 이범석을 국방장관에 재기용해야겠다고 결심하기까지 했다. 대통령은 그의 전장 리더십을 인정했던 것이다. 그러나 항일투사들의 독선을 싫어한 무초 대사가 극력 반대해 허사가 되었다. (도너 프란체스카)

이승만 대통령은 군의 중추인 총참모장도 자주 교체했고, 인선도 적절하지 못했다. 1948년 12월에 임명된 총참모장도 이응준(李應俊)은 일본군 대좌 출신이었으나 인품이 원만하고 청렴해 후배 장교들의 신뢰를 얻었다. 그러나 1949년 5월 4일 8연대 1, 2대대의 월북사건에 책임을 지고 6개월도 안 되어 그만두었다.

1949년 5월 9일 2대 총참모장이 되었고, 김석원(金錫源) 대령과 싸우다가 해임된 뒤 다시 신임을 받아 1950년 4월 10일 총참모장으로 다시 복귀했던 채병덕(蔡秉德)이 문제였다. 35세의 병기장교 출신인 일본육사 49기의 채병덕은 대통령의 신임을 받았으나 무능했고 군지도자로 적합지 않은 인물이었다.

예비역 중장 강문봉(姜文奉)의 1983년 행정학 박사논문에 의하면 채병덕은 한국전쟁 때 참모총장을 지낸 4명(채병덕, 정일권, 이종찬, 백선엽) 가운데 모든 면에서 평가가 바닥이었다. 예비역 장군 53명이 낸 의견에 의하면 존경도에서 꼴찌(1등 이종찬)였고, 무사공정에서 꼴찌였으며, 믿음직한 지휘관에서 꼴찌, 풍부한 상식에서 꼴찌였다. 전공(戰功)을 세우는 성취욕에선 백선엽이 1위인 데 비해 아예 비교대상에서 제외되었다. 채병덕은 정치적 성향에서만 3

등(1등 정일권) 한 것이 최고였다.

후배 장성들의 모멸대상이었던 것이다(강성재). 한국전쟁 전 전력 강화의 주역이어야 할 그는 방어력을 약화시키는 흐름의 중심에 자리하고 있었고, 인민군이 서울에 입성한 뒤 후퇴 중 육군본부가 와해되자 단신 남하하려다가 공군참모총장 김정열의 충고를 받고 정신을 차렸다는 일화까지 남겼다.(김정렬)

북한의 남침과 한 · 미 양국의 대응

이승만, 남침을 유엔이 다룰 국제문제로 부각시켜

1950년 6월 25일 새벽 4시 북한인민군 7개 사단 9만여 명은 200마일에 이르는 38선을 넘어 일제히 기습했다. 소련제 T-34 탱크 130대, YAK-9와 IL-10 전투기 211대, 화포 1,610문, 자주포 128문의 막강한 화력을 앞세웠다. 주공(主攻)을 맡은 북한군 제1군단은 서북, 북, 동북으로부터 서울을 향해 남진하고, 조공(助攻)의 북한군 제2군단은 춘천, 홍천을 향해 진격했다.

일요일을 맞아 창덕궁 비원에서 낚시를 즐기던 이승만이 남침 사실을 보고받은 것은 6시간 30분이 지난 상오 10시 30분쯤이었다. 전쟁발발 첫 보고가 이렇게 늦어진 것은 주무부서인 국방부 장관 신성모가 주말휴가 중이었기 때문이다.

신성모는 북한군이 개성을 함락하고 춘천 근교로 공격해 오고 있으나 크게 걱정할 것은 없다고 낙관적으로 보고했다(도너 프란체스카). 12시가 조금 넘어 국무회의에 나온 총참모장 채병덕은 "적의 전면 남침이라기보다는 이주하, 김삼룡(지하에 숨어 있다가 체포된 남로당의 2인자들)을 내놓으라는 움직임 같다"고 말했다(서주석). 북한은 남침을 앞두고 이주하와 김삼룡을 조만식 선생과 맞바꾸자고 평화공세에 나섰고, 이승만 대통령이 믿을 수 없다는 이유로 거부하고 있었다.

신성모와 채병덕은 비상국회에 가서도 비슷한 낙관론을 펴는 등 전황을 오판(誤判)하고 있었다. 오후 들어 상황이 심각해지는데도 정부는 위기상황에 따르는 후속조치를 내리지 않았다. 일요일이었기 때문인지 즉각 비상 국무회도 열지 않았고(27일 새벽 1시께 열렸으나 대통령이 참석하지 않았다), 국민에게 급보를 알리는 대국민방송도 하지 않았다. 국방부 정훈국장의 이름으로 "국군이 의정부를 탈환하고 북진 중이다"고 사실과 다른 가두방송을 하고 담화문을 발표했을 뿐이다(서중석). 계엄령도 선포되지 않았다.

27일 새벽 신성모 국방 주재로 열린 각군 총참모장회의에선 일단 서울 사수(死守)를 결의했다. 그러나 3군 총참모장들은 "미국의 직접지원이 없는 한 사태가 절망적이다"라면서 군 주력부대가 상실된 후에는 게릴라전으로 항전하되, 해·공군은 이에 협조하며 최후단계에서는 망명정부 요인의 수송을 담당한다는 패배주의적 원칙을 세웠다. (서중석)

북한군이 서울 근교 창동 방어선까지 돌파하자 채병덕 육군참모총장은 서울을 포기하기로 방침을 바꿨다. 그것은 정부가 서울을 떠나면 한국인의 사기에 치명적 영향을 준다면서 '서울 사수론'을 완강히 주장한 무초 대사나 서울에서 시가전을 펴면서 시간을 벌어야 한다고 주장한 처치 준장과는 주객이 뒤바뀐 입장이었다.

체계적 위기대응 의욕을 상실하고 우왕좌왕하는 군 수뇌들에 비해 노(老) 대통령이 오히려 침착하게 할 일을 챙겼다. 이승만은 26일 새벽 3시에 도쿄의 맥아더 사령관에게 심야전화를 걸었다. 그 시절의 맥아더는 미국 대통령의 심야전화도 받지 않을 만큼 콧대가 센 유아독존(唯我獨尊)의 거물이었다.

전속부관 휘트니 준장이 사령관을 깨울 수 없다고 사무적으로 응답하자 이 대통령은 화를 벌컥 내며 "한국에 있는 미국 시민이 한 사람씩 죽어갈 테니 장군을 잘 재우시오"라고 고함쳤다. 휘트니의 정신이 번쩍 들게 할 일갈(一喝)이었다. 맥아더가 수화기를 들자 이 대통령은 북한의 남침사태가 일어난 것은 자신의 경고를 무시한 미국의 책임이라고 강력히 항의하고 "어서 한국을 구해주시오"라고 요청했다. 맥아더는 즉석에서 무스탕 전투기 10대, 105밀리 곡사포 36문, 155밀리 곡사포 36문, 바주카포를 긴급지원하겠다고 약속했다. (도너 프란체스카)

이 대통령은 이어 워싱턴의 장면 대사를 전화로 불러 외교지침을 주었다. "적이 우리 문전에 와 있다고 트루먼 대통령에게 전하시오. 미 의회가 승인하고 트루먼 대통령이 결재한 7천만 달러의 무기지원은 어떻게 된 것이오?"

이 대통령은 한국에 와 있는 미국과 유엔의 대표기구, 도쿄의 맥아더 사령부, 워싱턴의 주미 대사관과 통하면서 남침문제를 워싱턴과 유엔의 대응문제로 부각시켰다. (박명림)

미국, 발 빠른 대응으로 참전 결정해

북한의 남침 사실을 알리는 무초 대사의 급전이 미 국무성에 입전된 것은 미국시간으로 24일 오후 9시 26분이었다. 애치슨 국무장관은 오후 11시 20분 이 사실을 주말휴가로 워싱턴을 떠나 있던 트루먼 대통령에게 전화로 보고하고, 10분 뒤 유엔 사무총장 트뤼그베리(Trygve Halvdan Lie)에게 통보하면서 안보리(安保理) 개최를 요청했다. 그 때문에 유엔의 '적대행위 즉각금지' 결의와 '한국원조' 결의가 즉시 나올 수 있었다. (서중석)

5개월 전에 한반도가 미국의 태평양 방위선 밖에 있다는 내용을 발언했던 장본인인 애치슨이 지금 발 빠르게 미국과 유엔의 한국 지원을 위해 뛰고 있었다. 애치슨이 그같이 갑자기 표변한 것은 중국이 공산화되고 소련이 원폭실험에 성공하는 등 국제정세가 급변함에 따라 미국의 세계전략이 바뀌고 있었기 때문이었다. (박태균)

애치슨은 러스크 차관보 등 측근참모들을 불러 한국에 대한 무기·탄약 제공 등 5개항의 대책을 마련하게 했다. 그 대책안은 다음 날 저녁 휴가에서 돌아온 대통령 주재의 블레어 하우스 회의에서 승인됐다.

트루먼 대통령 자신도 참모들의 보고와 건의를 받기 전 북한의 남침을 소련의 세계 적화(赤化) 시도의 일환으로 보았고, 한반도가 공산화되는 경우 일본의 안보에 미칠 영향도 고려했다. 그에게는 북한의 남침이 민주당 집권 이후 중국이 공산 통일되고 동남아시아에서 공산주의가 더욱 팽창했다고 보는 공화당의 거센 비판을 더 강화시킬 수 있는 국내 정치적 악재이기도 했다. (트루먼 회고록)

미국은 중국이 공산화되자 일본에 대한 재평가에 나섰다. 일본의 산업경제력을 회복시켜 아시아에서 공산주의에 대항할 수 있게 함으로써 미국의 부담을 줄일 수 있기를 원했다. 때문에 대일정책을 전환해 역코스(Reverse course)로 알려진 대규모 일본 복구 프로그램을 추진하게 되었다. 따라서 비중과 중요성이 높아진 일본을 지킨다는 생각이 미국이 즉시 참전을 결정하게 되는 주요 이유 중 하나가 되었다(브루스 커밍스). 미국은 물론 북한의 남침과정을 면밀하게 관찰 분석했고, 소련의 군사개입은 없을 것이라는 판단이 선 데다가 가까운 일본에 미군 전력이 주둔하고 있었기 때문에 신속하게 개입결정을 할 수 있었다(윌리엄 스툭).

미국의 조기참전은 1949년 소련이 핵실험에 성공한 뒤 미국의 대소전략을 재고하게 된 것과도 관계가 있었다(박태균). 경제·심리적인 대소 봉쇄론자였던 조지 케넌이 물러나고 보다 강경론자인 니츠(P. H. Nitze)가 후임 국무부 정책기획국장이 되었고, 그는 소련을 좀더 적극적으로 봉쇄해야 한다는 구상 아래 'NSC-68'을 작성했다. 'NSC-68'은 미국의 군사비와 대외원조를 늘리는 적극적 정책이 오히려 미국의 경제활성화를 이끌 것으로 보았다. 미국은 제2차 세계대전 중 더 많은 군사비를 지출했으나 수요가 확대되면서 미국경제가 호황을 구가했다는 것이다.

'NSC-68'의 채택은 한반도에 대한 미국의 전략을 바꿔 놓았다. 한반도가 더 이상 포기할 수 없는 지역이 되었다. 그 시점에서 남침이 일어났기 때문에 미국은 기다렸다는 듯이 신속하게 참전했고 한국에게는 행운이었다는 분석이 가능하다. (박태균)

미국의 참전결정은 미국외교사의 새로운 분수령이었고, 미국의 안보가 세계의 안보가 되는 계기가 되었다(제임스 매트레이). 트루먼 대통령은 나중에 임기가 끝난 뒤 고별연설에서 "한국전쟁 때의 참전결정이 임기 중 가장 중요한 것이다"라고 밝혔다.

그러나 위와 같은 사후해석에 관계없이 종전(終戰) 정책만을 두고 볼 때 참전결정은 놀라운 것이었다. 맥아더조차도 "… 의회의 비준 없이, 그리고 현지 야전지휘관(자신을 지칭)의 의견이 전혀 개재되지 않은 채 어떻게 행정부 각료들에 의해서 그 같은 결정이 이루어졌는지 알 수 없다"고 말할 정도였다. 맥아더는 중공과 소련의 개입 가능성을 이때 충분히 고려했어야 했다고 지적했는데 그렇게 되었다면 참전결정이 신속하게 내려지기가 보다 어려워졌을 것이다.

한국전쟁, 미국과 유럽의 대소 군비강화 계기 가져와

한국전쟁은 느슨했던 NATO 중심의 서구(西歐)동맹을 강화시키고 제2차 세계대전 뒤 병력을 대폭 감축했던 미국에게 군사력을 세계 최강으로 다시 증강시키는 계기를 가져다주었다. 북한의 도발이 자유세계의 대공(對共) 경계심을 일깨워준 것이다.

트루먼 대통령은 참전에 이어 1950년 7월 17일, 1951년도 국방예산을 당초 140억 달러에서 240억 달러 규모로 증액했고, 서독의 재무장을 골자로 해 NATO의 군사력도 대폭 증강할 계획을 세웠으며, 군대를 보유할 수 없는 일본에서도 전력 확보책으로 경찰예비대를 창설하고 해상경비대를 강화했다.(윌리엄 스툭)

한국전쟁에는 영국, 프랑스 등 16개국이 유엔군의 이름으로 참전했다. 미국은 전쟁발발 직후 전 세계 자유국가를 상대로 광범위하게 병력지원을 요청하는 타이밍을 놓쳤고 가을에 전세가 유리해지자 추가지원 확보노력을 게을리하는 바람에 참전국 16개국을 확보하는 데 그쳤다. 참전국이 한정된 또 다른 이유로 언어, 음식, 종교, 장비, 훈련 그리고 규모 등을 고려한 측면도 있었다. 미국은 정치, 군사적 장애요인이 없고 생활문화권이 비슷한 라틴아메리카 국가들에게 관심이 있었으나 여러 가지 이유로 지원을 끌어내지 못했다.(윌리엄 스툭) 결국 유엔군은 때만 다국적군이었지 한국군과 미군이 90% 이상인 한·미 연합군이 주력이 되었다.

한국군 춘천 방어 승리, 남침작전 차질 불러

조공(助攻)을 맡은 북한군 제 2군단은 6월 25일 새벽 춘천·홍천 방면의 한국군 동부전선을 강습했다. 산하 제 2사단은 병력이 1만 1천 명, 제 12사단은 1만 2천 명이었고, 방어 중이던 한국군 제 6사단은 병력 9,300명으로 병력이 2.5분의 1의 열세였다. 화력은 1:4로 열세였다.

초전에서 북한군 제 2군단은 쉽게 방어선을 돌파했으나 주력부대가 한국군 제 6사단 제 17연대 제 1대대와 16포병대대의 강력한 역습을 받고 진격이 정지되었다. 한국군은 105밀리 곡사포의 포신을 눕혀 지면과 수평으로 놓고 직사(直射)하는 임기응변으로 인민군의 선두를 격파하는 등 여러 차례 공격을 막았다. 당시 중대장으로 이 전투에 참가했던 전 주월 공사 이대용(李大鎔: 예비역 육군소장)은 대대장 김용배(金容培) 중령(1951년 전사한 뒤 준장으로 추서됨)의 뛰어난 작전지휘로 가능했던 승리였다고 회고했다. (이대용)

그 때문에 서부전선보다 공격속도가 늦어져 다급해진 북한군은 인제-홍천 쪽으로 잘 진격하던 제 12사단의 2개 연대를 되돌아오게 했고, 춘천 지역 전투에 추가 투입했다. 한국군은 증강된 북한군의 공격도 28일 말고개에서 저지, 북한군의 춘천 점령을 지연시켰다. 북한군 제 2군단의 작전목표는 25일 당일 춘천을 점령한 뒤 이천-용인 방면으로 서남진, 28일까지 수원을 점령함으로써 서울 쪽에서 탈출하는 한국군의 퇴로를 차단하고 포위망을 형성한다는 것이었다. 그 뒤 서울방면을 공격하는 주공(主攻)의 제 1군단과 협공으로 잔존 한국군 주력을 섬멸해 대세를 결정짓는다는 구상이었다. 군단장 김광협 소장은 남침계획을 짤 때 그 같은 제2군단의 조공작전 계획을 직접 입안했던 당사자였다. (이대용)

그러나 예상치 않던 한국군의 선방으로 28일까지 수원에 진출하려던 작전에 차질이 생겼고, 그것은 전체 남침작전에 큰 영향을 끼쳤다. 주공인 북한군 제1군단은 예정대로 개전 3일 만에 서울을 점령했으나 계속 남하하지 않고 3일간 작전을 중지했고, 후퇴한 한국군은 수원 지역을 중심으로 한강 방어선을 급히 짤 수 있었다.

한국군 제6사단은 한국전쟁 초반 전선에 투입되었던 8개 한국군 사단(1, 2, 3, 5, 6, 7, 8, 수도사단) 가운데 유일하게 저지작전에 일단 성공한 것이었는데, 전략적 가치가 큰 전승(戰勝)이었다. 그 같은 저지작전 때문에 한국군은 서부, 중부전선이 붕괴된 뒤에도 후퇴한 병력을 재편성해 한강 방어선을 새로이 구축할 수 있었고, 지원 미군이 투입될 때까지 맥아더 사령관이 원하는 '시간벌기'에 나설 수 있었다.

김일성은 춘천 공략에 대한 실패책임을 물어 군단장을 군단참모장으로 2계급 강등시키고, 제2, 12사단장을 각각 해임시켜 버렸다(남도현). 김광협의 후임으로 연안파의 리더이고 중공 8로군에서 명성을 날리던 무정(武亭)이 군단장이 되었고, 김일성 최측근 3인방의 한 사람인 최현이 제2사단장으로 임명되었다. 김일성은 최고의 라이벌인 무정이 전공을 세우는 것을 꺼려해 처음에는 쓰지 않았다가 사태가 급박해지자 전격 기용했던 것이다.

춘천 방어전에서 '시간벌기'에 성공한 것 외에도 한국군은 그 뒤 유인작전의 성공으로 낙동강 방어선 유지에 한몫을 거들었다. 육군본부 작전국장이던 강문봉(姜文奉)에 의하면 미군 주력부대가 한국에 도착할 때까지 시간을 벌기 위해 북한군 유인작전도 폈다.

이승만 정부는 미 제24사단이 대전에서 패전하기 전 '호남지구사령부 설치'를 공표하고 사령관에 신태영(申泰榮) 소장, 부사령관에 원용덕(元容德) 준장을 임명했다. 사령관, 부사령관만 서류상으로 존재하는 병력과 조직이 없는 유령사령부였다. 북한군을 속이기 위한 미끼였다. 북한군은 '호남사령부'를 실재하는 것으로 보고 인민군 최정예인 제6사단을 호남 지역 작전에 투입했다. (박명림)

인민군 제6사단은 오랜 국공 내전에서 전투경험을 쌓은 조선족 부대를 주축으로 구성된 부대였고, 역시 중공군 출신인 사단장 방호산(方虎山)은 북한군 야전지휘관 중 최고의 지략가로 꼽히던 인물이었다(남도현). 인민군 제6사단은 한국군이 없는 무인지경(無人之境)의 호남을 쾌속으로 진격해 7월 20일 전주, 23일 광주를 점령하고 여수·순천을 거쳐 31일 경남 하동·진주를 점령한 뒤 마산·부산 공격에 나섰다. 마산에는 미군은 물론 한국군도 없었고, 부산까지 거리는 40km에 불과했다.

인민군 제6사단의 깜짝 출현에 크게 놀란 워커 사령관은 상황이 덜 급한 상주 지역의 미 제25사단을 서둘러 차출하여 하루 사이에 130km를 이동하게 하는 강행군으로 방어선을 급조하고 급한 불을 껐다. 제6사단의 호남 석권은 겉으로는 화려한 기동작전이었으나, 따지고 보면 한국군의 유인작전에 말려들어 최강의 사단전력을 쓸데없이 10일간 헤매게 한 결과가 되었고, 유엔군은 가장 어려 웠던 시점에서 방어 부담을 크게 줄일 수 있었다.

대전에서 승리한 방호산의 인민군 제6사단이 즉시 서부전선에 투입되었더라면 미국에서 수송 중이던 미군이 한국에 도착해 본격 적으로 전선에 투입되기 전 대구가 함락되거나 낙동강 방어선이 붕 괴될 위험성이 있었기 때문이다. 워커 사령관은 그 뒤 "방호산 사 단이 호남을 돌지 않고 처음부터 부산을 직공했더라면 나는 저지병 력을 투입할 시간적 여유를 갖지 못했을 것이다"라고 위기를 넘긴 순간을 회고했다. (남도현)

북한군, 서울 점령 뒤 '3일 지체'로 승전기회 날려

서부전선을 공략했던 북한인민군 제1군단은 6월 27일 오후 서울 변두리 미아리까지 진출했다. 마지막 방어선에 투입된 한국군 부 대는 호남 지역에서 공비토벌 도중 급히 북상한 제5사단과 전방에 서 후퇴해 온 제7사단 병력이었다. 탱크부대에 속수무책이던 한국 군은 채 하루도 버티지 못했고, 북한군은 28일 새벽 탱크를 앞세우 고 서울로 진입했다. (군사편찬연구소 양영조)

그러나 서울을 점령한 북한군 3개 사단은 승기(勝機)를 몰아 계 속 남진하지 않고 작전을 일단 중지한 뒤 승리의 잔치를 벌이는 등 3일간 지체했다. 왜 그랬을까? 한국전쟁 최대의 수수께끼이다.

소련 군사고문단장 라주바예프가 그 지체를 이해하지 못했고, 보고를 받은 스탈린은 추궁하는 전문을 보냈다. 김일성 자신도 한강 도강(渡江) 작전이 지체된 것에 불만이었다. 현재까지도 분명한 진상이 밝혀진 것은 없는 듯하다. 학자들이 보는 지체 이유는 대체로 3가지다.

하나는 북한군 제2군단 공병부 부장이던 주영복 소좌(남한으로 전향) 등이 증언하듯이 소련군이 충분한 도강(渡江) 장비를 공여하지 않았기 때문이라는 것이다. 그러나 이 주장은 북한군이 적극적 의사가 있었다면 다음 날이라도 '한강철교'를 조금만 보수해도 도강작전을 펼 수 있던 상황이었다는 사실 앞에서 설득력이 떨어진다. 한국군 공병대는 인도교 폭파에는 성공했으나 철교는 두 차례의 시도에도 불구하고 교각이 구부러지는 등 부분파괴만 했기 때문에 경인선 상행선과 경부 복선철로가 그대로 남아 있었다. 두터운 나무를 잘라서 까는 등 응급조치로도 탱크를 건너게 할 수 있었다(짐 하우스만). 실제로 북한군은 3일 뒤 그렇게 복구해서 도강작전을 성공시켰다.

두 번째 시나리오는 서울을 점령하면 남한 전 지역에서 남로당에 의한 민중봉기가 일어날 것을 기다렸다는 주장이다. 김일성과 박헌영이 스탈린 앞에서 남한의 남로당 20만 당원이 봉기할 것이라고 주장한 것은 구소련의 문서에도 나타나 있지만, 김일성의 최측근인 최용건이 "서울만 점령하면 폭동이 일어난다더니 어떻게 된 것인가?"고 불만을 터뜨렸다는 것을 보면 북한 수뇌부가 봉기를 기대했던 것은 사실일 것이다. 그러나 봉기가 일어날 것을 막연하게 가정하고 군사작전계획을 짜는 군대가 있을 수 있을까?

세 번째 이유가 제2군단이 수원까지 진격해 오는 것을 기다렸다가 협공해 잔존한 한국군 주력을 섬멸하려 했기 때문이라는 주장이다. 이 주장은 협공작전이 현실화되었더라면 전쟁이 사실상 끝날 수 있는 계기였다는 점에서 설득력이 가장 크다고 볼 수 있다. 그러나 이 주장도 허점이 있다. 당시 상황을 보면 제2군단의 조공(助攻)이 없었다 할지라도 제1군단 단독으로 한강을 도하(渡河)할 수 있었고, 한국군이 붕괴되어 전열이 완전히 와해돼 있어 수원까지 진격할 수도 있었기 때문이다.

북한 외무성 런던 주재 공사였다가 2016년 한국에 귀순한 태영호(서울에서 국회의원이 됨)는 당시 인민군은 한국군의 방어선이 예상 외로 너무 빨리 무너져 개전 3일 만에 서울을 점령하게 되자 그 같은 상황에 맞춰 작전계획을 수정해야 했기 때문에 서울에서의 지체 기간이 발생하게 되었다는 요지로 증언했다. 그것은 네 번째 이유가 될 수 있다. 그 증언은 북한군 내부의 실제 상황을 지적한 것일 수 있어 보다 개연성이 높다 하겠다.

북한군은 28일 새벽 서울을 점령한 뒤 주력부대를 용산 쪽으로 집결시키는 등 차기작전을 준비하는 대신 서울 시내를 행진하는 등 자신감을 과시했고, 탱크병들이 탱크 주변에 모여든 시민들을 상대로 선동연설을 하고 있었다. 일대 축하연을 열고 인민군 제3사단과 제4사단에게 '서울사단'이라는 명예칭호를 주고 제105전차여단을 사단으로 승격시키는 등 마치 전쟁이 승전으로 끝난 것처럼 행동했다.

앞에서 지적한 대로 여러 가지 이유들은 북한군의 3일 지체에 대한 진짜 원인의 전체일 수도 있고, 진짜 원인의 한 부분일 수도 있다(양영조). 그러나 역사에 나와 있듯이 결과는 분명했다. 북한군의 지체는 한국군에게 한강방어선을 구축하게 해 지원미군이 투입될 때까지 황금 같은 시간의 여유를 주었고, 그것을 발판으로 한·미 양국군은 낙동강 방어선을 구축할 수 있었다. 그것은 북한군에게 는 일거에 부산까지 진격해 무력통일을 할 수 있는 절호의 기회(최 초이자 최후가 되는)가 사라지게 된 것을 의미했다.

한강다리 폭파는 "정치적으론 잘못(過), 전략적으론 공(功)"

한강 인도교는 1950년 6월 28일 새벽 2시 30분에 폭파되었다. 북한 탱크가 서울 에 진입하기 2시간 전에 폭파하라는 명령이 있었으나 폭파를 지휘하던 공병감 최 창식 대령이 기마경찰대의 말굽소리를 탱크소리로 오인하는 바람에 예정시간보다 4~5시간 앞당겨 폭파시킨 것이다.

폭파 당시 피란길에 올라 다리 위에 있던 민간인 수백 명이 희생되었다고 역사 서 등을 통해 전해지고 있으나 그것은 추정일 뿐, 사실로 확인된 것은 없다. 방대 한 자료를 기초로 한 《한국전쟁사》 1권(1977년 개정판)은 "다리 폭파로 경찰 76 명이 순직했다"고 기술하고 있다. 당시 한강 다리는 작전통제로 민간인은 접근할 수도, 건널 수도 없었다는 것이다. 3개 사단의 병력과 장비가 후송되지 못하는 작 전차질을 빚었다. 중무기와 중장비를 모두 방치해야 했다. 가장 심각한 후유증은 서울시민 144만 명 중 100만 이상이 피란하기 위해 한강을 건널 수 없었기 때문 에 인민군 치하에서 고난을 겪게 된 점이다.

다리 조기(早期) 폭파는 이승만 대통령의 떳떳지 못한 심야탈출과 맞물려 커다 란 정치쟁점이 되었고, 위기관리 실패의 사례처럼 통설로 자리 잡았다.

그러나 전략적 관점에선 결과적으로 공(功)을 세운 것이라는 관점이 존재한 다. 만일 예정된 시각이 닥친 뒤에도 다리 폭파에 실패하는 일이 발생했다면 전 쟁의 양상이 달라졌을 것이다(실제로 폭약이 제대로 터지지 않아 한강철교 폭파 에는 실패했다). 북한군의 서울점령 다음 날부터 탱크와 중무기·장비를 한강 이남으로 옮겨 단숨에 대전, 대구까지 남진할 수 있었을 것이기 때문이다. 그런 점에서 다리 폭파는 인민군의 '서울 3일 지체'와 관련, 역사적 재평가의 대상이 된다.

이승만의 심야 서울 탈출 … 두 개의 관점

아무에게도 알리지 않고 대전으로 … 비겁자 이미지

이승만 대통령은 전쟁이 발발한 지 이틀째인 27일 새벽 국민에게 알리지 않은 것은 물론 내각과 국회, 그리고 군 수뇌부에까지 통보하지 않은 채 서울을 심야 탈출, 열차편으로 대전에 피난했다. 충격적인 일이었다. 전쟁이 일어났을 때 총지휘부인 국가원수의 안전 확보는 가장 중요한 위기관리의 우선순위이다. 그러나 국민을 총궐기시켜 항전하는 노력을 해보지도 않고 등을 돌린다면 누가 선뜻 동의하겠는가? 더구나 이승만은 국민의 여망을 한 몸에 받던 큰 지도자였다.

서울 사수론을 결의했던 국회는 피난 중에도 대국민사과를 요구하는 등 크게 반발했고, 국민의 신뢰는 크게 손상되었다. 반역자라는 비판이 역사서에까지 등장했다. 그러나 서울 탈출과 그 뒤의 경과를 분석해 보면 일방적인 질타의 대상은 아니다. 용감하게 항전 (抗戰)하는 모습이 곧 오버랩되기 때문이다.

전쟁발발 7~8시간이 지난 25일 오전 11시 30분 무초 대사와 만났을 때 이승만은 '상당히 긴장된 모습이었으나 침착한 태도'를 견지하고 있었다. 26일 오후 방어선이 줄줄이 붕괴될 때도 대통령은 직접 육군본부와 치안국 상황실을 둘러보았다. 프란체스카 여사에 의하면 27일 새벽 신성모 국방, 이기붕 서울시장이 남하할 것을 건의했으나 대통령은 완강하게 거부했다고 한다. (도너 프란체스카)

그러나 무초 대사의 회고는 내용이 다소 다르다. 대통령은 전쟁 발발 당일 남쪽으로 수도를 옮길 계획을 말했고 자신이 이의 (異議)를 제기했다는 것이다. "정부가 떠나면 국민은 사기를 잃게 될 것이고, 전쟁은 거의 패배하게 될 것이다"라고 강조하고, "귀하를 역사가 어떻게 말할 것인가"를 생각해야 한다고 충고했다는 것이다(제임스 매트레이). 무초는 서울 사수론을 주장하고 있었다는 것이다.

결국 이승만은 서울을 떠나기로 결심했고, 27일 새벽 3시 30분 대통령 부처와 비서, 경호원 등 6명을 태운 낡은 3등 열차는 서울역을 떠났다. 시속 80km로 달린 열차는 오전 11시 40분께 대구에 도착했으나, 대통령의 지시로 다시 북으로 되돌아가 대전에 도착했다.

대전에서 이승만은 미 대사관 드럼라이트 참사관으로부터 트루먼 대통령이 대한 긴급무기원조 결정을 내렸다는 소식을 듣고 크게 고무되었다. 그는 그 소식을 국민에게 빨리 알리기 위해 서울 중앙방송국에 장거리 전화를 걸어 담화를 녹음했고, 그 녹음은 밤 10시 방송전파를 타게 되었다(이주영). 그 같은 과정을 통해 방송된 것을 알 수 없는 서울시민들은 전쟁발발 66시간 만에 처음 나온 대통령의 육성을 듣고 대통령이 서울에 머물러 있는 것으로 착각했다. (박명림)

이승만 대통령은 7월 1일 새벽 3시 다시 대전을 떠나 이리-목포를 거쳐 선박 편으로 부산까지 내려갔다. 대전이 북한군에 점령되기 20일 전의 일이다.

김일성도 녹음방송 틀어놓고 피난길에 나서

유엔군이 파죽지세(破竹之勢)로 평양에 육박하자 김일성은 1950년 10월 11일 "조국의 위기에 대해서 전 인민에게 고함"이라는 라디오 연설을 하면서 인민과 인민군을 격려했다. 그러나 녹음연설이었다. 격려방송이 나가고 있을 때 김일성은 만주의 통화 방면으로 피난 중이었다.(이달순)

이승만과 선조의 같은 점과 다른 점

이승만의 심야탈출은 임진왜란 때 한밤중에 한양(서울)을 몰래 떠나 평북 의주로 몽진(蒙塵)했던 조선 14대 임금 선조의 고사와 여러모로 흡사한 역사적 사건이다.

선조는 일본군이 파죽지세로 북상해 오자 백성들 모르게 심야에 대궐을 떠나 피난길에 올랐다. 백성을 버리고 달아난 임금의 처사에 분노한 백성들은 대궐을 불태워 버렸고, 선조 일행을 맞는 연도의 백성들은 국왕의 어가(御駕)에 돌을 던졌다. 한·중 국경지대인 의주까지 간 선조는 명나라 장군들을 상대로 굴욕외교를 폈고, 여차하면 중국 땅으로 넘어가려고 해 명나라의 신경까지 긁었다. 선조는 명군에 의해 일본군이 패퇴된 뒤 한양에 돌아와 자신을 따라갔던 신하들을 전쟁공로자로 대거 포상해 자신의 몽진을 합리화했고 진짜 전쟁공신들의 전공평가에는 인색했다.(오인환)

이승만의 심야탈출도 비슷한 후유증을 낳았다. 재빠르게 피난길에 오른 세칭 도강파(渡江派)와 정부의 말을 믿고 서울에 남았던 잔류파(殘留派)가 생겨 갈등이 심각했다. 당시 서울 시민 150만 명 중 탈출한 사람은 10만여 명이었다. 140만 명은 살아남기 위해 숨어 지내거나 직·간접으로 부역행위를 해야 했는데, 환도 때 도강파들은 승리자처럼 돌아와 부역행위를 따졌다. 때문에 수많은 사람들이 죽기도 했고, 무고하게 희생되는 민족의 비극이 되었다(한배호). 전쟁이 나면 어차피 도강파와 잔류파가 생길 것이지만, 정부의 잘못된 처신으로 필요 이상으로 문제가 부각되었다.

갈등을 더욱 심화시킨 것은 북한군에게 부역하게 되는 것을 막기 위해 서둘러 만든 긴급명령 제1호인 '비상사태하의 범죄처벌에 관한 특별조치법'의 존재였다. 잔류파가 된 것은 대통령 담화를 정직하게 믿었기 때문이라는 명분은 있었으나 그것이 부역행위(크든 작든 간에)에 대한 면죄부가 될 수 없었다. 단심(單審)으로 끝나는 이 조치령에 의해 수많은 사람들이 무리하게 단기간 내에 조사를 받아야 하는 과정에서 억울하게 희생될 수밖에 없었다(서중석). 대통령의 심야탈출은 국민의 대정부 신뢰를 떨어트렸으며 이렇듯 예기치 않던 부작용들을 수반했다.

대통령의 심야탈출의 의미를 더욱 악화시킨 것은 군 수뇌부의 공적 처신이었다. 전쟁지휘를 총괄해야 할 의무를 가지고 있던 신성모 국방은 대통령이 떠난 지 2시간 뒤 가족들을 챙겨 용산역에서 남행열차를 탔고, 진두지휘해야 하는 채병덕 총참모장은 외톨이가 된 채 남행 중이었다. 공군 총참모장이었던 김정렬(金貞烈: 전 국방장관)이 수원비행장에서 채병덕을 만났을 때 육군본부가 어디에 있는지도 몰랐고, 육군 총참모장이 포로가 되면 어떻게 하느냐고 걱정했다. 일단 안양으로 가 육군본부부터 수습하라고 충고했고, 채병덕이 그에 따라 행동한 것은 다행이었다고 회고했다.(김정렬)

기원전 로마와 카르타고 간에 벌어진 16년간의 한니발 전쟁에서 한국의 국방장관과 참모총장에 해당하는 로마의 집정관 10여 명이 목숨을 바쳤다. 그것이 군 지도부의 노블레스 오블리주(Noblesse Oblige)이다. 국가원수의 긴급피난은 거국적인 전쟁지도를 위해 필요했다 치더라도 군 수뇌부의 그 같은 뺑소니 행동은 변명의 여지가 없다. 전쟁 전 북한이 탱크를 공여받은 사실을 알았으면서도 대전차지뢰 확보 등 전차공격에 대비하는 계획을 짜두지도 않았고, 전황조차 제대로 판단하지 못하고 우왕좌왕했다. 전쟁이 일어난 뒤 2~3일 사이 대통령 개인의 전쟁외교를 빼면 정부와 군 수뇌부가 국민에게 보여준 것은 무능과 혼란뿐이었다.

이승만, 비겁자에서 용감한 지도자로 되돌아와

선조는 최악의 경우 중국 땅으로 넘어가겠다는 생각을 벗어나지 못했으나 이승만은 그렇지 않았다. 그 점이 결정적으로 달랐다.

이승만은 27일 상오 11시 40분께 대구에 열차가 도착하자 침통한 표정으로 "내 평생 처음 판단을 잘못했어, 여기까지 오는 게 아니었는데"하면서 다시 서울로 되돌아가라고 명령했다. (도너 프란체스카)

낮 12시 30분 대구를 떠나 북상한 열차는 대전에 도착했다. 대전을 임시수도로 결정한 뒤 이승만은 더 이상 겁에 질린 심약한 노인이 아니었다. 비겁자의 이미지를 벗기 시작했다. 서울 탈출을 두고두고 후회했던 그는 대전에서 죽는 게 낫지 더 이상 남쪽으로 달아나 경멸을 당하지 않겠다고 우기기 시작했고, 남편의 심정을 누구보다 잘 아는 프란체스카 여사도 남편과 함께 죽음을 택하겠다고 말했다.

그러나 불리한 전황 속에서 대전은 임시수도의 적지가 될 수 없었다. 신성모 국방, 채병덕에 이어 총참모장이 된 정일권(丁一權) 소장 등이 미 대사관의 노블과 함께 대통령 부부를 설득, 부산행에 동의하게 만들었다. (해럴드 노블)

그 뒤 이승만은 전쟁지원을 위해 북상해 대구에 임시정부를 두었다. 북한군의 맹공에 따라 낙동강 방어선이 위기에 처하고 대구가 적의 공격권에 들게 되자 맥아더와 워커 사령관은 무초 대사를 통해 대통령에게 부산으로 남하할 것을 권유했다. 이승만은 정부에 근무하는 사람은 다 가도 자기만은 남아 있겠다면서 완강하게 하행길을 거부했다.

무초가 "대통령은 일개 병사처럼 행동해서는 안 된다"고 설득하자 "그러면 대통령직에서 물러날 거야! 다른 사람이 대통령 하리고 해"라고 말하며 버텼다(존 톨랜드). 그 같은 대통령의 태도를 보고 어디까지가 진짜이고 어디까지가 연극인지 분간하기가 힘들었다. (해럴드 노블)

이승만은 같은 시기 무초가 최악의 경우를 대비해 임시정부를 제주도로 옮기는 문제를 제기하자 허리에 차고 있던 모젤 권총을 빼들고 흔들면서 "이 총으로 공산당이 내 앞에 왔을 때 내 처를 쏠 작정이야… 나머지 한 발로 나를 쏠 것이오. 우리는 정부를 한반도 밖으로 옮길 생각이 없소"라고 단호하게 거부했다. 평소 배짱이 두둑했던 무초 대사도 표정이 굳어져 더 이상 말을 못하고 떠났다. 대통령은 대전에 온 뒤부터 침대 밑에 모젤 권총을 놓아두고 잠들기 시작했다. (도너 프란체스카)

1950년 8월 말 낙동강 전선이 위기에 몰리자 워커 사령관이 맥아더 특명이라면서 '한국의 지도층 인사 등 15만 명을 오키나와로 수송할 준비를 해두라'고 정일권 참모총장에게 전했다. 미군은 싸우면서도 여차하면 한반도의 방어를 포기할 계획도 겸행하고 있었다. 이 사실을 보고받은 이승만은 "미군들 갈 테면 가라고 해. 나는 혼자라도 끝까지 이 나라에 남겠어. 가서 그렇게 전해 (워커에게)!"라고 말했다. (신경식)

이승만은 미군의 참전 초기 씩씩한 워커 사령관을 만나보고 큰 위안을 받았다. 그래서 미 대사는 대통령이 침울해 할 때는 워커를 데리고 가곤 했다. 그러나 직설적인 성격의 워커는 거침없이 한국군의 무력한 전투력을 성토하곤 했다. 그 같은 워커의 무례함을 싫어했으나 다투지는 않았다. 사기(士氣) 진작을 통해 전투력을 향상시켜야 한다는 워커의 건의에 따라 기회가 닿는 대로 일선 한국군 부대를 찾아가 격려했다.

워커가 교통사고로 순직한 뒤 후임 사령관으로 온 리지웨이(Mathew B. Ridgeway) 중장도 취임 초부터 한국군의 전투력에 불만이었다. 의정부 전선에서 중공군의 제3차 공세 때 사단장 지휘 아래 공공연하게 패주하는 한국군 사단을 직접 목격했던 리지웨이는 한국군을 강력하게 통솔해 달라고 강도 높게 요구했다. 노(老) 대통령은 혹한(酷寒) 속에서 리지웨이와 함께 경비행기를 타고 한국군 전선을 누볐고 그의 격려연설은 사기 진작에 큰 효과가 있었다.

당시 맥아더를 포함한 역대 미군 사령관들은 본국에 보낸 비밀전문에서 '지리멸렬한 한국군', '장교의 지휘력 엉망', '전투력 있는 하사관 부재', '병사의 훈련 미흡' 등을 지적했다. (이흥한)

이 대통령은 단기간 내에 해결할 수 없는 한국군의 전투력 약세를 사기 진작을 통해서라도 최대한 보완하기 위해 악천후에 약하고 소총화력에도 격추될 수 있는 경비행기를 타고 다니며 자신이 할 수 있는 최선을 다했다.

이 대통령은 1950년 10월 10일 한국군 제10군단이 원산을 탈환하자 주위의 만류를 무릅쓰고 현지에 가 장병들을 격려했고, 10월 19일에는 평양에 가 10만 군중을 모아놓고 반공연설을 했다. 암살 위협에도 불구하고 군중 속으로 걸어 들어가 악수하고 얼싸안기까지 했다(온창일). 당시 일선 중대장이던 이석제(李錫齊: 전 총무처 장관)는 적에게 포위되고 절망적일 때 라디오로 들려오는 이승만 특유의 육성 한 마디 한 마디가 군인들에게 다시 일어나 싸울 수 있는

동부전선 시찰(1951). 이승만은 기회가 닿는 대로 부대를 방문하여 장병들을 격려하는
연설을 했다.

힘이 되었다고 회상했다.

이승만 정부는 일방적으로 밀리고 있으면서도 전쟁발발 1개월 뒤 병력을 9만 4,570명까지 확보하는 저력을 보였다. 서울, 경기, 충청, 전라도 지방을 상실한 상태에서 피난온 청년들과 경상도를 중심으로 그 같은 병력 확충을 해냈고, 때문에 낙동강 방어선을 끝까지 지킬 수 있었다.

공산주의에 대한 적개심과 애국심을 고취하고 국민들을 결속시키는 구심력이 되어준 이승만의 전시 (戰時) 지도력이 이끌어 낸 결실이다. 한순간의 잘못된 선택으로 비겁자가 되었으나 이승만은 투쟁력과 활력을 되찾고 미국이 대안을 찾을 수 없는 전시 지도자로 다시 태어나고 있었던 것이다.

그럼에도 불구하고 거창양민 학살사건, 국민방위군 부정사건 등의 실정 (失政) 도 발생했다. 참모나 부하들의 잘못된 판단이나 행동에서 비롯된 것이나 대통령의 전시 위기관리의 범주에 속하는 사건이어서 최종책임은 대통령에게 있었다.

인천상륙작전 성공과 북진, 그리고 중공의 참전

김일성, 마오쩌둥의 인천상륙 대비 충고 무시해

유엔군이 낙동강 방어선에서 북한 인민군과 일진일퇴의 격렬한 공방전을 펴던 8월 12일 도쿄의 맥아더 유엔 사령관은 북한군의 배후를 기습공격하는 인천상륙작전 계획을 확정했다.

남태평양 전투에서 일본군을 상대로 87회에 걸친 육·해·공 합동 상륙작전을 이끌었던 상륙전의 대가 맥아더는 전쟁발발 직후 한강 방어선을 시찰할 때 이미 상륙작전을 구상하고 있었고, 참모장 아몬드(Edward M. Almond) 소장에게 작전계획을 짜두게 지시했다.

그러나 현지사령관인 워커 중장은 인천보다 아래쪽인 군산에 상륙해 낙동강 전선의 미 8군과 보다 효율적인 협공작전을 펴야 한다면서 반대했다. 상륙전을 담당할 해군과 해병대도 반대의견이었다. 사령부의 참모들도 성공가능성에 회의적이었다. 본국 군 수뇌들도 반대의견이어서 콜린스(James Collins) 육군 참모총장과 셔먼(Forrest P. Sherman) 해군 참모총장이 맥아더의 계획을 단념시키기 위해 급히 도쿄로 날아왔다.

모든 사람들이 반대하는 이유는 인천항이 대규모 병력이 상륙하는 데 있어 최악의 조건이라는 데 있었다. 항구였으나 4~5m의 안벽(岸壁)과 부두만 있을 뿐 노르망디 해안 같은 해변이 없었다. 조수간만(潮水干滿)의 차이가 세계 최고수준이라는 것도 악조건이었다. 조수간만의 차이가 평균 7m(최고 10.8m)여서 하루 2회의 만조(滿潮) 때만 상륙용 주정의 접안 가능시간이 3시간 정도 확보되며, 간조(干潮) 때는 6km 이상의 갯벌이 드러나 아예 상륙시도가 불가능한 조건이었다. 맥아더 자신도 스스로 성공확률이 5천분의 1이라고 말했을 정도로 극히 불리한 조건임을 잘 알고 있었다.

그러나 맥아더는 적(敵)도 같은 생각으로 대비하지 않을 것이라면서 "기습이야말로 전쟁에서 성공을 거둘 수 있는 가장 중요한 요소입니다"라고 상륙작전의 불가피성을 강조했다. 군의 대선배이면서 미국이 낳은 가장 위대한 장군의 한 사람이라는 명성과 카리스마, 상륙전의 제1인자라는 전문성을 내세운 맥아더의 설득에 발언

비중이 가장 높은 해군 참모총장이 반대소신을 꺾었고, 다른 반대자들은 입을 다물어 버렸다.

일본 현지에서 상륙부대인 제 10군단이 새로 급조되었고, 참모장 아몬드 소장이 군단장으로 발탁되었다. 3성 장군의 자리였으나 맥아더가 본국 군 수뇌부와 상의도 없이 자의대로 겸직처리 해버렸다.

인천상륙작전이 9월 15일로 결정된 된 것은 그날이 예상조수의 높이가 9. 5m여서 상륙용 주정이 활동할 시간이 가장 긴 날이었기 때문이다. 최정예부대인 미 해병 제 1사단과 미육군 제 7보병사단, 한국군 해병대 등 한·미 연합군 13만여 명이 동원된 상륙작전은 작전 계획대로 순조롭게 진행되었다.

주일 미군의 동향과 전국(戰局)의 판세를 보고 맥아더의 기습카드를 읽은 마오쩌둥이 "인천에 미군이 상륙할 것 같다"는 의견을 전했지만, 김일성이 낙동강 전선방어에도 허덕이는 미군이 그럴 만한 여력이 없다면서 강력한 상륙 저지계획을 세워두지 않았다.

그러나 상륙군이 인천에서 서울로 진격하는 과정에서 방어에 나선 북한군이 완강하게 저항하는 바람에 상륙 13일 만인 9월 28일에야 서울 탈환이 가능했다. 워커가 우려했던 대로 기습효과가 반감되어 인민군 주력이 북으로 탈출할 시간적 여유를 주었던 것이다.

정치감각이 뛰어난 맥아더의 귀띔으로 아몬드 군단장이 선두를 한국군에게 양보하는 바람에 한국 해병대가 중앙청에 태극기를 계양할 수 있었다.

상륙전에 맞춰 낙동강 방어선을 돌파한 한·미 연합군도 북진했고, 전열이 와해된 인민군은 태백산 줄기를 타고 북으로 패주했으며, 퇴로를 차단당한 패잔병들은 산속에 들어가 빨치산이 되었다.

맥아더는 인천상륙작전의 성공으로 군사적 천재성을 다시 한 번 더 과시한 셈이 되었고, 2개의 전선에서 승리자가 되었다. 하나는 북한군에게 이긴 승리이고, 또 하나는 워싱턴의 반대자들에 대한 승리였다. 애치슨은 그를 '인천의 마법사'라고 부르면서 "이제 맥아더를 저지할 사람이 아무도 없겠군요!"라고 의미심장한 말을 했다고 한다. 맥아더의 신화 앞에 이제 아무것도 거칠 것이 없어 보였다. 그러나 그것은 불행하게도 그에게 있어 마지막 승리가 된다.

맥아더가 병력을 동서로 나눈 것은 큰 실수

서울을 탈환한 뒤 맥아더는 상륙전을 치른 아몬드의 제 10군단을 워커의 미 제8군 산하에 넣지 않고 자신의 직접 지휘 아래 두어 원산에 상륙시키는 제 2의 인천상륙작전을 추진했다.

워커가 강력하게 반대했으나 통하지 않았다. 인천상륙을 반대해서 눈 밖에 나기도 했겠지만 워커는 기본적으로 맥아더와 라이벌 관계인 마셜 국방장관의 계열이어서 불리한 입장이었다. 본국의 군 수뇌진들을 포함해 모두가 그 작전에 대해 의아해했으나 기고만장해 있는 맥아더에게 이의를 내놓지 못했다.

맥아더는 태평양전쟁 때 마셜이 지휘권을 해군의 니미츠(Chester W. Nimitz) 제독과 나눠 쓰게 함으로써 필요할 때 항공기와 함정을 충분하게 동원할 수 없는 게 불만이었고, 그 때문에 지휘권 이원화 문제로 다툰 경험을 많이 가지고 있었다. 그러던 그가 지휘권 이원화의 길을 택한 것이다.

맥아더의 선택은 물론 그럴 만한 이유가 있었다. 북한은 태백산맥의 연장인 낭림산맥이 동서를 가르고 있어 단일 지휘권 아래 있다 하더라도 작전부대는 동·서로 양분할 수밖에 없었다. 험준한 산맥이 중간에 있어 원활한 통신소통과 작전협조가 어렵기 때문에 도쿄의 총사령부가 양편을 직접 지휘하는 게 더 나은 방법일 수 있었다. 그러나 그것은 총사령부가 현지 상황에 걸맞은 작전지휘를 하고 공조체제가 제대로 수행되는 것을 전제로 할 때 얘기였다.

북진론(北進論)을 의식한 맥아더는 중공군의 참전 가능성을 부인하고 중공군의 전력을 경시하는 전략적 판단을 하고 있었고, 워커와 아몬드는 대놓고 북진경쟁을 하는 무모한 상황이 전개되었다. 중공이 참전해 워커와 아몬드의 양군 사이를 분리 공격하는 쐐기 작전으로 나왔을 때 지휘권 이원화는 재앙에 가까운 전략미스가 되었다.

원산상륙작전은 처음부터 전체 북진작전에 차질을 빚었다. 미 제10군단 병력과 무기·장비를 인천항과 부산항을 통해 최우선으로 선적하려다 보니 도로와 철도, 항만시설을 독점할 수밖에 없었고, 그 10여 일 사이 보급지원을 제대로 받을 수 없는 서부전선의 한·미 연합군도 북진을 할 수가 없었다.

제10군단 병력을 태운 함정들은 북한군이 원산 앞바다에 부설한 수천 개의 기뢰를 소해정이 제거하는 동안 바다 위에서 대기할 수밖에 없었기 때문에 '요요작전'이라는 비아냥까지 들어야 했다.

그사이 동부전선에서 북상한 한국군 제1군단이 먼저 원산을 점령했고, 아몬드가 원산에 상륙했을 때 제1군단은 더 북쪽인 함흥을 공격하고 있었다. 아몬드가 부진한 틈을 타 워커는 한국군 제1

군단이 전공을 세울 수 있도록 항공·군수지원을 아끼지 않았다. 원산상륙작전은 헛수고가 되었고 비웃음의 대상이 되었다.

아몬드 소장은 제2차 세계대전 때 제2전선인 이탈리아에서 제92사단을 지휘한 평범한 지휘관 출신이어서 유럽 서부전선에서 '제2의 패튼'(대 독일전쟁에서 명성을 날린 미국의 용장)이라는 별명을 듣던 워커의 상대는 아니었다. 맥아더의 의중을 잘 읽는 능력으로 참모장이 되어 신임을 한 몸에 받았고, 이례적으로 군단장직까지 겸직했다. 한반도 내에서의 작전에선 워커에게 하급자였으나 극동사령부의 입장에선 참모장은 상관의 자리였다.

아몬드는 맥아더의 눈 밖에 난 워커를 경시했고 워커는 그런 아몬드를 싫어했다. 두 사람의 불화와 불필요한 경쟁이 양군 사이 소통을 더 어렵게 해 기본적으로 가져야 할 정보교환, 진군속도 조절, 상호지원 거리 유지 등 협조를 불가능하게 만들었다.

서부전선의 워커는 압록강, 동부전선의 아몬드는 두만강을 목표로 선두경쟁을 펼치는 국면이 전개되었다. 양군이 목표에 도달할 무협 서부전선과 동부전선은 80~100km의 큰 틈이 벌어져 있었다. 맥아더 사령관은 작전지역을 동서로 나누며 중간인 중부지역을 한국군에게 배당했다.

물량작전을 전제로 한 기동전에 익숙한 미군은 길이 없거나 외길인 중부 산악지대에서의 작전을 기피하는 경향이 있었다. 때문에 평야지대를 미군이 담당하고 한국군이 산악지대를 맡는 지역분담이 이뤄진 것이다. 그러나 그 같은 분담포석에는 워커와 아몬드 사이에서 생길 지휘권 갈등을 감안해 한국군을 사이에 두어 중화(中和)시킨다는 뜻도 포함돼 있었다. (김영옥)

미국, 중국과 마오쩌둥을 너무 몰랐다

중공은 1950년 6월 말 트루먼 대통령이 한국전에 개입하기로 했다는 성명을 발표했을 때부터 예민한 반응을 보이기 시작했다. 외교부장 저우언라이가 반박성명을 냈고 북한에 군사시찰 파견단까지 보냈다.

마오쩌둥은 미국의 한국전 개입이 대중국 진공계획의 일환일까 우려했다. 중국의 지도자들은 대륙을 평정한 뒤 미국이 타이완, 인도차이나, 한반도 등 세 방면을 통해 중국을 공격할 수 있다는 점을 인식하고 있었다. 그러면서도 김일성의 남침에 동의했던 것은 미국이 참전하지 않을 것으로 판단했기 때문이다. 그런데 미국이 기다렸다는 듯이 예상을 깨고 참전하여 긴장하게 된 것이다. 중공은 북한군이 순조롭게 남진하고 있을 때도 낙관하지 않고 있었고, 경계의 눈을 게을리 하지 않았다.

마오쩌둥이 인천상륙작전 카드를 예견하고 김일성에 통보해 준 것도 우연의 소산이 아니었다. 하루하루 전황과 주변국들에 대한 정보를 폭넓게 분석하면서 얻어낸 전략적 판단이었다. 유엔군이 인천상륙작전에 성공하고 북진태세를 갖추자 저우언라이는 10월 3일 중국주재 인도대사 파니카(K. N. Panikar)를 새벽에 불러 "미군이 38선을 넘어 전쟁을 확대하고 있다. 우리도 가만히 있지 않겠다"고 경고했다. 이례적으로 심야에 만난 것은 그만큼 중국 정부가 사태를 심각하게 인식하고 있다는 것을 본국 정부에 알리라는 제스처였을 것이다.

중국은 다른 경로를 통해서도 같은 메시지를 보냈다. 그러나 맥아더 사령관은 그 경고를 무시했고, 그 사실을 보고받은 트루먼 대통령도 으름장 정도로 치부하고 묵살했다. 그 시점은 미국 정부가 전전(戰前) 원상회복이냐, 북진이냐를 놓고 논란 끝에 맥아더의 북진론을 택한 시점이었으나 아직 작전에 들어간 것은 아니었다. 중공은 이미 10월 1일 북진을 시작한 한국군은 언급하지 않고 미국의 북진만 거론했다.

맥아더 사령관은 트루먼 대통령과 웨이크섬에서 회담할 때 중국의 대규모 군사개입은 있을 수 없는 일이라고 자신 있게 주장했고 트루먼 대통령도 동의했다. 그 시점에서 두 사람의 판단은 오판(誤判)이라 할 수 없었다. 중공 내부에서도 군사개입 불가론자들이 다수였기 때문이다. 오랜 내전과 항일전, 이어진 또 한 번의 내전을 치른 끝에 갓 건국한 중화인민공화국은 새로운 전쟁을 벌일 여력이 없었다. 재정능력이 없었고 무기와 장비도 노후화되었으며 국민은 수십 년간 지속된 전쟁을 지겨워하고 있었다. 더구나 전쟁 상대가 세계최강이라는 미국 군대가 아닌가.

그러나 맥아더가 상식을 뛰어넘는 역발상(逆發想)으로 인천상륙의 길을 택했듯이 마오쩌둥도 같은 발상으로 참전의 길을 택할 수 있음을 미국은 놓치고 있었다. 마오쩌둥은 당 중앙정치국으로 하여금 3번씩이나 참전여부를 재고하는 회의를 열고, 끈질기게 설득해 참전의 길로 끌고 갔다. 마오쩌둥의 그 같은 결단이 중국을 일약 강대국의 대열에 올리고 중공군의 현대화를 이루게 했으나 당시로서는 하나의 도박이었다.

물론 맥아더가 중국의 속셈을 전혀 예상하지 못한 것은 아니었다. 맥아더는 공식적으로는 중공의 개입 가능성을 부정했고, 중공군의 참전 사실을 입증하는 군사정보를 묵살하거나 무시했다. 그러나 그와 같은 일련의 행위는 미국 정부가 자신의 북진전략을 저지할 수 없게 하려는 위장된 제스처라는 측면이 있었다. 맥아더가 웨이크섬 회동에 가기 전 이승만에게 보낸 편지에는 중국군은 반드시 참전할 것이라는 내용을 담고 있었다. 중공의 개입을 예상하던 이승만과 생각이 같음을 확인하고 있었다.

맥아더가 그런 이중적 자세를 보인 것은 중공군을 북한군 수준으로 경시하고 참전하더라도 북진하는 데 큰 지장이 없을 것으로 낙관했기 때문일 것이다. 중공군은 공군이 없고, 탱크 등 중화기도 별로 갖추지 못했으며 소총도 여러 나라 제품이 섞여 있는 데다가 병사 모두에게 지급되지도 않았다. 보급도 열악했다. 항일전 때는 늘 일본군보다 열세였고, 미 공군이 대규모로 폭격하면 풍비박산이 될 것으로 보였다.

그러나 그것은 정보 부족에 따른 착각이었다. 중공군은 미군 기준으로 보면 약점과 결점이 많았으나 산악전에선 미군보다 유리했다. 항일전과 내전을 통해 근접전과 야간전투, 도보로 빨리 이동하는 기동전(機動戰)에 능했다. 사병과 하사관에서 중간 지휘관은 물론 사령관에 이르기까지 전투경험이 많았다. 사단, 군단급 전투뿐 아니라 군사령부 단위의 대규모 전투까지 소화할 능력이 있었다. 더구나 인명 희생을 무시하고 감행하는 인해전술(人海戰術)의 위력을 간파한 미국 군사전문가는 아무도 없었다.

미군은 고급 지휘관들은 제2차 세계대전을 치른 베테랑들이었으나 전투경험이 많은 고참병사와 중간급 지휘관들은 모두 전역했고, 신병 중심의 병사들은 훈련도 충분치 못했다. 미군은 포탄과 폭약을 물 쓰듯 퍼붓는 보·전·포·항공의 합동전략에서 막강한 공격력을 보이고 있었으나 산악전에서는 기동력이 묶이는 바람에 제대로 전력을 발휘하기가 어려웠다. 중공군은 자기들에게 불리한 정면대결을 피하고, 미군이 취약한 포위, 매복, 기습, 야간 근접전투로 끌어들였다.

손자병법에서 상대를 알고 나를 알면 백 번을 싸워도 위태롭지 않다(知彼知己百戰不殆)고 했다. 중공군은 유엔군의 소재지, 병력규모, 진격속도 등 강·약점을 모두 파악하고 있었으나 유엔군은 수십만 명의 중공군이 어디 숨어 있는지를 알지 못한 채 결전의 날을 맞게 되었다. 미국의 장기인 항공정찰을 중공군은 철저하게 역이용하고 있었다. 그럼에도 불구하고 맥아더 장군은 중공군이 압록강을 건너는 날이 바로 한국전쟁이 끝나게 되는 때라고 호언장담했다. 역사에선 그 반대로 맥아더가 전장에서 제외되는 날이 다가오고 있었다.

그 포석은 패주하는 북한군을 추적할 때는 별문제가 없었다. 그러나 중공군이 참전하면서 한국군은 동·서 양군의 사이에 있다는 전략적 위치 때문만 아니라 한국군을 먼저 집중공략하라는 마오쩌둥의 전략 때문에 큰 피해를 입게 된다.

　마오쩌둥은 "한·미 연합군은 한 다리는 미군이고 또 다른 다리는 한국군인 괴물이다. 때문에 한쪽 다리(한국군)를 쓰러트리면 다른 쪽 다리는 힘을 쓰지 못하게 된다"는 내용의 전략개념을 원칙으로 세우고 한국전쟁 내내 활용했다. 화력과 전투력이 미군에 비해 상대적으로 약한 한국군을 집중공략하라는 것이다. 공교롭게도 중공군이 제1차 대공세로 나왔을 때도 중부전선인 한국군 제2군단이 북진하고 있다가 인해전술을 앞세운 중공군의 첫 번째 기습공격을 받고 전열이 흐트러지는 큰 피해를 입었다. 그것은 미군을 피하고 한국군을 주로 공격하는 중공군 전략의 시작이었다.

유엔군, 중공군에 밀려 38선까지 후퇴

1950년 10월 26일 오후 2시 15분 한국군 제6사단 제7연대가 압록
강에 도달해 한·만 국경 도착 최선봉 사단의 영예를 안았다.

그러나 인근 산악지대에는 중공군 제39군과 제40군(중공군의 군
은 유엔군의 군단규모였다)이 잠복한 채 산 위에서 한국군의 북진행
렬을 내려다보고 있었다. 그들은 한밤중에 만주에서 이동해 왔기
때문에 미군의 항공정찰 감시망을 피할 수 있었다. 중공군 제39,
40군은 한국군 제2군단의 제6, 7, 8사단을 일제히 기습공격했다.

중공군의 제1차 대공세이다. 제2군단이 큰 피해를 당했고, 왼
편 서부전선 담당의 미 제1군단도 타격을 입었다. 제2군단을 지원
하기 위해 출동한 미 육군 최정예부대인 미 제1기갑사단(미 제1군
단)이 엄청난 화력을 퍼부으며 중공군 제39군과 이틀에 걸친 격전
을 벌였으나 동 사단 제8기병연대가 궤멸적인 패배를 당했다.

같은 군단 소속인 한국군 제1사단도 피해를 입었으나 적절하게
후퇴했기 때문에 전력손실을 줄일 수 있었다. 중·서부 전선의 유
엔군은 중공군의 대대적 기습에 일격을 당하고 일제히 50km를 후
퇴해 전열을 재정비했다. 중공군은 후퇴하는 유엔군을 추격하다가
중지했다. 중공군 사령관 펑더화이는 유엔군이 반격에 나설 것이
고 그때 그들을 큰 포위망 안으로 끌어들여 섬멸하기 위해 미끼작
전을 폈던 것이라고 나중에 회고했다. 펑더화이가 기대했던 대로
맥아더 사령관은 중공의 제1차 대공세를 과소평가하고 유엔군의
전열을 가다듬은 뒤 11월 24일 크리스마스 대작전을 펴게 된다.

중공군도 계속 증원해 12개 사단 24만 명이 되었고, 복원된 북한

군 5개 사단 병력이 합류했다. 중공군은 북진해 오는 유엔군을 상대로 다시 역공에 나서 제2차 대공세를 폈다.

제1차 대공세 때 입은 전력소모를 제대로 보충하지 못한 채 2차 공세를 맞은 한국군 제7, 8사단이 2~3배의 병력을 동원한 중공군의 포위작전을 돌파하지 못하면서 인접한 제9사단의 퇴로까지 차단당했다. 한국군 제2군단의 전열이 와해되었고, 그 영향으로 후퇴 중이던 미 제2사단도 중공군의 매복에 걸려 큰 타격을 입었다. 중부전선의 붕괴로 서부전선까지 위험해지자 맥아더 사령관은 유엔군을 38도선까지 후퇴하라고 명령했다.

한편 한국군 제2군단을 돌파한 중공군은 제9병단 예하 12개 사단을 동부전선 측후방 공격으로 돌렸다. 중공군은 장진호 일대에서 미 제1해병사단을 섬멸한 뒤 함흥지구로 진출해 미 제10군단의 배후를 공격할 계획이었다. 그러나 미 제1해병사단이 1:7의 병력 열세에도 불구하고 강력한 화력을 앞세워 선전했고, 중공군은 엄청난 손실을 빚고 작전이 실패했다.

때문에 위기를 모면한 미 제10군단은 그 유명한 흥남철수작전을 수행할 수 있었다. 미 해병대가 극심한 혹한(酷寒) 속에서 2주일이나 계속된 그 전투에서 패전했더라면 전세(戰勢)가 단번에 기울어질 뻔한 고비였다.

중공군의 제2차 대공세가 성공한 것은 마오쩌둥의 '쐐기작전'이 주효했기 때문이라고 할 수 있었다. 그는 유엔군이 동서로 갈라서서 북진을 강행하는 데 대해 양 전선 사이에 대규모 병력을 투입해서 분리 공격하는 쐐기작전을 펴라고 지시했다. 한국군 제2군단을 공격한 중공군이 작전성공 뒤 동부전선 측후방 공세에 나선 것이

쐐기작전의 시작이었다. 그 작전은 인천상륙작전처럼 화려하게 각광을 받은 것은 아니나 인천상륙의 전과를 원점으로 되돌려 놓은 맞불효과를 낳았다.

반면 맥아더의 크리스마스 대작전은 철저한 오판(*Drastic miscalculation*)에 의한 재난으로의 눈먼 행진(*Blind march to disaster*)이라는 혹평을 받았다.

리지웨이 등장 계기로 유엔군 전력 회복해

대수롭지 않게 보았던 중공군에게 이렇다 할 대응을 못하고 후퇴를 거듭함으로써 맥아더에 의해 파면당할 것을 우려했던 워커 중장이 1950년 12월 23일 외아들(대위)의 훈장표창식에 참석하려고 손수 과속으로 지프차를 몰다가 교통사고로 순직했다. 후임으로 미 육군 작전참모부장이던 리지웨이(Mattew Bunker Ridgeway) 중장이 기용되었다. 그는 지장(智將), 용장(勇將), 덕장(德將)이라는 3가지 덕성을 다 갖추었다고 해서 미 육군의 상하가 기대를 거는 엘리트였다. 워싱턴의 모두와 부하 고르기에 까다롭기로 유명한 맥아더가 이례적으로 단일후보로 지명했다.

수류탄을 가슴에 매단 전투복 차림의 리지웨이 신임 사령관은 B27 폭격기를 타고 부임했다. 때가 때인 만큼 결전에 임하는 각오가 비장했다. 유엔군의 사기는 바닥이었고, 사병에서 장성에 이르기까지 미군은 중공군과의 전투를 기피하는 두려움에 차 있었다.

뜬금없이 나도는 미군철수 설에 신경이 곤두서 있던 이승만 대통령은 "끝까지 이 땅에 남아 준비되는 대로 반격하겠다"는 씩씩한 리지웨이의 다짐을 듣고 프란체스카 여사가 직접 따라주는 차를 대접했다. 마음을 흡족하게 해주는 내방객에게만 주는 특별한 의전(儀典)이었다.

리지웨이가 해야 할 급선무는 땅에 떨어진 사기를 되살리고 빼앗긴 전국(戰局) 주권을 되찾아 오는 일이었다. 인천상륙작전의 성공으로 생애 최고의 시기를 맞았던 맥아더는 작전지휘권 이원화, 중공군 참전 오판, 인해전술에 대한 대응실패로 코너에 몰려 있었고, 불리한 입장을 만회하기 위해 본국 정부의 정책을 공격하는 강도와 빈도가 높아지고 있었다. 이 모든 것을 제자리에 오게 할 전환점으로서의 승리가 필요했다. 그 승리는 극적으로 찾아왔다.

리지웨이는 1951년 11월 중순 선더볼트(Thunderbolt) 작전으로 한강선의 중공군에게 큰 피해를 입힌 데 이어 중부전선에서 아몬드 소장의 미 제10군단과 한국군 제3군단을 투입하는 라운드업(Round up) 작전에 들어갔다. 이에 대해 중공군 제39군과 북한 제9군단이 역공으로 나와 2월 11일 밤 한국군 제3군단을 와해시켰고 미 제10군단도 곳곳에서 포위되었다가 큰 피해를 입고 간신히 탈출했다. 경비행기로 현지에 날아 온 리지웨이는 아몬드의 작전 실패를 강하게 질책했으나 맥아더를 의식하여 해임시키지는 않았다.

중공군은 이어 중부전선의 중심에 있는 원주와 서부·중부전선의 교차점인 지평리(砥平里, 경기도 양평군)를 공략했다. 중공군은 미군의 정찰기가 떠있는데도 아랑곳하지 않고 대열을 갖춘 채 원주를 향해 진군했다. 미 포병대가 130여 문의 초대형 대포로 3시간 이상 무차별 포격을 가해 5천여 명의 중공군이 사망하고 예봉(銳鋒)이 꺾였다.

프리먼(Paul L. Freeman) 대령이 이끄는 미 제2사단 23연대와 몽클레르(Ralph Monclair) 중령이 지휘하는 프랑스대대가 지키고 있던 지평리가 문제였다. 지평리는 사통팔달의 교통요지여서 이곳을 빼앗길 경우 유엔군이 동서로 양분되어 퇴로가 차단되는 데다가 서부전선의 측후방까지 적에게 노출되는 절체절명의 위기를 맞게 되기 때문이다.

미국의 명장(名將) 반열에 오른 백선엽 장군

지평리의 승리가 중공군의 제4차 대공세를 역전시킨 승리였다면 1951년 4월 22일 경기도 파주군에서 중공군 수 개 사단 병력을 상대로 혈전 끝에 고지(글로스터 고지)를 방어한 영국군 29여단의 승리는 중공군의 제5차 대공세를 저지한 결정적 승리였다.

리지웨이가 해임된 맥아더 사령관의 후임으로 도쿄로 부임하고 밴 플리트(James Van fleet) 중장이 새 미 8군 사령관으로 오는 공백을 노려 서울지역을 집중공략한 중공군의 제5차 대공세에는 한국전쟁 이래 단일공세에 최대 규모인 9개 군(군단) 30만 5천 명이 투입되었다. 중서부 전선의 한국군 사단이 붕괴되고 중동부 전선에서도 한국군 2개 사단이 집중공격을 받고 후퇴했다.

의정부·서울 통로인 적성면 인근 고지에 포진한 영연방부대는 중공군 수개사단에 의해 2, 3중으로 포위되어 60시간 동안 탄약과 수류탄이 다 떨어질 때까지 싸웠고 마지막에는 백병전으로 버텼다. 특히 글로스터서 대대는 대원 889명 중 84명만이 생존하는 혈전(血戰)을 벌였다. 영국 여단이 초인적 선전으로 시간을 벌자 후퇴했던 한·미군이 전열을 재정비하고 반격에 나섬으로써 중공군의 공세작전은 실패로 끝났다. 영국군은 방어전에 능하다는 것을 보여준 한 편의 전쟁드라마였다.

한국에 주둔한 미 8군은 정기적으로 4차례의 전장(戰場) 투어를 실시하고 있는데, 그중 2개가 지평리와 글로스터 고지이다. 전사(戰史)에 남는 위대한 승리였다는 증거이다.(나머지 2개는 인천상륙작전장과 스미스 특공대 전장이다)

한국군은 훈련부족과 미군의 3분의 1에도 미치지 못하는 화력 등으로 고전했으나 전쟁 중 전투경험을 쌓고 미군이 실시한 군 현대화 계획에 따라 강도 높은 훈련을 받음에 따라 전력이 크게 향상되었다. 그러나 자기 나라 산하(山河)인 만큼 적보다 지형에 익숙하고 전체 전선의 반을 맡고 있었으면서도(나중에는 3분의 2를 담당) 프리먼 대령이나 글로스터셔 부대같이 대공세의 향방을 가르는 전략적 승리를 기록하지 못했다.

그런 점에서 백선엽(白善燁) 예비역 대장이 미군이 꼽는 명장(名將)의 반열에 오른 것은 특기할 만한 일이다. 그는 신임 주한 미 8군 사령관이 부임할 때마다 표경(表敬) 방문인사를 받고 미국에 가서도 같은 예우를 받는 유일한 한국군 예비역 장군이다. 백선엽은 한국전쟁 때 3년 1개월 2일 17시간의 전쟁기간 중 수많은 전투를 치르면서 전공을 세우고(비판적으로 보는 시각도 있으나) 대령에서 대장까지 승진했다. 명장의 조건이 철저하고 까다로운 미 고위 장성들 사이에서 명장 예우를 받게 되었다. 함께 싸운 공산군 측으로부터도 명 지휘관으로 평가받았다.

낙동강 방어선의 다부동 전투에서 뛰어난 지휘력을 보인 그는 미 8군의 주공(主攻)으로 발탁되었고, 평양으로 진격하는 미 1군단의 선두가 되어 미 최정예사단인 미 제1기병사단과 경쟁 끝에 먼저 평양에 입성하는 전공을 세웠다.

한국군은 패전의 책임을 물어 각 사단이 여러 차례 사단장이 바뀌었으나 제1사단장 자리를 지킨 유일한 사단장이기도 했다. 백선엽은 동부전선이 소강상태에 들어가자 백야전 전투사령부의 사령관이 되어 인민군 패잔병이 주축인 빨치산 토벌작전도 수행했다. 휴전회담 때 리지웨이는 그를 한국군 수석대표로 임명했다(김점곤). 그는 군의 정치적 중립을 지키다가 해임된 이종찬(李鐘贊) 참모총장의 후임이 되어 군의 정상에까지 올랐으나, 전선의 지휘관 때가 더욱 돋보인 장군이었다.

생존해 있는 글로스터 고지의 노병들을 인터뷰하고 당시의 격전기를 책(《To the Last Round》)으로 재현시킨 앤드루 새먼(Andrew Salmon)에 의하면 영국군 노병들이 기억하는 군인정신의 첫째가 용기였다. 지휘관과 말단병사까지 용기로 뭉칠 수 있었기 때문에 고지를 사수할 수 있었다는 것이다. 백선엽을 명장의 길로 인도해간 것도 바로 그 용기와 진돗개 같은 끈기의 리더십이었던 것이다.

중공군 사령관 펑더화이는 마오쩌둥이 열악한 병참사정이나 극심한 병사들의 피로에도 불구하고 총공세를 요구하고 있었기 때문에 원주, 지평리를 제압한 뒤 대구까지 밀어붙일 계획이었다. 중공군 대병력의 집중공격에 직면한 프리먼은 아몬드 10군단장의 허가를 얻어 일단 전술적 후퇴를 할 생각이었다. 그러나 경비행기로 지평리에 온 리지웨이 사령관이 어떤 희생이 있더라도 지켜야 한다면서 사수(死守)를 명령했다.

공수사단장 출신으로 유럽 전선에서 수많은 공군과의 합동작전을 경험했던 리지웨이는 프리먼 부대의 희생을 전제로 대규모의 중공군을 공중폭격과 포격을 집중해 대타격을 줌으로써 전의를 꺾어야 한다고 보았다. 전쟁국면을 바꾸는 전기(轉機)를 가져오지 못하면 유엔군은 막판으로 몰릴 판이었다.

프리먼의 총병력은 5,600명이었고, 중공군은 3~5개 사단이 공격에 가담했다. 연 3일에 걸친 격렬한 전투와 백병전 끝에 프리먼은 중상을 입었다. 그럼에도 후송을 거절하고 전투지휘를 계속한 끝에 고지 사수에 성공했다. 압도적인 수적 우세의 중공군 주력에 맞서 교통요지 정면을 사수하는 데 성공한 프랑스 대대의 무훈은 나중 지평리의 신화가 된다. 중장이었던 몽클레르는 대대장으로 한국전에 참전하기 위해 중령으로의 파격적인 강등을 자청한 강골 군인이었다.

그 승리는 중공군이 참전한 뒤 미군이 얻은 최초의 큰 승리였다. 중공군은 1, 2, 3차의 대공세에서 계속 승리했으나 4차 대공세에서 역전패를 당한 것이었다. 일개 고지전(高地戰)의 승리였으나 그 의의는 전략적으로 매우 컸다. 소수의 병력이라도 방어 준비를 제대로 갖추고 프리먼 대령처럼 죽을 각오로 싸우는 지휘관이 있으면 인해전술에 맞서 싸워 이기는 것이 불가능한 일이 아니라는 산 교훈을 얻게 해 주었고, 그 승리를 계기로 유엔군은 자신감을 되찾게 되었다.

미군의 한반도 철수론도 슬그머니 수그러들었다. 리지웨이가 같은 병력과 같은 무기를 가지고 승리하면서 스포트라이트를 받게 되고 불패무적(不敗無敵)의 신화를 가지고 있던 맥아더 사령관은 자존심과 권위에 큰 상처를 입게 되었다.

한반도에서 핵전쟁 일어날 뻔했다

트루먼 대통령은 중공군이 제 3차 대공세를 펴 37도선까지 진출하고 유엔군 방어선이 와해될 위기가 닥치자 1950년 12월 25일 최악의 경우에 대비한 맥아더의 반격구상을 물었다. 맥아더는 ① 중국 해안을 봉쇄하고, ② 함포와 공중폭격으로 중국의 산업시설을 파괴하며, ③ 대만의 장제스군을 본토상륙에 투입하는 양동(陽動) 작전을 펴는 한편, ④ 미 8군이 북진해야 한다고 주장했다.

사후에 밝혀진 맥아더의 생전 비공식 인터뷰 내용에 의하면 맥아더는 당시 자신에게 재량권이 주어진다면 한국전쟁을 10일 내에 끝낼 수 있다고 주장했다. 먼저 30~50개의 핵무기(원자탄)로 만주에 있는 소련의 공군기지를 쓸어버려 공군력을 일소하고, 장제스군 50만으로 중공군을 구축하며 미 해병 2개 사단을 국경 후방에 상륙시켜 지원하게 한다는 것이다. 미 8군은 북진해 중공군을 압박할 것이고, 남북 양면으로 협공할 경우 중·조(中朝) 연합군은 1주일 내에 평화를 간청하게 될 것이라는 주장이었다. (브루스 커밍스)

결국 확전(擴戰) 주장의 초점은 핵무기 사용으로 승리를 확보할 수 있겠느냐의 문제로 좁혀진다. 맥아더가 핵무기를 사용하자고 주장하자 당시 합동 참모본부는 3가지 경우를 고려해 보았다.

첫째가 소련과 중국이 어떻게 대응하고 나오느냐는 것이고, 둘째는 핵무기를 어디에 어떻게 배치하느냐의 문제였다. 셋째는 핵무기를 사용할 대상지역을 선정하기가 어렵다는 점이었다(박태균). 그 3가지 경우를 복합적으로 분석해 보면 결론은 부정적으로 나올 수밖에 없었다.

소련과 중국이 굴복하지 않고 맞대응해 올 경우 미국은 한반도의 제한전을 벗어난 큰 규모의 전쟁을 수행해야 하는데, 그에 대한 준비가 되어 있지 않았다. 서방 참전국들은 확전이 NATO에 대한 미국의 지원을 감소시킴으로써 소련의 막강한 대유럽 공격력 앞에 유럽의 방어력이 취약해지는 것을 우려했다. 제1의 동맹국인 영국이 확전을 가장 두려워했고, 영연방 국가들은 휴전으로 가야 한다고 주장했다(김학준). 참전국들도 미국이 단독으로 북진하는 경우 철수하겠다는 쪽이었다.

핵무기를 어디에 저장하느냐도 난제였다. 비행거리를 볼 때 일본이 적절한 배치지역이었으나 중·소가 반격에 나서면 일본이 폭격기의 공격권 안에 있다는 게 치명적 결점이었다. 당시 만주에는 소련이 13개 공군사단에 200대의 항공기를 배치하고 있었고 그 4분의 3이 폭격기였다. 이 폭격기들이 출격해 보복 핵공격을 시도할 경우 일본 열도와 한국의 주요 도시, 공업시설, 항구, 비행장 등이 궤멸적인 피해를 당할 것이고, 그렇게 되면 유엔군에 대한 작전·보급지원도 어렵게 될 수 있었다. (윌리엄 스툭, 채용기)

1951년 시점에서 미국은 450기, 소련은 40기 내외의 원자탄을 보유하고 있었다. 당시의 핵폭탄은 일본 히로시마에 투하되었던 것과 같은 공중 폭발형이어서 철도, 터널, 교량 등 측정목표를 중점 폭파하는 데 적합하지도 않았다. 인구 밀집지대 근처에서 쓰일 경우 대량학살의 가능성이 높았다(나카무라 마사노리). 특정목표 파괴용 전술 핵무기가 개발된 것은 그 뒤의 일이다.

핵무기를 사용하더라도 전쟁의 승패를 최종적으로 마무리하기 위해서는 육지전에서 승리해야 했다. 당시 중공의 총 병력 수는 540만 명이었고, 장제스군에서 전향한 병사 100만이 포함되어 있었다. 전향자를 빼고도 440만의 병력이 있었기 때문에 한반도 전선에 100만이 묶여 있어도 장제스군 50만에 대처할 병력도 충분했다.

더구나 장제스군은 내전에서 중공군에게 패전한 군대였기 때문에 상륙전에서 성공한다는 보장이 없었다. 미군 50만이 상륙한다 해도 전망이 불투명한 현실이었다. 수많은 실전을 통해 미군이 전투력에서 중공군을 압도하지 못한다는 게 입증되었기 때문이다. 더구나 병력 대감축의 여파 때문에 미국은 50만의 상비군 병력을 확보하고 있지도 못했다.

맥아더의 확전 주장은 그만큼 본국의 동의를 얻기에는 실현성과 가능성이 약했다. 결국 트루먼은 맥아더의 확전전략을 채택하지 않고 유엔군의 기존 전력을 유지하면서 적을 분쇄한다는 기존 전략을 고수하기로 했다. 미국은 그 뒤에도 확전을 전제로 하지 않고 핵무기를 사용해 중공군을 한반도에서 구축할 수 있을까를 줄기차게 모색했다.

알고 보면 핵무기 사용가능성의 문을 열고 또 공식 거론한 쪽은 맥아더가 아니라 본국 군 수뇌부였고 트루먼 대통령이었다. 콜린스 육군 참모총장은 중공군의 제1차 대공세로 유엔군의 북진이 저지되자 핵무기 사용가능성을 검토하기 시작했다. 그는 원자탄 사용과 관련된 비망록을 작성, 중공의 전면적인 참전에 대비해 원자탄을 사용하는 데 대한 판단을 구했다. (이흥한)

그 문제를 대외적으로 처음 거론한 사람도 트루먼 대통령이었다. 그는 중공의 제2차 대공세로 유엔군의 크리스마스 공세가 역전되자 1950년 11월 30일 기자회견에서 원자탄을 사용하겠다는 뜻을 암시하는 발언을 했다. 전 세계는 미국과 중공 사이에 전면전이 일어나 핵전쟁으로 확대되는 것이 아닌가 경악했다. 충격을 받은 영국 수상 애틀리(Clement Richard Attlee)가 워싱턴으로 날아가 트루먼의 진의를 확인하는 등 강력하게 반대했고 두 나라의 선린관계도 진주만 이후 최악의 상태로 떨어졌다. (김학준)

맥아더는 확전을 주장하기에 앞서 12월 24일, 원자탄 투하 예정 지역 리스트를 본국에 제출하면서 모두 26기의 원자탄 배정을 요청하기도 했고, 1951년 3월에는 소련이 만주에서 공군력을 대폭 강화하자 그에 대비해 현지군이 원자탄을 보유하고 있어야 한다고 주장하기도 했다. 3월 말 미국은 일본의 오키나와 가데나(嘉手納) 공군기지에서 분리된 채 각각 공수된 원자탄을 조립, 대기상태에 들어가 있었다. 4월에는 핵 폭격기가 괌에 배치되었다. 9, 10월에는 북한 상공에서 모의 핵폭탄 투하훈련까지 실시되었다.

트루먼 대통령이 핵무기 사용명령서에 서명하는 단계까지 갔으나 마지막 순간 일선부대에까지 하달되지 않았다. 왜냐하면 리지웨이 사령관이 지평리에서의 승리를 계기로 반격에 나서면서 전선이 균형을 찾는 데 성공했기 때문이다. (브루스 커밍스)

미국은 당시 유엔군이 중공군에게 계속 밀리고 장병들의 사기까지 크게 떨어지자 최후의 방어선이 붕괴되면 전쟁을 포기하고 철수할 계획이었다. 그에 따라 대규모 보복작전을 펼 계획이었던 것이다. 그런데 37도선까지 남진했던 중공군이 붕괴직전까지 몰리고 있던 유엔군 전선에 결정타를 가할 수 있을 때 돌연 작전을 중지했다.

중·조 연합군 사령관 펑더화이가 보급로가 길어지는 등 보급이 최악의 상태가 된 상황에서 무리한 작전을 계속하기 어려웠고, 유엔군이 또 다른 상륙작전으로 중공군의 배후를 칠 가능성을 우려해 마오쩌둥의 동의를 얻어 남진작전을 멈췄던 것이다(홍학지). 중공의 그 같은 작전변경으로 유엔군은 최악의 상황에서 벗어날 수 있었고 한국도 최악의 시나리오에서 살아남을 수 있었다. (미국은 당시 상륙전을 준비할 여력이 없었다)

그 뒤 1953년 들어 휴전협정이 2년씩 질질 끌게 되자 나토 사령관 출신인 아이젠하워(Dwight D. Eisenhower) 대통령도 전술 핵무기를 사용해 전쟁을 빨리 종식시킬 것을 검토한 적이 있다. 그러나 보복에 나선 소련이 일본, 한국 지역에 공중폭격을 할 수 있었고, 세계대전으로 확대될 가능성이 있었기 때문에 실천 반보 직전까지 갔다가 보류되었다. (채용기)

점차 미국의 고위 관리들은 휴전을 바라는 동맹국의 견해 쪽으로 기울어 갔다. (윌리엄 스툭)

핵전쟁을 보는 이승만과 마오쩌둥의 시각

마오쩌둥은 미국이 핵무기를 쓸 경우를 각오하고 한국전에 참전하였다. 그는 1950년 8월 4일 당 중앙정치국 회의에서 "미국이 계획하고 있는 전투규모가 크든 작든, 원자탄을 사용하든 우리는 최후까지 싸울 수밖에 없다"고 말했다.(주지 안롱)

마오쩌둥은 미국이 일본에 원폭을 투하했을 때부터 이미 그에 대한 전략적 판단을 하고 있었다. 그는 히로시마에 원폭이 투하된 지 1주일 뒤 "원폭이 전쟁의 승패를 결정하지 못할 것이다"고 논평했고, 1년 뒤에는 핵무기는 엄청나게 강력하기 때문에 원할 때 마음대로 쓸 수 없다는 점에서 '종이호랑이'와 같다고 비유했다. 1950년 8월 13일에는 "원폭을 사용하면 상대를 손상시킬 뿐 아니라 자기 쪽도 손상을 입는다"고 말했다. 1950년 들어 소련도 핵폭탄을 보유하고 있었으므로 중국은 미국이 세계의 변두리인 아시아에서 핵무기를 사용할 가능성이 낮아졌다고 보고 있었다(윌리엄 스툭). 핵무기의 용도와 한계 등 핵심을 꿰고 있었다. 중공군 부참모장도 인도 대사에게 "원폭의 투하로 수백만 명의 인명피해가 발생할 것이나 그만한 희생은 감수해야 한다. 광활한 시골지역에 원폭인들 무슨 소용이 있겠는가?"라고 말했다.

마오쩌둥의 그 같은 발언은 중공이 미국의 핵공격 가능성을 각오하면서 한국전쟁에 참전한 것임을 짐작케 한다. 히로시마와 나가사키에 떨어진 두 발의 원자폭탄에 전쟁 수행의지를 꺾은 일본과는 달리 수백만 명의 인민이 희생되더라도 대미전쟁을 계속하면 승산이 있을 것으로 내다보고 도박에 나섰다는 것을 의미한다.

수십 년간의 내전 끝에 중국 대륙을 통일한 마오쩌둥이 세계적인 대국을 이루기 위해서는 미국과의 충돌은 피해갈수 없는 도박이었다. 그러나 중국의 도박은 무모한 것이 아니라 핵전쟁의 복잡한 방정식의 원리를 꿴 기습이었다.

트루먼 대통령이 원자탄 사용가능성을 언급했을 때 영국의 애틀리 수상이 워싱턴에 날아와 강력한 반대의사를 개진했듯이 유럽의 미 동맹국들은 미국의 대중국 핵공격이 소련의 보복 핵공격을 유발해 유럽이 제 3차 세계대전의 전쟁터가 될지 모른다는 우려와 공포를 가지고 있었고 적극 반대하는 입장이었다. 핵공격을 강행할 경우 한국전쟁에 참전한 영연방 국가들이 이미 입장을 밝혔듯이 전선에서 이탈할 것이 분명해 보였다. 결국 미국은 핵공격을 포기하게 된다.

한편 이승만은 핵무기의 양면성에 대한 이해는 미흡했고 핵공격에 대한 이점(利點)만 중시한 듯하다. 이승만은 "워싱턴에 있는 사람들, 정말 답답한 사람들이구만. 맥아더 장군이 주장하는 대로 나갔으면 이 전쟁은 승리하는 것이오… 미국만이 갖고 있는 원자탄을 왜 사용하지 않으려는가? 악독한 일본군벌도 원자탄 두 발로 깨끗이 끝장나지 않았던가?"라고 말했다.(정일권)

그 말을 분석해 보면 이 대통령은 1949년 소련도 원자탄을 개발해 1950년에 40기를 보유하고 있다는 사실을 알지 못했다는 점을 알 수가 있다. 핵공격으로 소련도 참전해 세계적인 확전으로 비화할 경우 그렇지 않아도 초토화가 되어 있던 한반도가 더 심한 불바다가 되고 궤멸적인 피해를 더 입게 되며 수백만의 한국인이 또 떼죽음을 당할 수 있다는 부정적 측면에 대한 인식은 제대로 되어 있지 않은 것 같아 보인다. 맥아더 원수에 대한 맹신(盲信) 때문에 생긴 현상이라 할 수 있는데, '핵공격은 안 된다. 재래식 무기로 북진해야 한다'는 차별전략론을 펴는 슬기가 필요했을 듯하다.

맥아더의 해임과 미국 전쟁정책의 전환

1951년 4월 11일 새벽 1시 트루먼 대통령은 맥아더 사령관의 해임(解任)을 발표하는 깜짝쇼를 벌였다. 대통령이 수하의 군 사령관을 해임하면서 백악관 출입기자들의 새벽 단잠을 깨우는 발표소동을 벌이게 된 것은 맥아더가 언론을 상대로 자신이 먼저 사임했다고 선수를 치고 나오는 것을 막기 위해서였다. 맥아더는 대통령이 다루기에도 벅찬 미국의 또 하나의 권력이었던 것이다.

해임 이유는 맥아더가 대통령이 공산 측과 휴전협상에 임할 예정이라는 사실을 통보받고도 협상 상대인 북한 측에게 항복하라는 성명을 발표함으로써 대통령을 난처한 입장이 되게 했고, 미국 통수권의 오랜 전통인 문민우위(文民優位) 원칙에 도전했다는 것이다.

제1차 세계대전 때 미국의 참전영웅이었고, 최연소 참모총장을 지내는 등 1930년대에 이미 살아 있는 전설이 되었던 만 70세의 맥아더는 일본을 통치하는 극동군사령관으로서 본국 정부에 반대하거나 영향을 끼칠 사안을 거리낌 없이 발표하고 있었다.

그러나 1950년 12월 이후 본국 정부와의 사이가 미묘해지면서 사전승인 없이는 미국의 외교정책이나 국방문제에 대한 공개발언을 금지당했다. 그럼에도 그는 아랑곳하지 않고 6차례나 발언금지 명령을 무시하고 발언을 했고, 끝내는 북한의 항복촉구성명을 냈다가 트루먼으로부터 역습을 당한 것이다. 해임 배경에는 그동안 직·간접적으로 맥아더에게 무시당했던 대통령의 참모, 합참 등 군 수뇌들이 이심전심으로 대통령의 해임결심에 동조한 요인이 깔려 있었다.

뿐만 아니라 전시상황에 따르는 국제적 요인도 함수관계가 있었다. 영국과 영연방 등 참전국들은 맥아더의 확전론에 일제히 반대하고 있었고, 리지웨이의 반격작전에 의해 38도선을 확보하게 되자 전전(戰前) 원상회복이라는 유엔군의 당초 목표가 일단 이뤄졌다고 보는 공감대가 미국 정부와 참전국 사이에 형성되고 있었다. 그 같은 정세 변화를 수용한 트루먼 대통령은 휴전을 결심하게 되었고 그에 따라 이제 필요가 없어진 확전 주장의 맥아더 카드를 던질 수 있게 된 것이다. (김학준)

맥아더 해임은 세계를 들썩이게 한 큰 뉴스였는데, 반응은 두 갈래로 나왔다. 유럽의 주요 동맹국과 참전국, 그리고 인도와 아시아-아프리카 등 제3세계의 나라들은 해임을 열광적으로 환영했다. 관련 당사국인 중공의 마오쩌둥도 전략의 라이벌이 추락한 데 대해 크게 만족(龍心大悅)해 했다.

반면 호주, 필리핀, 일본 등 맥아더 장군과 연고가 있는 나라들은 실망감을 표시했다. 미국 시민들도 강력하게 반발했다. 유권자의 69%가 맥아더를 지지하고 있었다. 해임 발표 뒤 48시간 내에 12만 5천 통의 비난편지가 의회로 쏟아졌다. 맥아더에 대한 지지 열기는 공화당이 주도한 청문회에서 오히려 맥아더의 실수와 모순 등 불편한 진실이 드러나면서 점차 시들해졌다.

결과적으로 트루먼은 맥아더를 통제하지 못해 대통령의 위엄에 심각한 손상을 자초했고, 맥아더는 대통령직을 제대로 존중하지 않음으로써 자신의 역사적 위상에 심각한 손상을 입혔다. (존 다우어)

어쨌거나 맥아더를 북진통일의 구원자로 여기던 한국이 가장 실망한 나라였다. 정일권 참모총장으로부터 해임소식을 들은 이승만의 두 뺨에 눈물이 흐르고 있었다.

"트루먼이 우리의 희망을 앗아 갔어."

맥아더의 해임이 그에게는 조국 무력통일의 희망이 날아간 것을 의미하고 있었던 것이다. (존 톨랜드)

이승만의 북진론, 맥아더의 북진론

이승만의 북진통일론은 인천상륙작전 성공 후 힘을 받기 시작했다. 그는 1950년 9월 20일 피난수도 부산에서 열린 인천상륙작전 성공 경축대회에서 "지금부터 이북 공산도배를 다 소탕하고 두만강, 압록강까지 밀고 가서 철의 장막을 쳐부술 것이다"라고 하면서

분명한 북진통일 의지를 확인했다. (박명림)

9월 30일에는 정일권 참모총장 등 군 수뇌부를 경무대에 불러놓고 한국군의 단독북진을 명령하는 결단을 보였다. 그 같은 명령은 전시 작전지휘권을 미군 사령관에게 이양한 한·미 간 군사협정을 위반한 것이었다. 그러나 그 때문에 말썽이 나지는 않았다. 같은 북진론자이던 맥아더가 양해했고, 미국 정부가 북진을 허용하기로 이미 내부결정을 해놓고 있었기 때문이다.

트루먼 대통령과 애치슨 국무는 전전(戰前) 원상회복이냐, 북진통일이냐는 정부 내의 양론 중에서 후자를 택했고, 그에 따라 마셜 국방이 9월 29일 자로 맥아더에게 북진을 허용하는 극비전보를 보낸 후였던 것이다.

10월 1일 한국군이 먼저 38선을 넘어 북진공격에 나섰고, 이어 7일에는 유엔군 전체가 뒤따라 북진했다. 북진론이 현실화되면서 예기치 않던 문제가 불거졌다. '수복된 북한 지역을 다스리는 주체가 누가 될 것인가' 하는 문제였다. 미국은 북한 지역에 대한 대한민국의 주권을 인정하지 않았고, 그 같은 미국의 의견이 반영되어 유엔도 남한의 통치권 확대를 공식적으로 부인하게 되었다.

맥아더 사령부는 10월 13일 유엔의 결정에 따라 군정(軍政)을 펴겠다고 한국 정부에 통보해 왔다. 이승만은 "무슨 소리냐, 북한도 엄연히 대한민국의 땅이 아닌가… 북한에 대한 주권행사는 의당히 우리가 해야 한다"고 목소리를 높였다.

그러나 한국 정부는 대통령의 주장을 뒷받침할 행정적 준비를 해놓은 게 없었다. 북한 출신 의원을 수용한다면서 국회 의석 100석을 공석으로 남겨 놓았고, 월남한 피난민 중 이북 5도 도지사를 선정해 놓은 것이 전부였다. 주무부서인 내무부가 부랴부랴 지방관을 뽑아 수복지역에 보내기로 했고, 한국군이 임시로 관리하기로 결정했다(정일권). 한국 정부의 그 같은 방침은 현지에서 군정을 펴려는 미군과의 충돌로 나타났다.

도처에서 한·미군 간에 분쟁이 일자 미국 정부는 최악의 경우 이승만에 대한 지지를 철회할 수도 있다고 통고(협박성이 있는) 하는 단계까지 갔다(박명림). 그러나 유엔군 사령부가 한국 정부가 지명한 관리들을 임명하고 대신 한국 정부는 군정에 반대하지 않는다는 맥아더의 중재안이 채택되어 한·미 간에 타협이 이뤄졌다. 그러나 그 합의는 중공군의 참전으로 전세가 역전되어 전면 후퇴하게 되면서 없던 일이 돼 버렸다.

북한 점령과정에서 한국은 미국, 유엔과 심한 갈등을 겪었다. 이승만과 맥아더는 젊은 시절부터 아는 사이이고 같은 반공 극우성향이기도 했지만 북진론에서도 입장이 같았다. 발상이 다르다는 게 특징이었다. 이승만은 남북통일을 위해 북진해야 한다는 생각이었다. 정치적 발상이었다. 반면 맥아더는 군사전략적 발상으로 접근하고 있었다. 유엔군이 38도선에서 추격을 멈춘다면 북한군이 소련의 지원을 받아 재기할 것이기 때문에 차제에 재기의 발판까지 제거하기 위해서는 끝까지 북진해야 한다고 보았다. (정일권)

맥아더는 중공이 참전한 뒤에는 한걸음 더 나아가 중공이 아시아 민주주의의 최대위협이 될 것이라면서 지금이 중공의 군사력을 칠 기회이며 원폭(原爆) 사용도 불사할 것이라고 주장했다. 중공의 참전이 남북통일의 장애가 된다는 점에서 이승만은 맥아더의 확전 전략에 동의했다(이덕주). 그런데 여기에는 한국의 입장에서 위험한 함정이 있다는 게 딜레마였다.

앞장에서도 언급이 있었으나, 확전 단계에서 맥아더가 구상한 대로 중공이 굴복하지 않고 전쟁이 확전으로 치달을 경우 한반도는 그때까지의 전투 때보다 더 심하게 초토화될 수 있고 인명이 대량 살상되는 경우가 가능해지는 것이다. 1993년 북한이 핵확산 금지 조약을 탈퇴했을 때 미국의 클린턴 대통령은 북한의 영변 핵시설을 폭격하려 했으나 김영삼(金泳三) 대통령은 한반도로 전쟁이 확대될 경우를 상정해 폭격에 반대했다. 이승만의 확전 동의에는 그 같은 우려를 전제로 한 위기관리 인식이 결여돼 있었다.

또 맥아더 사령관이 한국에게는 은인인 것이 사실이지만 매사에 신뢰할 수 있는 인물이 아닐 수도 있었다. 맥아더는 1948년 8월 15일 대한민국 건국기념일에서 축사를 하면서 공산주의자들이 대한민국을 공격하면 자신은 캘리포니아를 지키듯이 한국을 지키겠다고 말해 식장에 있던 이승만과 한국인들의 심금을 울렸다. 그러나 그 말은 워싱턴의 누구와도 협의한 것이 아닌, 무심코 던진 인사치레에 불과했다. (데이비드 핼버스탬)

그는 애치슨 국무장관이 애치슨라인 발표를 하기 10개월 전인 1949년 본국의 한반도 철수정책에 동조하면서 한국이 미국의 방위선 밖에 있다고 발언해 언론에 보도되기까지 했다. 건국기념일 때와 정반대되는 발언을 함으로써 한 입으로 두말을 한 것이다. 두말을 한 배경을 보면 대소(對蘇) 봉쇄정책 이론으로 세계적 전략이론가로 부상한 조지 케넌과 도쿄에서 몇 차례 회동하고 영향을 받은 뒤 그같이 발언했다. (한배호)

맥아더는 1950년 가을에는 북진론을 주장하고 나섰는데, 그때도 독자적인 생각은 아니었다. 이때는 국무성의 강경론자들의 영향을 받았다. 국무성엔 조지 케넌, 폴 닛츠 등이 38선을 돌파해 북진하면 소련이나 중공이 개입할 것이라고 보고 휴전을 서두르거나 북한군의 38도선 이북으로의 철수를 추구해야 한다는 견해가 주류였다. 그러나 새로이 아시아 담당책임자가 된 딘 러스크는 자신의 제안으로 국무부 고문으로 영입된 공화당의 거물 덜레스(John F. Dulles), 동북아시아 국장 앨리슨과 함께 무력에 의한 북한군 제거와 유엔군에 의한 통일 등 대공강경론을 폈다. 거물급 차이나 로비스트였던 국방장관 존슨(Louis Johnson)과 맥아더는 이때 러스크 등의 강경론에 편승해 장제스군을 본토에 상륙시켜야 한다는 등 국부군(國府軍) 동원 구상까지 주장하고 나섰다.

그러나 맥아더는 해임된 뒤 의회 청문회에 나와서는 원폭사용, 만주폭격 등을 옹호하는 발언을 더 이상 하지 않았고, 미 지상군을 중국 본토에 투입하는 것은 생각해 본 적이 없었다고 부인했다. 미국과 세계의 반대여론을 의식해서 발언수위를 조절하고 있었다.

이승만은 그렇다 해도 반공, 반소인 맥아더 사령관을 미국 정부 쪽보다는 선호했다. 맥아더의 해임으로 이승만은 외롭게 되었으나 북진의 의지를 굽히지 않았다. 휴전회담이 시작되었을 때 이승만은 리지웨이 사령관을 상대로 유엔군이 압록강까지 진격해야 한다고 주장했다. 맥아더와는 달리 본국의 '전전(戰前) 원상회복정책'에 충실하려던 리지웨이는 엄청난 군수품이 필요하나 대량수송이 불가능하다는 점 등을 들어 이승만을 상대로 북진이 어렵다는 점을 설득시키려고 노력했다.

그에 맞서 이승만은 북진통일을 촉구하는 캠페인까지 벌이게 하면서 압력을 가했다. 그래서 확전을 반대하는 영국, 인도 등 국가들로부터 호전주의자(好戰主義者)라는 비난도 받았다. 그 뒤 이승만의 북진론은 휴전을 추진하는 미국의 전쟁정책과 충돌해 부산 정치파동의 한 원인으로 등장하기도 했고, 한미 상호방위조약 체결로 이어지는 대미외교와도 연결된다. 반공주의와 결합해 독재를 강화하는 도구로도 활용된다.

전쟁 중 '부산 정치파동' 일어나

이승만과 야당, 직선제-내각제 개헌안 두고 대결

전선에서 유엔군과 공산군이 휴전협상에서 유리한 고지를 점령하기 위해 일진일퇴의 혈전(血戰)을 벌이는 사이 군이 양민 600여 명을 공산 게릴라와 내통한다는 이유로 집단학살한 거창 양민학살사건(1951년 2월)이 일어나고, 3월에는 국민방위군 사건이 터지는 등 전쟁관리 실패사례가 연이어 부각되고 있었다.

이때 피난수도 부산에서 새로운 정치위기가 발생했다. 대통령 임기(1952년 8월 15일)를 1년여 앞두고 직선제 개헌여부를 둘러싼 여·야의 격돌이 정치파동으로 발전하게 된 것이다.

전쟁의 위기와 정치위기가 겹치게 되었다. 이승만은 쌍방의 치열한 전투가 계속되는 한편 휴전협상이 병행되는 어려운 시점에서 국난(國難)의 위기관리자인 대통령을 중도에 바꿀 수 없으므로 계속 집권해야 한다는 생각이었다.

그러나 대통령 선출권을 가지고 있는 국회를 야당세력이 장악하고 있다는 것이 문제였다. 국민방위군 사건 등 실정(失政)을 개탄하고 독립운동계의 원로인 부통령 이시영이 부통령직을 사퇴한 데 이어 후임 부통령으로 민주당의 막후 실세인 김성수가 국회의 간선투표에서 여당 측 후보인 이갑성을 누르고 당선돼 재집권을 구상 중인 이승만을 궁지로 몰아넣고 있었다.

이승만은 재집권을 위한 포석으로 자유당(自由黨)을 창당하는 한편, 야당이 다수세력인 국회를 상대로 직선제 개헌안을 통과시키려는 두 마리 토끼 잡기에 나섰다. (조용중)

그는 해방정국 이래 한국의 정치현실에서 정당정치는 아직 때가 이르다고 밝혀왔다. 사색당파(四色黨派)의 당쟁과 그 습관이 아직 남아 있어 미국식 민주주의가 작동하기 어렵다는 주장이었다. 그러나 속사정을 보면 필마단기의 입장이어서 직할세력이 별로 없었기 때문에 전국 규모의 정당을 추진할 여력이 없었다. 그러면서도 새삼 자유당 창당에 나선 것은 자신에 대한 국민의 지지와 신임을 기반으로 지지정당을 만들 때가 되었다고 보았기 때문이다.

그러나 직선제 개헌안의 수용여부를 둘러싸고 혼선이 생겨 자유당은 원내 자유당과 이범석이 이끄는 원외 자유당으로 각각 나뉘어 이중으로 창당되었는데, 이승만이 택한 쪽은 원외 자유당이었다.

자유당을 창당한 이승만은 대통령을 국회에서 뽑는 간선방식이 아니라 국민들이 직접 선출하는 직선제(直選制)로 할 것을 골자로 하는 직선제 개헌안을 만들어 국회에 냈다.

당시 원내세력 분포는 민국당 39, 민우회 25, 무소속 18, 자유당 93명이었는데, 자유당 의원들이 직선제 반대의견이어서 야당세가 더 신장되어 있는 형국이었다. 직선제 개헌안은 국회표결에서 찬

국민방위사건의 진상은

한국전쟁 초기 낙동강 전선까지 밀리면서 북한인민군 치하에 있던 남한의 각 지역에서 수많은 남한청년들이 '의용군'(義勇軍)이라는 이름으로 인민군에 강제징집되어 인명피해가 컸다.

1950년 겨울 북진하던 유엔군이 중공군의 참전으로 전(全) 전선에서 후퇴하는 상황이 벌어지자 같은 강제징집 사태가 재발되는 것을 막기 위해 한국 정부는 만 17세 이상 40세 이하의 청·장년들을 제 2 국민병에 편입시키는 것을 골자로 하는 '국민방위군(國民防衛軍) 설치법안'을 만들고, 그에 따라 국민방위군을 설치했다.(한홍구)

정부는 당시 방위군 운영을 군대가 아닌 민간인 단체인 대한청년단에 맡겼고, 대한청년단장 김윤근(金潤根)이 하루아침에 장군(준장계급)이 되어 사령관에 임명되었다. 대한청년단은 여·순 반란사건 뒤 우익청년단체들을 통합해 만든 반공단체였다.

1950년 12월부터 50만 명이 징집되어 부산 방면으로 이동하라는 명령을 받았다. 수송수단도 없었고 쌀, 군복 등 보급도 없었으며 경비지급도 없었다. 추운 겨울 수많은 방위군 장정들이 먼 길을 걸어 가다가 굶주림과 추위, 질병으로 목숨을 잃었다. 사망자가 당시에는 1,234명으로 축소 보고되었으나 실제로는 10만 명 선이었고, 피해가족들은 지금까지 아무런 보상도 받지 못했다.(강용석)

당시 방위군을 설치하자는 취지는 좋았으나 치밀한 계획이 세워지지 않은 채 충분한 예산의 뒷받침 없이 졸속으로 밀어붙인 데다가 방위군 지도부가 예산을 횡령, 유용하는 바람에 위와 같은 참사가 발생한 것이다.

책정된 예산 209억 원 중 방위군 지도부가 실제로 집행한 액수는 130억 원뿐이었고 23억 5천만 원의 현금과 5만 2천여 섬의 양곡이 부정 유출되었으며, 귀환 장병의 귀향경비, 의약품, 부식비 등도 수뇌부가 떼어 먹었다. 유용된 예산 일부가 20여 명의 국회의원들에게 상납되었고 이승만의 장기집권을 위한 개인조직에도 수천만 원이 흘러들어 갔다는 것이다.(이철승, 김명구)

방위군의 참상은 1951년 3월 29일 세상에 알려져 정치문제가 되었다. 국방장관 신성모가 재정담당이던 부사령관에게 사건에 대한 책임을 묻는 선으로 수습하려고 했다. 여론이 들끓고 국회가 진상조사에 나서는 단계까지 가자 이승만은 신성모를 퇴진시키고 이기붕을 후임 장관에 기용, 사태수습을 맡겼다. 이기붕은 일

사부재리 원칙을 무시하고 사건 재수사를 명령했고, 사령관 김윤근 등 5명은 1951년 8월 사형선고를 받은 뒤 공개처형되었다.(한홍구)

신성모가 무능한 지도부(김윤근은 그의 친구의 사위였다)에 대한 감독조차 제대로 하지 않는 바람에 참사가 발생했고, 말썽이 나자 은폐하려고 했다가 사건을 더 키우게 된 것이다. 사건 축소·은폐에 급급한 신성모 등 최측근과 이를 감싸는 대통령의 모습에 분노한 이시영 부통령이 반발해 사직했고, 여론이 악화됨에 따라 이승만의 전시(戰時) 리더십은 크게 상처를 입었다.

이승만은 서울 심야탈출 건 때문에 체면과 권위를 크게 구겼으나 심기일전해 반공을 강조하고 애국심을 고취하면서 국민의 항전의식을 결속시켰고, 국군 장병들의 사기를 올려 전투력을 강하게 했으며, 전시외교도 활발하게 펴는 등 국난극복(國難克服)의 구심점이 되었다. 그러나 무능하고 부패한 부하들 때문에 이러한 노력이 빛을 잃었다.

성은 19표일 뿐 143표가 반대여서 이승만의 일방적 패배로 끝났다.

이승만은 왜 부결될 것이 뻔함을 알면서도 개헌안 표결을 강행했을까? 당시 국무총리 서리였던 허정(許政)은 두 가지 이유를 들어 직선제 개헌안 제출을 반대했다. ① 전쟁 중인 만큼 개헌파동으로 정치위기를 일으켜서는 안 되고, ② 국회의 세력분포로 보아 직선제 개헌안 통과는 어렵다(無望)면서 국회와의 타협을 건의했고, 실제로 야당 중진들과 대화를 통해 타협가능성도 확인했다.

그러나 막후절충이 진행 중일 때 민국당 의원 중심으로 장면 총리를 차기 대통령으로 추대하자는 계획이 추진되고 있다는 사실이 대통령에게 보고되었다. 장면을 이승만의 대안으로 내심 점찍고 있었던 미 대사관도 지지의사를 관계자들에게 흘리고 있었다. 이승만은 총리를 불러 당장 직선제 개헌안을 국회에 제출하라고 지시했다. 총리가 반대하자 대통령은 벌컥 화를 내며 "내가 다 생각이 있어 그러는 것이오"라고 독촉했다.

총리는 '생가이 있어 그런다'는 대통령의 말이 데모대를 동원해 민의(民意)를 가장하는 방법으로 국회를 압박하려는 것임을 알고 있었다(허정). 그러나 총리는 대통령이 민국당에 영향력을 가지고 있는 미국까지 겨냥하는 성동격서(聲東擊西)식의 고등전략을 쓰려는 것임을 짐작하지는 못한 듯하다.

허정이 예상한 대로 직선제 개헌안이 부결된 뒤 이승만식 대중동원(大衆動員)이 시작되었다. 이범석을 부당수로 한 원외 자유당 등 이승만 지지세력은 야당 의원들에 대해 헌법 규정에도 없는 소환운동을 벌여 압박했고, 땃벌떼, 백골단, 민중자결단 등 살벌한 이름을 내건 정치폭력단을 동원했다(조용중). 이범석의 족청(族靑) 조직이 특히 반대파 의원들에 대한 공갈과 테러, 대규모 대중동원에 앞장섰다. (김영명)

민국당은 자유당이 낸 직선제 개헌안이 부결된 지 5개월 뒤인 1952년 4월 17일 의원 123명 (개헌선은 122명)의 연서로 된 내각제 개헌안을 국회에 냈다. 여당의 직선제에 대한 역공(逆攻)이었다.

이승만은 그에 대한 대책으로 내각 개편에 나서 국회 부의장인 장택상(張澤相)을 총리로 임명했고, 초대 총리였고 원외 자유당의 2인자인 이범석을 내무장관에 기용했다. 장택상은 능수능란한 정치력을 가진 인물이어서 위기관리역이 적격이었고, 이승만을 위하는 길이 구국의 길이라고 생각하던 이범석을 격을 낮추어 내무장관으로 끌어 들인 것은 직선제 개헌을 관철시키겠다는 의지의 표출이었다. 라이벌 관계인 두 사람을 함께 쓴 것은 충성경쟁과 견제구조까지 감안한 인사포석이었다.

이승만은 다른 한편으로는 앞서 부결된 직선제 개헌안을 5월 14일 다시 국회에 제출케 했다. 맞불 작전이었다.

5월 23일 부산 동래의 금정산에 무장공비가 나타나 개울가에서 목욕하던 미군 2명과 한국인 군속 3명을 사살하고 도주한 사건이 일어났다. 이승만 대통령은 5월 25일 공비소탕을 이유로 영·호남 일원에 비상계엄을 선포하고, 이종찬(李鐘贊) 참모총장에게 계엄군 파견을 지시했다. 당시 대통령 직속의 헌병사령관 원용덕(元容德) 소장 휘하에는 2개 중대의 헌병병력이 있었을 뿐이었다.

이종찬 총장이 군의 정치적 중립을 주장하고 병력파견 명령을 거부하자 헌병대 병력만으로 야당 탄압에 들어갔다. (이종찬 총장은 밴 플리트 8군 사령관의 비호로 즉각적인 대통령의 보복을 피할 수 있었다.)

부산 정치파동이 본격화되었다. 국회의원 50명이 탄 버스가 견인차에 끌려 헌병대로 갔고, 그중 7명이 공산당과 연루되어 있다는 혐의로 구속되었다. 부통령 김성수가 계엄선포를 '반란적 쿠데타'라고 비난하고 사표를 냈다. 부통령은 사퇴의 변을 통해 "그(이승만)가 재선되면 장차 국회는 그의 추종자들 일색으로 구성될 것이며, 이후에 그는 자기의 3선, 4선을 가능하게 하도록 헌법을 자재(自在)로 고칠 것이다"라고 예언까지 했다. 이승만의 독재성향을 꿰뚫어 보는 발언이었다.

부산 정치파동은 미국을 난처하게 만들었다. 한국의 민주주의를 지키기 위해 싸우는 미국과 유엔의 권위를 무색하게 하고, 파동에 따라 계속될 수 있는 한국의 정치 불안이 미국의 전쟁수행에 차질을 빚을 수 있었기 때문이다. 미국은 한국이 전쟁을 치르고 있더라

도 민주주의적 절차가 지켜져야 한다는 것이 기본정책이었다. 이
승만의 비민주적 조처에 동의할 수 없었다.

또 이승만의 완강한 북진론(北進論) 주장이 전전(戰前) 원상회복
선에서 전쟁을 마무리하려는 미국의 종전정책에 장애요인이 되고
있었기 때문에, 1952년 8월 국회 간선제 선거에서 정권교체가 이뤄
지는 것을 속으로는 은근히 긍정적으로 기다리는 입장이었다.

미국은 이승만의 유고시 대안으로 신익희, 이범석, 허정, 장면
등 네 사람을 뽑아 분석 끝에 친미파이고 합리적이며 미국과 소통
이 원활한 장면을 제1후보로 낙점했고, 주한 미 대사관은 그 정보
를 민국당 쪽에 흘리고 있었으며, 민국당 일부의 장면 옹위(擁衛)
계획에도 일정한 영향력을 끼치고 있었다.

이승만에게 개인적 호감을 가지고 있었던 밴 플리트지만 유사시
한국군 장성들을 활용할 수 없게끔 직접 한국군 수뇌들을 관리하고
있었다. 계엄령 선포 후 라이트너 대리대사(무초 대사는 명예박사 학
위를 받기 위해 귀국 중이었다)가 이승만을 방문, 계엄해제와 국회의
원 석방을 강력히 요구했다. 대통령은 "내정간섭이다"라고 하면서
라이트너의 요구를 묵살해 버렸다. 본국의 지시에 따라 밴 플리트
까지 이승만 설득에 나섰으나 별 효과가 없었다. 미국의 기준으로
한국정치를 재단(裁斷)하던 라이트너는 이승만을 강제적으로 견제
하는 적극개입책을 본국에 상신했다.

그러나 이승만의 민족운동과 애국심에 대해 이해가 깊던 밴 플리
트와 클라크는 그러한 강공책에 동의하지 않았다. 문관인 국무성
실무진과 주한 미 대사관은 군사적 개입을 통해 이승만 제거를 주
장하게 되었고, 무관인 사령관들이 이승만에 대한 대안이 없다는

이유를 들어 오히려 온건론인 외교적 채널을 통한 해결을 주장하는 묘한 대결구도가 펼쳐졌다. (이철순)

미국이 적절한 대응방안을 정하지 못하는 사이 이승만은 국회를 해산해 버리겠다고 협박하고 나섰다. 미국 정부부서 간의 이견과 대립상황을 잘 알고 있는 대통령은 압박의 끈을 강하게 조이고 있었다. 트루먼 대통령이 강력한 항의서한을 보내자 이승만이 주춤하면서 한 고비를 넘길 수 있었다.

미국은 전 참모총장 이종찬을 내세울 것을 고려해 보는 등 대안 찾기에 나섰고, 중재안을 만들어 여·야간의 협상도 시도했다. 중재가 끝내 여의치 않을 경우에 대비한 비상계획을 세울 것도 클라크 사령관에게 지시했다. (클라크는 이승만 제거안을 작성했으나 7월 4일 국회에서 발췌개헌안이 통과되고 정치파동이 진정될 때까지 기다렸다가 다음 날인 7월 5일에 가서야 본국에 보고했다. 이승만을 배려해 시간을 끈 셈인데, 그 안이 유명한 이승만 제거의 '에버레디 작전 1호'였다.) 결국 국무부와 군부의 대립은 합동회의에서 사령관들의 견해를 수용해 유엔군에 의한 직접개입이나 한국군에 의한 쿠데타 계획은 용인하지 않기로 조정되었다.

사령관들이 강조함으로써 이승만에게 승리의 돌파구를 열어준 대안부재론(代案不在論)은 두 가지 초점이랄 수 있었다.

첫째는 이승만같이 전국적으로 명망과 영향력이 있고 카리스마가 있는 대안의 인물(National brand)이 없다는 점이다. 한국민과 한국군의 지원과 협조를 받으며 전쟁을 마무리하려는 미국에겐 강력한 반공지도력이 필요했다.

둘째는 민국당이 내건 내각제가 이승만의 강력한 리더십의 대안이 될 수 없다는 판단이다. 무초 대사는 이미 부산 정치파동이 시작되기 전부터 민국당의 내각제 주장에 대해 본국 정부에 부정적으로 보고하고 있었다. 내각제가 된다면 한국의 정정(政情)은 더 혼란에 빠질 것(out of the frying pan, into the fire)이라고 우려와 불안을 감추지 않았다(조용중). 정당이 뿌리를 내리지 못하고 수시로 이합집산하는 상태인 데다가 전쟁으로 인한 혼란까지 겹친 것을 감안할 때 강력한 리더십도 없는 민국당의 내각제는 한국정치 현실에 맞지 않는다고 보고 있었다.

대안부재론 외에 이승만이 경찰이나 청년단체들의 지지를 받고 있는 만큼 미국이 지지하는 한국 군부의 쿠데타가 여의치 않게 되는 경우 미군이 전선뿐 아니라 후방의 경비까지 책임져야 할 사태가 올 수 있다는 리스크도 컸다. 군부 정권보다는 그래도 민간 정권(독재적이라 해도)이 바람직하다는 대의명분도 중요했다. 주한미 대사관은 7월 초 들어 미국이 쿠데타를 지지하지 않을 것이라는 점을 한국의 관계자들에게 알리기 시작했다. (윌리엄 스툭)

미국과 유엔이 본격적인 중재에 나서면서 실마리가 풀리기 시작했고, 이승만의 묵인 아래 장택상 총리가 미 대사관 측과의 막후협의를 거쳐 중재안을 마련했다. 그 골자는 ① 대통령 직선제로 하되, ② 대통령이 총리가 제청한 인물을 각료로 임명할 때 국회는 그 각료에 대한 동의 절차에 들어간다는 내용이었다. 대통령 직선제와 양원제를 골자로 하는 발췌(拔萃) 개헌안은 이 타협안을 토대로 만들어졌다. (김일영)

이범석, 너무 강한 것이 결정적 핸디캡

이승만을 이을 차세대 지도자 중 한 사람이던 이범석은 20세 때 그 유명한 청산리 전투에서 지휘관으로 싸운 항일무장투쟁의 경력에 문무(文武)를 겸한 인물이었다. 말을 잘 타고 명사수인 데다가 전략에 밝은 군인 출신이면서 문학과 예술, 서예에도 조예가 깊었고, 요리 솜씨에도 일가견이 있었다.(김정례)

여운형의 권고로 10대 때 중국에 망명, 군사교육을 받고 항일무장투쟁에 참여했던 그는 해방되던 해 광복군 참모장 자격으로 귀국했다. 그는 미군정의 지원을 받아 족청(조선민족청년단)을 창단, 115만 단원을 자랑하는 최대 규모의 결집력이 높은 청년조직으로 키웠다(김세중). 족청 훈련소가 군사영어학교(대부분의 장성을 양성한)보다도 엘리트 교육으로 앞서가고 있었다.(강영훈)

49세의 이범석이 정가의 기린아(麒麟兒)가 된 것은 국무총리에 발탁되었을 때였다. 이승만은 전국 조직의 한민당 세력을 견제하기 위해 강력한 족청의 우두머리인 그를 기용한 것인데, 아무도 예상치 못한 노회한 용인술(用人術)이었다. 그는 아버지 나이의 이승만에게 진심으로 승복하고 있었고, 충성을 다해 일했다. 안호상과 더불어 이승만의 지도 이념인 일민주의의 이데올로그 역할도 했고, 이승만의 친일파 처리(반민특위) 때도 고군분투하는 대통령을 도왔다.

그러나 이승만은 1950년 1월 한민당의 공세(내각제 개헌 시도)가 좌절되자마자 이범석 총리를 낙마시키고 말 잘 듣고 충성심이 강하며 배후 지지세력이 없는 신성모를 총리서리로 내세웠다. 그러나 이범석을 아주 잊어버린 것은 아니었다. 한국전쟁이 일어났을 때 개인 자격으로 국무회의에 참석시켜 응전계획을 함께 논의하게 했다. 2인자 자리에 오래두지 않았으나 그의 충성심과 위기대응 능력을 높이 평가하고 있었다.

부산 정치파동을 앞두고 1952년 이승만이 총리 출신인 이범석을 격을 낮춰 일개 장관(내무)에 기용하는 파격인사를 했을 때 야심가이고 의욕과 열정이 넘치는 이범석에겐 뿌리칠 수 없는 기회였다. 그는 이승만을 위하는 것이 나라를 위하는 것이라면서 땃벌떼 등 정치폭력단 동원에 관계하는 등 비민주적인 강경조치를 휘두르며 부산 정치파동의 악역(惡役)을 마다하지 않았다. 거기까지가 이범석의 시대였다.

체력, 담력, 추진력, 조직력을 한 몸에 지닌 그의 장점이 두 개의 장애를 자초했다. 미국 대사관은 이승만의 독선, 독주를 뒷받침하는 강경우파의 대표인 그를 제거해야 할 대상 1호로 꼽았다. 히틀러 유겐트의 예찬론자이고 파시스트 이론의 신봉사로 알려진 그는 독재자가 될 소지가 충분한 극우파로 평가되었기 때문이다. 당사자도 "중국 군벌(軍閥) 냄새가 난다"면서 미국 사람들이 자신을 싫어하고 있다는 것을 잘 알고 있었다. 더구나 그는 말다툼 끝에 라이트너 대리대사를 후려친 일까지 있었다.(박태균)

이승만은 일생 동안 조직생활에서 2인자를 둔 적이 없는 개성의 소유자였다. 스탈린, 드골, 마오쩌둥 또는 박정희같이 강력한 2인자를 꺼려 하는 유형이었던 것이다.

미국은 발췌개헌안으로 궁지에 빠진 이승만을 구해주면서 이범석 같은 강경파를 배제하고 이기붕 같은 온건우파를 양성하는 방향으로 영향력을 행사했다(이철순). 이승만은 대선이 끝난 뒤에는 이범석 견제에 공을 세웠던 장택상 총리를 내치고, 이번에는 다시 족청계인 백두진(白斗鎭)을 총리로 발탁하는 포석을 놓았다. 족청계 인사 4명이 장관으로 기용되었다. 이때는 휴전 반대와 북진통일을 주장하기 위해 족청계의 지방조직이 필요했던 때였던 것이다.

1953년 6월 휴전문제를 둘러싼 한 · 미 갈등이 타결국면에 접어들면서 이제 쓸모가 적어진 족청계 조직 모두가 자유당에서 제거되었다. 신임을 받고 있던 온건파 이기붕이 제 2인자 자리에 올랐다. 이범석의 퇴장과 전후해 일민주의도 흐지부지되었다.

토사구팽(兎死狗烹) 당한 이범석의 불운을 어떻게 볼 것인가? 이에 대해서는 다시 거론할 것이다.

416

군의 정치적 중립… 이종찬의 두 얼굴

부산 정치파동 때 '군의 정치적 중립'을 내세워 대통령의 계엄군 파견명령을 거부함으로써 국내외를 깜짝 놀라게 한 이종찬 참모총장은 여러 면에서 이승만과 반대되는 삶을 살아온 인물이었다. 그는 1905년 고종이 일본과 을사보호조약을 맺을 때 반대했다가 불가피론으로 돌아섰던 법무대신 이하영(李夏榮)의 장손이다. 일본 육사(49기로 채병덕 총참모장과 동기였고, 57기인 박정희보다 8기 선배였다)를 나와 일본군 소좌로 뉴기니 전선에 참전 중 해방을 맞았다. 그는 전쟁이 끝나기 4개월 전, 작고한 부친의 자작(子爵) 지위를 물려받길(세습) 거부했다. 그 점을 평가받아 반민특위에서 무사할 수 있었고, 국방경비대에 다소 늦게 참여했으나 참모총장 자리까지 올랐다.

계엄군 파견을 거부한 데 격분한 이승만 대통령이 이종찬 총장을 불러놓고 "자네는 대한민국 참모총장인가, 아니면 미 8군 총장인가?" 하고 고함쳤으나 그것으로 일단락되었다. 밴 플리트 사령관이 의도적으로 배석해 대통령을 진정시켰기 때문이다. "이종찬을 포살시켜야 한다"고 외치는 등 대통령의 흥분이 사그라지지 않고 있다는 것을 알았던 밴 플리트는 미군 헌병을 공관에 보내 이종찬의 신변을 보호했고, 해임(후임 총장은 백선엽)된 뒤에는 미 참모대학에 유학하도록 주선했다.

1970년대 들어와 가진 회고담에서 이종찬은 당시 정세에서 병력이동은 군의 정치개입이었고, 군이 사병화되는 계기가 될 수 있기 때문에 명령을 어기게 되었다고 말하고, 일본군의 정치 참여가 군국(軍國)주의의 국가적 비극으로 끝나는 것을 목격했던 경험이 참고가 되었다고 했다.(강성재)

당시 이승만을 거세게 압박했던 대리대사 라이트너는 "L장군이 대사관에 들러 이승만을 가택연금시키고 새 대통령을 뽑으면 군은 정치에서 손을 떼겠다"고 제의했다고 본국에 보고했으나 "국무성과 현지 사령관(클라크, 밴 플리트)들이 반대했다"고 나중에 회고했다(윌리엄 스툭). 군은 정치적 중립을 주장했으나 다른 한편으로는 민주주의를 위한다는 명분으로 정치개입(쿠데타)을 미국에 제의하는 이중적 모습을 보였다.

1952년 8월 이종찬이 미국 유학차 대구 동촌 비행장에서 군용기를 타려했을 때 이기붕, 백선엽, 밴 플리트 등 수십 명의 국내외 고위직이 배웅하는 자리에 박정희(朴正熙) 대령이 나타나 이종찬에게 하얀 봉투를 전했다. 그 봉투 안에는 "이 총장이 쿠데타를 결단하리라고 기대했는데 미국으로 쫓겨 가시니 유감이다 … 1년 뒤 귀국하면 다시 지도편달을 받겠다"는 내용의 편지가 들어 있었다.(강성재)

전쟁으로 거대해진 군대와 젊고 야심에 찬 장군들은 비정(秕政) 타파를 이유로 쿠데타를 공공연하게 거론했다. 9년 뒤 박 대령(소장)은 5·16 군사쿠데타를 일으켰다.

무초와 클라크는 신익희, 조봉암 등 국회의장단, 장택상 총리, 민국당 중진들을 상대로 발췌개헌안에 대한 타협이 이뤄지지 않을 경우 '신탁통치'나 '유엔군의 군정'이 준비되어 있다는 등의 정보를 흘리면서 야당이 저항을 포기하도록 설득하고 압박했다.

발췌개헌안은 1952년 7월 4일 국회에서 의원 183명 중 166명이 참석한 가운데 찬성 163, 기권 3의 기립투표로 통과되었다. 그 뒤 이승만 대통령은 발췌개헌안에 따라 실시된 직선제 정·부통령 선거에서 74.6%의 압도적인 득표로 재선되었다. 민국당은 후보자를 내지 못했고, 무소속으로 조봉암, 이시영이 나와 각각 11.4%, 10.9%를 득표하는 데 그쳤다.

이승만은 그러나 발췌개헌안이 등장할 수 있게끔 부산 정치파동에서 수훈을 세운 1등 공신 이범석이 당(자유당)의 공식적인 부통령 후보로 추대되었음에도 불구하고 이를 무시하고 무명의 무소속 함태영(咸台永) 목사를 음성적으로 지지해 부통령으로 당선시키는 술수를 썼다. 장택상 총리가 이승만의 밀지(密旨)를 받고 전국 경찰을 진두지휘해 강력한 족청(族靑) 조직의 이범석을 낙선키고 함태영 후보가 이기게 만들었던 것이다.

휴전(休戰)을 둘러싼 한·미 갈등

한국만 유일하게 휴전 결사반대에 나서

1951년 봄 유엔군이 전면적인 반격작전에 성공하면서 38선 이북까지 재진출하자 공산군은 전세를 만회하기 위해 두 차례(4, 5차)에 걸쳐 대공세에 나섰으나 실패했다. (한국전쟁사)

공산군 사령관 펑더화이는 중공군의 1, 2, 3차 대공세가 성공했던 것은 대규모의 기습작전에 당황한 유엔군이 적절하게 대응하지 못해 가능했던 일이고, 이제 전력이 강화되고 사기가 올라간 유엔군의 주력(主力)을 분쇄하기는 어렵다고 판단, 현 전선에서 전쟁을 끝내자고 마오쩌둥에게 건의했다.

실제로 유엔군은 중무기와 중장비를 그대로 두고 정신없이 후퇴하던 어제의 유엔군의 모습이 아니었다. 전쟁 초기 세계 최강의 군대라는 미군의 전력(戰力)이 일본군보다도 못하다는 판단을 하게 된 마오쩌둥은 계속 남진(南進)을 바라고 있었다. 전선에서 멀리 떨어져 있던 그는 미군이 기동전을 할 수 없기 때문에 제 전력을 발휘하지 못했으나 점차 산악전에 익숙해지고 있다는 점을 간파할 수 없었다. 그렇지만 현지 전황에 정통한 현지 사령관이 내린 판단을 존중, 휴전협상을 갖기로 했다. 대국적으로 볼 때 120만 명의 엄청난 사상자를 낸 중공은 국공(國共) 내전에 이은 전쟁이어서 전쟁피로도가 정점에 도달하고 있었기 때문에 자국의 체면을 살리면서 휴전하기를 바라는 입장이었다.

소련도 한국전쟁이 확전되어 최강의 군사력을 가지고 있는 미국과의 전쟁에 말려들 상황을 우려했기 때문에 종전을 원했다. 스탈린과 마오쩌둥은 계산이 달랐으나 휴전에는 이의 없이 동의하고 있었다.

마오쩌둥은 1951년 6월 3일 북한의 김일성을 베이징에 초청, 휴전을 받아들이도록 설득했는데 여의치 못했다. 김일성은 정적(政敵)이자 2인자인 박헌영이 계속 전쟁을 주장하고 있는 데 대해 부담을 느끼고 있었다. 마오쩌둥은 김일성을 모스크바에 보내 스탈린을 만나도록 주선했다. 스탈린은 김일성으로부터 휴전동의를 얻어낼 수 있었다. 그러나 소련이 먼저 휴전제의를 하고 나서기가 쉽지 않았다. 그 같은 입장을 간파한 미국은 소련문제 전문가인 케넌을 소련의 유엔대표 말리크(Jacob Malik)와 만나게 해 실마리를 풀었고, 말리크는 1951년 6월 23일 미 CBS 방송을 통해 휴전협상을 시작하자고 제의했다.

미국 정부의 지시를 받은 유엔군 총사령관 리지웨이가 6월 30일 방송을 통해 공산군 사령관에게 "본관은 유엔으로부터 귀하가 한국에서 휴전협상을 위해 회합하고자 희망할 것이라는 통첩을 받았다. 귀하가 회합을 희망한다는 통지를 한다면 우리 측 대표를 지명하고, 회담시일을 제의할 것이다"는 내용의 성명을 발표했다. 7월 1일 김일성과 펑더화이가 공동명의로 "귀측의 대표와 개성지구에서 회담하기를 원한다"고 회신, 휴전협상이 시작되었다.

유엔군 측은 반공주의자이고 어떤 도발에도 침착하고 강경하게 맞설 수 있는 역전의 베테랑인 조이(C. Turner Joy) 해군 중장을 수석대표로, 미군 소장 3명과 한국군의 백선엽 소장(제1군단장)을 협상대표로 임명했다. 공산 측은 북한의 입장을 존중해 조선인민군 총참모장 남일(南日)을 수석, 중국지원군 부사령관 덩화(鄧華) 등 중공군 장성 2명과 조선인민군 장성 2명을 대표로 뽑았다.

마오쩌둥은 수석대표 남일의 연설문까지 직접 손질했으나 겉으로는 북한과 중공군 대표가 대등한 입장으로 참가하도록 조치했다. 그러나 미국은 한국군 장성 1명만 끼위주는 등 한국 정부를 아예 무시하고 나왔다. 휴전을 반대하는 이승만이 '선동적 성명'이나 '도발적 행동'으로 나올 것을 우려했기 때문에 처음부터 견제책을 쓴 것이다. (와다 하루키)

7월 10일 제 1차 회담이 열렸는데, 공산 측이 유엔군 기자단의 현장취재를 거부하면서 협상이 지체되었다. 공산 측은 전세를 만회하는 등 휴전협상 기간 중 가능한 모든 이점(利點)을 얻고자 갖은 술책을 다하고 있었다. 시간을 끌며 난항이던 휴전회담은 다섯 항목의 의제 가운데 군사분계선 등 의제가 거의 합의단계에 이르렀으나 비교적 용이할 것으로 평가되던 포로에 관한 제 4의제가 심각한 난제로 부각되었다.

당시 유엔군이 수용하고 있던 공산군 포로 13만 2,474명 가운데 2만 8천여 명, 민간인 3만 8천명 가운데 3만여 명이 본국(북한, 중국) 송환을 거부했기 때문이다. 포로들이 고향으로 돌아가는 것을 거부하는 것은 전쟁사상 처음 보는 기이한 현상이었다. 대부분의 국제전쟁의 경우 거의 모든 포로들이 가족의 품으로 되돌아가는 것을 희망했던 것이 역사적 관행이었다. (허만호)

그런데 제네바 협정(제 118조)은 포로는 신속하게 송환(본국에)되어야 한다고 규정하고 있었다. 포로의 인권을 옹호하려는 제네바 협정의 정신이 공산주의 국가로 돌아가는 것을 거부하는 포로들의 희망과 상충하는 모순이 발생한 것이다.

유엔군 측은 송환은 각자의 자유의사에 따를 것이라는 원칙을 세웠다. 송환을 거부한 포로들이 본국에 돌아가게 되면 처벌이 예상되기 때문이었다. 제 2차 세계대전 때 반소(反蘇) 의사를 표명했던 소련 전쟁포로들이 강제로 송환되게 되자 절망한 나머지 달리는 열차에서 수백 명이 뛰어내려 죽은 참극 같은 것이 재현될 우려도 있었다. 또 포로들이 자유의사를 존중해 주면 장차 소련·중공과 전쟁이 있을 경우 공산진영 군인들의 이탈을 자극하는 좋은 선례가 될 수도 있기 때문이었다. (애치슨)

그러나 중공의 입장으로는 자국 출신 포로의 4분의 3이 송환을 거부하는 것이 대국으로 발돋움하려는 신생 중국의 위상을 손상시키는 일이었다. 중공은 유엔군 측의 주장이 제네바 협정의 위반이고, 중국군 포로가 송환을 거부한 것은 협박에 의한 결과라고 주장하고 나섰다. 그 점을 입증하기 위해 공산측은 '거제도 포로수용소 폭동사건'까지 일으키게 된다. (한국전쟁사)

나토(NATO) 사령관으로 승진한 리지웨이의 후임인 클라크(Mark W. Clark) 신임 사령관이 부임차 도쿄로 가면서 지휘권이 잠시 공백이던 1952년 5월 7일 거제도 포로수용소 소장 도드(Francis Dodd) 준장이 포로들에게 납치되는 괴사건이 발생했다. 유엔군은 유혈을 무릅쓰고 폭동을 진압한 뒤 도드 준장을 석방시키는 데 성공했다.

그러나 수용소에서 친공, 반공 포로 간의 충돌로 수백 명의 사상자가 났던 사건전모가 모두 폭로되어 유엔군 측을 곤경에 빠트렸다. 공산군 사령부는 간첩을 전선에 보내 유엔군에게 포로로 잡히게 해 수용소에 수용되게 한 뒤 수용소의 친공세력에게 지령을 전하게 하는 교묘한 방법으로써 소요와 유혈사태를 일으켰다.

1953년 3월 30일 중공 수상 저우언라이의 새로운 제안으로 휴전 협상이 재개되어 타협의 실마리가 풀렸다. 소련 수상 스탈린이 사망(3월 5일) 한 뒤 후임 수상 말렌코프가 휴전 지연에서 타결로 정책 방향을 전환하고 중공과 북한이 동의하면서 급물살을 탔다. 아이젠하워의 회고록에는 그러한 움직임이 일어난 것은 대통령에 당선된 자신이 개성 지역 등 성역화된 지역에 전술 핵무기를 사용할 것을 제의하고 덜레스 국무가 동조한 것이 압박효과를 거둔 것이라고 쓰여 있다.

　　유엔군 사령부는 공산 측에 양보하는 새 휴전안을 제시, 포로교환협정이 6월 8일 사실상 타결되었다. 유엔군 측의 양보안은 송환거부 반공포로를 석방하지 않고, 인도와 폴란드 등 중립국 감시요원이 한국에 들어와 감시하는 가운데 공산군 측이 4개월간 설득할 시간을 준다는 내용이었다. 당시 공산군 쪽이 더 절실하게 휴전을 원하고 있었기 때문에 양보할 필요가 없는데도 미국은 그 양보안을 제시했던 것이다.

　　이승만은 당초 말리크의 휴전제안이 나왔을 때 휴전을 반대한다는 공식입장을 국내외에 공표했다. 대통령은 반대하는 이유로 ① 모든 한국민들이 민족통일을 원하고 있고, ② 재침(북한의)이 없으리라는 확실한 보장이 없으며, ③ 한국 정부가 실질적 대표권을 가지고 회담에 참여할 수 없다는 점을 내세웠다. 전국에서 격렬한 휴전 반대시위가 벌어지기 시작했다.

　　영국 등 유엔 참전국들도 모두 휴전을 바랐기 때문에 전쟁 당사자 국가 중 한국만 유일하게 반대하는 나라가 되었다. 미국은 전쟁 당사국이고 동맹국인 한국을 빼돌린 채 공산군 측과 비밀리에 협의를 진행했고, 잠정결론이 나자 막판에 이를 전달하는 수순을 밟았다. 완강한 북진론자인 이승만 대통령의 반발이나 반대로 협상이 결정적으로 차질을 빚는 것을 피하기 위해서라고 했으나, 한국의 입장에선 치욕이 아닐 수 없었다.

클라크로부터 양보안을 설명받은 이승만은 "당신네들은 한국 정부의 견해를 무시하고 있소. 우리는 우리의 운명을 결정할 것이오"라면서 격렬하게 반발했다. 이승만 대통령의 반공포로 석방은 그 같은 배경 속에서 결단이 이루어진 것이다.

반공포로 석방, 미국의 급소 노린 승부수

이승만은 헌병사령관 원용덕에게 반공포로(反共捕虜)를 석방하라고 지시했다. 원용덕 사령관은 1953년 6월 18일 새벽 미 병참관구 사령부(Kcomz) 소관이던 수용소의 경비를 맡고 있던 한국군 경비대와 헌병들에게 철망을 끊고 소등(消燈)한 뒤 포로들을 일제히 석방시키라고 명령했다. 2만 2천 명 이상의 포로가 이때 탈출했다.

클라크 유엔군 사령관과 테일러(Maxwell Taylor) 미 8군 사령관은 한국 정부에 엄중 항의하고 포로들을 다시 잡아들일 것을 요구했다. 그러나 한국 정부의 행정기관과 시민들이 포로들에게 민간인의 옷을 주고 숨겨주는 등 도와주는 바람에 붙잡힌 포로가 별로 없었다.

포로 석방으로 인한 충격파는 전 세계적으로 엄청났다. 워싱턴 정가는 놀라움과 분노로 휩싸였고, 보고를 받은 아이젠하워 대통령은 "전우가 적으로 변했다"면서 격분했다. 덜레스 국무는 이승만이 유엔군의 권능을 침해했다고 비난했고, 유엔 총회의장 레스터 피어슨은 유엔의 권위에 대한 도발이라고 논평했다. 처칠 영국수상은 '배신행위'라고 질타했다.

공산 측 대표들은 유엔군 사령부가 공모(共謀)했다고 비난하고 나섰다. 미국 측 수석대표는 공산 측 수석대표에게 사건경위를 알리고 모든 책임을 이승만 정부에 돌리고 있었다. (존 톨랜드)

그러나 베이징의 반응은 의외로 차분했다. 남한의 단독행위로 보면서 휴전 자체가 위태로워지는 것을 우려해 그 같은 사건이 재발되어서는 안 된다는 입장의 신중한 접근이었다. 마오쩌둥은 이승만이 미국으로부터 더 많은 지원을 얻기 위해 시위 등 반대행위를 할 것이라고 예상했고, 미국이 한정된 범위 내에서 원조할 것으로 보고 있었다. 방위조약 같은 지원을 얻고자 하는 의중을 읽고 있었던 것이다.

공산군은 김일성과 펑더화이 명의로 클라크에게 보낸 편지에서 "유엔군 사령부는 남한 정부와 한국군을 통제할 수 있는가?", "한국 휴전에는 이승만 도당도 포함하는가?", "남한 측이 휴전의 합의사항을 수행할 책임을 어떻게 보장할 수 있는가?" 등을 묻고 비슷한 사건이 재발하지 않을 것을 보장해야 한다고 촉구하고 나섰다. 반공포로 석방에 대한 시비보다도 휴전협상 마무리가 더 시급했던 것이다.

세계의 의표(意表)를 찌른 이승만의 반공포로 석방은 일단 성공한 것이었다. 미국 외교관들 중에는 과감한 행동으로 협상시간과 지루한 문서업무를 단축시킨 이승만에게 남몰래 박수를 보내는 사람들도 있었다. (존 톨랜드)

석방된 반공포로들이 이승만의 초상화를 들고 행진하는 모습(1954.1).

석방사건은 그 뒤 한 차례의 군사적 후폭풍(後暴風)과 여러 갈래의 후유증을 수반했다. 공산군 측은 두 개의 움직임을 보였다. 하나는 포로 석방의 충격에도 불구하고 휴전협상을 끝내려는 적극적인 태도를 보였다는 점이고, 다른 하나는 중공이 이승만의 기(氣)를 꺾어 더 이상 휴전 반대에 나서지 못하게 하기 위해 한국군을 대상으로 대규모 공격을 감행하기로 했다는 사실이다.

미국도 두 가지 움직임을 보였다. 하나는 적절한 보상을 약속하면 이승만이 휴전에 동의할 수 있으리라 보고 극동문제 담당 국무차관보 로버트슨(Walter S. Robertson)을 서울에 보내 이승만과 한·미 상호방위조약 체결문제 등을 협의케 한다는 것이다. 다른 하나는 결정적 고비 때마다 미국의 전쟁정책 수행에 장애요인으로 등장하는 이승만 대통령을 제거하기 위한 작전(암호명 Everready)을 시행하려는 계획이었다.

반공포로 석방은 국내 정치에서는 이승만의 권력을 다지는 계기를 가져왔다. 어수선한 전시 분위기 속에서 반공으로 국론을 결집시키면서 잠재적 도전세력인 이범석(주중 대사로 내보냄)과 족청세력을 정리했고, 절대적 충성파 이기붕(李起鵬) 체제를 출범시켰다. 국내 정치인 중 반공포로 석방에 반발하고 비판에 나선 인물은 야당 정치인 조병옥(趙炳玉)이 유일했다. (때문에 테러를 당하고 한때 구금되었다.)

한국의 대외 이미지에도 영향을 끼쳤다. 광적인 국수주의(國粹主義)가 무책임하게 저지른 행위라고 세계적으로 널리 비난받기도 했으나, 한국이 단순한 미국의 꼭두각시가 아니라는 점을 과시한 측면도 없지 않았다. 이승만은 돌멩이 하나로 여러 마리의 새를 잡

는 데 성공(一石多鳥)한 것이다. 그것은 이승만의 벼랑 끝 외교의
백미(白眉)이기도 했다.

중공, 이승만의 기(氣) 꺾기 위해 대공세 펴

이승만 대통령이 반공포로를 석방한 데 대해 중공은 겉으로는 차분
하고 신중한 반응을 보였으나 내부적으로는 단호한 대응책을 준비
하고 있었다. 펑더화이는 휴전회담 대표 이극농(李克農)과 지원군
부사령관 덩화와 논의한 끝에 이승만을 대내외적으로 핀치로 모는
대공세를 펼 필요가 있다고 보아 이를 본국에 건의하였다. 한국군
1만 5천 명을 섬멸해 이승만에게 타격을 주어야 한다는 내용이었
다. 건의를 받은 마오쩌둥은 "그 같은 타격이 매우 필요하다"면서
동의했다.
　이승만으로부터 휴전동의를 얻어내기 위해 내한한 미국 정부의
특사 로버트슨이 7월 12일 서울을 떠난 지 하루 뒤 중공군은 10개
사단을 투입해 한국전쟁사상 가장 맹렬한 공격을 동부전선의 금성
(金城)지구에 퍼부었다. 당시 이 지역은 전투지휘 경력을 쌓아야
한다는 이유로 참모총장에서 군단장으로 강등된 정일권 중장의 제
2군단(4개 사단)이 포진해 있었다. 한국군은 중공군의 인해전술에
밀려 큰 피해를 입고 후퇴했고, 수천에 달하는 트럭, 대포, 전차들
을 버렸으며, 땅따먹기 싸움으로 어렵게 획득했던 178㎢의 땅을 중
공군에게 빼앗겼다.
　휴전협상 문제로 세계의 이목이 집중돼 있던 시점에서 단독북진

을 주장하던 이승만 대통령의 체면이 크게 구겨졌다. 그렇지 않아도 규모가 큰 중공군의 기습에는 약세경향을 보였는데, 결정적인 때 다시 패전(敗戰)한 것은 한국군의 전력이 중공군의 상대가 되지 않는다는 것을 보여준 것으로 간주될 수 있어 뼈아픈 일격이었다.

유엔군은 즉시 반격에 나서 몇몇 고지를 다시 탈환했으나 작전을 중지했다. 휴전이 임박한 시점에서 전략적 요충도 아닌 지역을 탈환하기 위해 인명과 전력을 더 소모하는 것이 바람직하지 않다고 판단했기 때문이다.

유엔군 측과 공산군 측은 7월 24일 금성 전투 후의 군사경계선에서 휴전하기로 합의하기에 이르렀다. 7월 27일 쌍방 대표는 18개의 휴전협정문에 서명했고, 쌍방의 사령관인 클라크 사령관과 김일성, 펑더화이도 추후 서명했다. 그러나 휴전 반대 입장인 한국의 최덕신 대표는 끝내 서명하지 않았다.

"이승만을 제거하라", 에버레디 작전

이승만이 1953년 4월 24일 휴전에 반대하고 단독북진을 하겠다고 발표하자 클라크 유엔군 사령관은 이승만이 유엔군의 통제를 벗어나 단독행위를 하는 경우 그를 보호·감금한다는 내용의 비상계획을 수립해야 한다고 본국에 건의했다.

클라크의 지시에 따라 테일러 미 8군 사령관이 암호명 에버레디(Everready)인 이승만 제거작전계획 보고서를 입안해 5월 4일 제출했다. 보고서의 내용은 한국군이 유엔군의 작전통제를 벗어나는 유형을 3단계로 나눠 대응조치를 취하고, 유엔군 사령관이 한국 대통령에게 명령준수를 요구하거나, 유엔군의 이름으로 군사정부를 공포한다는 내용이 들어 있었다.

미국은 1951년 부산 정치파동 때 이승만의 비민주적 통치행위가 ① 공산주의자들이 내부분열을 역이용해 대공세를 취할 가능성을 만들고 있고, ② 한국전 참전국들의 군사지원 확보를 어렵게 하며, ③ 미국 내 여론을 악화시켜 경제·군사지원을 어렵게 하는 등 전쟁수행에 장애가 된다고 보아 이승만 제거작전을 펴려 했다. 그러나 이승만이 대응력을 가지고 있고, 미군병력을 후방으로 빼기 힘들다는 이유, 그리고 이승만을 대체할 만한 인물이 없다는 등의 이유로 작전을 포기하고 타협의 길을 선택했었다.

1953년 들어 이승만이 휴전을 반대하고 전국적으로 휴전 반대시위가 전개되면서 미국과의 관계가 악화되기 시작하자 클라크가 이승만 제거 카드를 다시 집어든 것이다. 그러나 워싱턴은 제거계획을 실행하라는 최종결단을 내리지 못했다. 이승만에 대한 대안부재 등 부산 정치파동 때와 비슷한 이유가 상존했고, 신중을 요하는 대내외 요건이 만만치 않았기 때문이다.

이승만과 몇 차례 만나 의중을 타진한 클라크가 그가 원하는 것은 한·미 상호방위조약 체결이므로 그것을 제안하면 휴전 반대 행동을 감소시킬 수 있을 것이라고 본국에 건의했다.

아이젠하워 대통령은 6월 6일 자로 이승만에게 서한을 보내 방위조약 체결을 위해 노력할 것을 약속하면서 달래기에 나섰다. 미 국방성은 그때까지도 일본에서 필리핀으로 이어지는 도서(島嶼) 방위전략을 유지했고, 방위망 밖에 있는 한국과 방위조약을 맺는 것은 또 다른 전쟁에 개입할 가능성을 내포하기 때문에 반대 입장이었으나 휴전협상을 위해 일단 양보키로 한 것이다. 이승만이 휴전을 방해할 수 있는 유일한 존재였기 때문이다.

그러나 그동안 조약 체결에 부심하던 이승만은 막상 미국이 체결 가능성을 약속하는 데도 선뜻 받아들이지 않고 뜸을 들이고 있었다.

유엔군 측과 공산군 측은 6월 18일 휴전하기로 잠정합의하고 있었는데, 이승만은 합의 하루 전 미국의 제안을 거부하는 서한을 아이젠하워에게 보내고 다음 날 반공포로를 일방적으로 석방시켰다.

아이젠하워 정부는 다시 이승만 제거계획을 만지작거렸으나 실행단계로 밀고 갈 수가 없었다. 매카시즘 선풍의 영향을 받아 반공 분위기가 팽배해지는 바람에 미국 의회가 반공투사 이승만 제거에 반대하고 있었고, 이승만 자신의 한국군 장악력도 강화되어 있어 한국군의 협조를 확신할 수도 없었다. 미국은 제거작전을 유보하고 미군철수라는 최후카드를 꺼내들고 압박을 가했으나 이승만은 꿈쩍도 하지 않았다. 미군이 말처럼 쉽게 한반도에서 철수할 수 없다는 것을 누구보다도 잘 알고 있었던 것이다.

덜레스 국무장관이 이 대통령에게 미국을 방문해 달라고 권했다. 이승만은 바빠서 서울을 떠날 수 없다고 버티면서 덜레스에게 서울 방문을 역제의했다. 미국은 덜레스 대신 로버트슨을 특사로 서울에 보내 이승만을 설득해 보기로 했다. 로버트슨은 중국에서 경제고문으로 마셜과 함께 일한 경력이 있는 반공주의자였고 원만한 성품이어서 투쟁적인 이승만을 다루기에 적성이었다.

이승만은 로버트슨을 상대로 자신이 직접 협상에 나섰다. 로버트슨의 상대역이 외무차관이 제격이고 격을 높이더라도 외무장관이 상한선인데, 국가원수가 일개 국무차관보와 맞상대한 것이다. 그 같은 파격은 장관을 비서같이 쓴다는 평을 듣던 이승만 1인 외교의 특징을 상징적으로 나타낸 것이나, 협상현안이 그만큼 중요한 것을 의미했다. 미국 사람이 보기에 엉뚱하고 교활하고 고집이 센 노인(이승만)은 적수가 되지 않는 로버트슨을 상대로 미국을 비난하는 험구(險口)와 독설(毒舌)을 퍼붓고 자신의 요구를 들어주지 않으면 새로운 조건을 제시하는 등 애를 먹였다. (박실)

로버트슨은 ① 한·미 상호방위조약의 체결, ② 2억 달러의 제 1차 원조공여, ③ 한국군을 20개 사단으로 강화할 것 등 한국 측 요구를 수용하고 대신 휴전을 방해하지 않겠다는 약속이 담긴 이 대통령의 친서를 받아 귀국할 수 있었다.

그럼에도 불구하고 이승만이 미국과 벌이는 생존게임이 일단락된 것은 아니었다. 미국은 자국의 이익 때문에 전쟁기간 동안 2차례, 휴전 직후에도 2차례나 이승만 제거계획을 추진했던 것이다.

미국이 1950년대 정권교체를 추진해야 한다고 생각한 나라는 이란과 과테말라, 베트남, 파나마 그리고 한국 등 5개 국가였고, 이란과 과테말라, 베트남에선 지도자 교체에 성공했으나, 한국의 경우에는 이승만 체제를 계속 용인하는 현상유지책으로 결판이 났던 것이다.

1977년 극비 속에 묻혀 있던 에버레디 작전의 존재를 처음 밝혀 낸 번스타인(Barton Bernstein)은 이승만 제거 포기가 대안 부재 때문이었다고 결론지었고, 그 뒤 그 관점은 통설이 되어 왔다. 그러나 더 큰 시대적 배경요인을 제거 포기 이유로 지적하는 시각도 있다. 한국은 공산주의와의 대결양상에서 이란이나 과테말라와 달랐다. 이란 등 두 나라가 국내 공산주의자와의 대결구도인 데 반해 한국은 국외 공산주의(북한, 중국, 소련)와 대결하고 있었다. 때문에 한국을 상대로 함부로 비밀공작을 펴기가 힘들었다. 예기치 않은 돌발사태가 발생할 경우 북한, 중국 등에게 엉뚱한 빌미를 줄 수도 있었던 것이다.

또 유엔이 인정하고 지원한 이승만 정부를 미국이 전복하는 것은 유엔의 존재와 권위를 부정하는 것으로 간주될 수도 있었다. 그것은 세계를 상대로 해야 하는 미국 외교의 큰 부담이었다. 미국이 유엔보다 더 신경을 쓴 쪽은 NATO(북대서양조약기구)였다. 미국이

'남침'과 '북진'을 동시에 견제하는 인계철선

한·미 상호방위조약에 따라 이승만은 안보를 강화하는 데 성공했고, 미국 쪽은 유엔군의 일원이 아니라 미군만의 자격으로 한국에 주둔할 수 있는 법적 근거를 마련했다. 미국은 또 1954년 11월 17일 한·미 간 체결된 경제 및 군사문제에 관한 한·미 합의의사록(Agreed Minute Relating to Continued Cooperation in Economic and Military Matters)에 의해 한국군의 단독북진을 막을 수 있게 한국군에 대한 작전통제권을 계속 유엔군 산하에 두는 문제도 해결했다. 대신 한국은 군사 및 경제지원을 약속받았다.

미국은 상호방위로 북한의 남침을 막고, 합의의사록으로 이승만의 북진시도를 억제하는 이중의 봉쇄(Double Containment)장치를 마련했던 것이다. 그러나 상호방위조약에는 유사시 미국이 자동개입한다는 내용이 없었다. 그런 취약점을 보완하기 위해 한국에 지상군 2개 사단과 공군으로 이뤄진 미군을 서울 북방 서부전선에 주둔시켜 인계철선(引繫鐵線, tripwire)을 침으로써 실질적으로 남침과 북진을 견제할 수 있게 되었다(김일영). 그 인계철선이 안보의 상징으로 작동되던 박정희 시대 때 한국은 고도성장을 할 수 있었다.

강한 동맹국이 필요하다면서 또 다른 한편으로 뉴 룩(*New Look*) 정책을 통해 동맹국을 위협하는 이중행위를 보여주는 것은 미국에 대한 불신으로 이어질 공산이 큰 것 등도 이승만 제거작전을 막는 이유가 된다는 것이다. (제임스 마크 거버트)

에버레디 작전에서 3가지 관점을 확인할 수가 있다.

첫째는 제 2차 세계대전 이후 최강국으로 부상한 미국은 세계의 경찰역을 자임하기 시작했고, 미국 정책이나 국익에 반하는 약소국의 지도자를 비밀공작으로 교체하는 제국주의적 유혹과 독선에 빠지기 시작했다는 점이다. 그에 따라 비밀공작을 전담하는 미 CIA 조직이 확장되기 시작한 것은 군이 직접 개입했던 에버레디 작전 이후였고, 그 뒤 공룡처럼 커지게 된다. 1940년대 후반까지도 CIA 요원은 모두 302명뿐이었으나 차츰 늘어난 것이 1952년에 2,812명으로 급증했고 예산도 470만 달러에서 8,200만 달러로 증액되었다. 그 뒤 더욱 규모가 커진 미 CIA는 소련의 KGB와 더불어 세계적으로 비밀공작의 대명사가 된다.

둘째로 독불장군인 이승만이 다윗과 골리앗의 싸움처럼 거인 미국과의 대결에서 살아남을 수 있었던 것은 자신의 정치적 생존능력이 탁월한 탓도 있었지만, 세계의 정세가 자신에게 유리하게 형성되거나 전개된 덕을 보았기 때문이라는 점이다.

셋째는 이승만의 애국심과 대미외교의 성과를 평가해야 한다는 관점이다.

북진 때 39도선에서 멈췄어야 했다

맥아더 사령관은 한국전쟁이 일어났을 때 전용기 바탄호를 타고 수원에 날아와 한강 방어전선을 시찰한 이래 한민족의 구원자 역할을 화려하게 연출했다. 이틀 만에 미 해·공군을 출동시켜 전열이 무너진 한국군의 방어력을 보완케 했고, 열흘 만에 미 지상군을 투입해 북한인민군의 진격을 견제하고, 억지시키며 낙동강 방어선을 구축할 수 있게 했다. 82일 만에 인천상륙작전을 펴 공산화의 위기에서 한국을 벗어나게 해주었다.

때문에 많은 한국인들은 인천상륙작전에서 형성된 맥아더 신화(神話)를 통해 한국전쟁을 보게 되었다. 그래서 트루먼 대통령의 맥아더 해임이 전쟁지휘를 그르치고 북진통일을 이루지 못한 것이라는 견해가 생겼고, 맥아더 전략에 기초한 이승만의 전시(戰時) 리더십도 그만큼 비판을 덜 받았다고 할 수 있다.

인천상륙 이후의 전쟁추이를 탈(脫) 맥아더의 관점에서 한 번 정리해 볼 필요가 있다.

미 8군 사령관 워커는 상관인 맥아더의 인천상륙작전을 반대하고 대안으로 목포상륙을 주장했다. 맥아더가 낙동강 방어선에서 미군 1개 사단을 차출해가는 것도 못마땅했으나, 인천이 상륙지로는 최악의 조건이었고, 설령 상륙에 성공한다 하더라도 상륙군과 낙동강 방어선의 유엔군 사이가 너무 떨어져 있어 효율적인 협공(挾攻)작전이 어렵다는 이유 때문이었다. 그는 대신 목포에 상륙해 낙동강 방어선을 돌파한 유엔군과 대전 지역에서 합류, 협공작전을 통해 인민군 주력을 섬멸하고 점진적으로 북진해야 한다는 전략

구상을 가지고 있었다. 콜린스 미 합참의장은 워커의 구상에 찬성했으나 도쿄에서 열린 전략회의 때 맥아더의 열변에 압도되어 인천 상륙작전에 동의하고 말았다.

그 뒤의 전황을 보면 워커의 판단은 정확했다. 인천상륙작전은 성공해 화려한 각광을 받았으나 막상 실익은 적었다. 서울 공략이 지연되는 바람에 협공작전도 제대로 펼 수 없어 인민군 주력(최정예라는 방호산의 6사단은 큰 피해 없이 월북했다)은 태백산맥을 통해 북한으로 후퇴했고, 탈출기회를 놓친 잔여 인민군이 산속으로 들어가 유격대로 나서는 바람에 후방교란이 심해졌다. (백선엽이 사령관이 되어 일선사단을 동원해 소탕전을 해야 했다.)

미 10군단 병력과 무기·장비를 최우선으로 운반하려다 보니 도로와 철도, 항만 시설을 독점해버려 10여 일 사이 보급지원을 받을 수 없는 워커 사령관의 서부전선 병력은 북진할 수가 없었다. 워커 휘하의 한·미 연합군이 서울 탈환에 이어 숨 쉴 틈 없이 북진했더라면 전쟁 양상이 달라졌을 것이다.

맥아더는 한술 더 떠 작전지휘권을 워커와 아몬드로 이원화하는 패착(敗着)을 놓고 있었다. 트루먼 행정부는 1950년 9월 인천 상륙작전에 성공한 유엔군이 38선 이남을 수복해 전전(戰前) 원상회복을 한 뒤 북진해야 하느냐의 문제를 놓고 딜레마에 빠졌다. 승기(勝氣)를 잡았을 때 전과(戰果)를 확대한다는 것은 전략전술의 기본이다. 맥아더는 잔여 공산군을 섬멸하고 남북통일을 이룩할 기회라면서 유엔군의 북진을 주장했고, 국방성이 동조했으며 본국의 여론도 북진을 지지하고 있었다.

그러나 중공이 미군의 북진을 좌시할 수 없다면서 한·만 국경까지 진격한다면 참전하겠다고 경고하고 있는 게 변수였다. 북진이 소·중과의 전쟁으로 비화될 가능성이 우려되었다. 결국 트루먼 행정부는 소·중공과의 교전은 피해야 한다는 애매한 조건을 붙이면서 북진을 승인했다. 맥아더 사령관을 통제할 수 있는 구체적이고 확실한 단계별 전쟁목표를 제시하지 못한 채 끌려간 것이 트루먼 대통령의 천려일실(千慮一失)이었다.

유엔군이 쾌속 북진하고 중공의 경고가 격렬해지자 미 합참은 고심 끝에 10월 2일 유엔군 작전명령 2호를 내려 북진 목표를 '맥아더 라인'으로 정했다. 고육지책(苦肉之策)이었으나 적절한 조처였다.

맥아더 라인은 북위 39도 60분과 39도 80분 사이에 해당되는 선으로 정주에서 함흥까지의 한반도 허리 근처를 동서로 가르는 가장 짧은 직선거리로, 210km에 달했다. 압록강까지의 거리도 90~170km 떨어져 있었다. 평양-원산선과도 비슷했다. 39도선은 한국군에서도 같은 발상이 나올 정도로 전략적으로 합당한 선이기도 했다.

1950년 10월 중순께 수도사단장 송요찬과 제 3사단장 이종찬은 여름옷을 입은 채 북진을 서두르는 것이 문제라고 지적하고 월동준비를 단단히 한 뒤 진출선을 확보해야 한다고 정일권 참모총장에게 건의했다(정일권). 북한의 추위가 남한보다 더 혹독해 겨울에 영하 20~30도의 맹추위가 닥치게 되므로 동계(冬季) 작전에는 준비가 갖추어졌다 해도 여러 가지로 심각한 어려움이 예상되었기 때문이다.

미군이 한국전쟁에서 겪은 두 가지 어려움이 하나는 혹독한 추위였고, 다른 하나는 미군이 창군 이래 겪어본 적 없는 중공군의 인해전술이었다. (혹한의 위력은 미 해병 제 1사단의 장진호 전투로 세계에 널리 알려졌다.)

두 장군의 지적은 핵심을 찌르고 있었다. 정 총장의 고문인 하우스만 소령도 같은 의견이었다. 하우스만은 한걸음 더 나아가 지휘체계 이원화, 중공군의 참전 가능성까지 지적하면서 그 심각성을 강조했다. 정 총장은 그 같은 지적에 전적으로 동감하고 평양-원산선(39도선과 비슷)을 점령하고 겨울을 보낸 뒤 북진하자고 대통령에게 건의했다.

그러나 이승만은 "청천강(淸川江)이라니, 그게 무슨 말인 게야!"라며 몹시 화를 냈다. 그는 겨울작전은 맥아더가 다 알아서 준비할 것이라고 말했다. 맥아더에 대한 신뢰가 맹목적이어서 그가 할 수 있는 일과 할 수 없는 일을 가릴 분별력이 없었다. 전쟁터인 한국에서 하룻밤도 자보지 않은 맥아더의 현장 감각이나 전쟁 문외한인 노(老) 대통령이 1950년과 1951년 사이 당면한 이상과 현실의 괴리는 그만큼 처절했던 것이다. (정일권)

중공 입장에서도 평양-원산선 구상이 있었다. 마오쩌둥은 1950년 10월 14일 펑더화이에게 전보를 보내 "만약 적군이 6개월 내에 평양과 원산을 고수하면서 북상하지 않는다면 우리군도 평양과 원산을 공격하지 않는다", "투입된 병력의 반수를 다시 중국 본토에 보냈다가 큰 전투가 일어나면 다시 파견한다"는 신중함을 보였다. (주지안룽)

그것은 평양-원산선에서 유엔군이 진격을 멈추면 변수가 생기게 되는 것을 의미했다(박명림). 평양-원산선이라면 중공은 체면을 세울 수 있어 유엔군과 전쟁에 들어가지 않아도 되고, 한국 측으로는 사실상 북진통일의 실효를 거두는 셈이 되는 것이다.

39도선은 38선이나 현 휴전선에 비해 동서의 길이가 3분의 1이나 줄고, 산악지대와 하천 등 천연방어물이 많아 그만큼 견고한 방어망 구축에 유리했다. 뿐만 아니라 쌀(논농사의 북방한계선)과 중요한 지하자원을 확보할 수 있고 평양 일대를 차지함으로써 인구의 90%를 대한민국에 귀속시킬 수가 있었다. (구광모, 채용기)

그 방어선에서 월동하고 한국군만 단독으로 북진하면 미군의 진격을 우려하는 중공의 입장(한국군의 단독북진에 대해서는 남북 간의 내진이기 때문에 이의제기를 하지 않았다)을 존중하면서 실질적으로 한국의 북진통일 의지를 살릴 수 있었다. 단독북진한 한국군이 중공군의 참전으로 후퇴한다 해도 방어망 구축이 잘 되어 있는 39도 방어선의 미군이 있기 때문에 유엔군 전체가 무너지면서 패주(敗走)에 패주를 거듭하는 대재앙은 일어나지 않았을 것이다.

미군이 참호전(塹壕戰)을 펴면서 중공군의 공격을 저지하고 외교적 해결책을 모색할 수 있다는 점에서 1950년 11월의 기습적인 중공군의 대공세 때보다 정치적으로나 군사적으로 훨씬 유리한 고지를 차지할 수 있었을 것이다(윌리엄 스툭). 영국군의 유엔군 산하 부대장교들도 잘 훈련되고 강인한 군대로 평양 주위에 견고한 방어선을 구축했어야 한다고 생각했다. 그러나 의도적으로 중공군의 참전 가능성을 부정적으로 보았고 이미 참전한 것을 알고도 부인했던 맥아더는 합참이 준 39도 가이드라인을 어기고 계속 쾌속으로 북진했고, 북진목표를 스스로 상향조정까지 하면서 '뉴 맥아더 라인'을 설정했다. 압록강까지 거리가 60km로 짧아져 있었다.

이승만의 독촉을 받으며 한국군도 유엔군의 북진경쟁(北進競爭)에서 선두에 서고 있었다. 미 합참은 맥아더의 인천 신화와 카리스마에 눌린 나머지 쏟아지는 비판론에도 불구하고 맥아더의 명령불복종을 제대로 따지지도 못하고 북진을 추인(追認)하고 말았다.

이때 중공군은 이미 한반도 북부 산악지대에 대거 잠입해 산속에 잠복하고 있었다. 유엔군의 북상속도가 예상외로 빠르자 마오쩌둥은 인민군의 후퇴와 재집결을 돕는다는 이유로 "진지전과 유격전의 결합을 통해 유엔군의 주력을 섬멸, 소모시킨다"면서 작전구상을 바꿔 방어전선에서 공격전술로 전환했기 때문이다. (주지안룽)

한국전쟁사(韓國戰爭史)를 보면 비판론자들이 예상한 대로 중공군은 워커와 아몬드의 지휘권 이원화로 공백이 된 중부 고원지대를 무대로 쐐기작전을 폄으로써 유엔군의 전(全) 전선을 혼란에 빠트리는 데 성공했다. 중공 측에서 보면 의용군이 예상외로 선전했고 세계최강이라는 미군을 앞세운 유엔군의 전열이 너무 쉽게 와해되었다. 예상외의 전과에 사기가 오른 마오쩌둥이 작전목표를 더 높이기 시작했다.

이승만과 맥아더는 동기는 달랐으나 북진통일에서는 같은 입장이었다. 그렇다 하더라도 궁극적 승리를 위해 상황에 따라 목표를 수정하거나 신축성을 가질 수도 있어야 했다. 두 사람 중 한 사람만이라도 신축성 있는 단계적 북진론을 수용했더라면 한국전쟁의 판도는 크게 변할 수 있었을 것이다. 맥아더가 해임된 뒤에도 유엔군은 2, 3차례나 39도선을 확보할 수 있었으나 기회를 살리지 못했다. 이번에는 맥아더 대신 미 합참이 그 같은 작전수행을 기피했기 때문이다.

1951년 6월 24일 소련대표 말리크가 휴전회담을 제의했을 때 격노한 이승만은 긴급 국무회의를 열고 대책을 논의했다. 이때 정일권 총장이 평양-원산선까지 북진해야 한다고 건의했다. 그러나 전시작전권이 미군에게 있었고, 미국의 군사지원에 의존해 싸우는 한국군은 단독작전을 수행할 능력이 없었다.

밴 플리트 사령관은 1951년 7월 작전(*Overwhelming*)에서 일정한 조건만 마련된다면 9월 초 평양-원산선을 확보한다는 계획을 세웠다. 그러나 워싱턴이 휴전회담의 진행상태를 관찰해야 한다면서 승인하지 않았다. 밴 플리트는 나중 당시가 공산군의 전력이 약화되어 있었기 때문에 충분히 승산이 있는 상황이었다고 회고했다.

1953년 초 클라크 유엔군 사령관도 대규모 공세작전 계획을 준비했다. 60일 내에 3단계 작전을 펴 평양-원산선까지 북진하고, 필요에 따라 남만주까지 폭격한다는 것이었다. 유엔군의 전력이 증강되고 있었고, 공산군과의 전투에 익숙해져 승산이 있었다고 할 수 있었다. 그러나 아이젠하워가 새 대통령으로 당선된 뒤여서 트루먼 행정부는 반응을 보이지 않았고 "전쟁을 끝내겠다"는 선거공약을 내걸었던 아이젠하워는 평양-원산선 확보에 아예 관심을 두지 않았다.

1953년 봄 아이젠하워 행정부에서 국무장관이 된 덜레스가 다시 평양-원산선에 대한 군사적 공격을 구상했다. 한국전쟁이 휴전이 된 뒤 인도차이나에 미칠 영향을 고려해 미국의 우위를 지키려는 방안으로 그러한 생각을 했으나, 아이젠하워 대통령은 협상 쪽을 선호했다(윌리엄 스툭). 그 뒤에도 참모들이 평양-원산선 확보문제를 거론했으나 점차 휴전을 바라는 동맹국의 의견 쪽으로 기울어 갔다.

처음 북진할 때와 비교하면 뒤에 준비했던 대부분의 구상이 실기

(失機) 한 것이라 할 수 있었다. 정일권은 그 같은 결과를 놓고 이승만의 정략(政略: 북진통일론)이 군의 전략에 나쁜 영향을 끼친 것이라는 비판적 시각을 보였다. 그 비판은 반은 맞고 반은 틀리는 판단이라 할 수 있다. 이승만의 북진통일론(北進統一論)이 한국전쟁의 전 과정을 통해 한국의 국가이익을 위해 기여한 강력한 외교적 지렛대이기도 했다는 점에서는 틀린 비판이다. 그러나 북진론 정략이 전략과 상충할 때 보다 유연하고 신축성이 있었어야 했다는 점에서는 올바른 지적이다. 이승만이 고령의 나이에서 오는 옹고집을 조금이라도 극복할 수 있었다면 39도선 확보라는 명분과 실리를 살리는 절묘한 전략적 절충안을 만들어 낼 수도 있었기 때문이다.

이승만의 대미외교, '벼랑 끝 전술'

내외여건이 '1인외교' 불가피하게 해

이승만은 미국 정부가 한국 정부의 의사를 묻지 않거나 무시하고 정책을 수행할 때 이를 견제하거나 저지할 마땅한 수단을 가지고 있지 못했다. 전쟁으로 폐허가 된 조그만 반도 반쪽과 3천만 민족이 그에게 주어진 밑천의 전부였다.

한국전쟁을 치를 때는 인력을 뺀 탄약과 무기 등 전쟁물자와 식량까지 미국에 의존해야 하는 무력한 약소국(弱小國)이었다(온창일). 때문에 대미 전시(戰時) 외교에서 대통령 자신이 직접 나서야 할 때가 많았다. 충분하게 훈련된 외교인력이 없었다. 중진급은 물론이고 실무자도 턱없이 모자랐다.

오랜 측근이고 독립운동 때 대미외교를 도운 임병직(외무장관 역임)도 이승만의 눈에는 자기 부처를 어떻게 끌어갈지도 모르는 능력 미달자였고, 변영태, 양유찬(주미 대사), 한표욱(주미 공사) 등 몇몇은 뛰어났으나 그들을 보좌하는 실무진은 약체였다(로버트 올리버). 대통령이 주요 현안을 직접 판단하고 결정해야 했고, 심지어는 중요 외교문서나 성명서, 편지를 직접 타이핑(프란체스카가 도왔다) 해야 하는 형편이었다.

미국 관리들은 동급의 한국인들을 상대하기보다 대통령과 직접 부딪치는 것이 더 편리하다는 것을 곧 익히게 되었다. 건국외교와 전시외교가 대통령의 1인외교라든지 외무장관이 외무비서라는 소리가 나온 배경은 대개 그랬다. 그러다 보니 약소국 지도자를 만만하게 보는 세계최강국 미국의 관리들과 미국 관리들을 부하처럼 다루고 싶어 하는 카리스마의 노 대통령 간에 서로의 묘한 게임이 벌어지게 됐다.

이승만은 재임 12년 사이에 초대 미국대사 무초를 포함해 브릭스(Ellis Briggs), 레이시(William Lacy), 다울링(Walter Dowling), 매카너기(Walter P. McConaughy) 등 5명의 대사를 겪었다.

초대 미국대사 무초는 신임장을 낸 뒤 "이제 군정이 끝났으니 하지 중장처럼 해서는 안 될 것이외다"라는 이승만의 주의부터 받아야 했다. 한국 사람을 우습게 보고 휘둘러대지 말라고 일종의 으름장을 놓은 것이다. 무초는 한국이 군비증강보다 민주역량의 함양이 더 시급하다고 보았기 때문에 그 반대 입장인 이승만과 대립각이 생길 여지가 있었다. 무초는 조병옥 등 한민당 관계자들과 가까이 지냈고, 부산 정치파동 때 야당 편을 들다가 이승만의 미움을 사기도 했다.

같은 시기 미 군사고문단장을 지낸 로버츠(Roberts) 준장은 50대 중반의 탱크 전문가로 평소 직언을 서슴지 않는 성격이었으나, 이승만이 '애치슨 장관의 발언'이 보도된 신문 스크랩을 코밑에 들이대며 "이것을 당신이 제안했는가? 미국의 정책이 어떤 것인지 설명해 보시지"라고 다그치자 제대로 답변도 하지 못했다.

2대 대사 브릭스는 휴전대사였고, 아이젠하워와 닉슨, 덜레스, 로버트슨의 방한(訪韓)을 뒷바라지하느라고 고생을 많이 했다.

3대 대사 레이시는 부임 6개월 만에 부적격 인물(페르소나 논 그라타)로 몰려 본국에 소환되었다. 필리핀에 있을 때 키리노 정권을 붕괴시키고 막사이사이를 대통령에 당선시키는 데 관여한 전력이 3선을 노리던 이승만의 비위를 크게 거슬렀던 것이다.

4대 다울링 대사는 2·4 파동에 휘말리기도 했으나 성품이 원만하고 인화에 강했으며 투쟁적인 이승만을 달래 한·일 회담에 응하게 하는 데 공을 세웠다. 그의 부인 역시 프란체스카 여사와 사이가 좋았다. (박실)

전쟁 중에는 막강한 영향력 때문에 미군 사령관(유엔군과 미 8군)들이 대사보다도 입김이 셌다. '부산 정치파동', '반공포로 석방', '휴전협상', '한·미 상호방위조약 체결', '에버레디 작전' 등 큰 이벤트가 잇달아 등장했던 시점에서 사령관이던 클라크, 밴 플리트, 테일러 장군들과는 갈등과 상호존중 사이를 오갔다.

이승만이 즐겨 쓰던 '벼랑 끝 전술'(Brinkmanship)이 대미(對美) 외교 과정에서 본격적으로 등장할 때도 대사나 사령관들과 관계가 있었다. 벼랑 끝 전술이 처음 등장한 것은 부산 정치파동 때였다. 그

때는 단순하고 거친 방식이었으나 2년 뒤 반공포로 석방 때는 훨씬 치밀해지고 노련해졌으며 타이밍도 절묘하게 잡았다.

반공포로의 일방적인 석방이 가져올 충격과 후유증을 잘 알고 있는 이승만은 우선 주요 상대인 클라크 사령관이나 브릭스 대사의 입장을 염두에 두고 계획을 진행했다. 이승만은 포로 석방을 명령하기 전 변영태 외무를 통해 클라크에게 석방조치 가능성을 암시하는 발언을 하게 했고, 클라크가 포로수용소 경비를 미군으로 대치하지 않고 한국군에게 계속 맡기고 있는 점을 청신호로 받아들인 듯하다.

클라크의 회고록에는 "반공전선에서 반공포로를 강제송환(공산국으로) 시킨다는 것은 미국의 이념과 어긋난다. 또 미군 부대를 이동시키는 것은 무리한 일이었다. 무엇보다도 미군과 한국군의 유혈충돌을 초래할 수 없었다"고 썼다(마크 클라크). 클라크는 휴전협정에 서명한 뒤 집에 돌아와 "미국 역사상 이기지 못한 전쟁에서 휴전협정에 서명한 최초의 사령관이 되었다"면서 통곡했던 인물이다. (임병직)

반공주의자이고 만주 폭격론자였던 그는 이승만을 깊이 이해했고, 개인적으로는 포로 송환을 반대하는 생각을 가지고 있었다. 한국 정부가 무엇인가 일을 꾸미는 것 같은 분위기임에도 포로수용소 경비를 미군으로 바꾸지 않고 포로 석방보다도 한·미군 충돌을 우려한 것을 보면 (포로 석방을) 방관한 것같이 느껴진다. (박실)

1952년 11월 25일 휴전 대사로 부임한 브릭스는 본국 정부의 이승만 제거 움직임에 대해 "이승만이야말로 우리보다 더 강력한 반공투사"라면서 강한 반대의견을 개진한 인물이다. 기본적으로 이승만의 반공을 깊이 이해하는 입장이었다.

이승만은 포로 석방계획의 비밀을 지키기 위해 원용덕 사령관 등 5명만 사전에 알고 있게끔 극비작전을 폈다. 또 부산 정치파동 때 이종찬 참모총장의 항명(抗命) 사건 같은 것이 재발되는 것을 예방하기 위해 군부에 대한 단속도 철저히 했다.

미국을 방문 중인 백선엽 참모총장을 급히 귀국하게 한 다음 군 수뇌부와 함께 경무대에 불러 충성을 재확인했고, 백 총장을 따로 만나 "원용덕에게 숙제를 줬네. 잘 좀 도와주게"라고 당부했다. (백선엽)

이승만은 처음부터 중국인 반공포로에 대해서는 거론하지 않았고, 한 명도 석방하지 않는 분리정책을 폈다. 포로 송환 건에 나라의 체면을 걸고 있던 중공을 불필요하게 자극시키지 않으려는 고려였다. 그는 포로 석방 뒤 사태가 통제불능의 위기로 치닫는 것을 막았다. 한국인과 미국인 간의 충돌이 예상되자 탈출작업을 중단하게 했고, 미국 관리들과의 협상에서 거친 발언은 변영태 외무에게 맡기고 자신은 수습하는 선한 역할(善役)을 담당했다. 또 결정적 순간 양보할 수도 있다는 유연성을 보여 옹고집이 아닌 점도 과시했다.

반공포로 석방, 벼랑 끝 전술의 하이라이트

이승만이 즐겨 활용하던 '벼랑 끝 전술'은 그의 심술과 배짱 때문에 갑자기 등장한 것이 아니다. 그것은 40여 년간의 독립운동 외교과정 중 미 국무성의 고자세와 무관심, 냉대를 겪으며 좌절과 실패를 거듭하는 과정 중에 힘이 지배하는 국제정치에서 강대국의 이해관계에 희생되는 약소국의 비애를 겪은 뒤 학습효과로 얻은 외교기법이었다. 약소국의 주장이 정상적인 외교경로로 통하지 않을 때 과장하거나 엄포(bluffing), 또는 '칼 물고 뜀뛰기' 같은 극단적인 수단을 써서 관심을 집중시키거나 유리한 국면을 확보할 수 있다는 체험의 소산이었다. 키다리들의 고공(高空) 농구에서 난쟁이가 볼을 잡아보려면 거칠게 태클하거나 반칙을 범하는 것 같은 접근법이라 할 수 있다.

벼랑 끝 전술은 이승만이 고급영어를 구사할 수 있고, 국제관계에 정통하며, 여론이 미국의 정책에 반영되는 메커니즘을 잘 아는 등 오랫동안 쌓은 경험과 공력(功力)이 있었고 배짱과 승부사 기질이 있어 가능했다. 대미외교와 반공외교를 주축으로 해 양자가 동전의 양면처럼 상호관계를 유지하게 함으로써 강력한 우군을 미국의 보수세력 안에서 확보할 수 있었고, 대결국면에서 미국이 더 인내하기 어렵다는 판단이 서면 고집을 꺾는 등 유연성을 보이면서 벼랑 아래로 떨어지는 자폭행위를 하지 않았다. 그래서 미국의 제거작전에서 스스로를 지킬 수 있었다. (차상철)

태평양전쟁 때 미·소의 얄타밀약설 폭로, 해방정국 때 하지 장군에 대한 공격, 단정(單政) 선언, 부산 정치파동, 반공포로 석방, 환율을 둘러싼 대결, 한·일 회담을 둘러싼 미국과의 갈등, 북진통일론 등이 벼랑 끝 전술의 범주에 들어가는 사건이었다.

타이밍과 내용, 후속조치가 가장 완벽한 형태로 진행된 것이 반공포로 석방이었다. 그것은 '칼 물고 뜀뛰기'와 같은 엄청난 위험부담을 수반하는 전술이었으나 한국의 안전보장과 국가이익의 극대화를 달성하기 위한 불가피한 선택이었다. (차상철)

반공포로를 석방한 뒤 대통령은 한·미 상호방위조약 체결을 위

한 협상, 닉슨 부통령과의 만남, 아이젠하워 대통령과의 정상회담
으로 이어지는 대미외교에서 올인했다. 냉전구도 아래 한국이 가
지고 있는 지정학적 위상을 십분 활용해 미국으로부터 최대한 지원
을 쟁취해 내는 데 성공했다. (김충남)

그런 의미에서 한·미 상호방위조약의 확보는 큰 의의가 있었
다. 월남 전쟁을 보면 미국이 월맹과 휴전협상을 맺은 2년 뒤 월남
이 공산군 수중에 들어갔다. 미국과 월남 간에 방위조약이 없었기
때문에 미국-월맹 간의 휴전이 이루어지면서 미국이 월남을 포기
한 것으로 이어진 결과였다. 한·미 상호방위조약 없이 휴전협정
이 이루어졌다면 한국도 월남같이 될 수도 있었을 것이다.

이승만의 도전과 도박이 없었다면, 미국과 싸우다가 노년(老年)

북한이 이승만의 벼랑 끝 외교 벤치마킹?

북한은 벼랑 끝 외교로 미국과의 외교전(外交戰)에서 유리한 고지를 따내고 이익
을 취해 왔다. 김일성의 핵무기 협박외교가 이승만 외교에 대한 연구에서 나온 것
이라는 연구(1995년 1월, 〈월간조선〉)도 나와 있다. 기법이 이승만의 것과 닮아
약소국이 강대국을 상대로 이익을 지키는 한 전형을 보여주는 것이다. (이한우)

미국이 벼랑 끝 전술을 역이용하기도

1950년대 미국 문서에는 이승만의 벼랑 끝 전술에 관한 내용이 자주 등장한다(박
태균). 여러 차례 기습을 당한 미국은 전술의 실체를 파악하고 역이용에 나서기도
했다.

의 모든 정력을 소진해 버렸다는 비판이 존재하지 않았다면 휴전을
이루는 일에 급급했던 미국은 통상 그러했듯이 적당한 선에서 마무
리하고 한반도에서 철수했을 것이고, 일단 철수한 상태에서 한국
은 방위조약을 끌어내기 위한 마땅한 지렛대(*Leverage*)가 없어 곤란
을 겪어야 했을 것이다.

한·미 상호방위조약은 한국의 안정과 번영의 초석이 되었고,
그 기반 위에서 박정희 시대의 고도성장이 가능할 수 있었다. 그
의 의를 누구보다도 잘 설명해 주는 인물이 이승만 자신이었다. 그
는 1953년 8월 8일 방위조약이 가조인되던 날 "우리는 앞으로 여러
세대에 걸쳐 (그 조약 때문에) 번영을 누릴 것이며 … 우리의 안보를
확보하게 될 것이다"라고 말했다.

이승만의 방미, 불화(不和)로 끝난 정상회담

이승만은 아이젠하워 대통령의 초청으로 휴전 성립 후, 1954년 7월
미국을 방문했다. 휴전을 반대하고 단독북진을 주장하는 등 미국의
전쟁정책과 맞서는 이승만을 달래기 위해 미국은 그간 초청의사를
밝혔으나 이승만은 자리를 비울 수 없다는 이유로 고사해 왔다. 그
러나 휴전문제가 일단락된 만큼 장도(壯途)에 오르게 된 것이다.

아이젠하워의 대소(對蘇) 유화(宥和) 정책이 못마땅했던 이승만
은 미국 방문에서 한국전쟁의 휴전에 대한 부당성을 미국 여론에
직접 호소할 생각이었다. 그는 한·미 간의 경제문제를 많이 다뤄
온 백두진 전 총리와 군사원조 문제를 다룰 손원일 국방장관 등 공

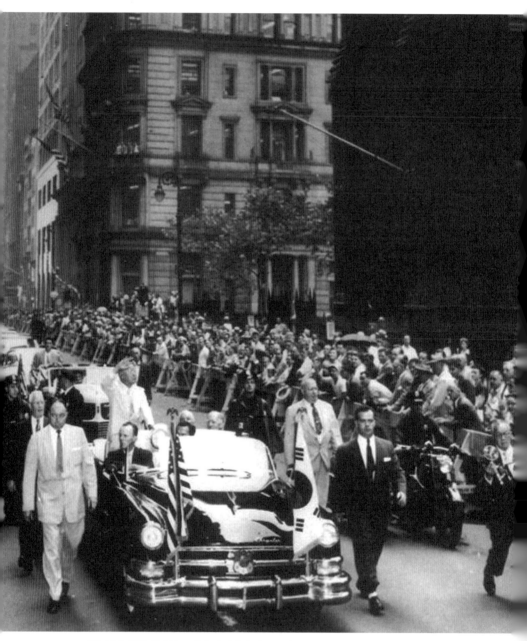

미국 국빈 방문 중 브로드웨이 카퍼레이드(1954.8).

식수행원 27명을 대동하고 미국에 도착했다.

국빈방문(State visit)이기도 했지만 이승만에 대한 미국 정부의 환영은 각별했다. 이례적으로 첫날밤을 백악관에서 묵게 배려했고, 사상 최초로 대서양을 무착륙 횡단한 린드버그(Charles Lindberg), 인천상륙작전의 영웅 맥아더가 받았던 뉴욕 브로드웨이의 환영 카퍼레이드를 받게끔 준비가 돼 있었다. 그때까지 그 같은 특별 의전(儀典)을 받은 외국인이 없었다.

그러나 7월 27일 오전 10시 열린 제 1차 한·미 정상회담은 전체 분위기와는 달리 순조롭게 풀리지 못했다. 그동안 양국 대통령 사이에 깔려있던 껄끄러운 감정이 미국이 내건 한·일 국교정상화 의제에서 언쟁으로 비화됐던 것이다.

이승만은 북진을 기피하고 휴전으로 정책방향을 돌린 아이젠하워의 유화정책이 못마땅했고, 아이젠하워 대통령은 미국에 전적으로 의존해야 하는 피원조 동맹국 입장인데도 자신의 정책에 장애가 되는 이승만이 달가울 리가 없었다. 한·일 국교정상화 의제가 나오자 이 대통령은 구보다(久保田) 망언(한국은 일제식민지 아래서 더 발전했다고 발언해 한·일 간에 큰 파문이 일으켰다)을 규탄하면서 화를 냈고, 아이젠하워가 그 발언을 확인하는 과정에서 분위기가 무거워져 1시간 동안 각자가 자기의견만 주장하다가 회담이 끝나버렸다.

7월 30일 두 번째 열린 정상회담도 삐걱거리기 시작했다. 이승만이 양국정상이 발표할 공동성명 초안에 "한국은 일본과의 관계에서도 우호적이고…"라는 문구가 들어 있는 것을 불만스럽게 생각한 나머지 정상회담 장소에 가기를 거부했기 때문이다. 이승만은 미국이 자신에게 적대국 일본과의 우호를 강요하는 올가미를 씌우려는 것으로 오해해 분노했다.

원래 공동 성명 초안은 양국 실무자 간에 충분한 협의를 거쳐 작성해야 했는데, 그 과정이 생략된 채 미국 측이 일방적으로 작성한 초안이 등장한 것이 문제의 시작이었다. 미국의 실무진들이 이 대통령의 강한 반일(反日) 감정을 알 리가 없었던 것이다. 백두진, 손원일 등이 대통령을 설득해 12분 늦게 백악관에 도착할 수 있었다(한표욱). 미리 보고를 통해 이승만이 늦게 온 이유를 알게 된 아이젠하워 대통령도 화가 나 있었다. 반발 이유를 수긍할 수 없었기 때문이었을 것이다.

아이젠하워는 한국이 휴전협정에 따라 파견된 중립국 감시위원단을 쫓아낸 이유를 추궁했고, 이 대통령은 "그들은 공산 스파이다. 미국이 제공한 헬기를 타고 우리나라 방방곡곡을 공중촬영하고 있다"고 되받았다. 배석한 헐(Hull) 유엔군 사령관이 사실이라고 확인해주자 아이젠하워가 더 할 말을 잊었다.

한·일 국교정상화 문제에서 논쟁이 가열되었다. 아이젠하워가 한·일 국교정상화가 꼭 필요하다고 설득하려 한 데 대해 이승만은 "내가 살아 있는 한 일본과는 상종도 하지 않겠다"고 단언하듯이 말했다. 공산 중국이 한국전쟁을 계기로 새로운 대국으로 부상함에 따라 미국은 동북아시아에 대한 자국의 부담을 줄이기 위해 일본경제를 부활시키는 역주행 정책(Reverse course)을 추진하고 있었기 때문에 한·일 국교정상화는 그만큼 중요한 현안이었다. (나중에는 미국의 압력을 받아들여 한·일 회담을 진행시켰다.)

화가 치민 아이젠하워가 "… 미군이 한국전에 참전하지 않았다면 이 대통령('박사'라고 호칭했다)이 오늘 여기서 이런 얘기를 할 수 있었겠는가?"라고 말하면서 자리를 차고 일어나 옆 집무실로 가버렸다. 말하자면 분수나 제대로 알고 처신하라고 윽박지른 꼴이었는데, 듣는 사람에게는 상처에 소금을 뿌리는 듯한 아픔이었을 것이다. 이승만은 순간 한국말로 "저런 고약스런 사람이 있나, 저런…"하고 중얼거렸다고 한다(한표욱). 만감이 교차했을 것이다.

집무실에서 화를 삭인 아이젠하워가 다시 돌아와 회담을 속개하려하자 이번엔 이승만이 기자들과의 약속을 이유로 자리에서 일어났다. 장군, 멍군식이었는데 그것으로 한·미 정상회담이 끝나고 말았다. (홍진기)

미국 언론은 한·미정상회담의 불화(不和)를 집중보도했다.

정상회담과 별도로 실무회담은 마무리돼

정상회담은 그렇게 끝났으나 실무회담은 그런대로 마무리가 됐다. 이승만이 나간 뒤 분노한 아이젠하워가 자리를 차고 일어나는 바람에 의자가 뒤로 '쾅'하고 넘어갔고, 덜레스 국무장관도 덩달아 일어났다. 이때 덜레스와 친한 사이였던 양유찬 대사가 "존(John)! 제발 앉아보시오"라고 말하면서 대통령 사이에 무슨 일이 있다 해도 우리는 아직 할 일이 남아 있지 않느냐면서 달래 실무회담을 계속할 수 있었다(김정렬). 그때 합의한 경제 및 군사문제에 관한 한·미 합의의사록은 1954년 11월 7일 서울에서 변영태 외무와 브릭스 대사 사이에서 정식 조인되었고, 워싱턴에선 한·미 상호방위조약 비준서가 교환되었다.

미국은 앞서 로버트슨 특사의 방한 때 설명한 것처럼 상호방위조약으로 북한의 남침을 억제하고 합의의사록으로 이승만의 북진을 견제하는 정책을 예정대로 진행시켰던 것이다.

이승만과 아이젠하워의 악연(惡緣)

이승만은 북진통일론에서 생각이 같았던 맥아더 원수가 해임된 것을 가슴깊이 애석해 했다. 때문에 1952년 미국 대통령 선거에서 나토군 사령관이던 노르망디 상륙작전의 영웅 아이젠하워가 당선(공화당)되자 맥아더와 같은 군인 출신이란 점에서 기대가 컸다.

아이젠하워 당선자는 1952년 12월 2일 오후 7시 57분 선거 때의 공약을 지켜 한국에 왔다. 기대가 컸던 이승만은 대규모 환영대회를 열고 국회연설 기회 등을 마련했으나 미국 측이 신변보호를 이유로 거절했다.

문제는 아이젠하워가 한국의 대통령을 무시하거나 기피하는 듯한 태도를 보였 다는 데 있었다. 아이젠하워는 미 8군 사령부에서 이승만의 예방을 받았으나 답방 을 하지 않았고, 작별인사도 없이 그대로 출국하려다가 밴 플리트의 권고를 뿌리 치지 못하고 받아들여 경무대로 차를 돌렸다. 경무대에 와서도 간단히 인사만 하 고 떠나려다가 한국 측이 각료들을 모두 대기시켜 놓은 것을 보고 급조된 한 · 미 회의에 참석케 되었다. 그러나 한국 측의 얘기만 듣고 아무 말도 하지 않은 채 일 어섰다. 이승만을 잘 아는 덜레스가 서울에 가면 아예 정치얘기는 꺼내지 말라고 충고한 것을 잘 지키기는 했으나 이승만은 체면을 깎이고 수모를 당했다고 느끼게 되었다. 두 정상의 불편한 관계의 시작이었다.

이승만은 그 후 반공포로를 석방해, 아이젠하워가 원하는 휴전회담 협상에 찬 물을 끼얹었고, 휴전 뒤에도 "한국은 … 독자적 권리를 취할 권리가 있다"면서 미 국을 위협했다.

아이젠하워는 1953년 11월 부통령 닉슨(Richard M. Nixon)을 특사로 서울에 보내 이승만을 달랜 적도 있었다. 노회한 이승만은 고별인사를 하는 닉슨에게 전화로 "한국이 독자적 행동을 취할 것이라고 말한 내 성명은 교활한 공산국과 대결하는 미국을 돕기 위해 (의도적으로) 한 말이다. 나는 한국이 독자적으로 행동(단독북진)할 수 없다는 것을 알고 있다. 우리는 미국과 행동을 함께해야 한다"고 말했다. 발언에 책임을 져야 하는 문서화는 하지 않고 말로 미국이 원하는 언질을 주었던 것이다.

닉슨으로부터 좋은 인상을 받은 점을 보고받은 아이젠하워는 이승만이 고집불 통이긴 하나 이지적(理智的)이라고 생각을 바꾸고 최종적으로 워싱턴에 초청하게 되었다. 그런데 정상회담이 그 모양이 돼 버렸던 것이다(홍진기). 그 같은 아이젠 하워와의 악연은 나중에 설명하겠지만 6년 뒤인 4 · 19 때 미국이 이승만 지지를 철회하는 조치로 이어지게 된다.

그런 회담결과가 나온 것은 양측에 책임이 있을 것이다. 그러나 그 경우 칼자루를 쥔 갑(甲, 미국)이 칼날을 잡은 을(乙, 한국) 보다 입장이 유리한 것이 상식이다. 오만한 아이젠하워의 콧대를 꺾었다고 해서 일시적으로 화풀이를 할 수는 있었겠으나 이승만이 늘 최우선시하던 국익(國益) 확보라는 차원에선 아슬아슬한 순간이었다.

이승만, 미 의회연설에서 미국의 유화(宥和)정책 공격해

이승만은 한·미 제1차 정상회담과 제2차 회담 사이인 7월 28일 오전 10시 미 의회를 방문해 상·하 양원의원들을 상대로 연설했다. 유창한 영어로 시작된 특유의 낮은 톤의 연설은 차츰 카랑카랑한 열변으로 바뀌어 갔다.

그는 연설 모두에서 한국전쟁에 자식과 남편, 그리고 형제들을 보내주신 미국인 어머니들에게 깊은 감사를 드린다고 말해 첫 번째 우레와 같은 박수를 받았다(한표욱). 이럴 때 어떤 말을 해야 미국인의 심금을 울릴 수 있을지를 잘 알고 하는 연설이었다. 역대 주한 미군 사령관들의 이름을 일일이 예거하고 밴 플리트 장군을 "한국 육군의 아버지"라고 추켜세우며 본론에 들어갔다. 연설 도중 33차례나 박수를 받은 장장 4시간에 걸친 장광설이었다. (로버트 올리버)

이승만은 소련과 중공이 더 강해지기 전에 일전(一戰)을 겨뤄서 중국 대륙을 되찾음으로써 아시아의 기본적인 힘의 한계를 변혁시켜야 한다는 예방전쟁론을 펴는 등 미국의 극동정책을 비판했다(박실). 또 미국 지도자들을 훈계라도 하듯이 "미국이 한국에서의 대공산주의 전쟁을 벌벌 떨면서 그만두었다", "어리석게도 휴전에 동의했다", "제네바회의가 실패했기 때문에 휴전의 종결을 선언해야 한다"고 주장했고, "한국군과 대만군, 미 해·공군을 동원한 연합공격으로 중공군을 격퇴시킬 수 있고, 한반도 통일도 가능하다"고 역설했다.

족청계(族靑系)라는 이유로 총리직에서 밀려났으나 미국 측의 요청(한·미 간 경제협의에서 보인 조정력 때문에)으로 함께 오게 됐던 백두진이 "극동의 조그만 나라의 백성으로 이때같이 긍지를 가져본 일이 없었다"고 회고한 것을 보면, 한국민의 입장에선 연설장면이 그야말로 압권이었던 모양이다. (백두진)

그러나 연설의 대상인 미국인들에게는 연설효과가 기대 이하였다. 미국인들을 감동시키려 했으나 오히려 여론을 악화시켰고, 미국의 정치지도자들은 이승만을 더 이상 함께 이야기를 할 수 없는 사람이라는 결론을 내리게 됐다(짐 하우스만·차상철). 〈뉴욕타임스〉는 사설을 통해 이승만의 연설이 미국 사람들의 정서에 맞지 않을 뿐 아니라 전쟁을 충동하고 권장하고 있다고 비판했다.

미 국민의 냉담한 반응에 놀란 이승만은 생애 최악의 연설(worst mistake)이었다면서 올리버에게 연설문을 보여주지 않은 것을 후회했다. 이승만의 미국 방문 중 연설문은 모두 수사학 교수 출신의 로버트 올리버가 썼는데, 의회연설 초안만큼은 이승만이 직접 썼고, 올리버가 여러 차례 간청했는데도 보여주지 않았다가 역효과가 난 것이다. (로버트 올리버)

미국 상·하원 합동회의에서 연설하는 이승만(1954).

이승만은 그다음 주요 연설기회인 외신기자클럽에서는 "복잡한 내용을 줄이다 보니 오해가 생겼다. 내가 미국에 즉시 대중공 선전 포고를 하라고 한 걸로 생각하는 사람이 있는 모양인데 나의 의도는… 미국에 참고로 제안한 것뿐이다"라고 해명했으나 엎어진 물을 다시 담을 수는 없었다. 여론에 민감한 미국 정치의 생리를 누구보다도 잘 아는 이승만이 뼈아픈 악수(惡手)를 둔 셈이었다.

이승만, 젊은 시절부터 시대의 예언자

이승만의 방미(訪美)는 그가 가장 강점을 보였던 대미외교 분야에서 냉전관(冷戰觀) 때문에 배수진을 쳐야 하는 특징을 보였다.

방미에 앞서 이승만은 아이젠하워 대통령 주도로 냉전시대가 긴장완화로 이어지고 그 영향으로 미국의 한국군 감축(減縮) 압력까지 거세지자 "아이젠하워가 있는 한 자기 나라(미국)를 송두리째 소련에 빼앗기고… 전쟁을 하지 못할 것이다"라고 못마땅해했고, 일본 편향으로 돌아가는 미국의 동북아 정책에 대해서도 불만이었다. 일본은 "아카시아 나무 같아서 혼자만 잘 살려는 것이 아니라 남까지 못살게 하는 민족이다"라고 각료들에게 강조하고, 이를 미국인들에게 알려주라고 권하기까지 했다.

그 같은 이승만의 생각은 방미 중 의회연설과 정상회담에서 표출되었다. 정상회담의 불화에 대해서는 언급이 없고 의회연설의 실패에 대해서만 크게 후회하는 모습을 보인 것을 보면 이승만은 의회연설 쪽에 더 큰 무게를 두었던 것 같다. 미 행정부의 대소(對

蘇) 유화정책에 대해 비판적 여론이 형성되길 희망했기 때문일 것이다.

이승만은 젊은 시절부터 국제정세에 대한 해박한 지식과 통찰력을 과시했다. 시대의 예언자(豫言者)였다(곽길영). 러·일 전쟁에 승리한 일본의 야욕이 한반도에서 끝나지 않을 것을 예고했고, 볼셰비키 혁명(1917년)이 일어난 뒤 얼마 지나지 않아 반공주의자가 됐다(브루스 커밍스는 '조숙한 냉전주의자'라고 규정했다). 해방정국에서도 미·소 대결구도를 일찍 간파했고, 신탁통치가 되면 동유럽처럼 한반도가 소비에트화될 것이라고 내다보았다. 남한만의 단정(單政)을 주장하고 나서면서 미국 정책에 앞서가는 행보도 보였다.

한국전쟁 중에도 미군보다 먼저 북진을 시작하는 결단을 내렸다. 같은 북진통일론자였던 맥아더가 해임된 뒤에는 독자적인 북진론을 주장하게 되었고, 휴전협상 과정에서 미국과 부딪쳤다.

이승만은 1951년 총독부 고위직에 있던 임문환(任文桓)을 농림장관으로 기용할 때 "내가 무서워하는 나라는 소련과 일본이다"라고 하면서, "소련이 머지않아 민주주의에 의해 멸망할 것이다"라고 말한 적이 있었다(홍진기). 40년 뒤 소련이 붕괴된 것을 보면 이승만의 혜안(慧眼)이 대단했음을 알 수가 있다. 그러나 그의 예언은 소련이 스스로 붕괴되는 것이 아니라 미국 등 자유세계의 무력에 의해 굴복되는 것을 의미하는 냉전관(冷戰觀)에 기초하고 있었다. 그 연장선에서 만주폭격을 감행하고 확전을 통해 중국을 굴복시켜야 하고, 그래야만 한국의 통일도 가능하다고 보았다.

그러한 냉전관은 오랜 반공주의자로서의 편집광적인 사고에서 비롯된 것이라는 비난도 받았고, 큰 전쟁(제3차 세계대전)으로 비화될 수 있다는 점에서 세계의 다른 지도자들의 반발을 샀다. 이승만은 극우, 호전(好戰) 주의자라는 비난대상이 되었다. 한국의 입장에서 문제가 되는 것은 그 냉전관이 이승만에게 배수진이기도 해서 다른 선택지를 마련할 수 없다는 점이었다.

미국은 냉전시대를 선언(트루먼 독트린)했으나 한국전쟁에서 소련과 충돌하는 것을 피하려고 노력했고 아이젠하워 대통령은 긴장완화정책으로 선회했다. 제 2차 세계대전에서 유럽 전장을 지휘하면서 전쟁의 비극성을 체험한 아이젠하워는 핵무기에 의한 가공할 인명살상과 파괴력을 가져올 전쟁을 피해야 한다고 보았다. 그 뒤 미·소 양국이 군비경쟁은 하면서도 소련의 붕괴로 냉전체제가 해체될 때까지 평화 공존체제를 유지할 수 있었던 것을 보면 당시 미국의 선택은 역사의 흐름을 적절하게 반영했던 것이라 할 수 있다.

그런데 이러한 미국의 세계전략이 한반도에 적용되면서 이승만의 배수진 전략과 맞부딪혀 파열음(破裂音)을 내게 되었다. 미국은 휴전이 성립된 마당에 한국이 60만 대군을 보유할 필요가 없다는 입장이었고, 호전적인 북한군과 대치해야 하는 이승만 정부는 한국군의 전력 현대화를 전제하지 않는 감군(減軍)에 반대했다. 이승만이 미 의회연설에서 주장하고 싶었던 핵심 메시지는 그 자신이 해명했던 것처럼 중공과 전쟁을 하자는 것이 아니라 한반도의 전략적 특수성을 이해하고 상응하는 지원을 계속해야 한다는 데 있었을 것이다.

수십 년이 지난 지금도 마찬가지 상황이지만 한·미 간의 의견 차이는 오랜 시간을 두고 협상해야 할 현안이었고, 궁극적으로는 미국의 지원 없이도 살아갈 수 있는 경제자립과 자주국방의 길을 개척해야 하는 게 생존의 길이었다. 이승만은 각의(閣議)에서 "미국은 대한(對韓) 원조를 계속하지 않을 것이니 우리가 자립하지 않으면 노예가 되는 것 외에 도리가 없을 것이다. 원자력을 개발하고 이순신 장군을 이을 기술자를 길러야 한다"고 강조했다. (이달순)

한국전쟁 전까지 그는 국제문제에서 앞서가곤 했으나 전쟁 후반부터 점차 세계의 흐름에서 뒤처지는 조짐을 보였다. 미·소가 군비경쟁을 하면서 다른 한편으로 평화공존을 취해야 하는 새로운 국제현실에 대한 이해가 부족했고 미·소 대결과 그 하위구조이면서 특이한 남북대결과의 차이를 인식하고 분리 대응하는 유연성을 보이지 못했다. 그는 너무 늙고 노쇠(老衰)하여 남은 시간이 별로 없었다. 무대를 떠나야 할 때가 다가왔으나 국내에서는 거꾸로 종신집권의 길로 치닫고 있었다.

'구보다 망언'으로 한·일 회담 4년간 연기돼

일본에서 역주행 정책을 택한 미국 정부의 입장에서 보면 한국과 일본이 적대관계를 청산하지 못하고 계속 대치하는 상황은 동북아 정책의 최대 장애요인이었다. 따라서 아이젠하워 정부는 국교정상화를 위한 한·일 회담을 개최할 것을 강력하게 양국 정부에 압박하고 있었다.

일본은 원칙적으로 미국의 그 같은 요구에 동조하는 입장이었다. 한국전쟁 때 대구, 부산을 제외한 남한 지역이 북한 공산군 수중에 떨어진 뒤 부산 적기론(赤旗論)까지 널리 퍼져 있었던 만큼 일본의 안보문제가 새삼스럽게 부각되었기 때문이다. 한반도가 공산화되면 일본은 등에 비수를 두고 사는 것이라는 인식을 가지고 있었다. 그것은 19세기 이래 대(對) 한반도 및 대륙정책(征韓論)의 기본이었던 일본의 지정학적 인식이었다. 일본이 가진 이견(異見)이 있다면 시기문제였다. 전후복구와 경제성장을 충분히 이루지 못한 상황에서 때 이른 한·일 국교정상화 추진이 일본의 경제성장에 장애가 될 수 있는 점을 우려한 것이다.

한국 정부는 불화로 끝난 한·미 정상회담에서 볼 수 있었듯이 미국의 요구에 대해 기본적으로 부정적이었다. 이승만 대통령이 강한 반일감정을 가지고 있는 데다가 일본 경제를 우선시하는 미국의 정책에 강한 불만을 가지고 있었기 때문이다.

이승만은 미국과 일본이 샌프란시스코 강화조약 체결을 서두르고 있다는 정보를 입수하면서 한때 일본이 외교권을 행사할 수 없는 강화조약 체결 전 맥아더 사령부와 상의해 대일(對日) 문제를 유리하게 처리해 볼 생각도 가지고 있었다. 그러나 제1차 한·일 회담이 실제로 성사된 것은 미·일 강화조약이 체결된 뒤인 1951년 10월 20일이었다.

이승만은 제1차 한·일 회담의 수석대표로 양유찬(梁裕燦) 주미대사를 발탁했고, 교체 수석에 신성모 주일 대표 부공사, 대표단 단원으로는 임송본(林松本) 식산은행 총재와 홍진기(洪璡基) 법무부 법무국장, 갈홍기(葛弘基) 주일 대표 부참사관, 법학자 유진오 등을 임명했다.

대통령이 하와이 시절의 제자였고 호놀룰루의 산부인과 의사로 성공한 양유찬을 주미 대사로 스카우트한 데 이어 이번에는 역사적

한·일 회담의 협상주역 자리를 맡긴 것이다. 양유찬 수석대표의
등장은 어떻게 보면 정실인사처럼 보이지만 따지고 보면 녹록지 않
은 속셈이 깔려 있었다. 이승만이 일본 식민치하에서 살아본 경험
이 없어 일본인들에 대한 고정관념이나 콤플렉스도 없고 일본 대표
들보다 영어가 능통한 인물을 내세움으로써 당당하게 맞서는 포석
을 깐 것이다. 양유찬 대표는 요시다(吉田茂) 수상이 "훌륭한 영어
를 쓴다"고 말하자 "미국에서 조국의 독립을 위해 미국 사람들을 만
나다 보니 영어실력이 향상된 것 같다"고 응수하면서 이승만의 기
대에 부응하기도 했다.

이승만은 일본 사람들에게 얕보이는 행동을 해서는 안 된다고 대
표단에 주의를 주었고, 일본 대표들에게 기죽지 말라면서 일본에
도 없는 최고급 양복지로 옷을 맞춰 입게 했으며, 자신은 일본에
올 때 맥아더의 전세기를 빌려 타면서도 대표단은 국내 항공사인
KNA 전세기 편으로 일본에 가게 했다. 갓 설립된 KNA로서는 첫

"왜장(倭將)이 한국 호랑이 다 잡아갔다", 가시 돋친 농담도

1950년 2월 14일 이승만은 맥아더 사령관의 초청형식으로 두 번째 일본을 방문
했다. 맥아더의 주선으로 일본 요시다(吉田茂) 수상과 정상회담을 가졌다. 태평양
전쟁 때 각료였던 요시다는 A급 전범이었으나 처벌을 면하고 재기, 전후 일본을
부흥시킨 일본 정계의 거물이었고, 거만한 맥아더에게 농담을 건넬 수 있는 뱃심
의 소유자였다.

요시다가 이승만에게 "한국에는 아직도 호랑이가 있습니까?"라고 물었다가 면
박을 당했다는 일화가 있다. 이승만이 "임진왜란 때 가토 기요마사(加藤淸正)가 다
잡아가고 이제는 없습니다"라고 가시 돋친 농담으로 응수했다는 것이다.

해외 비행이었고, 또 태극 표시를 한 한국 국적(國籍)의 비행기가 일본 상공을 비행한 것도 처음이었다. (홍진기)

이 대통령은 손수 양유찬 수석의 개막연설문까지 기초했다. 그 연설문은 "… 한국은 일본을 침략한 역사가 없지만 일본은 항상 한국을 괴롭히고 침략해 왔다. 일본이 우리에게 얼마나 못할 짓을 자행해 왔는지 당신들은 잘 알 것이다. 학살, 고문, 징용, 공출 등의 폭력과 불법행위는 평화를 사랑하는 한국 민족을 분노하게 했다. … 그러나 이제 우리는 화합하자"고 밝히면서 할 말을 다하고 있었다.

제1차 회담은 양측 주장이 엇갈려 4월 21일 중단되었고, 1953년 4월 15일 제2차 회담이 속개되었으나 평화선 문제, 재일교포의 강제퇴거 문제로 다시 결렬되었다. 10월 6일 제3차 회담이 열렸으나 일본 수석대표 구보다(久保田)가 "일본의 36년간 통치는 한국에게 유익했다", "일본이 그때 한반도에 진출하지 않았다면 한국은 중국이나 러시아에 의해 점령되었을 것이다. 그랬다면 더 비참한 경험을 했을 것이다"라고 발언한 망언(妄言) 때문에 다시 결렬되었다.

이승만, 아이젠하워 두 대통령이 백악관에서 한·일 회담과 관련, 언쟁을 벌인 것은 그 뒤의 일이다. 한·일 회담은 그 뒤 한국의 격한 반일감정 때문에 4년 동안 중단되었다. (망언의 주인공 구보다는 그 뒤 일본 외교계에서 슬그머니 거세되었다.)

1958년 4월 15일 제4차 회담이 재개되었으나 일본 정부가 이승만의 강력한 반대에도 불구하고 강행한 재일교포 강제북송(强制北送) 문제로 다시 난항을 겪었고, 1960년 4·19 혁명으로 다시 무기

한 연기되었다. 한·일 회담은 자유당 정부 때 4회, 민주당 때 1회가 열렸고, 5·16 쿠데타 이후 군사정부를 거쳐 1965년 2월 20일 박정희 대통령 치하의 제3공화국 때 국교정상화를 타결했다.

젊은 시절 이승만은 친미·반러 성향이었고, 대일(對日) 인식은 1905년을 기점으로 우호적 인식에서 소극적 반일(反日)로, 1919년 이후 적극적 반일로 접어들었다(정병준). 이승만은 1896년경에는 친일파나 일본인들과 접촉하며 백인종의 동양침략에 맞서는 일본에 대해 다른 개화파들처럼 호감을 가졌다. 고종의 밀사(密使)로 대미외교를 위해 도미했을 때만 해도 반일감정을 나타내지 않았고, 미국유학 시절에도 스티븐스 저격사건의 재판통역을 거부하는 등 항일 의열(義烈) 투쟁에 반대하는 입장을 보였다.

1913년 하와이 망명 후에는 미국의 대일정책과 일본계 교민이 압도적으로 많은 하와이 내의 자신의 입지에 따라 유화적 자세와 반일을 오갔고 동포사회를 상대할 때만 확실한 반일이었다.

이승만은 3·1 운동 이후에야 반일노선을 확실히 했다. (정병준) 《일본내막기》를 쓴 뒤 일본이 1941년 태평양전쟁을 일으키게 되면서 본격적 항일 외교활동에 들어갔다. 이승만의 항일은 무조건 투쟁이 아니라 일본을 알고(知日) 싸워야 한다(抗日)는 입장이었다.

이승만은 일본 민족이 주변의 나무들을 황폐화시키는 아카시아같이 주변 국가들을 괴롭히는 존재라고 인식했고, 일본이 패전했다 해도 민주주의 국가로 재건되어 다시 융성할 수 있을 것으로 내다보고 그 같은 일본에 대응해야 한다는 반일관을 확립하고 있었다(임문환). 같은 맥락에서 미군을 일본에서 철수시키면 안 된다고 주

이승만의 평화선 선언

이승만은 1952년 11월 18일 어업관할수역을 확정해 어족(魚族)자원을 보호하고, 대륙붕의 자원과 독도(獨島)를 둘러싼 영토분규의 종식을 고려한 해양주권을 선언하는 세칭 '이승만 라인'(평화선)을 선포했다. 대한민국 인접해양의 주권에 대한 이 평화선(平和線) 선언으로 한·일 회담은 난항에 들어갔으나, 한국은 14년간 대일외교의 지렛대를 얻었다.(박실)

평화선을 선언할 당시 판문점에선 휴전회담이 진행 중이었고 전선에선 유엔군과 공산군이 땅따먹기 격전을 치르고 있던 때였다.

이승만 라인의 등장은 맥아더 라인이 미·일 강화조약에 따라 없어지게 된 데 대한 대안(代案)으로 등장했다. 7년 전인 1945년 8월 20일 맥아더의 연합군 최고사령부는 일본 연안을 중심으로 2,089만 800평방마일의 해역에서만 일본 어선이 조업할 수 있도록 하는 '맥아더 라인'을 정했다. 군사상의 이유도 있었으나 일본 어선이 5대양에 걸쳐 무분별하게 물고기를 남획(濫獲)하는 사태를 방지하기 위해서 마련한 조치였다.

갑자기 원양(遠洋) 어장이 축소되자 일본 어선들이 전쟁 중이어서 어업활동이 부진한 한국 쪽 수역으로 대거 넘어와 불법어로를 시작했다. 한국 전체 어획고의 2분의 1인 14만여 톤을 잡아가고 있었다. 그래도 맥아더 라인이 존재했기 때문에 싹쓸이 사태는 겨우 면하는 형편이었다. 그 뒤 미·일 강화조약의 체결로 그 맥아더 라인이 없어지게 되는 것에 대비해 이승만은 대안으로 이승만 라인을 일방적으로 선포했다.

이승만 라인의 등장은 동해, 남해, 서해 어장을 휩쓰는 일본 어선단에게는 엄청난 충격이었다. 한국의 해군은 곧 불법어로를 하던 일본 어선을 나포(拿捕)하기 시작했고, 9개월 만에 일본 어부 1천여 명을 붙잡혀 실형을 선고받았다. 한·일 간 긴장이 고조되었다.

앞서 말한 이승만·요시다 회담도 이승만 라인 때문에 이뤄진 것인데, 양국이 정식의제로 삼는 데 합의했으나 한국 측이 계속 강경한 자세로 나감에 따라 후속 회담이 무기한 연기되기도 했다.

이승만 라인 안에 독도가 들어가 있는 사실은 시사하는 바가 크다. 미·일 강화조약 때 미국은 초안에 독도를 한국 땅으로 명기했었다. 그러나 주일 미 대사관

정치고문인 친일의 윌리엄 시볼드(맥아더 사령부 작전국장 출신)의 건의에 따라 슬그머니 일본령으로 고쳤고, 그 뒤 영국 등 다른 연합국이 반발하자 후퇴해 독도 명칭을 명기대상에서 아예 빼버렸다. 일본이 소련의 남하를 견제할 수 있도록 독도를 일본 영토로 인정해 달라고 시볼드를 앞세워 미국을 설득해 일본 영토로 바뀌었고, 그것이 무리수인 것을 인정하고 빼버린 것이다.(박선영 TV 증언)

이승만이 이승만 라인 안에 독도를 포함시킨 것은 독도 영유권 분쟁을 의식한 포석을 놓은 것이라 할 수 있다. 이승만은 1949년 11월 8일 기자회견에서 대일(對日)문제에 관해 얘기하다가 쓰시마(對馬島)가 한국 땅인 만큼 반환되어야 한다고 주장했고, 건국 직후인 1948년 8월 18일, 9월 9일과 1949년 1월 6일에도 각각 대마도 영유권을 밝혀 일본에서 큰 파문을 일으켰다. 이승만은 그러나 그 주장을 정식으로 외교문서화하지는 않았다. 일본 흔들기의 외교포석으로 활용한 듯하다. 대일외교에서 기선을 잡아가던 이승만이 독도의 실효적 지배를 가능하게 만들어 놓았다.

장하는 입장도 나왔다. 미군의 철수가 일본에게 재무장의 기회를 주어 군국주의가 부활하는 계기가 될 것이고, 그것은 한국에 대한 위협의 부활이 될 것이라는 장기적 안목도 가지고 있었다. (배기옥)

한국이 더 강해진 뒤 항일세대가 아닌 후대 세대가 당당하게 한·일 교섭을 마무리해야 한다는 생각을 가지고 있었기 때문에 미국의 한·일 회담 요구에 동의하지 않고 회담을 서두르지도 않는 입장이었다. (홍진기)

자유당, 3선 개헌으로 영구집권의 길 터

강경파가 사사오입 개헌 논리 제공해

1954년 들어 이승만은 행정부뿐 아니라 국회와 당(자유당)까지 완전하게 장악하게 되었다(김일영). 해방정국 때 필마단기로 귀국했던 그가 9년 만에 이룩해낸 정치적 성과였다. 부산 정치파동과 휴전반대운동 때 결정적 역할을 했던 이범석의 족청계가 토사구팽되고, 자신에게 절대적으로 충성하는 이기붕을 2인자 자리에 앉혔다.

이승만은 자유당 간부들에 대한 인사는 물론 국회의원 후보까지 모두 직접 챙겼고, 친일파 계열인 고위관료들에게 공천을 주어 원내에 진출시켰다. 원내에 들어온 이들은 이기붕을 돕는 세력의 기반이 되었다. 장경근(張暻根), 한희석(韓熙奭), 인태식(印泰植), 임철호(任哲鎬), 박용익(朴容翊), 이재학(李在鶴) 등이다.

당시 이승만 정권의 당면과제는 1954년 봄에 있을 제3대 민의원 선거에서 개헌선인 의석의 3분의 2 이상을 획득할 수 있는가에 있었다. 헌법이 대통령의 임기를 2선 중임(二選重任)으로 제한하고 있어서, 또 다시 개헌을 해 이승만에게 무제한의 재선을 허용하고 영구집권의 길을 갈 수 있게 해야 한다는 것이었다. (이철승)

5월 20일 실시된 선거에서 자유당은 이승만의 개인적 인기를 기반으로 당 조직과 경찰, 관료조직을 총동원한 관권선거와 각가지 부정선거를 통해 부산 정치파동 이래 지리멸렬 상태였던 야당세력에 대해 압도적 승리를 거두었다. (김영명)

자유당은 개헌선인 136석(전체 의석 203석의 3분의 2)에는 미치지 못했으나 과반을 넘는 114석을 차지했다. 민주당은 겨우 15석을 건지는 데 끝났고 무소속은 67석이었다. 자유당은 개헌선(改憲線)을 확보하기 위해 적극적으로 무소속 영입에 나섰고, 개헌선인 136명을 확보하는 데 성공했다.

자유당은 1954년 9월 6일 "현재의 대통령에 한해 중임제한을 철폐한다"는 내용을 담은 개헌안을 제출했다. 10일간의 찬반 토론 끝에 11월 27일 표결에 들어갔는데, 재적 203명 중 찬성 135표, 반대 60표, 기권 7표가 나왔다. 여당 의원 한 사람이 잘못 투표한 것이다.

헌법 개정을 위해서는 산술적 계산으로 1표가 부족한 상황이 되었다. 최순주(崔淳周) 국회부의장은 일단 개헌안의 부결을 선포했다. 그러나 기상천외의 반전극(反轉劇)이 전개되었다.

강경파인 장경근 의원이 수학자인 최윤식(崔允植) 서울대 교수를 경무대에 데리고 가 사사오입(四捨五入)의 묘안을 건의한 것이다(이철승). 203명의 3분의 2는 사사오입하면 136명이 아니고 135명이 된다는 주장이었다. 135, 333…에서 사사오입하면 135가 된다는 논리였던 것이다. (김호진)

이틀 뒤 최순주 부의장은 그 논리를 내세우고 지난번의 부결 선포는 계산착오 때문이었다면서 부결 선포를 취소하고 자유당이 낸 개헌안 가결 수정동의안을 표결에 붙였다. 반발한 야당의원들이 퇴장한 가운데 해괴한 논리로 태어난 수정안이 가결되었다. (이철승)

이승만은 장기집권의 발판을 확보하게 된 것이다. 대신 3가지 정치적 손실을 감수해야 했다.

첫째는 자유당 내에서 3차례에 걸쳐 내분(1차 족청계 제거, 2차 사사오입 개헌에 반발한 의원 14명의 탈당, 3차 제8차 전당대회에서 강·온파 대결)이 일어나 강경파와 온건파로 갈리게 되었고, 온건파지지의 이기붕이 강경파에 얹히게 되면서 자유당의 몰락이 시작된다. 둘째는 호헌(護憲)의 이름 아래 강력한 선명야당(鮮明野黨)이 탄생해 전통 야당체제가 확립되었다. 셋째는 이승만의 국부(國父)로서의 이미지가 훼손되었다. (김일영)

이승만 과보호로 끝난 프란체스카의 헌신

자유당 말기 경무대에는 인(人)의 장막이 쳐 있다고 했고, 비서정치가 횡행한다는 소리가 나돌았다. 박찬일(朴贊一) 비서관과 곽영주(郭永株) 경무관이 대통령이 싫어할 소리를 전할 만한 인사들의 접근을 막으면서 다양한 바깥소식이 대통령에게 전달될 경로가 막혀버렸다.

구한말의 구식한글만 아는 이승만은 신한글로 된 국내신문을 읽지 않았고 외국신문을 통해 주요 국내뉴스를 알았다. 내무, 법무, 재무, 외무 등 실세 각료 몇 사람만 비서실의 통제를 받지 않고 자유롭게 대통령 면담이 가능할 뿐이었다.

박 비서관 등은 내각의 주요 각료와 자유당 강경파들과 손잡고 비서정치를 폈다. 프란체스카 여사가 "이 대통령은 대통령이기에 앞서 나의 남편이다"라고 하면서 건강보호를 최우선으로 챙길 것을 박 비서관에게 지시하면서 인의 장막과 비서정치는 시작되었다고 할 수 있었다. 이때 프란체스카 여사의 옆에서 이기붕의 부인 박마리아가 유능한 보좌역으로 영향력을 과시했다.

앞서 설명했듯 프란체스카는 타자를 대신 치는 일에서 대통령의 일과를 기록하는 통치사가(統治史家) 역할까지 일인다역이었는데, 귀국 후 미국에서 선전·홍보를 맡은 로버트 올리버에게 참고가 될 국내 소식도 수시로 전해주었다.

1945년 12월 편지를 보면 고군분투하는 남편을 위해 올리버를 미군정의 고문으로 추천한 사람이 바로 자신이었다. 1948년 2월에 보낸 서신에서는 서울운동장에서 열린 유엔 한국위원단의 환영대회에서 위원단이 7만 5천 명의 군중들로부터 싸늘한 대접을 받게 된 것이 이승만 때문이 아니었음을 설명하고 있다.

당시 위원장인 메논(단정노선에 반대의견이었다)의 연설이 시작될 때 이승만이 자리를 박차고 떠난 것은 폐렴 후유증 때문에 주치의의 권고를 따른 것이지 청중들에게 위원단을 외면하라고 보낸 어떤 정치적 사인(sign)이 아니었다는 것이다.

그녀는 이승만의 외교가 역풍을 맞지 않게끔 요긴할 때 필요한 설명을 하는 외교의 내조자이기도 했다.

프란체스카 여사는 무엇보다도 남편의 생명을 자신보다 더 중시했다. 1950년 10월 1일 대통령은 수복된 서울거리를 시찰하다가 남대문에서 환호하는 시민들과 마주쳤다. 대통령이 승용차 범퍼 위에 올라가 연설했는데, 그때 수류탄 1개가 날아왔다. 프란체스카는 이승만 위로 몸을 던졌다. 다행히 수류탄은 불발이었다.(정일권)

이승만은 3차례나 테러위기가 있었다. 프란체스카는 항상 자신은 몸을 앞으로 내밀고 있다가 암살자가 차에 뛰어들면 남편의 몸 위에 자기 자신을 던질 준비를 갖추고 있다고 말했다.(로버트 올리버)

이승만은 그같이 헌신적인 부인에 대해 자신도 최선을 다했다. 그는 1945년 민족주의 각파들이 참여한 한국통일위가 공산주의자들도 참여하는 연립정권을 추진했을 때 참여를 거부하면서 "내 아내와 충분히 얘기를 나눴다. 우리 자신의 이익을 위해 한국을 파느니 차라리… 조그만 양계장으로 은퇴하겠다"라고 말했다. 이렇듯 자신의 결정에 프란체스카의 의견이 반영되고 있음을 밝혔다. 한국전쟁 때 서울을 탈출하는 결정을 내리는 과정에도 프란체스카가 관여하지만, 중대한 국면에서 프란체스카는 최후의 의논상대였다.

그 같은 위상에 있는 프란체스카 여사를 정치적으로 적극 이용한 인물이 이기붕의 부인 박마리아였다. 이화여대 영문과 교수였던 박마리아는 남편 이기붕이 윤치영의 뒤를 이어 돈암장(敦巖莊)의 집사(執事)가 되자 프란체스카와 친하게 되었다. 백인이라는 이질적 처지인 데다가 한국어를 할 수 없었기 때문에 주변과 어울리지 못하던 외로운 처지였던 프란체스카는 영어가 능통한 박마리아와 가까워질 수밖에 없었다.

프란체스카가 영부인이 된 뒤 한복을 입자 박마리아가 한복 뒷바라지를 도맡았고, 쇼핑도 같이하면서 말동무가 되었다. 경무대에서 프란체스카 여사가 박마리아와 함께 이승만의 애견 해피를 서로 쓰다듬으면서 대화하는 모습이 자주 눈에 띄었다.

이승만 대통령은 사실 이기붕의 인물 됨됨이를 그리 높게 평가하지 않았다. 하루는 이승만이 당시에 국무총리였던 백두진에게 '밴 플리트 장군이 퇴역한 뒤 한·미 재단을 만들면, 한국주재 이사에 이기붕을 임명했으면 좋겠다'고 말했다. 그런데 얼마 안 가서 이기붕이 오히려 자유당의 요직 중의 요직을 맡게 되어 영문을 알 수 없었다고 했다.(백두진)

이기붕은 1950년 겨울 국방장관으로 취임해 국민방위군사건 재조사를 철저히 하면서 명성을 얻었으나 그 뒤 이승만과의 사이가 금이 가는 바람에 운둔생활을 하고 있었다. 그럼에도 불구하고 박마리아는 프란체스카와 계속 만나고 있었고 남편이 할 호소나 변명을 프란체스카를 통해 직소(直訴)할 수 있었으며, 다시 신임을 회복할 수 있었다. 이기붕이 자유당의 2인자 길에 들어서게 되는 데는 박마리아의 내조가 큰 힘을 발휘했다고 할 수 있다.

프란체스카 여사는 나중 회고에서 이승만 대통령이 잘못한 것을 두 가지로 꼽았다(〈월간조선〉).

하나는 한국전쟁 발발 이틀 뒤인 27일 새벽 서울을 버리고 남하한 사실이다. 그것을 계기로 이렇다 할 국민적 저항 없이 계속 무력하게 밀리게 되었다는 인식을 가지고 있었다.

두 번째가 3선 개헌이었다. 프란체스카는 "대통령의 연세가 많은지라 주변의 아부를 물리치지 못했고, 나 자신도 대통령으로부터 항상 여자는 보일 듯 말 듯해야 한다는 말을 듣고 있었기 때문에 3선 개헌에 내심 반대하면서도 막지 못했다. 3선 개헌만 없었다면 대통령의 인생이 비극으로 끝나지 않았을 것이며 4·19 때 꽃다운 젊은 생명들이 희생되지 않았을 것"이라며 안타까움을 표했다. (이근미)

프란체스카의 회고는 진심인 것으로 보이는데, 자신의 시대적 역할을 과소평가했던 점은 아쉬운 대목이다. 이승만 대통령은 6대 독자였기 때문에 주변에 가까운 친인척도 없었고 흉허물 없이 대화를 나눌 친구도 없었다. 예스맨 투성이인 당·정에선 심기(心機)를 거스르고 직언할 인물이 없었다. 대통령에게 강하게 "노"(No)라고 대들 유일한 인물이 프란체스카였다.

프란체스카가 집요하게 조르기 시작하면 대통령이 견디지 못했다는 증언(박용만)이 있는 것을 보면 프란체스카가 강력한 방식으로 3선 개헌을 반대했더라면 이승만 신화가 긍정적인 대미(大尾)로 흘러갈 수도 있지 않았을까. 프란체스카 여사의 정치적 영향력에 대해 다른 장에서 다시 거론할 것이다.

장기집권 견제하기 위해 선명야당 출범

호헌동지회 구상하고 민주당 창당해

자유당이 불법적인 사사오입 개헌을 통해 장기집권을 노리게 되자 야당은 반 이승만 세력이 정치적 연합을 해야 한다고 보고 새로운 범 보수야당인 민주당(民主黨)을 결성하게 되었다. (김영명)

민국당은 개헌 직후 호헌동지회(護憲同志會)를 구성, 불법개헌에 반발해 탈당한 자유당 소장파 김영삼, 민관식 등 14명과 장면, 정일형 등 홍사단 세력, 무소속의원들을 포섭해 1956년 9월 9일 민주당을 창당했다. 민주당(民主黨)은 지리멸렬했던 반 이승만 세력의 구심점이 되고, 처음으로 선명야당의 기치를 내걸게 되었다.

민주당의 모체라고 할 수 있는 한민당은 야당이었으나 주력세력의 성분이나 체질로 보아 여당 같은 야당이었다. 건국의 제일 공로세력이었으나 이승만 대통령과 결별하면서 야당의 길로 갈 수밖에 없었던 입장이었다. 이후 동력이 크게 떨어진 한민당은 신익희, 지청천 등 항일투쟁세력과 합쳐 민국당을 창당했다. 민국당은 경찰과 관료를 중심으로 체제를 강화해 간 집권세력을 충분히 견제하는 데 역부족이었고, 국민에게 정치적 대안집단으로 다가설 만큼 성장하지 못했다.

그러나 후속으로 등장한 범야의 민주당은 이승만 정권의 반민주적 통치와 부패에 염증을 느낀 국민의 여망을 등에 업고 야당의 정체성을 얻을 수 있었으며 선명야당이 될 수 있었다. 한국정치사상처음으로 정당에 바탕을 둔 양당제적 정치의 틀을 마련했다. 민주당은 이승만 독재와의 싸움에 이어 박정희, 전두환의 군부독재와 맞서 투쟁하는 강력 야당의 전통을 이어갔고, 한국이 경제성장에 이어 민주화까지 완성하는 데 결정적 역할을 담당했다.

당시 민주당 내표최고위원에는 신익희, 최고위원에는 조병옥, 장면, 곽상훈(郭尙勳), 백남훈(白南薰)이 선출되었다. 민주당은 구 민국당 출신들을 구파(舊派)로 하고, 관료출신과 자유당 탈당파들은 신파(新派)로 해서 둘로 나뉘어 대립하면서 반 이승만 투쟁에 들어갔다.

구파는 1956년 대선후보 신익희, 1960년 대선후보 조병옥, 제2공화국 대통령 윤보선(尹潽善) 등이 중심이었고, 신파는 제1공화국 후반기 부통령이고 민주당 정권의 총리였던 장면 등 관료 출신과 가톨릭계와 상공업계 출신인사들이 주류였다. 민주당의 전통을 이어받아 민주화 투쟁에 공헌한 김영삼 대통령은 구파, 김대중 대통령은 신파 소속의 소장파였다. 신·구파는 개인적 인연과 사적(私的) 이해관계로 대립했으나 동질적인 정책을 제시했고 같은 반공, 보수 정치의 틀 속에서 활동했다. (안철현)

민주당 창당은 한국 야당사에서 극우와 온건우파, 보수와 진보가 갈리는 계기가 되었다. 민주당 창당과정에서 장택상(온건우파), 이범석(극우), 조봉암(진보) 등의 참여가 거부되었다. 이승만 정권에서 총리를 지냈고 부산 정치파동에서 야당을 탄압하는 데 앞장섰던 장택상, 이범석 등 두 사람은 독재행위와 부패행위에 책임이 있다는 이유로 강력한 배제대상이었다. 특히 한때 자유당의 2인자였고 족청의 리더였던 이범석은 전국 조직을 재건할 수 있는 역량과 재정능력(족청 소유재산이 적지 않았다) 등이 있고, 대권후보에 끼어들 수 있는 거물이었다. 야당 주요 인사들은 민주당이 이범석의 정치적 재기의 발판으로 이용되는 것을 바라지 않았다고 할 수 있다.

반 이승만 노선이면서도 강력한 반공노선이기도 했던 민주당 주류세력은 조봉암의 경우도 외면했다. 좌익 전향자이나 근본이 공산주의자이기 때문에 함께 일할 수 없다는 것이 배척 이유였다. 민주당 주력이 명백하게 반공·보수 노선을 표방했기 때문에 중간 좌파나 사회민주주의 계열의 좌익세력과 공조할 여건이 되지 못했다. 그 같은 전통은 군부독재시대 때까지 기조가 유지되었다.

민주당의 출현은 한국의 야당정치가 이념대립 구도를 쉽게 벗어날 수 없는 한계를 드러내기도 한 계기였다.

조봉암은 서상일(徐相日), 박기출(朴己出) 등과 함께 혁신계 정당인 진보당을 창당하게 되었다. 그러나 당초 조봉암이 혁신정당을 마다하고 민주당에 동참하려 한 의도가 말해주듯이 건국과정과 전쟁기간 중 확고하게 된 반공 토양에서 혁신계의 등장은 아직은 시기상조였다. 그 역사적 시행착오가 진보당 사건이고, 조봉암에 대한 사법살인으로 나타났다.

대통령에 이승만, 부통령에 장면 당선

이승만, 조작된 민의에 따라 불출마 번의해

1956년 3월 5일 자유당은 정·부통령 선거후보로 이승만, 이기붕을 러닝메이트로 정했다. 민주당에서는 구파의 신익희, 신파의 장면이 정·부통령 후보가 되었다. 진보당 쪽에선 조봉암과 박기출이 출마했다.

이승만은 "이번 선거에 출마하지 않기로 했다"고 폭탄선언, 선거 전초전을 달구는 제스처를 썼다. 그는 불출마 이유로 첫째 "민주정치에서는 대통령이 두 번끼지 나라에 봉사한 뒤에는 물러가고 다른 더 좋은 사람이 있으면… 피선되는 것이 좋은 일이다"라고 했고, "둘째로 내 나이 80이 넘으니… 이제 물러앉아 나보다 연부역강(年富力强)한 사람이 나서서… 일을 진행하는 것이 더 좋은 일로 생각되며… 통일을 하루바삐 이루려고 지금까지 투쟁했지만… 아직까지 성공하지 못하고 있으니… 나는 이 책임을 지고 물러나는 것이 옳은 줄로 생각한다"고 말했다. (이현희)

한 마디 한 마디가 모두 옳은 지적이어서, 그렇게 불출마의 변이 명쾌할 수가 없었다. 그러나 하루가 지나자 전국 곳곳에서 대통령의 출마를 요청하는 민의(民意)가 나타나기 시작했다. 각종 단체가 재출마를 권고하고 나섰고, 우·마차 부대가 동원되어 우의(牛意), 마의(馬意)까지 등장했다는 비아냥거림이 나왔다.

며칠이 지나자 대통령은 국민이 원한다면 출마할 수도 있다고 태도를 바꿨다. 이 대통령은 사사오입 개헌까지 해놓은 상태에서 국민을 상대로 촌극(寸劇)을 벌인 셈이다.

민주당은 신·구파가 후보 자리를 놓고 팽팽하게 대립했다. 구파의 조병옥이 흔쾌하게 부통령 후보를 사퇴함으로써 신익희-장면의 러닝메이트가 등장할 수 있었다. 또 민주당과 진보당 사이에서 후보통합 논의가 깊숙이 진행돼 대통령 후보인 신익희와 조봉암은 합의점을 찾았으나 부통령 후보인 장면 측이 회담에 불참하는 바람에 논의가 없던 일이 되어 버렸다. 그에 따라 조봉암과 박기출의 출마가 뒤따라 이루어짐으로써 혁신계도 대권에 도전하게 되었다.

민주당의 "못 살겠다 갈아보자"는 선거구호가 이승만 정권에 피로감을 느낀 국민여론을 움직였고, 자유당은 "갈아봤자 별 수 없다. 구관이 명관이다"라고 응수했다.

독립운동의 관록에 준수한 풍모를 지닌 신익희 후보의 선동적인 열변으로 선거판에 민주당 선풍이 일기 시작했다. 5월 3일 백사장에서 열린 유세에는 세칭 (해방 이후 최대라는) 30만 인파가 몰렸고, 이승만 정부를 비판하는 유세내용에 동감한 청중들이 현장에서 금반지와 패물 등을 내놓는 소동도 빚어졌다. 그러나 5월 5일 새벽 호남선을 타고 전북 이리(지금의 익산)로 후보연설을 하러 가던 신익희 후보가 뇌일혈을 일으켜 열차 안에서 사망했다.

선거는 맥이 빠져 버렸다. 개표 결과 이승만은 총 유효표의 52%인 504만여 표를 얻어 제 3대 대통령으로 당선되었다. 차점자 조봉암은 23.8%인 216만 3,808표를 득표했고, 신익희에 대한 추모표로 보이는 무효표가 185여만 표였다. 부통령에는 예상을 깨고 민주당이 선전해 장면이 46%인 401만 표를 얻어 380만여 표를 딴 이기붕을 누르고 부통령에 당선되었다. 연로한 대통령이 사망하는 경우권력을 승계할 부통령 자리를 빼앗긴 것은 자유당으로서는 악몽이었다.

이승만 개인으로서도 뼈아픈 승리였다. 1952년 대통령 선거에서 74.6%의 몰표로 압승했던 그가 상대 야당후보가 선거기간 중 사망한 상황에서도 52%로 줄어든 지지밖에 얻지 못했기 때문이다. 관권, 금권, 폭력선거가 어느 때보다도 극성이었는데도 지지표가 자유당의 목표보다 저조했던 것은 자유당은 물론 이승만에 대한 국민지지가 그만큼 내리막길이었음을 의미했다.

민주당은 반사이익을 얻어 선전했고, 특히 진보당 조봉암이 신익희의 추모표 일부까지 흡수해 태풍(颱風)의 눈이 되고 있었다. 1952년 대선 때 유효표의 11.4% 득표였던 그는 1956년 대선 때는 23.8%로 2배 이상 급신장했던 것이다. 조봉암은 실제로는 더 많은 득표를 했으나 자유당이 개표부정을 통해 득표수를 줄였다. 조봉암의 표가 의외로 많이 나오자 자유·민주 양당은 협상을 통해 부통령 선거 개표의 공정을 보장한다면서 민주당 개표 참관인을 모두 철수시켰고 그 뒤 자유당이 개표부정을 했다는 것이다(홍진기). 일부 도시 지역에선 조봉암이 이승만을 앞선 개표기록이 그 흔적으로 남아 있었다고 한다.

　　공산주의자에서 전향한 57세의 조봉암은 반공노선의 자유·민주당에게 공히 요 경계대상이 되었다. 이승만이 81세의 고령이었기 때문에 자유당에는 당장 눈엣가시 같은 존재가 되었고, 민주당은 유권자들에게 추모표를 호소함으로써 득표를 공공연하게 방해하는 등 경쟁의식을 감추지 않았다.

　　미국도 선거결과에 대해 두 가지로 달갑지 않았다. 첫째, 미국은 이승만의 유고시 미국이 선호하는 이기붕이 후계자가 되는 시나리오를 원했고, 실제로 당선 가능성도 높은 것으로 보았다. 그런데 선거결과는 예상외로 장면의 당선이었다. 미국은 일찍이 장면을 이승만의 대타(代打)로 정하고 지원했다. 그러나 부산 정치파동 때 소극적이고 우유부단하게 처신하면서 강력한 리더십을 제대로 보여주지 못했고, 부통령이 된 뒤에는 미국에 비타협적이었으며 특히 소속당(민주당)의 심한 내부분열에 휩싸였기 때문에 지지를 포기하게 되었다. 생각을 바꿔 대신 온건한 이기붕을 파트너로 택했던 것이다. 이기붕은 당, 내각, 군, 경찰 등 세력기반도 확고한 편이었다. 미국 대사관도 선거 전에 8차례나 이기붕의 당선이 유력하다고 본국에 보고하고 있었다. (이철순)

둘째는 조봉암의 부상이었다. 현상유지가 기조인 미국의 한반도 정책에서 이승만의 북진통일론이 계속해서 껄끄러운 존재였는데, 북한이 평화공세를 펴기 시작한 시점에서 조봉암이 더 껄끄러운 '평화적 남북통일론'이라는 변수를 들고 나왔기 때문이다. (김일영)

조봉암 사법살인의 경위와 배경은

이승만이 건국내각에 조봉암을 농림장관으로 발탁한 것은 기본적으로 국회의장으로 있을 때 조봉암이 보인 정연한 논리와 지도력을 눈여겨보았기 때문이었다. 그러나 정치적으로는 내각진용이 우파 일색이 아니라는 점을 국내외, 특히 미국에 과시하기 위한 포석의 의미가 있었고, 토지개혁에서 큰 장애가 될 한민당의 벽을 넘기 위한 사석(捨石)이라는 속셈도 있었다. (정태영)

이승만은 한민당이 농지개혁을 주도하는 조봉암 장관의 뒤를 캐면서 집중공격하자 6개월 만에 그를 하차시켰는데, 그때는 농지개혁 법안이 일단 큰 고비를 넘긴 뒤였다. 일석이조(一石二鳥)의 정치적 효과를 거둔 것이라 할 수 있다. 그러나 그것은 이승만·조봉암의 비극적 관계의 서곡에 불과했다.

경기 강화(江華)의 가난한 농부의 아들로 태어난 조봉암은 26세 때(1925년) 조선공산당의 창당에 관여했고, 중국에서 항일투쟁을 펴다가 1935년 체포되어 7년형을 복역하는 등 골수 공산주의자였다. 해방 뒤 박헌영과 노선투쟁을 벌인 뒤 공산당에서 전향, 사회주의자가 되었다. 좌·우 합작운동을 지지했으나 참여하지는 않았고 이승만의 단정(單政) 주장을 지지해 5·30 총선 때 출마해 인천에서 제헌의원으로 당선되었다. 농림장관을 그만둔 뒤 다시 국회의원 선거에 도전해 재기했고, 재선에 성공한 뒤 국회 부의장이 되었다.

조봉암은 1952년 제2대 대통령 선거에서 무소속 후보로 나와 야당(국민당)의 후보로 나온 독립운동계의 원로 이시영(李始榮)을 누르고 이승만에 이어 2위 득표를 해 전국적 인물로 부상했다. 그러나 공산당 전력과 관련해 정치적 탄압을 받기 시작했다. 조봉암은 '색깔론' 때문에 민주당에 참여하지 못하고 진보당을 창당해 1956년 정·부통령 선거에서 다시 대통령 후보로 나서면서 '평화통일론'을 들고 나왔다.

반공 무력통일론이 국시(國是)이던 시대에 갑자기 돌출한 '평화통일론'은 정가를 긴장시켰다. 미·소가 평화공존을 추구한다면서 해빙(detente) 분위기가 형성되고 있었고, 북한이 그 같은 세계적 흐름에 편승해 휴전상태를 평화상태로 전환하자고 선전하는 상황이었기 때문에 타이밍으로 보아 여론에 먹혀들 소지가 있었다. '조봉암 돌풍'이 그의 그 같은 주장에 대한 지지가 반영된 것이 아닌가 하는 우려도 나올 수 있었다.

그것은 반공 무력통일론을 고수하는 이승만의 정책을 부정하는 하나의 도전으로 간주되었다. 그렇지 않아도 데탕트정책이 우선인 아이젠하워 행정부가 한국에 감군(減軍) 압력을 넣고 있을 때이기

480

도 해서 이승만 정부는 데탕트와는 별도로 한반도는 남북대결의 긴
장관계가 존재하고 있다는 게 기본입장이었고, 이승만이 북한의
평화상태 운운하는 주장이 속임수이고 위장평화 공세라고 무시했
기 때문이다.

결국 조봉암의 평화통일론은 수사대상이 되었다. 그 내용은 기
본적으로 한국 정부가 제네바회의 때 내놓은 평화통일론 제안과 큰
차이가 없었으나, 그의 공산주의 경력 때문에 용공시(容共視)된 것
으로, 이임하는 이호(李澔) 법무장관이 후임 장관(홍진기)에게 인
계한 주요한 미제사건이었다. (홍진기)

서울시경은 1958년 1월 12일 새벽 진보당의 윤길중(尹吉重), 김
달호(金達鎬) 등 6명을 보안법 위반혐의로 체포했고, 은신 중이던
조봉암도 자진출두 형식으로 경찰에 나와 구속되었다. 경찰은 1월
20일 조봉암 등이 평화통일을 주장함으로써 북한과 야합해 남북연
립정부 수립을 기도하는 등 국시(國是)를 위반했다고 발표했다. 평
화통일론의 국시위반 혐의가 시간이 지나면서 간첩에 조종된 평화
통일론으로 바뀌었다. (홍진기)

1958년 6월 23일 공판에서 검찰은 조봉암과 이중간첩 양명산에
게 사형을, 다른 진보당 간부에게는 무기에서 20년까지의 징역형
을 구형했다. 그러나 1심 재판부는 간첩혐의는 인정하지 않고 보안
법만 적용, 조봉암과 양명산에게 징역 5년을 선고하고 나머지에게
는 무죄를 선고했다. 그러한 판결이 나자 '반공청년'을 자칭하는 괴
청년 3백여 명이 법원에 난입하여 담당 재판장을 규탄했고, 자유당
산하단체들은 친공 판사 규탄대책위를 구성해서 사법부를 위협했
다. (서중석)

이승만도 그 판결에 대해 반발했다. "1심 판결은 말도 안 된다. 그 판사(담당 재판장)를 처단하려 했으나 여러 가지 점을 생각해 중지했다. 같은 법을 가지고 여러 사람들이 판이한 판결을 내리면 국민들이 이해가 안 갈 것이고… 헌법을 고쳐서라도 이런 일이 없도록 시정해야 한다"고 말했다. (홍진기)

2심의 심판을 맡은 김용진 판사는 1심 형량과는 반대로 조봉암과 양명산에게 사형을 선고하고 진보당 간부들에게도 실형을 선고했다. 상고심인 대법원(주심 김갑수)은 1959년 2월 진보당의 강령·정책이나 평화통일론은 합법이라고 판시, 이 부분은 무죄를 선고하는 한편, 조봉암이 양명산을 통해 간첩활동을 한 공소사실에 대해서는 유죄라고 인정, 사형을 선고한 원심(2심)을 확정시켰다. 변호인들이 불복해 재심청구에 나섰으나 이례적으로 같은 재판부가 재심청구까지도 맡아 "청구할 이유 없다"고 기각해 버렸다.

형이 확정되자 장택상 의원 등이 나서 구명운동을 폈고, 다울링(Walter Dowling) 주한 미국 대사가 이기붕을 만나 영향력을 행사했으나 구두(口頭)로만 말했을 뿐 정식문서를 쓰지 않을 정도로 소극적이었다. 미국은 CIA까지 동원하며 조봉암 사건을 추적했으나 조봉암과 진보당이 한국 내부의 좌익세력이며, 한·미 우호관계를 위협할 수 있는 요인으로 판단한 듯하다. (박태균)

이기붕-장경근으로 이어지던 자유당의 강경파는 적극대응책을 건의했다. 이승만은 "대부분이 간첩인 사형수 108명을 방치하는 것은 잘못이다"라고 홍진기 법무장관을 질책했다. 사형집행 명령권을 가지고 있는 법무장관에게 간접적으로 사형집행 지시로 볼 수 있는 압박을 가한 셈이다. (홍진기)

결국 조봉암의 사형이 1959년 7월 31일 집행되었다. 48년이 지난 뒤인 2007년 진실화해위원회는 이 사건을 정적(政敵) 제거를 위해 저지른 조작사건으로 결론내리고 재심권고를 결정했다. 조봉암의 유족들은 다음 해 재심을 청구했고, 2011년 1월 대법원 전원합의체(주심 朴時煥)는 "공소사실 대부분이 무죄로 밝혀졌으므로 잘못을 바로잡는다"면서 간첩혐의 등에 대해 무죄를 선고했다. 2011년 12월 27일 서울중앙지법 민사 13부는 유가족이 국가를 상대로 낸 국가배상청구소송에서 "24억 원을 배상하라"고 원고 일부 승소판결을 내렸다.

사건의 핵심인 간첩행위에 대해 무죄가 선고된 것은 수사기관에 의해 공소사실이 날조되었다고 단정할 수는 없으나 무리하게 수사를 진행시켰음을 인정한 것이다.

1심이 무죄를 선고한 데 대해 2심이 이를 뒤집고 유죄판결을 했고, 3심이 재심의 길까지 막았던 것은 자유당 강경파가 강력대응을 건의한 것과 표리관계가 있을 듯하다. 행정부 권력이 사법부 영역을 침범한 것이라고 볼 수 있기 때문이다. 대통령이 간접적 표현이기는 하나 법무장관을 압박한 것도 권력을 남용한 사례라고 볼 수 있다. 통치권의 도덕성이나 권력투쟁의 관점에서 오점(汚點)의 역사를 기록한 것이다.

그러나 이데올로기적 측면에선 같은 성격의 결론이 나기 쉽지 않게 되어 있다. 말하자면 재심의 무죄선고의 취지는 간첩혐의의 공소사실을 인정할 수 없다는 의미이지, 조봉암이 공산주의자가 아니라는 판단은 아니다.

정태영은 조봉암이 공산 볼셰비즘을 극복하고 유럽에서 정착한 사회민주주의를 수용한 입장이었으나, 보수우파가 그를 회색분자 시하고 용공-친공-공산세력이라는 논리비약으로 몰고 갔다고 분석했다. 그러나 그 시기 공산주의와의 선생이 끝나고 극우와 극좌로 양분된 한국의 이데올로기 지형에서 민주적 사회주의나 사관(史觀)으로서의 수렴론(Convergence Theory) 따위는 인정되지 않았다(정태영). 진보세력이 보수세력에 맞서 집권하려고 도전한다는 것이 시기상조이고 무리수라 할 수 있는 시점이었다.

이승만, 김구 밑에서 반탁투쟁을 했고, 정치적으로는 반이(反李)였으나 반공노선에서 같은 입장이던 이철승은 2011년 낸 회고록(《대한민국과 나》)에서 50여 년의 세월이 지난 시점임에도 불구하고 "조봉암은 남로당 헤게모니 쟁탈전에서 박헌영의 군정 폭력전복을 반대했기 때문에 박헌영에게 패배해 몰락했던 사람이다", "이승만이 사상적으로 정체가 모호한 그를 초대 농림부장관에 기용한 것도 잘못이었다", "나는 (민주당 창당 시) 초선이었으나 창당준비위에서 조봉암의 입당을 그래서 반대했다"고 쓰고 있다. 조봉암은 '공산주의자'라는 시각을 유지하고 있는 것이다. 그 같은 반공관(反共觀)은 이승만의 입장과 유사한 것임을 알 수가 있다.

조봉암사건 때 이승만의 나이는 83세였다. 내일을 기약할 수 없는 초고령의 대통령은 자신의 유고(有故) 때 공산주의자가 대통령이 되는 것은 막아야 한다고 보고 강수(强手)를 둔 것이 아닐까? 반공의 이승만에게 조봉암은 체제에 도전하는 위험인물로 보였을 것이기 때문이다.

이승만, '군 분할지배-문민우위'의 원칙 세워

건국 당시 한국군은 경찰경비대(警察警備隊)로 5만여 명의 병력규모였다. 미국 정부가 정식군대의 창설을 반대했으므로 하지 사령관이 공산주의 세력에 대비하기 위해 편법으로 경비대를 만든 것이다. 그 뒤 경비대는 한국전쟁을 치르면서 63만 대군으로 급성장했다.

전형적인 농업 후진국이던 한국사회에서 단기간에 이뤄진 군의 그 같은 양적 팽창과 거대한 물리력은 다른 후진국들처럼 군부 통치가 등장할 여건이기도 했으나 이승만 대통령 특유의 카리스마와 분할통치로 문민우위(文民優位) 원칙을 유지할 수 있었다.

미군정 기간 중 이승만과 보수우익 세력은 경찰과 청년단 조직을 활용해 공산주의 세력과 싸웠다. 국군경비대는 미군정 관할이었다. 건국한 뒤 한국전쟁을 거치면서 군은 군 본래의 위상을 찾았다. 건국내각 때 이 대통령은 광복군 출신의 이범석과 최용덕을 각각 국방부 장, 차관에 임명했고, 군 수뇌부에도 광복군 출신의 김홍일(金弘一), 안춘생(安椿生) 등을 포진시켜 광복군의 독립투쟁 정신을 계승하게 했다. 또 일본군 출신인 유승열(劉升烈: 유재흥의 부친), 김석원 등 고참들도 함께 참여시켜 세력균형을 이루게 했고, 만주군 출신인 이주일(李周一), 박임항(朴林恒) 등도 합세시켰다. (유영익)

당시 군대에는 이북, 이남 출신 또는 만군계, 일본계, 광복군계가 혼재되었고, 노·소 갈등도 잠재되어 세력균형이 필요했다. 이승만은 그 여건 속에서 육군 총참모장 중심으로 군부장악에 나섰다. 단기필마로 집권한 이승만이 분할지배(Divided and Rule) 방식을 통해 문민우위 원칙(Civilian Supremacy)을 확보하고자 한 것이다. (유영익)

초대 총참모장은 일본군 대좌 출신인 이응준(李應俊: 일본육사 26 기)이었고, 2대 총참모장은 소좌 출신인 채병덕(일본육사 49기) 소장이었다. 채병덕 총참모장이 대신배인 김석원 제 1사단장(일본육사27기)과 군의 헤게모니를 둘러싸고 갈등을 일으켰을 때 대통령은 양자사이에서 화해를 주선하는 등 조정역까지 맡았다.

1946년 2월 미소(美蘇) 공위의 합의로 남북 간의 교역이 가능해지고 물물교역을 하게 되자 김석원이 이적(利敵) 물자가 반출된다는 이유로 교역을 금지시키고, 상인들의 뒤를 봐주는 채병덕이 금지해제를 압박하면서 두 사람의 대결이 군의 헤게모니 갈등과 겹치게 되었다. 화해가 쉽게 이루어지지 않자 대통령은 두 사람을 모두 강제 예편시켜 사태를 수습했다. 대통령이 조정역이라는 구차한 역할까지 한 것은 건국 초부터 자파세력으로 군과 보안부대를 완전히 장악한 김일성에 비해 군 장악력이 매우 미흡한 상태였음을 의미한다.

그 뒤 이 대통령은 한국전쟁과 1950년대 중후반까지의 통치기간 중 세 어금니(Molar)라는 애칭으로 불리던 정일권, 백선엽, 이형근 등 세 장군이 서로 견제하는 정립체제를 만들어 비대해진 군부를 본격적으로 분할지배하게 되었다.

세 장군 정립체제의 발단은 1952년 부산 정치파동 때 이종찬 육군 참모총장이 계엄군을 부산 지역에 파견하라는 대통령의 명령을 거부한 사건에서 비롯된다. 이승만은 이종찬을 파면하고 심복인 원용덕 헌병 총사령관을 총장으로 기용하려 했으나 이종찬의 명령 거부행위가 정당했다고 보는 밴 플리트 미 8군 사령관이 원용덕 기용을 강력히 반대하고 백선엽 장군을 추천했고, 이승만이 이를 수용함으로써 정립체제가 가능케 된 것이다. 이승만은 세 장군을

1953~1954년 사이에 각각 대장으로 승진시키고 이형근은 합동참모본부의장〔미국이 처음엔 위인설관(爲人設官)이라고 해서 반대했다〕, 정일권은 육군참모총장에 재기용하고, 참모총장이던 백선엽을 전투사단으로 구성된 제1군 사령관에 임명함으로써 서로 물고 물리는 본격적인 3대장 정립체제를 갖추었다.

함경도 출신으로 만군계(滿軍系)였던 정일권은 한국전쟁이 일어났을 때 33세의 나이로 총참모장에 발탁되는 등 세 사람 중 선두주자였고, 평안도 출신으로 전공이 뛰어났고 밴 플리트 사령관의 신임을 받던 백선엽은 참모총장이 되어 군단장으로 강등된 선배 정일권의 상사일 때도 있었다. 충청도 출신으로 군번 1번인 이형근은 일본육사 출신이고 영어도 능통해 만군 출신인 백선엽을 속으로 깔보는 입장이었다. (김세원)

세 대장을 중심으로 파벌이 형성되고 군의 헤게모니를 장악하려는 권력투쟁이 벌어졌으며 파벌인사가 성행했다(이형근). 참모총장과 군 요직을 놓고 서로 충성경쟁을 하는 사이 대통령은 어부지리(漁父之利)를 얻는 용병술을 활용한 셈이다(그레고리 헨더슨). 이승만은 군 수사기관을 활용해 군의 부패를 수사하게 하거나 정보를 수집하게 해 3대장 정립체제를 견제하거나 보완하게 했다. 수사기관도 2개로 나뉘어 상호견제하게 하는 이중구조도 마련했다.

이승만은 1949년 10월 일본 관동군 헌병대장 출신으로 여·순 반란사건 때 군 내부 공산주의자들을 대거 숙청(5천여 명)하면서 큰공을 세운 김창룡(金昌龍)을 특무부대장으로 발탁했다. 대통령과 독대할 수 있는 특전을 주고 정치적 수사를 맡기는 등 힘을 실어주었다. 다른 한편으로는 세브란스 의전 출신의 의사로 만군계였던 원용덕을 직할의 헌병 총사령관에 임명하고 김창룡을 견제하는 역할을 주었다.

그러다가 3대상 정립체제에 위기가 왔다. 독주하던 김창룡이 암살되면서 서로 간의 갈등이 표면화되었기 때문이다. 만군계의 2인자 격이던 강문봉(姜文奉) 중장이 예비역 대령 허태영 등을 시켜 출근길의 김창룡을 저격한 것이다. 김창룡이 군 지휘권을 유린하고 권력을 남용했다는 것이 저격 이유였다.

정일권이 사건발생에 대한 지휘책임을 지고 물러난 뒤 후임 참모총장이 된 이형근은 일본육사 후배인 유재흥을 특별조사위원회 위원장으로 임명하고 암살배후를 캐도록 했다. 이형근에게는 라이벌 제거의 기회였다. 강문봉이 배후 지휘자였고, 만군계 1인자인 정일권도 관계가 있다는 결론이 나왔다. 정일권이 자신에게 도전하는 김창룡을 자연스럽게 거세시키기 위해 강문봉과 함께 대통령에게 퇴출을 건의했으나 대통령이 수용하지 않자 제거하기로 했다는 것이다. 사건의 폭발적 성격을 너무도 잘 아는 이승만은 정일권 관련 부분을 은폐하도록 지시했고, 강문봉만 구속되어 재판을 받는 선에서 사건은 마무리 되었다. 그러나 재판장으로 임명된 백선엽 대장까지 파워게임에 개입되어 공판을 통해 3대장 간의 갈등은 더욱 심화되었다. (김세원)

수습에 나선 이승만은 세 대장을 모두 예편시켜 대사로 해외에 내보내고, 군수사기관의 활동범위도 축소시키는 방법으로 3대장 체제의 해체를 시도했다. 그러나 이형근이 사표 내기를 거부하고 군에 그대로 남자, 백선엽을 다시 참모총장으로 기용하는 한편 1군 사령관에 송요찬 중장, 합참의장에 유재흥 중장을 발탁해 신(新) 3

인 정립체제를 출범시켰다. 2년 뒤인 1959년에는 세 사람이 서로 자리를 바꾸어 체제를 유지했다.

이승만의 군부 분할통치가 가능할 수 있었던 것은 그의 화려한 개인적 경력과 항일투사로서의 관록, 큰아버지 같은 나이의 카리스마가 젊은 장군들에게 권위로 통할 수 있었고, 반공에 대한 이념적 동질성과 미국의 견제나 반대에도 불구하고 군사력 증강에 매진한 국방정책이 군의 덩치가 커지는 것을 선호하는 군 상층부의 지지를 획득하는 기반이 되었기 때문이다.

그러나 이승만의 개인적 리더십을 기반으로 한 분리지배 방식은 자유세계 제4위의 거대 군사조직으로 비대해진 군부를 장기간 효율적으로 장악하기가 어려웠다. 우선 군의 부패가 심각해지는 구조적 문제가 등장했다. 미국이 원조한 군 보급품이 전군에 걸쳐 대거 유용되었고 전방 지역의 나무를 대규모로 도벌(盜伐)해 내다파는 후생사업이 유행했다. 지나친 도벌사업으로 '송충이'라는 별명을 얻은 장군도 있었다.

군부 상층부의 부패구조와 더불어 대통령의 자의적인 군 통수권 행사에 불만을 가진 비판적 장교집단이 성장하고 있었다. 특히 영관급 장교들의 진급상 불만은 폭발직전이었다. 한국전쟁으로 육사 4기까지는 고속승진해 30대 초중반에 3성, 4성 장군이 되었다. 그러나 두세 살 정도 나이차의 영관급은 6~7년씩 대령이어서 장군이 될 전망이 없었다. 육사 7, 8기는 자신들만큼 군사훈련을 제대로 받은 것도 아니고 학벌과 실전경험도 적으면서 파벌의 힘으로 별을 딴 세칭 '똥별'이라 불리는 선배들을 자신들의 승진을 막는 장애물로 보고 있었다. (그레고리 헨더슨)

비판적 고급장교의 한 사람인 박정희(朴正熙)를 중심으로 육사 5기와 8기의 일부 고위장교들은 자유당 체제의 전복까지 기도하고 있었나. 박정희 등은 자유당 말기인 1960년 1월 쿠데타를 일으키려 했다가 4·19 학생혁명이 일어나자 거사계획을 포기했다. 그러나 자유당 몰락 후 등장한 민주당 장면 정권이 전 정권보다도 더 무능하고 더 부패했다고 보고 5·16 쿠데타를 일으키게 된다.

나라마다 사정이 다르겠지만 군 조직만 이상비대해진 후진국에서 군을 효율적으로 관리하는 방법은 장·단기로 2가지가 있을 듯하다. 하나는 사회 전체가 균형 있게 발전해 군의 독주를 견제할 수 있을 때까지 오래 기다리는 길이고, 또 하나는 군 조직을 감시, 견제하는 수사, 정보기관을 대폭 강화해 물리력으로 제압하는 철권(鐵拳) 통치의 방법이다.

80세 초 고령의 이승만이 선호할 만한 방법은 후자의 관리방식일 듯하나 그는 그 같은 전형적 독재강화의 방식을 택하지 않았다. 대신 개인의 카리스마를 내세워 마키아벨리적 책략으로 군을 다스리는 길을 택했던 것이다. 그런 점에서 이승만의 대군부 전략이 상당한 불가피성이 있었고 긍정적 측면도 있었다. (김세원)

어쨌거나 이승만이 거대한 새 세력인 군을 상대로 문민우위 원칙을 일단 확립하는 데 성공했다는 것은 하나의 공로라 할 수 있다. 만약 이승만의 그 같은 역할이 없었다면 한국에서 문민정부가 군 쿠데타에 의해 유린되는 일이 1950년대 초반부터 일어났을 것이고, 건국과업에서 큰 차질이 왔을 가능성도 없지 않다.

이승만의 역할은 5·16 쿠데타를 당한 민주당 장면 정권과 좋은 대비가 된다. 장면 정권은 실정(失政)도 원인이지만 이승만과 같은

490

카리스마와 통수전략도 없었고 적절한 대안도 없이 대폭 감군(減軍) 계획을 내세우는 등 대 군부 대응책도 미비했다.

문민우위 원칙은 그 뒤 박정희, 전두환 등 군부통치 밑에서 장기간 실종상태였다가 33년이 지나 김영삼 정권의 군 개혁 때 부활되었다. 하나회 같은 군부의 사조직(私組織)을 없애고 군이 부당하게 정치에 관여하는 길을 막으면서 새삼 문민우위 원칙은 민주화의 가치로 재평가되었다. 역설적(逆說的)인 것은 독재자로 지탄받는 이승만이 사실은 문민우위 원칙의 민주화의 기틀을 처음 확립한 장본인이라는 점이다.

정일권, 야당, 국회 상대로 구명운동도 펴

당시 시중에는 김창룡 암살사건 배후에 "정일권이 연루돼 있다"는 소문이 파다했다. 라이벌 세력이 공공연하게 기밀을 곳곳에서 흘렸기 때문일 것이다. 사건의 중요성을 감안한 이 대통령이 정일권 관련 부분을 은폐할 생각이었으나 사건 진상조사에 나선 국회 국방위원회가 문제였다. 진상위 조사서에 참모총장의 이름이 거명되는 경우 암살사건이 하루아침에 대형 정치사건으로 공론화될 것이고, 그 경우 수습이 어려울 수밖에 없었다.

정일권은 한국전쟁 때부터 자신에게 깊은 호감을 가지고 있던 민주당 영수 조병옥(趙炳玉)을 찾아가 호소하게 되었고, 조병옥은 같은 구파계열의 초선의원으로 야당 유일의 국방위 위원이던 김영삼(金泳三)을 시인 모윤숙(毛允淑) 집에 불러내 정일권과 삼자대좌를 하게 한 뒤 "쓸모 있는 인물이니 잘 도와주라"고 재삼 부탁했다(주돈식). 정일권이 자유당 고위층을 통해 여당 위원들에게도 구명운동을 펼쳤음은 물론이다.

결국 국회 국방위 조사보고서에 정일권의 이름은 등장하지 않았다. 관련설을 입증할 '결정적 증거'가 없다는 게 조사결론이었기 때문이다. 정일권은 구사일생으로 위기를 넘길 수 있었다.

이승만은 '교육대통령'

최대 난제인 농지개혁에 이어 교육개혁도

역대 여러 대통령이 교육을 중시하는 정책을 내세워 '교육대통령'임을 자임하고 싶어 했다. 교육이 산업화와 민주화를 함께 이룩한 발전한국의 위상에 걸맞은 리더십의 덕목이었기 때문이다. 그렇다면 누가 진정한 교육대통령이었을까?

교육철학의 생성과정과 배경, 오래 지속된 실천과정, 정책의 양적, 질적 성과 면에서 비교해 보면 이승만이 수위(首位)에 있음을 부인하기 어렵다. 이승만의 교육철학은 20대 때 나라가 일본에 병합되는 시점을 전후로 완성된다. 국민이 몽매(蒙昧), 무식하고 정치의식이 낮기 때문에 나라가 망하게 되었다면서 국민 계몽과 교육의 필요성을 절감했다.

그는 생각만으로 그친 것이 아니라 하와이 망명시절 스스로 학교를 세워 교포 2, 3세들에게 한국어와 한국학을 가르치고 민족혼(民族魂)을 심어주는 등 독립운동의 한 지평을 열었다. 해방정국 때 귀국해서도 민주주의와 반공의식을 계몽시키면서 리더십을 강화했다. 건국 대통령이 된 뒤에는 최대의 난제였던 농지개혁을 성공시킨 데 이어 가장 역점을 둔 국가사업이 교육개혁이었다.

하와이 시절 한국 최초의 남녀공학을 실시한 경험이 있던 이승만은 어려운 국가재정 형편에도 불구하고 의무교육제를 도입함으로써 '교육대통령'이 되는 길을 열었다. 해방 당시 전체인구의 78%가 한글을 읽을 수 없는 문맹(文盲)이었다. 초등학교 졸업 수준의 교육을 받는 인구수는 전체 2,500만 명 중 22%에 불과했고 전문학교

이상 학력자는 0.2% 미만이었다. (유영익)

문맹을 퇴치하고 교육수준을 높이지 않고는 신생한국의 발전을 기할 수 없는 형편이었다. 제헌국회도 교육의 중요성을 인식하고 제헌 헌법 제16호에 "모든 국민은 균등하게 교육을 받을 권리가 있다. 적어도 초등교육은 의무적이고 무상으로 한다"는 조항을 만들어 초등교육 의무화를 못 박았다. 문교부는 1950년 6월 '의무교육 6개년 계획'을 수립했으나 전쟁이 발발했고 전쟁이 끝난 1954년에 본격적 실시에 들어가 1959년까지 전국 학력아동의 취학률이 96.4%에 육박했다. 1919년에 3.19%에 머무르던 취학률이 1937년 30.8%를 거쳐 1950년대 후반 선진국 수준이 된 것이다. (서중석)

중학교 진학률도 올라가기 시작해 1920년대 0.5%이던 것이 1958년에는 28.9%로 초등학교보다 더 큰 폭으로 증가했다. 가장 크게 증가한 것이 대학 진학률이었다. 일제시대는 대학이 경성제국대학 하나였으나 1960년에는 대학과 전문학교를 합해서 총 68개교에 학생수가 10만 명이나 되었다.

전쟁 중에도 피난교실에서 3, 4부제 수업을 강행하는 교육열을 보였다. 외국특파원들은 후진국 사회에서 보기 드문 그 같은 교육 열기에 놀라움을 표시했다. 이승만의 교육에 대한 집념의 결과였다. (이덕주)

문맹퇴치 운동도 활발하게 전개되어서 5년 동안 550만 명의 수료자가 나왔다. 전쟁이 끝나면서 해외연수, 유학 붐도 일어났다. 1953~1966년에 6,368명이 미국 등지에 유학, 1,500명이 박사학위를 취득했고, 같은 기간에 고급인력 2,464명이 해외연수에 나

경무대를 방문한 어린이들과의 기념촬영.

섰다. 국회의원, 언론인, 지방정치인, 기업인 등 940명이 미국을 시찰했다.

미국은 민주주의를 가르치고 필요한 교수법을 전파하기 위해 한국의 교육개혁에 많은 재정원조를 제공했다(그렉 브래진스키). 유엔 한국재건단(UNKRA)과 미국의 민간단체들이 제공한 자금이 전국에 새로운 학교를 설립하거나 교실을 증축하는 데 쓰이고 교사훈련 비용으로 지불되었다. 미국공보원(USIS)이 수많은 간행물과 신문이 발간될 수 있게 지원했다.

국민을 대상으로 한 교육개혁에 이어 이뤄진 제도개혁이 국군의 양성이라는 군사개혁이었다(유영익). 군에 대한 미국의 군사훈련 프로그램에 의한 군사훈련이 큰 역할을 했다. 1950년에서 10년 동안 한국군 장교의 10%가 미국에 가서 훈련을 받고 군사지식과 함께 미국식 민주주의를 익혔다. 한국군의 각종 학교교육도 강화되었고 기술교육도 확대되었다.

맥아더는 신중하게, 리지웨이와 밴 플리트는 훨씬 더 적극적으로 새로운 군사훈련에 강력한 원조를 제공했다(그레고리 헨더슨). 압축적인 훈련과 교육을 통해 통솔력과 행정능력을 겸비한 장교들이 다수 배출되었고, 미국에서 군사교육을 받은 장교들이 선진화된 엘리트가 되었다. 유능하고 책임감 있는 사병들이 양산되었다.

이승만의 민, 군 대상의 교육개혁은 단기간 내에 국민의 의식구조를 바꾸고 지적 능력과 노동력을 향상시켰다. 전쟁 때문에 가속(加速)되기 시작한 한국의 도시화가 교육개혁과 더불어 상승효과를 거둬 민주적, 참여적 문화를 증진시켰다. 매스미디어에 대한 노출도가 높아지고 그 영향으로 국민들의 문화수준 역시 더 높아졌

다. (백영철)

교육개혁에 힘입어 대량으로 배출된 한글세대는 1960~70년대 노동집약적 산업, 1970~80년대 중화학 공장에서 일하는 산업역군이 되었다(이한빈). 군에서 배출한 훈련된 장교와 하사관들은 상업현장에서 유능한 중간관리자가 되는 등 경제발전에 불가결한 양질의 인력자원이었다. 박정희 시대에 경제성장을 일궈낸 인력을 키워낸 것은 이승만의 교육개혁이었던 것이다.

미국식 민주주의와 실용주의를 강조하는 교육내용은 학생들에게 현실비판적 정치의식을 심어주었고, 그들은 4 · 19 혁명을 일으키는 주도세력이 되었다. 이승만은 자신이 뿌린 교육의 씨가 자라서 자신을 몰락시키리라는 것을 꿈에도 상상하지 못했을 것이다.

이승만, 원자력 기술도입 결단 내려

이승만 대통령은 원자력(原子力) 도입의 선구자였는데, 한국의 빠른 원자력 도입은 그의 큰 업적 중 하나이다. 그는 1956년 7월 트루먼 대통령의 에너지정책 고문인 미국인 전기기술자 시슬러(W. L. Cisler)를 만나본 뒤 원자력의 중요성을 알게 되었다. 같은 해 원자력의 평화적 이용에 관한 한 · 미 협정이 체결되었고 미국으로부터 농축우라늄을 공급받았다. 그해 북한에서는 천리마(千里馬) 운동이 벌어지고 있었다.

이 대통령의 원자력 추진정책에 따라 문교부에 원자력과가 생겼고, 초대과장이던 윤세원 박사가 원자력 유학 1호로 미국 아르곤

국립연구소 국제원자력학교에서 공부했다. 그 뒤 4년간 8차례에 걸쳐 150여 명이 원자력 유학길에 올랐다. 100달러짜리 해외경비도 직접 결재하던 이승만은 1인당 6,000달러나 되는 고액의 학비를 아까워하지 않았다. 이 원전(原電) 유학생들이 1959년 원자력원과 원자력연구소를 세울 때 중추적 역할을 맡았고, 1959년 9월 우리나라 최초의 연구용 원전인 트리가 마크 2 건설을 이끌며 일본보다도 빨리 원자력 시대를 열었다. (물리학회 50년사)

국내 원자력 연구에 중추적 역할을 한 이 원자로를 통해 3천여 명의 전문가가 기술교육을 받을 수 있었다. 이 대통령은 연구소 건설 부지를 제공하고 공사현장을 수시로 돌아보며 연구자들을 격려했다. 1978년 한국은 첫 상업용 원전인 고리 1호기를 완성했다. 핵심기술은 미국에서 가져왔으나 원자력 기술은 배운 지 20년도 채 안되어 세계에서 21번째 원전 보유국이 될 수 있었다. 이후 한국의 원전기술은 계속 발전해 원전의 핵심기술까지 완전히 국산화하는 단계에 이르렀다.

2012년 한국전력 컨소시엄이 47조 원 규모의 아랍에미리트 (UAE) 원전(原電)을 수주했을 때 한국전력 관계자들은 이구동성으로 "이승만 대통령의 1956년 원자력 도입의 결단이 없었다면 원전 수출을 꿈꾸는 것은 불가능했다"고 말했다. (이하원)

이승만의 원자력 도입 결단은 인도에서 네루(Jawaharlal Nehru) 수상이 원자력과 우주 분야의 기술이 선진화되는 기반을 확립, 오늘날 세계적인 경쟁력을 갖추게 한 업적에 비견된다. 출발점은 비슷했으나 50여 년 뒤 한국의 종합적인 원자력이 인도의 반쪽이 되었다. 인도는 원자력의 평화적 이용은 물론 핵무기까지 자체개발해 핵강국이 되었다. 그러나 한국은 원전(原電) 기술은 세계 최고 수준에 달했지만, 핵무기 개발은 일찍 포기함으로써 지금(2013년) 북한의 3차 핵실험 성공을 무력하게 시켜보는 저지가 되었다.

그렇게 된 것은 물론 이승만 탓이 아니라 후임 대통령들에게 일단의 책임이 있다. 박정희 대통령은 자주국방을 위해 핵개발을 시작했으나 미국의 완강한 반대에 부딪쳤고, 12·12 군사 쿠데타를 일으킨 전두환 대통령은 미국의 군사정권 승인이 절실하던 시기 핵개발을 포기하는 결정을 했다. 후임 노태우 대통령은 심모원려(深謀遠慮) 없이 북한은 핵개발을 계속하고 있는데도 비핵화(非核化) 선언을 함으로써 핵개발을 재개할 수 있는 길까지 스스로 막아버렸다.

민간인 출신 대통령이 원자력 시대를 열었으나 국방문제에 전문성이 있는 군부 출신 대통령들이 핵 억지력을 확보하고 자주국방으로 가는 길을 외면한 셈이다. 강한 국제적 압박요인을 피해가기 어려웠다고 하나 결과적으로 후임 정부와 후세들에게 큰 부담과 시련을 안겼다.

미국에게 'No'라고 말할 수 있었던 이승만의 배짱과 기개가 새삼 돋보이는 시점이다.

이승만 시대, 한국 경제발전의 뿌리 심어

해방과 더불어 한국의 경제는 단일경제체제였던 일본과의 경제흐름이 단절되면서 큰 혼란이 일어났다. 원료와 자본재의 공급이 제대로 이루어지지 않아 제조업 생산액이 일제시대 (1939년)에 비해 30% 수준으로 떨어졌고, 공장 직원 수도 20만 명에서 11만 명으로 급감했다. (안병직)

게다가 남북분단으로 중공업이 발달했던 북한으로부터 공급되던 비료와 전력이 끊기는 바람에 남한의 농업과 경공업은 큰 타격을 받았다. 쌀 생산량의 20%가 감소되었고, 여러 부문에서 생산이 위축되자 물가가 8배 (1945년 8월 기준)나 올랐다(안병직). 풍부한 자원과 80%선의 중화학공업 시설을 갖고 있고 일본인 고급기술자들을 억류했던 북한이 경제성장에서 훨씬 유리한 입장이었다. 남한은 전력이 북한에 비해 8%에 불과한 열악한 상태였다.

한국전쟁으로 인한 대량살상과 파괴의 참화로 국민들의 생활은 절대빈곤의 파탄상황이었다(박우희). 또 해방과 더불어 만주, 일본, 시베리아 등지의 동포 160만여 명이 귀국했고 1백만 명의 북한주민이 월남하는 바람에 1949년 5월 한국의 인구는 2,016만 명으로 급증했다. 1944년에는 1,656만 명 수준이었는데, 360만 명의 새로운 먹을 입이 늘어난 것이다. 귀국자들이 도시지역에 몰리는 바람에 주택부족, 식량부족, 높은 실업률을 불러왔고 악성 인플레이션까지 겹쳤다. (매큔·김충남)

거기에 한국전쟁 때 수도 서울은 80%가 파괴되었고, 55개 도시 가운데 부산, 대구, 마산만이 전쟁의 피해를 면했다. 주택 60만 호가 부서졌고 75%의 공장이 파괴되었으며, 학교시설의 3분의 2가 붕괴되었다. 철도, 교량, 항만, 저수시설 등도 대부분 못 쓰게 되었다. (백두진)

미국은 악성 인플레이션, 적자재정, 통화증발에 쫓기는 한국이 중국의 국민당 정부처럼 붕괴되어 공산화되지 않을까 우려했다. 미국의 전문가들은 대부분 남한을 손발이 잘린 병신 같은 처지로 보았고, 미래에 대해 매우 비관적이었다. 미군정이 해방과 남북분단으로 인한 경제순환의 불균형을 잡으려면 일정기간 통제경제를 유지해야 했는데, 아무런 준비도 없이 일제의 전시통제체제를 자유주의적 시장경제체제로 바꾸는 바람에 혼란이 가중된 측면도 있었다. 공출의 부담에서 벗어난 농민이 마음껏 쌀밥을 먹게 되면서 도시에 쌀 부족현상이 일어났고, 이를 다급하게 해결하려고 쌀 이외에 보리(일제 때는 공출대상이 아니었다)까지 다시 공출대상으로 삼았다가 대구 폭동까지 유발했던 것이다. (이영훈)

파괴와 생계비 이하의 절대빈곤 상태의 한국경제를 기사회생시킨 것은 정부수립에서 1961년 말까지 이루어진 총 31억 달러 규모의 미국의 군사·경제원조였다. 미국의 원조는 한국경제의 재건과 초기 공업화 과정에서 결정적 역할을 한 것이다. (김도종)

1948년 12월 한·미 간에 경제원조협정이 체결되었고, 경제부흥 3개년 투자계획이 수립되었다. 투자계획을 보면 ① 식량자급, ② 교통시설, 수리시설, 발전시설 등 사회간접시설 개발, ③ 시멘트, 판유리, 비료, 어선, 석탄운반선 등 기초생산재 공장 등을 건설한다는 것이다.

그러나 실제로는 생산재나 시설재보다도 비료, 원면, 연료 등 원자재, 소비재가 중점적으로 도입되어 부흥계획의 당초 취지를 충분하게 살릴 수 없었다. 그럴 수밖에 없는 것이 미국의 한국에 대한 원조가 유럽, 일본 원조와는 성격이 달랐기 때문이다. 유럽, 일본에 대한 원조는 경제 재활성화, 경제복구 등 부흥이 목표였으나 한국의 경우는 군사적 비중을 중심으로 단기적 사회안정을 확보하는 것이 초점이었다(윤충로). 그래서 원조내역이 소비재 75%, 생산재 25%의 비율이었는데, 이에 불만인 이승만은 "공장을 지어 자립할 수 있도록 생산재를 더 달라"고 끈질기게 요구했다.

이승만 집권기 남한의 경제성장률은 4.1%였다. 이 수치는 다른 후진국과 비교하면 괜찮은 수준이었으나, 북한이 20%의 고도성장이었고, 박정희 정권 때 연평균 성장률이 8.29%에 달했던 것과 견주면 저조한 것이었다.

그러나 이승만 정권은 장기적으로는 경제발전에 기초가 되는 여러 업적을 남겼다(유영익). 그 첫째가 경제개발계획을 세움으로써 1970~80년대 고도성장을 가능케 한 경제계획의 교두보를 놓았다는 점이다. 이승만은 정치, 외교에서는 국내의 어느 누구보다도 정통했으나 경제에는 문외한이었다. 그가 가진 것이라고는 오래전 학창시절의 경제지식이나 미국 경제에 대한 상식 수준이었다. 경제계획을 스탈린이 처음 창안했던 점을 빗대어 "공산주의 냄새가 난다"고 말하는 등 장기발전계획에 대한 이해도가 낮았다(박태균). 1950년대 주한 미국인들 사이에 있었던 공통된 화제는 고령의 이승만이 경제문제에 있어 얼마나 요상하고 멍청한 사람인가 하는 것이었다. (브루스 커밍스)

따지고 보면 미국인들이 생산, 소비, 유통, 재정, 세제 등 국민

경제 여러 부분을 감독하는 입장이었기 때문에 경제운용 면에서 한국 정부가 실질적으로 무력한 입장이라고 할 수도 있었다(데이비드 콘디). 경제계획에 대한 집행능력도 질대적으로 부족한 형편이라는 것도 사실이었다. (권태준)

그러나 이승만은 위와 같은 부정적 편견에도 불구하고 경제의 핵심을 움켜잡고 있었다. 그는 1957년 6월 송인상(宋仁相)을 부흥부 장관으로 임명하면서 "자네는 이코노미스트야. 경제에 관한 한 모든 것을 자네에게 맡기겠네. 잘해봐!"라고 말했다.

그러면서 환율문제, 대일관계, 외국 정부와 외국인과의 약속 또는 원조자금의 사용결정 문제 등 3가지는 사전에 보고하라면서 권한을 유보했다. 그 3가지를 놓고 이 대통령은 미국 관리나 미국 정부와 끈질기게 대결했다. 환율결정은 1953년 12월 결성된 한·미 통화안정협의위원회 소관이었으나 이승만이 한국에 유리한 환율을 고집해 막대한 환차익(換差益)을 확보했던 것이고, 이 문제는 미국과 중요한 갈등요인으로 부각되었다. 미국이 에버레디 작전으로 이 대통령을 제거하고자 했을 때 이유 중 하나가 환율갈등이었다.

자유당 정권 말기 부흥부 차원으로 시작했으나 송인상 장관은 전문가들을 동원해 미국의 원조가 급속히 줄기 시작한 데 대한 대책으로 1960~66년 사이의 7개년 경제개발계획을 세웠다. 그것은 한국 정부가 독자적으로 만든 최초의 경제개발계획이었다. (이원범)

이 계획은 3·15 부정선거 규탄데모가 벌어지던 1960년 4월 15일 국무회의를 통과했으나, 며칠 뒤 자유당 정권이 무너지는 바람에 인쇄도중 계획안이 폐기되었다. 그러나 이 계획의 내용은 4·19 혁명으로 등장한 민주당 장면 정권에 사실상 승계되었다. 그 같은 경제개발계획을 짤 수 있는 관료, 학계, 산업계의 전문가들이 극히 제한되어 있었기 때문에 정권이 바뀌더라도 인적, 자료적 연속성(連續性)은 강할 수밖에 없었다. (전상인)

장면 정권은 경제개발 5개년 계획(1961~1965)을 수립했고 그 계획은 다시 5·16 쿠데타로 집권한 박정희 정권으로 승계되었다. 결과적으로 군사정부는 짧은 시간 내에 제1차 경제개발 5개년 계획을 세울 수 있었던 것이다. (최상오)

두 번째가 일본 정부 및 일본인이 남기고 간 방대한 귀속재산(敵産) 처리문제를 분명하게 정리함으로써 경제입국에 대한 기초체력을 확보하게 했다는 점이다. 일본 전후정부는 한국의 전 재산 중 80% 이상인 일본인 귀속재산이 국제법에 의해 일본에 귀속되어야 한다는 이론을 내세우고, 이를 앞으로 한국이 주장할 대일청구권과 상쇄해서 배상하지 않을 속셈이었다. 그러나 이승만은 귀속재산에 관해서 일본과 별도 협정을 체결하는 것을 거부하고 미·일 강화조약에 "한국이 완전한 권리를 취득한다"는 조항을 넣도록 미국 정부를 설득해 분쟁의 여지를 처음부터 아예 없앴다. (홍진기)

프랑스인들은 일본인처럼 귀속재산을 남기지 않았기 때문에 베트남은 건국단계에서 물적 토대가 빈약했다. 방대한 귀속재산을 처리할 수 있었던 것은 이승만 정권이 베트남보다 유리한 입장에서 건국 작업을 진행시킬 수 있었음을 알게 해준다. 많은 정상배(政商輩)나 모리배(謀利輩) 등이 끼어들기는 했으나 귀속재산이 산업자본으로 전환될 수 있었던 것이다. (윤충로)

세 번째는 수입대체산업(ISI) 정책을 추진한 것이다. 당시 미국은 중국이 공산화된 뒤 동북아에서 일본의 역할을 중시, 일본경제를 재건시키는 역주행 정책 (*Reverse course*) 을 펴고 있었기 때문에 한 국원조계획을 일본경제 부흥에 기여하는 방향으로 운용했다. '1달러 사용에 2달러 효과'(한국에도 좋고 일본에도 좋은)를 노리며 유엔군의 군수물자를 일본에서 조달했고, 유엔군이 지급하는 금액이 일본 총 수출액의 3분의 1이나 되었다. (김충남)

한국에는 불리한 미국정책에 대응하기 위해 이승만은 한국의 생산재 생산능력을 제고시킨다는 계획 아래 수입대체산업 (ISI) 정책을 추진하게 되었다. 1954년 이후 귀속재산을 불하받은 기업들로 하여금 수입대체산업에 투자하도록 각종 인센티브를 주었다. 비료, 시멘트 등 중화학과 석유, 고무, 목제품 등 경공업이 11.5%의 성장을 기록했다.

네 번째이자 가장 괄목할 만한 업적은 건국정국에서 지적했듯이 농지개혁을 성공시켜 농촌경제를 안정시켰다는 점이다.

다섯 번째는 경제성장 주역들을 키워낸 교육혁명이다.

위에서 지적한 여러 업적을 보면 박정희가 주도한 경제발전은 그 뿌리가 이승만 시대에 비롯되고 있었음을 알 수 있다.

이승만, 경제에 '병신'이었나

자유당 시기, 시중에는 대통령을 둘러싸고 '3신이다'라는 우스갯소리가 나돌았다. 이 대통령이 외교에는 귀신, 인사에는 망신, 경제에는 병신이라는 것이었다. 어떻게 보면 이승만의 특징을 잘 집어낸 것 같기도 한데, 과연 정확한 여론이었을까.

한국 신문을 잘 읽지 않아 국내 뉴스에 어둡다든가 하의상달(下意上達)의 소통구조가 막혀 있어 실정파악이 어렵다든가 하는 소리를 들었으나 알고 보면 행정에 일가견이 있었다. 자유당 말기 국무원 사무국장을 지낸 신두영(申斗泳)이 1958년 1월부터 1960년 7월까지 315회에 걸쳐 진행한 국무회의 기록을 보면 그 같은 점을 확인할 수가 있다.

중요한 내용을 골라보면 이승만 대통령은 중요도로에 1층을 점포, 2층 이상은 주택으로 하는 4층 이상의 집을 짓게 하라고 지시했다(1958년 1월 7일). 30~40년 뒤 서울에서 유행한 주상 복합건물의 시조였던 셈이다.

시내에 반입되는 숯(삼림을 남벌하게 하는 주범이었다)의 반입을 엄금하면서 "연탄이라는 것은 참으로 신기한 것이다. 연탄을 이용하도록 하라"고 지시하기도 했다. "국민이 싫어하더라도 '아파트'를 많이 지어야 땅이 절약된다"면서 '아파트' 짓기를 강조했다. (2월 4일)

"식목보다 사방(砂防) 산업이 더 중요하다. 남산이 방치돼 있다. 공원으로 조성하라"고 지시했다. 금비(金肥)를 계속 쓰면 농토가 척박해진다면서 퇴비를 증산해 쓰게 함으로써 농정의 현안문제의 핵심을 찌르고 있었다.

"생산도 중요하지만 국제시장 개척도 중요하다" 지적하고 무역진흥책을 세우라고 촉구했다. 전후 공장복구, 물가 상승 억제 등 국내경제에 매달려 있던 시기 그 같은 지시는 경제정책의 전환점이 되었다는 게 경제전문가들의 견해이기도 하다.

당시 경무대에는 대통령을 보좌하는 경제전문 참모도 없었고 요즘 청와대에 있는 '말씀자료' 담당 비서관도 없었다. 경제의 문외한이라는 비아냥거림을 들었으나 국가행정에 관한 큰 줄기는 스스로 꿰고 있었음을 확인할 수가 있는 것이다.

친일파-실력양성론-경제성장의 주역

"친일파(親日派) 문제는 한국사회의 원죄(原罪)이다. 이 문제를 풀지 않으면 한국사회가 발전할 수도 없고 존재하기도 어려울 것이다"라고 어느 원로가 한탄했다고 한다(한홍구). 그 같은 표현은 친일파에 대한 부정적 시각이 그만큼 한국사회 속에 심화(深化)되어 있음을 웅변적으로 지적하고 있다.

친일파 시비는 조선왕조 병탄(倂呑) 과정에서부터 비롯된 것이나 본격적인 사회문제로 부각된 것은 해방 뒤였고, 따라서 친일파 청산에 미흡했던 이승만과 깊은 관계가 있다고 할 수 있다.

해방정국에서 이승만은 친일파의 도피처라는 세평을 듣던 한민당의 협조를 얻어 건국했고, 반민특위(反民特委)를 무력화시켜 친일파 청산을 어렵게 만들었다. 건국정부에 적지 않은 친일파를 기용(내각은 독립운동계열이 많았다)했고, 경찰과 군(국방경비대)의 친일파는 아예 방치되었다. 자유당 정권 말기에도 당정(黨政)의 주요 요직은 친일파 관료 출신들이 차지했다. 그 같은 '친일파 중시현상'은 상식적으로 보아도 정상적인 것은 아니었다.

왜 그렇게 되었는가? 1차로 이승만에게 직·간접적 책임이 있다고 할 수 있다. 필마단기로 귀국해 대한민국 건국에 성공한 그는 첫째 항일운동 세력을 적극적으로 기용하는 데 인색했다. 오랜 동지에서 권력투쟁의 경쟁자가 되었던 김구나 김규식 세력을 외면하거나 견제했고, 오랜 라이벌인 안창호의 흥사단 계열도 차별대우했다. 더구나 항일운동 세력은 오랜 해외망명생활에 쫓기다 보니 근대국가 경영에 필요한 전문성을 갖춘 인물도 적었다. 경비대 시절 광복군 출신들이 일본군·만군 출신보다 절대적으로 수에서도 적었지만 실력이나 현실적응력에서 밀린 것이 대표적인 예가 된다.

반면 전문교육을 받고 일제시대에 국내에서 활동하던 소수의 고급인력은 이승만에 협조하고 보호받을 수 있었다. 친일파 범주에 들어간다는 것이 그들의 생존상 약점이었다. 대공 수사경험이 많은 일제경찰의 고등계 출신들이 반공(反共) 투쟁에 필요했기 때문에 이승만에 의해 중용되었다. 공산주의 세력을 극복하고 제거하는 게 최우선 국정과제였기 때문에 그들의 과거사가 묻혀버렸다.

건국 당시 균형 있는 독립운동사(獨立運動史)의 기틀을 정립하지 못한 것도 친일파 부각의 이유 중 하나다. 건국 후 공식적 독립운동 서훈자는 이승만, 이시영 두 사람뿐이었다. 그것은 수많은 항일투사의 존재가 무시되는 결과를 빚었고, 친일파들에게 그만큼 넓은 활동공간을 제공하는 계기가 되었다. 그렇게 된 이유가 어떻든 심각한 문제를 안은 시작이었다. 자유당이 몰락한 뒤 독립운동사의 편재성(偏在性)은 반전되면서 개선되는 것이 아니라 또 다른 쪽으로 기울어 버렸다.

이승만 독재를 비판하면서 그의 독립외교운동 노선과 건국의 공로가 폄하되었다. 독립운동의 정통성을 상해임정에 두면서 당시 국제정세에선 실현가능성이 없었던 김구의 남북통일론이 과대평가 되었다. 일제 식민지 수탈론(收奪論), 자생적 한국 근대화론이 일반에 정착되면서 친일파는 민족사관(民族史觀)에 의해 아예 민족사에서 배제되었다. '대한민국은 태어나선 안 될 나라', '미국에 종속된 식민지' 같은 극단적 원죄론까지 등장했다. 진보·좌파사관이 사학계의 주류 자리를 차지했다는 세평까지 나왔다.

그러나 보수·우파는 그에 대해 제대로 목소리를 내지 못했다. 1980년대에 들어 식민지 수탈론을 부정하는 식민지 근대화론(近代 化論)이 역사학계에 등장하면서 '친일파 원죄론'은 새 국면을 맞았 다. 식민지 공업화론, 식민지 상업화론으로도 불리는 식민지 근대 화론은 한국·대만 등 일본의 식민지였던 아시아 국가가 신흥산업 국(Nics, Nies)이 되어 괄목할 만한 경제발전을 이룬 것은 과거 일 본의 식민지배가 이들 국가에 근대화와 산업화에 공헌했기 때문이 라고 보는 이론으로, 일본 교토(京都) 대학의 나카무라(中村哲) 교 수가 그 연구를 주도했다.

나카무라는 일제가 한국에서 자본주의에 알맞은 근대적 토지제 도를 확립, 정착시켰고 산미(産米) 증식계획을 통해 농업의 상품화 와 해외기술의 도입을 가져왔으며, 1930년대부터 일본의 독점자본 진출이 본격화되어 한국의 공업화를 빠르게 진행시켰다고 보았 다. (한국독립운동사)

일본 학자들과 별도로 미국 학자들도 같은 맥락의 식민지 근대화 론을 제기했다. 《제국의 후예》를 쓴 하버드대학의 에커트(Carter J. Eckert), 《한국기업의 식민지적 기원》을 쓴 조지타운대학의 맥 나마라(Dennis McNamara) 등이 한국의 경제성장을 일본 식민지 경 험과의 관련성을 통해 파악했다. 에커트는 한국 학자들의 자생적 근대화론을 정면으로 반박했다.

한국 학계에도 경제사학자 안병직(安秉直), 이영훈(李榮薰) 등이 1980년대 후반 이래 식민지 근대화론에 대한 연구를 활발히 하고 있다. 안병직은 "한국의 근대화는 자생적으로 발전한 것이 아니라 근본적으로 외부에서 주어진 것이다. 근대화를 추진하기 위해서 일차적으로 외국 문물에 심취해야 한다. 그래서 근대화 세력은 최소한 조금이라도 친일적이거나 친미적이었다"고 주장, 국내의 실력양성 노선이 근대화 세력으로의 역할을 수행한 점을 인정했다. 그것은 실력양성론을 견지해온 국내 친일세력이 근대화에 기여했다는 이론적 근거가 될 수 있었다.

그렇다면 실력양성 노선은 그 같은 평가를 받을 만한 실체를 가지고 있었는가? 실력양성론의 사상적 토대는 조선 말 개화사상에서 비롯되었다고 보는 것이 통설인 듯하다. 18세기 말 박지원(朴趾源)을 중심으로 한 북학파가 실용주의의 개화사상을 일으켰고, 19세기에 들어와 그 사상은 박지원의 손자 박규수(朴珪壽)를 통해 김옥균(金玉均), 박영효(朴泳孝), 서재필(徐載弼) 등 개화파에게 전수되었다. (함재봉)

김옥균 등 개화파는 1884년 조선왕조를 개혁하기 위해 갑신정변을 일으켰다가 3일 천하로 끝났다. 그 10년 뒤 개화·개혁사상은 망명지 일본에서 돌아온 박영효에 의해 갑오개혁(경장) 추진으로 이어졌다. 윤치호, 이상재 등도 뒤를 이은 개화론자였다. 갑신정변 때 막내(19세)였던 서재필은 미국에 망명했다가 갑오개혁 때 귀국해 독립협회, 만민공동회를 주도했고, 그 과정에 젊은 이승만이 참여해 영향을 받았다. 19세기 영국에서 건너온 사회진화론의 영향을 받아 개화론은 실력양성론, 민족개조론 등으로 발전되었다.

실력양성론과 친일파가 서로 겹치기 시작한 것은 한·일 병탄 때부터였다. 이때 두 가지 타입의 친일파가 등장했다. 하나는 한·일 병탄에 협조한 왕족과 대신들이었고, 또 다른 하나는 개화파로서의 친일파였다. 사회진화론의 우승열패(優勝劣敗)와 자연도태론(自然淘汰論)에 심취했던 개화파는 한국사회가 후진성을 탈피하기 위해서는 개방과 개혁이 필요하다는 결론에 도달했다. 그러나 강자인 일본도 계속 발전하기 때문에 한·일 간의 힘의 격차를 결국 줄일 수 없지 않은가라는 모순을 극복할 수 있는 논리를 정립하지 못한 채 친일 노선에 끌려들어갔다.

1919년 3·1 운동은 근대적 민족주의운동이 본격적으로 전개되는 계기였다. 실력양성론은 민족개량주의와 같은 이름으로 비타협적 민족주의운동, 사회주의 좌파운동과 함께 민족주의운동의 본류 중 하나가 되었다. 실력양성론은 온건한 개선, 개량주의를 추구했기 때문에 좌파운동 등에 비해 대중에 대한 설득력과 선전력이 약했다. 때문에 민족운동의 주도권은 그 뒤 좌파에게 넘어갔다. 민족해방과 계급해방을 동시에 추구하는 투쟁방식을 전개했기 때문에 좌파의 투쟁역량이 돋보였던 것이다.

실력양성론은 1919년 9월 조선총독으로 부임한 사이토 마코토(齋藤實) 총독이 표방한 문화정치를 계기로 탈출구를 찾았다. 〈동아일보〉, 〈조선일보〉 등 한국어 신문 발행이 가능해지고 매스컴에 의한 대중계몽도 펼 수 있게 되었다. 큰 실적을 올리지는 못했으나 조선물산 장려운동도 펴는 등 경제적 민족주의운동도 전개했고, 1921년 12월에는 조선어 연구회를 만들어 '한글사용 촉진운동'도 전개했다. 민립대학 설립운동이 추진되고 야학운동도 활발해졌으며 생활개선운동도 일어났다.

실력양성운동은 총독부의 식민교육정책에 맞물리게 되면서 시너지 효과를 얻게 되었다. 초등학교 취학률이 1920년대에는 20%

선이었으나 1938년에는 33%, 1942년에는 48%에 달하게 되었고, 중등학교 입학생 수도 1930년대에는 연간 8천 명이었으나 1943년에는 두세 배에 이르렀다(주익종). 일본 유학생의 수도 급증했다. 1931～1933년 사이 일본 유학생은 1만 5,408명이었고 그중 중학생이 9,327명이었다. 1940～1942년에는 그 수가 7만 6,978명으로 증가했고, 중학생 수도 5만 6,978명으로 급증했다. (이영훈)

1925년 군수(郡守)를 지낸 조선인 250명이 대부분 양반시대 때 신분에 억눌려 살던 중인 출신들이었다. 이들은 대체로 자손을 일본에 유학시켰다. 이들 2, 3세들은 새로운 협력자로 양성된 것이지만 유학하면서 다른 한편으로는 민족의식을 지닌 민족적 지식인으로 성장했다. 이승만 시대에서 박정희 시대 초기까지 경제학을 가르치거나 경제발전계획, 정책운용에 참가했던 수십 명 이상의 경제학자나 고위관료들은 거의가 실력양성론이 키워낸 인재들이었다.

황인성(黃寅性: 전 국무총리)은 12세 때인 1937년 소풍을 갔다가 한국인 교사로부터 이순신 장군에 대해 듣고 애국심에 눈뜨게 되었다고 회고했다(황인성). 광복군에 참여했던 김준엽(金俊燁 : 전 고려대 총장)은 신의주고보에 다닐 때 3명의 한국인 교사(모두 4명)로부터 민족의식을 고취받았다고 회고했다(김준엽). 그 시절 학생들에게 일제가 금지하던 민족의식 고취작업을 펴던 무명의 교사들은 전국 곳곳에 있었다. 그 교사들을 가르친 사람들은 실력양성론의 선배들이었다.

학생뿐 아니라 각종 기술자들도 1939년부터 1944년까지 22만 9천 명에서 48만 5,188명으로 2.1배 늘어났다. 총독부의 교육정책이 크게 힘을 입은 탓이라는 분석이다(복거일). 한국인 청년들이 일본군에 입대하는 비율도 늘었다. 1938년 2,964명이던 지원자 수가 1943년에는 30만 명으로 급증했다(윤해동). 일제의 징병정책과 친일파들의 권유 같은 협조도 있었겠지만, 급증의 주원인은 신분상승에 대한 욕구분출이었다. 일본 육사나 만주 군관학교를 나온 우수한 젊은이들은 해방 뒤 국군에 입대했고, 한국전쟁 때 나라를 지키는 간성(干城)이 되었다.

5·16 쿠데타를 일으키고 집권해 한국의 산업화 입국을 주도했던 박정희 등 군부세력도 실력양성론의 범주에 드는 인물들이다. 산업계나 재계도 예외는 아니다. 일본 제국주의는 일본을 위해서이지만 한국 자본주의 발전에도 최초의 원동력을 제공했다(카터 에커트). 최초의 산업자본가로 크게 성공한 것은 전북 고창의 김성수 일가였고, 당시는 그만한 지위에 도달하지 못했으나 훗날 한국에서 저명해진 기업들이 활동하고 있었다. 50대 재벌의 창업자 중 60% 가까이가 식민지 시기 사업과정에서 단련된 사람들이었다(카터 에커트). 한국인 경영 점포 수가 39만 6천이고, 5인 이상 종업원의 공장경영자는 4천 명에 달했다. 그 가운데 삼성의 이병철, LG의 구인회, 현대의 정주영이 있었다. (이영훈)

식민지 때 한국인의 정치참여를 분석한 일본의 나미키 마사히토(並木眞人) 교수에 의하면 한국인의 대일협력은 이데올로그형과 테크노크라트형으로 나뉜다.

전자는 이광수와 같이 정신마저 일본인이 되고자 한 부류로 전시(戰時)에 징병, 징용에 적극 협력한 자들이고, 후자는 하급관리, 조합원, 은행원, 회사원, 군인, 중소기업인과 그 밖에 전문적 지식과 지능을 쌓은 사람들이다. (이영훈)

앞서 지적했듯이 해방당시 전문학교 이상 학력소지자는 국민의 0. 2% 미만이었다. 0. 2%에 해당되는 사람 중 처벌대상이 되는 소수의 골수 친일파를 배제한다면 나머지는 실력양성 노선의 범주에 들게 될 것이다.

해방정국에서 보수우파들을 결집해 한민당을 결성하고 건국과정에 기여했던 김성수, 송진우 등이 실력양성 노선을 이끌었던 대표적 지도자들이라는 점을 주목할 필요가 있다. 앞서 '상해임정' 설명 때 지적했지만 실력양성론은 한민족 독립운동의 3대축의 하나였다고 볼 수 있기 때문이다.

그 같은 관점과 관련, 실력양성론의 초대 이데올로그인 윤치호의 논지(論旨)를 참고해 보자. 윤치호는 무장투쟁론과 외교독립론의 두 가지 독립운동에 대해 모두 부정적이었다. 그는 구걸외교로 독립이 가능하지 않다고 보아 이승만이 열심히 일한 해외 독립외교 활동에 참여하지 않았고, 해외에 나가 활동하라는 독립운동계의 원로 이상재의 권유를 거절했다. 그는 폭력투쟁에 의존하는 파가 독립을 가져오지는 못할 것이라면서 상해임정의 군자금 모금도 비판했다. 돈을 낸 사람들은 일제에 적발되어 패가망신하는 피해를 겪게 되나 상해 쪽은 별 피해가 없다는 게 그의 주장이었다.

그는 한국(조선) 사람들의 전쟁터는 한국이고 어찌되었든 한국에서 활동해야 한다고 믿었고, 한국 국민이 경제적 문화적, 지적으로 성숙해지고 민족적 역량을 갈고 닦으면 정치적 독립의 기회가 온다고 생각했다. (박지향)

한국이 독립하고 경제발전을 이룬 시점(1948~2013) 까지의 60여년의 기간을 염두에 두고 보면 그의 논지(論旨)를 깡그리 무시할 수

가 없다. 무장투쟁론이나 외교독립론이 나라의 해방을 주도한 것
도 아니고 연합국의 일원이 되는 일도 성사시키지 못했으나, 반면
역할분담론 중 가장 위상이 애매한 실력양성 노선이 오히려 근대화
와 산업화에 구체적으로 크게 기여했다고 주장할 수 있기 때문이
다. 식민지 시기 항일민족운동이 정치적 독립을 위한 민족의 정체
성이었다면 5천 년 역사 이래의 가난을 떨치고 경제적 독립을 가져
온 경제발전도 또 다른 민족의 정체성의 한 요소가 될 수 있다는 논
리이다.

그렇지만 윤치호의 주장은 민족정신을 일깨우며 항일운동을 이
끌어 간 역사적 의의를 간과하고 있는 데다가 반일(反日)정서에 친
숙한 국민감정에도 감성적으로 다가가기가 어렵다. 친일파의 자기
합리화에 불과하고 궁색한 자기변명이나 핑계로 비추어질 수 있
다. 일제가 한국을 본격적으로 수탈하기 위해 한국인을 교육·훈
련시키고 투자한 침략정책을 긍정적으로 해석하는 것이 아니냐는
거부감이 따르기 때문이다.

실제로 식민지 수탈론을 지지하는 학자들은 식민지 근대화론이
일본의 전통적 식민지 미화론을 뒷받침한다고 비판한다. 그러나
식민지 근대화론이 한국의 산업화와 민주화를 동시에 성공적 궤도
에 올린 세계 유일의 후진국이라면서도 산업화를 추진한 주류세력
의 근원을 제대로 정리하지 못하는 한국현대사 연구에서 새 지평을
열어준 점은 주목해야 할 것이다.

프랑스가 제2차 세계대전이 끝난 뒤 나치점령시대에 대한 역사
성찰(歷史省察·Mode rétro)에 들어간 것은 드골 대통령이 타계(1968
년)한 뒤인 1970년대 초였다. 그 전쟁시대를 상징하는 인물이 역사

의 무대에서 퇴장한 변화가 성찰의 결정적 계기를 가져왔던 것이다. 당시 프랑스는 앞서 지적했듯이 국민의 대다수가 나치에 반대하고 투쟁한 것처럼 세계에 알려진 레지스탕스 신화가 사실은 드골에 의해 상징 조작된 허구이며 일부만 사실이라는 점을 부각하면서 나치시대를 엄정하게 재조명, 재평가했다. 민족의 배신자로 매도되었던 비시(Vichy) 정부의 긍정적 측면도 새삼스럽게 객관적 재평가를 받았다. 프랑스의 현대사가 균형을 찾게 된 것이다.

그러나 한국은 해방이 된 지 수십 년이 지났어도 프랑스 같은 진지한 역사성찰의 기회를 갖지 못했다. 지성과 역사의식이 미흡해서가 아니라 이데올로기의 갈등현상이 근본적 장애요인이었기 때문일 것이다. 그렇지만 역사성찰을 전혀 하지 않은 것은 아니다.

1992년 대통령 선거에서 김영삼(金泳三)은 여·야 3당 합당체인 민자당의 후보로 출마하면서 '한강의 기적'을 만든 산업화 추진세력과 정치 민주화를 위해 투쟁한 민주화 세력이 힘을 합쳐 '신한국'을 건설하자고 주장하면서 진보·좌익 세력의 지지를 받은 야당 김대중(金大中) 후보와의 대결에서 승리했다. 당시 김영삼 후보의 주장은 생경하게 들렸으나, 10여 년이 지난 뒤 그것은 역사적 기정사실이 되었다.

한국이 산업화와 민주화를 함께 이룩한 유일한 후진국임을 세계가 인정하게 되었고, 2012년 대선에서 여·야 후보 모두가 기정사실로 대하고 있었던 것이다. 그 주장은 김영삼 대통령의 집권 후 문민정부가 3·1운동 정신과 상해임정의 법통을 이어받는 정부임을 주장하며 '역사 바로 세우기' 정책으로 반영하려 했으나, 절반의 성공으로 끝났다. 한국사회에 깊이 내재되어 있는 이데올로기 갈

등에 대한 근본적인 접근책이 준비되어 있지 않은 데다가 시기상조라는 한계 때문이었다고 할 수 있다.

박근혜(朴槿惠) 대통령이 선거과정에서 국민통합(國民統合, Integration)을 들고 나온 것은 시대의 흐름으로 볼 때 시의적절했다. 산업화를 추진한 박정희 대통령의 딸이면서 그 정치적 유산을 이어받았을 뿐 아니라 김영삼, 김대중 대통령이 기여한 민주화 완성의 업적도 승계하는 입장이기 때문이다. 달리 말하면 김영삼 대통령의 산업화, 민주화 세력 결합론을 한 단계 더 업그레이드시키고, 해방 이후 우익 일변도였던 정치지형에 좌파정책을 수혈시킨 김대중 대통령의 시도까지 수용할 수 있기 때문이다. 박근혜 대통령은 이미 경제 민주화 등 좌파성향의 정책도 과감하게 수용하는 자세를 보이고 있다.

두 번째이면서 어쩌면 국내외 여건이나 타이밍으로 보아 마지막일 수 있는 역사성찰의 마무리 기회가 온 것이다. 하지만 '국민통합'은 말처럼 쉽지가 않다. 통합의 대상에는 한국사회의 원천적 고질인 이데올로기의 갈등구조가 계속 존재하기 때문이다.

프랑스의 역사성찰이 레지스탕스 신화와 비시 정부에 대한 재평가였다면, 한국의 경우는 좌편향된 현대사 인식과 저평가되고 있는 산업화 세력에 대한 공정한 재평가 문제가 될 듯하다.

한국의 독립운동은 지정학적 특성에서 세계에서 유례가 없는 역할분담론 양상으로 전개되었으나, 결정적 역할을 한 주류(主流) 세력은 존재하지 않는 것이 사실(史實)이다. 그렇기 때문에 '식민지 수탈론'과 '식민지 근대화론'이 상반되게 존재하는 역사인식의 갈등구조 속에서 균형 있는 현대사 정립이 절실하다.

산업화 추진세력에 대한 뿌리찾기도 주요한 과제이다. 산업화, 민주화를 함께 이뤄냈다면서도 산업화 추진세력에 대한 역사평가나 연구가 크게 미흡하고 민족운동의 한 뿌리에서 출발한 민주화 추진 세력과의 상관관계 연구도 부실하다.

산업화의 성과는 인정하면서 산업화 추진세력의 뿌리를 외면하는 것은 자기모순이고 자가당착적인 역사현상이다. 그 모순에서 파생되는 갈등이 지금 국가정체성을 애매하게 만들고 있다. 국가정체성은 친북·종북주의 세력에 대해 효율적으로 대처했을 때만 확보되는 게 아니다. 산업화 세력의 박리(剝離)를 역사학의 차원에서 제대로 정립할 때 그 진정한 의의가 강화되지 않을까 한다.

우리가 국민통합 문제를 앞두고 염두에 두어야 할 것은 국가정체성이 애매하거나 그로 인해 국론이 두 조각으로 분열돼 있는 나라가 명실공히 선진국이 된 예가 역사상 없다는 점일 것이다.

자유당, 이승만 - 이기붕 체제 유지 위해 무리수
국보법 개정 등 2·4 파동 일으켜

이승만 정권의 안정기는 전쟁이 끝난 뒤 1954년부터 1958년까지 5년간이었다. 이 기간 중 국내외 정세가 이승만에게 유리하게 전개되었기 때문이다. 반공포로 석방, 한·미 상호방위조약 체결 등 한국전쟁을 마무리하는 대미외교에서 보여준 전쟁지도력이 폭넓은 국민의 지지를 받았고, 냉전이 본격화되면서 강력한 반공주의자인 그에게 유리한 국제정세가 조성되었다(한배호). 미국의 군사·경제 원조가 경제난을 해소하고 전후 복구사업을 도운 것도 큰 힘이 되었다.

그 같은 여건과 분위기를 등에 업고 1954년 실시된 국회의원선거에서 자유당은 114석을 차지하는 다수당이 되었고, 야당은 21석, 무소속은 68석의 분포를 보였다. 건국 후 처음으로 이승만은 국회(야당 주도의)가 견제할 수 없는 강력한 정부를 확보할 수 있었다.

그 같은 안정기조는 1958년 들어 흔들리기 시작했다. 이승만의 후계구도를 겨냥해 자유당이 무리하게 선제포석을 놓기 시작했기 때문이다. 1958년 정초 자유당은 그해 5월에 있을 총선에 대비한 선거법 개정을 추진했다. 1956년 정·부통령 선거에서 장면 후보에게 패배해 부통령직을 빼앗긴 자유당은 1960년 대선에서는 정·부통령 단일 티켓제를 도입해 이기붕을 기필코 이승만의 유고시 권력승계자로 만들 계획이었고, 그러기 위해서는 개헌을 해야 했기 때문에 개헌선을 확보하기 위해 선거법부터 유리하게 개정할 필요가 있었던 것이다.

자유당은 당권을 쥐고 있는 야당인 민주당 구파와 선거법 협상을 벌여 전국 선거구를 233개로 증설하는 등 5개항에 합의했다. 합의 과정에서 자유당은 '선거기간 중 편파보도를 규제한다'는 ⑤항을 확보했고, 민주당은 표 도둑을 감시하는 선거위원회의 여·야 동수 확보와 참관인 권한확대, 선거운동 제한 및 선거공영제 등 ①, ②, ③항을 얻어냈다. 여당은 비판적 논조를 강화하던 언론(주로 신문매체)에 재갈을 물리려는 법 개정 목표를 달성했고, 야당은 득표작전에서 유리한 실리(實利)를 확보했다. 50만 환의 입후보 공탁제를 도입, 무소속과 군소정당의 출마를 막고 보수양당제의 기틀을 잡을 수 있었다. (김일영)

5·2 총선을 맞아 자유당은 막대한 선거자금을 뿌렸고 릴레이식

투표, 피아노식 개표법 등 각종 선거부정과 크고 작은 탄압행위를 벌였다. 그러나 개헌선(156석)에 30석이 모자란 126석을 확보하는 데 그쳤다. 자유당은 숫자로는 1954년보다 12석이 늘었으나 내용상으로는 완패(完敗)였다. 선거법 개정으로 덕을 본 것은 자유당이 아니라 민주당이었다. 호헌선 확보가 목표였던 민주당은 거뜬하게 79석을 따내는 승리를 맛보았다.

자유당은 여촌야도(與村野都) 현상 때문에 서울, 부산 등 대도시에서 일방적으로 참패했고, 총 투표수에서도 자유당 득표율이 38.7%(3,496,641표)인데 비해 민주당이 29.5%(2,662,660표)로 9% 차이뿐이어서 민심이반이 심각한 상태임을 보여주고 있었다. 그 같은 결과는 자유당과 정부에 큰 충격을 주었다. (홍진기)

개헌선 확보에 실패하자 자유당 강경파는 선거참패가 언론통제가 미흡했기 때문이라고 보고 신문의 영향력을 약화시키기 위해 국가보안법 개정을 추진, 1958년 8월 11일 개정안을 국회에 제출했다. (김일영)

1948년에 제정된 국가보안법은 남로당 등 국내 공산세력을 제거하기 위한 입법이었고, 실제로 반공업무에 크게 기여했다. 그러나 남로당이 소멸된 뒤 북한이 대량으로 남파하기 시작한 간첩검거로 대공업무가 바뀌면서 기존 국보법으로는 대처하기가 미흡하거나 빈틈이 많아 효율적 수사가 어렵다는 게 대공(對共) 경찰이나 군수사기관의 애로사항이었다. 법 개정의 필요성을 인정한 이승만의 지시에 따라 법무부가 자유당과의 협의 아래 전문 3장 40조 부칙 2조로 된 국가보안법 개정안을 만든 것인데, 거기에 언론 독소조항을 슬쩍 끼워 넣은 것이다.

야당은 새 국보법이 제4대 정·부통령 선거를 앞두고 야당의 공세와 언론의 비판에 쐐기를 박으려는 정치입법이며, 독소조항이 포함되어 있다고 지적하고 반대에 나섰다. 법조계와 언론계도 법안의 문제점을 지적, 야당의 공세에 가세했다.

지적되고 있는 독소조항은 국가기밀의 개념과 야당활동 봉쇄, 언론의 자유 억제, 헌법기관에 대한 명예훼손, 구속적부심과 즉시항고 등이었다. 대통령, 국회의장, 대법원장 등 헌법기관에 대한 명예훼손을 엄벌토록 규정한 것은 이승만, 이기붕을 비판으로부터 방어하려는 저의(底意)라는 지적이었고, 유언비어 유포자나 사실을 왜곡시켜 전하는 자에 대한 처벌을 규정한 것은 명백한 언론 통제용이었다. (연시중)

지방자치법을 함께 개정하려는 것이 자유당의 정치적 음모설을 더욱 불신하게 만들었다. 개정안은 종래 직선제였던 시, 읍, 면장을 모두 임명제로 되돌려 놓은 것이 골자였다. 민주당은 선거전에 자유당 정권이 각급 지방행정기관을 모두 장악하려는 음모라고 공격했다.

〈경향신문〉 폐간이 국보법 개정안의 첫 번째 작품

국가보안법 개정안에 언론 독소조항을 넣은 자유당 정부는 1959년 4월 30일 〈경향신문〉을 폐간 조치했다. 개정안에 의한 첫 번째 희생이었다. 가톨릭이 운영하던 〈경향신문〉은 독실한 신자인 장면 부통령을 지지하고 반 이승만 논조를 펴왔다. 4월 5일 자에 "간첩 하모 체포"라는 기사를 보도했는데, 자유당 정부는 그 기사 때문에 간첩과 접선하려던 또 다른 간첩을 놓쳤다면서 개정국보법을 적용해 취재기자와 편집국 간부 등을 구속하고 신문을 폐간하기까지 했다.

국보법 개악(改惡) 반대투쟁위원회를 조직, 전국적으로 반대운동을 펼치기로 하고 국회에서 농성투쟁에 들어갔다. 그럼에도 불구하고 자유당은 12월 24일 무술경관을 동원해 농성 중인 야당 의원들을 모두 지하식당에 연금시킨 뒤 국보법 개정안과 1959년도 새해예산안, 지방자치법 개정안 등 12개의 새 법안을 통과시켰다. 2·4파동(12월 24일의 국보법 파동)이 일어난 것이다.

파동은 심각한 사태로 번져 전국에서 반대시위가 일어나고 내외 언론이 들끓기 시작했다. 외신특파원들이 2·4파동을 취재하기 위해 서울로 급파되었다. 처음엔 불개입 원칙이던 미국 정부도 여론이 악화되자 다울링 대사를 본국으로 소환했다.

내각제 개헌협상을 둘러싼 온건·강경파 대결

2·4파동에 의한 정국 경색(梗塞)이 장기화되자 통치부담을 느낀 이승만은 홍진기 법무장관을 불러 여·야 대표회동을 주선하라고 지시했다. 당시 이기붕 당의장은 메디컬센터에 신병 치료차 입원해 있었다. 국가보안법 개정을 앞두고 여·야가 대치했을 때 자유당 중앙위원들을 질책함으로써 개정법안이 국회에서 변칙 통과되는 빌미를 제공했던 대통령이 이제는 통과 이후의 후유증을 푸는 소방수역을 맡은 셈이다.

홍진기 장관의 부탁을 받은 〈한국일보〉 장기영(張基榮) 사장의 주선으로 민주당 조병옥 대표가 이 의장을 병문안하는 형식으로 여·야 대표회동이 이루어졌다. 두 사람은 정국수습책 외에 이승만

이후 문제도 깊이 논의했다. 두 사람은 20대 시절 미국유학 때부터 아는 사이였고 이승만을 존경하고 돕는 동지관계이기노 했으며 귀국 후 일세시대 때 오랜 낭인생활을 하던 공통점도 있었다.

이기붕은 "나의 건강상태로는 대통령을 보필하기가 어렵다…"는 말을 해 상대를 놀라게 했고, 대통령과의 만남도 주선하겠다고 약속했다. 그러나 내각제 개헌을 담합하려는 것이 아니냐고 본 자유당 강경파와 민주당 신파의 집요한 방해로 2차 회동이 이루어지지 않았다. (홍진기)

그 뒤 자유당의 이재학 국회부의장이 별도로 1월 30일 조병옥 대표와 비밀회동을 가졌다. 온건파의 대표인 이재학이 이승만·이기붕의 내락을 받고 독자적으로 추진한 회동이었다. 여·야가 험악하게 대치한 상태에서 대통령 선거를 치렀다가는 국민 사이에 피를 흘리는 일이 일어날지 모른다고 우려한 이재학은 조병옥 대표에게 "자유당에는 당신이 후계자가 되어야 한다고 생각하는 사람이 많다"고 말하면서 내각제 개헌으로 정권교체를 이룩하자고 제의했다. 그는 진심으로 조병옥 대표를 후계자 감이라고 보았다. 그가 보기에 조병옥은 한국전쟁 초기 대구가 함락될 위기 때 대구 사수론(死守論)을 주장하는 강인함을 보였고, 부산 정치파동 때는 장면을 포함한 간부들이 모두 피신했는데도 유일하게 민국당 농성장에 나타나 위문하는 의리와 배짱이 있었으며, 여·야 대립 때도 주요 국사를 위해 양보할 줄 아는 큰 그릇의 지도자라는 것이다. (이재학)

이재학은 이어 유진산(柳珍山) 원내총무와도 만나 양당의 개헌안 협상팀 구성을 논의했고, 20여 차례 극비회담 끝에 개헌안 초안을 마련했다.

조병옥 대표가 이승만을 만나 진의(眞意)를 확인하는 절차만 남았다. 그러나 4월 6일 개헌 협상내용이 협상장에 숨어들은 신문기자에 의해 특종보도되는 우발적 사건이 일어나는 바람에 차질이 불가피하게 되었다. 보도의 충격은 일파만파였다. 민주당 신파는 당론도 정하지 않은 채 구파가 개헌협상을 비밀리에 추진한 것은 당론

이기붕 의장의 난치병이 정국의 변수

국가보안법 개정을 둘러싼 여·야, 여·여, 야·야의 갈등구조를 단순화시켜 보면 초고령인 대통령의 유고시(有故時) 권력승계 문제와 자유당 2인자인 이기붕 의장의 난치병이 문제의 핵심이었다. 이기붕 의장의 병명은 극비 중 극비이어서 제대로 아는 사람이 없었다. 나중에 밝혀지기로는 운동신경실조증이라는 희귀병이었다. 난치병이어서 병원치료는 더 이상 증세가 악화되는 것을 막을 뿐이었다.

거동이 불편해 휠체어로 이동해야 하는 등 병색이 뚜렷해 후계구도를 놓고 여·야의 각 파의 대응방법이 각양각색이었다.

자유당의 경우 강경, 온건의 두 갈래였다. 온건파는 "이기붕 의장의 건강 상태로 보아 부통령 후보를 감당할 수 없으니 (여·야 간에) 내각제 개헌을 추진해 후계 문제를 풀어가자"는 입장이었다. 반면 강경파는 "대통령이 직선제를 선호하는 정치 철학을 가지고 있어 내각제 개헌을 반대할 것이기 때문에 제 2의 후보를 두어 이기붕 의장의 유고시를 대비하자"는 주장이었다. 그들은 허정(許政)을 제 2의 후보로 꼽았다.

민주당의 신·구파도 입장이 갈렸다. 구파는 협상론 지지였고, 리더인 조병옥은 이승만 대통령, 이기붕 의장은 물론 자유당 간부들과의 사이가 원만했기 때문에 대화의 문이 열려 있었다. 반면 자유당 측이 신파 영수인 장면 부통령에 대해서 친일행적에도 불구하고 이승만이 중용해 준 은혜를 잊었다고 비난하는 입장이어서 자유당과 신파와의 사이는 적대적이었다. 뿐만 아니라 신파는 구파 리더인 조병옥이 자유당 온건파와 협조해 장면 부통령이 가지고 있는 대통령 유고시의 제 1계승권을 박탈하는 개헌을 시도하거나, 내각제 개헌으로 신파만 고립시킬 가능성을 경계하고 있었다.

위반이라면서 책임을 추궁하기 시작했다. 자유당 강경파는 이재학이 조병옥과 야합해 집권하려는 음모라고 공격했다.

당시 이승만의 각별한 신임을 받던 김현철(金顯哲) 재무, 김일환(金一煥) 내무, 홍진기 법무 등 세 장관이 이재학의 부탁으로 내각제 개헌 시안을 보고했는데, 대통령 직선제 옹호론자인 이승만이 반대하는 발언을 하지 않은 채 관심을 보였다. 그래서 협상이 폭로되기 전까지 순조롭게 진행될 수 있었다. (홍진기)

개헌 시안은 대체로 프랑스의 드골헌법을 벤치마킹한 것이었다. 대통령 선거와 국회의원 선거 결과에 따라 대통령과 총리가 각기 소속 당이 달라질 수 있고, 그 경우 동거정부(Cohabitation)가 나올 수 있는 것이 특징이었다.

이승만, 이기붕 해외요양 밀령 내리기도

이승만은 1959년 3월에서 4월 사이 홍진기 법무, 김현철 재무, 김일환 상공 등 3명에게 이기붕 의장의 해외요양을 추진하라고 지시했다. 대통령이 정가의 '뜨거운 감자'인 핵심현안을 해결해 보려는 움직임을 보인 것이라 할 수 있다. 세 장관은 해군 참모총장 출신인 손원일(孫元一) 주 서독 대사와 상의해 스웨덴 병원에서 치료받을 수 있게 주선하고 이를 보고했다. 세 장관은 이승만의 지시에 따라 교섭내용을 이기붕 의장에게 알려주고 출국준비를 하도록 하게 했다. 그러나 그는 출국하지 않았다.

김일환은 후일 "박마리아가 프란체스카에게 필사적으로 매달린 것 같다"고 회고하면서 그때 해외요양을 확실하게 추진하지 못한 것을 후회했다(홍진기). 이기붕 의장의 해외요양건은 장남 강석(康石)을 이승만의 양자로 입양시킨 뒤 프란체스카 여사에게 더욱 영향력이 커진 부인 박마리아의 입김이 큰 변수였다.

이승만이 정상급 인물로 평가하지 않는 남편을 2인자 자리까지 올라가게 하는 데 견인차 역을 했던 박마리아는 자신도 정치 일선에 나가고 싶은 야심가로 알려져 있었다. 권력포기로 이어지는 남편의 해외요양에 동의할 리가 없었다. 이미 박마리아는 경무대 비서실, 자유당 강경파들과 3각 협조체제를 갖추고 있었다.

우유부단하게 끌려다닌 듯하지만 이기붕 의장 자신이 간단치 않은 책략가라는 측면도 있었다. 이기붕은 온건파에게는 야심이 없는 것처럼 해 정계개편을 추진하게 했고, 주도권을 빼앗기지 않으려는 강경파들을 자신에게 더 매달리도록 고도의 술수(術數)를 썼으며 민주당 내분도 의도적으로 더 확대시키는 포석도 놓았다는 것이다.

장택상 의원이 "이기붕은 겉보기와는 달리 무서운 사람이다. 그는 자유당 제일의 책략가다. 조병옥과 나도 번번이 당하지 않았는가?"라고 하면서 이기붕의 진면목을 지적한 일도 있었다(홍진기). 이기붕 책략가론은 그가 이승만의 신임이 두텁고, 제2의 후계자 후보로 부각되던 라이벌 허정을 강경파를 부추겨 집중공격하게 해 낙마(落馬)시킨 것을 보면 근거가 없는 것도 아니다. (허정은 그 뒤 4·19 때 내각수반을 맡으며 정치적 재기를 했다.)

어쨌든 강경파들은 스웨덴 요양계획을 완전하게 무산시키기 위해 조기 지명대회를 추진했다. 4대 정·부통령 선거는 1960년 5월

쯤 실시되리라는 것이 일반적 예측이었다. 따라서 후보지명을 위한 전당대회는 5~6개월 전인 1959년 11월쯤 열면 적당했다. 그러나 강경파는 5개월이나 더 앞당겨 1959년 6월 지명대회를 열고 이승만-이기붕을 정·부통령 후보로 지명하는 러닝메이트를 만들었다. 이기붕이 도저히 떠날 수 없게끔 족쇄(방어선)를 박은 것이다.

그런 과정을 거쳐 자유당은 1959년 7월 지명대회를 열고 이승만·이기붕을 정·부통령 후보로 지명했다. 이기붕의 신병을 전제로 한 여·야 협상도 따라서 그것으로 끝나버렸고 정국은 새로운 국면으로 넘어갔다.

이기붕이 자력으로 부통령 당선이 어렵다고 판단하던 자유당은 이승만의 표로 이기붕까지 동반 당선되는 정·부통령 동일티켓제 개헌을 생각하게 되었다. 그러나 새로운 개헌구상의 협상대상인 민주당은 10월에 있을 정·부통령 후보 지명대회를 앞두고 신·구파의 갈등구조가 심각한 상태였다. 구파는 한민당 이래의 당료 출신이 주류였고, 신파는 관료와 북한 출신이 많았기 때문에 출신성분에서부터 이질적이어서 파벌경쟁의 선을 넘고 있었다.

온건파 이재학이 민주당 구파를 은밀하게 도우면서 재정지원까지 했다. 그러자 이기붕은 심복인 내무장관 최인규(崔仁圭)를 시켜 신파를 지원하게 했다. 이기붕이 자신과 친한 사이이고 국민적 지지가 장면보다 높은 조병옥을 등지고 장면을 지원하게 한 것은 장면이 대통령 후보가 되는 것이 자신에게 보다 유리하다고 보았기 때문이다. 그가 대통령 후보가 되면 자유당이 추진하는 동일티켓제를 받아들일 수밖에 없고 구파 쪽은 반대할 수 없을 것이라고 예측한 것이다. 따라서 최인규 내무가 지방경찰이나 공무원을 동원해 1천 명 선인 민주당 전국대의원을 상대로 포섭공작을 폈다.

그러나 자유당의 분열공작에도 불구하고 민주당 전당대회의 결과는 조병옥 483표, 장면 480표로 나왔다. 예상외로 조병옥이 근소한 차이로 승리한 것이다. 조병옥이 대통령 후보, 장면이 부통령 후보가 되었고, 대신 장면이 당대표 최고위원, 조병옥이 최고위원을 맡기로 역할 분담이 조정되었다. 이기붕이 바라는 장면 대통령 후보, 이재학이 바라는 조병옥 대표 최고위원 구상과 정반대되는 결과여서 동일티켓제 개헌추진이 어렵게 된 상황이 전개되었다.

구파는 국무총리제의 부활을 조건으로 개헌에 긍정적이었으나 장면의 부통령 재선이 목표가 된 신파는 이기붕을 유리하게 하는 개헌을 당연히 반대했다. 더구나 개헌논의를 묵인했던 이승만이 갑자기 번의하면서 개헌 불가를 밝혔기 때문에 동일티켓제 개헌도 불발로 끝날 수밖에 없었다.

이승만, 후계구도에 끝까지 애매하게 처신

후계구도를 둘러싼 정치권의 논의와 움직임에 급물살을 탔던 1958년 이승만의 나이는 만 83세의 초고령이었다. 본인이 타고난 건강 체이고, 프란체스카의 철저한 섭생(攝生) 덕으로 건강은 양호했다. 국정운영의 큰 틀(大綱)은 친정체제였으나 일반적인 정무 등 많은 권한을 당의장인 이기붕에게 넘기고 이기붕 의장이 내각과 협의해 국정을 이끌어갔다. 스스로 외교문서의 타이핑까지 하는 등 만기친람(萬機親覽) 형인 그가 고령에 따른 노쇠를 감안하면서 건강과 권력을 챙기기 위해서는 불가피한 궁여지책이었을 것이다.

평생 2인자를 허용하지 않았던 이승만이 이기붕이 2인자가 되는 것을 묵인한 셈이었다. 그러나 이기붕의 건강이 악화되고 있는 게 문제였다. 이승만은 중간에 사람을 놓아 해외요양을 권하거나 후계구도를 겨냥한 개헌논의도 진행시켰다. 그러나 이기붕 의장이 자신의 지시를 어기고 스웨덴행을 거부한 데 대해 추궁하지 않았고, 개헌논의에서 내각제 개헌안과 조병옥 후계설까지 나와 이에 대해 보고를 받았으면서도 그에 대해 가부간의 구체적 반응을 보이지 않았다. 이승만은 조병옥과 여러 가지로 인연을 맺은 사이였으나 동의한다는 의사표시를 하지 않은 것이다.

조병옥은 미국유학 시절 이승만의 독립운동을 도왔고, 이승만과 의형제를 맺은 노병선(盧炳善)의 사위이기도 했다. (그래서 이승만은 조병옥의 부인을 딸처럼 대했고, 부부가 4사5입 개헌 전까지는 매해 경무대에 새해인사도 갔다.) 미군정 경무부장 시절 반공활동으로 격려도 많이 받았다. 고집이 세고 술자리에 자주 들른다고 탓했으나 인품과 능력은 인정했다. (술자리에 자주 불려 다닌 김영삼은 조병옥이 한 잔만 해도 얼굴이 붉어지는 등 술을 하지 못했다고 증언했다.) 이승만은 조병옥을 시대에 맞지 않는 정치인으로 보았다는 분석도 있다.

이승만은 이기붕에 대한 대안을 찾는 듯한 조치를 취하는가 하면 다른 한편으로는 강경파가 추진한 이승만·이기붕 러닝메이트 지명안을 받아들여 수용했다. 진의를 알 수 없게 모순된 행동을 보였다. 그는 또 자유당이 추진하는 동일티켓제 개헌안 추진을 승인했다가 곧 번의하면서 철회하기도 했다. 결국은 강경파의 이승만-이기붕체제 유지 노선을 최종 승인했다.

자유당은 이승만 개인을 위해 만들어진 정당이었다. 이승만이 당의 존재이유였고 당이 곧 이승만이었다. 이승만이 없으면 자유당은 생존능력이 없었다. 그런데도 강경파는 그 점을 감안하지 않고 병약한 이기붕을 업고 이승만 체제유지를 전제로 한 강공책을 택하게 된 것이고 이승만이 이를 수용한 것이다. 이승만이 왜 앞날이 불투명한 병약자를 후계자로 받아들였는지에 대해서는 확실한 증언이나 기록이 없는 듯하다. 프란체스카-박마리아를 축으로 하는 경무대 비서실과 자유당 강경파가 대통령의 눈과 귀를 막아 필요한 정보를 차단했다든가, 이기붕 의장의 책략이 작용했다든가 하는 요인이 오판을 가져온 게 아니냐고 추론할 수가 있다.

그러나 그 같은 상황논리가 충분한 이유가 되기는 어려울 듯하다. 4·19 혁명을 기점으로 하야할 때까지의 과정까지 지켜보면 이승만의 육체적, 정신적 건강과 대국을 보는 정치감각이나 판단력이 건재했기 때문이다. 인의 장막에 갇혀 있으면서도 자기 중심은 잃지 않고 있었다.

이기붕 부통령 당선시키려 3·15 부정선거 추진

최인규 내무, 4할 사전투표 등 사전계획 세워

이승만·이기붕을 제 4대 정·부통령 선거의 러닝메이트로 지명한 자유당은 총력태세에 들어갔다. 자유당은 한희석을 위원장으로 하고 당무위원 13명으로 구성된 선거대책위원회를 발족시켰고, 내무, 법무, 재무장관 등 내각을 실행체제로 내세웠다. 부통령은 야당 출신의 장면이었고 당시에는 총리직이 없었으므로 이승만으로부터 많은 권한을 위임받은 이기붕이 당·정의 최고 지도자였다.

선거부서인 내무부 장관에 이기붕이 추천한 최인규가 기용된 것이 핵심 포인트였다. 연희전문 출신으로 미국유학(뉴욕대)에서 돌아온 30대의 최인규는 민주당의 간판인 신익희에 맞서 고향(경기도 광주)에서 자유당 후보로 출마하면서 이기붕의 주목을 받았다.

아무도 나가지 않으려는 사지(死地)를 택한 도전정신을 평가받은 것이다. 낙선한 뒤 외자청장에 발탁되면서 '서대문 경무대'(이기붕)의 사람이 되었고, 신익희가 별세한 뒤 치러진 4대 총선에서 당선하면서 고속 출세의 길로 들어섰다.

1958년 9월 교통장관이 되었다가 내무장관으로 자리를 옮기게 되었다. 이기붕-박마리아의 끈질긴 로비와 압력이 이뤄낸 작품이었다. 동시에 그것은 추진력과 충성심이 강하고 출세욕에 불타는 젊은 최인규의 야심과 선거장관 자리에 수족처럼 움직일 심복이 필요한 이기붕의 욕심이 접점을 이룬 야합(野合)이었다.

최인규 내무는 취임하자마자 도지사와 경찰국장, 일선서장 등 지방관서장의 대대적인 이동을 단행했다. 치안국장 이성우(李成雨)를 내무차관으로 부내 승진시키고, 치안국장 후임에 서울시경 국장 이강학(李康學)을 승진·발령했다. 경남경찰국장 유충열(柳忠烈)을 서울시경 국장으로 전보시키는 등 선거에 대비한 체제강화에 들어갔다.

그는 1950년대 들어 경찰의 대간첩작전을 돕는 역할을 맡기기 위해 전국단위로 조직한 반공청년단을 내무부로 끌어들여 선거 전위조직으로 개편했다. 그는 1959년 6월 이승만·이기붕 러닝메이트가 확정된 뒤 본격적으로 부정선거를 기획하고 산하 경찰을 끌어들이기 시작했다. 전국 경찰간부들에게 사표를 내고 자유당 정·후보의 승리에 자리를 걸라고 명령했고, 선거 독찰반을 편성·가동시켰다. 시·읍·면 단위로 공무원 친목회도 조직했다. 그는 정초 선거일자도 자유당에 유리하게 3월 15일로 앞당겨 잡았다.

결과적으로는 이승만이 경쟁자 없이 신임투표를 한 셈이다. 2월 15일 조병옥 대표가 미국에서 심장질환으로 별세하면서 민주당이 후보자를 교체할 시간적 여유를 가질 수 없었기 때문이다.

최인규 내무는 1~2월경부터 선거부정요령을 단계적으로 알리게 했고, 2월 하순에는 유명한 '4할 사전투표' 등 구체적인 선거부정방법을 지령했다. 기권자, 무효표, 전출자, 노쇠자 등 투표불참 예상자를 전 유권자의 40%선으로 예상하고 이를 모두 자유당 지지표로 기표케 하는 방법, 3인조, 7인조를 편성해 자유당 당원, 경찰관, 공무원과 그 가족이 조장이 되어 공개투표로 자유당 후보를 찍게 하는 방법 등이었다. 최인규의 그런 무리한 강공책이 먹혔던 것은 경찰 내부에 협조 분위기가 어느 정도 형성되었기 때문에 가능했다.

경찰은 이미 1952년 정·부통령 선거 때 전국 규모의 부정선거를 치른 경험이 있었다. 이범석과 강력한 라이벌 관계였던 장택상 총리는 이승만의 밀지에 따라 경찰을 진두지휘해 이범석 낙선시키기 작전을 전개했다. 경찰은 자유당의 공식적 부통령 후보이고 115만의 단원을 자랑한다는 족청(族靑)의 리더 이범석을 떨어트리고 이승만의 점지를 받았으나 조직이 전무한 무명의 목사 함태영(咸台永)을 당선시키는 전국적인 부정선거를 연출했던 것이다. 그때 이래 경찰은 여당 선거운동의 주력이 되었다.

1956년 제3대 정·부통령 선거 때는 민주당의 신익희 후보 열풍이 불면서 경찰의 독주에 브레이크가 걸렸다. 정권교체 가능성이 부각되자 권력이동에 민감한 경찰의 전열이 일시 흐트러졌다. 그러나 신 후보가 유세도중 병사하고 이 대통령의 당선이 기정사실화되는 상황으로 반전되자 긴장이 풀리고 방심했다. 공백을 타고 진보당 조봉암 후보가 약진해 이승만을 위협하는 높은 득표율을 올렸고, 부통령 선거에서 이기붕이 장면에게 패배하는 이변이 나왔던 것이다(홍진기). 그것은 경찰에게는 뼈아픈 일격이었다.

사연이 그랬던 만큼 1960년의 제4대 정·부통령 선거는 어떤 의미에서는 경찰에게 설욕의 기회라고 할 수도 있었던 것이다. 더구나 이승만에 맞설 민주당 조병옥 후보가 먼저 선거 때의 신익희처럼 병사하면서 정권교체 가능성이 아예 없어지자 경찰간부들은 마음 놓고 부통령 선거에 올인하는 분위기가 형성될 수 있었다.

경찰이나 지방공무원처럼 일사분란하지는 않았으나, 군(軍)도 부정선거에 깊이 관여했다. 송요찬(宋堯贊) 육군 참모총장은 사단장 이상급 고위장성이 모인 자리에서 표가 제대로 나오지 않으면 지휘권을 박탈하겠다고 엄포를 놓았고, 군단장이나 사단장도 예하 지휘관들을 닦달할 수밖에 없었다(정승화). 적지 않은 장성(민기식, 이한림, 김동하, 박정희, 채명신 등)이 선거부정을 거부했으나 대부분의 부대에선 공개 부정투표가 진행되었다.

조병옥 후보의 사망으로 초점은 부통령 선거에

민주당 대통령 후보 조병옥은 1959년 10월 26일 거행된 정·부통령 지명을 위한 전당대회를 치르고 얼마 뒤 간경화증을 일으켜 입원했다. 자유당보다도 상대방을 더 미워하고 경계한다는 소리를 듣던 민주당 내 신·구파가 벌이는 당내 분란과 갈등을 추스르며 전당대회를 추진하다가 과로가 쌓여 발병한 것이다.

조병옥 후보는 국내 의료진의 권고에 따라 미국 월터리드 육군병원에서 수술치료를 받기 위해 1960년 1월 18일 도미했다. 선거일이 3월 15일로 결정된 것은 그 무렵이었다. 1956년 선거도 5월에 치렀던 만큼 5월 예정으로 알려졌으나 과잉충성의 최인규 내무가 "3월 26일 대통령 생신날이 당선축하의 자리가 되도록 하자"고 제의한 것을 내각과 당이 수용해 3월 15일로 앞당겨지게 된 것이다. 미국에 가기 전에 출국인사차 부인과 함께 경무대(景武臺)에 들른 조병옥의 건강을 걱정하고 금일봉(1백만 환)까지 인편을 통해 보내는 등 배려를 했던 이승만은 "4월 15일이 어떠냐?"고 반대했다. 그러나 그때는 농번기가 시작되기 때문에 곤란하다고 하자 더 이상 말을 하지 않았다.

조 후보는 2월 16일 수술 후유증으로 갑자기 심장마비를 일으켜 병원에서 급사했다. 전날 밤 서울에 전화를 걸어 직접 통화하면서 "내 건강은 좋다. 이대로 가면 1주일 안에 귀국해 선거에 임할 수 있겠다"라고 했는데, 한밤중에 갑자기 심장마비로 손쓸 사이도 없이 세상을 떴다. 때문에 민주당은 대통령 후보 없이 정·부통령 선거를 치를 수밖에 없었다. 후보 등록마감일이 이틀이나 지난 때여서 후보 교체 또한 불가능했다. 당연히 민주당 선거전략에 큰 차질이 왔다. 민주당의 두 축 중 하나인 구파가 큰 타격을 입고 방향감각을 상실했다. 1956년 신익희 후보가 급사했을 때는 조병옥이라는 큰 버팀목이 있었으나 이번에는 구심점이 될 만한 리더가 없었다.

구파는 조병옥 후보가 과로로 발병한 것이 신파의 집요한 모략·중상 등 공격 때문이라면서 적개심을 공공연히 드러냈다. 구파는 장면이 이끄는 신파 주도의 민주당에 남아 있어 보았자 소외되고 고사될 것이라면서 부통령 선거운동에 참여할 의사가 없었다. 선거를 포기하고 있었다. 반면 신파는 당초부터 이승만의 고령을 겨냥해 승계권이 있는 부통령 당선이 목표였기 때문에 동요가 적었다. 그러나 구파를 포용할 여력도 아량도 없었다.

그렇지 않아도 민주당 신·구파는 정·부통령 후보가 따로따로 선거대책을 준비하는 등 분당(分黨) 직전까지 가 있던 터라 당내 내분은 더 심각해질 수밖에 없었다.

3·15 부정선거에 대한 대책에서도 신·구파는 대립했다. 구파는 의원직을 버리고 극한투쟁을 해야 한다는 주장이었고, 신파는 원내 활동과 투쟁을 병행해야 한다는 입장이었다(김도연). 신파는 장면 부통령의 임기가 그해 8월 15일까지였기 때문에 그 안에 변고가 일어날 경우 정권을 잡을 수 있다고 보았던 것이다.

신·구파는 대여투쟁에서 어떤 문제가 나와도 끝없이 평행선으로 달리며 싸우는 것이 체질화되어 있었다(연시중). 신·구파는 물론 여당의 온건파까지 추스를 수 있는 포용력을 가진 조병옥이 더 활동할 수 있는 나이에 별세한 것은 당시 한국 정계의 큰 손실이었다.

4·19 학생의거에서
이승만이
하야하기까지

마산 시민들 3·15 부정선거 규탄 선봉에 서다

당시 중앙선관위의 이름으로 발표된 3·15 부정선거의 결과는 총 유권자 1,119만 6,498명 가운데 1,050만 9,482명이 투표에 참가했고, 이 중에서 이승만이 963만 3,376표, 이기붕이 883만 7,059표를 득표했으며 장면이 184만 4,257표를 득표했다는 것이었다.

이 발표를 곧이곧대로 믿을 사람이 아무도 없었다. 40%의 사전투표와 60%의 공개투표, 그리고 그동안 개발된 각종 부정 투·개표의 결과였기 때문이다. 일부 지역에서 이승만, 이기붕의 득표가 총 유권자수를 초과하는 촌극(寸劇)이 벌어지자 자유당 기획위원회가 감표(減標)해서 발표해야 한다고 결정하고, 최인규 내무는 일선 경찰서장들에게 일일이 전화를 걸어 이승만 80%, 이기붕 70~75%로 득표율을 하향 조정케 지시하는 소동까지 벌어졌다.

부정선거를 먼저 확인하고 규탄시위를 벌인 곳은 마산이었다. 마산시의 민주당 간부들은 경찰의 제지를 뚫고 투표소 안으로 들어가 40% 사전투표와 3인조 공개투표를 비롯한 자유당의 부정선거 현장을 확인했다. 이들은 선거포기를 선언하고 규탄시위를 준비했다. 밤 9시께 시위군중이 1만여 명이 넘었다. 경찰의 발포로 7명이 사망하고 870명이 부상했다.

치안국장 이강학은 "마산 소요사건은 공산당의 수법에 의하여 이루어진 증거가 있어서 배후에 공산당 개재여부를 조사 중"이라고 발표했다. 이승만도 처음엔 그 같은 보고를 사실로 믿었다. 건국 이래 선거 때마다 공산세력의 직·간접적인 선거방해와 폭력사태가 있었기 때문에 치안국장의 보고가 일단 먹히는 분위기였다. 이승만은 규탄시위가 계속되고 있고 검찰의 진상조사가 진행되는 동안 이기붕을 두둔하는 발언을 해 국무위원들을 당황하게 하기까지 했다.

그러나 검찰조사 결과 경찰의 주장이 사실무근으로 밝혀지자 3월 23일 이승만은 최인규 내무를 해임하고 홍진기 법무를 수습임무를 주어 후임 내무장관으로 전보했다.

그러나 4월 11일 정오 무렵 눈에 최루탄이 박힌 채 사망한 김주열(17, 마산상고 1년)의 익사체가 마산 앞바다에서 발견되면서 사태가 다시 나빠지기 시작했다. 3만여 명의 시위대가 시청과 경찰서 등을 공격하는 등 규탄·폭력시위가 3일 낮, 2일 밤 동안 계속되었다.

4월 12일 경무대(景武臺)에서 열린 국무회의에서 이승만은 침통한 표정으로 "선거가 잘못되어서 그런가?" 확인하듯 물었고, 홍 내무가 "그렇습니다. 부통령 선거에 문제가 있었습니다"고 말했다.

대통령은 선거부정에 대해 들은 얘기가 있는 듯했고, 국무회의에서 장관들에 의해 확인되자 충격이 더욱 큰 것 같았다. 대통령은 "지금 긴급하고 또한 좋다고 생각되는 것은 내가 사임하는 것이라고 생각한다"고 말했다. 국무위원들은 시원한 해결책을 제시하지 못하고 있었다. (홍진기)

마산사태가 12일 밤을 고비로 수그러들기 시작했으나, 4월 18일 서울에서 고려대생들의 시위가 벌어지면서 시위는 다시 절정으로 치달았다. 유진오(兪鎭午) 총장의 설득에 따라 해산 중이던 고려대생들을 정치깡패들이 집단습격하는 사건이 일어났고, 이 사실이 서울의 다른 대학교 학생들을 자극해 시위가 폭발적으로 확산되었다.

'피의 화요일'로 불린 4월 19일 고등학생과 대학생을 비롯한 젊은 이와 시민 등 20여만 명이 시위에 참가했다. 시위대 일부는 국회의 사당, 법원, 자유당 당사, 내무부로 몰려갔고, 경무대 앞까지 진출했으며, 반공청년단 본부, 서대문 이기붕의 공관, 경찰서 등에 불을 지르고 파괴했다.

경무대와 이기붕의 공관으로 돌진하던 시위대에게 경찰이 발포했다. 서울에서 이날의 발포로 104명이 사망하는 등 전국에서 과격 시위에 관련해 186명이 사망했고 6, 259명이 부상당했다.

시위가 전국화되면서 사태가 위기국면으로 치닫자 자유당 정부는 19일 오후 서울 등 주요 도시에 비상계엄령(非常戒嚴令)을 선포했다. 이승만은 20일 국무위원 전원과 자유당 당무위원 전원의 사표를 받고, 이기붕 의장의 부통령 사퇴를 권고했다. 이기붕은 "모든 공직에서 물러나겠다"고 했으나, 막상 발표된 성명에는 "부통령 사퇴를 고려한다"고 돼 있었다. '고려'라고 꼬리표를 단 데 대해 여론이 더욱 악화되었고, 이승만도 크게 화를 냈다. 꼬리표가 붙게 된 것은 자유당 선거대책위원장이 이기붕이 사퇴하면 차점자(장면)가 자동적으로 부통령 당선자가 된다는 법이론을 들고 나왔기 때문이었다. 작은 것을 탐하다가 큰 것을 잃는 어리석음의 극치였다.

23일 대통령은 난국수습을 위해 전 국무총리 변영태와 전 서울시장 허정을 경무대로 불렀다. 변영태는 자신을 뒷받침할 충분한 인맥이 없다면서 수습내각을 맡을 수 없다고 고사했고, 허정은 수석 국무위원인 외무장관을 맡아 새로운 수습내각을 이끌어 달라는 대통령의 요청을 받아들였다.

그러는 사이 이승만의 카리스마와 위상은 내부에서도 서서히 붕괴 조짐을 보이고 있었다. 대통령의 퇴진을 전제로 자유당 일부세력은 민주당 구파와 내각제 개헌안을 다시 꺼내들고 있었고, 민주당 신파는 선거무효-재선거를 주장하고 나섰다.

미국은 이승만 지지정책을 철회하고 배후에서 부산하게 정치공작을 펴기 시작했다.

교수단 시위까지 나온 뒤 대통령 하야성명 나와

25일 오전 장면 부통령이 사임하겠다고 발표했다. 그는 8월 15일까지 임기를 112일 남겨두고 있었다. 이승만이 자신에게 권력이 승계되는 것을 꺼려하는 만큼 먼저 사퇴함으로써 하야(下野)가 쉽게 이뤄질 수 있게 하겠다는 정치적 복선이 깔려 있었다. 이틀 전 외무장관직을 수락했던 허정은 그때까지도 경무대에 나타나지 않고 있었다. 장면의 사퇴에 따라 대통령이 하야하면 허정이 자유당 정권의 외무장관이 아니라 과도내각의 수장(首長) 자격으로 정권을 인수받을 여건이 마련된 셈이었다.

그때 4·19 학생의거를 마무리짓게 하는 결정적 사태가 전개되었다. 25일 오후 3시 서울대 교수회관에 모인 27개 대학교수 258명은 대통령의 하야를 포함한 14개항의 요구가 담긴 시국선언문(時局宣言文)을 발표하고 시위에 나섰다. 그때까지 학생과 시민들의 주된 시위구호는 부정선거를 규탄하고 재선거를 하라는 것이었고, 4·19 선언문에도 대통령의 퇴진을 지적한 문구는 없었다. 교수단 시위가 '대통령 하야'를 처음으로 거론하고 나서면서 사태를 새로운 국면으로 끌고 가기 시작했고, 학생과 시민들이 대거 합세했다. 민주당도 그 뒤를 이어 대통령 하야를 투쟁목표로 삼고 26일 하야 권고 결의안을 국회에 제출했다.

4·19 학생의거는 그 뒤 더 이상의 유혈사태 없이 대단원의 막을 내렸다. 이승만이 26일 오전 10시 전격적으로 하야성명을 발표하고 나섰기 때문이다. 그는 하야성명서에서 "나는 해방 후 조국에 돌아와서 우리의 애국 애족하는 동포들과 더불어 잘 지내왔으니 이제는 세상을 떠나도 한이 없으나 나는 무엇이든지 국민이 원하는 것이 있다면 민의를 따라서 하고자 하는 것이며 또 그렇게 하기를 원했던 것이다 … 한 가지 내가 부탁하고자 하는 것은 우리 동포들이 지금도 38선 이북에서 공산군이 호시탐탐 기다리고 있다는 것을 명심하고 그들에게 기회를 주지 않도록 힘써 주기를 바라는 바이다. ① 국민이 원한다면 대통령직을 사임하겠다. ② 선거를 다시 하도록 지시했다. ③ 이기붕 의장을 공직에서 물러나게 했다. ④ 국민이 원하면 내각제 개헌을 하겠다"고 밝혔다.

하야성명을 내보낸 뒤 대통령은 송요찬 계엄사령관이 데리고 들어온 학생대표와 면담했고, 그 뒤 매카너기 미국 대사와도 만났다. 대사는 매그루더 사령관 외에 서울주재 CIA 책임자 피어드 실버를 이례적으로 대동하고 왔다. 그는 경무대로 오는 길에 차 안에서 라디오로 하야성명을 들었다면서 "대통령 각하는 한국의 조지 워싱턴입니다"라고 덕담을 하며 말문을 열었다. 이승만은 천정을 바라보며 백악관에서 아이젠하워에게 했듯이 "저 사람 무슨 잠꼬대야"라고 한국말로 중얼거렸고, 무안해진 매카너기는 말을 잇지 못했다.

경무대 앞에 진출했던 시위대는 매카너기가 경무대에 들어간 뒤 대통령의 하야성명이 나온 것으로 착각하게 되어 뜨거운 박수를 보냈다. 대사관에 돌아온 매카너기는 마치 개선장군이라고 된 듯 내외신 기자에게 성명서를 발표했다.

미국의 지지철회가 하야결정에 큰 영향 줘

미국은 3·15 부정선거에 대해 일단 관망하는 입장이었으나 4·19 직전 이승만 지지를 철회하는 정책을 택했다. 그 같은 정책의 급선회는 이승만의 하야결정을 포함해 불안정한 한국 정정(政情)에 큰 영향을 미쳤다.

거추장스러운 존재로 여기면서도 대안이 없다는 이유로 12년간 이승만을 지지했던 미국 정부가 왜 갑자기 돌변했는가? 기회가 오면 이승만을 제거하겠다는 것이 미국의 전통적 입장이었고, 아이젠하워와의 불화와 여러 가지 현안에 대한 갈등이 정치적 변경의 원인이었으나, 변화를 촉발한 직접적인 원인은 3·15 부정선거 뒤 미국이 보낸 대한각서(對韓覺書)를 경무대 비서실이 이승만에게 보고하지 않는 중대한 외교적 실수를 저지른 데서 비롯되었다.

아이젠하워 대통령은 1960년 6월 서울을 방문할 예정이었다. 1958년 백악관에서 있었던 양국 대통령의 불화를 의식한 미 국무성은 관계개선의 기회를 살리기 위해 갈등이 심화되던 환율 재조정문제 등 한·미 현안의 해소와 3·15 부정선거 뒤 전개된 시위 사태에 대한 민주적 수습을 바라는 내용 등 21개 항목이 담긴 각서를 한국 외무부에 보냈다.

외무장관 직무대리를 맡고 있던 최규하(崔圭夏) 차관이 보고를 위해 대통령 면담일자를 잡아 달라고 요청하자 박찬일 비서관이 먼저 각서를 읽어본 뒤 보고를 늦추자고 제의했다. 마산 사태로 대통령이 지금 피로해 있고 노여워하고 있으니 심기가 좋아질 때까지 기다리자는 것이었다. 늙은 대통령의 심기관리를 최우선으로 해달라는 것이 프란체스카 여사의 엄명이기도 했으나, 각서에는 이기붕 의장에게 불리한 내용도 포함돼 있기 때문에 이기붕 측 사람인 박찬일은 일단 급한 불은 피하고 보자고 생각한 것이다. 그래서 1개월 가까이 각서를 서랍 속에 넣어둔 채 꺼내지 않았다. 무모하고 어리석은 과잉충성이었다.

각서가 보고되지 않은 사실은 4월 19일 저녁 3·15 부정선거 이후 처음 경무대에 들어온 매카너기 대사가 각서에 대한 한국 측의 조속한 회신을 촉구하면서 드러났다. 이 대통령이 "각서라니?"하면서 동석했던 김 국방, 홍 내무를 둘러보았고, 두 사람은 처음 듣는 말이라고 대답했다. 매카너기는 서류가방에서 각서의 사본을 꺼내 대통령에게 건네주면서 이해할 수 없다는 의아한 표정을 지었다. (홍진기)

그 각서에는 앞서 지적한 대로 한·일 관계 등 시국과 한·미 간의 현안 등 모두 21개 항목에 대한 미국 정부의 입장이 개진되어 있었고, 3·15 부정선거의 사태수습과 관련, 이기붕의 부통령 당선 무효화 조치의 필요성을 직접 언급하지는 않았으나 문맥상 사태수습에 도움이 될 것이라는 견해도 담겨 있었다.

매카너기의 항의를 들으면서 홍 내무는 집히는 구석이 있었다. 4월 초 최 외무차관이 긴요하게 상의할 일이 있다면서 자신을 방문했다가 할 말을 하지 못한 채 주춤거리다가 돌아간 것이 이 각서와 관련이 있는 듯했기 때문이다. 경무대에서 나온 홍 내무가 최 차관을 불러 확인해 보니, 각서에 관련해 의논하러 찾아왔던 것은 사실이었다. 며칠을 기다려도 경무대 비서실에서 연락이 없자 불안해진 최 차관이 홍 내무를 방문했으나, 프란체스카-박마리아(이기붕)로 이어지는 막강한 배경을 의식하지 않을 수가 없어 차마 이실직고(以實直告)할 수가 없었다는 것이다.

미국은 3월 중순 시위사태 초기까지도 신중한 관망의 자세였으나 4월 19일을 전후해 태도를 바꿨다. 이제 미국이 태도를 바꾸게 된 이유가 드러난 셈이었다. 대한각서(對韓覺書)를 보냈는데도 한국 정부가 계속 침묵을 지키고 반응을 보이지 않자 미국의 요구를 거부한 것으로 보고 대한정책을 바꾸게 된 것이라고 해석할 수 있었다. 미 국무성에게 그것은 때로는 목에 가시 같던 존재인 이승만을 제거할 절호의 기회가 왔음을 의미하기도 했다. 아이젠하워 대통령과의 불화가 이승만과의 결별을 촉진시키는 요인도 되었을 것이다.

당시 주한 미 대사관은 외교관례를 깨고 내정간섭에 해당하는 발언을 대놓고 공표하기 시작했다. 정보책임자를 대동하고 경무대를 방문한 것도 일종의 외교적 결례라 할 수 있었다. 한국 정부와 시위대들이 법과 질서를 즉시 회복하는 입장에서 노력해야 한다면서 시위대의 주장을 지지하는 성명을 발표했고, 미 국무성은 그 성명을 지지했다.

허터(Christian A. Herter) 국무장관은 양유찬 대사를 불러 미국의 거듭된 우려표명에도 불구하고 한국 정부의 잘못으로 오늘의 심각한 사태가 발생했다면서 "더 이상의 유혈사태 없이 시위자들의 정당한 불평을 해결하라"고 촉구했다. 허터는 자리를 권하지도 않고 서 있는 자세로 양 대사에게 각서를 건네는 외교적 실례(失禮)를 의도적으로 연출하며 미국 정부의 불쾌감을 전했다(노신영). 나중에는 아이젠하워 대통령까지 나서서 민주주의와 법과 질서의 회복, 그리고 울분의 평화적 해소가 승리하기를 바라고 있다고 논평했다.

미국의 즉각적이고 집중적이며 단호한 태도 변화는 이승만에 대한 지지를 철회했다는 강력한 사인이라 할 수 있었다. 자유당 정권은 이승만 개인에 대한 국민의 지지, 경찰력과 군부 그리고 미국의 지원이 정권유지의 지주였다. 민심이 등을 돌리고 경찰이 시위대에 의해 무력해지며 군부가 중립을 지키는 상태에서 미국이 보인 지지철회는 결정타가 될 수 있었다.

홍 내무 외에도 각서에 얽힌 비화(秘話)를 공개적으로 밝힌 인물은 재무장관 송인상(宋仁相)이다. 송인상은 4·19 혁명 뒤 기자실에 들러 "만일 프란체스카 여사가 그때 아이젠하워가 보낸 최후통첩(각서)을 국무위원들에게 보여주고 대책을 논의했더라면 오욕(汚辱)의 역사는 피할 수 있었을 텐데… 대통령 측근 몇몇과 박마리아가 붙들고 앉아서 뭉개고 있었으니 4·19는 피할 수 없게 된 것이다"라고 한탄했다는 것이다. (방일영)

대미외교에서 이승만이 구사한 '벼랑 끝 외교'는 한국의 생존을 위해서는 큰 도움이 되었으나 결국 이승만 개인에겐 부메랑의 덫이 되어 실각의 주요한 원인이 된 것이라 할 수 있다.

미국, 군부 쿠데타 지지했다가 포기하기도

4·19 혁명 이후 미국의 군부 쿠데타 지지설이 널리 퍼져 있었다. 미국이 이승만 지지를 철회한 국면이었고, 미 CIA가 후진국을 대상으로 정치공작을 노골적으로 펴기 시작하던 시기인 데다가 CIA 한국지부 책임자인 피어드 실버가 내놓고 활동했기 때문에 가능했던 소문이었다.

막상 관계당사자인 김정렬 국방이나 송요찬 계엄사령관은 그 같은 풍설(風說)을 당시에는 부인했다. 그러나 김정렬은 그 뒤 회고록에서 소문이 사실임을 확인하고 경위를 밝혔다. 김 국방이 계엄령이 선포된 뒤 송요찬 사령관 방에 들러 요담하던 중 부관이 미 군사 고문단장 하우츠(Ham, Howtz) 소장이 사령관 앞으로 보낸 편지를 들고 들어왔다. 부관이 한국어로 번역해 읽어주었는데, 내용이 이상해 직접 편지를 읽어본즉, 대단한 변동을 겪는 한국에서 미국 정부는 송요찬 장군을 수반으로 하는 군사정부를 적극 지원한다는 등의 내용이 적혀 있었다. 김 장관이 의아해하면서 의견을 묻자 송 사령관은 "아이고, 만고역적(萬古逆賊)이 되게요"라면서 편지에 적힌 제안을 적극 거부한다는 반응이었다.

김 장관은 그 길로 매그루더 미 8군 사령관을 만나 항의했고, 매그루더는 국무성의 지시라면서 발뺌했다. 매카너기 대사에게 전화를 걸어 미국 대사관저에서 만났다. 매카너기는 미국의 군부지원설을 부인하지도 않고 다른 대안이 있느냐고 되물었다. 김 장관은 외무장관으로 임명된 허정이 과도정부의 수반이 되어 사태를 수습하게 돼 있다고 밝히고, 허정에 대해 잘 모른다는 매카너기에게 허정은 애국자이며 매우 유능한 정치지도자라는 점을 설명했다.

다음 날 아침 김정렬은 매카너기의 전화를 받았다. 어제 본국에 보고한 훈령에 대한 승낙이 떨어졌다는 전언이었다. 송요찬 수반 지지정책이 파기되었다는 것이다. 제 2건도 오케이라고 했다. 제 2건은 이기붕의 망명건도 받아들이기로 했다는 얘기였다.

미국 정부는 그 뒤 5월 7일 허정 과도정부를 지지한다는 메시지를 공식적으로 과도정부에 보내왔다.(김정렬)

이승만, 스스로 하야를 결단했다

이승만은 4·19에 대해 적의(敵意)를 표하는 대신 "피를 흘려서는 안 돼! 부정을 보고도 일어서지 못하는 백성은 죽은 백성이지"라며 국민저항권(國民抵抗權)을 인정하는 발언을 남겼고, "국민이 원한다면… 그만두겠다"면서 대통령직 사임성명을 발표했다. (김정렬)

후진국의 수많은 독재자들이 붕괴될 때 유혈진압을 펴다가 국민들을 희생시키고 스스로도 비명횡사하는 일이 잦았으나 그 같은 발언을 남기고 스스로 권좌를 떠난 인물은 별로 없었다(연시중). 마지막 순간 합리적이고 민주적인 모습을 보임으로써 독재자에 대한 차별화를 이루고 떠날 수 있었던 것이다.

그의 사임결심 과정을 지켜본 유일한 증인인 김정렬 국방장관은 26일 아침 경무대에 도착, 25일 있었던 전국교수단의 데모, 이기붕 의장 공관 피습, 비상계엄의 연장, 데모 현황 등을 보고했다. (김정렬)

대통령은 "오늘은 한 사람도 다치면 안 돼"라고 지시했고, 거듭 "어떻게 하면 좋은가?"라고 물었다. 김 국방이 어떻게 하면 좋을지 답변하지 못하고 "보좌를 잘못해 이렇게 되었습니다. 죄송합니다"라면서 흐느껴 울자, 대통령은 "대장부가 이런 어려운 때에 이것이 무슨 꼴이야" 하면서 어깨를 껴안았다. (홍진기)

대통령은 "자네 생각은 어떤가? 내가 그만두면 안 다치겠지?"라고 서너 번 자문자답(自問自答) 하더니 "그래, 그렇게 하지… 이것을 속히 사람들에게 알리려면 어떻게 하지?" 하고 물었다. 김 국방이 "성명서를 만드셔서 방송시키도록 하시면 되겠습니다"라고 대답했다.

그 뒤 이 대통령은 비서를 불러 하야성명을 구술했다. 김 국방은 당시 교수시위대가 경무대 앞까지 진출해 온 상황도 아니고 매카너기 대사가 대통령을 면담하기 전이었으며 자신도 침묵하고 있는 상태에서 스스로 하야를 결심한 것이라고 증언했다.

그 증언은 어딘가 빈구석이 있어 보인다. 대통령은 전체적으로 정보가 미흡한 입장이었고 모든 국내외 관련 상황정보를 일목요연하게 파악하고 있는 유일한 인물이 김 국방이었는데, 구체적 건의를 하지 않았다고 하는 것은 설득력이 약하기 때문이다.

김 국방은 이미 여러 차례 시위진압에 군을 투입하는 것을 거부함으로써 군의 정치적 중립의 민감성을 잘 아는 입장이었다. 미국의 이승만 지지철회 배경이나 미 CIA의 활동여부도 잘 알고 있었고, 전국교수단의 시위가 시위정국에 주는 결정적 영향도 잘 알고 있었으며, 이 난국을 해소시키는 유일한 방법은 대통령의 하야밖에 없다는 것도 누구보다도 잘 알고 있었다. 그런데도 이승만이 자문자답하는 모습을 냉정하게 지켜보기만 했다는 얘기인 것이다. 그러나 그 뒤에 전개된 상황을 보면 김 국방의 증언이 사실이겠다는 생각을 갖게 한다. 이승만은 김 국방에게 박찬일 비서관을 부르게 해 두 사람이 성명서 초안을 잡아 보라고 지시했다. 그러더니 김 국방이 대통령의 하야, 재선거 실시, 내각제 개헌 등을 거론하고 박 비서관이 받아쓰자 "자네들 그런 식으로 하면 안 돼. 내가 부를 터이니 받아쓰게"하면서 성명서를 구술하기 시작했다.

"나는 해방 후 돌아와서 이제는 세상을 떠나도 한이 없으나…"로 시작되는 구한말 시대의 한글어투로 비장감을 나타내면서 공산주의를 경계해야 한다는 결론까지 단숨에 말한 것이다.

성명서는 경험이 많은 전문가라 하더라도 하루 이상의 시간을 가지고 구상하고 다듬어야 가능할 수 있는 내용과 짜임새를 갖추고 있었다. 그것은 이 대통령이 적어도 하루 전 많으면 수일 전부터 스스로 하야할 것을 결심하고 성명서 문안을 머릿속에서 가다듬고 있었음을 의미한다.

그런 점에서 미국의 정책변화(4·19 학생시위 전후)가 대통령의 결심에 영향을 주었다는 홍 내무의 증언이 정확할지 모른다.

교육혁명이 배출한 젊은 세대가 이승만 쓰러트려

제1차 마산봉기가 3월 15일 일어난 뒤 전국 곳곳에서 산발적으로 시위가 있을 때도 대학생들이 본격적으로 움직이지 않았다. 야당도 말로만 "민주구국운동의 선두에 서겠다"거나 의원 총사퇴를 둘러싼 논쟁만 벌일 뿐 적극적으로 거리에 나설 생각이 없었다. 소극적이던 민주당은 4월 6일이 되어서야 두 시간 동안 한 차례 시위를 했을 뿐이었다. (서중석)

미국 정부도 그때는 사태를 관망만 하고 있었다. 4월 11일부터 13일까지 계속된 제2차 마산봉기가 정국의 국면을 바꿀 수 있는 동력을 제공했다. 눈에 최루탄이 박힌 채 익사체로 발견된 김주열의 희생이 제2차 마산봉기의 불씨가 됐지만, 주목해야 할 점은 고교생을 포함한 10대 소년들이 대학생이나 일반시민에 앞서 시위에 앞장섰고 김주열도 그때 함께 참가했다가 변을 당했다는 점이다. 김주열은 마산의거를 불러일으킨 고등학생 선봉대의 한 사람이었던 것이다.

서울에서도 고교생들이 먼저 집단항의 시위에 참가하는 움직임을 보였고, 그 뒤를 이어 대학생들이 본격적으로 기세했으며 나중에 시민들이 호응했다. 마지막 단계에선 대학교수들까지 나서 4·19 학생의거가 성공할 수 있었다.

4·19 혁명의 전체 희생자 수는 186명이다. 이를 연령층으로 구분해 보면 16~20세가 51%로 가장 많았고, 21~25세가 26%였다. 무직자 등이 포함돼 있으나 고교생 나이 또래가 가장 희생자가 많았음을 나타내고 있다. (한배호)

1960년 6월 월간잡지 〈사상계〉(思想界)가 마련한 좌담회에서 한 대학생은 "봉기에 가장 앞장섰던 것은 대학생이 아니고 고교생이었다. 기성세대는 물론 대학생들보다도 더 일찍 초등학교 때부터 민주주의에 대한 교육을 받은 그들은 자기들이 배웠던 것과 위정자들의 정치 사이에 너무나 큰 격차가 있는 것을 확인했고 거기에서 반발과 갈등 그리고 봉기를 위한 원동력이 우러난 것으로 본다"고 말했다(한배호). 이 대학생의 논평은 전문가를 뺨치는 촌철살인(寸鐵殺人)의 예리한 지적이다.

서울에 진주한 계엄군이 시위대에 발포하지 않은 것도 군대가 교육을 통해 민주화를 수용하는 수준까지 개안(開眼)되어 있었기 때문인 것을 알 수가 있다. (박태균)

4월 혁명이 '언론 혁명', '지식인 혁명'으로 불리는 데는 일간신문의 영향이 컸기 때문이라는 측면도 있다. 이승만 시대는 그 뒤 30년간 지속된 군부독재 때보다 언론활동이 자유로웠다. 장준하(張俊河)가 이끈 잡지 〈사상계〉의 영향도 지대했다(김상협). 1958~1959년 사상계의 편집위원은 김상협, 김준엽, 신상초, 안병욱, 양호민,

유창순, 이만갑, 장경학, 한우근, 현승종, 황산덕 등 당대 최고의 지식인들이 망라돼 있었다. 이들은 이승만이 이제 그만두어야 할 때라는 데 의견을 모으고, 그 방향으로 논조를 세워 날카롭게 썼다. 4·19세대가 그 영향을 많이 받았던 것이다. (김상협)

군의 정치적 중립, 4·19 혁명 가능케 해

교육받은 젊은이들이 4·19 혁명의 동력이 되었으나. 군이 정치적 중립을 지켰기 때문에 그 의거가 성공할 수 있었다. 군이 무력진압에 나섰더라면 전국은 걷잡을 수 없는 비극의 현장이 되었을 것이고 민주화를 위한 전진은 크게 늦어졌을 것이다.

군도 대부분 부정선거에 관여했으나 제 2차 마산봉기 때부터 중립을 지키기 시작했다. 최인규 내무가 마산 외곽의 발전소 등 주요시설을 보호해야 하는데, 시위 때문에 경찰병력의 여유가 없어 창원 주둔 39예비사단을 투입해 달라고 요청했다. 이때 김정렬 국방장관은 "마산사태는 선거가 잘못돼 일어났다 … 공산당이 내란을 일으켰으면 몰라도 선거 시비 때문에 정규군을 동원할 수 없다"고 거부했다.

김 국방은 최 내무가 해임된 뒤 후임이 된 홍진기 내무가 4월 11일 시위대의 경무대 쪽 진입 시도 등으로 사태가 심각해지고 있어 경찰력만으로 치안유지가 불가능하다고 보아 계엄을 선포하고 군대가 치안유지를 맡아달라고 요청했을 때도 "군이 민간사태에 개입해서는 안 된다"는 이유로 거부했다. (홍진기, 김정렬)

비상계엄은 시위 사태가 악화된 4월 19일 하오에 내려졌다. 대통

령의 하야를 촉구하는 전국교수단의 시국선언문이 발표되고 교수
들이 시위에 나서면서 사태가 결정적인 국면으로 접어든 4월 26일 1
군 사령부에서 열린 군단장 회의는 대통령 하야 이외에는 수습방법
이 없다고 결의했고, 서울로 출동하는 제 15사단 사단장 조재미 준
장에게 시위대에 발포하는 등 강경진압을 하지 말라는 명령이 하달
되었다.

1군 사령부는 제 15사단의 서울 투입에 이어 2개 사단을 서울 외
곽에 포진시켰다. 15사단에 감시, 견제하는 역할을 맡긴 것이다(김
정렬). 출동한 15사단은 시위를 방관했고 시민들이 탱크에 올라타
는 행위도 묵인했다.

당시 매그루더 유엔군사령관도 한국군의 시위사태 개입에 강력
하게 반대하는 입장이었고, 자신의 특별보좌관이고 한국군 창설의
공이 커 영향력도 컸던 짐 하우스만('장군급 대위'라는 별칭이 있었고
이승만도 군사자문을 했다)을 송요찬 사령관 옆에 보내 숙식을 같이
하게 하면서 충분한 의견교환을 나누게 했다. 송 사령관을 감시한
것이다. (이덕주)

"국민이 원한다면 하야하겠다", 명언 남겨

막다른 골목으로 몰리는 극한상황에 부딪치면 인간은 적나라한 모
습을 드러낸다. 선(善)과 악(惡) 쪽으로 각기 갈리는 것이다. 정치
지도자, 특히 독재자로 간주되는 인물들의 경우는 '권력욕' 때문에
점이 더욱 두드러질 것이다.

이승만 대통령은 독재자라는 인식이 일반적이다. 그는 3 · 15 부정선거에서 4월 26일 하야할 때까지 42일간 숨 가쁘게 전개된 위기상황에서 어떻게 처신했을까?

1960년 3월 15일 제 1차 마산봉기가 일어나 시위대와 경찰이 충돌하면서 10여 명이 사망하고 수백 명이 연행되는 사태가 발생했을 때 대통령은 '공산당의 소행'이라는 경찰보고를 받고 이를 곧이들었다. 경찰의 거짓보고 이외에 국무위원과 당 간부 중 누구도 부정선거의 진상을 보고하지 않았던 것이다. 이승만이 마산사태에 대해 진상에 가까운 보고를 받은 것은 3월 18일이었으나 선거부정이 마산 지역에 한정된 것 같다는 내용이었다. 따라서 최인규 내무, 이강학 치안국장의 해임조처로 사태가 수습될 것으로 보았다.

그러다가 김주열의 익사체가 발견되면서 4월 11일 제 2차 마산봉기가 일어났고, 그 단계에서 대통령은 "민간과 경찰이 싸우고 있다니 본래 선거가 잘못되어서 그런가?"고 국무위원들에게 물었다 (홍진기). 전국적인 부정선거 사실을 알게 된 대통령은 자신의 자리를 내놓을 뜻을 비치면서 선후책을 잘 강구해야 한다고 밝혔다. 국무회의에서 시위의 배후조종을 밝혀야 한다면서도 군중들에게 함부로 하면 안 된다고 지시했다. 시위대가 경무대 앞까지 진출했을 때도 모든 것을 순리대로 막으라고 당부했다. (박찬일의 혁명재판소 진술)

4월 23일 계엄령을 선포할 때 이승만은 처음에는 "학생들이 적(敵)이 아닌데 어떻게 국가 비상사태라면서 비상계엄을 펴느냐"면서 반대했고, 김 국방과 홍 내무가 1시간이나 설득해야 했다. (김정렬, 홍진기)

이승만은 시위 중 부상당한 학생들이 입원해 있는 병원을 위문했는데, 학생들이 이구동성으로 "할아버지!"라고 부르며 대통령을 얼싸안고 눈물을 흘리는 바람에 병실이 온통 울음바다가 되었다. 대통령은 "왜 이렇게 됐어. 부정은 왜 해!"라고 탄식했고, "부정을 보고 일어서지 않는 백성은 죽은 백성이다. 이 나라는 희망이 있다"는 등의 발언도 했다고 수행했던 김 국방, 홍 내무가 회고하고 있다. (김정렬, 홍진기)

병원에서 돌아온 대통령은 "내가 맞아야 할 총알을 우리 귀한 애들이 맞았어. 이 바보 같은 늙은 것이 맞았어야 할 그 총알을 말이야"라고 말했다. 침통한 표정의 대통령은 그날 밤 "죄 없는 아이들의 고통을 덜어주고 나를 벌해 달라"고 기도했다(도너 프란체스카). 하야성명을 발표하는 날에도 "오늘은 한 사람도 다치면 안 돼"라고 다짐했다.

4·19 혁명 이후 수많은 관계자의 증언이 나왔으나 이승만이 강경진압을 원하거나 지시했다는 진술이나 기록이 없고 또 강경대응

숨을 곳 없는 이기붕 일가 집단자살

시위대가 서대문 관저로 밀어 닥치자 이기붕 일가는 아슬아슬하게 뒷문을 통해 피신할 수 있었다. 친교가 있는 장군이 지휘하는 서울 근교 부대를 찾았으나 보호를 거절당하고 할 수 없이 경무대 별관의 한 가옥에 피신했다. 일가는 4월 28일 새벽 5시 40분 권총으로 집단자살했다. 이승만의 양자 강석이 부모와 동생 강욱을 쏜 뒤 스스로를 쏘아 자살한 것으로 돼 있다.

수도 육군병원에 차려진 빈소에 들른 이승만은 강석 군의 유해 앞에서 10분간 침통한 표정으로 앉아 있다가 눈물을 닦으며 말없이 일어섰다.

을 건의한 심복도 없는 것으로 나타나고 있다. 이승만이 "국민이 원한다면 하야하겠다"고 선언한 데 대한 평가는 대체로 긍정적이다. "부정을 보고도 일어서지 않는 백성은 죽은 백성이다"고 말한 것은 국민저항권을 인정하는 발언으로 볼 수 있기 때문에 높은 평가를 받을 만하다는 주장이다. (연시중)

일생을 일제에 항거하는 데 보낸 독립운동가답게 자신의 장기통치에 반대한 것을 민족의 기개(氣慨)로 받아들이는 유연성을 보이고 있었던 것이다. 내각수반으로 하야 이후를 수습한 허정은 "이승만이 진짜 독재자였다면 정말 철저할 수 있었을 것"이라고 회고록에서 논평했다. (허정)

김우창(金禹昌)은 이승만이 비교적 순탄하게 정권을 내놓았다고 지적하고 권력을 계속 장악할 생각이었다면 군대를 동원해 유혈진압을 할 수 있었을 텐데 그러지 않았다고 평가했다. (김우창)

프란체스카, "남 앞에서 눈물을 보이지 말라"

이승만은 하야성명을 낸 다음 날(27일) 경무대(景武臺)를 떠나 해방정국 때 마련했던 이화장(梨花莊)으로 거처를 옮겼다. 시민들이 떠나는 대통령 부처를 전송했다. 1개월여 머무는 동안 프란체스카 여사가 대통령의 건강이 좋지 않다면서 매카너기 대사의 부인과 접촉했고, 사정을 전해들은 매카너기가 내각수반 허정과 만나 하와이행을 협의했다.

허정은 4·19 이후 정국에서 이승만의 정치적 입장이 매우 어려워질 것을 염려하고 있었으므로 프란체스카에게 여행의사를 확인한 뒤 여권을 만들어 주는 등 출국을 도와주었다. (허정)

1960년 5월 29일 오전 8시 50분 하와이 교포가 마련해 준 전세기 편으로 대통령 부처는 비밀리에 김포공항을 떠났다. 출국할 때 짐은 각자의 옷가지를 넣은 트렁크 2개와 식료품이 든 가방 1개, 타자기 1대가 전부였다. 얼마 뒤 다시 온다는 생각이었기 때문에 짐이 적었다고 하나 대통령 부처는 기본적으로 챙길 재산이 더 이상 없었다. 하와이에 와서도 현지교포와 미국인 친지들의 도움으로 간신히 생계를 꾸려나가는 단출한 생활이었다. (김호진)

1961년 12월 전주 이씨 종친회의 추천으로 정치학 박사 출신의 학자 이인수 (李仁秀: 전 명지대 교수)를 양자로 받아들였다. 6대 독자였던 데다가 사랑하던 양아들 강석이 비운에 간 뒤 후사를 걱정하던 이승만은 기뻐했다. 이인수는 양녕대군의 2남 함양군의 15대손인 이승용 (李承用)의 장남으로 이승만의 아들뻘이었다. 이인수는 하와이로 건너가 양모 프란체스카와 함께 병시중을 들었다(이원순). 병약해진 이승만은 양자 이인수에게 고국에 돌아가야 한다고 입버릇처럼 말했다.

1961년 겨울 케네디 대통령과 회담하기 위해 도미 (渡美) 했던 박정희 국가재건최고회의 의장이 하와이에 들러 병상의 이승만을 위문했다. 이승만의 간절한 귀국희망이 전해졌으나 귀국조치는 취해지지 않았다.

1962년 3월 17일 귀국하려 했으나 마지막 단계에서 저지되었다. 군사정부가 그의 귀국을 꺼려한 것이다. 독재자의 이미지가 오버랩되는 것을 바라지 않았기 때문이었을 듯하다. 박정희는 쿠데타를 일으킨 뒤 이승만 정권을 혹독하게 매도했다. (서중석)

언론들도 그때는 부정적 반응이었다. 1965년 3월 이동원 외무장관이 위독한 상태에 있는 이승만의 병상을 찾았다. 양로원은 초라했고 처량해 보였다. 이제는 돌보아 주는 사람들(교포)도 없었다. 이동원은 국가적 수치라고 생각하고 돌아왔다.(이동원)

이승만은 1965년 7월 14일 향년 90세의 나이로 서거했다. 프란체스카 여사는 눈물을 닦으면서 이인수에게 "절대로 남 앞에서 눈물을 보이지 말라"고 당부했다.

국내에서의 장례절차로 가족들은 국장(國葬)을 원했고 정부는 국민장(國民葬)으로 하자고 주장하다 결국 가족장(家族葬)으로 미국에서 장례가 치러졌다(이한우). 고인의 유해는 7월 23일 고국으로 운구되어 국립묘지에 안장되었다. 프란체스카 여사는 그 뒤 서울에서 여생을 마쳤다.

이승만에 대한
역사 평가

이승만은 어떤 타입의 인물인가

미국 망명시절 이승만은 뒤뜰에 나가 손바닥 위에 모이를 놓고 새들이 날아와 쪼아 먹게 하곤 했다. 몇십 분이고 꼼짝하지 않고 서 있으면 경계하던 새들이 조금씩 다가오다가 끝내는 손바닥 위까지 날아왔던 것이다. 프란체스카가 창문을 통해 그 광경을 내다보고 좋아했다는 에피소드가 있다. 그 같은 새 모이주기 방식은 끈기와 인내, 집중력이 뒷받침돼야 가능한 일이어서 웬만한 사람은 엄두를 낼 생각도 하지 못한다. 그 에피소드는 이승만이 어떤 타입의 인간인가를 알게 해주는 하나의 길잡이가 된다.

이병철(李秉喆: 삼성 창업회장)은 1970년대 한 인터뷰에서 인물평가의 기준으로 예(銳), 둔(鈍), 기(技)를 어떻게 두루 갖추었느냐를 따져보면 된다고 발언한 적이 있다. (홍석현 증언)

'예'는 흔히 우리가 말하듯 '머리가 좋다', '판단력이 빠르고 정확하다', '날카롭다', '센스가 뛰어나다' 같은 개념이다. '둔'은 느리다는 것이 원뜻이나 이 경우 굵고 묵직하거나 끈질긴 것을 말하는 것이다. '뚝심', '인내력', '집념', '담력', '추진력', '돌파구', '투쟁력' 같은 것을 상징한다. '기'는 전문성이나 개인 특유의 기량이나 기능, 능력을 말하는 것으로 정의할 수 있다. '예', '둔', '기'의 기준에 의한 인물 평가는 매우 동양적 접근이어서 서양 학자들이 내놓는 어떤 이론보다도 한국인들에게 더 설득력이 있을 것으로 보인다. 이승만 평가에 그 기준을 대입해 보려는 이유이다.

이승만의 새 모이주기 행위는 전형적인 '둔'(鈍)의 영역이다. '둔'은 이승만의 일생의 키워드 같은 단어이다. 그는 일생을 기다리고 싸우며, 참고 투쟁하면서 살아남았고, 죽어서 묻힐 묏자리를 찾을 나이인 73세에 독립국가를 세우고 12년간 지치지 않는 추진력을 보였다. 뚝심, 인내력, 집념, 투쟁력, 돌파력의 총화를 보여주고 있다. 80세가 넘은 뒤에도 새로운 영어단어를 발견하면 손바닥에 써 가지고 다니며 외우는 노력을 기울인 목표지향성의 화신 같은 인물이었다(오기섭). 프랑스의 드골 대통령이 일찍이 지도자로 대성하는 사람은 강력한 의지를 갖고 다른 사람을 움직이게 하는 방법을 알고 있다고 말한 적이 있다. 그의 지적은 '둔'의 개념과 비슷하다.

'예'(銳)의 경우 이승만은 어릴 때부터 총명하고 우수했다. 정치적 센스도 좋았고 판단력, 통찰력, 국제정세를 보는 안목과 견식도 높았다. 무정부주의자로 항일무장투쟁을 벌였던 혁신계의 정화암(鄭華岩)이 전하는 에피소드는 이승만의 정치감각이 얼마나 뛰어났는가를 잘 알려주고 있다.

이승만이 해방정국 막바지에 도미외교를 하고 귀국하는 길에 중국 상해에 들렀을 때 공항에 나온 환영인파 중 화려한 복장을 한 사람들을 제치고 남루한 옷을 입은 동포들 쪽으로 가 먼저 사진을 찍었다. 독립운동을 했다면 생활에 쪼들려 비싼 옷차림을 할 수 없을 것으로 판단하고 순발력 있게 그같이 행동한 것이다.

선비의 휘호(揮毫)를 선호하는 중국인의 기호를 잘 아는 듯 이승만은 매일 저녁 손수 먹을 갈아 글을 써 중국 사람들에게 선사했고, 동포들을 만날 때는 사람마다 다르게 능숙하게 다뤘다.

정화암은 그때 그러한 정치감각을 가진 이승만을 보고 "김구 같은 분을 1천 명 묶어놔야 당하지 못할 것"이라고 생각했다는 것이다(김학준). 이승만은 김구에 비해 노회하고 계산적이며 현실주의적

분칠을 잘 했다. 김구 이상으로 파당적이고 비타협적이었으나 더 정치적이었다는 평도 받았다. (박명림)

'기'(技)의 경우 그는 몇 분 안에 좌중을 휘어잡는 화술(話術)을 가지고 있었고 수천, 수만의 군중을 선동하는 데 타고난 명 연설가였다. 해방정국에서 정국주도권을 장악하게 된 데는 전국 순회강연 때 보인 선동연설 능력이 크게 주효했다. 불쾌한 대화나 토론이 있었어도 다음 행사 때 유쾌하게 행동했고, 고된 일이 끝나면 즉시 잊어버리는 등 심리전환에도 능했다. 문필력도 뛰어나 한시(漢詩) 짓기와 서예(붓글씨)에서도 높은 경지에 올랐다. (오영섭)

'예', '둔', '기'의 기준을 통해 이승만과 당대 정치지도자들을 비교해보면 흥미롭다. 최대 라이벌인 김구는 '둔'의 관점에선 이승만을 능가하고 있다. 24시간 내내 일제의 암살자를 경계하면서 항일 무장투쟁을 할 때 김구가 보인 용기와 투쟁력, 배짱을 따라올 인물이 없었다. 김구는 기타 영역인 친화력, 포용력, 협상하는 자세에서도 이승만을 앞서고 있었다. 그러나 정치감각이나 책략, 술수 등 머리로 하는 정치게임, '예'에서는 이승만을 따라가지 못했다. 선동연설력, 외교력에서도 상대가 되지 못했다.

잠재적 경쟁자였고 같은 미국유학파인 김규식은 학자풍의 수재였고 영어회화가 더 유창(이승만은 20세 때 배운 것에 비해 그는 6~7세 때부터 선교사 집에서 익혔다)했으나 보스기질이 없는 등 '둔'의 경지에선 체급이 못 미쳤고 건강도 따라가지 못했다.

미국에 먼저 이민갔지만 영어소통에서 뒤져 외교활동 무대를 이승만에게 내줘야 했던 안창호는 '기', '둔' 분야에선 팽팽했다. 친화력, 기획력, 조직력에서는 오히려 앞섰다. 그러나 서북파여서 기호파인 이승만에게 밀렸고, 건강에서 뒤졌다. (이승만이 90세까지 장수한 데 비해 그는 60세에 병사했다.)

호남형인 데다가 웅변가인 여운형은 '기'의 영역인 재능에서 이승만을 앞지를 수 있었으나 기회가 있을 때 이를 잘 포착하고 이용하는 재빠른 기회주의 유형이어서 일관성이 약했다. 그런 면에서 초지일관(初志一貫)하는 황소 같은 이승만이나 김구의 중량감과 비교가 되지 않았다.

37세나 젊은 김일성이 다른 지도자들에 비해 오히려 문제파악 능력이 뛰어나고 술수와 기량도 갖추고 있었고(예), 대중상대의 연설력과 장악력도 좋았으며(기), 혹독한 여건의 만주벌판에서의 항일무장투쟁 경력(둔) 등으로 상당한 경쟁력을 갖추고 있었다고 할 수 있다. 그러나 직접 대결한 기회가 없었고 남북으로 갈려 적(敵)으로 대치하게 되었다.

이승만은 위의 비교를 통해 최상급의 '둔'과 상등급에 해당하는 '예', '기'를 두루 갖춘 인물임을 확인할 수가 있다. 왕손 출신이며 미국의 일류대학에서 한국 최초의 정치학 박사(철학)를 따낸 학력 등 가중치에 통솔력, 외교력, 관록까지 갖추고 있었다. 특히 그가 갖고 있는 승부사적 자질은 그의 성공에 기여한 가장 중요한 잠재력이었다.

이승만은 독립운동 때는 승부에서 불리했으나 해방정국에서의 단정수립, 한국전쟁 중 반공포로 석방 등 승부수에서 강한 면모를 과시했다. 해방정국 때 해외 도처에서 모여든 기라성 같은 독립운동지도자들 중 이시영을 빼고는 가장 연장자라는 이점(利點)에 카리스마까지 겸비하고 있었다.

사람을 적게 사귀는 타입이었으나 한번 친해지면 깊은 우정을 나누었고 전적으로 믿는 성향이었다. 어린아이들을 무척 좋아하고 효자를 높이 평가했으며 사람을 쓸 때 이 점을 우선순위로 삼기도 했다. 눈물이 많은 등 감성적인 인간미도 자주 보여주었다.

그러나 산이 높으면 골짜기도 깊다. 이승만은 긍정적 강점 못지않게 결점과 단점도 많았다. 어릴 때부터 뛰어난 자질을 보였던 이승만은 좋게 보면 자신감과 우월감이, 나쁘게 보면 자만심이 넘쳐흘렀고 유아독존적이었으며 만사에 완벽주의자였다. 그는 자신의 우월(優越) 콤플렉스에 휩싸여 우월감이 자아내는 그늘을 살피는 지혜와 겸손을 갖추고 있지 않았다.

독주성향의 이승만은 대통령이 된 후에는 자신은 초당적 지도자이고 국부(國父)라는 생각을 지우지 않고 있었고 유능한 자들을 멀리했으며 맹목적인 충성을 요구했다. (유영익, 윤보선, 이정식)

오랜 망명생활을 한 탓 때문에 국내 실정에 어두웠고 현실에 대해 무지했으나 그 약점을 보완하는 슬기를 찾지 못했다. (유진오)

1950년대 후반 80세가 넘어가면서 새로운 국제정세의 변화와 국내의 사회 분화현상에 타이밍을 놓치지 않고 대처하는 데 역부족이었다. (윤여준)

일생을 선동과 투쟁으로 일관하다 보니 자기업적을 과대 선전하는 과시욕이 강했으나 기획력이나 국가운영 등 경륜(經綸, state-craft)을 충분하게 키우지 못했고, 현실정치에서 한계에 부딪치게 되었다. (로버트 올리버, 윤여준)

그는 하와이 시절 한인 교포사회에 대한 주도권 싸움을 벌일 때부터 목적을 위해서는 수단과 방법을 가리지 않는 마키아벨리적 성

격을 가지고 있다는 비판을 받았다. (곽길영)

젊었을 때부터 포용력, 덕(德), 관용(寬用)이 약하고 재(才)와 독선이 강했던 이승만은 원숙한 나이가 되어도 여전했다. 그는 이시영, 김성수, 함태영, 장면 등 역대 부통령 모두에게 부통령답게 일할 수 있는 기회와 무대를 마련해주지 않았다(박용만). 김구, 김규식, 안창호 지지자들을 끝까지 견제했고, 그 밖의 항일애국자나 그 가족들에 대한 예우와 보상에 대해 인색했다. 보수는 기득권을 가지고 있고 물질적으로 여유가 있기 때문에 보다 포용적일 수 있다고 한다면 이승만의 포용력 부족은 걸음마를 배우는 단계였던 한국 보수에게는 큰 손실이었다. (정성환)

정적(政敵)이나 반대세력과 타협하지 못하는 성정도 큰 결점이었다. 그의 일생 동안 결정적일 때 타협에 응한 경우가 별로 없었다. 융통성도 부족했고 중지(衆智)를 모을 줄 몰랐다. 자신에게 반대하는 것을 용서하지 않고 이단(異端)으로 몰았다. (신흥우, 윤보선)

평생을 투쟁 속에서 산 탓인지 공격적이고 전투적 성향을 보일 때가 잦았다. "다른 나라 정부들을 지나치게 비난하고 있다"라고 로버트 올리버가 충고하자 그는 "나는 다 알고 있소"라면서 "나는 평생을 선동가(agitator)로 살아 왔으니까 그렇게 할 수밖에 없었던 것이오"라고 대답했다. 자신을 자조(自嘲)적으로 '선동가'로 얘기한 적이 종종 있었으나 고치지는 못했다. (로버트 올리버)

제3대 대통령 선거를 앞두고 야당이 반독재운동을 본격화할 무렵 이승만은 "지금 나를 반대하는 사람들이 다 내 밑에서 나를 도왔소. 이제 나를 반대하고 다른 생각을 하는 것을 보니 나는 이 자리에 적합하지 못한 사람인 것 같아. 나는 덕(德)이 모자라오"라고 말했다(이현희). 권력자의 고독이 밴 진심인 듯하나 만각(晚覺)이 아니었을까?

이승만은 자기 자신도 믿지 않는다는 평(서중석)이 있었으나 일단 사람을 믿으면 전폭적으로 신임했는데 대상자가 극소수라는 게 문제였다. 충성을 바치는 소수의 추종자(예스맨이 대부분이었다)들에게 강한 애정을 보이고 감싸는 경향이 있으나 직언을 일삼는 인물이나 라이벌에게 가혹한 것은 건국시대를 맞은 통합의 리더십으로는 큰 결점이었다. 좌파를 때려잡는 것만 알았지 진정한 승자가 되는 법을 몰랐다든가 약자와 소외자에 대한 보호와 배려, 양보심을 가르치지 못했다는 일부 비판도 받았다.

보통의 인간은 결점이 많아도 성공할 수가 있다. 운(運)과 요행(僥倖)이 통하기 때문이다. 그러나 큰 지도자가 되려면 얘기가 달라진다. 그 같은 단점이나 결점이 어느 날 진정한 위기에 부딪쳤을 때 어렵게 쌓아 온 정치적 기반을 무너뜨리는 아킬레스건이 될 수 있기 때문이다. (유영익)

"이승만의 지나친 자만은 그를 파멸적인 행동으로 이끌거나… 새 한국 정부와 미국의 이익에 당혹스러운 행동을 초래할… 위험이 존재한다"라는 통렬한 지적을 받은 적도 있다. (브루스 커밍스, 미 CIA의 인물연구)

그렇다면 여러 가지로 장점도 많았으나 그 장점을 상쇄(相殺)할 만큼 단점도 많았던 이승만은 어떻게 긴 세월을 견디며 제 1인자의 자리를 쟁취할 수 있었을까?

이승만은 젊은 시절 '뛰어난 존재'로 사회생활을 시작했고, 그 위상을 유지할 수 있는 의지력과 추진력의 소유자였다. 그의 일생을 보면 결정적 위기 때 운(運)도 따라주어 패자(敗者)가 되지 않았다. 하와이 시절 교포사회에 대한 주도권 싸움에서 권모술수의 리더십을 보여서 분열의 장본인으로 지탄도 받았으나, 3·1 운동 뒤 출범한 임시정부의 대통령으로 추천되면서 단번에 독립운동계의 거목으로 급성장하는 반전의 기회를 잡았다.

상해임정에 부임한 뒤 반대세력의 도전을 포용하는 데 실패하고 소수파로 밀리는 위기를 맞았으나, 미국에서 태평양 군축회담이 열리게 되어 상해임지를 이탈하는 구실을 마련할 수 있었다. 1930년대 후반에는 60세를 넘으면서 세대교체를 요구하는 젊은 세대(新渡人)에게 밀려 퇴진압력을 강하게 받았으나 태평양전쟁(1941년)을 돌파구 삼아 활발하게 재기했다. 해방정국에서도 독선적인 정치적 성향 때문에 하지 사령관과의 불화와 반목, 김구, 김규식과의 갈등과 대결 등 장애요인이 많았으나, 단정(單政)을 주창하는 정치적 도박을 던지면서 승기(勝氣)를 잡는 운을 만났다.

위기 때마다 좌절하거나 포기하지 않고 끈질기게 때를 기다리는 쇠고집 같은 인내력〔'둔'(鈍)의 개념〕과 칼날 같은 승부욕을 보여주었고, 그 때문에 '운'이 가져오는 기회를 자신의 것으로 만들 수 있었다. 그러나 '운'이나 '뚝심', '집념', 승부사 기질만으로는 그의 대성(大成)을 충분하게 설명하기 어렵다. 돈에 대해 구설수(활동자금이지만)가 없는 것은 아니지만 평소 사생활이 검소하고 질박(質朴)했다. 프란체스카 여사는 초기 경무대(景武臺) 시절까지 양말과 내의를 기워 입었고, 12년간의 통치 뒤 하와이에 망명했을 때도 이승만 부처는 생활비와 병원비가 없어 주위의 도움을 받아야 했다. 권력과 함께 돈을 쫓다가 오명(汚名)을 남긴 후대의 몇몇 대통령들과 비교하면 그가 보인 도덕성의 리더십이 돋보인다.

그는 사람들이 별로 주목하지 않는 별도의 동력(動力)도 가지고 있었다. 그의 독실한 신앙심(기독교)과 뛰어난 애국심이 그것이다. 그는 식사 때나 잠자기 전, 예배 때 자신에게 힘과 용기를 달라고 기도했다. 그 과정에서 그는 원기를 되찾고 각오를 새롭게 할 수 있었을 것이다. 그는 기도 때마다 나라가 독립하고 동포(민족)가 잘 살 수 있게 되기를 기원하는 것을 잊지 않았다. 수많은 사람들을 만나면서도 애국심을 끊임없이 강조하였다. 그의 일생은 끊임없는 애국심의 확인과정이었다. 그것은 애국심이라는 단어를 별로 쓰지 않는 21세기 한국의 정치지도자들과 크게 비교가 된다.

많은 사람들은 이승만이 반공주의로 국론을 결속시키는 데 성공했다고 보고 있다. 그러나 이승만이 고취한 애국심이 반공주의와 동전의 앞뒤처럼 함께 자리하고 있었다는 점을 인식하지 못했다. 이데올로기 관점에서만 접근하고 있었기 때문이다. 많은 국민들이 한국전쟁을 통해 공산주의에 실망하고 반공의 필요성을 체험하기

'예', '둔', '기' 인물론의 결론은

결론삼아 말할 수 있는 것은 이승만을 성공시킨 장점이 그를 파멸로 몰고 간 측면도 있다는 점이다. 자기 과신과 자존(自尊), 뚝심과 배짱이 지혜나 슬기의 견제와 절제(節制) 과정 없이 권력욕에 휘말릴 경우 오히려 자기파멸의 흉기로 변할 수 있다는 것을 보여준 것이다. 그것은 모든 단점을 모아놓은 것보다 더 나쁜 결점이 될 수 있다는 교훈이 된다.

미군 사령관들, 이승만의 '애국심'을 깊이 이해해

1950년대 들어 미국인들은 초강국으로 부상한 미국의 파워와 위상에 따른 것이겠지만, 후진국이나 그 지도자들을 '미국의 잣대'라는 우위(優位)의 시각으로 내려다보는 경향이 있었다.

정치적으로나 경제, 군사적으로 가장 그 영향력을 많이 받은 나라가 한국이었고, 이승만 대통령이었다. 해방정국에서 군정을 편 하지 사령관과 예하 군정요원들은 물론이고, 학자, 언론인 등도 약속이나 한 듯 미국식 민주주의의 잣대로 혼란할 수밖에 없는 좌우대결 속의 한국정치를 재단하고 있었고, 깊은 연구도 없이 한국 정치인들을 과소평가했다.

그 같은 경향은 건국 후 5명의 주한 미국 대사가 거쳐 가면서도 개인차가 있을 뿐 큰 흐름이 바뀌지 않았고, 2명의 미국 대통령(트루먼, 아이젠하워)도 이승만을 대등한 국가원수로 예우하지 않은 것으로 나타났다.

예외적 현상이 있었다면 사령관들(유엔군 및 미 8군 사령관)이었을 것이다. 이승만 제거의 필요성이 제기되었을 때 주한 미 대사관은 쿠데타 등 실력행사를 상신했으나 사령관들은 온건한 외교적 해결을 주장하고 있었다. 사령관들은 미국 정부의 정책을 고수하는 범위 내에서 이승만을 오히려 돕고 있었던 것이다.

전쟁이 끝난 뒤 남긴 회고록에서 리지웨이 유엔군 사령관은 전 생애에 걸친 독립운동에서 보인 이승만의 민족애를 지적하고 마음속으로 존경하고 동정한다고 적었고, 그의 후임이면서 휴전 당시 사령관이던 마크 클라크도 회고록에서 이승만을 깊이 이해했다고 쓰고 있다.

같은 시기 미 8군 사령관이던 제임스 밴 플리트는 이승만을 아버지처럼 존경했고, 이승만은 그 몸무게에 해당하는 다이아몬드만큼 높은 가치를 가진 인물이라 찬사했다.

사령관들은 수많은 예하 장병의 애국심, 충성심을 바탕으로 하는 사기와 전투력에 의지해 전쟁을 승리로 이끌어 가야하는 전쟁 지도자들이다. 그들은 전쟁터에서 만난 이승만이 보여준 애국심, 투지, 용기의 진정성에 대해 누구보다 정확하게 그 가치를 인정하고 앞서와 같은 화답을 해주고 있었다.

그러나 유감스럽게도 당시 국내에선 사령관들의 관점 같은 것은 주목받지 못했고, 미국식 민주주의에 의해 불용되는 독재 규탄의 소리만 존재했다. 문제는 밴 플리트의 찬사가 과찬이 아니냐는 데 있는 것이 아니라 그의 통찰을 후세가 겸허하게 되새길 수 있느냐에 있는 것이 아닐까?

도 했으나, 이승만이 보여준 애국심의 진정성(眞情性)에 공감해 그를 지속적으로 지지한 측면도 있다는 점을 간과했던 것이다.

이승만은 어떤 유형의 '독재자'인가

미국의 정치학자 헌팅턴(Samuel Huntington)에 의하면 극심한 사회적 양극화(兩極化)가 존재하는 곳에서는 혁명을 통해 일당(一黨) 체제가 수립된다. 혁명 전위대가 당 조직을 통해 구체제(Ancient Regime)를 무너트리고 권력을 장악한 다음 일당지배 체제를 구축한다는 것이다. 소련, 중국이 전형적인 예이고 김일성의 북한과 리콴유의 싱가포르가 유사한 경우이다. (김영명)

좌·우익이 첨예하게 대결한 해방정국도 양극화의 현장이었고, 전위대와 공산당 조직을 갖추고 있던 박헌영이 최대의 정치세력으로 부상해 있었다. 박헌영은 미군이 조만간 철수할 것으로 예상(미국의 대소정책을 오판했다)하고 공산혁명을 추진하고 있었으므로, 그 예상대로라면 헌팅턴의 이론이 맞아 떨어질 공산이 컸다.

그러나 한반도 상황은 박헌영의 희망대로 전개되지 않았다. 미국은 한반도 북부가 소련군 관할로 들어간 상황에서 남쪽까지 공산화되는 것을 좌시할 수가 없었다. 때문에 오랜 미국에서의 망명생활을 접고 귀국한 이승만이 반공정책을 앞세우고 전위대와 당 같은 세력기반도 없이 해방정국을 주도하고 대한민국을 건국하게 된 것이다.

경찰과 우익청년단체 같은 외곽조직이 전위대(前衛隊) 역을 대신했고, 한민당이 조직과 자금을 제공하는 당 역할을 맡았으며, 미군정이 좌파세력을 견제하는 지원을 해주었다.

카리스마를 앞세운 노회한 외교·정치술, 특유의 돌파력을 과시한 이승만 개인의 리더십이 성공의 주역이었다. 그는 동양 고전식으로 표현하면 무력을 이용해 혼란에 빠진 천하를 잡은 난세(亂世)의 영웅역을 해 낸 것이다.

그러나 36년에 걸친 식민통치의 공백을 딛고 독립국가를 세워야 하는 건국정국(建國政局)은 그야말로 산 넘어 산이었다. 혼란과 무질서 속에서 공산주의와 싸워야 했고, 식민통치 체제를 청산하면서 새로운 민주주의에 대한 비전도 제시해야 했다.

강력한 리더십이 필요했다. 이승만 자신이 일생을 투쟁으로 산 독선(獨善), 독주, 독단 성향이 강한 정치인이었기 때문에 적격자일 수도 있었다. 그러나 시대가 요구하는 대세는 민주적 지도자의 출현이었다. 이승만 시대는 그러한 이율배반의 상황에서 시작되었고 그 한계를 끝까지 벗어나지 못했다.

4·19 혁명이 일어나기 3년 전인 1957년 이승만 정권의 몰락을 점쳤던 원로 정치학자 김상협(金相浹: 전 고려대 총장, 국무총리)은 그 같은 '이승만 시대'를 평가하면서 해방정국을 '민주주의의 범람 시대' 현상이라고 풀이하고, 이승만이 파고(波高)가 넘치는 그 탁류(濁流) 속에서 배를 좌초시키지 않고 끌고 간 강인하고 탁월한 선장(船長)역을 했음을 인정했다. 그는 나라가 반 봉건상태에 있고 공산세력의 위협 아래서 제도와 현실이 상호부조(相互不調)의 거부작용을 일으키는 현실 속에서 타락·불법 선거와 국회의 이전투구(泥田鬪狗), 행정부의 무능과 부패 등을 극복하려면 강력한 통치력

이 요구된다고 지적했다. 이승만 1인체제의 리더십의 특징을 그렇게 설명한 것이다. 그러나 그는 지나친 권력집중은 결국 독재와 부패로 이어지는 게 숙명이고 폭발적 돌발사태에 의해 종말을 고하는 것이 냉엄한 현실이라면서 이승만 독재의 비극적 운명을 예고했다. (김상협 회고록)

그렇다면 이승만의 강력한 통치력의 실체는 과연 무엇인가? 왜 제왕적 대통령, 1인 권위주의체제라거나, 독재자라는 소리를 듣게 되었는가? 훗날 진행된 군부독재 시대와 비교해 보면 있는 그대로의 실체가 드러난다.

이승만 대통령의 헌정 파행(跛行)은 발췌 개헌안이나 4사5입 개헌에서 드러나듯이 권력을 계속 유지하기 위한 편법이나 불법의 사용을 비롯해 대통령 선거나 국회의원 선거에서 관권과 폭력을 앞세운 부정선거를 자행하는 등 헌정사에 오점을 남겼다. 기상천외의 각종 불법 투·개표 수법이 등장하고 깡패와 관제 어용단체가 들끓었으며 우의(牛意), 마의(馬意)로 표현되는 민의조작(民意操作)도 서슴지 않았다.

그러나 이승만은 4년마다 대통령 선거와 국회의원 선거를 시행해 의회민주제도의 원형을 유지하는 등 헌법의 테두리를 벗어나지 않았다. 개헌을 통한 합법적 집권방식에만 매달렸다. 기본적인 절차적 정의까지 유린한 유신(維新) 쿠데타(박정희)나 의회제도를 형해화(形骸化)한 통일주체국민회의(전두환) 같은 간선제 채택을 시도하지 않았다.

군부독재 시절에는 법관 재임명 절차를 통해 통제하는 등 사법부까지 시녀화함으로써 3권분립 정신마저 훼손당했으나 이승만 시대에는 사법권의 독립과 권위는 대체로 유지되었다. 경무대 비서였던 민복기(閔復期: 대법원장 역임)는 이 대통령이 법과 제도에 충실하려 노력했고 사법권도 존중했다고 증언했다.

이승만은 김규식의 사람이라면서 김병로(金炳魯)를 꺼려 했으나 이범석 총리, 이인 법무, 장택상 외무, 김도연 재무가 '최적의 인물'이라고 입을 모아 추천하자 초대 대법원장으로 임명했고, 꼬장꼬장한 김병로의 대쪽 성품을 가리켜 '미스터 헌법'이라고 비아냥댔으나 사법부에 대한 간섭배제 원칙을 지켰다(김병로 평전). 김병로 자신이 국가보안법 사범에 대해 엄벌주의였던 만큼 반공주의자인 대통령과의 갈등과 마찰의 소지가 그만큼 적었다고 할 수 있다.

이승만은 김병로 대법원장의 7년 임기가 끝난 뒤 후임 선정을 두고 이기붕의 부인 박마리아까지 개입하는 등 여러 후보자가 경합하고 있을 때도 대법원 판사들의 조용순(趙容淳) 추천을 그대로 수용, 그를 제2대 대법원장에 임명했다. (홍진기)

오랫동안 미국 정부와 언론을 상대로 활동한 경험이 있는 이승만은 언론정책에서도 군부독재 시대를 포함해 역대 정권 가운데 가장 개방적이었던 대통령 중의 한 사람이었다. 그는 제헌헌법에 언론, 출판, 집회, 결사의 자유는 제한받지 아니한다고 규정하는 데 기여했고 건국정국에서 언론(주로 신문)은 토지개혁이나 친일파 청산을 위한 반민특위 활동과 관련, 자유롭게 찬·반 의사와 비판논조를 강하게 펴갈 수 있었다. 이승만은 독선적 성향 때문에 이미 그때부터 언론의 비판을 많이 받았다.

그러다가 공산주의의 영향을 막는 데 언론정책의 기조를 두었고, 1948년 9월 '대한민국의 국시국책(國是國策)을 위반하는 기사' 등 7개항의 보도제한정책을 발표하면서 '언론자유의 중요성을 인정하나 국가의 자유보다 더 중요하다고 볼 수 없다'는 입장을 밝혔다(황봉구). 1952년 부산 정치파동 때 본격적 언론통제가 등장하기 시작했고, 1950년대 후반 정적(政敵)인 장면 부통령을 지지하는 〈경향신문〉을 폐간시키기까지 했다. 그러나 통제방식은 언론인 등에 대한 테러나 신문배포 방해와 같은 원시적 방법이 주류였다. 군부독재 시대 같은 제도적이고 구조적인 언론탄압에 미치지 못했다. (황봉구)

경찰력과 관료조직에 의지해 정권을 유지했던 이승만 정권은 사찰경찰을 두어 정계와 국민을 감시했으나 중앙정보부 같은 별도의 큰 정보기구를 활용하는 정보정치를 시도하지 않았다. 1958년 미 CIA와 국내외 정보를 주고받기 위해 이후락(李厚洛) 준장을 책임자로 하는 국방부 장관 직속의 중앙정보부를 창설했으나, 이승만은 반공에 관한 국제정보 수집을 지시했을 뿐 국내정치에 관한 정보를 원하지 않았고 취급 지시도 하지 않았다(김정렬). 이승만은 자신에게 적대적인 미 CIA를 싫어했으나 그 효용가치는 잘 알고 있는데도 그랬다.

말단 단위부대까지 감시 통제하던 군부시대와는 달리 군 수사기관 조직을 확대하지도 않았다. 이승만은 한국전쟁을 계기로 군부가 수십만의 대군으로 덩치가 커지자 특무대와 헌병 총사령부를 두어 군 수뇌부를 장악, 견제하는 수단으로 삼았고, 수사기관끼리도 상호 견제하게 했다. 그러다가 특무부대장 김창룡 소장이 암살되는 사건이 일어나자 수사기관의 규모를 축소했다. 느슨해진 군

관리의 공백 속에서 5·16 쿠데타 세력은 공공연하게 혁명계획을 키워갈 수 있었다.

대학가도 군부시대보다 자유롭고 신분보장도 안정된 시기였다. 문학평론가 유종호(柳宗鎬)에 의하면 서울대의 불문학자 손우성(孫宇聲)은 자유당 정권의 부패와 무능과 태만에 대해 가차 없는 정치적 비판을 강의 때마다 해서 유명했다. 그러나 그는 아무런 제지 없이 두 개의 대학에서 강의를 계속했다. 군부독재 시대에는 불가능한 경우였다.

이승만 정권이 경무대(청와대)가 가장 개방적일 때이기도 했다 (최장집). 이승만은 '독재자'로 널리 인식되었으나, 막상 독재통치를 위한 장치나 기구, 제도 등의 시스템을 구축하지 않았다. 시도를 했다는 기록도 별로 없다.

그는 권력에 관한 한 누구보다도 철저했고 정치공작에도 밝은 인물이었기 때문에 마음만 먹었으면 권력 강화를 위해 필요한 조치들을 취할 수도 있었을 것이다. 그런데도 연성(軟性) 권위주의 체제를 유지하는 데 그쳤다. 그 이유가 한국사회가 미분화·미성숙한 상태였기 때문에 극단적인 독재폭력통치에 의존하지 않아도 되었기 때문이라고 볼 수도 있고, 자유당 정권이 막강한 재정적 능력이나 폭력적, 물리력 등 물적 토대가 미약한 상태여서 더 강압적인 권위주의 통치가 불가능했기 때문이었다고 볼 수도 있다. (김영명)

그러나 그런 이유 때문에 이승만의 권력욕이 억제되었다고 보는 것은 이론상으로나 가능한 가정일 듯하다. 현실정치에선 그런 여건 때문에 통치자가 스스로 자제의 브레이크를 밟는 경우가 없을 것이기 때문이다.

이승만의 그 같은 통치양상과 관련 일민주의(一民主義, *One People Principle*)와 이범석의 퇴장이 시사하는 바가 크다. 이승만은 1949년 자신이 저술했다는 《일민주의의 개설》을 통해 모든 국민이 계급, 빈부, 파벌, 남녀성별, 출신지방 등으로 인한 차별 없이 동등한 권리를 향유해야 한다면서 일민주의를 제창했다. 이렇다 할 민족주의 이론을 가지고 있지 않은 그가 공산주의나 김구의 삼균주의(三均主義, 조소앙이 상해임정 때 정립)에 대항하기 위해 내놓은 이데올로기였다(서중석). 국무총리 이범석과 문교장관 안호상 등이 이데올로그로 나서 이승만의 독립정신이 일민주의라면서 통치이념으로 선전하고 민족중심의 발전이 곧 정치의 지향가치라고 주장했다. (진덕규)

1948년 12월 여당격인 대한국민당이 일민주의를 당시(黨是)로 삼았고, 대한청년단과 학도호국단이 뒤따랐으며 일민주의 보급회를 두어 전국의 학교와 외곽단체를 상대로 조직을 확보하는 등 국민운동으로 전개했다. 그러나 일민주의는 부산 정치파동이 지나고 자유당이 창당된 뒤 슬그머니 흐지부지되었다. 대신 반공주의가 강화되었다. 미군정이 일민주의가 파시스트적 성격으로 발전하고 반미(反美)주의로 변질될 가능성이 있다고 보아 반발하고 견제에 나섰기 때문이다(진덕규). 미군정은 일민주의 이데올로그 역을 맡았던 이범석과 안호상에 대해서도 히틀러 유겐트를 찬양하는 등 국가주의적 사상을 가지고 있다면서 경계했다고 알려져 있다. 경위가 각기 달랐으나 두 사람은 일민주의가 수면 아래로 사라지는 것을 전후하여 정계에서 제거되었다.

그것은 이승만이 본격적으로 독재체제를 추구했다면 가장 강력하게 앞장설 수 있는 능력과 의지를 갖춘 인물들을 포기하고 미군정의 손(미국식 민주주의)을 들어준 것으로 해석할 수 있는 주목할 만한 사건이었다.

초대 총리직에서 낙마한 뒤 소외되었던 이범석은 발췌개헌안 통과 때 악역(惡役)을 맡으면서 정치적으로 재기했고 자유당 창당을 주도했다. 그에 따라 족청(族靑) 계열이 자유당의 핵심세력이 되었다. 이승만에게 철저하게 충성을 바칠 각오였던 이범석은 일민주의의 이데올로그까지 자처하면서 이승만의 후계자가 되고 싶었던 것이다.

그러나 자유당 당수인 이승만은 1952년 8월 5일에 있은 정·부통령 선거에서 부당수인 이범석이 자유당 부통령 후보로 지명됐는데도 이를 외면하고 무명의 무소속인 함태영을 지지했다. 이승만의 귀띔을 받은 총리 장택상이 경찰을 동원한 관권·부정선거를 폄으로써 함태영이 40%를 득표하여 당선되었고 이범석은 낙선했다.

반격에 나선 이범석이 장택상을 상대로 정치공세를 펴 퇴진시키고 자유당 입당까지 막는 정치보복을 가하고 족청세력을 강화해 갔다. 그렇게 되자 이승만은 당수, 부당수제를 총재 단일체제로 바꾸는 기습적인 체제개편을 통해 부당수인 이범석을 하루아침에 평당원으로 강등시켜 무력화(無力化)시켰고, 그 뒤 이범석과 족청세력은 숙청되었다. 이승만은 부산 정치파동 때 야당을 탄압했으나 사람을 죽인 일은 없었다(이재학). 그런 이승만이 마음먹고 대대적으로 정치적 학살을 한 셈이었다.

사람들은 이 숙청극(肅淸劇)을 잠재적 정적(政敵)이 될 수 있는 새끼호랑이의 싹을 자른 것이라는 권력투쟁의 관점으로 보았고, 그 뒤 그것은 통설이 되었다. 그러나 그 숙청극은 자신의 독재화 경향을 우려하는 미국의 우려와 불안을 불식시키려는 포석도 포함돼 있었다고 보아야 할 듯하다.

이승만이 일민주의를 포기하지 않고 계속 고집하고 장악력과 돌파력, 추진력이 뛰어난 이범석을 2인자로 두어 체제강화를 계속했다면 훨씬 강력한 통치기반을 구축할 수 있었을 것이고, 그 경우 미국이 우려하는 것처럼 민주주의의 테두리를 벗어나는 사태도 발생할 수 있었을 것이다.

이범석 숙청 뒤 이승만이 충성심이 뛰어나나 야심가가 아니어서 다른 마음(異心)을 품을 가능성이 적고 미국이 선호하는 미국통이면서 온건파인 이기붕을 2인자로 택한 것은 시사하는 바가 크다. 미국은 제 3대 대통령 선거를 앞두고 이기붕이 부통령에 당선되는 것을 희망했는데, 이승만이 미국의 희망을 수용하면서 초고령인 자신의 유고시까지 배려한 후계를 짠 것이라 할 수 있었다.

그렇다면 이승만이 극약처방을 한 것이 결국은 미국의 압력 때문인가 아니면 스스로의 정치철학에 기반한 조처였는가가 관심의 대상이 된다. 그것이 이승만의 권위주의의 성격을 읽는 지표가 될 수 있기 때문이다.

이승만은 미국의 군사 · 경제원조 없이는 집권유지가 어려운 것은 말할 것도 없고 나라의 생존 자체가 위태로울 수 있다는 점을 잘 알고 있었다[그렉 브래진스키는 미국의 원조액수가 한국 국민이 낸 세금 총액보다 많은 점을 지적, 한국이 연금생활국가(Rentier State)였다고 정의하기까지 했다]. 그는 미국이 자신을 거추장스럽게 여기면서도 지원하는 것은 강력한 반공지도력을 필요로 하기 때문인 것도 알고 있었다.

미국이 한국을 민주주의 전시장(Showcase of Democracy)으로 상징화해 가는 대세 속에서 독재통치로 가는 것을 용인하기가 어려운 것도 사실이었다. 분명하게 미국은 이승만의 탈선을 막으려는 억제력을 행사했던 것이다.

그러나 그 억제는 어디까지 한계가 있었다. 이승만은 반평생에 걸친 미국 정부와의 실랑이 경험 때문에 미국에 맞서는 데 익숙해 있었다. 자신의 목표와 야심을 미국의 압력 때문에 쉽게 양보하거나 포기할 인물이 아니었다. 그는 미국의 압력에도 불구하고 '벼랑 끝 전술'을 써서 마지막 단계까지 버티는 협상력을 보여주었고, 발췌개헌안이나 북진 무력통일론 같은 양보할 수 없는 목표나 정책은 끝까지 밀고 나갔다. 그런 만큼 독재화에 대한 미국의 우려를 수용하는 것도 미국의 압력 때문이기보다는 자신의 민주주의에 대한 기본인식이 자제선(自制線)이었다고 할 수 있다. 그 기본인식이 잘 알려져 있지 않아서 그렇지 뿌리가 깊고 역사도 길다.

이승만은 1905년에 쓴 《독립정신》에서 기술했듯이 한국에서 가장 먼저 민주주의 개념을 소화한 인물이다. 미국식 민주주의를 최선의 정치제도로 이해하고 있었다. 그러나 마음속으로는 한국의 경우는 문화수준으로 보아 일종의 교도(敎道) 또는 계도(啓導) 민주주의가 일정 기간 필요하다는 생각을 가지고 있었던 듯하다.

그 같은 생각은 그가 젊은 시절부터 가지고 있던 우민관(愚民觀)과 관계가 있다. '인민은 우매하고 무식하며 지혜롭지 못하다'는 사상을 가지고 있던 갑신정변의 주역 김옥균(金玉均)의 우민관이 정변의 막내 서재필을 거쳐 10년 연하인 서재필의 제자 이승만에게 이어진 것이라 할 수 있다. 이승만은 윤치호와 서재필을 닮아 갑오 농민봉기에 참가한 농민을 '동비'(東匪)로, 을미사변 후 일어난 의병을 '의비'(義匪)로 비하하는 등 평민이 주체가 되는 급진적 사회변동에 비판적이었다. 그들이 주도한 민란을 나라를 위해 대단히 위태로운 일이라고 평가했다(전상인). 몽매한 백성들을 계몽시켜 끌고 가야 하고, 그러기 위해서는 장기간의 지도기간이 필요하다는 개화파의 성리학적 우민관의 영향을 받은 것이다.

30세의 이승만이 1905년 감옥에서 쓴 《독립정신》에도 "나라의 독립을 지키기 위해 국민이 깨어나야 하고… 노력해야 한다"고 지적하고, "몽매한 상태에 있는 국민들을 계몽시키기 위한 여러 가지 지식을 쓰고 있다. 또 헌법을 쓰는 것이… 우리나라 사람들의 수준을 고려할 때 결코 쉽게 이루어지기 어렵다… 동양 사람들은 수천 년에 걸쳐 나쁜 습관이 깊이 뿌리박혀 교육의 힘으로 그 같은 폐습을 뿌리 뽑기 어려울 것이다"라고 하면서 우민관에 입각해 서술하고 있었다. (김충남)

14년이 지난 1919년 4월 미국 필라델피아에서 열린 제1차 한인회의에서 채택된 한국민의 '목표와 열망'(*Aims and Aspiration*)이라는 이름의 결의문(헌법 대강) 2항에서 이승만은 "우리는 국민의 교육수준을 감안하되 미국의 정체(政體)를 모방해… 앞으로 10년간 정부에 권력을 집중시키는 것이 필요하다"고 규정했다. (유영익)

우민관 사상이 발전하면서 장기간에 걸친 국민계도를 위해 10년간 권력집중이 필요하다는 계도(啓導) 민주주의적 표현도 등장하고 있다.

우민관 사상의 선배이기도 한 서재필이 1920년 10월 상해임정의 이승만 임시 대통령과 각의에 보낸 정부의 정책 및 조직대강(*Outline of Policy and Organization of Government*)에 의하면 1조에도 "… 향후 10년간 강력한 거의 전제적인 중앙집권적 정부가 필요하다… 우리나라에는 민주주의 정부의 책임을 맡을 수 있는 교육받은 인력이 부족하기 때문이다"라고 쓰여 있다. 이 대강의 주요 내용은 해방 뒤 이승만의 국가건설과 운영에 큰 영향을 준 사상적 요소였다(유영익). 상해와 미국에 각각 떨어져 있었어도 이승만과 서재필은 비슷한 발상을 하고 있었던 것이다.

다시 26년이 흐른 1946년 3월 19일 해방정국에서 이승만은 남조선 대한민국대표 민주의원(*The Representative Democratic Council of South Korea*)의 의장으로《임시정책 대강》을 공표했다.

대한민국 건국절차와 건국 후 통치에 관한 비전을 담은 27개조의 이 대강 1조에도 "일제 통치하에서… 민주적 자치의 경험을 축적하지 못한 점을 감안하여 민주국가를 건설한 다음 초창기 10년은 집권자가 선의(善意)의 '강력하고 거의 전제적인, 중앙집권적 통치를 행해야 한다'고 돼 있다(유영익). 10년 장기통치 주장이 현실화 단계에 접어들면서 보다 구체화되었다고 할 수 있다.

우민관적 사고는 기록에만 등장하는 것이 아니라 이승만의 반생에 걸친 독립운동이나 정치활동 과정에도 지속적으로 나타나고 있다. 그가 만민공동회를 이끌던 시절 집회참석자들은 대등한 동지의 입장이라기보다 선동연설에 호응하는 추종세력이었다. 하와이 망명시절 박용만과 한인 교포사회의 주도권을 놓고 싸울 때 그는 한국 최초의 미국 유수대학 박사이고 미국에 살면서도 미국식 민주

주의가 반영된 면모를 보이지 않아 사람들을 놀라게 했다. (박용만)

폭력과 책략, 소송전의 배후에 이승만이 있다고 해서 비난도 많았다. 계몽으로 안 될 때는 힘으로 해결해야 한다는 우민관의 마키아벨리적 측면을 나타낸 현상이 아니었을까?

상해임정에서도 이승만은 민주주의를 말하면서도 타협하려 하지 않았고 권위주의적이었다. 태평양전쟁 시기 외교투쟁 때도 독선적이어서 교포 사이에 적(敵)이 많았다. 해방정국 때 이승만은 국민을 직접 상대하는 선전·홍보에 주력했다. 대중연설을 하거나 방송연설 방식을 선호했고, 전국 순회강연에서 큰 성과도 올렸다. 국민들의 문화수준이나 정치의식수준이 낮다고 보아(우민관) 설득과 계도활동을 강화했던 것이다. 특히 대중연설방식은 50년 전 만민공동회 때와 다를 바가 없었다. 건국한 뒤 반민특위와 갈등이 있을 때도 대통령이 몸소 소방수역을 하면서 담화발표를 통해 반발하는 여론을 직접 설득하는 방법에 의존했다.

이승만은 재임기간 동안 역대 대통령 중 가장 많은 모두 829건의 담화문을 발표했다. 아래로부터의 여론수렴보다 위로부터의 하향식(下向式) 설득방법이 더 효과적이라고 본 결과이다(황봉구). 담화 내용도 외교, 정치에 관한 것부터 산불방지, 도로포장, 연탄 쓰기 장려 등 다양했는데, 일관되게 느낄 수 있는 것은 대통령이 마치 집안의 어른이나 선생님처럼 설명하고 타이르는 하향식 어조였다는 점이다. (김한교)

국민을 잇달아 만나는 지방순시도 적극 활용했다. 1949년 4월 하순 특별열차로 8일간 지방순시를 하면서 서울에서 부산까지 가는 데 3일이나 걸렸다. 군중이 있으면 간이역에서도 기차를 멈추고 모두 26차례나 연설했다(이주영). 미국생활 중 경험한 프랭클린 루스벨트 대통령의 라디오 노변정담(爐邊情談)을 벤치마킹한 것으로 보이나, 루스벨트가 정부 입장을 설명하고 홍보한 데 비해 이승만은 설득하고 계도하는 것이어서 성격이 다소 달랐다고 할 수 있다.

내각의 담당부서나 정당, 국회의 중간역할은 그의 안중에 없어 보였다. 국회나 정당이 제 모습을 갖출 때까지는 통치자와 국민 간의 직접 교류로도 민주주의가 가능하다는 것이 이승만의 생각이었다(홍진기). 이승만은 전면에 내세우지 않았지만 계도(啓導) 민주주의적 행태를 집요하게 진행시키고 있었던 것이다.

전 생애를 관통하는 이승만의 우민관(愚民觀)은 두 가지 의문을 제기한다. 하나는 이승만의 진정한 민주주의관(民主主義觀)이 과연 무엇인가 하는 것이고, 또 하나는 19세기에서 20세기까지 한 세기(世紀)를 거치면서 미국에서 살았는데 어떻게 구한말의 우민관을 계속 가지고 있었느냐는 의문일 것이다.

두 가지 관점에 대한 해답은 이승만이 가지고 있는 정치의식의 이중구조에서 찾아볼 수 있을 것이다. 이승만은 머릿속으로는 나무랄 데 없는 민주주의의 신봉자였다. 한국에서 가장 먼저 민주주의의 개념을 깨친 선각자로서 주권재민(主權在民)의 민주주의 원칙을 잘 알고 있었다. 해방정국 때 귀국해서도 자주독립과 자유민주주의 실천이 목표임을 기회가 있을 때마다 밝혔다. 초대 주한 미국 대사 무초도 그가 토머스 제퍼슨 같은 자유민주주의자임을 자랑했고 그 분야에 대한 화법은 미국인들의 마음을 사로잡았다고 회상했다. (무초)

그는 건국 초 "우리나라는 자유민주주의 국가인 만큼 언론자유는 완전히 보장되어야 한다. 언론의 자유는 대한민국이 수립된 기본정신의 하나인 동시에 본인이 친히 존중하는 원칙이다"라고 말했다(황봉구). 자유당 온건파의 리더였던 이재학(李在鶴)은 이승만이 "부산 정치파동이 일생 중 가장 고통스러운 싸움이었다"라고 얘기하면서, "내 생전에 이 나라에 민주주의를 꼭 이룩해야 한다"라고 말했다고 전했다. (이재학 회고록)

이승만은 각급 학교에서 민주주의에 대해 제대로 교육시키게 했고, 자신이 4·19 혁명으로 하야할 때도 "국민이 원한다면 대통령직을 떠나겠다"라고 하면서 주권재민(主權在民)의 민주주의 원칙을 인정했다.

그러나 가슴속에는 구한말 이래의 우민관과 계도적 민주주의의 개념을 별도로 간직하고 있었다. 민주주의의 두 가지 모습이 한 몸에 공존하고 있었다고 볼 수 있다.

젊은 시절 미국에서 독립운동을 도우면서 이승만을 보좌했고, 일생 동안 핵심인물의 한 사람으로 주변에 있던 허정(許政)은 그가 구한말, 10대 때 형성된 인격과 한국에 대한 시각을 늙었을 때까지 그대로 가지고 있었다고 증언했다(허정). 자신이 망명한 이후 조국에서 일어난 사건에 대해서는 잘 알고 있었으나 그것을 보는 시각(視角)은 변하지 않았다는 것이다.

예컨대 양반사상, 왕손(王孫) 의식, 성리학적 가치관이 변하지 않았다. 한국 국민이 독립할 단계가 이르지 못했다는 우민관도 변하지 않는 범주에 속한 것이다. 그 같은 현상은 차이는 있으나 일찍이 고국을 떠난 서재필, 안창호, 김규식 등이 공통적으로 이런 특징을 보이고 있었다. (허정)

이승만 알리기의 지평을 연 로버트 올리버도 "이승만이 로크

(John Locke: 영국의 사상가) 와 제퍼슨 (Thomas Jefferson: 미국의 자유주의자) 에게 유래한 만큼이나 공자 (孔子) 로부터 배운 점이 많다. 그는 평등주의자가 아니었다"면서 성리학적 사고경향을 우회적으로 인정하고 있다.

사람은 아동기에는 성격이, 10~20대 때에는 이데올로기 성향, 세계관 등이 형성된다 (James D. Barber) 고 하니까, 일제 식민치하에 있는 고국과의 소통이 수십 년간 단절된 그들이 젊은 시절에 생성한 이념적 성향을 그대로 간직하고 있는 점이 이상한 일은 아닐 것이다. 이승만은 더구나 생각을 굳히면 일관되게 또는 완강하게 버티는 성향〔앞에서 지적한 '둔' (鈍) 에 해당〕의 인물이었다.

해방 뒤 서울에 돌아와서도 국민의 정치의식 수준이 구한말 때보다 향상되었다고 생각을 수정한 흔적이 없고 그가 보인 정치행태는 오히려 그 반대의 경우를 확인시켜 준다. 그런데 문제의 정치의식 이중구조는 상대적이기도 해서 참모나 측근들이 어느 쪽을 선택해서 보좌했는가에 따라 큰 영향을 받을 수 있었고 결과가 달라질 수도 있었다. 허정은 권력에 눈이 어두운 소인배, 정상배들은 그의 군림하려는 측면을 부추겨 이용했다고 분석하고 있다. 당시 야당 소장파였던 이철승도 "이승만을 독재자로 만든 것은 주변에 올바르지 못한 인물들이 포진해 귀와 눈을 막고 제대로 통치하지 못하게 했기 때문이다"라고 주장했다.

정치학자 구광모는 이승만이 사자형 (獅子型) 의 지도자였기에 건국, 한국전쟁 등 큰 난관을 돌파하는 강력하고 특출한 리더십을 보였으나 아첨꾼이고 노회한 여우형 참모들에 둘러싸여 실정 (失政) 을 쌓게 되어 추락했다고 보았다 (구광모). 이승만은 "법이 사람을 위해 있는 것이지 사람이 법을 위해 존재하는 것인가?"라는 억지논리로 장관들의 입을 막곤 했는데, 그때마다 국방차관 장경근은 대통령의 주장을 뒷받침하는 이론을 내놓고 맞장구를 쳤다(김도연). 아마도 장경근의 경우가 전형적인 여우형의 예가 될 것이다.

야당인 민주당이 제대로 투쟁력을 보이지 못한 것도 문제였다. 이승만의 반공노선에 대한 지지가 불가피하다 하더라도 독재화와는 단호하게 싸우는 분리대응이 절실(군부독재 때처럼) 했으나 적절한 견제전략 마련에 실패했고, 신·구파로 나뉘어 싸우는 바람에 자유당보다도 상대파벌을 더 증오하는 갈등구조에 빠지면서 스스로 전력을 약화시켰다.

조병옥 사후(死後) 당을 이끈 장면의 리더십도 허약했다. 미국에 너무 의존했고, 4·19 혁명 때도 이승만 하야를 압박하는 정치공세를 펴는 대신 먼저 부통령직을 사임하고 뒷전으로 빠져 유혈충돌을 두려워하는 겁쟁이라는 비난을 받았다.

따지고 보면 해방정국에서부터 3·15 부정선거 때까지 15년간 이승만을 일방적으로 지지했던 일반 국민의 책임도 크다. 이승만은 개인적으로 줄곧 국민의 광범위한 지지를 받고 있었기 때문에 3차례 대통령 선거(1952, 1956, 1960)에서 압도적이거나 무난하게 당선되었다. 득표수의 증감에 따른 차이가 있었으나 자신의 낙선을 우려하지 않았던 것이 특징이다.

지지세력인 여당이 줄곧 고전했기 때문에 국회의원 선거에서 주로 폭력, 관권을 앞세운 타락, 불법부정선거가 판을 쳤던 것이다. 3·15 부정선거 때도 문제는 부통령 이기붕 후보의 열세였고, 자유당 생각도 이승만의 인기에 편승해 부통령도 당선되게 하자는 것이었다. 그 같은 국민의 맹목적인 지지가 이승만이 자신 이외에는 대안이 없고 죽을 때까지 집권하겠다는 오만한 생각을 갖게 만든 요인의 하나였다고 할 수 있다.

이승만에게 각인된 젊은 시절부터 '강력한 지도기간 10년'은 자유당 정권의 기준으로는 1958년 중병을 앓던 이기붕 의장이 치료를 위해 해외로 출국할 것인가가 거론되고, 여·야 간에 내각책임제 개헌론이 논의되던 시점에 해당된다. 그때가 이승만이 후계구도를 공론화해서 결정하고 명예롭게 은퇴하는 길을 마련할 수 있는 마지막 기회였다. 그러나 그는 평생을 우월감을 갖고 살면서 우월감이 가져오는 그늘을 살피지 못했듯이 시대에 뒤진 우민관의 망령을 떨쳐 보이는 총명과 결단을 살리지 못했다.

1958년에도 이승만은 한국에서 의회정치는 아직 시기상조라고 말했다. 그나마 다행스러운 것은 이승만이 무리하게 계도(교도) 민주주의론을 공론화하는 등 독재 이데올로기를 만들려는 적극적 의지를 보이지 않았다는 점이다. 독재 이데올로기가 반공 이데올로기와 본격적으로 합쳐져 상승작용을 했다면 한국의 민주주의는 더 험한 길을 걸어야 했을지 모른다. 민주주의의 틀을 그나마 유지할 수 있었던 것이 정치발전의 계기와 기회로 연결될 수 있었고 4·19 혁명을 가능하게 한 토양을 키워주었다.

이승만의 권위주의 통치는 어쨌거나 본인의 책임이 가장 크다. 그의 가슴속에 있던 우민관이 장기집권의 씨앗이라 할 수 있기 때문이다. 그러나 다른 한편으로 그의 머릿속에 있는 민주주의의 원칙이 본격적인 독재화의 길을 막은 자제력이었다는 점도 인정해야 할 듯하다.

이승만에 대한 역사 평가

4·19 혁명을 맞아 하야한 뒤 하와이로 망명하면서 이승만의 위상은 하루아침에 지지하는 많은 국민들로부터 국부(國父)로 불리던 입장에서 한낱 독재자(獨裁者)로 전락했다.

그런 그에게 첫 번째로 본격적인 비판론을 제기한 인물은 30세의 테일러(John M. Taylor)라는 미국 청년이었다. 미 8군 사령관을 역임했던 맥스웰 테일러 대장의 아들인 이 청년은 4·19 혁명 직후 알렌(Richard C. Allen)이라는 필명으로 《한국의 이승만, 허가받지 않은 초상》(*Korea's Syngman Rhee: An Unauthorized Portrait*)이라는 이름의 저서를 출간했다.

한국에 와 2년간 머물면서 폭넓게 한국정계를 두루 심층 취재한 그는 이승만이 '부산 정치파동'과 '사사오입'이라는 기상천외의 계산법으로 두 번이나 개헌을 감행하고 장기집권의 기반을 다진 뒤 진보당을 탄압하고 3·15 부정선거를 치렀으며 4·19 혁명에 의해 권력을 잃고 하야하는 경위를 밝히고, 거창 양민학살사건, 국민방위군 부정사건 등을 조명하면서 "평생 자기 조국에 봉사한 대가로 국민들로부터 선물받은 권력에 의해 추락한 애국자"라고 평했다. 4·19 혁명 분위기에 맞춘 듯한 절묘한 타이밍에 등장한 그 저서는 한국사회에 작지 않은 영향을 주었다.

송건호(宋建鎬: 언론인, 사학자)는 그 저서를 인용하면서 이승만이 남북분단의 원흉(元兇)이고, 친일파를 비호·중용하여 민족정기를 흐려놓은 장본인이며, 남한의 대미종속(對美從屬)을 심화시키고 그 앞잡이가 되었다는 논지의 글("한국현대 인물사론")을 썼다.

1980년대 초 브루스 커밍스의 《한국전쟁의 기원》이 발간되면서 등장한 수정주의(修正主義)가 국내에 소개되면서 이승만에 대한 비판 강도가 더 높아졌다. 한국 정부가 한국전쟁에 대한 수정주의의 급진적 시각에 맞서 여러 가지 방법으로 대응했으나 커밍스의 연구 하나를 상대하는 데도 역부족이었다. (박명림)

1980년대 후반 진보성향의 필진이 집필한 《해방 전후사의 인식》이 베스트셀러가 되면서 이승만이 분단의 주범, 친미 독재자로 많은 국민에게 일반화되는 계기가 되었다.

그런 만큼 이승만 옹호론은 설 자리도 없었고 여론도 주목하지 않았다. 1942년부터 1959년까지 이승만을 도와 미국 정부와 언론을 상대로 자문·홍보·선전 업무를 맡았던 미 시러큐스대학의 언론학 교수 올리버가 1954년 《신화에 가린 인물 이승만》(Syngman Rhee: The Man Behind the Myth)을 발간하는 등 긍정적 평가를 위해 외롭게 노력했다.

1963년 언론인 김인서(金麟瑞)가 《망명노인 이승만 박사를 변호함》이란 글을 썼고, 1975년 〈한국일보〉가 이승만 특집을 게재했으며, 외국에서 연구한 소수의 학자들이 긍정적 평가의 논저를 발표했을 뿐이다.

1989년 냉전체제가 무너지고 붕괴된 소련의 현대사 관련 사료(史料)가 공개되면서 이승만이 남북분단과 한국전쟁에 책임이 있다는 수정주의의 주장이 근거가 없음이 확인되었고, 그것을 계기로 이승만 긍정적 평가가 본격적으로 시작되었다.

유영익(柳永益: 정치학자)이 광범위하게 이승만 자료를 섭렵하고 본격적으로 이승만 긍정론을 폈다. 그는 국내외 학자들이 이승만의 잘못(過)을 파헤치는 데 열중한 나머지 공(功)을 인정하는 데 인색했다면서 재평가에 나서 이승만의 업적을 크게 3가지로 분류했다.

첫째로 그는 이승만의 대표적 과오로 거론된 남북분단, 한국전쟁에 대한 책임론이 사실(史實)과 다르고 근거가 없다는 게 밝혀진 점을 강조했고, 둘째는 그간 노출된 실정(失政)에 대해서는 대체로 인정하는 논리를 폈다. 셋째로 그가 강조한 것은 이승만이 공산주의와 싸우며 자유민주주의 국가인 오늘날의 대한민국이 있게 한 나라세우기(Nation building) 업적이었다. 한·미 상호방위조약 체결과 강군(强軍) 육성으로 산업화 정책이 안정적으로 추진될 수 있는 안보체제를 강화한 노력을 평가했다. 또한 교육혁명을 통해 엘리트층과 산업역군을 대량 양성하여 경제발전의 동력이 되게 한 업적도 높이 샀다.

그 뒤를 이어 소장학자와 언론인들의 심도 있는 연구논문이나 관련 저서가 적지 않게 출간되었다. 이승만 기념사업회가 발족되어 활발하게 사업도 펴고 있다.

그러나 이승만 긍정의 재평가 작업은 그렇게 순조로워 보이지 않는다. 진보·좌파의 학맥이 두텁고 그들이 구축한 민족사관(民族史觀)의 벽이 높은 데다가 젊은 세대들이 진보성향이어서 그동안 형성된 부정적 인식을 전환시키는 것이 쉽지 않은 여건이다.

더구나 1998년에서 2007년까지 10년을 집권한 두 차례의 좌파정권이 현대사에 대한 편향적 인식을 가짐으로써 이승만 평가도 다시 음지로 몰렸다. 김대중 대통령은 취임 초 대한민국 건국이 친일파 주도 아래 이루어졌다면서 "대한민국은 첫 단추부터 잘못 끼워졌다"고 말했고, 노무현 대통령은 《해방 전후사의 인식》을 가장 감동적으로 읽었다면서 취임사에서 대한민국의 역사는 불의(不義)가 정의(正義)를 눌러온 역사라고 매도했다. (양동안)

그 같은 역사인식에 따라 두 정권은 이승만에 대해서도 경멸적 태도를 취했다. 아무 근거 없이 김구(金九) 암살의 배후자로 매도하기도 했고, 보도연맹원(保導聯盟員)들에 대한 처형 지시자로 매도해도 방관했다. 상대적으로 대한민국 건국(單政)을 반대했던 김구에 대한 존숭(尊崇)을 극대화하고, 김구기념관을 건립했으며, 진정한 공산주의자라고 주장한 여운형(북한의 고위층이 된 둘째딸 여연구의 회고) 등 좌익에게도 건국훈장을 추서했다. 노무현 정권은 '친일반민족행위 진상규명위원회'를 만들어 김성수 등 대한민국 건국 공로자들을 친일파로 몰아세우는 작업을 방조하기도 했다. (양동안)

제2차 세계대전이 끝난 1945년 이래 제국주의의 식민지였던 1백 수십 개 국가가 독립했다. 이들 신생독립국의 국가적 과제는 정치발전과 경제발전을 함께 이뤄내 명실공히 잘사는 나라가 되는 일이었다. 그러나 사회주의를 건국이념으로 내건 많은 국가들이 후진국 특유의 식민지 경험이나 정치·사회적 여건, 무능과 부패문제를 해결하지 못하고 낙오했고, 자본주의와 민주주의를 채택한 10여 개국만 성공했다. (박종현)

그중 한국은 성공한 나라들 중에서도 경제성장과 정치민주화라는 두 가지 과업을 선진국 수준으로 함께 발전시킨 유일한 나라로 꼽히고 있다. 초대 이승만 대통령이 시장경제체제를 신봉하는 자유민주주의 국가를 세우고 안보의 기반을 강화하는 등 기초를 쌓았고, 그 위에서 박정희 대통령이 산업화정책을 강력하게 추진해 신흥공업국으로 발돋움했다. 그 뒤 반독재투쟁을 벌였던 김영삼, 김대중 대통령이 민주화를 완성시켰다.

그런 점에서 한국의 성공은 인류문명의 발상지이고, 엄청난 문화유산, 광활한 국토와 수억의 인구, 영국 식민지 아래서 자치활동을 통해 얻은 풀뿌리 민주주의의 기초 위에서 세계의 주목을 받으며 독립(1947년 8월 15일)한 인도의 네루 수상이 정치발전에는 성공했으나 경제발전에 실패해 근대화작업이 정체된 사례와 비교가 된다. 경제성장을 우선시한 한국의 국가전략이 정치발전을 앞세운 인도를 제치고 먼저 근대화를 이루었다는 것이다.

한국과 인도는 1950년 1인당 국민소득이 비슷했으나 60년 뒤엔 15:1이 되었고, 인도는 1990년대 초에 들어와서야 자유주의 시장경제를 적극 추진하기 시작했다.

한국의 성공사례는 1950년대 후반에서 1960년대 사이 미국은 후진국의 특이한 전통과 여건을 감안해 그들 국가에 대한 인식을 바꿔야 하고 정책의 내용과 목표도 모두 새롭게 규정해야 한다는 미국 정치학자들의 주장(로스토우, 라이샤워, 갈브레이스, 스칼라피노 등)과 통하는 바가 있다(박태균). 그들은 미국식 민주주의를 아시아, 아프리카 국가 등에 그대로 대입(代入)시키는 것을 비판했고, 정치의 근대화론은 민주주의에만 적용되는 것이 아니라 독재체제에서도 적용될 수 있는 문제라고 주장했다. 강력한 추진력과 리더십이 필요한 후진국의 상대적인 특수성을 감안해야 한다는 것이다.

이승만과 박정희 시대에 대해 정치적 민주화를 우선시하는 내용의 근대화 정책을 요구한 미국 정부보다 미국 학자들의 진단이 보다 현실적이고 유연성 있게 접근한 것이었다고 할 수 있다.

한국이 이룩한 산업화와 민주화의 성과는 한민족의 정체성에 새로운 의의를 부여하는 역사적 현상이다. 현대에 들어와 한국인의 공동체 목표의식이 형성되는 과정에서 이승만이 기여한 역할도 주목할 필요가 있다. 공동체 목표의식이 처음 발아(發芽)한 것은 3·1운동 때였으나, 그것을 범국민적으로 구체화한 인물은 이승만이었다. 그가 해방 뒤 귀국해서 "뭉치면 살고 흩어지면 죽는다"는 경구가 한 시대의 국론을 결집시키는 구심력의 상징이었다.

후대에게 준 정치적 영향력과 교훈도 크다. 정치지도자로서의 이승만은 일생 동안 원칙과 소신, 자신의 철학을 일관성 있게 밀고 가면서 정치적 목표를 달성한 강력한 의지의 인물이다. 개인적 이익이나 명예를 위해 수치스러운 타협이나 굴종의 길을 가지 않았고 국가와 민족을 위한 대의(大義)에 헌신했다. 사생활은 건전했고 보통 사람들처럼 검소하고 질박했다. 말년에 권력욕을 절제하지 못하고 독재의 길로 들어선 과오만 없었다면 세계 어디에 내놓아도 당당한 국부(國父)였다.

위기관리의 관점에서 보아도 여러모로 강한 지도자였다. 그는 위기를 정면돌파하거나 타개하는 승부사형이었으나 때로는 위기를 피해가거나 시간을 버는 방법으로 위기를 해소시키는 유연성도 보이고 있었다. 그가 그같이 될 수 있었던 것은 추진력과 결단력, 배짱('둔'의 개념)을 갖추고 있었기 때문이기도 하지만 기본적으로 준비(소신)가 잘 돼 있다는 것이 강점이었다.

이승만은 누구보다도 대기만성형(大器晩成型)이었다. 이데올로기 갈등으로 준(準) 내전상태였던 해방정국에서 어려운 고비를 넘기고 넘겨 자유민주주의 국가를 건국했을 때 그는 73세의 노인이었다. 75세 때는 내전이면서 국제전이던 한국전쟁에서 강력한 전쟁 지도력을 발휘해 나라를 지키는 구심력이 되었다. 대한민국의 생존을 위해 전쟁 전후를 통해 끊임없이 정치생명을 걸고 미국을 강하게 압박했고, 한·미 상호방위조약이 성사되는 단계가 오자 고령의 나이나 대통령의 체면을 벗어던지고 아들 나이의 차관보급 미국 특사와 협상테이블에서 격렬하게 다투었다. 미국의 군사·안보 지원이 대한민국의 존립에 불가결한 요인이라는 점을 조선왕조 때 경험을 통해 매우 잘 알고 있었던 만큼 전력투구했던 것이다.

한국이 세계 10위권의 선진국 대열에 들어간 현재의 위상에서 볼 때도 위에서 지적한 이승만의 역사적 기여는 그 의의가 크다. 그런 의미에서 이승만의 공과(功過)에 대한 본격적인 재평가 작업은 주목할 만하다.

중국의 덩샤오핑(鄧小平)은 소련 사람들이 스탈린 격하운동을 폈던 것과는 달리 선임자를 깎아내리려 하지 않았다. 그는 마오쩌둥(毛澤東) 주석에 대한 역사평가에서 공(功) 7, 과(過) 3이라는 평점을 매겼고, 중국사회가 그 평점을 수용했다. 그러나 이승만의 경우 사후 수십 년이 지났어도 평가가 논란을 벗어나지 못하고 있다. 이승만에 대한 역사평가는 정치평론가 신상초(申相楚)가 공 3, 과 7이라는 평점을 매긴 데 대해 정치학자 유영익은 공 7, 과 3이라고 평가, 상반된 시각을 보였다. 정치학자 진덕규(陳德圭)는 공 5, 과 5로 균형을 유지했다. 일반 여론은 '과'쪽이 앞서 있는 듯하다.

반면 천관우(千寬宇: 역사가이자 언론인)는 1974년 《한국사의 재발견》에서 "우리나라와 같이 인물이 많지 않은 형편에서 어떤 인물에 대한 극단적 평가를 피했으면 좋겠다. … 플러스(긍정)와 마이너스(부정)를 총결산해서 플러스가 크면 그 테두리 안에서 흠을 말하는 것이 좋다"고 말했다(천관우). 한국사회의 이분법적 흑백논리(黑白論理), 배타성, 편협성을 염두에 두고 한 말이다.

종합적으로 보면 이승만은 일단 긍정적인 면이 큰 인물이다. 그 테두리 안에서 흠을 말하고자 한다면 먼저 있는 그대로의 실체(實體)를 균형 있게 파악할 필요가 있을 것이다.

이승만 대통령의 영결식 후 운구행렬(1965.7.27).
수많은 시민이 나와 애도를 표했다.

대한민국 초대 대통령 취임사

여러 번 죽었던 이 몸이 하나님의 은혜와 동포의 애호(愛護)로 지금까지 살아오다가 오늘에 이와 같이 영광스러운 추대(推戴)를 받은 나로서는 일변 감격(感激)한 마음과 일변 심당(心當)키 어려운 책임을 지고 두려운 생각을 금하기 어렵습니다. '기쁨이 극(極)하면 웃음으로 변하여 눈물이 된다'는 것을 글에서 보고 말을 들었든 것입니다.

요사이 나에게 치하하러 오는 남여동포가 모두 눈물을 씻으며 고개를 돌립니다. 각처에서 축전 오는 것을 보면 모두 눈물을 금하기 어렵습니다. 나는 본래 나의 감상으로 남에게 촉감(觸感)될 말을 하지 않기로 매양 힘쓰는 사람입니다. 그러나 목석간담(木石肝膽)이 아닌만치 뼈에 사무치는 눈물을 금하기 어렵습니다. 이것은 다름이 아니라 40년 전에 잃었던 나라를 다시 찾는 것이요, 죽었던 민족이 다시 사는 것이 오늘 이에서 표면(表面)되는 까닭입니다.

대통령 선서하는 이 자리에서 하느님과 동포 앞에서 나의 직책을 다하기로 한층 더 결심하며 맹서합니다. 따라서 여러 동포들도 오늘 한층 더 분발해서 각각 자기의 몸을 잊어버리고 민족 전체의 행

601

복을 위하여, 대한민국의 시민이 된 영광스럽고 신성한 직책을 다하도록 마음으로 맹서하기를 바랍니다.

여러분이 나에게 맡기는 직책은 누구나 한 사람의 힘으로 성공할 수 없는 것입니다. 이 중대한 책임을 내가 용감히 부담할 때에, 내 기능이나 지혜를 믿고 나서는 것이 결코 아니며, 전혀 애국남녀의 합심합력으로써만 수행할 수 있을 것으로 믿는 바입니다.

이번 우리 총선거의 대성공을 모든 우방들이 칭찬하기에 이른 것은 우리애국남녀가 단순한 애국정신으로 각각 직책을 다한 연고(緣故)입니다. 그 결과로 국회 성립이 또한 완전무결한 민주주의제로 조직되어 두세 정당이 그 안에 대표가 되었고 무소속과 좌익색태(左翼色態)로 주목받은 대의원이 또한 여럿이 있게 된 것입니다. 기왕 경험으로 추측하면 이 많은 국회의원 중에서 사상충돌로 분쟁 분열을 염려한 사람들이 없지 않았던 것입니다.

그러나 중대 문제에 대하여 종종 극열한 쟁론(爭論)이 있다가도 필경(畢竟) 표결될 때에는 다 공정한 자유의견을 표시하여 순리적으로 진행하게 되므로 헌법과 정부조직법을 다 민의(民意)대로 종다수(從多數) 통과된 후에 아무 이의 없이 다 복종하게 됨으로, 이 중대한 일을 조속한 한도 내에 원만히 처결하여 오늘 이 자리에 이렇게 된 것이니 국회의원 일동과 전문위원 여러분의 애국성심을 우리가 다 감복하지 않을 수 없는 것입니다.

나는 국회의장의 책임을 이에 사면하고 국회에서 다시 의장을 선거할 것인데 만일 국회의원 중에서 정부의 부처장으로 임명된 분이 있게 되면 그 후임자는 각기 소관 투표구역에서 갱선(更選)하게 될 것이니, 원만히 보결(補缺)된 후에 의장을 선거하게 될 듯하며 그동안은 부의장 두 분이 사무를 대행할 것입니다. 따라서 이 부의장 두 분이 그동안 의장을 보좌해서 각 방면으로 도와 협의 진행하게 하신 것을 또한 감사히 생각합니다.

국무총리와 국무위원 조직에 대해서 그간 여러 가지로 낭설이 유포되었으나 이는 다 추측적 언론에 불과하여 며칠 안으로 결정 공포될 때에는 여론상 추측과는 크게 같지 않을 것이니 부언낭설(浮言浪說)을 많이 주의하지 않기를 바랍니다.

우리가 정부를 조직하는 데, 제일 중대히 주의할 바는 두 가지입니다. 첫째는 일할 수 있는 기관을 만들 것입니다. 둘째로는 이 기관이 견고히 서서 흔들리지 아니해야 될 것입니다. 그러므로 사람의 사회적 명망이나 정당단체의 세력이나 또 개인사정상 관계로 나를 다 초월하고 오직 기능 있는 일꾼들이 함께 모여 앉아서 국회에서 정한 법률을 민의대로 진행해 나갈 그 사람끼리 모여서 한 기관이 되어야 할 것이니, 우리는 그분들을 물색하는 중입니다.

어떤 분들은 인격이 너무 커서 작은 자리에 채울 수 없는 이도 있고 혹은 작아서 큰 자리를 채울 수 없는 이도 있으나, 참으로 큰 사람은 능히 큰 자리에도 채울 수 있고 적은 자리에도 채울 수 있을 뿐 아니라 작은 자리 차지하기를 부끄러워하지 않습니다.

기왕에도 누구이 말한바와 같이 우리는 공산당을 반대하는 것은 아니라 '공산당의 매국주의를 반대'하는 것이므로 이북의 공산주의자들은 이것을 절실히 깨닫고 일제히 회심개과(悔心改過)해서 우리와 같은 보조를 취하여 하루 바삐 평화적으로 남북을 통일해서 정치와 경제상 모든 권리를 다 같이 누리게 하기를 바라며 부탁합니다.

만일 종시(終始) 깨닫지 못하고 분열을 주장해서 남의 괴뢰(傀儡)가 되기를 감심(甘心) 할진대 인심이 결코 방임(放任)치 않을 것입니다. 내외적으로 말하면, 우리는 세계 모든 나라와 친선해서 평화를 증진하며 외교 통상에 균등한 이익을 같이 누리기를 절대 도모할 것입니다. 교제상 만일 친선에 구별이 있으면 이 구별은 우리가 시작하는 것이 아니요, 타동적으로 되는 것입니다. 다시 말하자면 어느 나라든지 우리에게 친선히 한 나라는 우리가 친선히 대우할 것이요, 친선치 않게 우리를 대우하는 나라는 우리도 친선히 대우할 수 없을 것입니다.

과거 40년간에 우리가 국제적으로 정당한 대우를 받지 못한 것은 세계 모든 나라가 우리와 접촉할 기회가 없었던 까닭입니다. 일인(日人)들의 선전만을 듣고 우리를 판단해 왔었지만 지금부터는 우리 우방들의 도움으로 우리가 우리나라를 찾게 되었은즉, 우리가 우리말을 할 수 있고 우리 일도 할 수 있으니, 세계 모든 나라들은 남의 말을 들어 우리를 판단하지 말고 우리가 하는 일을 보아서, 우리의 가치를 우리의 가치대로만 정해주는 것을 우리가 요청하는 바이니, 우리 정부와 민중은 외국의 선전을 중요히 여겨서 평화와 자유를 사랑하는 각국 남녀로 하여금 우리의 실정을 알려주어서 피차에 양해를 얻어 정의가 상통하여 교제가 친밀할 것이니 우리의 복리만 구함이 아니요, 세계평화를 보장하는 것입니다.

새 나라를 건설하는 데는 새로운 헌법과 정부가 절대 필요하지마는, 새 정신이 아니고는 결코 될 수 없는 일입니다. 부패한 정신으로 신성한 국가를 이룩하지 못하나니, 이런 민족이 날로 새로운 정신과 새로운 행동으로 구습을 버리고 새 길을 찾아서 날로 분발 전진하여야 지나간 40년 동안 잃어버린 세월을 다시 회복해서 세계 문명국에 경쟁할 것이니, 나의 사랑하는 3천만 남녀는 이날부터 더욱 분투용진(奮鬪勇進)해서 날로 새로운 백성을 이룸으로서 새로운 국가를 만년반석(萬年盤石) 위에 세우기로 결심합니다.

1948년 7월 24일

대한민국 대통령 이승만

연 보

1875. 2. 19.	황해도 평산군(平山郡) 마산면(馬山面) 능안골(陵內洞)에서 이경선(李敬善)과 김해 김씨의 3남 2녀 중 막내로 출생.
1890.	동갑인 음성 박씨(陰城 朴氏)와 혼인.
1895.	배재학당 입학. 아펜젤러 등 서양 선교사에게 신학문을 배움.
1896. 11.	서재필의 지도로 배재학당 안에 협성회(協成會)를 조직하고 언론·정치 분야의 청년 개혁가로 활동
1897. 7.	배재학당 졸업.
1898. 4. 9.	〈협성회주보〉를 일간지로 전환해 〈매일신문〉 창간, 주필로 활동,
8. 10.	〈제국신문〉 창간에 참여하고 주필을 맡음(8월 10일).
11.	"헌의6조"(獻議六條) 시행을 촉구하는 만민공동회 주도.
7. 27.	아들 태산(泰山) 출생.
1899. 1. 9.	박영효 등의 황제 폐위 음모에 가담한 혐의로 체포·투옥됨.
2.~3.	기독교에 입교.
7. 10.	탈옥상해죄로 곤장 일백 대 및 종신징역 선고받고 한성감옥에 수감.
1901. 2.	〈제국신문〉 논설 집필 시작
1902. 8.	옥중 학교를 개설해 죄수들에게 한글과 신학문을 가르치고 기독교 전도.
1904. 6. 29.	《독립정신》 탈고. 훗날 로스앤젤레스 대동신서관에서 첫 출판(1910년). 1917년 태평양잡지사에서 재판됨.
8.	특별사면령으로 수감된 지 5년 7개월 만에 감옥에서 석방.
10.	이승만 논설을 문제 삼아 일본군 헌병사령부가 〈제국신문〉을 무기정간 (최초의 신문 강제정간).
11.	외교문서와 선교사들의 소개장을 들고 미국으로 건너감

1905. 2.	조지워싱턴대학 학부 2학년 장학생으로 편입학.
8. 5.	시어도어 루스벨트 대통령을 면담, 한국독립 청원서 발송 무산.
1906. 6. 5.	조지워싱턴대학 학부 졸업.
9.	하버드대학 대학원 석사과정 입학.
1908. 9.	프린스턴대학 대학원 박사과정 입학.
1910. 3.	하버드대학에서 석사학위 취득.
7. 18.	프린스턴대학 윌슨 총장으로부터 국제정치학 박사학위 받음. 프린스턴 대학 출판부에서 박사학위 논문《미국의 영향을 받는 중립》(Neutrality As Influenced by the United States)이 간행됨.
10.	귀국 후 YMCA의 한국인 총무 겸 학감으로 활동 시작.
1911.	전국순회 전도여행.
1912. 5.	미국 미네소타주 미네아폴리스에서 열린 국제기독교감리회 4년총회에 한국 평신도 대표로 참석.
1913. 2. 3.	하와이 국민회 초청으로 하와이 방문.
4.	박용만이 사장인 신한국보사(新韓國報社)에서 105인 사건을 다룬《한국 교회핍박》발간.
8.	한인기숙학교 교장직 맡아 한인중앙학교로 개칭하고, 남녀공학 실시.
9. 20.	월간종합지〈태평양잡지〉를 창간.
1914. 4. 23.	하와이 한인 YMCA를 결성, 회장직을 맡음.
7. 29.	호놀룰루에 한인여자학원 여학생 기숙사 설립.
1917. 8.	옥중에서 번역한《중동전기본말》을 태평양잡지사에서《청일전기》(淸日 戰記)라는 제목으로 출판.
1918. 7. 29.	호놀룰루에 '신립교회' 설립.
9.	한인여학원을 남녀공학제의 한인기독학원으로 개편하여 개교.
11. 25.	국민회에서 정한경(鄭翰景)과 함께 파리강화회의 대표로 선정됨.
1919. 3. 1.	3·1 독립운동.
4. 13.	대한민국임시정부 수립 선포. 9월 6일 임시 대통령에 이승만 추대.
1920. 12. 28.	상해임시정부 청사에서 초대 대통령 취임식.
1921. 5. 17.	'외교상 긴급과 재정상 절박'을 이유로 상해를 떠난다는 '고별교서' 발표 후 하와이행.
7. 21.	하와이에서 '대한인 동지회' 발족 선포.
12. 28.	워싱턴 군축회의에 이승만과 서재필을 비롯, 국내 13도 260군 대표와

각 사회단체가 서명한 '한국인민 태평양회의서' 제출.

1924. 11. 23.	대한인 동지회 종신총재로 추대됨.
1925. 3.~4.	상해임시정부가 이승만 대통령을 면직하고 구미위원부 폐지령을 공포.
1930. 12. 30.	〈태평양잡지〉를 〈태평양 주보〉로 개칭.
1933. 2. 7.	상해임시정부 전권대사로서 이승만이 제네바에서 국제연맹 회원국 대표들과 특파원들에게 한국 독립을 주장하는 문건을 배포.
1934. 10. 8.	프란체스카 도너와 결혼.
1940. 11. 5.	호놀룰루에서 해외 한인민족대회 개최.
1941.	뉴욕의 플레밍 H. 레벨 출판사에서 태평양전쟁을 예견한 《일본내막기》 (Japan Inside Out)를 출간하여 베스트셀러가 됨.
6. 4.	임시정부가 미국 워싱턴에 구미외교위원회 설치. 위원장 이승만.
12. 11.	임시정부의 대일선전포고 및 임시정부 승인을 요구하는 서한을 미 국무부에 전달. 이후에도 임시정부 외교대표 자격으로 미국 대통령, 국무부장관, 고위 관리에게 임시정부 승인 요구하는 서한 발송.
1942. 2.~3.	워싱턴에서 한인자유대회 개최(한미협의회와 재미한족연합위원회 공동)
6.	'미국의 소리'(VOA)의 초단파 방송을 통해 몇 주 동안 한국 동포들에게 대일항전 촉구 방송.
12. 7.	미국 대통령 프랭클린 루스벨트에게 한국인 군사훈련 지원을 요청하는 서한 발송.
1945. 8. 15.	8 · 15 광복
10. 16.	33년 만의 귀국.
10. 23.	독립촉성중앙협의회(전국 65개 정당 단체 대표 200여 명) 결성. 총재 이승만.
1946. 2. 8.	독립촉성중앙협의회와 임시정부 측의 '신탁통치 반대 국민총동원위원회'를 통합한 대한독립촉성 중앙국민회의 총재직 수임.
6. 3.	전북 정읍에서 남한 임시정부 수립과 민족주의 통일기관 설치 필요성 주장(정읍발언).
6. 29.	민족통일총본부 설치.
1947. 7. 3.	좌우합작을 종용하는 하지 중장과 결별 선언하고 민족자결주의 표명.
9. 21.	대동청년단 결성. 총재 이승만, 단장 지청천.
10. 18.	이화장 입주.
1948. 4. 3.	제주 4 · 3 사건 발발.

	5. 10.	남한 총선 실시. 동대문 갑구에 출마해 제헌 국회의원으로 무투표 당선.
	5. 31.	제헌국회 개회. 초대 국회의장으로 선출.
	7. 1.	국호를 '대한민국'으로 결정.
	7. 17.	대한민국 헌법 선포.
	7. 24.	초대 대통령 취임.
	8. 15.	대한민국 정부 수립 선포.
	12. 12.	유엔총회에서 대한민국이 유일한 합법정부로 승인됨.
1950.	4. 6.	농지개혁 실시.
	6. 25.	한국전쟁 발발.
	9. 15.	유엔군의 인천상륙작전 개시.
	9. 28.	부산에 피란해 있던 정부의 서울 환도.
1951.	1. 4.	중공군의 참전으로 1 · 4 후퇴.
1952.	1. 8.	평화선('이승만 라인') 선포.
	5. 25.	부산 정치파동.
	8. 5.	직선제 선거 통해 제 2대 대통령 당선(부통령 함태영).
1953.	6. 18.	반공포로 석방 전격 발표.
	7. 27.	한국전쟁 정전협정 조인.
	10. 1.	한 · 미 상호방위조약 조인.
1954.	11. 29.	제 2차 개헌(사사오입 개헌) 통과.
1956.	2. 3.	원자력의 비군사적 이용에 관한 한미 협력을 위한 협정 체결. 1958년 원자력원 설치
	8. 15.	제 3대 대통령 취임(부통령 장면).
1957.	3. 26.	이기붕의 장남 이강석을 양자로 입적.
	12. 24.	국가보안법 여당 의원 단독으로 통과. 국가보안법 파동.
1960.	3. 15.	3 · 15 부정선거.
	4. 19.	4 · 19 혁명 발발.
	5. 3.	국회에서 대통령 사직 및 제 4대 대통령 당선 사퇴 발표.
	5. 29.	하와이로 출국.
1961.		양녕대군 종중에서 인수(仁秀)를 양자로 천거하여 입적시킴.
1965.	7. 19.	호놀룰루 요양원에서 0시 35분 서거. 향년 90세. 유해를 미 군용기로 김포공항에 운구, 정동 제일교회에서 영결 예배.
	7. 27.	국립묘지에 안장.

참고자료

강만길 (1994), 《고쳐 쓴 한국현대사》, 창비.

_____ (2000), 《항일독립투쟁과 좌우합작》, 한울.

_____ (1999), 《20세기 우리역사》, 창비.

_____ (2003), 《역사는 변하고 만다》, 당대.

강성재 (1986), 《참 군인 이종찬 장군》, 동아일보사.

강성학 (1999), 《시베리아 횡단열차와 사무라이》, 고려대 출판부.

강용석 (2012), 〈강용석의 두려운 진실-국민방위군 실상〉, 2012. 6. 23, TV 조선.

강준만 (2007), 《한국근대사 산책 ⑤》, 인물과 사상사.

강준식 (2006), 《여운형 일대기 (血濃於水 上中下)》, 아름다운 책.

개디스 (John Louis Gaedis) (2010), 《냉전의 역사》(*The Cold war*), 정철 역, 에코리브르.

거버트 (제임스 M. 거버트) (2004), "1953~1954년 한미 관계 연구: 에버레 디, 이승만 대통령 제거 계획: Ever ready, the plan to remove president Syngman Rhee", 서울대 출판부.

케인 (Mark Cane) (1986), 《해방과 미군정》, 까치.

고정휴 (2004), 《이승만과 한국독립운동》, 연세대 출판부.

곽길영 (2008), "이승만 대통령 리더십 연구", 영남대학교.

구광모 (1984), 《대통령론》, 고려원.

구대열 (1995), 《한국국제관계사 Ⅰ, Ⅱ》, 역사비평사.

국사편찬위원회 편집부(1999), 《한국사 41: 열강의 이권침탈과 독립협회》, 국사편찬위원회.

_____(2001), 《한국사 47: 일제의 무단통치와 3·1 운동》, 국사편찬위원회.

_____(2001), 《한국사 48: 임정수립과 독립전쟁》, 국사편찬위원회.

_____(2001), 《한국사 49: 민족운동 분화와 대중운동》, 국사편찬위원회.

국토통일원(1978), "북조선노동당연구 II", 78. 12.

굴든(Joseph C. Goolden)(1982), *Korea: The Untold Story of the War*, McGraw-Hill.

권영설(2000), "이승만과 대한민국헌법", 유영익 편, 《이승만 연구: 독립운동과 대한민국 건국》, 연세대 출판부. 4

권희영(2001), 《한국사의 근대성 연구》, 벽산서당.

김경일(2005), 《중국의 한국전쟁 참전기원》, 홍면기 역, 논형.

김 구(2007), 《백범일지》, 도진순 편, 돌베개.

김기협(2011), 《해방일기 1》, 너머북스.

김남식(1984), 《남로당 연구》, 돌베개.

_____·심지연(1986), 《박헌영 노선비판》, 세계.

김도연(1965), 《나의 인생백서: 상산회고록》, 상산회고록 출판동지회.

김두희(2005), "이승만의 미국인식과 대한민국의 건국과 생존", 충남대학교.

김명구(2012), 《해위 윤보선: 생애와 사상》, 고려대 출판부.

김삼웅(2004), 《백범 김구 평전》, 시대의 창.

김상협선생전기편찬위원회(2004), 《남재 김상협: 그 생애 학문사상》, 한울.

김석원(2009), "이승만의 지정인식에 관한 연구: 청일전쟁 종전에서 아시아-태평양전쟁 종전까지, 1895~1945", 연세대학교.

김성호(1989), 《농지개혁사 연구》, 농촌경제연구원.

김영란(2008), 《하룻밤에 읽는 미국 첫 이민 이야기》, 북산책.

김영명 (2006), 《한국의 정치변동》, 을유.

김영작 (1989), 《한말 내셔널리즘연구》, 청계연구소.

김영작 · 서주석 외 (1998), 《한국전쟁과 휴전체제》, 집문당.

김원모 (1991), 《알렌의 일기》, 단국대 출판부.

_____ (2003), 《개화기 한미교섭관계사》, 단국대 출판부.

김원용 (2004), 《재미한인 50년사》, 손보기 역, 혜안.

김인식 (2007), 《안재홍의 생각과 삶》, 한국독립운동사연구소.

김재명 (2003), 《한국현대사의 비극》, 선인.

김정렬 (1993), 《김정렬 회고록》, 을유문화사.

김준엽 (2003), 《장정: 나의 광복군시절 上下》, 나남.

_____ · 김창순 (1998), 《한국공산주의 운동사》, 청계연구소.

김철범 (1990), 《한국전쟁을 보는 시각》, 을유문화사.

김충남 (1998), 《성공한 대통령, 실패한 대통령》, 둥지.

_____ (2006), 《대통령과 국가경영》, 서울대 출판부.

_____ (2008), 《풀어쓴 독립정신》, 이승만 저, 대한민국건국 60주년 기념
  사업위원회, 청미디어.

김학준 (1987), 《가인 김병로 평전》, 민음사.

_____ (1989), 《한국전쟁》, 박영사.

_____ (2005), 《혁명가들의 항일회상》, 민음사.

김호진 (2006), 《대통령과 리더십》, 청림.

나카무라 마사노리 (中村政則) (2006), 《일본전후사》, 유재연 외 역, 논형.

나카소네 야스히로 (中曾根康弘) (2011), 《보수의 유언》, 오대영 · 김동호
  역, 중앙books.

남도현 (2010), 《끝나지 않은 전쟁 6 · 25》, 플래닛 미디어.

남시욱 (2005), 《한국보수세력 연구》, 나남.

노블 (Harold J. Noble) (1983), 《이승만 박사와 미국대사관》 (Embassy at
  War), 박실 역, 정호출판사.

노신영 (2000), 《노신영 회고록》, 고려서적.

다우어(John W. Dower) (2009), 《패배를 껴안고》(*Embracing Defeat*), 최은석 역, 민음사.

대검찰청(1965), 《좌익사건실록 제1권》, 대검수사국.

_____ (1968), 《좌익사건실록 제2권》, 대검수사국.

듀이커(William J. Duiker) (2001), 《호치민 평전》(*HochiMihn*), 정영목 역, 푸른숲.

매킨(G. M. McCune) (1950), *Korea Today*, 1950

맨체스터(William Manchester) (1984), 《맥아더 원수》(*American Caesar: Douglas Macarthur*), 육사인문사회과학처 역, 병학사.

메릴(John Merill) (2004), 《한국전쟁의 기원과 진실》, 이종찬 역, 두산동아.

미야타 세스코(宮田節子) (2002), 《식민통치의 허상과 실상》, 정재정 역, 혜안.

라꾸뛰르(Jean Lacouture) (1988), 《베트남의 별》, 소나무.

라트(Philippe Ratte) (2002), 《드골 평전》, 윤미연 역, 바움.

로버트형찬김(2000), "이승만과 안창호", 유영익 편, 《이승만 연구: 독립운동과 대한민국 건국》, 연세대 출판부.

로우(Peter Lowe) (1989), 《한국전쟁의 기원》, 김시완 역, 인간사랑.

루소(Henry Rousso) (2006), 《비시 신드롬》(*Vichy Syndrome*), 이학수 역, 휴머니스트.

리지웨이(Mattew Ridgway) (1981), 《한국전쟁》(*The Korean War*), 김재관 역, 정우사.

리콴유(李光耀) (1999), 《싱가포르 스토리: 리콴유 자서전》, 유지호 역, 문학사상사.

_____ (2001), 《일류국가의 길》(*From third World to first*), 유지호 역, 문학사상사.

리, 프란체스카(Francesca Donner Rhee) (2007), 《이승만 대통령의 건강》, 조혜자 역, 도서출판 촛불.

_____ (2010), 《프란체스카의 난중일기: 6·25와 이승만》, 조혜자 역, 기

　　　파랑.

리핑(力平) (2005), 《저우언라이》(周恩來), 허우영 역, 한얼미디어.

박노자(2003), 《나를 배반한 역사》, 인물과 사상사.

＿＿＿(2006), 《당신들의 대한민국》, 한겨레출판.

박두복(2001), 《한국전쟁과 중국》, 백산서당.

박명림(1996), 《한국전쟁의 발발과 기원 Ⅰ·Ⅱ》, 나남.

＿＿＿(2002), 《한국 1950, 전쟁과 평화》, 나남.

＿＿＿(2011), 《역사와 지식과 사회》, 나남.

박선영(2012), 〈이승만과 독도〉, 동아TV, 2012. 8. 30.

박성준(2000), "한국정치변동과 정부: 언론관계의 변화", 동국대학교.

박 실(2010), 《벼랑 끝의 승리: 이승만 외교의 힘》, 청미디어.

박용만(1965), 《경무대 비화》, 내외신서.

박은숙(2005), 《갑신정변연구》, 역사비평사.

박지향(2010), 《윤치호의 협력일기》, 이숲.

박지향 외(2004), 《해방전후사의 재인식 1·2》, 책세상.

박지향 외(2005), 《영웅만들기》, 휴머니스트.

박지현(2004), 《누구를 위한 협력인가》, 책세상.

박찬승(2010), 《마을로 간 한국전쟁》, 돌베개.

박태균(2005), 《한국전쟁》, 책과함께.

＿＿＿(2006), 《한미관계의 두 신화》, 창비.

＿＿＿(2007), 《원형과 변용》, 서울대 출판부.

반병율(2000), "이승만과 이동휘", 유영익 편, 《이승만 연구: 독립운동과
　　　대한민국 건국》, 연세대 출판부.

방선주(2000), 《한길수와 이승만》, 연세대 출판부.

배기옥(2009), "이승만의 위협인식과 국방정책 연구", 국방대학원.

백두진(1975), 《백두진 회고록》, 대한공론사.

백선엽(1989), 《군과 나》, 대륙연구소.

백영철(1995), 《제1공화국과 한국민주주의》, 나남.

변영태(1956), 《나의 조국》, 자유출판사.

복거일(2003), 《죽은자들을 위한 변호》, 들린아침.

상해대한민국임시정부 옛청사 관리처(2005), 《중국항일전쟁과 한국독립운 동》(보경문총 제1집), 시대의 창.

새먼(Andrew Salmon)(2009), 《마지막 한 발》(*To the Last Round*), 박수 현 역, 시대정신.

서대숙(1988), 《김일성》, 청계연구소.

_____ (2000), 《현대북한의 지도자: 김일성과 김정일》, 을유문화사.

서정민(2005), 《언더우드가 이야기》, 살림.

서정주(1995), 《우남 이승만 평전》, 화산.

서중석(1991), 《한국 현대민족운동 연구 1》, 역사비평사.

_____ (1996), 《한국 현대민족운동 연구 2》, 역사비평사.

_____ (2000), 《남북협상: 김규식의 길, 김구의 길》, 한울.

_____ (2001), 《신흥무관학교와 망명자들》, 역사비평사.

_____ (2005), 《이승만의 정치이데올로기》, 역사비평사.

_____ (2007), 《이승만과 제1공화국》, 역사비평사.

서중석 외 8인(2000), 《누구를 위한 전쟁이었나》, 다할미디어.

선우종원(1965), 《망명의 계절》, 신구문화사.

선우진·최기영(2008), 《백범선생과 함께한 나날들》, 푸른역사.

손세일(2008), 《이승만과 김구 ①②③》, 나남.

송건호(1986), 《한국현대사》, 두레.

송건호 외 11명(1989), 《해방전후사의 인식 ①~⑥》, 한길사.

송남헌(2000), 《몸으로 쓴 통일독립운동사》, 한울.

송두영(2010), "해방 후 단정노선을 둘러싼 이승만과 김구의 대립에 관한 연구", 숭실대학교.

쑨커즈(孫科志)(2000), 《상해 한인사회사》, 한울아카데미.

슈미드(Andre Schmid)(2007), 《제국, 그 사이의 한국》(*Korea Between Empires*), 정여울 역, 휴머니스트.

스칼라피노(Robert Scalapino) (1986), 《한국공산주의 운동사》, 한홍구 역, 돌베개.

스툭(William Stueck) (2000), 《이승만, 트루먼 독트린, 미국의 대한 정책》, 연세대 출판부.

_____(2001), 《한국전쟁의 국제사》(*The Korean War-An International History*), 김형인 외 공역, 푸른역사.

_____(2005), 《한국전쟁과 미국외교정책》, 서은경 역, 나남.

신경식(2008), 《7부 능선엔 적이 없다》, 동아일보사.

신용하(2000), 《초기 개화사상과 갑신정변 연구》, 지식산업사.

_____(2001), 《갑오개혁과 독립협회운동의 사회사》, 서울대 출판부.

신창섭(1997), 《아데나워의 리더십》, 도서출판답게.

심지연(1982), 《한국민주당 연구 1》, 풀빛.

_____(1986), 《해방정국논쟁사》, 한울.

_____(1994), 《허헌 연구》, 역사비평사.

_____(2004), 《한국정당정치사》, 백산서당.

_____(2007), 《이주하 연구》, 백산서당.

안병욱(2005), 《안창호 평전》, 청포도.

안병직(2007), 《역사의 기로에 서다》, 기파랑.

안병훈(2011), 《사진과 함께 읽은 대통령 이승만》, 기파랑.

안재성(2009), 《박헌영 평전》, 실천문학사.

안철현(2009), 《한국현대정치사》, 새로운 사람들.

알렉산더(Bevin Alexander) (1986), *Korea: The first war we lost*, Hippocrene Books.

양성철(1987), 《분단의 정치》, 한울.

여연구(2001), 《나의 아버지 여운형》, 김영사.

연세대 국학연구원(2003), 《미주한인의 민족운동》, 혜안.

연시중(2001), 《한국정당정치 실록 1·2》, 지와 사랑.

에커트(Carter J. Eckert) (2008), 《제국의 후예》(*OffSpring of Empire*), 주

익종 역, 푸른역사.

오구라 사다오(小倉貞夫) (1999), 《베트남사》, 박희경 역, 일빛.

오근영 (2011), 《아! 선생님》, 제이앤씨 커뮤니티.

오세응 (1993), 《서재필의 개혁운동과 오늘의 과제》, 고려원.

오소백 외 (1982), 《대사건의 내막》, 한국홍보연구소.

오인환 (2008), 《고종시대의 리더십》, 열린책들.

오제도 (1981), 《추적자의 증언》, 향문출판사.

온창일 (2001), 《한민족전쟁사》, 집문당.

오코노기 마사오(小此木政夫) (1986), 《한국전쟁》, 현대사연구실 역, 청계
연구소.

올리버(Robert T. Oliver) (1982), 《이승만 비록》, 박일영 역, 한국문화출
판사.

_____ (2002), 《이승만: 신화에 가린 인물》(The Man Behind the Myth),
황정일 역, 건국대 출판부.

_____ (2008), 《이승만이 없다면 대한민국도 없다》, 박일영 역, 동서문화사.

와다 하루키(和田春樹) (1997), 《한국전쟁》, 서동만 역, 창작과 비평.

_____ (2002), 《북조선: 유격대국가에서 정규군국가론》, 서동만 역, 돌베
개.

〈월간조선〉 편집부 (2004), 《이승만, 박정희를 추억한다》, 월간조선사.

월퍼트(Stanley Wolpert) (2002), 《영혼의 리더십: 간디의 생애와 유산》
(Gandhi's passion), 한국리더십학회 역, 시학사.

유영익 (1996), 《이승만의 삶과 꿈》, 중앙일보사.

_____ (2000), 《이승만 연구: 독립운동과 대한민국 건국》, 연세대 출판부.

_____ (2002), 《젊은 날의 이승만: 한성감옥생활과 옥중잡기 연구》, 연세
대 출판부.

_____ (2006), "이승만 국회의장과 대한민국 헌법제정", 역사학회.

_____ (2006), 《이승만 대통령 재평가》, 연세대 출판부.

유종호 (2011), 《과거라는 이름의 외국》, 현대문학.

유진산(1972), 《해 뜨는 지평선(회고록)》, 한얼문고.

육군사관학교 전시학과(1987), 《한국전쟁사》, 일신사.

윤무한(2006), 《인물 대한민국사》, 나남.

윤여준(2012), 《대통령의 자격》, 메디치.

윤충로(2005), 《반공독재국가 형성사》, 선인.

윤치영(1991), 《윤치영의 20세기(동산회고록)》, 삼성출판사.

윤해동(2003), 《식민지의 회색지대》, 역사비평사.

윤홍석(2006), "이승만의 통치철학과 정치사상연구: 해방직후부터 휴전시점
　　까지", 성균관대학교.

이강수(2003), 《반민특위 연구》, 나남.

이경일(2004), 《다시 보는 저우언라이》, 우석출판.

이광규(1989), 《재미한국인》, 일조각.

이기봉(1989), 《인간 김일성, 그의 전부》, 길한문화사.

이기형(1984), 《여운형 평전》, 실천문학.

이달순(2000), 《이승만 정치 연구》, 수원대.

이대용(2010), 《6·25와 베트남전, 두 사선을 넘다》, 기파랑.

이덕주(2007), 《한국현대사 비록》, 기파랑.

이도형(2001), 《건국의 아버지 이승만》, 한국논단.

이동원(1992), 《대통령을 그리며》, 고려원.

이명화(2002), 《도산 안창호의 독립운동과 통일노선》, 경인문화사.

이범석장군기념사업회(1992), 《이범석 평전》, 삼육출판사.

이병철(1986), 《호암자전》, 중앙M&B.

이상우(2006), 《우리들의 대한민국》, 기파랑.

이순애(2005), 《프란체스카 리 스토리》, 랜덤하우스코리아.

이승만(2000), 《이승만의 전시 중립론》, 정인섭 역, 나남.

_____(2007), 《일본 그 가면의 실체》(*Japan Inside Out*), 청미디어.

_____(2010), 《독립정신》, 동서문화사.

이영훈(2007), 《대한민국 이야기》, 기파랑.

이원규(2006), 《김산 평전》, 실천문학.

이원순(1965), 《인간 이승만》, 신태양출판국.

이인수(1987), 《우남 이승만, 한국현대사론 1》, 을유문화사.

이인호 외(2009), 《대한민국 건국의 재인식》, 기파랑.

이재범 외(2001), 《한반도의 외국군 주둔사》, 중심.

이정식(2000), "해방전후의 이승만과 미국", 유영익 편, 《이승만 연구: 독
　　　립운동과 대한민국 건국》, 연세대 출판부.

＿＿＿(2002), 《초대 대통령 이승만의 청년시절》, 동아일보사.

＿＿＿(2005), 《이승만의 구한말 개혁운동》, 배재대 출판부.

＿＿＿(2006), 《대한민국의 기원》, 일조각.

이종명(2006), "이승만과 김일성의 정치적 리더십비교: 해방전후시기 분단
　　　에 미친 영향을 중심으로", 한양대학교.

이주영(2007), 《한국현대사 이해》, 경덕출판사.

＿＿＿(2008), 《우남 이승만, 그는 누구인가》, 배재학당 총동창회.

이철순(2000), "이승만 정권기 미국의 대한정책 연구, 1948~1960년", 서울
　　　대학교.

이하원(2009), "이승만의 원자력결단", 〈조선일보〉, 2009. 12. 30.

이한우(2008), 《우남 이승만, 대한민국을 세우다》, 해냄.

이현희(1995), 《이야기 이승만》, 신원문화사.

＿＿＿(2009), 《대한민국 부통령 인촌 김성수 연구》, 나남.

이희진(2000), 《한국전쟁의 수수께끼》, 가람기획.

이홍한(2002), 《미국 비밀문서로 본 한국현대사 35장면》, 삼인.

인보길(2011), 《이승만 다시보기》, 기파랑.

임경석(2008), 《잊을 수 없는 혁명가들에 대한 기록》, 역사비평사.

임병직(1998), 《임정에서 인도까지: 임병직 장관 회고록》, 외교통상부.

임영태(2008), 《대한민국사》, 들녘.

임종국(2006), 《여심이 회오리치면 上·下》, 아세아문화사.

임중빈(1968), 《도산 안창호》, 명지사.

장 면(1967), 《한알의 밀이 죽지 않고는: 장면 박사 회고록》, 가톨릭출판사.

장상현(1999), "이승만 대통령의 반공포로 석방이 국내정치에 미친 영향", 한림대학교.

장을병(2007), 《인물로 본 8·15 공간》, 범우.

장준익(1991), 《북한인민군대사》, 서문당.

전상인(2000), "이승만과 5·10 총선거", 유영익 편, 《이승만 연구: 독립운 동과 대한민국 건국》, 연세대 출판부.

정문현(2006), 《임종국 평전》, 시대의 창.

정병준(2005), 《우남 이승만 연구》, 역사비평사.

정승화(2002), 《대한민국 군인 정승화》, 휴먼앤북스.

정용욱(2003), 《존 하지와 미군점령통치 3년》, 중심.

_____(2004), 《해방전후 미국의 대한정책》, 서울대 출판부.

정일권(1986), 《전쟁과 휴전》, 동아일보사.

정창현(2002), 《인물로 본 북한 현대사》, 민연.

정태영(1991), 《조봉암과 진보당》, 한길사.

조갑제(1992), 《박정희 1》, 까치.

_____(1998), 《이용문장군 평전》, 샘터.

조규하·강성재 외(1987), 《남북의 대화》, 고려원.

조병옥(2003), 《나의 회고록》, 조병옥기념사업회.

조용중(1990), 《미군정하의 한국정치 현장》, 나남.

_____(2004), 《대통령의 무혈혁명》, 나남.

조지훈(1996), 《한국민족운동사》, 나남.

주강현(2005), 《제국의 바다 식민의 바다》, 웅진씽크빅.

주돈식(1997), 《문민정부 1천 2백 일》, 사람과 책.

주섭일(2004), 《프랑스의 나치협력자 청산》, 사회와 연대.

주영복(1990), 《내가 겪은 한국전쟁》, 고려원.

주요한(1975), 《안창호 전》, 삼중당문고.

주익종(2008), 《대군의 척후》, 푸른역사.

주지안룽(朱建榮)(2005), 《모택동은 왜 한국전에 개입했을까》, 서각수 역, 역사넷.

주진오(1995), "19세기 후반 개화개혁론의 구조와 전개: 독립협회를 중심으로" 연세대학교.

진덕규(2000), 《한국현대정치사 서설》, 지식산업사.

차상철(1991), 《해방전후 미국의 한반도 정책》, 지식산업사.

_____(2000), "이승만과 하지", 유영익 편, 《이승만 연구: 독립운동과 대한민국 건국》, 연세대 출판부.

천관우(1974), 《한국사의 재발견》, 일조각.

최길성(2004), 《친일과 반일》, 다락원.

최문형(2004), 《러·일전쟁과 일본의 한국병합》, 지식산업사.

최상용(1988), 《미군정과 한국민주주의》, 나남.

최상용 외(2007), 《민족주의, 평화, 중용》, 까치.

최영호(2000), "이승만의 하와이에서의 초기 활동", 유영익 편, 《이승만 연구: 독립운동과 대한민국 건국》, 연세대 출판부.

최평길(1998), 《대통령학》, 박영사.

커밍스(Bruce Cumings)(1986), 《한국전쟁의 기원》(The Origin of Korean War), 김주환 역, 청사.

_____(1989), 《한국전쟁의 전개과정》, 태암.

_____(2001), 《브루스 커밍스의 한국현대사》(Korea's place in the Sun), 김동노 외 역, 창작과 비평사.

콩드(David W. Conde)(1988), 《남한 그 불행한 역사》, 좋은책.

클라크(Mark W. Clark)(1981), 《다뉴브에서 압록강까지》(From Danube to Yalu), 김형섭 역, 국제문화출판공사.

타루르(Shashi Tharoor)(2009), 《네루 평전》, 이석태 역, 탐구사.

토르쿠노프(A. V. Torkunov)(2003), 《한국전쟁의 진실과 수수께끼》, 구종서 역, 에디터.

톨랜드(John Toland)(2010), 《6·25 전쟁》(In Mortal Combat, Korea 1950

~1953), 김익희 역, 도서출판 바움.

포터(E. B. Potter) (1997), 《니미츠(Ch. W. Nimitz) 원수》, 김주식 역, 신서원.

펜(Charles Fenn) (2001), 《호치민 평전》, 자인.

하영선(1990), 《한국전쟁의 새로운 접근》, 나남.

하우스만(James H. Hausman) (1995), 《한국대통령을 움직인 미군대위》, 정일화 역, 한국문원.

한국근현대사학회(2007), 《한국독립운동사 강의》, 한울아카데미.

한국미래학회(2010), 《제헌과 건국》, 나남.

한국민족운동사 연구회(1990), 《한민족의 독립운동사》, 한서원.

한배호(2008), 《한국정치사》, 일조각.

한상일(2004), 《제국의 시선》, 새물결.

한승주(1983), 《제2공화국과 한국의 민주주의》, 종로서적.

한시준(2000), "이승만과 대한민국 임시정부", 유영익 편, 《이승만 연구: 독립운동과 대한민국 건국》, 연세대 출판부.

_____(2006), 《대한제국군에서 한국광복군까지: 황학수의 독립운동》, 역사공간.

한우성(2005), 《영웅 김영옥》, 북스토리.

한표욱(1996), 《이승만과 한미외교》, 중앙일보.

한홍구(2003~2006), 《대한민국사 1~4》, 한겨레 출판부.

한홍수(2000), "대한민국 건국의 역사적 의의", 유영익 편, 《이승만 연구: 독립운동과 대한민국 건국》, 연세대 출판부.

한홍수 외(1998), 《한국현대사의 재인식 1~6》, 오름.

함성득(1999), 《대통령학》, 나남.

핼버스탬(David Halberstam) (2007), 《콜디스트 윈터: 한국전쟁의 감추어진 역사》(The Coldest Winter), 이은진·정윤미 역, 살림.

허 정(1983), 《내일을 위한 증언: 허정 회고록》, 종로서적.

헨더슨(Gregory Henderson) (2000), 《소용돌이의 한국정치》(The Politics

of the Vortex), 박행웅 역, 한울아카데미.

황봉구(2000), "이승만의 언론사상에 관한 연구", 경희대학교.

황인성(2010), 《돌뫼이에서 돌뫼이로: 전 국무총리 황인성의 온몸으로 쓴 현대사 영혼의 귀거래사》, 형설.

홍쉐즈(洪學智)(1992), 《중국이 본 한국전쟁》, 홍인표 역, 고려원.

홍진기전기간행위원회(1993), 《유민 홍진기 전기》, 중앙일보.

히긴스(Marguerite Higgins)(2009), 《자유를 위한 희생》(*War in Korea*), 이현표 역, 코러스.

찾아보기

박정희의 시간들

박정희 리더십 심층분석

오인환 한국현대사 탐구

**한국일보 주필, 공보처 장관 지낸 오인환 역사비평가의
저널리스트 특유의 명쾌한 필치로 심층분석한 박정희 리더십**

육군 비주류로 권력기반이 취약했던 박정희는 쿠데타 후 헤게모니를 강화,
1인자 자리를 굳혀 나간다. 경제총사령관으로 경공업 중심 경제발전에 성공
해 5천 년 가난을 벗어나게 하고, 유신체제에서 중공업을 궤도에 올려 한강
의 기적을 연출한다. 그러나 장기독재에 불만이 터져 나오는 상황에서 문란
해진 사생활로 총명이 흐려져 부마사태, 핵심 측근의 권력투쟁 등 위기를 관
리하지 못하고, 파멸의 길로 들어선다. 한 시대를 이끌던 그는 왜 제대로 된
출구전략을 마련하지 못했을까?

신국판 · 반양장 · 464쪽 · 25,000원

나남
nanam www.nanam.net | 031-955-4601

나눔판 원고지